Württemberg, April 1945
Das Kriegsende im Landkreis Göppingen

Württemberg, April 1945
Das Kriegsende im Landkreis Göppingen

Herausgegeben von Stefan Lang

Appell in Geislingen von Soldaten
der 100. US-Infanteriedivision, Sommer 1945.

Veröffentlichungen des Kreisarchivs Göppingen
Band 18

Herausgeber
Dr. Stefan Lang, Kreisarchiv Göppingen

Redaktion
Fabian Beller M.A., Michael B. Hixson, Dr. Stefan Lang

Lektorat
Christa Hell, Dr. Reinhard Rademacher

Titelgestaltung und Layout
Barbra Alexy-Maschek, Göppingen

Druck
C. Maurer, Geislingen/Steige

ISBN: 978-3-87437-569-6
2. Auflage Göppingen 2016
Copyright Kreisarchiv Göppingen und Autoren

Förderer/Sponsoren
Geschichts- und Altertumsverein Göppingen e.V.
Kunst- und Geschichtsverein Geislingen an der Steige e.V.

Titelbild
Panzer der 10. US-Panzerdivision auf der Nördlichen Ringstraße in Göppingen (Höhe Marstallstraße/Freihofstraße), vermutlich am 21. April 1945.
Privates Foto des US-Veteranen Dr. Elbert Ted Rulison.

Inhalt

11 Grußwort
13 Vorwort

I. Einführung (Stefan Lang)
17 1. Einführung
27 2. Zwischen Propaganda und Realität – Die Kreisbevölkerung im Krieg (1943-1945)

II. Verlauf und Ereignisse (Stefan Lang)
54 1. 19. April 1945
69 2. 20. April 1945
86 3. 21. April 1945
97 4. 22. April 1945
108 5. 23.-25. April 1945

III. Erinnerung und Gedenken
115 Fabian Beller: Das Kriegsende 1945 im Landkreis Göppingen im Spiegel der Kreispresse 1946 bis 2015
123 Alexander Gaugele: Kriegsgräber und Erinnerungsstätten des Zweiten Weltkriegs im Landkreis Göppingen

IV. Berichte und Erinnerungen aus den Gemeinden des Landkreises Göppingen
137 Adelberg: „Führers Geburtstag" fällt aus
140 Aichelberg: „Innerhalb von wenigen Minuten entstand ein Inferno"
142 Albershausen: Der Volkssturm kehrt um
145 Albershausen: „Ach komm, gang hoim, was willsch den Viadukt sprenga? Der Ami isch in Uhinga!"
148 Aufhausen: „Frolleins zurück!"
151 Bad Überkingen: Die Tragödie von Bad Überkingen am 22. April 1945
157 Bad Überkingen: Der Krieg im eigenen Haus
160 Bad Überkingen: Straßenkampf in Bad Überkingen
162 Bad Überkingen: Augenzeugin der Tragödie
164 Bad Überkingen: „Dort lagen drei tote Amerikaner mit Bauchschüssen – ein schlimmer Anblick."
167 Baiereck: „Die Schurwaldhöhen sind voll mit Amis."
171 Bezgenriet: Sinnloser Gegenangriff
175 Böhmenkirch: „Nun jubeln sie also den Amerikanern zu. Es widert mich an."

178	Böhmenkirch: Die weiße Fahne am Kirchturm
181	Boll: Ein Offizier rettet den Gockel
183	Bünzwangen: „Die Bünzwanger Unterhändler sollten vorn auf dem ersten Panzer Platz nehmen. Beim ersten Schuss, der gegen die Ami falle, würden sie beide erschossen werden."
186	Deggingen: „Soldaten, schießt doch nicht mehr, es ist doch alles sinnlos geworden."
192	Deggingen: „Am Nachmittag herrscht im Dorf eine unheimliche Stille, als ob sich alle verborgen hätten."
195	Donzdorf: „Hängen sie die Hitlerbilder weg!"
199	Drackenstein: Das Kriegsende in Drackenstein
202	Dürnau: „Ihr Erscheinen erfolgte so plötzlich, dass es der Bevölkerung unwahrscheinlich erschien…"
204	Ebersbach: „Wir wollet et, dass Ebersbach zerstört wird, bloß weil ihr dahanna omeinander trialet!"
207	Ebersbach: „Heute ist Adolfs Geburtstag, aber die Geschenke bekommen wir von den Amerikanern."
216	Eislingen: „Wir standen stumm an der Straße, die Hände in den Hosentaschen, und fragten uns: Was kommt jetzt auf uns zu?"
220	Eislingen: Kampfloser Einmarsch in Eislingen
223	Eybach: „Sofort aufhören, abbauen, das kann euren Vätern den Kopf kosten!"
228	Eybach: „Junge, gehe schnell nach Hause."
233	Faurndau: Das Hitlerbild will nicht brennen
236	Faurndau: Zwei Millionen Reichsmark im Rucksack
241	Geislingen: „Ich werde euch der SS melden, die hängt euch auf!"
243	Geislingen: „Die mutigen Frauen von Altenstadt" – Ein Augenzeugenbericht über die Vorgänge an der Panzersperre bei der Adler-Brauerei Altenstadt
249	Geislingen: Schwarze Soldaten spielten „Fange" auf der B 10 im April 1945
252	Geislingen: Momentaufnahmen vom Einmarsch in Geislingen
254	Geislingen: „Wir sehen mit banger Sorge das Unheil und die Katastrophe herannahen."
258	Geislingen: Zum Abschied „Heimat, deine Sterne"
260	Geislingen: Sockentausch durch die Besatzer
263	Gingen: Kaugummi und Patronen
265	Göppingen: „Dort fragte man mich, ob ich der Bürgermeister sei."
270	Göppingen: „Wir sind urplötzlich Front geworden."

271	Göppingen: „Wenn ihr nicht verschwindet, kommen wir in einer Stunde wieder und erschießen euch!"
275	Göppingen: „Die glauben doch nicht, ich bin so blöd und lass mich noch verheizen!"
277	Göppingen: Die Panzer kommen von Bartenbach
279	Göppingen: Ein GI am elterlichen Klavier
282	Göppingen: „Lebt ihr noch? Ihr könnt herauskommen. Es ist alles vorbei."
285	Göppingen: „Oh Fraule, reget se sich et auf, dr Ami isch scho en Wäschabeura."
288	Göppingen: Ein überraschendes Wiedersehen
291	Göppingen: Das Kriegsende im Göppinger Christophsbad
294	Göppingen: „Russen sind es keine!"
297	Göppingen: „Lassen Sie doch die Männer laufen."
302	Gosbach: „Als die Panzerspitze die Brücke erreichte, erhielt sie von den umliegenden Höhen Feuer."
304	Gosbach: „Der Volkssturm bewegte sich planlos und ohne Führung im Gelände, hauptsächlich am Leimberger Hang. Jeder suchte sich so gut als möglich ins Sichere zu bringen."
307	Gruibingen: „Come on! Come on! Du bei Mama, hol zehn Eier!"
310	Gruibingen: „Das ganze Dorf, bis in die Seitengäßlein hinein, war voll von Panzerwagen."
319	Hattenhofen: „Das Ende sei doch der Tod vieler Menschen und die totale Zerstörung von Hattenhofen."
325	Heiningen: Die Panzersperre von Heiningen
332	Heiningen: „Als ich die Haustüre öffne, blicke ich in den Lauf von zwei Gewehren. Mir wird übel vor Schreck. Mein Gedanke: Jetzt nehmen sie mir den Vater weg."
335	Hohenstadt: Die Autobahnbrücken werden gesprengt
337	Hohenstaufen: „Sei doch nicht verrückt, dreh wieder um!"
341	Holzhausen: „Wir sind nicht schuld an diesem Krieg!"
343	Holzheim: „Jetzt musst du keine Angst mehr haben."
346	Kuchen: In Kuchen fiel kein Schuss
349	Maitis: „In den Morgenstunden des 20. April 1945 rückte die Mehrzahl der Feindbesatzung in Richtung Göppingen ab…"
351	Mühlhausen: Eine halbe Stunde Dauerfeuer
354	Nenningen: „Der Kompaniechef sagte zu meiner Mutter, dass diese Handlung Verrat am deutschen Volk wäre und dass hier nur die Todesstrafe in Frage kommen würde."

357	Oberböhringen: Bauern und Soldaten sind sich einig
360	Ottenbach: „Bis ihr morgen früh aufsteht, habt ihr die Amerikaner da."
362	Ottenbach: 15 Amis am Ofen
364	Rechberghausen: „Wenn nur scho gschtorba wär."
366	Rechberghausen: „Morgen früh würde es keinen Hitler mehr geben."
372	Rechberghausen: „Da ist leicht Krieg zu führen, wenn man so eine Übermacht hat."
375	Reichenbach: Ein mutiger Franzose übergibt Reichenbach unterm Rechberg
379	Roßwälden: „Über dem Dorf liegt eine sonderbare drückende Stille. Wir warten, auf was wir warten, wissen wir selbst nicht."
383	Salach: „Die Bevölkerung selbst wusste nicht recht, was sie tun sollte."
387	Salach: Überrascht vom Einmarsch
389	Salach: Die Amerikaner in Salach
392	Schlat: Das Ultimatum an der Gairensteige
395	Schlat: „Im Dorf war natürlich größte Aufregung."
398	Schlierbach: Plötzlich ertönte der Schreckensruf: „Das Rathaus brennt!"
401	Schlierbach: Schlierbach brennt
403	Schlierbach: „Das Inferno nahm seinen Lauf."
406	Sparwiesen: „Kind, jetzt sag ich dir eins: Solange du lebst, wird nie wieder eine Bombe auf Deutschland fallen."
409	Süßen: „Achtunggebietend rollte so die feindliche Front über uns weg, an uns vorüber."
412	Süßen: „So wurden wir an Führers Geburtstag amerikanisch."
416	Türkheim: „In Überkingen liegt die deutsche Jugend im Blut."
419	Uhingen: „So wurde an diesem Tag nicht die Hakenkreuzfahne zu Ehren Hitlers Geburtstag gehisst, sondern ein weißes Leintuch zum Zeichen der Kapitulation."
425	Wäschenbeuren: Das Kriegsende eines 16-Jährigen
429	Wäschenbeuren: „In kürzester Zeit standen Dutzende von Häusern mitten im Dorf in dunklem Rauch und hellen Flammen."
432	Wäschenbeuren: „Kehrt um! Hinter mir kommen die Amis!"
435	Wäscherhof: Und wieder steht ein Satz in der Luft: „Einer von den Soldaten hat gerufen, Panzerspitzen sind schon in Lorch". Wieder ist alles entrüstet. „Ausgeschlossen. Die sind ja verrückt."
440	Waldhausen: Erschießung im Hof
442	Weiler o.H.: „…als sie erfuhren, dass sie die ersten amerikanischen Soldaten seien, verwunderten sie sich."
444	Wiesensteig: Das Kriegsende in Wiesensteig
453	Zell: Das Ultimatum von Zell

V. Berichte und Erinnerungen von US-Soldaten und französischen Kriegsgefangenen

459   Von Göppingen ins obere Filstal.

462   „Ein Bataillon des Regiments erhielt in der Stadt Geislingen einen Gegenangriff. Die begrenzte Anzahl an Truppen konnte die gesamte Stadt nicht ausreichend besetzen und der Feind drang in die östliche Hälft ein."

465   „Die Zivilbevölkerung hatte Angst und befürchtete unnötigerweise, dass wir sie belästigen würden."

469   „Ab Mühlhausen hatten wir einen heißen Empfang."

472   „Ich möchte euch Männern sagen, was für einen Mordsjob ihr erledigt habt. Abtreten."

475   „Alle gruben in ihren Taschen und zogen heraus, was sie zum Trinken hatten." – V-E-Day in Göppingen

477   „Die Kinder hier plagen mich manchmal ganz schön heftig." – Briefe aus Göppingen im Mai und Juni 1945

485   „Wir taten dies alles nicht aus Tapferkeit, sondern einfach, weil so zu handeln uns natürlich erschien."

VI. Ausblick und Fazit

488   Michael B. Hixson: Große Herausforderungen – Die Anfänge der US-Militärverwaltung im Landkreis Göppingen bis November 1945

511   Stefan Lang: Das Kriegsende im Landkreis Göppingen – Nachbetrachtungen und Nachspiele

VII. Anhang

522   Karte
523   Abkürzungen
524   Literaturverzeichnis
526   Quellenverzeichnis
527   Abbildungsverzeichnis
528   Register

Grußwort des Landrats

Gemeinsam und dankbar können die Menschen in den Gemeinden des Landkreises Göppingen 2015 auf inzwischen 70 Jahre Frieden zurückblicken. Wohl selten ging es ihnen so gut wie heute. Die Schrecken von Krieg und Zerstörung aufzuarbeiten, ist trotzdem immer wieder notwendig. Der Blick zurück, er ist manchmal unbequem und schmerzhaft. Es ist aber gut und wichtig, dass solche Erfahrungen und Erinnerungen an kommende Generationen weitergegeben werden.

Der Landkreis Göppingen legt seit vielen Jahrzehnten großen Wert auf seine Geschichtsarbeit, sie ist für ihn Aushängeschild und Identitätsmerkmal zugleich. Dies zeigt sich erneut mit dem Projekt zum Kriegsende 1945, in dem über zwei Jahre intensive Arbeit stecken. Hier wurde nicht auf die Schnelle etwas zusammengestellt, sondern mit hohem Aufwand und Augenmaß ein Ergebnis erzielt, auf dessen Qualität man noch in vielen Jahren zurückblicken kann.

Das vorliegende Buch deckt nahezu alle Facetten des spannenden Themas „Kriegsende" ab: die Vorgeschichte, den Verlauf und die Ereignisse, die verschiedenen Perspektiven der Protagonisten, die spätere Verarbeitung, die Anfänge der US-Militärverwaltung und viele anschauliche Zeitzeugenberichte aus nahezu allen Kreisgemeinden.

Ich danke dem Initiator des Projekts und Herausgeber dieses Buches, Herrn Kreisarchivar Dr. Stefan Lang, sowie den übrigen Autoren für ihre Recherchen und Ausführungen, die viel Neues und manchmal auch Unerwartetes über die letzten Kriegstage im Landkreis Göppingen zu Tage gefördert haben.

Allen Zeitzeugen und ihren Angehörigen möchte ich ebenfalls herzlich für die Bereitschaft danken, an diesem langfristig wertvollen Projekt mitzuwirken. Der Einblick in ihre persönlichen Erinnerungen füllt die dramatischen Tage des Aprils 1945 mit Leben und bereichert die Ergebnisse der Recherchen um eine menschliche Komponente.

Ich wünsche diesem beeindruckenden Buch eine große Resonanz und Verbreitung!

Edgar Wolff
Landrat

19. April 2015: Rund 600 Besucher nehmen in der Bürenhalle von Wäschenbeuren an der Gedenkfeier zum 70. Jahrestag des Luftangriffs auf die Gemeinde und der Premiere des vom Kreisarchiv Göppingen produzierten Dokumentarfilms „April 1945 – Das Kriegsende im Landkreis Göppingen" teil.

Vorwort des Herausgebers

In den Tagen vom 19. bis zum 25. April 1945 endete mit der Besetzung durch die Amerikaner der Zweite Weltkrieg in den Städten und Dörfern des Landkreises Göppingen. Manche Episode der letzten Kriegstage lebt bis heute im kollektiven Gedächtnis der Gemeinden fort, wie das „Brennen" in Wäschenbeuren oder die „mutigen Frauen von Altenstadt". Die Kriegszeit, das Kriegsende und die unmittelbare Nachkriegszeit sind aber genauso ein unauslöschlicher Teil der gemeinsamen Identität des Landkreises geworden.

Seit dem Frühjahr 2013 hat sich das Kreisarchiv Göppingen intensiv mit dem Thema „Kriegsende 1945" auseinandergesetzt – mit dem Ziel, sowohl ein Buch als auch einen Dokumentarfilm zu publizieren. Dazu wurden umfangreiche Archivrecherchen insbesondere in den USA durchgeführt und große Mengen Quellenmaterial erhoben. Ebenso sind durch einen Zeitzeugenaufruf Menschen aus dem Landkreis angesprochen worden, die das Kriegsende dort persönlich erlebt hatten. Dabei entstanden Interviews mit über 100 Personen aus dem ganzen Kreisgebiet, die als digitales Archivgut von kommenden Generationen genutzt werden können. Eine stattliche Zahl der Gespräche ist direkt in dieses Buch eingeflossen. Vielfach wurden von Angehörigen dankenswerterweise Unterlagen bereits verstorbener Zeitzeugen eingeschickt – Tagebücher, Kalender und autobiografische Erinnerungen. Dadurch erhält das durch die übrigen Dokumente rekonstruierte Geschehen eine Note des persönlichen Erlebens jenseits der militärischen und statistischen Daten und Fakten.

Das Thema „Kriegsende" besitzt viele Aspekte und Perspektiven: Man erkennt dramatische und tragische Ereignisse, die einen fassungslos machen; aber genauso glückliche Fügungen, mutiges Handeln, Menschlichkeit und Hilfsbereitschaft in der Unmenschlichkeit des Krieges. Wer selbst keinen Krieg erlebt hat, kann zwar versuchen, sich hineinzufühlen oder hineinzudenken. Doch das kann allenfalls im Ansatz gelingen, Todesangst und traumatische Erlebnisse lassen sich nicht simulieren. Es sind deshalb manche Narben aus dieser Zeit geblieben – in einigen Ortsbildern und in den Lebensgeschichten vieler Menschen. Die Schrecken von Krieg, Not und Diktatur auch „vor der eigenen Haustür" dürfen daher nicht vergessen werden – das war eines der Hauptanliegen dieses Projektes. Der 2015 verstorbene Altbundespräsident Richard von Weizsäcker hat 1985 in seiner berühmten Rede zum 8. Mai 1945 auf die integrale Bedeutung von generationsübergreifender Erinnerung hingewiesen: „Jüngere und Ältere müssen und können sich gegenseitig helfen zu verstehen, warum es lebenswichtig ist, die Erinnerung wach zu halten. Es geht nicht darum, Vergangenheit zu bewältigen. Das kann man gar nicht. Sie lässt sich ja nicht nachträglich ändern oder ungeschehen machen. Wer aber vor der Vergangenheit die

Augen verschließt, wird blind für die Gegenwart. Wer sich der Unmenschlichkeit nicht erinnern will, der wird wieder anfällig für neue Ansteckungsgefahren."

Als Herausgeber dieses Buches, das weitaus umfangreicher ausfällt als ursprünglich angedacht, habe ich zahlreichen Personen zu danken: Zuvorderst den Zeitzeugen, die mich offen und reflektiert an ihren beeindruckenden Erinnerungen teilhaben ließen. Einen ganz besonderen Dank verdient Michael B. Hixson aus Ebersbach, der mich nicht nur mit großem Engagement bei der Recherche unterstützte, sondern der als gebürtiger Amerikaner manche „Tür" in den USA öffnen konnte, die sonst verschlossen geblieben wäre. Als kenntnisreiche Lokalhistoriker trugen Alexander Gaugele (Salach), Wolfgang Holl (Donzdorf), Anton Lechner (Jebenhausen) und Peter Schührer (Wäschenbeuren) in überaus kollegialer Weise zahlreiche Ergebnisse ihrer eigenen Forschungen bei. Gleiches gilt für meine Kollegen Hartmut Gruber, Karl-Heinz Rueß und Walter Ziegler sowie den 2015 leider zu früh verstorbenen Werner Runschke. Meine Mitarbeiter im Kreisarchiv haben ebenfalls erheblichen Anteil an diesem Band: Ursula Kirchner für eine immense Zahl von Schreibarbeiten, Fabian Beller für eine Fülle redaktioneller Tätigkeiten und Reinhard Rademacher sowie Michael Weidenbacher für anregende Diskussionen. Christa Hell übernahm die anspruchsvolle Aufgabe des Lektorats. Mignon Geisinger überprüfte die Übersetzungen aus dem Englischen und steuerte dankenswerterweise selbst einige bei. Julia Halder, Martin Gerstenberg und Nicole Bürkle trugen im Rahmen von Praktika ebenso zu diesem Projekt bei wie Elisa Feltro und Jean-Marie Mayer. Mehreren Personen aus den USA, die uns wertvolle Bilder, Unterstützungen und Informationen zukommen ließen, sind wir gleichfalls sehr zu Dank verpflichtet: Diane Prange, Sid Holbrook, Dr. Elbert T. Rulison, Tom Kelly, Jeffrey Kozak, Klaus Feindler, Micky McCabe, Lars Lemberg, Steve Zaloga, James Parker II, Tim Bono und Dirk Burgdorf.

Für die schöne Gestaltung des Buches und die stets angenehme Zusammenarbeit gebührt Barbra Alexy-Maschek aus Göppingen ebenso ein herzliches Dankeschön wie Achim Langner von der Druckerei Maurer aus Geislingen für die problemlose Koordination des Druckes. Der Geschichts- und Altertumsverein Göppingen e.V. und der Kunst- und Geschichtsverein Geislingen e.V. unterstützten das Projekt mit namhaften Zuschüssen und stetem Interesse.

Dr. Stefan Lang
Kreisarchiv Göppingen

Soldaten der 10. US-Panzerdivision am 20. April 1945 in der Nähe von Murrhardt.

Stefan Lang

Das Kriegsende im württembergischen Landkreis Göppingen – Eine Einführung

Das Kriegsende 1945 wird in der baden-württembergischen Landesgeschichte zumeist auf lokaler Ebene oder als Bestandteil größerer Untersuchungen behandelt.[1] Spezifische Forschungen zu den Landkreisen sind dagegen eher selten, insbesondere wohl auch deshalb, weil mehrere Kreisreformen die Zusammensetzung vieler Landkreise seit 1945 stark verändert haben oder manche Landkreise dabei komplett aufgehoben und zu neuen Einheiten zusammengefügt wurden, wie zum Beispiel die Landkreise Schwäbisch Gmünd, Nürtingen oder Ulm. Der Landkreis Göppingen hat dagegen als einer von nur ganz wenigen Landkreisen in Baden-Württemberg seit seiner Gründung 1938 in Umfang und Gemeindebestand nur marginale Veränderungen erfahren.[2] Daher eignet er sich besonders gut als Untersuchungsraum für regionale zeithistorische Forschungsansätze.

Das Kriegsende 1945 in Württemberg auf Landkreisebene

Bislang hat vor allem der Landkreis Tübingen 1995 ein dezidiertes Buchprojekt zum Kriegsende vorgelegt[3], eine weitere Veröffentlichung widmete sich im gleichen Jahr dem Altlandkreis Saulgau[4] und der Landkreis Calw publizierte 2005 immerhin einen umfangreicheren Aufsatz[5]. Auch bundesweit haben sich nur wenige Landkreise als solche diesem Thema zugewandt.[6] Wenn eine Publikation den lokalen Rahmen überschritt, orientierte sich der räumliche Zugriff zumeist nicht an vergangenen Verwaltungsstrukturen, sondern eher an regionalen oder geografischen Zuordnungen.[7] Die weitaus häufigeren lokalen Abhandlungen entstanden zeitlich gesehen ganz überwiegend zu den Gedenkjahren 1995, 2005 und 2015, davor eher nur in kleinerem Umfang. Ein sehr frühes und interessantes Beispiel ist die 1954 erschienene Publikation zu Schwäbisch Gmünd.[8]

Die Zugangsform des Landkreises birgt auf den ersten Blick gewisse Problematiken: Natürlich waren Faktoren wie Kreisgrenzen oder Kreisverwaltungen für den Vormarsch der Amerikaner zunächst völlig unerheblich. Sie orientierten sich in ihrer Kriegsführung an strategischen Zielen wie Städten, Verkehrswegen, Flüssen und nach den notwendigen militärischen Erfordernissen. Vor Ort suchte man Verhandlungspartner, um die Übergabe zu regeln und anschließend die ersten Befehle wie weiße Beflaggung, Abgabe von Waffen oder Ausgangssperren umzusetzen.

Viele Gemeinden im „Hinterland" jenseits der direkten Marschroute wurden oft erst Tage später besetzt, wenn die vordersten Truppen schon weiter vordrangen. Die Darstellung des Kriegsendes einer Einzelgemeinde bildet innerhalb der jeweiligen Ortsgeschichte oftmals nur einen kurzen Zeitraum ab, in der Regel einen oder zwei Tage, manchmal folgt noch ein Ausblick auf die Nachkriegszeit. Selten reichen die Schilderungen jedoch, so eindrucksvoll sie im Einzelfall sein mögen, über die Ortsgrenzen hinaus und geben allenfalls Orientierungsskizzen für das Geschehen in der näheren und weiteren Umgebung.

Die vergleichende Forschungsperspektive „Landkreis" bietet hingegen die Darstellung von Zusammenhängen über diesen begrenzten lokalen Horizont hinaus. Sie zeigt unterschiedliche Phasen, Zusammenhänge und Situationen des Einmarschs innerhalb verschiedener geografischer und topografischer Voraussetzungen, die für den Hergang der Ereignisse elementare Rollen spielen konnten. Dadurch, sowie durch den Vergleich von Abläufen innerhalb der Gemeinden, kann ein tieferes Verständnis der Handlungen vermittelt werden, das wiederum die jeweilige lokale Geschichte entscheidend erweitert und bereichert.

Zugleich umfasst die Einheit des Landkreises für den Zweck einer Untersuchung bereits ein „natürliches" Auswahl-Sample von teilweise sehr heterogenen Gemeinden als Vergleichsobjekte, was sowohl deren Größe, aber auch wirtschaftliche und konfessionelle Strukturen betrifft. Hinzu kommen wichtige gemeinsame Faktoren wie die Landkreisverwaltungen, die gerade in Bezug auf die Situation vor dem Einmarsch relevant sind – beispielsweise bei Themen des Luftschutzes, bei den Musterungen oder der Einquartierung deutscher Truppen. Genauso sind die Kreisleitungen der NSDAP mit den untergeordneten Ortsgruppen in den Blick zu nehmen, unter anderem mit der Zuständigkeit für den Volkssturm, den Bau von Panzersperren oder den Evakuierungsplänen für die einheimische Bevölkerung. Nicht zuletzt sind die mit klarem Propagandaauftrag ausgestatteten Lokalzeitungen, im Falle des Landkreises Göppingen der „Hohenstaufen" und die „Geislinger Zeitung", aufzuführen. Somit bildeten die Institutionen von Verwaltung und Partei innerhalb des Landkreises eine Klammer, die organisatorische und propagandistische Maßnahmen im zivilen und paramilitärischen Bereich umschloss. Diese konnten ihre Auswirkungen während der unmittelbaren Zeit vor dem Einmarsch zeigen und ebenso Folgen für die konkreten Ereignisse bei der Besetzung von Gemeinden haben.

Geschichte(n) des Kriegsendes in Württemberg – Die Quellensituation

Zu einem großen Teil basieren die bisherigen und auch zahlreiche neu erschienene Publikationen zum Kriegsende auf den Aussagen von Zeitzeugen aus der Zivilbevölkerung. Diese Form von Quellen findet man ebenfalls seit den 1970er Jahren recht häufig in Heimatbüchern oder Ortschroniken, gelegentlich auch in entsprechenden Beiträgen der regionalen oder lokalen Geschichtszeitschriften. Für Nordwürttem-

Kurz nach dem Einmarsch gaben die Amerikaner die ersten Anweisungen an die einheimische Bevölkerung durch, hier am 20. April 1945 in Süßen.

MILITÄRREGIERUNG—DUETSCHLAND
Kontroll-Gebiet des Obersten Befehlshabers

BEKANNTMACHUNG

Ablieferung von Schusswaffen, Munition, Waffen, Brieftauben und Radiosendegeräten

ARTIKEL I

Es wird hiermit bekannt gemacht, dass alle Schusswaffen, einschliesslich Jagdwaffen, Munition, Sprengstoffen und aller anderen Waffen jeder Art sofort abzugeben sind:

an _Burgermeister_

in _Süssen_

ARTIKEL II

Es wird hiermit bekannt gemacht, dass alle Radiosendegeräte, Teile und Zubehör sofort abzugeben sind:

an _Burgermeister_

in _Süssen_

ARTIKEL III

Es wird hiermit bekannt gemacht, dass alle Brieftauben unverzüglich abzuliefern sind:

an _____

in _____

ARTIKEL IV

Jeder Verstoss gegen die Vorschriften dieser Bekanntmachung wird nach Schuldigsprechung des Täters durch ein Gericht der Militärregierung nach dessen Ermessen mit jeder gesetzlich zulässigen Strafe, einschliesslich der Todesstrafe, geahndet.

Im Auftrage der Militärregierung.

berg existieren des weiteren 1948/49 auf Anforderung des Statistischen Landesamts erstellte Berichte der Gemeinden über die letzten Kriegstage (Hauptstaatsarchiv Stuttgart Bestand J 170), die zum Teil detaillierte und zeitnahe Informationen über die Umstände der Besetzung beinhalten. Die Ausführlichkeit dieser Schilderungen ist allerdings sehr variabel und reicht von seitenlangen Beschreibungen bis hin zum schlagwortartigen Minimalismus, mit dem die insgesamt neun Fragen des Landesamts bisweilen beantwortet wurden. Die enthaltenen Informationen sind aber insofern sehr wertvoll, da aufgrund des Zusammenbruchs der deutschen Militär- und Zivilverwaltung oft kaum Dokumente aus den letzten Kriegstagen erhalten bzw. überhaupt entstanden sind. Auch lässt sich mit diesen Angaben zumindest ein gewisses „Gerüst" von Daten und Fakten für regionale Untersuchungen zusammenstellen, das durch weitere Inhalte ergänzt werden kann. Ein Abgleich der amerikanischen Armee-Unterlagen vom April 1945 mit diesen Berichten von 1948/49 hat im Fall des Landkreises Göppingen eine recht große Übereinstimmung der Zeitpunkte von Ortsbesetzungen ergeben, gelegentlich mit Abweichungen von maximal einer Stunde. Nur selten sind sehr ungenaue oder gar falsche Angaben nachzuweisen. Im Fall des Göppinger Berichts von 1948 wurde beispielsweise behauptet, die Stadt sei am 20. April 1945 kurz vor 6 Uhr morgens „durch die Vorhut der 100. amerikanischen Division" besetzt worden.[9] Tatsächlich, dies belegen amerikanische und deutsche Quellen vom April 1945 ebenso wie Zeitzeugenaussagen, erfolgte die Besetzung Göppingens erst gegen 10 Uhr vormittags durch ein Bataillon des 71. Regiments der 44. US-Infanteriedivision – Soldaten der 100. US-Infanteriedivision kamen erst über eine Woche später als Besatzungstruppen nach Göppingen. Vermutlich hat man dies drei Jahre später nicht mehr genau zuordnen und sich nur an die 100. Infanteriedivision erinnern können, abgesehen von der deutlich abweichenden Uhrzeit. Diese falschen Informationen finden sich – da bislang nicht falsifizierbar – in mehreren späteren Beiträgen, die sich dem Einmarsch der Amerikaner in Göppingen widmeten.[10]

Die stetig wachsenden Recherchemöglichkeiten über das Internet bedeuten auch für das Thema des Kriegsendes eine immense Erweiterung des Quellenspektrums, insbesondere was die amerikanische Seite betrifft. Denn viele Ereignisse und Entwicklungen, die sich während der letzten Kriegstage abgespielt haben, erklären sich für den amerikanisch besetzten Teil Württembergs erst genauer, wenn man die Unterlagen der US-Armee mit einbezieht. Die in Washington eingerichtete „National Archives and Records Administration" (NARA) verfügt im Bestand „World War II Operations" (RG 407) über umfangreiche Bestände zu den diversen Armeeeinheiten. Für den Landkreis Göppingen betrifft dies als aktive Kampftruppen vom 19.-25. April 1945 vor allem die 10. US-Panzerdivision sowie die 44., 63. und 103. US-Infanteriedivisionen mit den jeweils angeschlossenen Einheiten. Als erste Besatzungstruppe ist die schon erwähnte 100. US-Infanteriedivision, insbesondere deren Regimenter 397 und 399, zu nennen.

Das obere Bild aus dem kurz nach Kriegsende publizierten Heftchen „Terrify and destroy" über die 10. US-Panzerdivision zeigt eine Aufnahme aus Roßwälden vom 20. April 1945.

Ausgefüllter Fragebogen der Gemeinde Bad Ditzenbach (1949) zur Erhebung des Statistischen Landesamts über die Besetzung 1945.

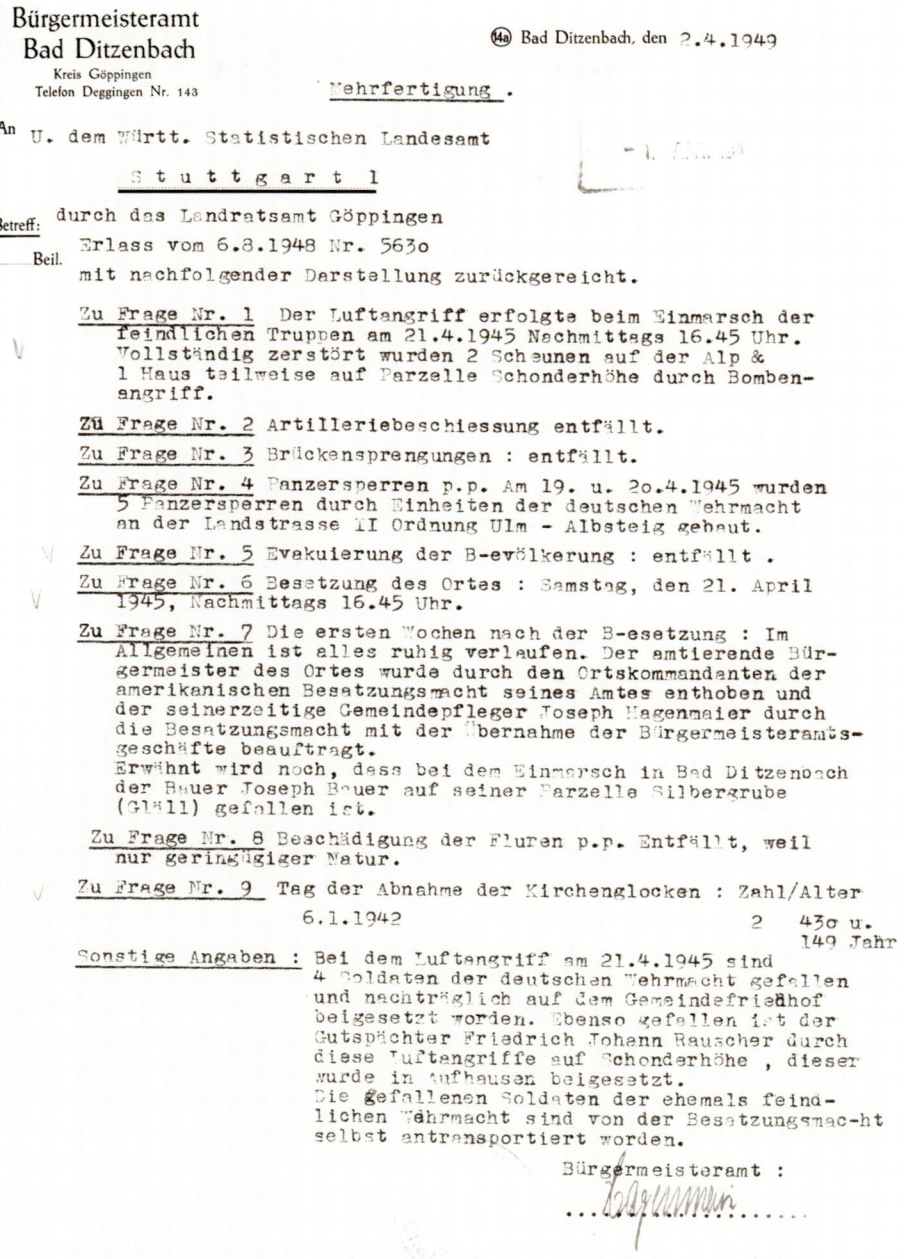

Unter den umfangreichen Dokumenten zu diesen Divisionen befinden sich Unit Journals, After Action Reports oder die Analysen des Geheimdienstes (G2), in denen die Aktivitäten für den einzelnen Tag oder längere Zeiträume beschrieben werden. Von etlichen Einheiten hat sich überdies nahezu der komplette Nachrichtenverkehr während der Kriegsoperationen erhalten – Tausende von Notizzetteln oder Tabellen, auf denen die Truppenteile abgekürzt und teilweise codiert ihren Standort sowie aktuelle Gefahren oder Erfordernisse austauschten. Anhand dieser Unterlagen lassen sich die Ereignisabläufe als auch deren strategische Hintergründe präzise rekonstruieren sowie die Aussagen von Zeitzeugen überprüfen oder korrigieren. Wenig überraschend geben die Armee-Quellen nahezu ausschließlich die militärisch-operativen Vorgehensweisen und Zielsetzungen wieder. Informellere Inhalte, wie Verhandlungen, Ortsbeschreibungen oder Kontakte mit der Zivilbevölkerung, wurden in der Regel nicht aufgezeichnet. Hierfür bietet sich eher eine Recherche bei den diversen Veteranenverbänden oder Sammlungsprojekten, wie zum Beispiel der „George C. Marshall Foundation"[11], an. Dort befindet sich eine Vielzahl persönlicher Erfahrungsberichte amerikanischer Soldaten oder die häufig noch 1945/46 in Württemberg gedruckten Geschichten einzelner Divisionen oder Regimenter – die „Unit histories", „Battle histories", oder „Combat Chronics". Deren zumindest partiell chronologischer Aufbau erlaubt, jedoch nicht immer in der erhofften Ausführlichkeit, den Blick auf die Regionen und Orte, die von der betreffenden Einheit besetzt wurden.

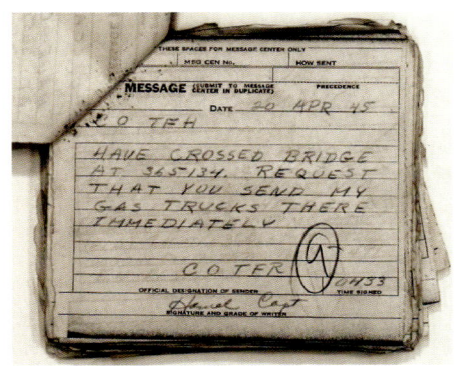

Nachrichtenzettel der „Task Force Riley (TFR)" (10. US-Panzerdivision), die gegen 4.30 Uhr am Morgen des 20. April in Uhingen angekommen war, an die in Faurndau liegende „Task Force Hankins (TFH)". Die TFR teilt die Überquerung der Uhinger Filsbrücke mit und fordert Treibstoff an.

Das Kriegsende in der ortsgeschichtlichen Literatur des Landkreises Göppingen

Jenseits einer kurzen und größtenteils auf den Berichten von 1948/49 fußenden Zusammenstellung des früheren Göppinger Stadtarchivars Karl Kirschmer mit dem Titel „So endete der Krieg im Kreis Göppingen" von 1961 existiert keine Gesamtdarstellung des Kriegsendes im Landkreis.[12] Gleichwohl sind entsprechende Beiträge zu einzelnen Orten des Landkreises in Publikationen zur NS-Diktatur und Nachkriegszeit enthalten, so in den umfangreichen Ausstellungskatalogen „Göppingen unterm Hakenkreuz" und „Demokratischer Neubeginn. Göppingen in den Jahren 1945 bis 1955".[13] Dezidierte Veröffentlichungen zum Thema Kriegsende und Nachkriegszeit sind in Eislingen[14] und Gingen[15] entstanden, in Heiningen veröffentlichte Rolf Kümmel im Jahr 2002 seine sehr authentischen autobiografischen Erinnerungen „Heiningen April 1945", in denen die Vorgänge um die dortige Panzersperre aus Sicht eines Jugendlichen beschrieben werden[16]. In den „Schlierbacher Geschichte(n)" sammelten Heimatforscher 2010 zielgerichtet die Erinnerungen von ortsansässigen Zeitzeugen.[17] Daneben beinhalten mehrere Heimatbücher und Ortsgeschichten persönliche Schilderungen und andere Quellen zum Kriegsende, so beispielsweise von Süßen, Deggingen, Eschenbach, Jebenhausen, Hattenhofen oder Wäschenbeuren.

„Battle Route" des 156. Field Artillery Battalions, das auf seinem Weg zu den Alpen auch durch den Landkreis Göppingen kam.

In der mündlichen Überlieferung hat darüber hinaus über die Jahrzehnte hinweg vielfach eine blühende lokale Legendenbildung über einige Vorgänge eingesetzt, beispielsweise den Luftangriff auf Wäschenbeuren oder die Übergabe von Göppingen. Diese Legenden enthalten häufig sehr problematische Fehlinterpretationen, die bei Betrachtung der Quellen von vornherein als unzutreffend erkannt werden können – wie zum Beispiel der „mysteriöse" Telefonanruf der Amerikaner, den der Wäschenbeurener Ortsgruppenleiter ignoriert und deshalb den Luftangriff auf den Ort verschuldet haben soll. Gelegentlich ist aber auch aus einer tatsächlichen Begebenheit im Lauf der Jahre eine ganz andere Geschichte entstanden. So hatte sich beispielsweise der Chefarzt des Göppinger Krankenhauses, Dr. Carl Pfeiffer, wie in dessen Spruchkammerverfahren dokumentiert wird, offenbar bei der NSDAP-Kreisleitung für die Entfernung von Panzersperren „in der näheren und weiteren Umgebung des Krankenhauses" eingesetzt, was er bei der Entnazifizierung zu seinen Gunsten angerechnet haben wollte.[18] Daraus entwickelte sich im Nachhinein die völlig unrealistische Legende, Pfeiffer habe Göppingen zur „offenen Stadt" erklärt oder gar die Stadt übergeben. Ebenso wenig ist der spätere Oberbürgermeister Eberhard, wie gelegentlich erzählt wird, den Amerikanern mit einer weißen Fahne auf der Locher Straße entgegen gezogen, um die Kapitulation anzubieten. Eberhards eigene Aussagen widerlegen dies ganz eindeutig. Deshalb können die Ergebnisse dieses Buchs vielleicht auch zu einer nachhaltigen realistischen Deutung der Ereignisse vom April 1945 beitragen und manches Missverständnis aufklären.

Fragestellungen und Zielsetzungen dieses Buches

Die Zielsetzung dieser Publikation besteht zum einen darin, möglichst präzise, aber trotzdem verständlich den Ablauf der Ereignisse im Frühjahr zu rekonstruieren und zu dokumentieren. Das Phänomen und die Extremsituation „Krieg" mit seinen Abläufen, Mechanismen und Variablen soll dabei speziell durch die Analyse der amerikanischen Quellen nachvollziehbar und begreifbar gemacht werden. Denn dadurch erklären sich erst viele Situationen, die bei der Begrenzung der Perspektive auf den isolierten örtlichen Kontext nicht ausreichend interpretierbar sind.
Ebenso soll die Situation vor und nach dem Einmarsch dargestellt werden, um zu veranschaulichen, welche Erwartungen, Informationen und Handlungsmöglichkeiten die Menschen des Landkreises im Frühjahr 1945 besaßen und wie die ersten Schritte nach dem Ende des „Dritten Reichs" gegangen wurden. Durch die Vielzahl persönlicher Erinnerungen sind vielschichtige Ergänzungen und detaillierte Zusatzinformationen gegeben, die durch ihre individuelle und bisweilen emotionale Dimension das Handeln und Fühlen der Protagonisten verständlicher machen. Mit der Breite des Altersspektrums, die durch ältere und neu erhobene Zeitzeugenberichte erreicht wird, ist ein sehr differenzierter Zugriff auf die Stimmung, Prägung und Mentalität der einheimischen Bevölkerung möglich. Eventuellen Ungenauigkeiten bei den Zeitzeugenaussagen, die naturgemäß durch den teilweise langen Abstand zu den Ereignissen oder durch die Vermischung von Erinnerungen und Erzählungen entstanden sein können, wurde soweit wie möglich durch einen Abgleich mit den offiziellen Dokumenten und entsprechende Anmerkungen begegnet. Die Zusammenstellung von ergänzenden Erinnerungen deutscher und insbesondere amerikanischer Soldaten bietet außerdem eine bislang kaum für diesen Zweck genutzte Perspektive. Des Weiteren stellt das erhobene Material einen nicht unerheblichen Quellenfundus für weiterführende Forschungen und Fragestellungen dar.

„Dr. Adolf" – ein zweckentfremdetes Arztschild und ein Hitlerkopf auf einem Panzer der 10. US-Panzerdivision.

Kann man außerdem diese Ereignisse, Entwicklungen und deren spätere Verarbeitung in einen größeren historischen Kontext einordnen? Warum ist es überhaupt wichtig, einen Landkreis in Württemberg in den Fokus zu nehmen, dessen Gebiet nicht mehr zu den großen Brennpunkten des Kriegsgeschehens zählte? In der Perspektive der amerikanischen Militärgeschichtsschreibung waren die Kriegshandlungen auf dem Göppinger Kreisgebiet ja allenfalls ein Teil des „big sweep" oder „final clean-up", des letzten massiven Vorstoßes nach Süden, mit dem eine Formierung der letzten deutschen Kräfte in der legendären „Alpenfestung" verhindert werden sollte. Kriegsentscheidende Gefechte oder richtungsweisende Operationen haben sich hier nicht mehr abgespielt. Für den Fortgang des ohnehin schon lange entschiedenen Krieges waren die Ereignisse im Landkreis Göppingen also weitgehend unerheblich. Doch für die einzelnen Gemeinden, für die Familien, für den individuellen Menschen waren es – wenn man diesen etwas pathetischen Begriff gebrauchen darf – regelrechte „Schicksalstage", die sich nachdrücklich ins Gedächtnis einbrannten. Es ging jetzt um das eigene Leben, den eigenen Hof, um die eigene Existenz. Jede kleine Entscheidung konnte in diesen dramatischen Tagen und Stunden weitreichende Folgen haben.

Die Menschen im Landkreis Göppingen waren im Frühjahr 1945 schließlich nicht gewohnt, dass sich Kriegshandlungen in ihrer Umgebung abspielten. Seit Napoleon hatte kein feindliches Heer das Gebiet um das Filstal durchquert, das war schon lange 140 Jahre her. In der unmittelbaren Kriegserfahrung zeigten sich dann 1945 vielfach die ganzen Facetten menschlichen Handelns: Mut, Verantwortungsgefühl, Hilfsbereitschaft, aber auch Panik, Rücksichtslosigkeit, Fanatismus und Lethargie. Und so richtet sich der Blick vielfach konkret auf die Menschen im April 1945, auf Zivilisten und Soldaten, Entscheidungsträger und Ausführende. Wie erlebten und verarbeiteten die Einheimischen sowie die deutschen und amerikanischen Soldaten in diesen letzten Tagen das Phänomen „Krieg"? Wie handelten Menschen in solchen extremen Situationen? Was konnten sie beeinflussen und wo vermochten sie nur zu reagieren oder abzuwarten? Welche Mechanismen spielten sich in und zwischen den Gemeinden und den militärischen Einheiten ab und bedingten die Ereignisse, oder inwiefern spielte der Faktor „Zufall" eine Rolle?

Mit all diesen Fragen kann man sich dem einschneidenden Ereignis „Kriegsende" 1945 zuwenden, das viele Dimensionen, Ansatzpunkte und Reflexionsmöglichkeiten anbietet. Dem Zeitzeugen hilft die ausführliche Auseinandersetzung mit diesem Thema vielleicht, manches Ereignis besser nachvollziehen und eigene Erlebnisse mit den Erfahrungen anderer Menschen vergleichen zu können. Dem Nachgeborenen bleibt neben der grundsätzlichen Information der Versuch des Verstehens einer bewegten und dramatischen Zeit, die gelegentlich sehr weit entfernt und dann doch plötzlich wieder bedrohlich nahe erscheint. Gemeinsam wird aber der Wunsch bleiben, dass sich solche Tage niemals wiederholen mögen.

Von den Amerikanern zurückgelassener Armeespaten aus Geislingen-Altenstadt.

Schnallen von amerikanischen Armeestiefeln aus einer Göppinger Schuhmacherwerkstatt.

Deutsches Patronenmagazin eines MP-44-Gewehrs (gebaut ab 1944), gefunden an einem Hang bei Drackenstein.

1 Für den deutschen Südwesten allgemein: Hermann Ehmer (Hg.), Der deutsche Südwesten zur Stunde Null. Zusammenbruch und Neuanfang im Jahr 1945 in Dokumenten und Bildern, Karlsruhe 1975. Als Beispiel für die Integration Württembergs beim Kriegsende in weiterführenden Forschungen: Jill Stephenson, Hitler's Home Front. Württemberg under the Nazis, London/New York 2006; Klaus Dietmar Henke, Die amerikanische Besetzung Deutschlands, München 1996.
2 Zuletzt als im Zuge der Kreisreform 1971-73 die kleinen Gemeinden Maitis, Lenglingen, Geislingen-Türkheim und Geislingen-Waldhausen noch hinzugefügt wurden. Ansonsten ist der Gemeindebestand unverändert.
3 Wolfgang Sannwald (Hg.), Einmarsch, Umsturz, Befreiung: das Kriegsende im Landkreis Tübingen Frühjahr 1945/ein Buchprojekt des Landkreises Tübingen, Tübingen 1995.
4 Hans Willbold, Das Kriegsende 1945 im nördlichen Oberschwaben: unter besonderer Berücksichtigung des Altkreises Saulgau, Bad Buchau 1995.
5 Gregor Swierczyna, Einmarsch – Umsturz – Besetzung – Befreiung – Wiederbeginn: das Kriegsende im Landkreis Calw, Der Landkreis Calw 23 (2005), S. 89-117.
6 Zuletzt: Wolfgang Gückelhorn, Kriegsende und dann ...? : der Kreis Ahrweiler 1944 bis 1946; eine Dokumentation, Aachen 2015; Kriegsende und Neubeginn im Landkreis Eichsfeld 1945/1946: eine zeitgenössische Dokumentation / bearb. und hg. von Thomas T. Müller und Maik Pinkert, Heiligenstadt 2003.
7 In Auswahl für Baden-Württemberg: Stefan Hagen (Hg.), Unsere Schicksalsjahre 1944/45: Ängste, Sorgen, Sehnsüchte - Zeitzeugen aus der Rhein-Neckar-Region blicken zurück, Heidelberg 2014; Wolfgang Schlauch, Das Kriegsende in Langenburg und Umgebung: Tagebuchaufzeichnungen, Zeitzeugenberichte, Erinnerungen, Crailsheim 2012; Folker Förtsch (Hg.), Kriegsende in Crailsheim und Umgebung, Crailsheim 2008; Walter Hees, Die Amerikaner kommen ... : Kriegszeit und Kriegsende in Gschwend und auf der Frickenhofer Höhe, Remshalden-Buoch 2006; Günter Schmitt, Das Kriegsende in und um Nürtingen, Nürtingen 1995; Erinnern – nicht vergessen: Das Kriegsende in Mittelbaden; eine Dokumentation, zsgest. und bearb. von Wolfgang Messner, Baden-Baden 1995; Hartmut Müller/Matthias Stolla, Die Front vor der Haustür: Augenzeugen berichten vom Kriegsende in Hohenlohe, Heilbronn 1995; Hermann Scheurer, Das Kriegsende 1945 im oberen Nagoldtal: eine Dokumentation, Horb 1995; Kraichgau 1945: Kriegsende und Neubeginn, hg. vom Heimatverein Kraichgau, o.O. 1995/1996.
8 Albert Deibele, Krieg und Kriegsende in Schwäbisch Gmünd, Gmünder Hefte, Schwäbisch Gmünd 1954.
9 HStAS J 170 Bü 6 Bericht Göppingen (24.11.1948).
10 So zum Beispiel Sandra Ströhle, Die 100. Division der US-Armee besetzt Göppingen, in: Jürgen Helmbrecht/Karl-Heinz Rueß (Hg.), Demokratischer Neubeginn. Göppingen in den Jahren 1945 bis 1955, Veröffentlichungen des Stadtarchivs Göppingen 39, Göppingen 1999, S. 18-28. basierend auf den Berichten von 1948/49.
11 http://marshallfoundation.org. Hier lassen sich vor allem viele Dokumente zur 100. US-Infanteriedivision recherchieren.
12 Karl Kirschmer, So endete der Krieg im Kreis Göppingen, Jahresheft des Geschichts- und Altertumsvereins Göppingen Nr. 2, Göppingen 1961.
13 Karl-Heinz Rueß (Hg.), Göppingen unterm Hakenkreuz. Veröffentlichungen des Stadtarchivs Göppingen Band 32, Göppingen 1994; Jürgen Helmbrecht/Karl-Heinz Fueß (Hg.), Demokratischer Neubeginn. Göppingen in den Jahren 1945 bis 1955, Veröffentlichungen des Stadtarchivs Göppingen 39, Göppingen 1999.
14 Reiner Weiler, Ende. Wende. Neubeginn in der Stadt Eislingen/Fils 1945/46, Eislingen 1995.
15 „Du keine Angst – wir Frieden", Augenblicke aus dem Geschehen in der Gemeinde Gingen zum Ende des Zweiten Weltkriegs, hg. von der Gemeinde Gingen, Gingen 1995.
16 Rolf Kümmel, Heiningen, April 1945, Heiningen 2002.
17 Schlierbacher Geschichte(n), Nr. 2, hg. von der Gemeinde Schlierbach, Schlierbach 2010.
18 StAL EL 902/8 Bü 12005, S. 37 und 48.

Stefan Lang

Propaganda und Realität – Die Kreisbevölkerung im Krieg (1943-1945)

Die Stimmungsentwicklung der Zivilbevölkerung im Landkreis Göppingen, in dem seit der Kreisgründung im Oktober 1938 etwa 110 000 Menschen in 64 Gemeinden überwiegend von Industrie und Landwirtschaft lebten, ist mit anderen Regionen in Württemberg gut vergleichbar. Mit der sich immer klarer abzeichnenden Niederlage wandten sich gerade viele Ältere seit 1943 zunehmend von der Partei ab und distanzierten sich auch in ihrem alltäglichen Leben von der Programmatik des Nationalsozialismus, soweit dies möglich war. Dagegen reagierte das NS-Regime mit erhöhtem Druck auf die Menschen und wachsendem Terror nach innen.[1] Überwachung, Denunzierungen und Unsicherheit gehörten genauso zum alltäglichen Leben, wie die sich stetig verschlechternde Versorgungslage und vor allem die Sorge um die männlichen Angehörigen an den Fronten. Die Stimmungsberichte, die zumindest periodisch bis Anfang 1945 von den Ortsgruppenleitern an die Göppinger Kreisleitung eingereicht wurden, zeichnen ein differenziertes Bild, das häufig einen starken Kontrast zu den offiziellen Propagandamaßnahmen und Parteiparolen erkennen lässt.

Mit Durchhalteparolen, wie hier aus der „Geislinger Zeitung" vom Herbst 1944, versuchte die NS-Führung, die Bevölkerung zur Mobilisierung der letzten Reserven zu bewegen.

Seit der Niederlage von Stalingrad im Februar 1943 zeichnete sich im Kreis Göppingen, wie nahezu überall, langsam, aber deutlich ein Absinken der Stimmung ab. Auch Kritik an der Führung, die bereits den „Totalen Krieg" propagiert hatte, wurde verhalten geäußert. Im Juni 1943 berichtete der OG-Leiter von Donzdorf, die Zuversicht auf einen deutschen Sieg sei rapide zurückgegangen: *„Auch die Person unseres Führers ist von den Beschuldigungen nicht mehr verschont. Seine Feldherrenfähigkeiten werden bestritten, die Absetzung von Generälen scharf kritisiert usw."* Stattdessen hätte die Kirche großen Zulauf: *„Ruft der Pfarrer, ist alles gerammelt voll, veranstaltet die OG irgendetwas, so hat sie alle Mühe, wenigstens etwas zusammen zu kriegen."*[2] Im ebenfalls katholischen Gosbach verhielt sich die Bevölkerung offenbar nicht den Wünschen des Regimes gemäß und veranlasste ihren OG-Leiter im August 1943 zu einem harschen Urteil: *„Ein großer Teil unseres Volkes ist eine undankbare Bande."* Selbst die Parteigenossen würden sich ganz

„*lau*" verhalten, „*eine Säuberung nach dem Kriege ist unerlässlich.*" Die Distanz zwischen Partei und Volk nehme zu: „*Wir sind in großen Teilen unseres Volkes nicht beliebt, das ist klare Tatsache. (…) Die Partei wird als notwendiges Übel betrachtet, zu deren Beerdigung man am liebsten gleich gehen würde.*"[3]

Auf die deutschlandweit wachsende Unzufriedenheit antwortete das Regime, dessen Innenminister seit August 1943 der Reichsführer SS Heinrich Himmler war, mit immer drastischeren Maßnahmen, mit Verhaftungen und Hinrichtungen – als Beispiel sei nur das Vorgehen gehen die Mitglieder der „Weißen Rose" genannt. Anfang Dezember 1943 hielt der Gosbacher OG-Leiter deshalb zufrieden fest, dass aufgrund des härteren Durchgreifens die Zahl der Unzufriedenen und Kritiker abnehmen würde – „*seit die Köpfe etwas lose sitzen, hat man einen heiligen Respekt davor.*"[4] Diese Wirkung hatte auch der OG-Leiter in Hattenhofen bemerkt: „*Es fällt auf, dass seit der Aktion gegen Witz und Gerücht es in dieser Hinsicht besser geworden ist.*" (22. Januar 1944).[5] In Salach seien die „*Meckerer*" ebenfalls vorsichtiger geworden (24. November 1943), allerdings zeige auch die „*weltanschauliche Einstellung eine rückwärtige Tendenz.*"[6]

Der OG-Leiter aus Wangen vernahm in seiner Gemeinde vielfach Kritik am intensivierten Arbeitseinsatz der Frauen und forderte am 28. Februar 1944 in einem Schreiben an die Kreisleitung ein schärferes Handeln: „*Es dürfte ein härteres Zugreifen wohl mehr Erfolg versprechen. Ausreden sind in Menge vorhanden und nach jeder unwichtigen Sache sollte nicht gefragt werden. Der totale Krieg wird letzten Endes nur von den nationalsozialistisch eingestellten Volksgenossen durchgeführt. Der andere Teil drückt sich langsam aber sicher durch.*"[7] Ebenfalls im Februar 1944 empfand der Leiter der Ortsgruppe Göppingen-Rosenplatz deutliche Probleme, speziell im Blick auf Heimaturlauber von der Ostfront: „*Diese Soldaten erzählen alle möglichen und unmöglichen Märchen und tragen so bewusst oder unbewusst dazu bei, dem Volk Gefahren und Verluste vorzutäuschen, die sicher übertrieben sind.*"[8] In Gruibingen beobachtete der OG-Leiter nach den Frontnachrichten aus dem Osten „*Niedergeschlagenheit*" und „*Interesselosigkeit*" bei den Einwohnern, auf die Frage nach der Zustimmung zur Führung erhalte man nur ein Achselzucken: „*Alles, alles wird der Partei in die Schuhe geschoben, es ist aber auch manchmal zum aus der Haut fahren.*"[9]

In Gosbach zeigte sich die negative Stimmung am 30. April 1944 nach Ansicht des sichtlich frustrierten OG-Leiters auch im ungebrochenen Zulauf zur Kirche: „*Es ist eben so, wenn der Pfarrer hundert Predigten und Andachten hält, nimmt alles teil, selbst wenn bei diesen Zusammenkünften angeordnet wird, dass Dreck gefressen werden müsse – wir können unsere Feiern noch so gut aufziehen, es ist kein Interesse dafür vorhanden.*"[10] Der Rückhalt der Partei in der Einwohnerschaft befand sich hier im Gegensatz zur traditionell-konfessionellen Prägung offensichtlich massiv im Schwinden.

Die Landung der Alliierten in der Normandie im Juni 1944 – Der Wendepunkt?

Mit der Landung der Alliierten in der Normandie seit dem 6. Juni sahen viele OG-Leiter paradoxerweise wieder ein Ansteigen des allgemeinen Optimismus – man nahm an, jetzt würde es zu einer offenen Entscheidung kommen.[11] Daher beurteilten viele Berichte vom Ende Juni und im Juli 1944 die Invasion sogar positiv, hinzu kam die Hoffnung auf die neuen deutschen V-Waffen.[12] Der Geislinger OG-Leiter Sinz beobachtete die Bevölkerung zuversichtlich: *„Jedermann wünscht, dass unsere Gegner eine Abfuhr erhalten, dass ihnen Hören und Sehen vergeht."*[13] Der OG-Leiter Göppingen-Rosenplatz glaubte gar, ein *„erleichtertes Aufatmen"* der Bevölkerung zu spüren, sein Gruibinger Kollege artikulierte sich ähnlich, die Menschen wüssten *„Jetzt geht es ums Ganze"*[14], auch in Boll konstatierte man *„Entspannung"*[15], in Schlierbach gar *„große Erregung"* und *„Siegeszuversicht"*[16] und im katholischen Rechberghausen, wo an Fronleichnam selbst zahlreiche Parteigenossen wieder an der Prozession mitgelaufen waren, hob sich die Stimmung aufgrund des nicht mehr erwarteten V-Waffen-Einsatzes kurzfristig[17].

Das Regime intensivierte in diesem Zusammenhang nochmals seine Propaganda: In Göppingen wurde am 14. Juli auf dem Marktplatz eine Großkundgebung der NSDAP mit dem SA-Standartenführer Friedrich Christian Prinz zu Schaumburg-Lippe als Festredner abgehalten. Der Marsch seiner Standarte „Feldherrenhalle" ging von der Karlsallee aus durch die Stadt. Der Titel der Rede des Prinzen als Höhepunkt der Veranstaltung lautete: *„Kampf gegen das internationale Judentum"*.[18] Der Leiter der Ortsgruppe Göppingen-Hailing berichtete am 23. Juli der Kreisleitung über die angeblich aufrüttelnde Rede Schaumburgs – den eher mäßigen Beifall von Seiten der Bevölkerung erklärte er schlicht mit dem *„immer schwer zu begeisternden Charakter der Göppinger im Allgemeinen"*.[19] Ab dem 23. Juli zeigte das Göppinger Freilichttheater außerdem die Erstaufführung von Max Schillings „Es brennt das Land", ein Stück über den 30-jährigen Krieg in Göppingen, das die *„beispielhafte Haltung"* der Göppinger Vorfahren in bedrohlichen Kriegszeiten darstellen sollte.[20]

Das gescheiterte Attentat auf Hitler am 20. Juli 1944 versuchte man ebenfalls für die Propaganda auszunutzen, wieder organisierte die Partei Großkundgebungen in Göppingen und

Titelseite der „Geislinger Zeitung" vom 22. Juli 1944 mit Berichten über das missglückte Attentat auf Hitler zwei Tage zuvor.

Geislingen. In Göppingen fand am 21. Juli eine Massenkundgebung auf dem Schillerplatz statt, mit dem Oberabschnittsleiter Eugen Veigel als Vertreter der Kreisleitung.[21] Auch in vielen Berichten wird die angebliche Abscheu der Bevölkerung gegenüber den Verschwörern betont. Die eigene Meinung zu äußern, war in diesem Fall lebensgefährlich. Eine damals 15-jährige Zeitzeugin aus Schlat erinnerte sich, wie ihre Mutter am 20. Juli schnell die Fenster schloss, nachdem die Radiomeldung vom Überleben Hitlers gelaufen war und ihr Vater außer sich vor Wut brüllte: *„Ka der et endlich veregga!"*.[22] In Böhmenkirch äußerte der 72-jährige Landwirt Jakob Bühler öffentlich, es wäre schade, dass Hitler nicht tot sei, denn er hätte viel Schuld an dem Krieg. Bühler wurde verhaftet und interniert.[23] Der OG-Leiter von Böhmenkirch unterbreitete überdies am 25. August den Vorschlag, bis auf wenige Ausnahmen alle Rundfunkapparate zu beschlagnahmen, da die *„Gerüchtemacherei"* immer stärkere Formen annehme.[24]

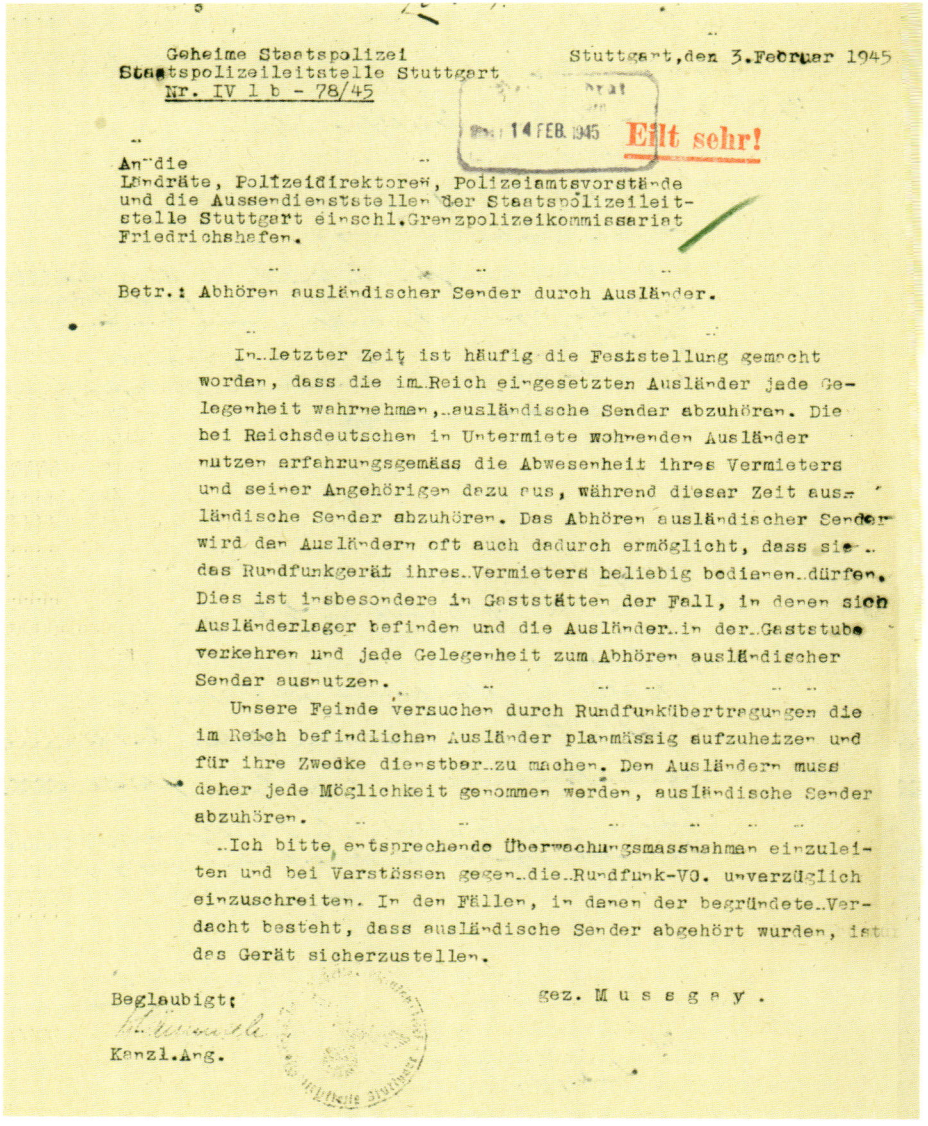

Überwachung der Zwangsarbeiter: Rundschreiben der Gestapo aus Stuttgart an die württembergischen Landratsämter mit der Aufforderung, jede Möglichkeit des Hörens fremder Sender durch Ausländer zu unterbinden.

Inzwischen suchte die Führung weiter nach nutzbaren Potentialen für den „Totalen Krieg". Ab dem 31. Juli fielen alle Frauen bis zum Alter von 50 Jahren unter die Meldepflicht zum Rüstungseinsatz.[25] Bei einer Veranstaltung der NSDAP im Saal des Göppinger Stadtgartens forderte NSDAP-Kreisleiter Hermann Oppenländer am 4. August, den aktuellen Herausforderungen *„mit dem Fanatismus der alten Kämpfer"* zu begegnen.[26] Eine Woche später beschwor Oppenländer in der Geislinger Jahnhalle erneut die Parteigenossen zur Kampfverbundenheit mit dem Führer *„bis zum Endsieg"* und äußerte seine persönliche Freude über die Verurteilung der Verschwörer vom 20. Juli zum schmählichen Tod durch den Strang. Den Krieg gegen die Alliierten sah er als *„Kampf gegen die politischen Wegelagerer des internationalen Judentums".*[27] Nach einer Amtszeit von anderthalb Jahren wurde Oppenländer am 3. September als Kreisleiter durch den zuvor in Tuttlingen tätigen Gottlieb Huber abgelöst.[28]

Die kurze Stimmungsaufhellung nach dem V-Waffen-Einsatz war aber im Herbst 1944 bereits wieder verflogen, dagegen erschienen die ersten krampfhaften Durchhalteparolen – so titelte die „Geislinger Zeitung" am 1. September 1944 mit einem *„Diesmal nicht"*, was der Ablehnung von Gedanken an eine Kapitulation im Gegensatz zu 1918 gewidmet war.[29] Konsterniert schrieb indes der Gruibinger OG-Leiter am 17. September an die Kreisleitung: *„Wenn ich heute meinen politischen Bericht abgebe, so kann ich das mit einem Wort „Untergangsstimmung".* Die Einwohner seines Dorfs beklagten, dass Jugendliche zu Arbeiten am Westwall eingezogen wurden, der Glaube an den Sieg sei quasi erloschen: *„Wenn ich sage, Leute glaubt mir doch, wir gewinnen noch den Krieg, wir müssen zusammenstehen, mithelfen, glauben und vertrauen, ihr häuft ja Schande und Unehre auf unsere Gefallenen, da sagen viele, warum werden wir schon ein paar Jahre angeschwindelt mit neuen Waffen (…) Jetzt sind sie [die Amerikaner] schon in Aachen. Ich kann nur sagen, ein OGL muss heute Nerven von Stahl und Eisen haben. (…) Fast niemand mehr glaubt an einen deutschen Sieg. Überall sieht man die Menschen mit sorgenvollen Gesichtern, wie wenn schon alles verloren wäre, das lähmt die Arbeitsfreude und die Spannkraft."*[30] Sein Kollege aus der Ortsgruppe Göppingen-Waldeck sah im September 1944 die Stimmung ebenfalls am Tiefpunkt.[31]

Ein weiterer Grund für die Zweifel am Endsieg war neben dem überraschend schnellen Vormarsch der Alliierten an allen Fronten die Zunahme der Luftangriffe auf Ziele der näheren Umgebung – vor allem auf Stuttgart, was bei der Bevölkerung starken Eindruck hinterließ. Der OG-Leiter von Hattenhofen formulierte dies am 19. September 1944 folgendermaßen: *„Es ist unendlich schwer, den Mut der Leute zu stärken. Die persönlichen Erlebnisse auf der Autobahn bei Aichelberg, die Berichte, die man von Stuttgart hört und liest, sowie das Schauspiel in der Luft vom letzten Mittwoch, als hunderte von Feindflugzeugen ungehindert ihre Kondensstreifen über unsere Gegend zogen, geben den Leuten viel zu denken."*

Einen Monat später bemerkte er, die Leute seien im Gespräch sehr vorsichtig: *„Alles schweigt!"*. Ein weiteres Problemfeld war hinzugekommen: die Heranziehung von Jugendlichen und alten Männern zum „Volkssturm". *„Die Bildung des Volkssturms lastet schwer auf den Gemütern. „I will no seha, was no älles kommt," kann man oft hören."* Der letzte Hoffnungsfunken seien die Wunderwaffen – man hoffe, bis zu ihrer Fertigstellung die Front halbwegs halten zu können.³² Als Motivatoren für die immer mehr als letzte Reserve in den Fokus rückende Jugend versuchte das Regime, die Ritterkreuzträger aus den Gemeinden heranzuziehen. So musste der Eislinger Alois Eisele sowohl in der Zeitung Durchhalteparolen von sich geben, als auch am 3. Oktober in der Eislinger Turnhalle eine Ansprache an die Jugend halten.³³

Bei einer Veranstaltung der DAF in der Geislinger Gewerbeschule betonte Kreisleiter Huber am 17. Oktober den Ernst der Situation: *„Es gibt für uns nur eine Wahl zwischen dem Kampf bis zum Sieg und dem buchstäblichen Erliegen."* Die Chance zum Sieg, so Huber, sei weiterhin vorhanden: man müsse nur mehr Kaltschnäuzigkeit und Brutalität an den Tag legen, so wie es die Engländer praktizierten.³⁴ Eine Woche zuvor hatte er sich in Göppingen wiederum vor der DAF ähnlich hören lassen.³⁵

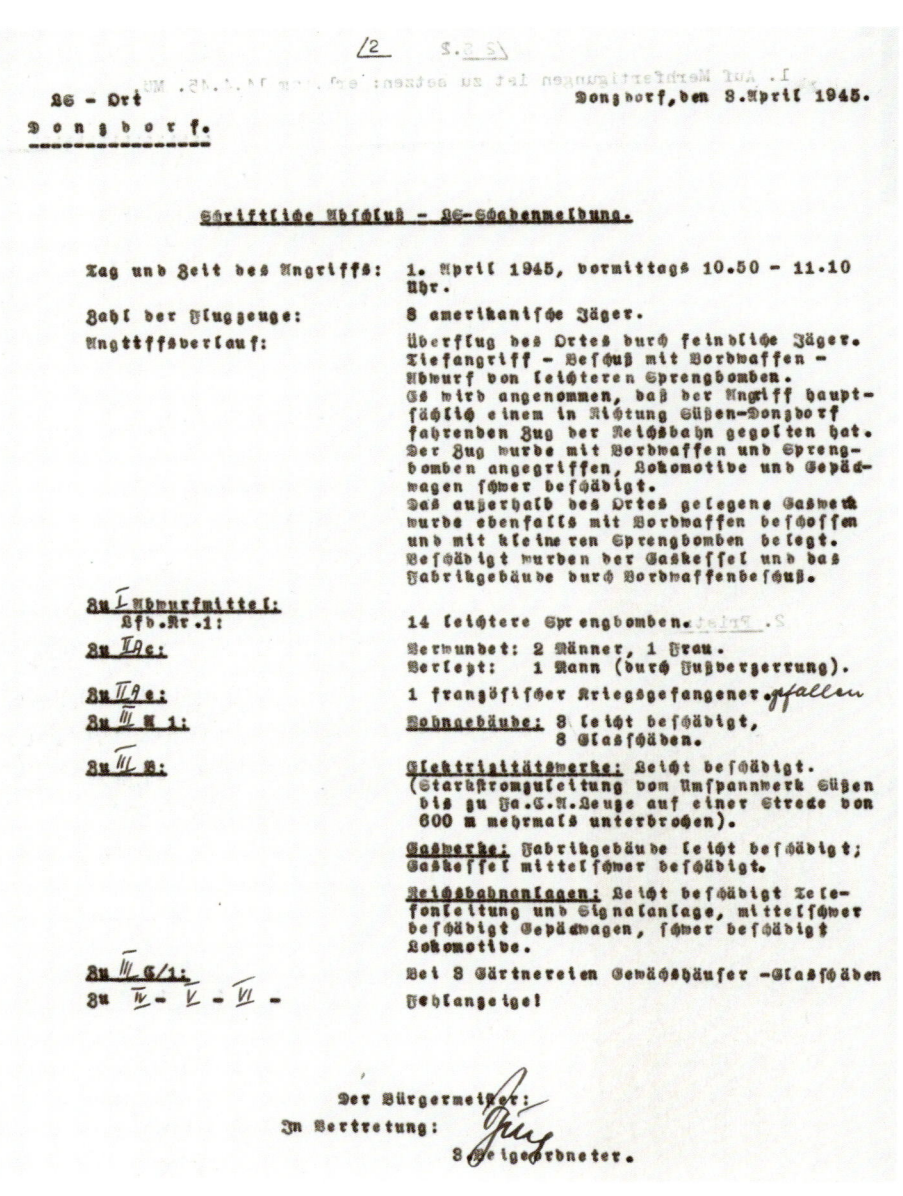

Schadensmeldung der Gemeinde Donzdorf über die Attacke von acht US-Jagdbombern am 1. April 1945, bei der ein französischer Kriegsgefangener getötet und drei weitere Personen verletzt wurden.

Der Volkssturm – Das letzte Aufgebot

Die Bildung des „Volkssturms", zunächst vorrangig zur Verteidigung der unmittelbaren Heimatregion gedacht, wurde am 18. Oktober 1944 deutschlandweit verkündet. Hier sollten alle männlichen Personen im Alter von 16 bis 60 Jahren erfasst werden.³⁶ Im Landkreis Göppingen erfolgte die Einberufung des Volkssturms zeitgleich, der „Hohenstaufen" titelte am 19. Oktober dramatisch mit *„Das Volk steht auf, der Sturm bricht los!"*.³⁷ Tags darauf schloss sich eine Großkundgebung mit

Kreisleiter Huber im Göppinger Stadtgarten an, der abermals unterstrich, dass es nun „kein Zurück" mehr gebe und man bereit sein müsse, auch „das Letzte hinzugeben".[38] In der Geislinger Jahnhalle forderte der Geislinger OG-Leiter Sinz derweil öffentlich ein gnadenloses Vorgehen gegen alle „Schwarzseher und Defätisten". Es sei besser, so Sinz, „dass hundert Feiglinge sterben, als ein einziger, seine Pflicht erfüllender Frontsoldat." Der Volkssturm richte sich daher vor allem auch gegen die „inneren Feinde". Bei einer Kapitulation sei die „grausame Rache des Judentums" zu erwarten, weil man ihm die Herrschaft über Europa genommen habe. Sinz, der unter den OG-Leitern des Landkreises durch seine besonders fanatische und rücksichtslose Einstellung auffällt, schloss seine Ansprache mit: „Wir kapitulieren nie, wir rufen vielmehr in dieser Stunde dem Führer zu: Führer befiehl, wir folgen!"[39]

Zu Beginn des Novembers 1944 fanden im Landkreis die ersten „Dienste" des Volkssturms statt, in Geislingen traten die Männer und Jugendlichen der Jahrgänge 1884-1928 am 5. November 1944 erstmals an und erhielten beim Appell in der Jahnhalle erneut eine Ansprache des OG-Leiters Sinz zu hören, der betonte, es dürfe jetzt „keine Drückeberger" mehr geben.[40] Der „Hohenstaufen" stieß ins gleiche Horn: „Es gibt nur noch die Alternative, Kämpfer oder Feigling, Waffenträger oder Drückeberger."[41] Drei Tage später folgte in der „Geislinger Zeitung" ein holpriges Propaganda-Gedicht mit dem Titel „Volkssturm-Männer ans Gewehr".[42]

Propagandabild eines durch die Armbinde gekennzeichneten Volkssturmmanns in der „Geislinger Zeitung".

Die Vereidigung des Volkssturms erfolgte in Geislingen, wie die dortige Zeitung am 12. November berichtete, zusammen mit der Heldengedenkfeier im Stadtpark, wobei die drei ältesten und drei jüngsten Volkssturm-Männer an der Fahne stehen mussten.[43] Am 20. November meldete man die Erfassung der Männer als weitgehend abgeschlossen, jede Woche war ein halber Tag Dienst abzuleisten.[44] Anders als in seinen öffentlichen Reden beschrieb OG-Leiter Sinz jedoch am 19. November in einem Schreiben an die Kreisleitung die Stimmung in Geislingen zu diesem Zeitpunkt als „trübe", was auf das Nahen der Front, die zahlreichen Vermissten und die immer häufigeren Luftalarme zurückzuführen sei: „Die Härte des Krieges und seine Totalität treten nunmehr auch an die bislang ziemlich verschont gebliebene schwäbische Bevölkerung heran und bewirken eine Kriegsmüdigkeit, die nach einigen Erfolgsmeldungen schnell wieder verflogen wäre". Die propagandistische Wirkung der deutschen Vergeltungswaffen habe sich bei der hiesigen Bevölkerung nicht wie erhofft gezeigt, da die Menschen hier „die Schrecken der Bombenangriffe selbst am eigenen Leib noch nicht erlebt haben". Die Zahl der „Feindfunkhörer" wachse stetig, hingegen würden die deutschen Meldungen als Propaganda bezweifelt – ein deutsches „Nationallaster". Den Volkssturm beurteilte Sinz positiv, weil dort alle erfasst würden: „Persönlich lege ich größten Wert auf die weltanschauliche Festigung im Volkssturm. Da hat man endlich mal alle beisammen, die seit zwölf Jahren sich überall gedrückt haben." Sinz betonte die wahrheitsgemäße Richtigkeit seines Berichts: „Es ist nicht alles rosig-rot." Als Maßnahme zur Besserung der Zustände schlug er größere Zugriffsmöglichkeiten der Partei vor: „*Alle Macht der NSDAP.*"[45]

Ähnliches spiegelt sich einem Bericht an den SD-Leitabschnitt Stuttgart vom 8. November 1944. Die Beobachter aus Göppingen meldeten, dass eine Rede Himmlers zum Volkssturm auf viel Kritik oder Gleichgültigkeit gestoßen sei. In Eislingen hätten sich einige Männer sogar geweigert, ihre Personalien anzugeben. Parteikreise befürchteten das kampflose Überlaufen vieler Volkssturm-Männer im Ernstfall. Die Qualität ihrer Ausrüstung würde ebenfalls für Missstimmung sorgen: „*Auch die Frage nach Waffen wird aufgeworfen. Nicht einmal unsere Soldaten hätten die notwendigen Waffen. „Wir können uns wohl mit der Faust verteidigen?" fragt man höhnisch.*"[46] Tatsächlich kann die Ausrüstung des Volkssturmes nur als desolat bezeichnet werden. Mehr als eine Handvoll Panzerfäuste pro Dorf – in Heiningen waren es beispielsweise vier oder in Wäschenbeuren sechs – gab es nicht, dazu kaum brauchbare oder gar keine Schusswaffen. Ein Zeitzeuge aus Göppingen beschrieb, dass bei seiner einwöchigen Ausbildung in der Flakkaserne während des Frühjahrs 1945 weder die Uniformen ausreichten noch Waffen vorhanden waren – Zeltpflöcke (!) dienten bei den Übungen als Ersatz für Gewehre.[47]

Aufruf im „Hohenstaufen" zum Volksopfer zugunsten des Volkssturms.

Währenddessen rückte der Luftkrieg von Westen täglich näher an den deutschen Südwesten heran, Bomber und Jagdflugzeuge attackierten immer häufiger auch Ziele im Landkreis. Am 14. Oktober 1944 wurden beispielsweise Salach und Süßen (eine Tote) durch Jagdbomber angegriffen, am 9. Dezember forderte ein Jabo-Beschuss auf den Zug in Birenbach zwei Tote und am selben Tag starben in Schlierbach acht Personen durch einen Angriff.[48] Bis zum Ende des Krieges sollte es auch zahlreiche Abstürze deutscher, amerikanischer und englischer Kampfflugzeuge auf dem Kreisgebiet geben, die bis heute nicht komplett erfasst sind.[49] Als

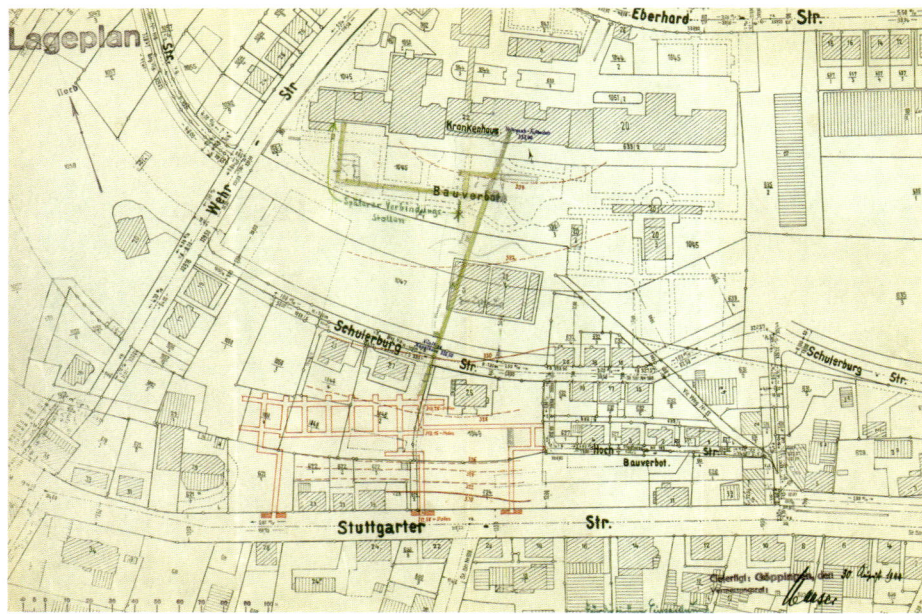

Ausbau des Luftschutzes: Plan eines Verbindungsganges vom Göppinger Kreiskrankenhaus an der Eberhardstraße zum großen Luftschutzbunker in der Stuttgarter Straße, August 1944.

nur zwei Beispiele seien die Abstürze britischer Bomber am 2. Januar 1945 bei Schlierbach (vier tote Flieger) und am 16. März 1945 bei Wäschenbeuren (fünf tote Flieger) erwähnt.[50]

Sinkende Stimmung und kurzfristige Hoffnung der Partei zum Jahreswechsel

In nahezu absurden Zeilen pries der „Hohenstaufen" am 11. November 1944 die „*geheimste Waffe*" der Deutschen – das Vertrauen in den Führer als „*Garant unseres Sieges*".[51] Am selben Tag (!) hielt der Donzdorfer OG-Leiter allerdings desillusioniert fest: „*Der Glaube an einen Sieg ist praktisch nicht mehr vorhanden, jeder wäre froh, wenn wir mit einem Verständigungsfrieden Schluss machen könnten.*" Viele Menschen hörten offenkundig Feindsender, die letzte Hoffnung galt den weiter versprochenen Wunderwaffen: „*Tatsache aber ist, dass im Stillen die Partei als Sündenbock nicht nur für den Krieg überhaupt herhalten muss, sondern ihr alles in die Schuhe geschoben wird. Wir Parteigenossen sind, das wollen wir uns offen eingestehen, im Stillen die am meisten gehassten Menschen unseres Vaterlands.*"[52] Ähnlich fatalistisch sah der Wäschenbeurener OG-Leiter die Situation am 22. November 1944, viele seiner Einwohner hätten Zweifel am Endsieg, die Lage sei schlecht, der Luftterror bedrückend und die „*Material- und Menschenmasse der Feinde anscheinend unerschöpflich*".[53] In der Ortsgruppe Eislingen-Barbarossa erlebte der Leiter genauso „*kolossale Bedenken*" über die politische Lage und zudem starke Kritik an der deutschen Luftwaffe.[54]

Ungeachtet dieser internen Bedenken lief die „Ausbildung" der letzten Kampffähigen weiter. Anfang Dezember machten 1500 Mann des Volkssturms in Geislingen einen Ausmarsch ins Gelände, den die Zeitung als „*verheißungsvollen Auftakt*" feierte.[55] Einige Tage später wurden in Württemberg auch „Bannausbildungslager" der HJ eröffnet, in denen die Jungen der Jahrgänge 1928/29 mehrere Tage im Monat im Rahmen des Volkssturms militärische Kenntnisse vermittelt erhielten. Eines dieser Lager im Landkreis befand sich auf dem Kuchberg in der Nähe von Unterböhringen. Schon am 1. Dezember hatte der „Hohenstaufen" über die Rückkehr von Hitlerjungen des Banns „Hohenstaufen" von Arbeiten am Westwall berichtet, wo die Jungen „*unvergessliche und teure Erinnerungen*" erworben hätten.[56] Aussagen von Zeitzeugen, die an diesen Einsätzen teilnehmen mussten, lassen diese Worte indes als blanken Hohn erkennen: „Unvergesslich" waren allenfalls die permanente Gefahr durch die alliierte Luftüberlegenheit, der demoralisierte Zustand der deutschen Truppen und die katastrophale Verpflegung der Jungen.[57] Nichtsdestotrotz fand am 3. Dezember im Staufen-Theater vor 700 Hitlerjungen ein Appell des Banns „Hohenstaufen" statt, bei dem der Bannführer Hans Freier in seiner Rede den Preußenkönig Friedrich den Großen ebenso wie Goebbels zitierte und den Kampf Europas gegen den „*von Untermenschen geprägten*" Bolschewismus forderte.[58]

Aufnahme eines US-Soldaten von der „Siegfried-Linie", Frühjahr 1945. Jugendliche aus dem Kreis Göppingen wurden im Herbst 1944 zu Schanzarbeiten am „Westwall" abgeordnet.

Die Jahreswende 1944/45 vollzogen Presse und Partei des Landkreises im Vertrauen auf den Erfolg der deutschen Ardennenoffensive, die der „Hohenstaufen" am 28. Dezember bereits als *„vollständig gelungen"* feierte und auch Kreisleiter Huber bekräftigte am 30. Dezember seinen Glauben an den *„Endsieg"*.[59] In optimistischer Stimmung angesichts der anfänglichen deutschen Erfolge im Westen zeigte sich auch der Geislinger OG-Leiter Sinz: *„Zum Teil ist bei der Wankelmütigkeit der hiesigen Mentalität die Zuversicht wieder gehoben, wenn es natürlich auch Waschlappen gibt, die am Endsieg zweifeln."* Grund für die Unsicherheit der Bevölkerung seien auch weiterhin die zahlreichen Hörer von ausländischen Rundfunksendern, deren Verfolgung nur schleppend verlaufe. Schuld sei vor allem die örtliche Polizei: *„Die Geislinger Polizeiorgane sind Schlappschwänze und verdienen den Ausdruck „Rindviecher" (…). Darüber gelegentlich mündlich mehr. In jedem Fall einer Anzeige ist immer der OG-Leiter der Blamierte."* Auch die initiierte Mund- und Flüsterpropaganda sei nicht wirksam genug. Daher begrüße er die inzwischen nochmals verschärfte Gangart des Regimes: *„Man kann es nicht beweisen, wenn man nicht die Macht hat, Akteneinsicht zu verlangen, Verhöre zu führen, Beamte fristlos zu entlassen, einzusperren, nötigenfalls Schädlinge kurzerhand zu richten."*[60]

Die Volkssturm-Männer erhielten derweil laut Zeitung in Schulungsabenden als *„Glaubens- und Waffenträger der Nation"* auch das *„innere Rüstzeug des politischen Soldaten"*.[61] *„Tue, was du musst – sieg oder stirb!"* – so berichtete der „Hohenstaufen" am 29. Januar 1945 über eine *„erhebende Feierstunde"* der NSDAP im Göppinger Staufentheater, in der Kreisleiter Huber zum wiederholten Male die „*Schicksalsgemeinschaft*" der Deutschen betonte, in der es nur die Wahl zwischen Sieg oder Untergang gebe.[62] Immer häufiger veröffentlichten die Zeitungen unterdessen Anweisungen über das nötige Verhalten bei Jabo-Gefahr oder über die unerlässliche Verdunkelung.[63] Am 22. Februar erfolgte ein Aufruf an weibliche Freiwillige, um Soldaten im Innendienst abzulösen. Die NSDAP versuchte in der letzten Februarwoche, den „Selbstbehauptungswillen" der Bevölkerung mit Veranstaltungen in nahezu allen Kreisorten zu heben, vor allem die Volkssturm-Männer sollten dabei angesprochen werden. Kreisleiter Huber erschien beispielsweise am 28. Februar in Uhingen, HJ-Bannführer Freier in Ebersbach. Kreisleiter Huber forderte dabei weiterhin Durchhaltewillen und zog Parallelen zu 1918, als der Feind eigentlich schon geschlagen gewesen wäre. Auch Angst und antisemitische Ressentiments wurden geschürt: „*Wir dürfen uns über die Absichten unserer Gegner keinen falschen Hoffnungen hingeben und vor allem nie vergessen, dass hinter allen Vernichtungs- und Greuelplänen der Jude steht.*"[64]

Der 1. März 1945 in Göppingen – Schock auch für das Umland

Am 1. März 1945, als die Göppinger Oberstadt am Nachmittag von einem schweren amerikanischen Bombenangriff getroffen wurde und 293 Menschen starben, lautete der Titel des „Hohenstaufen" noch geradezu grausam-ironisch „*Wir werden die harte Bewährungsprobe bestehen*".[65] Der Angriff auf Göppingen bedeutete für die Menschen einen tiefen Schock, trotz der zahlreichen Industriebetriebe hatten etliche Einwohner ebenso wie viele Menschen der Umgebung nicht wirklich mit einem

Amerikanisches Aufklärungsfoto vom 8. April 1945, auf dem die Zerstörungen in der Göppinger Oberstadt und die Bombentrichter auf dem freien Gelände südlich des Schockensees (links) gut zu erkennen sind.

großen Luftangriff auf die Stadt gerechnet. In der Folgezeit wirkten die schrecklichen Erlebnisse des Bombardements psychisch nach und die Schutzräume wurden konsequenter aufgesucht. Die propagandistische Verwertung ließ der „Hohenstaufen" am 2. März umgehend im Lokalteil folgen, mit dem Artikel „*Abgrundtiefer Hass die Wirkung des Luftterrors*". Der Redakteur schrieb: „*Die Liebe zur verwundeten Stadt und zur geschändeten Heimat wird durch den Bombenterror nicht geringer, sondern größer. Denn darin irrt der Feind: Nicht Schwäche und Angst, sondern Hass, abgrundtiefer Hass ist die Wirkung dieser niederträchtigen Schandtaten. Wir aber wissen, dass auch aus den Opfern des Luftterrors ein neues Reich entstehen wird, weil ein Volk mit einer solchen Haltung niemals untergehen kann.*"[66]

In der Ausgabe vom 8. März werden Auszüge einer Rede des OG-Leiters Göppingen-Rosenplatz Blum unter dem Titel „*Lieber tot als Sklav*" abgedruckt: „*Heute wird der Kampf um unsere Heimat geführt. Es wird darum gekämpft, ob wir endlich Deutsche sein dürfen in einem Reich deutscher Seele. (...) An tausenden Beispielen haben wir erkannt, dass es keine Unterschiede gibt zwischen bolschewistischer Grausamkeit in Ostpreußen, Schlesien und Pommern und anglo-amerikanischer Grausamkeit am Rhein. Deshalb darf uns für den Sieg kein Opfer zu teuer sein, denn nur der Sieg verbürgt uns ein Leben in Freiheit.*"

Bei der „Heldengedenkfeier", die am 11. März auf dem Göppingen Friedhof abgehalten wurde und in die man auch die Toten des 1. März einschloss, traten Kreisleiter Huber und der Göppinger OB Pack als Redner auf. Huber forderte angesichts der Opfer fanatischen Kampf bis zum Sieg und reduzierte seine Aussagen auf die Formel: „*Deutschland muss leben, auch wenn wir sterben müssen.*" Ähnlich äußerte sich auch Pack, der einen „*furchtbaren Hass*" als Konsequenz der alliierten Kriegsführung zu entstehen glaubte und ebenfalls eine Verteidigung bis zum Ende als einziges Mittel ansah: „*Das eine aber wissen wir, dass wir lieber in einer Höhle im Mutterlande hausen und dort unser Leben verteidigen, als dass wir als Arbeitstiere in den russischen Tundren verkommen.*"[67]

Außer den Bomben fielen während dieser Tage auch alliierte Flugblätter in wachsender Zahl auf den Boden des Kreisgebiets. Diese mussten aufgesammelt und bei einer Parteistelle abgegeben werden, die sie dann an die Kreisleitung weiterleitete.[68] Unterdessen bestanden die Titel der Lokalzeitungen mehr oder weniger nur noch aus Durchhaltephrasen. „*Unser Osterglaube heißt Sieg!*" titelte der „Hohenstaufen" am 31. März 1945 – drei Wochen später würde der Krieg für Göppingen vorbei sein.[69] Ebenso versuchte man, der Bevölkerung durch entsprechende Artikel Furcht vor den anrückenden Amerikanern einzureden, die sich angeblich in ihrem Verhalten nicht von der gefürchteten Roten Armee unterscheiden würden, beispielsweise durch Artikel wie „*Deutsche Freiwild für vertierte Untermenschen*" vom 13. April, in dem man einen vorgeblichen „*Lustmord amerikanischer Negersoldaten an deutschen Jungen*" ausführte.[70] Doch diese Schauergeschichten blieben beim Großteil der Bevölkerung wirkungslos und viele hofften, dass die Amerikaner als erste den Landkreis erreichen würden.[71]

Die Feldarbeit war wegen der fast permanenten Jabo-Gefahr für die Landwirte des Kreises im Frühjahr 1945 oft lebensgefährlich und wurde deshalb manchmal sogar nachts durchgeführt.

Das Ende nähert sich: Letzte Musterungen und Gefangenenzüge Anfang April 1945

Der April 1945 begann im Landkreis Göppingen mit zahlreichen Jabo-Attacken an den Ostertagen. Am 1. April gab es Fliegerattacken in Eislingen (ein Toter) und in Donzdorf (ein Toter, drei Verletzte), am 2. April (Ostermontag) Angriffe auf Züge in Faurndau, Gingen und Salach, am 3. April in Ebersbach und am 5. April in Dürnau – um nur einige Beispiele zu nennen. In der Regel waren es amerikanische Maschinen, vor allem die robusten P-47 Thunderbolt, die nahezu täglich die Gegend heimsuchten. Ob Zug, Auto, Pfluggespann oder Fußgänger, nichts war als Ziel undenkbar, die psychische Belastung durch diese plötzlichen Attacken gerade für die Landbevölkerung bei der Feldarbeit immens.[72] Häufig scheint es eine Gruppe von acht P-47 Jagdbombern gewesen zu sein, die das Kreisgebiet, aber auch andere Regionen in Süddeutschland unsicher machten. Viele Zeitzeugen konnten sich an abgeworfene Flugblätter erinnern, auf denen stand: *„Wir sind die lustigen Acht – wir kommen bei Tag und bei Nacht!"* Ob es sich hierbei um eine besondere Staffel handelte oder ob diese spezifische Bezeichnung zur psychologischen Kriegsführung, zur Verunsicherung der Bevölkerung diente, ist noch nicht ganz geklärt.

Der schlimmste Angriff im Kreisgebiet außerhalb Göppingens ereignete sich am 4. April gegen 15 Uhr in Wiesensteig, als vier amerikanische P-38 Lightning-Jäger unerwartet den Ort attackierten. 23 Menschen, darunter Frauen und Kinder, starben sofort, weitere erlagen später ihren Verletzungen.[73] Von Zeitzeugen wurde als Grund des Angriffs vermutet, dass die Jabos von Soldaten oder Volkssturm beschossen wurden, als sie einen Lastwagen verfolgten.[74] Am Morgen des Folgetags erhielt auch der Nachbarort Mühlhausen eine Attacke aus der Luft, hier blieb es jedoch lediglich bei Sachschäden.[75] In Göppingen sollte es schließlich am 12. April einen schweren Jabo-Angriff auf die Umgebung der Bahnlinie geben, bei dem abermals 32 Menschen getötet wurden.[76]

„Entweder – oder". Mit Flugblättern wie diesen forderten die Amerikaner die Bevölkerung zur kampflosen Übergabe ihrer Orte auf.

Die Kreisbevölkerung im Krieg 41

Für die männlichen Jugendlichen des Jahrgangs 1929 wurde es unterdessen im Frühjahr 1945 langsam bedrohlich. Besonders die Werber des SS drängten bei den anlaufenden Musterungen oder anderen Veranstaltungen hartnäckig auf eine Dienstverpflichtung. Die Musterungen fanden bis zum 19. April, dem ersten Tag des Einmarschs der Amerikaner in den Landkreis, statt.[77] Ein nach Göppingen evakuierter Stuttgarter Oberschüler erinnerte sich, eine Meldung zur Marine gemacht zu haben, deren „Ausbildung" im Landkreis Göppingen auf dem Uhinger Epplesee stattfand: *„Auf das große Ruderboot, das in Uhingen in einem Baggersee vor Anker lag, durfte ich als Neuling noch nicht. Es wäre wohl ohnedies nur eine kurze Bekanntschaft geworden, denn die Truppe versenkte den unförmigen Holzkahn kurz darauf feierlich, damit er nicht in Feindeshand fallen sollte. Diese Begebenheit ist ein weiteres eklatantes Beispiel für unsere ideologische Ausrichtung."* Der Zeitzeuge berichtet ebenso über die Besuche in einer nahegelegenen NS-Kneipe am Fabrikkanal: *„Nach den Bildern an der Wand zu schließen, war es ein braunes Lokal. Der Sturmführer Rapp verkehrte ebenfalls dort unten. Es war unverkennbar, wie die Stimmung von Mal zu Mal weiter dem Nullpunkt zuging."* Aufmerksam beobachtete der Jugendliche die Versuche des Regimes, bei seiner Generation noch Kriegsbegeisterung zu wecken, beispielsweise bei einem sogenannten „Propagandamarsch" der ältesten Jahrgänge des HJ-Standorts Göppingen durch die Stadt, unterstützt durch einen extra angereisten SS-Musikzug: *„Diese Aktion sollte offensichtlich in zwei Richtungen wirken: Einmal sollten wir Hitlerjungen in rattenfängerischer Manier begeistert hinter die Fahnen gerufen werden, zum anderen die Bevölkerung noch eine Aufmunterungsspritze bekommen."* Im Gegensatz zu den Jugendlichen ließen sich die älteren Einheimischen offenbar wenig begeistern: *„Bei der Bevölkerung, die teilweise abgeklärter und sicherlich auch kriegsmüder war als wir Jungen, fand der Vorbeimarsch mit klingendem Spiel relativ wenig Applaus. Dagegen konnte man ab und zu Bemerkungen wie „Was soll denn das jetzt noch?" hören."*[78]

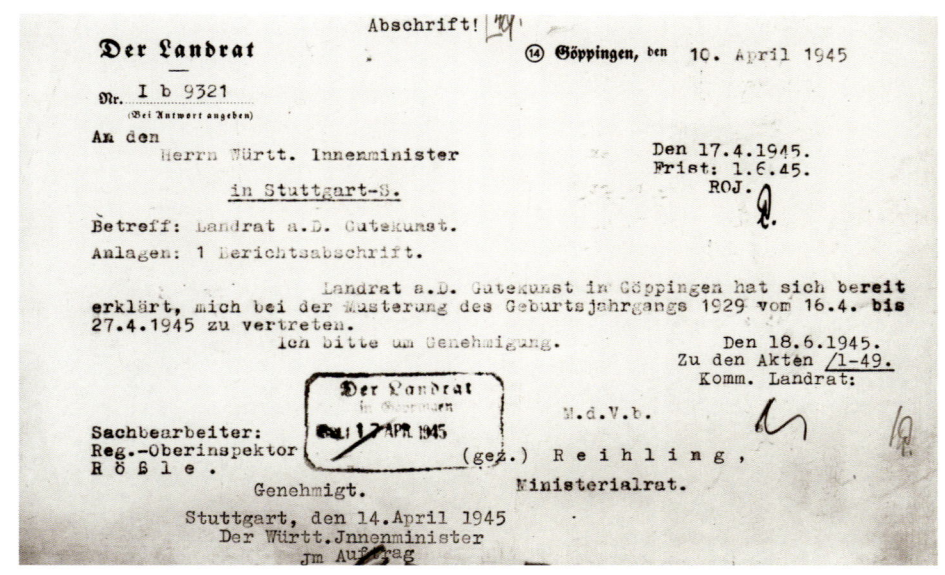

Wiesensteig wurde am 4. April 1945 Ziel eines wohl spontanen Fliegerangriffs, der mindestens 23 Menschen das Leben kostete.

Abordnung des ehemaligen Aalener Landrats Karl Gutekunst zur Musterung des Jahrgangs 1929, die vom 16. bis zum 27. April stattfinden sollte.

Kurz vor Kriegsende kam der Junge ins Ausbildungslager Kuchberg, wo die 16-Jährigen erneut zur SS-Division „Hitlerjugend" gedrängt wurden. Doch der sich überschlagende Ablauf der Ereignisse sollte es glücklicherweise nicht mehr zu einem Einsatz der Jungen kommen lassen. Der Sohn des Heininger Bürgermeisters Karl Kümmel erinnerte sich außerdem noch eindrücklich, wie von SS-Leuten zur sogenannten „Werwolf-Bewegung" geworben wurde: *„Die Partei ordnet an, alle männlichen Jugendlichen, die 14 Jahre und älter sind, zu evakuieren. Man will sie zu Werwölfen (paramilitärische Organisation) ausbilden. Hinweis: Ich kann mich daran erinnern, wie wir auf den Einsatz vorbereitet wurden. Ein Offizier der Waffen-SS hält unserem kleinen Häuflein eine schneidige Rede, unbedingter Gehorsam zum Führer, Glaube an den Endsieg, Überlegenheit der arischen Herrenrasse, Verpflichtung zum Kampf und dann (wörtlich): „Wer einmal Blut geleckt hat, kann nicht mehr davon lassen!" Es wird mir übel, Angst kriecht in meinen Buben-Körper. Warum soll ich Blut lecken? Zweifel regt sich, ob das alles so richtig ist. Der Bauer Haag, dessen Sohn betroffen ist, geht zum Rathaus. „Was kann man dagegen tun, Herr Bürgermeister?" will er wissen. „Ihr müsst euch gemeinsam widersetzen, alle Eltern müssen sich zusammentun.", sagt Bürgermeister Kümmel. Als der OG-Leiter der NSDAP die Jugendlichen zusammenruft, um sie auf ihre Aufgabe zu verpflichten, erscheinen fast geschlossen, obwohl nicht eingeladen, auch die Eltern. Nein, das käme nicht in Frage, sagen sie empört. Unsere Kinder geben wir nicht her, da ist sich das Dorf einig. Fast kommt es zu einem Handgemenge. Der Ortsgruppenleiter ist verdutzt. Da müsse er erst die Weisung seiner vorgesetzten Stelle einholen."*[79] Diese erfolgte offenbar nicht mehr. Auch sonst schien die Werwolf-Bewegung in der Bevölkerung des Landkreises kaum Niederschlag gefunden zu haben. In Donzdorf und Umgebung gibt es einzelne wenige Hinweise auf derartige Gruppierungen, die möglicherweise mit dem Gmünder Raum korrespondierten.[80] Doch in nachweislich konkrete Aktionen gegen die Amerikaner scheinen sie im Landkreis Göppingen nicht gemündet zu haben, abgesehen von der Beunruhigung der eigenen Bevölkerung und einer erhöhten Wachsamkeit der Amerikaner vor allem gegenüber männlichen Jugendlichen. Allerdings soll der Ebersbacher Bürgermeister Gustav Seebich Ziel einer geplanten Werwolf-Attacke gewesen sein, weil er Maßnahmen gegen die Verteidigung seiner Gemeinde betrieb – dies wurde allerdings erst 1985 bekannt.[81]

Zwei Söhne gefallen, der Vater in Gefangenschaft – brutale Schicksalsschläge für ganze Familien. Todesanzeige aus dem „Hohenstaufen", Frühjahr 1945.

Nicht nur der Griff nach den eigenen Kindern öffnete vielerorts auch den Letzten die Augen über das Gesicht des Regimes: Kolonnen von Kriegsgefangenen, Zwangsarbeitern und KZ-Häftlingen wurden in der ersten Aprilwoche angesichts der näherkommenden Front nach Süden und Osten offen durch die Straßen vieler Kreisgemeinden getrieben. Ein Zwölfjähriger aus Rechberghausen beobachtete einen solchen Transport: *„Anfang April 1945 kamen 700 bis 800 KZ-Häftlinge das Dorf herunter, Männer und Frauen. Voraus gingen vier Wachsoldaten. Am Schluss des Zuges wurden sieben oder acht Handwägelchen gezogen, mit den nicht Geh-*

fähigen. *Es ist unklar, woher diese Leute kamen und wohin sie gebracht wurden. Man hat seither davon nichts gehört. Wahrscheinlich arbeiteten sie in einer Rüstungsfirma und mussten sich von der Front absetzen. Eine Frau wollte von ihrer Bäckerei den Leuten ein paar Roggenwecken geben. Die Wachen haben dies aber verhindert.*"[82] In Ebersbach notierte der 56-jährige Otto Schmid am 4. April in sein Tagebuch: „*Den ganzen Tag ziehen große Kolonnen mit Gefangenen auf der Hauptstraße ostwärts.*"[83] Für das benachbarte Uhingen erinnerte sich ein damals zehnjähriger Junge: „*Schrecklich anzusehen waren die gefangenen Trupps von Russen, Polen und anderen osteuropäischen Menschen, die von Westen kommend nach Südosten bei uns am Haus vorbeigetrieben wurden und niemand wusste, wohin. Zerlumpt, verwundet, teils barfuß, so sind sie mir in Erinnerung und keiner durfte ihnen helfen. Ein schreckliches Beispiel von Brutalität ereignete sich vor unserem Fenster, als einem Gefangenen im Vorbeigehen mit einem Gewehrkolben ins Gesicht geschlagen wurde, bis das Blut floss.*"[84]

Handzettel der Göppinger NSDAP-Kreisleitung zur Evakuierung der Bevölkerung, Anfang April 1945.

Ähnliche Szenen dokumentieren Zeitzeugen auch für andere Gemeinden. Die in der Regel völlig ausgehungerten und zerlumpten Menschen bettelten verzweifelt um Brot oder versuchten, aus den Abfällen vor den Häusern noch etwas Essbares zu ergattern. Größere Kontingente von Kriegsgefangenen wurden an einigen Orten provisorisch untergebracht und aufgrund der zusammenbrechenden Organisationsstrukturen nicht mehr weiter fortbewegt, wie beispielsweise rund 1000 Franzosen am Schloss in Rechberghausen oder in Donzdorf, wo am 5./6. April etwa 1200 gefangene Franzosen und Russen aus dem Lager Ludwigsburg angekommen waren und in Scheunen untergebracht wurden.[85]

Evakuierungsaufrufe der NSDAP

Anfang April ließ die Göppinger NSDAP-Kreisleitung Handzettel verteilen, auf denen die Evakuierung der Zivilbevölkerung in Richtung Oberschwaben empfohlen wurde.[86] In Ebersbach beispielsweise am 3. April, dem Dienstag nach Ostern, ebenso in Gruibingen, wo der Pfarrer Frieß sich 1948 erinnerte: „*Am Osterdienstag wurden Zettel ausgetragen, auf denen die Räumung unserer Gegend befohlen war; sie brachten eine gewisse Aufregung, aber niemand war gewillt, zu fliehen.*"[87] Für Heiningen gab der Lehrer Kauderer an: „*Die Einwohner erhielten die Mitteilung, dass in nächster Zeit der ganze Bezirk geräumt werden müsse. Aufnahmegebiet sollte das württembergische Oberland, die Gegend von Riedlingen sein.*"[88] Ähnli-

Titelblatt des „Hohenstaufen" vom 31. März 1945 – knapp drei Wochen später war der Krieg für Göppingen vorbei.

ches wurde für Kuchen festgehalten: *„Räumung wurde von der Ortsgruppenleitung am Ostermontag 1945 angeordnet (Richtung Biberach), aber nicht durchgeführt."*[89] Im Nachbarort Gingen, wo die Evakuierung am 3. April durch Ausschellen bekanntgegeben wurde, ergab sich das gleiche Bild – niemand befolgte die Anweisung.[90]

Für etwas Unruhe sorgten die Flugzettel unterdessen in Oberwälden: *„Dies löste eine große Beunruhigung unter der Einwohnerschaft aus. Auf das Einschreiten des Ortsgeistlichen hin unterließ der Zellenleiter von hier die weitere Verbreitung der diesbezüglichen Anweisungsblätter und die Evakuierung unterblieb."*[91] Die Ottenbacher sollten ihr Dorf ebenfalls *„bis nach dem Siege"* räumen: *„Manche besorgten sich Rucksäcke, der größte Teil der Bevölkerung kümmerte sich aber nicht um diesen Befehl."*[92] Ebenso reagierten die Bewohner von Böhmenkirch: *„Von einer Flüchtung aus dem Dorfe wollte niemand etwas wissen."*[93] Ausführlicher berichtete der Lehrer Bächtle aus Bad Überkingen: *„Die Nervosität wurde immer sichtbarer. Die Parteileitungen begannen, Akten zu vernichten und sich für den Abzug bereit zu machen. Der Bevölkerung wurde zugemutet, sich selbst zu evakuieren. So wurde auch der Ort Bad Überkingen in den frühen Morgenstunden des 3. April 1945 in den Gasthof zum Hirsch aufgerufen, um die Anordnungen für den Abzug entgegenzunehmen. Die Männer von Bad Überkingen haben diese Maßnahme als hoffnungslos angesehen und die Bevölkerung aufgefordert zu bleiben, weil gar keine Möglichkeit mehr bestand, sich irgendeine andere Zuflucht zu suchen. Dabei wurden die tollsten Gerüchte verbreitet über die Anwendung von Sonderwaffen, über Vereisung und Vergasung des ganzen Gebietes."*[94] Die ablehnende Haltung vieler Einheimischer, vor allem von Veteranen des Ersten Weltkriegs, spiegelt sich ebenso in den Aussagen des damals 48-jährigen Bad Überkingers Oskar Kistenfeger: *„Überkingen soll der Kampfplatz der „Neuen Waffe" werden. Die ganze Gemeinde muss ausziehen ins Oberland. Ich sollte den 3. Zug übernehmen mit Fahrzeugen (Bauernwagen) mit alten Leuten, Kindern, Vieh und Futter. Ich erklärte, dass ich da nicht mitmache. Die Leute würden auf der Strasse durch die „Jabos" (Jagdbomber) elendiglich*

Die Kreisbevölkerung im Krieg 45

zusammengeschossen. Ich sagte den Befehlsgebern: „Ich bleibe hier auf meiner Scholle, komme, was da kommen mag". Von 1915 bis 1918 als Infanterist an der Westfront habe ich zur Genüge das Elend der französischen Bevölkerung gesehen und mitgemacht."[95] Die hier durchscheinende, letztlich wirkungslose „Strategie" der NS-Führung, die Menschen durch einen vermeintlichen Einsatz von zerstörerischen „Geheimwaffen" aus ihren Gemeinden zu treiben, ist auch in anderen Landkreisen nachweisbar, so beispielsweise in Neuhausen/Fildern (Lkr. Esslingen).[96]

Amerikanisches Aufklärungsfoto vom 8. April 1945 mit dem Nordostrand Göppingens und dem Gelände des Flugplatzes (oben).

Doch nicht nur in den Dörfern sorgten die Handzettel der NSDAP für Erregung. Der in Göppingen stationierte 23-jährige Luftwaffenleutnant Andreas Vogt notierte am 4. April in sein Tagebuch: *„Aus der Stadt bekam ich einen Anruf. Man ist in großer Aufregung, ob des Zettels der Kreisleitung. Ein Blatt wird von Haus zu Haus gebracht. Der Führer hat befohlen – es betrifft die Räumung des Gebiets. Mit Abgabe des Zettels wird hinzugefügt, dass der erste Satz nicht gilt, geradezu schuftig, wie man sich auf diese Art aus der Verantwortung windet. Ich werde keine deutsche Frau zwingen, ihr Heim zu verlassen. Vorher schieße ich auf andere Leute!!! Ich rate Folgendes: Frau mit Kleinkind aufs Land, aber in der Umgebung, die anderen dableiben. Wohin sollen sie denn noch in dem großen deutschen Reich?! Sich dem ungewissen Flüchtlingslos preisgeben, auf der Straße herumirren? Hungernd, frierend, heimatlos, schutzlos? Wir sind weit gekommen."*[97]

Am 12. April, als Vogt Göppingen in Richtung Kaufbeuren verlassen musste, schätzte er die Situation drastisch ein: *„Wie ist überhaupt die Lage? Mit einem Wort ausgedrückt – beschissen. Überall Hiebe und niemand scheint so vernünftig zu sein, aufhören zu wollen. Wir haben, wie es jetzt ist, keine, aber auch gar keine Chance mehr, und noch immer werden die wenigen deutschen Männer, die noch leben, ins Feuer geführt."*[98]

Befestigung des Albrands – Bau von Panzersperren

Seit Anfang April wurden auch die Orte am Albrand und ihre Umgebung zunehmend befestigt, in viele Gemeinden des oberen Filstals rückten russische „Wlassow-Soldaten" und turkmenische Hilfstruppen ein. Ende März war aufgrund des amerikanischen Vormarschs in Richtung Neckar der Befehl des OKW dazu ergangen. Diese meist von deutschen Offizieren kommandierten Soldaten legten Panzersperren, Schützengräben und MG-Stellungen an, die vielerorts bis heute im Gelände sichtbar sind. Die Verteidigungslinie der „Albrandstellung" sollte sich ungefähr von Aalen über Heubach – Böhmenkirch – Geislingen – Wiesensteig – Urach – Reutlingen – Hechingen – Ebingen bis Fridingen erstrecken. Die Orte im Landkreis Göppingen zählten dabei zum Nordabschnitt, der von Aalen bis zur Linie Wiesensteig-Ulm verlief. Den Kampfwert der dort stationierten russischen Freiwilligen schätzten die Wehrmachtskommandeure jedoch als nicht besonders hoch ein und betrachteten den Abschnitt Geislingen-Wiesensteig als kritische Schwachstelle.[99] Außerdem wurden auch mehrere Filsbrücken im Landkreis und die erst wenige Jahre zuvor gebauten Autobahnviadukte zur Sprengung vorbereitet.

Um Ostern 1945 wurden die Bewohner des Landkreises zum Bau von Panzersperren und Schützenlöchern entlang der Straßen angehalten, die vor allem durch den Volkssturm an allen möglichen und zuweilen auch militärisch völlig sinnlosen

Generalleutnant Andrej Wlassow (1901-1946), Befehlshaber der „Russischen Befreiungsarmee", deren Kommando sich ab Februar 1945 in Münsingen befand. Nach dem Krieg wurde Wlassow wie viele seiner Soldaten in Russland hingerichtet.

Orten und Verkehrswegen errichtet werden sollten.[100] Bisweilen behalfen sich die Betroffenen wie die Einwohner von Unterböhringen: *„Der Volkssturm sollte eine Panzersperre bauen, um den Weg vom Grünenberg zu verlegen. Er machte eine Scheinanlage, da das Gelände für eine wirkungsvolle Panzersperren denkbar ungeeignet ist."*[101]

Für die Bevölkerung stellten die Panzersperren, die meist aus in Halterungen gelegten Baumstämmen bestanden, jedoch eine todernste Problematik dar, da die meisten einen amerikanischen Beschuss oder gar einen Luftangriff angesichts geschlossener Sperren befürchteten. Dass beim Einmarsch dann tatsächlich geschlossene Sperren wenige oder gar keine Probleme verursachten, wie beispielsweise in Heiningen oder Gammelshausen[102] am 20. April 1945, konnten die besorgten Menschen damals nicht wissen.

Diese Privataufnahme zeigt Göppinger Volkssturmmänner beim Graben von Schützenlöchern in der Nähe des „Oberholzes" – unter Anleitung eines Soldaten und sichtlich mit nur mäßiger Begeisterung.

Im württembergischen NS-Kurier veröffentlichte Gauleiter Murr in seiner Funktion als „Reichsverteidigungskommissar" am 10. April einen Aufruf zum *„Kampf bis aufs Messer"*, neun Tage später floh er selbst aus Stuttgart.[103] Im „Hohenstaufen" wurde am 13. April seine Bekanntmachung abgedruckt, in die Verteidigung *„mit allen Mitteln"* befohlen und der Bevölkerung die Todesstrafe für die Öffnung von Panzersperren sowie das Zeigen der weißen Fahne angedroht wurde. Ebenso sollten die Angehörigen der „Schuldigen" mit einer *„drakonischen Strafe"* belegt werden.[104] Zuvor schon hatte Murr unter dem Kennwort „Schwabentreue" im Anklang an Hitlers berüchtigten „Nero-Befehl" die Zerstörung von Verkehrswegen und Industrieanlagen vorbereitet.[105] Der offizielle Wehrmachtsbericht meldete zuletzt, wie seit dem 8. April die heftigen Kämpfe um Crailsheim und nun auch südöstlich von Würzburg entbrannt waren.[106] Nähere Informationen sollten die Einwohner des Landkreises Göppingen bis zum Eintreffen der Amerikaner nur noch von ausländischen Radiosendern erhalten.[107]

Widerstand gegen die sinnlose Verteidigung – Vorbereitungen auf den Einmarsch

Am Abend des gleichen Tags (12. April), als Gauleiter Murr seinen „Panzersperren-Erlass" formulierte, begannen in Heiningen mehrere Männer und Frauen aus dem Dorf mit dem Abbau der drei dortigen Panzersperren.[108] Warum sie dieses ebenso mutige wie riskante – die Beteiligten waren sich über mögliche Konsequenzen völlig im Klaren – Unterfangen schon so früh wagten, ist nicht ganz ersichtlich. Vermutlich hatte sich die Stimmung im Ort zu einem gewissen Punkt aufgeschaukelt und insbesondere die Angst vor den täglich erscheinenden Jagdbombern die Menschen zum Handeln veranlasst. Dem Bericht eines der Hauptbeteiligten, des Lehrers Hermann Kauderer, lässt sich entnehmen, dass man wohl befürchtete, das Dorf könne wegen der für die Jäger sichtbaren Sperren zum Ziel einer Attacke werden.[109] In jedem Fall wollten die Heininger eine sinnlose Verteidigung ihrer Gemeinde und daraus entstehende Zerstörungen verhindern. So schritten die Männer und Frauen mit Billigung des Bürgermeisters Karl Kümmel zur Tat. Doch noch während der Arbeit wurden sie von Wehrmachtssoldaten entdeckt und verhaftet, insgesamt acht Personen. Wenig später holten zwei Soldaten auch Bürgermeister Kümmel ab. Auf Anweisung des Kreisleiters brachte man die Gefangenen nach Göppingen zur Vernehmung durch die Kriminalpolizei. Nachdem Kreisleiter Huber mit Gauleiter Murr in Stuttgart am Vortag ein Telefongespräch geführt hatte, kam es in Göppingen am 17. April morgens in den Räumen des Amtsgerichts zu einem Standgerichtsverfahren.[110] Der Kreisleiter forderte ein abschreckendes Exempel, da sonst noch weitere Panzersperren in den Gemeinden abgebaut würden. Die Anklage fokussierte sich auf den Lehrer Kauderer, den Landwirt Johannes Stohrer und den Monteur Wilhelm Moll, die die übrigen Beschuldigten mutig entlasteten. Nach einer knappen Stunde „Verhandlung" wurden Todesurteile für Kauderer und Stohrer gesprochen, Molls Fall aufschiebend an die „ordentliche Gerichtsbarkeit" überwiesen. Noch am Mittag erfolgte ein erneutes Telefonat zwischen Huber und Murr, der das Urteil bestätigen und für die Propaganda ausnutzen wollte.[111] Allerdings musste die Urteilsschrift dazu erst abgefasst und nach Stuttgart überschickt werden, was Murr dringlich für spätestens den 19. April verlangte. Dieses Beharren auf vermeintlicher Legalität und bürokratischer Norm sollte in Verbindung mit dem überraschenden Vormarsch der Amerikaner den beiden Todeskandidaten aus Heiningen letztlich das Leben retten. Am 19. April floh Murr ebenso aus Stuttgart wie die Kreisleitung aus Göppingen und die Amerikaner sollten am Abend des Tages kurz vor der Hohenstaufenstadt stehen.

Glücklicherweise kam es in Göppingen nicht in den letzten Stunden des Regimes zu Kurzschlusshandlungen an den Verurteilten, wie beispielsweise in Schwäbisch Gmünd. Dort wurden nur wenige Stunden vor dem Einmarsch der US-Truppen zwei am 13. April verhaftete Männer wegen Beleidigung des „Führers" auf Befehl der Kreisleitung, übrigens des früheren Göppinger Kreisleiters Oppenländer, und des Kampfkommandanten ohne Standgerichtsverfahren am Abend des 19. April in einen Wald geführt und erschossen.[112]

Im Dorf Zell unter Aichelberg hatte sich der örtliche NSDAP-Zellenleiter Albert Mack im Verlauf des Krieges immer weiter von der Partei distanziert und war außerdem durch die gute Behandlung seiner polnischen Kriegsgefangenen aufgefallen. Nachdem Anfang April der Aufruf der Kreisleitung zur Räumung des Gebiets

Bekanntmachung des Gauleiters Murr über das Verbot des Öffnens von Panzersperren und des Hissens weißer Fahnen. Abgedruckt im „Hohenstaufen" vom 13. April 1945.

erfolgte, vernichtete er aufgebracht sein Parteibuch, riss das Parteiabzeichen ab, zerstörte vor Zeugen das Hitlerbild im Rathaus und entfernte dort auch mit einem Stemmeisen das Schild „Der Deutsche grüßt mit Heil Hitler!". Als daraufhin ein Soldat Mack mit „Heil Hitler" grüßte, erwiderte dieser wiederum vor Zeugen, bei ihm gebe es kein „Heil Hitler" mehr: *„Der Führer hat uns sechs Jahre belogen, jetzt ist genug gelogen!"* Mit vier weiteren Männern plante Mack außerdem, die Panzersperren im Dorf zu entfernen, doch er wurde am 12. April nach Ausschluss aus der Partei verhaftet und auf Befehl der Kreisleitung nach Göppingen ins Amtsgerichtsgefängnis überführt, wo man ihm mit Erschießung drohte. Kurz vor dem Einmarsch der Amerikaner habe man ihn nach eigener Aussage aber am 19. April wieder auf freien Fuß gestellt. [113]

In Eislingen, immerhin eine Stadt mit 10 000 Einwohnern, bereitete der 30-jährige uk-gestellte Chemiker Dr. Ernst Goebel Maßnahmen vor, um einen Einsatz der immerhin 300 Männer des örtlichen Volkssturms zu verhindern oder zu minimieren. Denn seiner Ansicht nach könnte eine Verteidigung Eislingens katastrophale Folgen haben: *„Die Bewaffnung war so dürftig und antiquarisch, dass man nur staunen konnte."* Goebel schrieb daher einen Aufruf gegen den „Schwabenstreiche"-Befehl des Gauleiters Murr, der die Zerstörung von Infrastruktur und Betrieben vorsah. Das Manifest verteilte Goebel in etwa 30 Exemplaren an vertrauenswürdige Leute und sprach sich zudem mit einer Gruppe französischer Kriegsgefangener ab. Schließlich offenbarte er sich mutig auch dem örtlichen Volkssturmkommandanten Spoerel, einem Ingenieur und Weltkriegsveteran, der sich zwar zunächst aufgebracht über das konspirative Treiben zeigte, letztlich aber doch in den entscheidenden Stunden von einer Schließung der Panzersperren und einem geschlossenen Aufruf an den Eislinger Volkssturm absah. [114]

Blick auf Eislingen von Südwesten.

Auch sonst sollte, wie im Folgenden zu sehen ist, die Aktivierung des Volkssturms im Landkreis äußerst unterschiedlich verlaufen. Offenbar sahen die Einsatzpläne vor, dass die Männer nicht in ihren oder um ihre Heimatgemeinden kämpfen sollten – wohl um Skrupel bei den zu erwartenden Zerstörungen oder Gefährdungen von Zivilpersonen zu vermeiden. Daher schickte man beispielsweise Göppinger oder Ebersbacher Volkssturmleute in Richtung Aichelberg oder Albrand, während Eislinger und Holzheimer Männer bei Bartenbach in Stellung gehen mussten.[115] Nicht wenige Ortsgruppen rückten allerdings gar nicht mehr aus und viele Männer mit den entsprechenden Geländekenntnissen entfernten sich von der Truppe, um nach wenigen Stunden nach Hause zurückzukehren. Einige sollten ihren Einsatz im Volkssturm jedoch mit teilweise längerer Gefangenschaft und mindestens fünf Männer aus dem Landkreis sogar mit ihrem Leben bezahlen.[116]

Wie sich in den Berichten zahlreicher Zeitzeugen nachlesen lässt, trafen allmählich immer mehr Einwohner des Landkreises persönliche Vorkehrungen für das Kommen des „Feindes". Ältere Männer mit Erfahrungen aus dem Ersten Weltkrieg legten in der Nähe ihrer Häuser zuweilen Splittergräben und Erdbunker für Familie und Nachbarn an, um sich auf einen möglichen Artilleriebeschuss einzustellen. Kartoffeln wurden frühzeitig, nicht selten bei Nacht, in den Boden gesteckt, um das kostbare Saatgut vor möglichen Plünderungen zu sichern. Viele Menschen vergruben ebenso Konserven und Wertgegenstände – wer mit wachsamen Blick den Verkehr nach Süden beobachtete und den oft bemitleidenswerten Zustand der ausgelaugten und schlecht ausgerüsteten Wehrmachtssoldaten auf dem Rückzug sah, der konnte seit Anfang April ahnen, dass es bis zum Eintreffen des Bodenkrieges im Landkreis nicht mehr lange dauern konnte. Der Wehrmachtsbericht erwähnte in den letzten drei Tagen allerdings nichts über ein deutliches Näherrücken der Front, die sich angeblich noch bei Heilbronn, Freudenstadt und Crailsheim befand – erst am 21. April wurde berichtet, die Amerikaner hätten mit *„vorgeworfenen Aufklärungseinheiten den Raum von Göppingen"* erreicht – die tatsächliche Frontlinie lag zu diesem Zeitpunkt bereits am Rand der Schwäbischen Alb.[117]

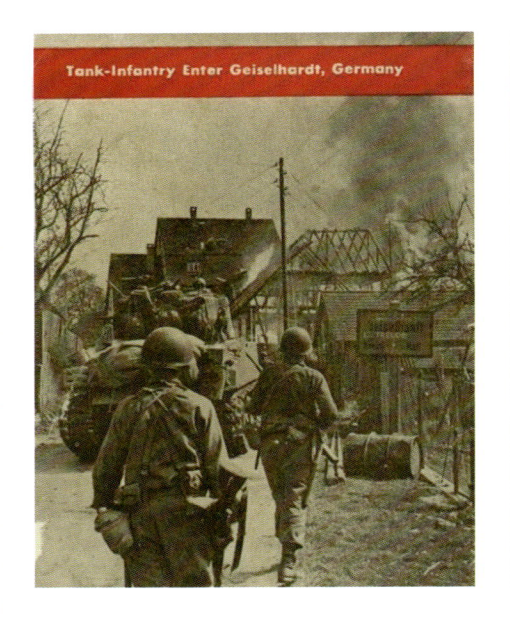

Soldaten der 10. US-Panzerdivision marschieren am 17. April in das brennende Dorf Geißelhardt, heute ein Ortsteil von Mainhardt (Lkr. Schwäbisch Hall), ein.

In der letzten Ausgabe des „Hohenstaufen" vom 19. April 1945 wird über die Hinrichtung von „Verrätern" in Brettheim und bei Heilbronn berichtet.

Die letzte Ausgabe des „Hohenstaufen", seit Januar 1942 unter der verantwortlichen Schriftleitung Peter Buttscheds, erschien am 19. April 1945 wie die Tage zuvor im knappen Umfang eines einzelnen Bogens. Im Lokalteil wurde neben diversen Luftschutzanweisungen unter der Überschrift „*Tod den Verrätern!*" auch die „*Hinrichtung*" von „*Verrätern*" bei Heilbronn wegen des Hissens weißer Fahnen sowie in Brettheim wegen Behinderung von Verteidigungsmaßnahmen bekanntgegeben – eine unmissverständliche Drohung an die eigene Bevölkerung.[118] Auf dem Titelblatt befand sich außerdem der Hinweis auf die Rundfunkansprache von Propagandaminister Goebbels zum anstehenden „Führergeburtstag" um 20.15 Uhr – um diese Uhrzeit sollten schon amerikanische Panzer durch mehrere Orte des Landkreises rollen.

---

[1] Jill Stephenson, Hitler's Home Front. Württemberg under the Nazis, London/New York 2006, S. 313-343; Hermann Ehmer, Berichte über Stimmung und Haltung der Bevölkerung, in: Ders. (Hrsg.), Der deutsche Südwesten zur Stunde Null. Zusammenbruch und Neuanfang im Jahr 1945 in Dokumenten und Bildern, Karlsruhe 1975, S. 29-46; Klaus Dietmar Henke, Die amerikanische Besetzung Deutschlands, München 1996, S. 78-92, 297-311, 777-861.

[2] StAL PL 502/13 Bü 183 (Donzdorf).

[3] StAL PL 502/13 Bü 206 (Gosbach).

[4] Ebenda.

[5] StAL PL 502/13 Bü 208 (Hattenhofen).

[6] StAL PL 502/13 Bü 214 (Salach).

[7] StAL PL 502/13 Bü 218 (Wangen).

[8] StAL PL 502/13 Bü 197 (Göppingen-Rosenplatz).

[9] StAL PL 502/13 Bü 207 (Gruibingen).

[10] StAL PL 502/13 Bü 206 (Gosbach).

[11] Zur Stimmung in Deutschland nach dem 6.6.1944: Ian Kershaw, Das Ende. Kampf bis in den Untergang. NS-Deutschland 1944/45, München 2011, S. 37-54; Henke, Die amerikanische Besetzung, S. 78ff.

[12] StAL PL 502/13 Bü 187 (Faurndau), Bü 176 (Albershausen), Bü 193 (Göppingen-Hailing), Bü 197 (Göppingen-Rosenplatz).

[13] StAL PL 502/13 Bü 188 (Geislingen-Altstadt).

[14] StAL PL 502/13 Bü 207 (Gruibingen).

[15] StAL PL 502/13 Bü 181 (Boll).

[16] StAL PL 502/13 Bü 216 (Schlierbach).

[17] StAL PL 502/13 Bü 213 (Rechberghausen).

[18] Der Hohenstaufen, Ausgaben vom 11.-13.7.1944; Geislinger Zeitung, Ausgabe vom 14.7.1944.

[19] StAL PL 502/13 Bü 199 (Göppingen-Hailing).

[20] Der Hohenstaufen, Ausgabe vom 8.7.1944.

[21] Der Hohenstaufen, Ausgabe vom 22.7.1944.

[22] KrA GP S 16 Zeitzeugeninterview Nr. 38

[23] StAL PL 502/13 Bü 179 (Böhmenkirch).

[24] Ebenda. Zum Terror gegen die deutsche Bevölkerung: Kershaw, Das Ende, S. 299ff.; Henke, Die amerikanische Besetzung, S. 844-862.

[25] Geislinger Zeitung, Ausgabe vom 1.7.1944.

[26] Der Hohenstaufen, Ausgabe vom 5.8.1944.

[27] Geislinger Zeitung, Ausgabe vom 11.8.1944.

[28] Geislinger Zeitung, Ausgabe vom 4.9.1944.

[29] Geislinger Zeitung, Ausgabe vom 1.9.1944.

[30] StAL PL 502/13 Bü 207 (Gruibingen).

[31] StAL PL 502/13 Bü 199 (Göppingen –Waldeck).

[32] StAL PL 502/13 Bü 208 (Hattenhofen).

[33] Der Hohenstaufen, Ausgaben vom 19.9.1944 und 3.10.1944.

[34] Geislinger Zeitung, Ausgabe vom 18.10.1944.

[35] Der Hohenstaufen, Ausgabe vom 12.10.1944.

[36] Sven Keller, Volksgemeinschaft am Ende. Gesellschaft und Gewalt 1944/45, Quellen und Darstellungen zur Zeitgeschichte Band 97, München 2013, S. 131-135.

37 Der Hohenstaufen, Ausgabe vom 19.10.1944.
38 Der Hohenstaufen, Ausgabe vom 21.10.1944.
39 Geislinger Zeitung, Ausgabe vom 21.10.1944.
40 Geislinger Zeitung, Ausgabe vom 6.11.1944.
41 Der Hohenstaufen, Ausgaben vom 4.11. und 6.11.1944.
42 Geislinger Zeitung, Ausgabe vom 8.11.1944. Am 24.11. folgte ein weiteres Gedicht zum Volkssturm.
43 Geislinger Zeitung, Ausgabe vom 12.11.1944.
44 Geislinger Zeitung, Ausgabe vom 20.11.1944.
45 StAL PL 502/13 Bü 188 (Geislingen-Altstadt).
46 Ehmer, Berichte, S. 35.
47 Anton Lechner, Die letzten Kriegsmonate, in: Göppingen unter dem Hakenkreuz. Hg. von Karl-Heinz Rueß, Veröffentlichungen des Stadtarchivs Göppingen Band 32, Göppingen 1994,, S. 304-313, hier S. 307.
48 Heinz Bardua, Göppingen, 1. März 1945, 14.28 Uhr. Momentaufnahme aus einem konventionellen Luftkrieg, Göppingen 1985, S. 9ff; zu Schlierbach: Rainer Kilian, Vom Ersten Weltkrieg bis zum Neuanfang nach dem Zweiten Weltkrieg, in: Schlierbach. Heimat zwischen Teck und Fils, hg. von Walter Ziegler, Weißenhorn 2004, S. 248-321, hier S. 259f.; Karin Tutas, Das Leid wird greifbar, NWZ, Ausgabe vom 8.5.2010.
49 Bardua, Göppingen, S. 9ff.
50 Peter Schührer, Einer kam davon. Der Flugzeugabsturz am 16. März 1945, in: Ders., „I kennt an Buach driber schreiba". Wäschenbeurener Bilder- und Geschichtenbuch III, Wäschenbeuren 2013, S. 130-140.
51 Der Hohenstaufen, Ausgabe vom 11.11.1944.
52 StAL PL 502/13 Bü 183 (Donzdorf).
53 StAL PL 502/13 Bü 219 (Wäschenbeuren).
54 StAL PL 502/13 Bü 185 (Eislingen-Barbarossa).
55 Geislinger Zeitung, Ausgabe vom 4.12.1944.
56 Der Hohenstaufen, Ausgabe vom 1.12.1944; weiterer Bericht am 14.12.1944.
57 Horst Schmid, Jahrgang 1929, Stuttgart 2000, S. 120-126; vgl. auch die Zeitzeugenberichte von Jugendlichen aus Göppingen.
58 Der Hohenstaufen, Ausgabe vom 4.12.1944.
59 Der Hohenstaufen, Ausgaben vom 28. und 30.12.1944. Vgl. auch zum Jahreswechsel: Kershaw, Das Ende, S. 193ff. und Richard Bessel, Germany 1945. From War to Peace, New York 2009, S. 10ff.; Henke, Die amerikanische Besetzung, S. 312-342.
60 StAL PL 502/13 Bü 188 (Geislingen-Altstadt).
61 Der Hohenstaufen, Ausgabe vom 5.1.1945.
62 Der Hohenstaufen, Ausgabe vom 29.1.1945.
63 Der Hohenstaufen, Ausgabe vom 17.2.1945.
64 Der Hohenstaufen, Ausgaben vom 23.2. und 28.2.1945.
65 Der Hohenstaufen, Ausgabe vom 1.3.1945.
66 Der Hohenstaufen, Ausgabe vom 2.3.1945.
67 Der Hohenstaufen, Ausgaben vom 8.3. und 12.3.1945.
68 KrA GP C0 Bü 86. Zum Reiz des Sammelns solcher Flugblätter durch Jugendliche: Reiner Weiler, Ende. Wende. Neubeginn in der Stadt Eislingen/Fils 1945/46, Eislingen 1995, S. 9.
69 Der Hohenstaufen, Ausgabe vom 31.3.1945.
70 Der Hohenstaufen, Ausgabe vom 13.4.1945.
71 Henke, Die amerikanische Besetzung, S. 813ff.
72 Übersicht in: Heinz Bardua, Der amerikanische Luftangriff auf Göppingen am 1. März 1945, in: Göppingen im Luftkrieg, hg. von Walter Ziegler und Karl-Heinz Rueß, Göppingen 1995, S. 8-36, hier S. 28f.
73 HStAS J 170 Bü 6 Bericht Wiesensteig (25.8.1948); Thomas Hehn, Als der Tod vom Himmel fällt, NWZ Göppingen, Ausgabe vom 4.4.2015.
74 Vgl. Berichte zu Wiesensteig in diesem Band.
75 HStAS J 170 Bü 6 Bericht Mühlhausen (31.3.1949).
76 Bardua, Der amerikanische Luftangriff, S. 28.
77 KrA GP C 1 Bü 2135.
78 Schmid, Jahrgang 1929, S. 134f.
79 Rolf Kümmel, Heiningen, April 1945, Heiningen 2002, S. 22f.
80 Albert Deibele, Krieg und Kriegsende in Schwäbisch Gmünd, Gmünder Hefte, Schwäbisch Gmünd 1954, S 25, 163f.
81 Sabine Riker, Kriegsende und erster Kaugummi, Stuttgarter Zeitung vom 17.3.2015.
82 Vgl. entsprechenden Zeitzeugenbericht zu Rechberghausen in diesem Band.

[83] Vgl. entsprechenden Zeitzeugenbericht zu Ebersbach in diesem Band.
[84] Vgl. entsprechenden Zeitzeugenbericht zu Uhingen in diesem Band.
[85] HStAS J 170 Bü 6 Bericht Donzdorf (30.10.1948).
[86] Zur den Evakuierungsplänen in Württemberg: Henke, Die amerikanische Besetzung, S. 820ff.
[87] HStAS J 170 Bü 6 Bericht Gruibingen (13.10.1948).
[88] HStAS J 170 Bü 6 Bericht Heiningen, (Oktober 1948).
[89] HStAS J 170 Bü 6 Bericht Kuchen (31.3.1949).
[90] HStAS J 170 Bü 6 Bericht Gingen (13.8.1948).
[91] HStAS J 170 Bü 6 Bericht Oberwälden (8.10.1948).
[92] HStAS J 170 Bü 6 Bericht Ottenbach (6.11.1948).
[93] HStAS J 170 Bü 6 Bericht Böhmenkirch (14.10.1948).
[94] Vgl. Bericht Bächtle zu Bad Überkingen in diesem Band.
[95] Vgl. Bericht Kistenfeger zu Bad Überkingen in diesem Band.
[96] Henke, Die amerikanische Besetzung, S. 822.
[97] Anton Lechner, Frühjahr '45. Aus dem Tagebuch eines Augenzeugen, in: Göppingen unter dem Hakenkreuz, S. 300-303, hier S. 302.
[98] Ebenda, S. 303.
[99] Erich Schraml, 100 Jahre Truppenübungsplatz Münsingen 1895-1995. Eine Dokumentation, Münsingen 1995. 319-326 und S. 331ff. Zur Wlassow-Armee allgemein: Joachim Hoffmann, Die Geschichte der Wlassow-Armee, Freiburg 1986 (2. Auflage).
[100] Vgl. beispielsweise HStAS J 170 Bü 6 Bericht Ottenbach (6.11.1948), hier Bau der Panzersperren am Karfreitag/Karsamstag, oder Bericht Uhingen (8.10.1948), hier Bau der Panzersperren Ende März bis Mitte April.
[101] HStAS J 170 Bü 6 Bericht Unterböhringen (29.3.1949) sowie Bericht Wiesensteig (25.8.1948), hier Baubeginn am 2. April 1945 und bericht Deggingen (12.10.1948), Bau über die Osterfeiertage.
[102] HStAS J 170 Bü 6 Bericht Gammelshausen (17.1.1950).
[103] Henke, Die amerikanische Besetzung, S. 831f.
[104] Der Hohenstaufen, Ausgabe vom 13.4.1945; vgl. auch Stephenson, Home Front, S. 324f.
[105] Joachim Scholtysek, „Der Mann aus dem Volk". Wilhelm Murr, Gauleiter und Reichsstatthalter in Württemberg Hohenzollern, in: Die Führer der Provinz. NS-Biographien aus Baden und Württemberg. Hg. von Michael Kißener und Joachim Scholtysek, Konstanz 1997, S. 477-503, hier S. 497f.; vgl. auch Paul Sauer: Wilhelm Murr. Hitlers Statthalter in Württemberg, Tübingen 1998.
[106] Die Wehrmachtsberichte, Band 3 (1.1.1944-9.5.1945), München 1985, S. 526-532.
[107] Henke, Die amerikanische Besetzung, S. 777ff.
[108] Kümmel, Heiningen, S. 21-33.
[109] HStAS J 170 Bü 6 Bericht Heiningen (Oktober 1948).
[110] Kümmel, Heiningen, S. 47ff.
[111] Ebenda, S. 59f.
[112] Deibele, Krieg und Kriegsende, S. 26-28; Oppenländer erhielt dafür 1947 zwölf Jahre Zuchthaus, wurde aber 1951 schon wieder freigelassen, in: Christine Arbogast, Herrschaftsinstanzen der württembergischen NSDAP. Funktion, Sozialprofil und Lebenswege einer regionalen NS-Elite 1920-1960, München 1998, S. 213.
[113] StAL EL 902/8 Bü 9902, vor allem Q 8,9,14 und 20.
[114] Weiler, Ende. Wende. Neubeginn, S. 17-21, 48f.
[115] Vgl. z.B. HStAS J 170 Bü 18 Bericht Türkheim. Dort werden Volkssturmleute aus Göppingen erwähnt, die dann auf Umwegen wieder nach Hause gingen.
[116] Je zwei Mann aus Eislingen und Ebersbach, sowie ein Mann aus Weiler ob Helfenstein. Bei möglichen weiteren Opfern aus dem Volkssturm ist eine Zugehörigkeit zu demselben in den standesamtlichen Unterlagen nicht angegeben und daher nicht eindeutig.

Der 19. April 1945: Der Vorstoß der Amerikaner von Norden in den Landkreis Göppingen

1
Der Vormarsch bis Lorch und der Luftangriff auf Wäschenbeuren

Am 18. April war der 10. US-Panzerdivison mitgeteilt worden, dass sie – gesichert und flankiert von der 44. und 100. Infanteriedivision – nach Süden vorstoßen sollte, um zwischen Plüderhausen und Schwäbisch Gmünd einen Übergang über die Rems zu sichern. Im Anschluss daran sah der Plan vor, in den Raum Schwäbisch Gmünd und Göppingen vorzurücken, um den Großraum Stuttgart von Osten her abzuschneiden und das Straßennetz im Raum Kirchheim zu erobern. Dabei war vorrangig an die Autobahn zu denken, auf der dann in Richtung Donau und Bayern gefahren werden sollte. Der einsetzende Vormarsch erfolgte am 18. April vom Gebiet um Bubenorbis, bis am frühen Abend Oberrot, südwestlich von Schwäbisch Hall und westlich von Gaildorf, eingenommen wurde.[1]

Schnelligkeit hat Vorrang

Zwischen 6.40 und 7 Uhr morgens begann am 19. April der massive Vorstoß der 10. US-Panzerdivision nach Süden, ausgehend von der Umgebung Oberrots, beispielsweise von Hausen an der Rot (heute Teilort von Oberrot). Wie üblich, führte eines der beiden „Combat Commands" der Division die Attacke an, die aus verschiedenen Einheiten und Kampfgruppen bestanden. An diesem Tag bildete das „Combat Command A" (CCA) die Angriffsspitze, das „Combat Command B" (CCB) folgte in gewissem Abstand. Das CCA wiederum unterteilte sich in zwei größere Kampfgruppen, die „Task Forces", jeweils benannt nach ihren kommandierenden Offizieren: bei der „Task Force Hankins" war es Lieutenant Colonel Curtiss L. Hankins (Kommandeur des 61. Armored Infantry Bataillons) und bei der Task Force Riley" Lieutenant Colonel John R. Riley (Kommandeur des 21. Tank-Bataillons). In Abstand folgte die

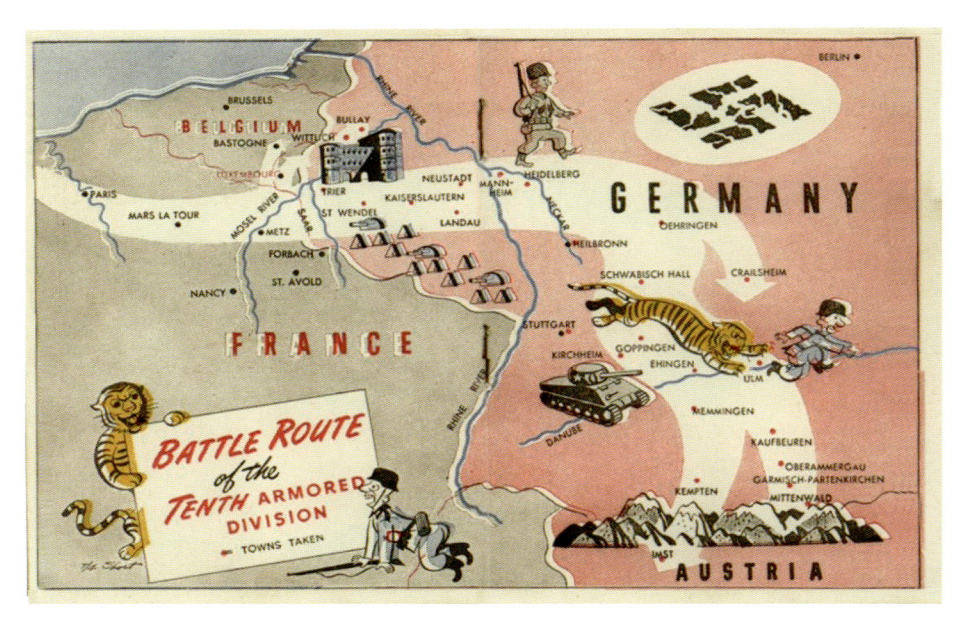

„Battle Route" der 10. US-Panzerdivision (Spitzname: „Tiger-Division") von Frankreich bis Innsbruck.

Colonel Curtiss Hankins. Soldaten seiner „Task Force" erreichten am 19. April 1945 als erste den Landkreis Göppingen und sicherten am Abend die Filsbrücke in Faurndau.

„Task Force Ulrich", benannt nach Major Richard W. Ulrich, dem Kommandeur des 54. Armored Infantry Bataillons (AIB). Sie sollte am 19. April noch nicht auf dem Gebiet des Landkreises Göppingen eingreifen.[2] Die Task Forces operierten vor Ort in einzelnen „Teams", ebenfalls nach den leitenden Offizieren bezeichnet.

Bei bestem Wetter und klarer Sicht gab es für die Amerikaner rasche Fortschritte. Deutsche Gegenwehr wurde in diesem ohnehin recht dünn besiedelten Gebiet kaum verzeichnet, nur Panzersperren (*road blocks*) und Baumstämme (*abatis*) verzögerten den Vormarsch gelegentlich ein wenig. Teilweise konnten die Panzer sogar mit über 60-65 km/h nach Süden rollen.[3] Um 12 Uhr ging von der Leitung des CCA die unmissverständliche Order an alle Kommandeure heraus, dass Schnelligkeit an diesem Tag das wichtigste Kriterium der Attacke sei und jede Anstrengung gemacht werden müsste, um Übergänge sowohl über die Rems als auch über die Fils zu erreichen: „*(…) that speed is the most important element of our attack and that every effort will be made to seize crossings over both Rems and Fils rivers today.*"[4] Gegen 12.30 Uhr erreichten die vordersten Truppen Hundsberg, einen Ortsteil von Gschwend, 13.45 Uhr Hellershof südöstlich von Gschwend und dann gegen 14.30 Uhr Alfdorf, wo man allenfalls „*very light resistance*" vermerkte.[5]

Währenddessen müssen erste Meldungen über den Vormarsch der Amerikaner von Norden auch in Göppingen eingetroffen sein. Jedenfalls wurden die in Jebenhausen stattfindenden Musterungen des Jahrgang 1929, darunter auch Rekruten aus Wäschenbeuren, abgebrochen und die Jungen heimgeschickt – mit dem Hinweis, dass bald die Amerikaner hier eintreffen würden.[6]

Der Luftkrieg über der Region am 19. April 1945 – Erste Attacken ab dem Mittag

Die Aussagen von Zeitzeugen dokumentieren vielfach die rege Tätigkeit von amerikanischen Aufklärungsflugzeugen und P-47-Jagdbombern an diesem Tag, die schon seit Mittag die Gegend unsicher machten. Doch letztere zeichneten nicht für den späteren Angriff auf Wäschenbeuren verantwortlich. Vielmehr attackierten sie seit der Mittagszeit einzelne Ziele in der Umgebung. Exemplarisch sei hier ein Auszug aus den Erinnerungen des Anwalts Dr. Hugo Weber, der sich damals am Wäscherhof aufhielt: „*Die Tiefflieger schwärmten wie wilde Hornissen. Besonders dicht am Nachmittag zwischen 14 und 15 Uhr. Alfons hatte am Ortsrand von Maitis miterlebt, wie zwei Pferde am Pfluge zerrissen wurden und war voll Sorge heimgeeilt. Ich empfahl den Frauen den Keller. Sie aber wollten nichts davon wissen, so sehr war man an die Fliegerschwärme gewöhnt.*"[7]

Gegen 14.45 Uhr erfolgte ein heftiger Luftangriff auf Mutlangen, der sechs Menschen das Leben kostete: fünf Zivilisten, darunter der Pfarrer, und ein Oberleutnant. Dort war die Tage zuvor ein Behelfsflugplatz eingerichtet worden, der dem Göppinger Fliegerhorst unterstand. Rund 25 Flugzeuge hatte man teilweise sogar direkt im Ort untergestellt. Nun warfen zwölf US-Jagdbomber 15 – 20 Luftminen über Mutlangen ab. Der Ort brannte über Stunden hinweg und wurde gegen 17 Uhr besetzt. Das geplante Ausschalten der deutschen Flugzeuge aus Mutlangen, immerhin acht von 13 angekündigten Maschinen waren am Morgen dort gelandet, erfolgte zum Schutz der von Norden eintreffenden Panzer- und Bodentruppen.[8] Um 14 Uhr hatte eine Jabo-Attacke übrigens auch Lorch getroffen, wobei jedoch nur Gebäudeschäden entstanden.[9]

Elf P-47-Jabos mit Napalm zur Unterstützung des Vormarschs

Diese Angriffe standen genauso eng mit dem Vorrücken der 10. Panzerdivision im Zusammenhang, wie es rund zwei Stunden später im Falle von Wäschenbeuren sein würde. Um 14.20 Uhr teilte die Leitung des CCA an die Task Forces Riley und Hankins die Bestätigung mit, dass demnächst „CWB-Planes", also mit chemischen Waffen (Napalm) ausgerüstete Flugzeuge für die weitere Route zur Verfügung stehen würden: *„CWB planes being made available for route"*.[10] Bei diesen Flugzeugen handelte es sich konkret um die 366. Fighter-Squadron der 358. Fighter Group, elf P-47-Thunderbolt-Jagdbomber, bestückt mit jeweils einem Napalm-Kanister zu etwa 225 kg pro Stück.[11] Diese Ausrüstung der Bomber mit Napalm anstatt der üblichen Sprengbomben erklärt sich aus dem Einsatzzweck, der Unterstützung der Bodentruppen durch ländliches und teilweise bewaldetes Gebiet, um diesen den beabsichtigten schnellen Vorstoß nach Süden zu erleichtern. Die rasche Erzeugung großer Brandflächen durch das Napalm war besonders geeignet, um mögliche deutsche Widerstandsnester in Wäldern oder Dörfern zu bekämpfen und Soldaten aus ihren Verstecken zu treiben. Dabei ist nochmals zu unterstreichen, dass die Fluss-

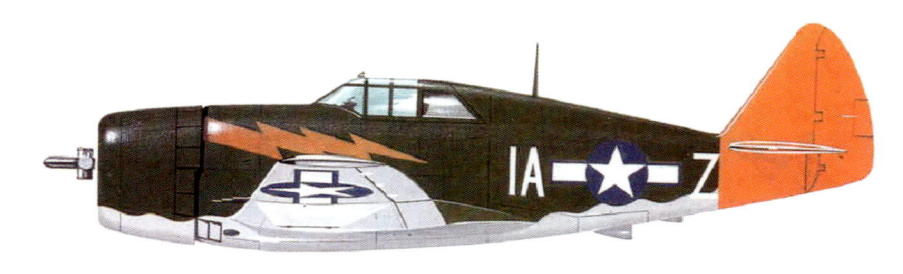

Leichtes Aufklärungsflugzeug der US-Air Force, 1945.

Piloten der „Rhett-Walker-Group" von der 366. Fighter-Squadron, vermutlich waren einige der Männer am Angriff auf Wäschenbeuren beteiligt. (Bild links)

P-47 Thunderbolt in der Lackierung der 366. Fighter-Squadron. (Bild rechts)

übergänge von Rems und Fils das primäre Ziel an diesem Tag darstellten und nicht etwa die Besetzung der größeren Orte, wie zum Beispiel Schwäbisch Gmünd. Für den Angriff auf eine Stadt hätte die Abordnung der Flugzeuge keinen militärischen Sinn ergeben.

Die bis zu 686 km/h schnellen Maschinen der 366. Fighter Squadron, deren Heckflossen orangerot lackiert waren, starteten um 15.35 Uhr am Flughafen Mannheim-Sandhofen mit der vorgegebenen Flugroute Oppenweiler – Lorch – Wäschenbeuren – Ulm – Aalen – Würzburg – Rückkehr zur Basis. Als Einsatzzeit war die Spanne von 16.20 Uhr bis 17.55 Uhr vorgesehen, der Rest blieb für An- und Rückflug.[12] Wie hatte sich zwischenzeitlich die Situation am Boden entwickelt? Von Alfdorf aus ging es für die Task Forces direkt nach Süden weiter, das westlich gelegene Pfahlbronn wurde erst später besetzt.[13] Um 15.55 Uhr meldete man etwas stärkeren deutschen Widerstand im Weiler Bruck, nördlich von Lorch.[14] Doch das Remstal war bereits in Sichtweite.

Im Zielgebiet eingetroffen, wurde die Squadron in den Luftraum über Schwäbisch Gmünd beordert, um dort die genaue Position der Bodentruppen zu erhalten. Diese befanden sich laut Kontroller und Bericht schon in Lorch: *„Our troops were in Lorch at the time."*[15] Auch Einheiten des 61. Armored Bataillons gaben um 16.25 Uhr die Meldung (wohl der Luftaufklärung) weiter, dass die Brücken dort intakt seien und feindliche Fahrzeuge sich in Richtung Süden bewegen würden. Diese Meldung gab das CCA an die übergeordnete Führung der Division weiter.[16] Der „After Action Report" des CCA für diesen Tag bestätigt die Uhrzeit: *„The bridge in*

Luftaufnahme mit Aufklärungsflugzeug, wohl im Gebiet über Welzheim. Im Hintergrund der Hohenstaufen.

Lorch was captured intact together with the town itself at 16.33."[17] Die deutschen Soldaten im Ort und die Bevölkerung wurden völlig überrascht. Ein gerade einfahrender Zug gab angesichts der amerikanischen Soldaten Gas und raste in schnellem Tempo einfach weiter.[18]

Im Bericht der Gemeinde Lorch an das Statistische Landesamt ist 1948 festgehalten worden, dass die an drei Brücken (Sonnenbrücke, Gipfelbrücke, Staufenbrücke) angebrachten Sprengladungen nicht gezündet wurden. Um 15.30 Uhr sei vom Amtsdiener ausgerufen worden, dass amerikanische Panzer im etwa vier Kilometer entfernten Bruck stünden. Der Lorcher Ortsgruppenleiter floh mit seinen beiden Kindern in einem Wehrmachtsfahrzeug. Das Eintreffen der Amerikaner im Ort legte man hier auf etwa 16 Uhr fest. Das Lazarett wurde vom leitenden Arzt an einen amerikanischen Offizier übergeben[19], nach amerikanischen Angaben war die Fernmeldestation (*telegraph center*) noch in Betrieb[20]. Die Amerikaner holten nach der Einrichtung eines Brückenkopfs in Lorch Erkundigungen über die anschließenden Straßen ein, um so schnell wie möglich den Weg ins Filstal fortzusetzen.

Blick auf Lorch von Nordwesten.

16.30 Uhr: Lorch ist besetzt – Die Landesschützen rücken ab – Wäschenbeuren wird zum Ziel

Nachdem Lorch erfolgreich besetzt und die Brücken über die Rems gesichert waren, schien ein dortiger Einsatz der elf Jagdbomber nicht notwendig. Die direkte Route von Lorch nach Süden, die damalige Reichs- und heutige Bundesstraße 297, führt damals wie heute einen steilen bewaldeten Berghang hinauf vom Remstal auf den Höhenrücken des Schurwalds in Richtung Wäschenbeuren – die Distanz zwischen Lorch und Wäschenbeuren beträgt etwa sieben Kilometer.

Unweit nach dem Anstieg von Lorch lag in Ober- und Unterkirneck sowie im Hetzenhof (ca. 4,5 Kilometer von Lorch) eine Einheit des 423. Ersatzbataillons. Diese wurden nach Aussagen eines dort stationierten Soldaten erst während des Eintreffens der Amerikaner in Lorch über die prekäre Lage informiert. Nach einem heftigen Disput mit seinem verteidigungswilligen Feldwebel entschied der Hauptmann im Hetzenhof den Abzug seiner Soldaten nach Süßen, ein Fahrradkurier wurde nach Göppingen losgeschickt, um dort Meldung zu machen, da die Telefonleitung bereits tot war.[21] Etwa 60 Mann des Landeschützenbataillons wurden im Lauf des Nachmittags und Abends von den Amerikanern in der Umgebung gefangen genommen.[22]

US-Luftaufklärungsfoto von Ober- und Unterkirneck sowie dem Hetzenhof (Mitte), Anfang April 1945.

In den Minuten um 16.30 Uhr muss Wäschenbeuren, damals ein Dorf mit etwa 1800 Einwohnern, von der Leitung des CCA als Ziel für den Luftangriff ausgewählt worden sein. Im Flugbericht heißt es: *„Controller then assigned the town of Waschenbeuren as a target and all bombs were dropped on it followed by strafing."* Alle Napalm-Bomben wurden zwischen 16.30 und 17 Uhr über dem Ort abgeworfen, gefolgt von einem – laut Zeitzeugen – etwa halbstündigem Tiefflugangriff (*strafing*) mit Bordwaffenbeschuss.[23]

Um 17 Uhr informierte die Leitung des CCA die Task Force Hankins, die sich als vorderste Truppe in der kürzesten Distanz zu Wäschenbeuren befand, in knapper abgekürzter Form über den Luftangriff und dessen Grund: *„En[emy] veh[icles] obs[erve]d [in the] vic[inity] [of] Waschenbeuren – Air [attack]. Drew flak vic[inity] [of] Goppingen."*[24] Übersetzt: „Feindliche Fahrzeuge nahe Wäschenbeuren beobachtet – Luftangriff. Zog Flakbeschuss aus der Nähe von Göppingen nach sich." Tatsächlich vermerkt auch der Flugbericht der 366. Fighter Squadron einen leichten Flakbeschuss aus Richtung Göppingen. Aufgrund der heftigen Rauchentwicklung durch die zahlreichen Brände im Dorf konnten im Bericht keine Angaben über genaue Schäden an Gebäuden und Fahrzeugen gemacht werden.[25]

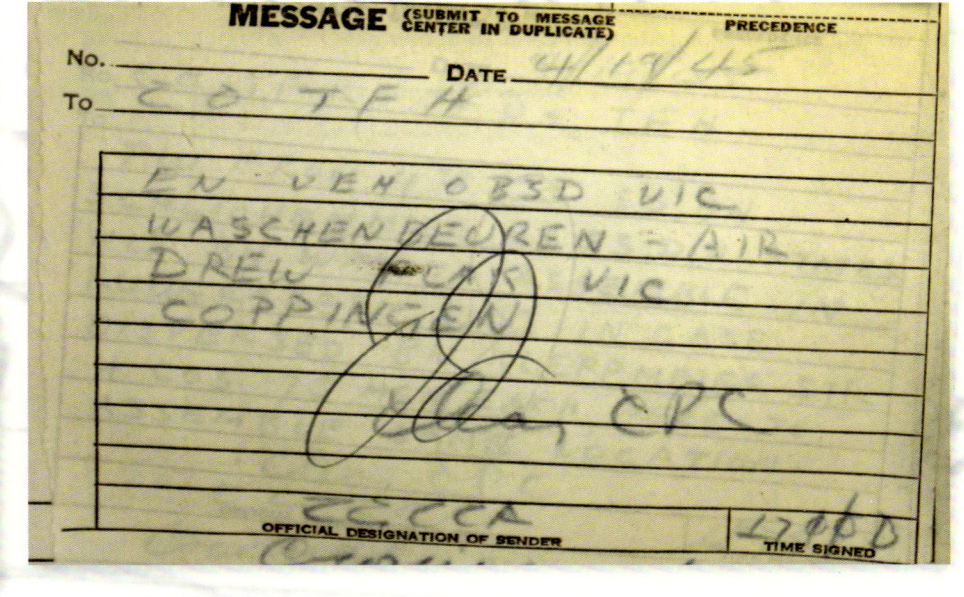

Nachrichtenverkehr der 10. US-Panzerdivision vom 19. April 1945: Links oben die Anweisung zur hohen Vormarschgeschwindigkeit, links unten Einnahme der intakten Remsbrücken in Lorch (16.25 Uhr) und rechts Mitteilung über den Luftschlag auf Wäschenbeuren um 17 Uhr an die „Task Force Hankins (TFH)".

Vor allem die Dorfmitte um den Marktplatz brannte lichterloh, dort soll ein deutscher Lastwagen mit Benzinfässern getroffen worden sein.[26] Das Rathaus mit dem Gemeindearchiv wurde völlig zerstört, die dort eingelagerten sechs Panzerfäuste des Volkssturms explodierten unbenutzt. Die Kirche konnte noch gelöscht werden, obwohl der Turm schon stark gebrannt hatte. Durch zusammenstürzende Häuser war die Durchgangsstraße innerhalb kurzer Zeit unpassierbar geworden. In Panik versuchten die Bewohner der brennenden Häuser meist nur noch das nackte Leben zu retten. In den Flammen kamen drei Menschen ums Leben: zwei Schwägerinnen verbrannten in ihrem Keller, ein älterer Mann in seinem Haus.[27] 117 Gebäude

Die Bodentruppen erreichen das brennende Dorf

Um 18.14 Uhr meldete das zugehörige 61. Armored Infantry Bataillon der CCA-Leitung, dass die vordersten Truppen in Wäschenbeuren eindrangen, dessen Name im Funk vorsichtshalber mit der Buchstabenfolge „GHEXWE" codiert wurde. 25 Minuten später meldete man dem CCA die Besetzung des Dorfs und dass die Erkundung einer Umgehungsroute notwendig sei, da die Ortsmitte durch Trümmer, brennende Gebäude und Fahrzeuge (!) unpassierbar war: *„Adv[ancing] el[ement]s in GHEXWE. Rcn [Reconaissance] for by-pass due to debris, burning bldgs [buildings] and veh[icle]s."*[35] Im After Action Report des CCA für den 19. April wird auch nochmals der Grund für die Umgehung Wäschenbeurens genannt: *„Reconaissance for route around town around, debris and burning buildings resulting from CCA air mission during period."* Hier zeigt sich nochmals explizit die Zugehörigkeit des Luftangriffs zum Vorrücken des CCA. Deutlich unterstreicht der After Action Report des 61. AIB nochmals die Heftigkeit der Brände, die eine Durchquerung des Dorfs unmöglich machten: *„Waschenbeuren was burning so badly from bombing it had received a few hours earlier that the entire task force had bypassed the town."*[36] Diese Umgehung erfolgte nördlich des Orts am Friedhof vorbei und danach wieder auf die Reichsstraße in Richtung Birenbach und Rechberghausen. Im allgemeinen Chaos von umherirrenden Menschen und Tieren wurden beim Einmarsch zwei weitere Männer aus Wäschenbeuren erschossen. Andere Dorfbewohner schwenkten weiße Kleidungsstücke oder Taschentücher als Zeichen der Aufgabe.[37] Um 19.30 Uhr meldete die Task Force Hankins dem CCA die Gefangennahme von 186 Kriegsgefangenen und die Besetzung eines unbewachten Lazaretts mit 200 *„soldier patients"* in Wäschenbeuren sowie den Beschuss einer feindlichen Kolonne in der Umgebung.[38]

Die amerikanischen Panzer und Fußtruppen sammelten sich bald am Ortsausgang in Richtung Birenbach, um rasch weiter in Richtung Filstal weiterzukommen. In den Nachbarorten regierte bereits die Angst. Radfahrer, Fußgänger und Soldaten hatten die kaum zu glaubende Nachricht gebracht: Die Amerikaner griffen nicht nur aus der Luft an, sondern standen auch am Boden nur wenige Kilometer entfernt. Die schon in Richtung Wäschenbeuren ausgerückte Feuerwehr von Rechberghausen drehte wieder um.

Ein Wandgemälde erinnert im Innenraum der katholischen Kirche an das „Brennen".

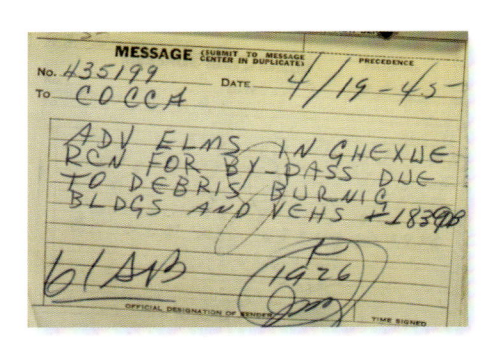

Die vorrückenden Bodentruppen melden um 18.39 Uhr, dass wegen brennender Gebäude und Fahrzeuge eine Umgehungsroute in Wäschenbeuren (codiert: GHEXWE) notwendig ist.

2
Vom brennenden Wäschenbeuren zur Filsbrücke in Faurndau

Beim Fortsetzen ihres schnellen Vormarschs auf der Reichstraße 297 in Richtung Süden erlebten die amerikanischen Soldaten eine Schrecksekunde. Ein deutscher Me-109-Jäger nahm die Kolonne ins Visier und feuerte mit seinen Bordwaffen auf die Fahrzeuge. Doch deren mobile Flakgeschütze schossen zurück und brachten die Maschine in der Nähe des Birenbacher Bahnhofs zum Absturz. Der Pilot starb und wurde in Birenbach beigesetzt. Den kleinen Ort selbst nahmen die Amerikaner ebenso widerstandslos ein wie das benachbarte Börtlingen. Hier gab es glücklicherweise keine Toten und Verletzten.[39]

Doch schon die von der Straße aus sichtbaren Gebäude des Weilers Oberhausen an der nächsten Anhöhe erhielten eine Salve mit Granatbeschuss. Das vorderste Gehöft brannte ab, ein französischer Kriegsgefangener, der das Vieh hatte retten wollen, verblutete an einem Splitter. Die Panzersperre vor Rechberghausen stand offen. Zwar hatte der Ortsgruppenleiter einige bewaffnete Hitlerjungen des Orts zur Schließung oder Verteidigung dorthin geschickt, doch angesichts der sich nähernden Panzer taten sie das einzig Richtige, versteckten sich im Wald und schlichen sich danach über Umwege wieder nach Hause.[40] Schon das war nicht ungefährlich, denn die Amerikaner feuerten bei einsetzender Dämmerung auf jeden verdächtigen Busch oder Baum. Überall strömten inzwischen deutsche Soldaten zurück: durchs

Soldaten der 10. US-Panzerdivision mit mobilem MG.

Rechberghausen von Osten. Postkarte Ende der 1930er Jahre.

Ottenbacher Tal, durch den Schurwald, durch Rechberghausen, durch die Nordbezirke von Göppingen und durch Eislingen – alle in Richtung Süden. Ein aus Schwäbisch Gmünd stammender Kradmelder wurde mit seinem Motorrad bei der Abzweigung der Reichsstraße nach Adelberg abgeschossen und getötet.[41]

Rechberghausen – Einmarsch während der Goebbelsrede

Auch auf die ersten Häuser von Rechberghausen, rechts oberhalb der Straße, schossen die gegen 19.30 Uhr einrückenden Amerikaner warnende Salven ab. Mehrere Gebäude, vor allem in der oberen Hauptstraße, fingen Feuer, auch das „Obere Tor" brannte. Bewohner und Nachbarn löschten, bis sie von der Feuerwehr unterstützt wurden, die erst mit amerikanischer Erlaubnis eingreifen durfte. Im Keller des Pfarrhauses harrten derweil etwa 30 Menschen aus, die von Pfarrer Weiner schon sicherheitshalber die Generalabsolution erhalten hatten. Mit erhobenen Armen, Stola um den Hals und Kruzifix in der Hand stieg der Priester aus dem Keller, als die US-Soldaten dort eintrafen. Beruhigt konnte er nach kurzem Gespräch zu seiner kleinen Gemeinde zurückkehren, die sogleich ein Dankeslied anstimmte.[42]

Im einsetzenden Dunkel starben zwischen 20 und 21 Uhr trotzdem insgesamt vier Männer aus Rechberghausen durch amerikanische Kugeln: zwei hatten zum falschen Augenblick das Fenster zur Straße geöffnet; zwei andere fand man an verschiedenen Stellen an der Hauptstraße, einen hatte möglicherweise seine Feuerwehruniform das Leben gekostet.[43] Währenddessen lief im Radio seit 20.15 Uhr die Goebbelsrede zum Vorabend des Führergeburtstags, was am Morgen noch in der letzten Ausgabe des „Hohenstaufen" angekündigt worden war.

> **Dr. Goebbels spricht zum Führergeburtstag**
> Berlin. Heute Donnerstag, 19. April, dem Vorabend des Geburtstages des Führers, spricht Reichsminister Dr. Goebbels zu den Deutschen im Reich und in aller Welt. Der großdeutsche Rundfunk überträgt die Ansprache um 20.15 Uhr.

Anzeige im „Hohenstaufen" vom 19. April 1945 für die abendliche Rundfunkansprache von Goebbels zum anstehenden „Führergeburtstag".

In Rechberghausen verließen die Amerikaner derweil die Reichsstraße 297 und fuhren nicht etwa in Richtung Bahnhof und Bartenbach/Göppingen weiter, sondern stießen direkt in die Ortsmitte beim Schloss vor, um sofort in Richtung Faurndau weiterzudrängen. Dabei muss offenbar so eine große Eile bestanden haben, dass in diesen Stunden um 19-21 Uhr kaum Nachrichten von den vordersten Truppenteilen, immer noch Soldaten der Task Force Hankins, abgegeben wurden – bis sie schließlich Faurndau erreicht hatten. Um 21 Uhr gab man immerhin die Besetzung Rechberghausens an das CCA weiter, der Kommandoposten des 61. Armored Infantry Bataillons wurde dort um 22.30 Uhr eingerichtet.[44]

Faurndau: Das dramatische Ende des Kampftages

Schon in der Dunkelheit, noch während die Besetzung Rechberghausens zwischen 20 und 21 Uhr in vollem Gange war, drangen erste Spitzen der Task Force Hankins entlang der Verbindungsstraße, an der Schuhfabrik vorbei, nach Faurndau vor und kamen so in die Reichweite zurückweichender deutscher Kolonnen, wobei es Feuergefechte gab.[45] Dort fiel gegen 21 Uhr ein deutscher Feldwebel in der Wangener Straße und um 21.15 Uhr wurde ein Kraftfahrer aus dem Ort durch MG-Feuer getötet. Den GIs gelang es, die intakte Brücke über die Fils einzunehmen und zu behaupten. Im After Action Report des 61. AIB wurde vermerkt: *„Faurndau was taken 21.55 with bridge intact. (...) Upon the capture of Faurndau and bridge, the task force set up defenses in the area for the balance of the period."*[46]

Panzer der 10. US-Panzerdivision beim Vormarsch in Süddeutschland.

US-Luftaufklärungsfoto von Faurndau, Anfang April 1945. Links der alte Ortskern mit der Stiftskirche, in der oberen Bildmitte die Schuhfabrik, rechts die Straße nach Göppingen.

Die Gesamtsituation im Ort befand sich jedoch seit fast anderthalb Stunden noch nicht unter Kontrolle. Um 22.10 Uhr meldete man aus Faurndau (codiert: LF-FEZS) an das CCA: „*Sitting right on it, shooting up enemy vehicles right and left.*"[47] Das CCA leitete wiederum diese Situation und die Sicherung der Brücke um 22.55 Uhr an das Divisionskommando weiter.[48] Zur weiteren Verschärfung und zur Unübersichtlichkeit des überraschenden amerikanischen Eintreffens trug unterdessen bei, dass in Faurndau Mitarbeiter von Daimler-Benz untergebracht waren, die dort an Plänen und Bestandteilen für die Raketenwaffe „V2" arbeiteten. Panisch versuchten die alarmierten Daimler-Angehörigen, vor dem Eintreffen der Amerikaner mit Autos und Motorrädern noch in Richtung Stuttgart oder Göppingen durchzubrechen, um sich, aber auch Pläne und mehrere Millionen Reichsmark in Sicherheit zu bringen. Dabei wurden einige Fahrzeuge von amerikanischen Maschinengewehren regelrecht zusammengeschossen.[49] Später stellten die Amerikaner Scheinwerfer auf, die die Durchgangsstraße hell erleuchteten und so eine Flucht unmöglich machten. Nach standesamtlichen Unterlagen wurden zwischen 20.30 und 21.30 Uhr auf der Göppinger Straße sieben Daimler-Mitarbeiter beim Beschuss ihrer Fahrzeuge getötet, darunter drei junge Frauen.[50] Diese Toten setzte man in Faurndau zunächst in einem Massengrab bei.[51]

Zusammenfassend dokumentierte das CCA das dramatische Ende dieses intensiven Kampftages folgendermaßen: „*Moving very fast, Task Force Hankins captured Faurnda[u], and shot up surprised enemies and columns right & left. Bridge seized intact, as enemy was surprised by sudden breakthrough. Many enemies and vehicles shot up during capture of town and bridge, defenses set up for night at 23.35.*"[52] Übersetzt: „Schnell vorrückend nahm die Task Force Hankins Faurndau ein und schoss nach links und rechts auf überraschte Feinde und Kolonnen. Die Brücke wurde intakt gesichert, als der Feind durch den plötzlichen Durchbruch überrascht wurde. Viele Feinde und Fahrzeuge wurden während der Einnahme von Stadt und Brücke beschossen, Abwehrstellungen für die Nacht um 23.35 Uhr bezogen."[53] In diesen Minuten um 23.30 Uhr griffen jedoch im Schutz der Dunkelheit drei deutsche Flieger die amerikanische Angriffsspitze in Faurndau an. Offenbar handelte es sich um langsam fliegende Sport- oder Schulflugzeuge, „*firing Panzerfausts*". Eines meldete man bald als abgeschossen, ein zweites sei vermutlich ebenfalls zerstört worden.[54] Erst danach kehrte so etwas wie Ruhe ein, mitten in der Nacht (3.50 Uhr) gaben die Truppen der Task Force Hankins durch, dass sie ihre Position hielten und keine Feinde in Sicht seien.[55]

Wie auch in Rechberghausen hatten sich in Faurndau den Abend und die Nacht über viele Einwohner in den Kellern versteckt, zumal man das Gewehr- und Panzerfeuer aus nächster Entfernung wahrnehmen konnte. Zwei weitere Einwohner Faurndaus, ein alter Mann und ein junger Hilfsarbeiter, wurden dennoch zwischen 22.30 Uhr und 23.30 Uhr vermutlich beim Übertreten der Ausgangssperre auf der Straße erschossen.[56]

Blick auf Maitis von Norden. Hinter dem Aasrücken sammelte sich in der Nacht zum 20. April das „Combat Comand B" der 10. US-Panzerdivision für den Vorstoß ins Filstal.

Das CCA hatte am 19. April seine Ziele erreicht: den schnellen Überraschungsdurchbruch nach Süden sowie die Übergänge über Rems und Fils. Dabei hatte die Task Force Hankins nur drei Verwundete, sieben Kranke und den Verlust eines Lastwagens zu vermerken, von den anderen beiden Task Forces war jeweils ein Soldat gefallen.[57]

Im Laufe der Nacht sollte die nachrückende Task Force Riley in Uhingen eine weitere Filsbrücke unter Kontrolle bringen.[58] Von Lorch aus folgte mit einigen Stunden Abstand die Task Force Ulrich, die Kampftruppe des 54. AIB. Das CCB hatte sich im Laufe des Abends in der Umgebung von Maitis formiert, wo gegen 18 Uhr dort stationierte deutsche Artillerie in Richtung Lenglingen und Ottenbacher Tal abgerückt war. Um 0.30 Uhr wurde in Maitis der Kommandoposten des Commands in Betrieb genommen.[59] Auch aus Richtung Straßdorf waren noch vereinzelte deutsche Panzer in Richtung Hohenstaufen auf dem Weg nach Süden gerollt.[60] Amerikanische Artillerie und Panzer beschossen die abziehenden Wehrmachtseinheiten. Das Dorf Hohenstaufen wurde am späten Nachmittag Ziel eines Jabo-Angriffs, bei dem drei Menschen ums Leben kamen, darunter ein Soldat. Vier Gebäude brannten nieder. Die Straße von Hohenstaufen nach Göppingen war von deutschen Soldaten gesprengt worden.[61]

Die Nacht zum 20. April 1945 war hereingebrochen, doch das Kriegsgeschehen machte keine Pause. Für den kommenden Tag hatte das Kommando der 10. Panzerdivision seine Soldaten zu besonderer Wachsamkeit auch deutschen Zivilisten gegenüber aufgerufen: „Führers Geburtstag" stand an.[62]

---

[1] NARA MAR RG WW II OR, 10. AD CCA Box 12933. After Action Report des CCA vom 18.4.1945.
[2] Leister M. Nichols, Impact, The Battle Story of the Tenth Armored Division, New York 1954, S. 316f.
[3] Ebenda, S. 272.
[4] NARA MAR RG 407 WWII OR, 10. AD CCA Box 12936.
[5] NARA MAR RG 407 WWII OR, 10. AD CCA Box 12933.
[6] Vgl. Zeitzeugenbericht Wäschenbeuren Nr. 1.
[7] Zeitzeugenbericht Wäschenbeuren Nr. 4.
[8] HStAS J 170 Bü 15 Mutlangen. Schon am 15. April 1945 hatte es einen Luftangriff gegeben, der zwei Tote verursachte. Die am 19. April in Mutlangen stationierten Flugzeuge sollten angeblich nach dem „System Rudel" auf Panzerjagd gehen, benannt nach dem hoch dekorierten Stukapiloten und späteren NS-Fluchthelfer Hans-Ulrich Rudel.
[9] HStAS J 170 Bü 15 Bericht Lorch.
[10] NARA MAR RG 407 WWII OR, 10. AD 61. AIB Box Nr. 13022.
[11] Peter Schührer, „I kennt a Buach drüber schreiba". Wäschenbeurener Bilder und Geschichtenbuch III, Wäschenbeuren 2013, S. 148ff. Der englische Bericht wurde von Herrn Schührer freundlicherweise dem Kreisarchiv übergeben.
[12] Schührer, Buach, S. 148f.
[13] HStAS J 170 Bü 15 Pfahlbronn. Besetzung zwischen 16 und 17 Uhr.
[14] NARA MAR RG 407 WWII OR, 10. AD CCA Box 12933.
[15] Schührer, Buach, S. 148f.
[16] NARA MAR RG 407 WWII OR, 10. AD CCA Box 12936.
[17] NARA MAR RG 407 WWII OR, 10. AD 61. AIB Box 12992, AAR vom 19.4.1945.
[18] Nichols, Impact, S. 272.

[19] HStAS J 170 Bü 15 Lorch.
[20] NARA MAR RG 407 WWII OR, 10. AD CCA Box 12936. Hier wird auch noch eine spätere Attacke von Volkssturmleuten in Lorch, gegen 18 Uhr, gemeldet.
[21] Zeitzeugenbericht Wäschenbeuren-Smolka.
[22] NARA MAR RG 407 WWII OR, 10. AD CCB Box 12949. G-2 Report für den 19. und 20. April 1945.
[23] Schührer, Buach, S. 148f.
[24] NARA MAR RG 407 WWII OR, 10. AD CCA Box 12936.
[25] Schührer, Buach, S. 148f.
[26] Peter Schührer, Beuremer Leaba". Wäschenbeurener Bilder- und Geschichtenbuch, Wäschenbeuren 1986, S. 161-165. Bereits hier wird eine Konzentration von Fahrzeugen als Motiv für den Angriff angenommen.
[27] Schührer, Leaba, S. 163; Schührer, Buach, S. 152f.
[28] Offenbar glaubten dies sogar amerikanische Soldaten, die am Folgetag durch Wäschenbeuren kamen. Vgl. StAL EL 902/8 Bü 16287 Q 82. Wiedergegebene Aussage eines US-Offiziers durch Pfarrer Noll: „Musste dies so sein? Wenn wir Widerstand bekommen, ziehen wir unsere Truppen sofort zurück und setzen unsere Flieger ein. Was diese zu leisten vermögen, sehen Sie hier selbst."
[29] Schührer, Buach, S. 148f.
[30] Zeitzeugenbericht Rechberghausen Nr. 3.
[31] Schührer, Leaba, S. 165; Schührer, Buach, S. 106-113.
[32] StAL EL 902/8 Bü 16286 und 16287.
[33] StAL EL 902/8 Bü 16286, S. 5.
[34] Ebenda, S. 13. Stollenmaier wurde zuletzt als „Mitläufer" eingestuft. Der Göppinger Architekt Immanuel Hohlbauch hielt ihn gleichfalls für unschuldig am Luftangriff und erklärte die Gerüchte mit der besonderen realitätsfernen Emotionalität der Dorfbewohner, ebenda S. 7.
[35] NARA MAR RG 407 WWII OR, 10. AD CCA Box 12936. Die Uhrzeit 18.39 Uhr wurde auch in den After Action Report aufgenommen.
[36] NARA MAR RG 407 WWII OR, 10. AD 61 AIB Box 12992. AAR.
[37] Schührer, Leaba, S. 163.
[38] NARA MAR RG 407 WWII OR, 10. AD 61. AIB Box 12993.
[39] HStAS J 170 Bü 6 Berichte Birenbach und Börtlingen.
[40] KrA GP S 16 Rechberghausen Nr. 4. Bericht eines der Hitlerjungen (Jg. 1929) aus dem Jahr 2007, dem Kreisarchiv 2014 durch das Gemeindearchiv Rechberghausen übergeben. Der Volkssturm hätte auch an der Panzersperre erscheinen sollen, kam aber nicht.
[41] Gemeinde Rechberghausen, Sterbebuch, Eintrag 15/45.
[42] Aus der Pfarrchronik Rechberghausen. Abgedruckt in: Karl Hornung, Rechberghausen. Die wechselvolle Geschichte einer Gemeinde, Rechberghausen 1984, S. 225f.; ebenfalls enthalten in HStAS J 170 Bü 6 Bericht Rechberghausen (o.D.).
[43] Gemeinde Rechberghausen, Sterbebuch 1945, Einträge 11/45-14/45.
[44] NARA MAR RG 407 WWII OR, 10. AD 61. AIB Box 12992. AAR.
[45] HStAS J 170 Bü 6 Bericht Faurndau (31.8.1948). Der Zeitraum deckt sich mit den Zeitzeugenberichten und standesamtlichen Unterlagen.
[46] NARA MAR RG 407 WWII OR, 10. AD 61. AIB Box 12992. AAR.
[47] NARA MAR RG 407 WWII OR, 10. AD CCA Box 12936.
[48] Ebenda.
[49] Vergleiche Zeitzeugenbericht Faurndau Nr. 2, wo diese Fluchtversuche geschildert werden.
[50] Sterbebuch der Gemeinde Faurndau 1945, Einträge 16/45, 21-24/45, 30/45, 31/45. Todesursache immer MG-Geschosse.
[51] HStAS J 170 Bü 6 (Bericht Faurndau).
[52] NARA MAR RG 407 WWII OR, 10. AD CCA Box 12933.
[53] Ebenda.
[54] NARA MAR RG 407 WWII OR, 10. AD CCA Box 12936.
[55] NARA MAR RG 407 WWII OR, 10. AD CCA Box 12933.
[56] Gemeinde Faurndau, Sterbebuch 1945, Einträge 11/45 und 13/45.
[57] NARA MAR RG 407 WWII OR, 10. AD CCA Box 12933.
[58] Ebenda.
[59] HStAS J 170 Bü 15 Bericht Maitis (1.3.1949); 10. AD CCB Box 12948.
[60] HStAS J 170 Bü 15 Bericht Straßdorf (ohne Datum).
[61] HStAS J 170 Bü 6 Bericht Hohenstaufen (ohne Datum).
[62] NARA MAR RG WW II OR, 10. AD CCA Box 12936. Meldung an das CCA um 21.20 Uhr.

Der 20. April 1945:
Angriff nach Süden, Osten und Westen

1
Vorbereitungen und Abwarten

Am Nachmittag des 19. April und in der Nacht zum 20. April 1945 wurde der Fliegerhorst Göppingen evakuiert.

Viele Menschen im Landkreis Göppingen verlebten eine äußerst unruhige Nacht. Durch die Ereignisse des Vortags, die weithin erkennbaren Rauchsäulen über Wäschenbeuren, die von Norden fliehenden deutschen Soldaten und die einsetzende Mund-zu-Mund-Propaganda, konnte man davon ausgehen, dass die Amerikaner am 20. April weiter in das Kreisgebiet und auch auf Göppingen vorrücken würden. Artilleriedonner, gelegentliche MG-Salven und das näherkommende Dröhnen der US-Panzer unterstrichen den Ernst der Lage. Die Keller wurden zu Nachtquartieren, vielerorts war man durch die Fliegeralarme der vergangenen Wochen bereits an diese Maßnahme gewöhnt. Viele Familien vergruben vorsorglich Lebensmittel und Wertsachen. NS-Uniformen, Waffen, Hakenkreuzfahnen und anderes wurden verbrannt, versteckt oder einfach in die nächsten Flüsse und Bäche geworfen.

Die Kreisleitung der NSDAP hatte sich ebenso wie der Göppinger Oberbürgermeister Pack am späten Nachmittag des 19. April mit Fahrzeugen abgesetzt und die Bevölkerung mehr oder weniger ihrem Schicksal überlassen. Auch die Soldaten der Göppinger Flakkaserne und des Flugplatzes zogen ab, vom Flugplatz hörte man in der Nacht deutliche Explosionen. Eine Verteidigung dieser Militäreinrichtungen wurde von den kommandieren Offizieren glücklicherweise nicht vorgenommen. Selbst eingefleischten NS-Ortsgruppenleitern musste angesichts der Lage klar sein, dass eine Gegenwehr völlig sinnlos war und katastrophale Folgen für den jeweiligen Ort mit sich bringen würde. Nur noch absolute Fanatiker aus der Bevölkerung, die billigend das Leben und das Eigentum ihrer Mitmenschen riskierten, konnten in dieser Lage einen Widerstand gegen die Amerikaner beschließen.

An einigen Orten des Landkreises hatte man am Abend des 19. April den Volkssturm aktiviert. Die Männer erhielten Einsatzbefehle, meist in den Nachbarorten, einige hatten in Richtung Alb oder Aichelberg abzumarschieren. Viele rückten allerdings auch gar nicht aus oder konnten sich nach kurzem Marsch absetzen. Nur wenige sollten wirklich zum Kampfeinsatz kommen. Derweil erhielten viele Lebensmittelgeschäfte die Erlaubnis, ihre Waren gegen Bargeld und nicht wie üblich gegen Marken auszugeben. Nicht wenige Menschen machten sich trotz der gefährlichen Lage auf den Weg, um die Vorräte noch einmal aufzustocken.

Die amerikanische Kampfspitze hatte in Faurndau, Rechberghausen und Maitis Stellung bezogen, doch die Kriegsmaschine lief ununterbrochen weiter. Die Soldaten der Task Force Hankins hatten in Faurndau die Lage im Griff, die Situation blieb in den ersten Nachtstunden ruhig.[1] Wohl von Stellungen am Rechberghäuser Gewann „Berg" feuerte Artillerie in gewissen Abständen nach Göppingen, um zu testen, ob es entsprechende Gegenwehr gab. Granaten schlugen am Schloss, im Polizeigebäude und im Rathaus ein, ebenso im neuen Wohngebiet Reusch, wobei jeweils nur Sachschaden entstand.[2]

Soldaten des 71. Regiments der 44. Infanteriedivision beim Vormarsch in Richtung Süden, möglicherweise bei Rechberghausen.

Abwarten der Amerikaner in Faurndau und Uhingen

Währenddessen war die Task Force Riley des CCA auf der gleichen Route (Lorch – Wäschenbeuren – Rechberghausen) wie die vorherigen Einheiten in den Landkreis gelangt: Um 1 Uhr nachts kam die Truppe widerstandslos durch Oberwälden, bemängelte nur die schlechten Straßenverhältnisse, besetzte um 2.50 Uhr ohne Gegenwehr Holzhausen und erreichte schließlich um 4.30 Uhr Uhingen. Dort gab es ebenfalls keinen deutschen Widerstand und somit hatte das CCA eine weitere Filsbrücke sichern können. Durch Patrouillen stellten die beiden Task Forces in Faurndau und Uhingen nun Kontakt zueinander her.[3] In diesem Zeitraum ging auch die Einschätzung des CCA heraus, dass man für den Verlauf des anbrechenden Tages massive Durchbruchsversuche von deutschen Truppen aus Richtung Westen erwartete, die sich dem schließenden Kessel um den Stuttgarter Raum zu entziehen versuchten.[4]

Zwei Soldaten des 71. Regiments der 44. Infanteriedivision (erkennbar am Nummernschild) bei einer Pause in ihrem Jeep an der Reichsstraße 10 bei Faurndau.

Kurz nach 6 Uhr meldete die Task Force Hankins die Vertreibung kleinerer deutscher Streifen aus Faurndau. Auch deutsche Nachschubfahrzeuge seien in den Ort gefahren, ohne Kenntnis von der Anwesenheit der Amerikaner. Sie wurden schnell überwältigt. Allerdings hatten die Soldaten auch zwei deutsche Flugzeuge in diesem Bereich bemerkt.[5] Ansonsten wartete man hier weitere Befehle und das Eintreffen nachrückender Kontingente ab – konkret war die Task Force Ulrich auf dem Weg von Lorch und gleichfalls von Norden näherte sich das 71. Regiment der 44. Infanteriedivision. Wieder war es ein sonniger Frühlingstag: *„Warm and clear, visibility excellent"*, wie im späteren Report festgehalten wurde.[6] Gegen 6.30 Uhr erfolgte eine Meldung des Divisionskommandos der 10. Panzerdivision mit

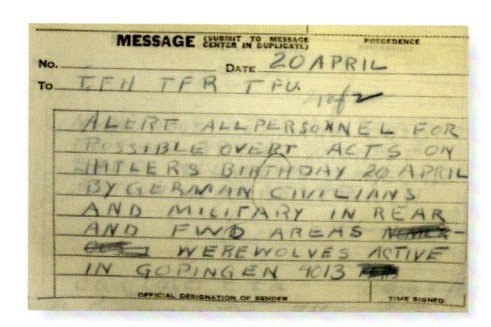

Warnung an die vordersten Bodentruppen über mögliche „Werwolf"-Anschläge am 20. April 1945.

der Wiederholung der eindringlichen Warnung wegen des Führergeburtstags. In Göppingen seien aus der Luft größere Gruppen von Menschen ohne Stahlhelme wahrgenommen worden, bei denen es sich um „Werwölfe" handeln könnte.[7] Möglicherweise hatte man die Volkssturmmänner erkannt, die am Aufstieg von Bartenbach nach Göppingen in Stellung gegangen waren. Um 7 Uhr wurde Wangen aus Richtung Oberwälden erreicht, vermutlich durch nachrückende Elemente der Task Force Riley.[8]

Doch während die Task Forces in Faurndau und Uhingen noch ihres Einsatzbefehls harrten, war östlich des Hohenstaufens schon der Startschuss erfolgt: die Truppen des CCB ergossen sich von Maitis aus über den Aasrücken in das Ottenbacher Tal.

Das CCB stößt bei Salach ins Filstal vor und fährt in drei Richtungen weiter

Im Morgengrauen rollten die amerikanischen Panzer des CCB mit ihren Task Forces Chamberlain und Richardson den Aasrücken hinunter, der Kommandoposten schloss um 7 Uhr in Maitis. Die kampflose Einnahme des Dorfs Hohenstaufen dürfte ebenfalls in diesem Zeitabschnitt erfolgt sein.[9] In Ottenbach hatte am Vorabend ein deutscher Major den Dorfbewohnern zugeraten, jede Form des Widerstandes zu vermeiden – sie hielten sich daran. Ohne jede Schwierigkeit wurde der Ort gegen 5.30 Uhr besetzt. Auch auf dem weiteren Weg in Richtung Filstal gab es für die Amerikaner keine Hindernisse: über Krummwälden erreichten sie zwischen 6 und 6.30 Uhr Salach, wo am Vorabend die Panzersperren geöffnet worden waren. Durch die Hauptstraße bewegte sich die riesige Fahrzeugkolonne zur Reichsstraße 10. Dort bog ein Teil in Richtung Süßen ab, das gegen 7 Uhr kampflos eingenommen wurde, während der Großteil nach Westen schwenkte.[10]

Blick über Salach aus Südosten ins Ottenbacher Tal und zum Hohenstaufen. Gegen 6.30 Uhr erreichten amerikanische Soldaten am 20. April 1945 die Filstalgemeinde.

Eislingen aus Nordwesten mit Blick ins Filstal. Wie in Salach und Süßen kam es auch hier zu keinen Kampfhandlungen.

In Eislingen hatten verantwortungsbewusste Bürger rechtzeitig verhindert, dass der Volkssturm in Erscheinung trat, und auf Anweisung des stellvertretenden Bürgermeisters Gottlieb Nürk die Panzersperren an der Reichsstraße geöffnet. Gegen 7.30 Uhr traf der erste Panzer in Eislingen auf Dr. Ernst Goebel, der ebenfalls eine treibende Kraft dieser Maßnahmen gewesen war, und der mit einer weißen Fahne in der Hand eine kampflose Übergabe der Stadt versprach. Begleitet wurde er von einem französischen Kriegsgefangenen, der seinerseits die Trikolore schwenkte. Ein amerikanischer Offizier kündigte die Belegung Eislingens durch Infanterie innerhalb von drei Stunden an, damit die Bevölkerung sich vor möglichen deutschen Gegenaktionen – man vermutete umherstreifende SS-Männer – sicher fühlen könnte.[11] Von Eislingen aus ging der Vormarsch nach Holzheim weiter, möglicherweise bogen auch einige Soldaten schon in Richtung der südlichen Bereiche von Göppingen ab. Auch in Holzheim trafen die Amerikaner wohl gegen 8 Uhr auf offene Panzersperren und fuhren weiter nach Süden. Mit etwas zeitlichem Abstand stieß eine starke Panzereinheit nach Schlat vor, das um 11 Uhr ohne Widerstand besetzt wurde, kurz darauf folgte Eschenbach aus Richtung Schlat.[12] Zwar hatte man in Schlat selbst alle Panzersperren geöffnet, doch SS-Soldaten hielten an der steilen Reichenbacher Steige beim Gairenhof eine Sperre geschlossen und verteidigten diese hartnäckig mit Maschinengewehren vom Wald aus. Hier stoppten die Amerikaner zunächst, um unnötige Verluste zu vermeiden.[13]

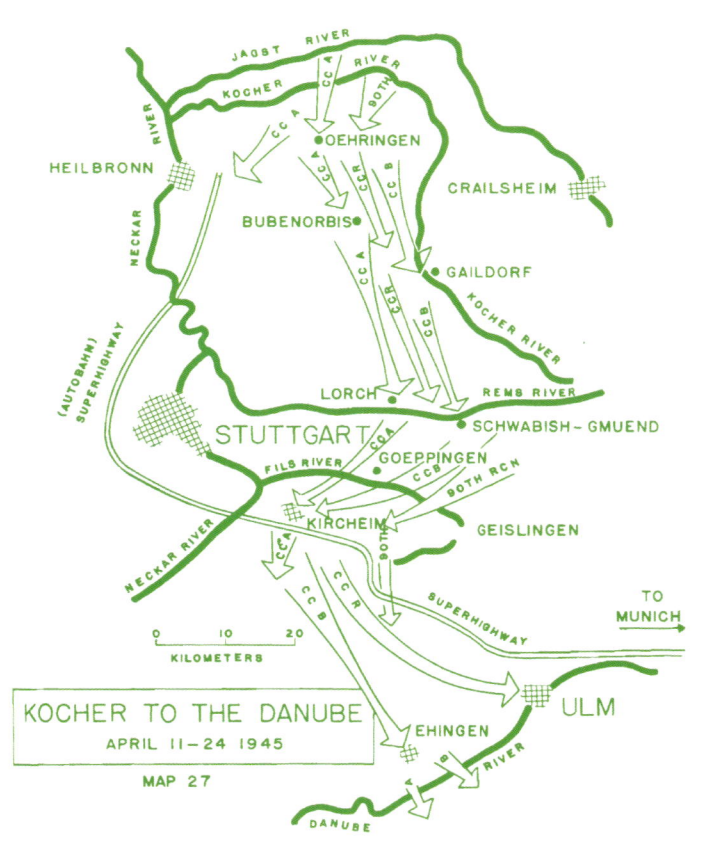

Vormarsch der 10. US-Panzerdivision vom 11. – 24. April 1945.

In Heiningen, wo es in den Vortagen eine solche Dramatik um die Panzersperren gegeben hatte, war die Straße um 8.30 Uhr jedoch versperrt. Aber die Situation löste sich schnell: Der Kommandant des ersten Panzers stieg ab und befahl einem in der Nähe stehenden Dorfbewohner, das Hindernis zu entfernen. Einwohner sowie kriegsgefangene Franzosen und Polen bauten die Sperre umgehend ab und öffneten auch die beiden anderen im Dorf.[14] In Heiningen sollte beim Einmarsch kein Schuss fallen, acht deutsche Soldaten gingen in Gefangenschaft.[15] Einige Panzer bezogen um das Dorf Stellung, um mögliche Ziele am Albrand ins Visier zu nehmen, weitere Fahrzeuge rollten nach Gammelshausen, um dort gegen 9 Uhr gleichfalls ohne Kampfhandlungen den Ort zu übernehmen. Das Gros der Panzer wandte sich allerdings jetzt nach Westen in Richtung Bezgenriet, wo sich wichtige Straßen kreuzten.

Gefecht in Bezgenriet

Am Ortsrand von Bezgenriet nahm man gegen 9.45 Uhr die ersten Panzer aus Richtung Heiningen wahr. Ohne Zwischenfälle fuhren sie durch geöffnete Panzersperren in die Ortsmitte vor die Kirche, wo Bürgermeister Rieker den US-Offizieren eine kampflose Übergabe versicherte. Was dieser nicht wissen konnte: am Ortsausgang Richtung Schopflenberg sammelte ein deutscher Leutnant Soldaten für einen Angriff um sich. Am Lauf des Dorfbachs pirschten sie sich vor, wurden aber bald entdeckt und ein heftiges Feuergefecht mit den Amerikanern setzte ein, das sieben Wehrmachtssoldaten das Leben kostete.[16] Das CCB verzeichnete in Bezgenriet insgesamt 36 gefangene deutsche Soldaten, der Großteil (29 Mann) gehörte dem 147. Ersatzbataillon an, der Rest verteilte sich auf sieben andere Einheiten.[17] Nachdem sich die Situation in Bezgenriet gegen 12.30 Uhr wieder beruhigt hatte, ging die Route des CCB nach Süden weiter, wo 13.15 Uhr Bad Boll und gegen 14 Uhr Dürnau folgten, jeweils ohne Kämpfe in den Orten. In Bad Boll besetzte das CCB ein Wehrmachtslazarett mit 182 verwundeten Soldaten und 15 Offizieren.[18]

Hattenhofen blieb an diesem Tag kurioserweise umgangen. Ein Bürger hatte im Lauf des Vormittags einem amerikanischen Späher entgegen der Wahrheit versichert, dass keine deutschen Soldaten im Ort seien, obwohl diese quasi kampfbereit hinter der nächsten Straßenecke standen. Bis zum Abend lief der Krieg in einigen Kilometern am Dorf vorbei. Bürgermeister Georg Thierer, der zugleich Albershausen mitbetreute, war jedoch durch die dortigen Vorgänge über die militärische Lage und auch das Ausmaß der amerikanischen Offensive im Bilde. Zusammen mit anderen Hattenhofern gelang es ihm, die drei jungen deutschen Offiziere mit ihren etwa 300 Mann vom Widerstand abzubringen und sie in der Nacht zum 21. April auf einem sicheren Weg in Richtung Autobahn zu schleusen. Nur wenige Stunden später besetzten die Amerikaner im Morgengrauen das Dorf.[19]

Diese Tabelle zum 20. April enthält auch die Verzeichnung von deutschen Gefangenen durch die 10. US-Panzerdivision u.a. in Bezgenriet und Bad Boll.

Etwas kritischer sollte sich indes die Lage für Zell unterm Aichelberg entwickeln, das sich in unmittelbarer Nähe zu den sich an der Autobahn abspielenden Artillerie- und Luftkämpfen befand. Kurz vor 12 Uhr setzte ein kurzer Artillerie- und Panzerbeschuss aus Richtung Pliensbach auf das Dorf und dessen Umgebung ein, wodurch außerhalb des Orts ein junges Paar aus Weilheim ums Leben kam. In Zell gab es vorwiegend Gebäudeschäden, auch Vieh wurde verletzt oder getötet. Wenig später nahmen die Soldaten des CCB das Dorf sowohl über die Straße als auch die Felder ein, die Panzersperren waren nicht geschlossen worden. Um 13 Uhr wurden in Zell fünf gefangene Wehrmachtssoldaten registriert.[20] Von den Luftkämpfen über Aichelberg und Zell waren auch Geschosse und Trümmerteile auf die Umgebung niedergegangen. Offenbar verletzte ein Trümmerteil einen amerikanischen Soldaten, was zunächst als Schuss aus dem Hinterhalt interpretiert wurde und ein Ultimatum der bei Zell lagernden Einheit zur Folge hatte – bis 16 Uhr sollte der vermeintliche Schütze ausgeliefert werden, ansonsten würde das Dorf zerstört. Erst gegen 16 Uhr konnte die Situation nach mehreren verzweifelten Verhandlungsversuchen aufgeklärt werden und die bereits ausmarschbereiten Zeller konnten erleichtert in ihre Häuser zurückkehren.[21] Das kleine Nachbardorf Aichelberg wurde hingegen erst am 22. April besetzt, bei den Artilleriegefechten in der Nähe kamen mindestens drei deutsche Soldaten zu Tode.[22] Das Autobahnviadukt wurde von abziehenden Wehrmachtsangehörigen am Nachmittag gegen 16 Uhr gesprengt.[23]

Das CCB bewegte sich am frühen Nachmittag also allmählich in Richtung Aichelberg und dem Kirchheimer Raum zu. Doch wie hatte sich die Lage beim CCA entwickelt?

Das Autobahnviadukt bei Aichelberg wurde am Nachmittag des 20. April 1945 durch deutsche Soldaten gesprengt, um den Vormarsch der Amerikaner zu verzögern.

2
Vormarsch der Combat Commands in Richtung Kirchheim

Auflistung gefangener deutscher Soldaten mit Angabe ihrer zugehörigen Einheit sowie Ort und Zeit der Gefangennahme.

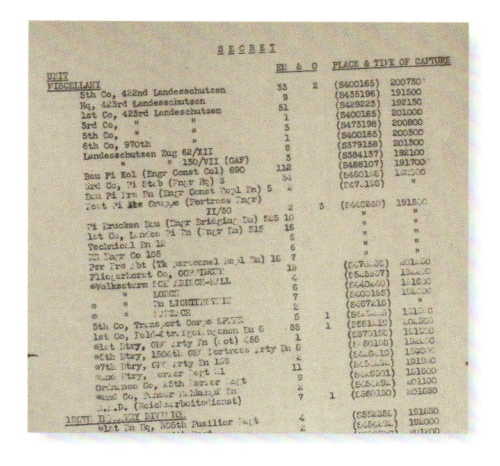

Die Task Forces Riley und Hankins hatten inzwischen um 9.10 Uhr den Befehl erhalten, in einem parallelen Vormarsch auf Kirchheim vorzurücken. Vor dem Angriff auf Kirchheim sollten sich die beiden Task Forces mit dem CCB vereinigen und koordinieren. Wie schon am Vortag startete die Task Force Hankins als erstes in Richtung Süden, kurz nach 10 Uhr. Ein Team ließ man zur Bewachung der Filsbrücke zurück, bis es von der nachrückenden Task Force Ulrich abgelöst wurde, die im Rücken der anderen Task Forces den Raum um Uhingen und Faurndau absichern sollte.[24] Im Gebiet um den Aichelberg fanden derweil bereits seit dem Morgen Kampfhandlungen statt. In der Nacht hatten deutsche Flakeinheiten Stellungen um den Ort Aichelberg eingerichtet, auch bei Zell standen deutsche Artilleriegeschütze. Ein „Fieseler Storch" diente der Koordinierung des deutschen Feuers. Dies blieb der amerikanischen Luftaufklärung nicht verborgen. P-47-Jagdbomber flogen zwischen 8 und 9 Uhr eine Attacke auf dieses Gebiet, was im Dorf Aichelberg einige Verletzte und Gebäudeschäden verursachte. Die Piloten meldeten dem CCA heftiges Flakfeuer.[25] Wohl aus diesem Grund nahm eine Artillerieeinheit, das 419. Field Artillery Bataillon, um 10.25 Uhr Aufstellung in Holzhausen und feuerte von dort aus auf die deutschen Geschütze am Aichelberg.[26] Entscheidende Treffer konnte jedoch keine Seite setzen, weshalb die Lage dort zunächst bis zur Mittagszeit in der Schwebe blieb.

Route Sparwiesen – Albershausen – Schlierbach

Um 10.48 Uhr konnten die Hankins-Soldaten unterdessen den kampflosen Durchmarsch durch Sparwiesen verzeichnen, etwa 20 Minuten später waren sie in Albershausen angekommen und fanden auch hier eine aufgabewillige Gemeinde vor. Eine halbe Stunde später trafen dort Teile der Task Force Riley von Uhingen aus ein.[27]

Dann geriet der weitere Vormarsch jedoch ins Stocken. Im Wald zwischen Albershausen und Schlierbach hatten sich deutsche Soldaten versteckt. Aus Schützenlöchern schossen zwei Landser die beiden ersten Panzer der Kolonne mit Panzerfäusten ab und wurden umgehend von den nachfolgenden Fahrzeugen aus getötet. Bei diesem Gefecht kam auch ein Leutnant aus Albershausen zu Tode, der unweit seines Heimatdorfs gefangen und auf einen Panzer gesetzt worden war. Um 11.15 Uhr ging von den vordersten Truppen aus die Meldung *„sniper and bazooka fire"* unter den Koordinaten von Albershausen heraus, eine gute halbe Stunde später schätzte man die Stärke der Deutschen auf 200 Infanteristen. Bis kurz nach

12 Uhr warteten die Amerikaner ab und brachen dann durch das verteidigte Gebiet in Richtung Schlierbach durch. Ein unterstützender Luftangriff auf die umliegenden Wälder, die man *„full of them"* glaubte, wurde angefordert, ließ jedoch auf sich warten. In Schlierbach waren einige Soldaten von einer ursprünglich 180 Mann starken Einheit zur Verteidigung zurückgeblieben, die offenbar das Feuer auf die anrückenden Panzer der Task Force Hankins eröffneten. Diese schossen zurück und zwangen die Verteidiger zur Flucht oder Aufgabe. Mehrere Gebäude wurden in Brand geschossen, auch das Rathaus wurde ein Raub der Flammen. Bei den Gefechten um das Dorf und innerhalb Schlierbachs fielen fünf deutsche Soldaten, drei Frauen wurden durch Geschosse getötet.[28] Die Einnahme von Schlierbach durch ein Team der Task Force Hankins wurde letztlich um 12.45 Uhr vermerkt.[29]

Durch die Kämpfe mit den deutschen Soldaten in den Wäldern nordöstlich von Kirchheim, die wohl überwiegend dem 147. Ersatzbataillon zugehörig waren, verlangsamte sich das Vorrücken auf Kirchheim. Um 14.45 Uhr teilte das CCA dem Divisionskommando nach der Befragung von Gefangenen mit, dass dem 147. Ersatzbataillon etwa 240 Mann angehörten. Diese verfügten hauptsächlich über Karabiner und nur über wenige Maschinengewehre, die Unteroffiziere kämen von der Luftwaffe, und die Kampfmoral sei *„poor"*, also schlecht.[30] Am frühen Nachmittag nahm die Task Force Hankins Ohmden und darauf gegen 16 Uhr Holzmaden ein, das vier Stunden zuvor schon einen heftigen Luftangriff über sich hatte ergehen lassen müssen.[31] Der westliche Zugang nach Kirchheim stand nun offen, weiter nach Süden wurde an diesem Tag nicht vorgerückt.[32]

Am Nachmittag des 20. April wird Roßwälden durch Truppen der 10. US-Panzerdivision besetzt. Die Filmstandbilder und Fotos zeigen US-Soldaten in den Gassen des Dorfs und gefangene deutsche Landser auf US-Fahrzeugen (S. 77 oben links) vor dem Hintergrund des durch Panzerbeschuss an einigen Stellen brennenden Orts. Die Infanterie-Szenen wurden offenbar für die Kameras kurz nach Einnahme der Gemeinde noch einmal nachgestellt, wie ein versehentlich aufgenommener Fotograf (Bild S. 78 rechts) am linken Bildrand nahelegt.

Soldaten der 10. US-Panzerdivision am frühen Abend des 20. April 1945 in der Innenstadt von Kirchheim. Standbild aus einem offiziellen Film der US-Army.

In Roßwälden wird gefilmt

Nördlich nahm die Task Force Riley den Weg von Schlierbach aus über Roßwälden und Notzingen, um dann von Norden aus nach Kirchheim einzudringen.[33] Die Besetzung von Roßwälden erfolgte gegen 15.30/16 Uhr.[34] In den Waldstücken um das Dorf hielten sich zahlreiche deutsche Soldaten auf, der Bürgermeister Scholl saß wie paralysiert im Keller eines Nachbarhauses. Da offenbar keine Kontaktaufnahme außerhalb des Dorfs erfolgte, schossen die Panzer von einer Anhöhe einige Granaten auf das kleine Dorf ab, wodurch einige Häuser in Brand gerieten. Auch über Roßwälden hinweg auf das westlich gelegene Hochdorf wurde gefeuert.[35] Beim anschließenden Einmarsch wurde ein älterer Bauer erschossen, der an Epilepsie litt, und vielleicht deshalb für die US-Soldaten bedrohlich wirkte. Mit dabei war in Roßwälden auch ein Foto- und Filmteam der US-Army, das Aufnahmen vom Vorrücken auf das Dorf sowie Panzer und kampfbereite Soldaten in den Gassen Roßwäldens zeigte – allerdings wurden letztere Szenen offenkundig erst nach

20. April 1945

der Einnahme abgedreht, wie ein versehentlich mitgefilmter Fotograf am äußeren Bildrand belegt. Später am Tag machte die Presseeinheit bei Tageslicht noch Aufnahmen in Kirchheim. Auch in und um Roßwälden gerieten deutsche Soldaten in Gefangenschaft. Angeschlossen an die Task Force Riley, deren Panzerspitzen gegen 17 Uhr vollends auf Kirchheim zurollten, kamen Teile des 419. FAB, die am Vormittag von Holzhausen aus auf den Aichelberg gefeuert hatten, wohl über Uhingen und Albershausen gegen 17.30 Uhr ins Dorf, um dort ihren Kommandoposten zu errichten. Wenig später warf ein deutscher Jagdflieger mehrere Bomben auf die lagernden Truppen ab, mehrere US-Soldaten wurden verletzt, einer starb, ebenso eine junge Frau.[36] Danach verlegte die Einheit ihr Quartier in den Notzinger Ortsteil Wellingen.[37] Weiter nach Westen wurde jenseits von Notzingen/Roßwälden nicht vorgerückt.[38]

Das Tagesziel Kirchheim erreichten die Task Forces Riley und Hankins des CCA gegen 18 Uhr, eine präzise und ursprünglich geplante Koordination mit dem CCB beim Angriff kam aufgrund der unterschiedlichen Distanzen nicht mehr zustande.[39] Die Task Force Ulrich schloss sich mit etwas zeitlichem Abstand von Faurndau aus an.[40] Im Tagesfazit urteilte die G2-Abteilung des CCB, dass mittlerweile wohl keine größeren organisierten deutschen Einheiten mehr an der hiesigen Front zu erwarten seien – das 147. Ersatzbataillon habe man offensichtlich verzweifelt geopfert, um den amerikanischen Vorstoß zu verzögern: *„Organized units such as divisions or regiments seem to have disappeared from our front. The 147. replacement bataillon was obviously committed and sacrificed in a desparate attempt to delay our advance."*[41]

Soweit zum Vorgehen der Combat Commands der 10. US-Panzerdivision am 20. April. Doch eine Gemeinde war nur am Rande in den Unterlagen dieser Einheiten aufgetaucht: Göppingen, das administrative Zentrum des Landkreises und damals mit knapp 30 000 Einwohnern die größte Stadt.

Die Besetzung Göppingens

Die Stadt Göppingen blieb in den Morgenstunden des 20. April 1945 bei der amerikanischen Offensive ins Kreisgebiet zunächst ausgespart. Einerseits hatte offen-

Das US-Luftaufklärungsfoto vom 8. April 1945 zeigt große Teile des Göppinger Stadtgebiets, links oben das Reusch und unten die Bahnlinie.

Lieutenant William Fowler vom 71. Regiment der 44. US-Infanteriedivision. Sein Bataillon besetzte am 20. April 1945 gegen 10 Uhr Göppingen von Norden her.

kundig der Vormarsch nach Süden in Richtung Kirchheim und das damit verbundene Erreichen der Autobahn Priorität, andererseits zeichnet sich auch hinsichtlich Göppingens bei genauerem Hinsehen eine bestimmte Strategie der Amerikaner ab. Die Einheiten der beiden Combat Commands kappten seit dem frühen Morgen quasi alle größeren Straßenverbindungen zur Stadt und besetzten sukzessive die umliegenden Gemeinden: von Westen schon seit dem Vorabend, dann seit dem Morgengrauen von Osten und im Verlauf des frühen Vormittags von Süden. Gegen 9 Uhr war dieser Kreis weitgehend geschlossen. Den konkreten Auftrag zur Besetzung der Stadt Göppingen hatte jedoch nicht eine Einheit der 10. US-Panzerdivision erhalten, sondern das nachrückende 71. Regiment der 44. US-Infanteriedivision. Um 1.30 Uhr nachts war dort – das Regiment befand sich gerade in Welzheim – der Befehl für dessen drei teilweise motorisierte und mit Panzern ausgestattete Bataillone angekommen: Das 1. Bataillon bekam die Mission *„seizing and holding Goppingen"* (Göppingen besetzen und halten), das 2. Bataillon sollte in Faurndau Brücke und Ort in Nachfolge der CCA-Einheiten sichern und das 3. Bataillon hatte in gewissem Abstand die Absicherung der anderen beiden zu gewährleisten.[42]

Betrachtet man nun den Zeitpunkt des Aufbruchs der beiden Task Forces des CCA aus Uhingen und Faurndau kurz nach 10 Uhr, die Besetzung Eislingens, Holzheims und Heiningens bis etwa 9 Uhr sowie Bezgenriets gegen 10 Uhr, so bedeutet dies, dass Göppingen zum Zeitpunkt des Einmarschs der Soldaten des 71. Regiments ab etwa 9.20-9.30 Uhr bereits von allen Seiten durch amerikanische Truppen eingeschlossen war und ein möglicher Ausbruch von deutschen Soldaten oder Fahrzeugen kaum noch hätte erfolgen können.

Gegen 9 Uhr drangen zuerst amerikanische Panzer von Rechberghausen-Oberhausen über die Hügel nach Bartenbach vor, wo kein Widerstand geleistet wurde. Nach einem Zeitzeugenbericht hatten sich die Bartenbacher am frühen Morgen mit den in Oberhausen wartenden Amerikanern auf eine kampflose Übergabe verständigt. Am folgenden Nordhang, der „Bartenhöhe" zum Oberholz, an der Brücke über den Meerbach und an der Steige der Bundesstraße nach Göppingen waren jedoch etwa 25-30 Volkssturmmänner aus Eislingen und Holzheim in Stellung gegangen. Einer der Männer aus Holzheim erinnerte sich 1985: *„Zum Einsatz kamen wir in den frühen Morgenstunden bei Bartenbach, wo wir den Vormarsch der Amerikaner aus Richtung Rechberghausen verhindern sollten. Im Gasthaus „Rose" befand sich der Befehlsstand. Wir wurden dort in zwei Trupps eingeteilt und machten die Panzerfäuste scharf. Der 1. Trupp ging rechts der Straße bei der dortigen Schreinerei in Stellung, während Trupp 2 eine Stellung beim Meerbach bezog. Ein Posten befand sich noch beim Friedhof. Die Stellungen bestanden nur aus Schützenlöchern und zur Verteidigung hatten wir Panzerfäuste und wenige Schusswaffen. Beim Anmarsch der Amerikaner zog sich mein Trupp vor der Übermacht über den Hailing nach Göppingen zurück. Zuvor hatten wir uns in der Schreinerei umgezogen und die Tornister und Schußwaffen versteckt. Einer von uns hatte in seinem Rucksack sogar Zivilkleidung dabei. Die Panzerfäuste beließen wir in den Schützenlöchern, nachdem wir sie entschärft hatten. Der andere Trupp wurde jedoch von den Amerikanern erkannt und beschossen. Einer der Volkssturmmänner erhielt einen Bauchschuss. Er wurde von den Amerikanern nach Göppingen gebracht und starb dort 10 Tage später an der Verwundung. Beim weiteren Vormarsch der Amerikaner ist Hauptmann Gölz bei der Gaststätte „Rose" gefallen."* [43]

Diese kurzen Kampfhandlungen dürften der einzige Widerstand bei der Einnahme von Göppingen gewesen sein. Bei der Weiterfahrt über die heutige Lorcher Straße (B 297) nach Süden gaben die Panzer im Bereich der heutigen EWS-Arena laut Zeitzeugenberichten einige Warnschüsse ab und bewegten sich weiter geradeaus in Richtung Zentrum. Von Faurndau aus dürften zeitgleich und etwas später zusätzliche Panzer über die Stuttgarter Straße und die Metzgerstraße dazugestoßen sein. In der Göppinger Stadtmitte trafen die amerikanischen Soldaten auf keinerlei Gegenwehr, am Schillerplatz und in der Hauptstraße wurden sie von den Kriegsgefangenen und Zwangsarbeitern mit Jubel begrüßt.[44] Im S2-Report des Regiments wurde für 10 Uhr festgehalten: „*1st Bataillon seized, held and occupied Goppingen, meeting small enemy resistance. Secured bridges in Goppingen intact.*"[45] Der mobile Kommandoposten des Regiments befand sich zu diesem Zeitpunkt in Rechberghausen. Um 10.45 Uhr wurde durchgegeben, dass die Brücken in Göppingen Panzer tragen würden.[46] Ein Teil des Bataillons bewachte diese Brücken, ein anderer wandte sich nach Süden, um Jebenhausen zu besetzen. Derweil schickten Teile des 2. Bataillons von Faurndau aus Sicherungstrupps nach Uhingen, Sparwiesen, Albershausen und Bezgenriet.[47] Möglicherweise hatten die Task Forces des CCA in Faurndau und Uhingen dort auch abgewartet, bis um 10 Uhr aus Göppingen die Meldung von der erfolgreichen Besetzung kam und sie brachen erst danach weiter nach Süden auf, nachdem ein potentielles Eingreifen zur Unterstützung nicht mehr notwendig erschien – die zeitliche Abfolge würde durchaus dafür sprechen.

Im Oberamtsgefängnis (Hauptstraße 44) richtete das Regiment seinen Kommandoposten ein, der um 11.45 Uhr den Betrieb aufnahm. Im Rathaus trafen sie auf den altgedienten Stadtamtmann Christian Eberhard (1886-1973). Diesem war am Vortag vom inzwischen in Richtung Ehingen flüchtigen Oberbürgermeister Pack, der sich später auf einen übergeordneten Geheimbefehl zum Verlassen der Stadt berief, die Fortführung einer „Rest-Verwaltung" übertragen worden. Diese Rest-Verwaltung sollte nur aus Angestellten mit Geburtsjahr vor 1890 und gesundheitsbedingt nicht wehrfähigen Personen bestehen, der Rest hatte mit dem Volkssturm abziehen sollen.[48]

Einträge in den Kalender eines Göppinger Kaufmanns: um 10.15 Uhr stehen US-Panzerwagen am Schillerplatz und im Schlosshof, um 10. 40 Uhr rücken die ersten Amerikaner weiter.

Eberhard, seit 1909 in der Göppinger Stadtverwaltung tätig und kein Mitglied der NSDAP, wurde in der Kommandantur verhört und danach umgehend angewiesen, die Forderungen der Besatzer umzusetzen: Beflaggung mit weißen Fahnen, Ausgangssperren und Ablieferung von Waffen.[49] Von Süden und Osten kamen wohl auch Einheiten des CCB nach Göppingen, denn um 12 Uhr wurde dort von diesem die Gefangennahme von 77 Personen, darunter 55 Angehörige einer ukrainischen Ingenieurseinheit und zehn Soldaten des Göppinger Fliegerhorsts, verzeichnet.[50] Weitere an die Division angeschlossene Einheiten folgten nach Göppingen, darunter am Nachmittag das 772. Tank-Bataillon, das am nächsten Tag nach Süßen weiterfuhr.[51] Nicht zuletzt richtete am Folgetag das Divisionskommando der 10. Panzerdivision seinen Kommandoposten in Göppingen ein, der bis zum 23. April dort verblieb und dann nach Laichingen verlegt wurde.[52] Im Verlauf der folgenden zwei Tage lösten sich immer wieder verschiedene Teile des 71. Regiments bei der Sicherung von Göppingen ab.[53]

Weitere Besetzungen durch das 71. Regiment der 44. US-Infanterie-Division

Im nördlich von Bezgenriet gelegenen Jebenhausen hatte der Volkssturm am Vorabend die Panzersperren geschlossen. In der Nähe des Waldeckhofs hatte ein aus dem Wald kommender Spähpanzer um etwa 10.30 Uhr zwei Frauen und einen neunjährigen Buben entdeckt, die Lebensmittel aus einem liegengebliebenen Wehrmachts-Lkw mitnehmen wollten. In der Annahme, auf fliehende „Werwölfe" gestoßen zu sein, eröffneten die Amerikaner sofort das Feuer: der Junge wurde getötet, seine Mutter und die andere Frau schwer verletzt. Angesichts des tragischen Irrtums versorgten die Soldaten die Verletzten und brachten die Leiche des Kinds in dessen Elternhaus. Jebenhausen wurde gegen 13.30 Uhr aus Richtung Göppingen und Heiningen eingenommen, die Panzersperren stellten kein Hindernis dar und wurden rasch abgebaut, um die Amerikaner nicht zu reizen.[54]

Im Verzeichnis der vom 71. Regiment der 44. Infanteriedivision besetzten Orte im Landkreis Göppingen sind einige Gemeinden aufgezählt, die zunächst am Morgen des 20. April zweifelsfrei vom CCB oder am Vorabend durch das CCA der 10. AD eingenommen worden waren. Offenbar rückten die Infanteristen der 44. Division im Lauf des Tages nach und sicherten diese Orte dauerhaft ab. Hierzu zählten neben Holzheim, Heiningen, Dürnau und Schlat, auch Rechberghausen und Faurndau.[55]

Privataufnahme des US-Veteranen Dr. Elbert Ted Rulison, vermutlich vom 21. April 1945. Vom Göppinger Rathaus weht bereits die US-Fahne, die übrigen Häuser der Hauptstraße in Richtung Westen sind zum Zeichen der Kapitulation weiß beflaggt.

Privataufnahme des US-Veteranen Dr. Elbert Ted Rulison, vermutlich vom 21. April 1945. Zu sehen sind ostwärts fahrende US-Panzer auf dem Göppinger Nordring in Höhe der Marstall- und Freihofstraße. Die Zerstörungen stammen noch vom Luftangriff des 1. März 1945.

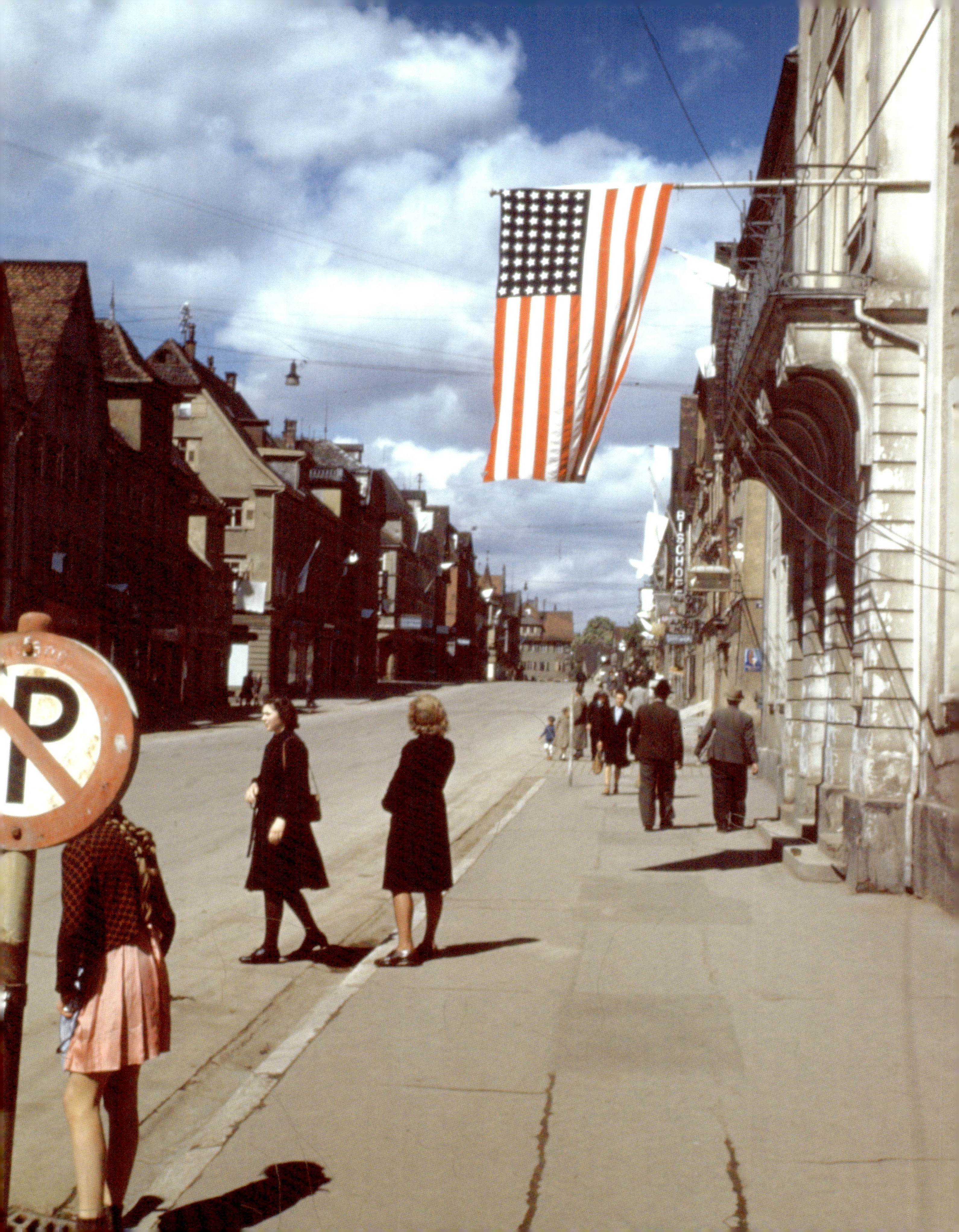
P
BISCHOF

Andere Orte wie Ottenbach, Eislingen, Salach oder Süßen könnten möglicherweise von der 90. Cavalry Reconnaissance Squadron übernommen worden sein, die etwas versetzt vom CCB nach Süden gefolgt war und im Verbund mit den genannten Einheiten während des Nachmittags und Abends im Raum Eschenbach – Dürnau – Boll – Gammelshausen, aber auch in Ursenwang, St. Gotthard und Schlat agierte.[56]

Später am Nachmittag gelang den Amerikanern von Schlat aus schließlich der weitere Vormarsch über die Reichenbacher Steige nach Südosten, nachdem die deutschen Soldaten sich dort nach mehrstündigen Gefechten und Verhandlungen zurückgezogen hatten.[57] Um etwa 19 Uhr erreichten die Amerikaner Reichenbach im Täle und nahmen auch diesen Ort ohne größere Kampfhandlungen ein – einige Maschinengewehrsalven vertrieben letzte Volkssturmleute, Artillerie ging in Richtung Alb in Stellung.[58] Am nächsten Tag würde aus drei Richtungen ins obere Filstal vorgestoßen werden, einen direkten Zugang dorthin hatten die Amerikaner hier bereits geschlossen.

Tafel des 71. Regiments der 44. US-Infanteriedivision mit den während des Einsatzes im Zweiten Weltkrieg durch die Einheit besetzten Orten, darunter auch mehrere Gemeinden des Landkreis Göppingen. Dabei ist deutlich zu sehen, dass die Einheit direkt den Stoßtruppen der 10. US-Panzerdivision nachfolgte.

[1] NARA MAR RG 407 WWII OR, 10. AD. CCA Box 12936.
[2] Vgl. die Zeitzeugenberichte zu Göppingen.
[3] NARA MAR RG 407 WWII OR, 10. AD. CCA Box 12933 und Box 12992.
[4] NARA MAR RG 407 WWII OR, 10. AD CCA Box 12981. Meldung des CCA an die Task Force Ulrich um 3.35 Uhr.
[5] NARA MAR RG 407 WWII OR, 10. AD. CCA Box 12933. AAR vom 20.4.1945.
[6] NARA MAR RG 407 WWII OR, 10. AD CCB Box 12948. AAR vom 20.4.1945.
[7] NARA MAR RG 407 WWII OR, 10. AD. CCA Box 12933 und 12936
[8] In den amerikanischen Unterlagen kommt Wangen nicht vor, laut HStAS J 170 Bü 6 Bericht Wangen (14.10.1948) erreichten Panzer den Ort um 7 Uhr, die eigentliche Besetzung folgte erst am Nachmittag.
[9] Hier fehlen leider offizielle Quellen für einen genauen Zeitpunkt ebenso für die Weiler Lerchenberg und Hohrein, die vermutlich gleichfalls am Vormittag des 20. April besetzt worden sein dürften. Für Hohenstaufen gab ein Zeitzeuge den Einmarsch der Amerikaner „im Morgengrauen" zu Protokoll.
[10] HStAS J 170 Bü 6 Berichte Ottenbach, Salach und Süßen. Vgl. auch die jeweiligen Zeitzeugenberichte.
[11] Reiner Weiler, Ende – Wende – Neubeginn in der Stadt Eislingen/Fils 1945/46, Eislingen 1995, S. 17-23.
[12] HStAS J 170 Bü 6 Bericht Eschenbach. Laut Zeitzeugenerinnerungen fragten die Amerikaner in Eschenbach nach dem Weg nach Dürnau: Eschenbacher Geschichten, Horb 2007, S. 66f.
[13] HStAS J 170 Bü 6 Bericht Schlat (28.3.1949).
[14] HStAS J 170 Bü 6 Bericht Heiningen (Oktober 1948).
[15] NARA MAR RG 407 WWII OR, 10. AD. CCB Box 12950.
[16] HStAS J 170 Bü 6 Bericht Bezgenriet (30.3.1949).
[17] NARA MAR RG 407 WWII OR, 10. AD CCB Box 12950.
[18] NARA MAR RG 407 WWII OR, 10. AD CCB 12950. G2-Report.
[19] Vgl. den Zeitzeugenbericht Hattenhofen von Georg Thierer sowie HStAS J 170 Bü 6 Bericht Hattenhofen (15.11.1948), dort aber falsche Tagesangabe (20.4.).
[20] NARA MAR RG 407 WWII OR, 10. AD CCB Box 12950.
[21] Vgl. Zeitzeugenbericht Zell sowie HStAS J 170 Bü 6 Bericht Zell (ohne Datum). Hier wird das Ultimatum auf 24 Uhr festgelegt.
[22] HStAS J 170 Bü 6 Bericht Aichelberg (28.3.1949). Die Uhrzeit wird dort nicht angegeben.
[23] NARA MAR RG 407 WWII OR, 10. AD CCB Box 12950. G2-Report.

[24] NARA MAR RG 407 WWII OR, 10. AD CCA Box 1233, 1236, 1248 und 1292.
[25] NARA MAR RG 407 WWII OR, 10. AD CCA Box 1236.
[26] NARA MAR RG 407 WWII OR, 10. AD 419. FAB Box 12971. Das Bataillon war am Vorabend in Breech angekommen und von dort aus am Morgen des 20.4. nach Holzhausen gezogen.
[27] NARA MAR RG 407 WWII OR, 10. AD. CCA Box 12933.
[28] Sterbebuch Gemeinde Schlierbach 1945, Einträge 8/45, 9/45, 15/45, 16/45, 24/45, 27/45, 28/45.
[29] NARA MAR RG 407 WWII OR, 10. AD. 61. AIB. Box 12992.
[30] NARA MAR RG 407 WWII OR, 10. Ad. CCA Box 12936. Es wird hier auch angegeben, dass die Soldaten diesen Morgen von nördlich der Fils eingetroffen seien.
[31] HStAS J 170 Bü 13 Bericht Holzmaden (22.9.1948).
[32] Das südlich gelegene Weilheim wurde erst am Folgetag morgens um 7 Uhr besetzt. HStAS J 170 Bü 130 Bericht Weilheim (ohne Datum).
[33] NARA MAR RG 407 WWII OR, 10. AD. 61. AIB. Box 12992, 10. AD. CCA Box 12933.
[34] HStAS HStAS J 170 Bü 6 Bericht Roßwälden (29.3.1945). In den Unterlagen des CCA wird Roßwälden nicht erwähnt, die Einnahme von Notzingen jedoch auf 16 Uhr gelegt, die von Roßwälden muss also zuvor erfolgt sein. Für den nördlichen Nachbarort Ebersbach-Weiler wird der Einmarsch der Amerikaner in HStAS J 170 Bü 6 Bericht Ebersach-Weiler (19.11.1948) ohne weitere Information, ausgenommen den Verweis auf nicht erfolgte Kampfhandlungen, auf den 20.4. gelegt – ein Zeitpunkt im Bereich 16-17 Uhr wäre denkbar.
[35] HStAS J 170 Bü 5 Bericht Hochdorf (ohne Datum). Vgl. auch den Zeitzeugenbericht zu Roßwälden.
[36] NARA MAR RG 407 WWII OR, 10. AD 419. FAB Box 12971.
[37] John McCabe, History and After Action Report. 419. Armed Field Artillery Bataillon, o.O. [1945], S. 43.
[38] HStAS J 170 Bü 6 Bericht Roßwälden (29.3.1945); J 170 Bü 13 Bericht Notzingen (28.10.1948), hier wird von hunderten von Panzern berichtet, die vom Filstal aus kamen. Die umliegenden Wälder seien von deutschen Soldaten besetzt gewesen, die aus Richtung Stuttgart gekommen wären. Am 23.4. hatten sich dort rund 300 deutsche Soldaten nach einem Gefecht ergeben.
[39] NARA MAR RG 407 WWII OR, 10. AD. 61. AIB Box 12992.
[40] NARA MAR RG 407 WWII OR, 10. AD. CCA Box 12988. Abmarsch aus Faurndau um 15 Uhr, Route Alberhausen – Schlierbach – Kirchheim.
[41] NARA MAR RG 407 WWII OR, 10. AD CCB Box 12950. G2-Report.
[42] NARA MAR RG 407 WWII OR, 44. ID 71. IR. 344-Inf (71)-0-3-RG. S 2 Report 19./20.4.1945.
[43] NWZ Göppinger Kreisnachrichten vom 20.4.1985. Kommandant des Trupps war der Hauptmann Gölz aus Eislingen.
[44] Vgl. Zeitzeugenbericht Göppingen Nr. 3.
[45] NARA MAR RG 407 WWII OR, 44. ID 71. IR. 344-Inf (71)-0-3-RG. S 2 Report 19./20.4.1945. Der geringe Widerstand dürfte der Volkssturm an der Bartenhöhe gewesen sein.
[46] Ebenda.
[47] Ebenda.
[48] StAL EL 902/8 Bü 11840. Spruchkammerverfahren gegen Dr. Erich Pack, S. 220ff (Protokoll vom 17.5.1947). Übereinstimmende Aussagen von Pack und Eberhard. Pack wurde am 17.5.1945 von französischen Polizisten im Allgäu verhaftet und bis zum Juli 1946 interniert.
[49] Vgl. Bericht von Christan Eberhard. Vielfach erzählte Geschichten, dass Eberhard mit einer weißen Fahne den Amerikanern schon auf der Lorcher Straße entgegengelaufen sei, sind schlichtweg Phantasieprodukte. Eberhard war tatsächlich kein Mitglied der NSDAP, hatte aber wegen Mitgliedschaft im NSFK auch ein Entnazifizierungsverfahren zu durchlaufen: StAL E 902/8 Bü 2740.
[50] NARA MAR RG 407 WWII OR, 10. AD CCB Box 12950. Bei den Ukrainern handelte es sich um das 690. ukrainische Konstruktions-Ingenieursbataillon, die übrigen Gefangenen verteilen sich auf verschiedene Einheiten, darunter auch ein Göppinger Volkssturm-Mann.
[51] John Ricciardo, 772. Tank Bataillon, o. O. 1945, o.S. Eintreffen in Göppingen gegen 16 Uhr. Am Folgetag rückten die Einheiten vor allem mit dem Regiment 324 der 44. ID. vor.
[52] Nichols, Impact, S. 323. Die vorherigen Stationen waren Lorch (20.-21.4.)) und Fichtenberg (19.-20.4)
[53] NARA MAR RG 407 WWII OR, 44. ID 71. IR, 344-Inf (71)-0-3-RG. S 2 Report 19.-21.4.1945.
[54] Anton Lechner, Die letzten Kriegsmonate im Zweiten Weltkrieg und der Einmarsch der Amerikaner, in: 800 Jahre Jebenhausen. Vom ritterschaftlichen Dorf zum Stadtbezirk, hg. von Anton Hegele und Karl-Heinz Rueß, Veröffentlichungen des Stadtarchivs Göppingen 46, Göppingen 2006, S. 116-124, hier S. 117f.
[55] 71st Infantry Regiment, o.O. 1946, S. 7.
[56] Nichols, Impact, S. 269; AAR 90th CRS 20.4.1945.
[57] HStAS J 170 Bü 6 Bericht Schlat (28.3.1949.) Vgl. auch die Zeitzeugenberichte zu Schlat.
[58] HStAS J 170 Bü 6 Bericht Reichenbach im Täle (25.9.1949).

Der 21. April 1945: Filstal und Schurwald sind fast vollständig besetzt – Vormarsch der Amerikaner bis zum Albrand

1
Das Nachrücken der Infanterie

Das Frühlingswetter kippte. Nach einem durchwachsenen Tag würde es am Abend des 21. April kräftig regnen und am Albrand sogar schneien. Etwa die Hälfte der Gemeinden im Landkreis Göppingen war mittlerweile von den Amerikanern besetzt worden. Deutsche Gegenangriffe, obwohl teilweise befürchtet, blieben aus. Allenfalls kleinere Gruppen von versprengten Wehrmachts- oder SS-Soldaten lieferten sich noch hier und da kleinere Scharmützel mit den US-Einheiten. Deren Überraschungseffekt vom 19. und 20. April war inzwischen vorbei. Jetzt wusste man genau, wo die Amerikaner standen. Die Einwohner von Gingen, Kuchen, Donzdorf, Adelberg oder Ebersbach konnten stündlich damit rechnen, dass die Panzer auch auf ihren Ort zurollten. Dieses oft quälende Abwarten auf das Ungewisse spiegelt sich in etlichen Zeitzeugenberichten wider.

Gleichzeitig verschärfte sich dadurch das Konfliktpotential innerhalb der Gemeinden. Einige Ortsgruppenleiter glaubten, weiterhin die Befehle von oben umsetzen zu müssen. Einzelne Fanatiker erwogen zumindest den persönlichen Griff zur Waffe und den Einsatz als „Werwolf". Dagegen versuchte ein großer Teil der Bevölkerung, die nach menschlichem Ermessen völlig sinnlosen Endkämpfe zu vermeiden und den Amerikanern einen leichten Einmarsch zu ermöglichen. Nun ging es um das eigene Leben und den eigenen Besitz. Im Nachhinein lässt sich zwar feststellen, dass geschlossene Panzersperren allein in der Regel keine Zerstörung einer Gemeinde verursachten, aber das konnten die Menschen in ihrer damaligen Lage nicht wissen. Befanden sich außerdem deutsche Soldaten im Ort, gestaltete sich die Situation noch schwieriger, denn ihr möglicher Widerstand hätte erst recht eine Katastrophe, konkret massiven Artilleriebeschuss oder gar einen Luftangriff, nach sich ziehen können. Oft versuchte man deshalb, sie zum Abzug oder zur Aufgabe zu bewegen.

Da die Amerikaner am 19. und 20. April ihre Nachschublinien durch die hohe Geschwindigkeit des Vorstoßes nach Süden und Osten stark ausgedehnt hatten, dauerte es am 21. April einige Stunden, bis die Besetzung weiterer Gemeinden wieder aufgenommen wurde. Die Regimenter 71, 114 und 324 der 44. Infanteriedivision hatten jetzt den Auftrag, weiter nach Osten und Süden ins mittlere sowie ins obere Filstal und damit zum Albrand vorzudringen, und so den Vormarsch der 10. Panzerdivision in Richtung Ulm und Donau abzusichern. Einige Einheiten der 10. Panzerdivision unterstützten außerdem diese nachrückenden Infanterie-Truppen durch ihre schweren Panzer, Geschütze und weitere Fahrzeuge – denn an den Aufstiegen zur Schwäbischen Alb erwarteten die amerikanischen Offiziere aufgrund der geografischen Situation stärkere deutsche Gegenwehr. Gleichzeitig sollten aus dem Remstal vorrückende Regimenter der 103. und 100. Infanteriedivision den Schurwald zwischen Stuttgart und Schwäbisch Gmünd durchkämmen und bis zur Fils-Neckarlinie vorrücken.

Gingen wurde am Nachmittag des 21. April 1945 von Süßen aus kampflos eingenommen, die Einheiten des 324. Regiments der 44. US-Infanteriedivision rückten sofort weiter nach Kuchen und Geislingen.

2
Von Göppingen nach Südosten: Die Routen über Gruibingen und Auendorf

Das 71. Regiment der 44. Infanteriedivision hatte am Vortag nach einem nächtlichen Gewaltmarsch Göppingen besetzt und Soldaten in weiteren umliegenden Orten abgestellt. Seit dem Abend des 20. April rückte das 324. Regiment aus dem Welzheimer Raum nach, gegen 20 Uhr übernahm bereits eine Kompanie die Sicherung von Salach und der dortigen Filsbrücke. Doch der größere Teil, die Bataillone 1 und 3, befanden sich noch auf dem nächtlichen Weg ins Filstal, wo sie auftragsgemäß kurz vor 11 Uhr eintrafen. Das 2. Bataillon sollte nach einer Sicherungsmission im Kirchheimer Raum nachfolgen.[2]

Während die in Süßen angekommenen Soldaten für etwa zwei Stunden abwarteten, brachen ihre Kameraden vom 71. Regiment vom Göppinger Raum aus auf: Das 1. Bataillon nahm ab 11 Uhr die Route über Eschenbach und Gammelshausen in Richtung Auendorf, unterstützt unter anderem von Truppen des 156. Field Artillery Bataillon. Das 2. Bataillon startete ebenfalls um 11 Uhr zunächst von Göppingen nach Dürnau und dann zur Gammelshausener Steige, um zusammen mit aus Richtung Boll kommenden Einheiten des 54. AIB Gruibingen und dessen Umgebung zu besetzen und später über Mühlhausen ins obere Filstal einzudringen. Das 3. Bataillon, das in und um Wangen als Reserve lagerte, wurde derweil nach Göppingen und Dürnau verlegt, um sich am Folgetag den anderen beiden anzuschließen.[3]

Der Vormarsch der beiden 71er-Bataillone an der Gammelshausener Steige stockte kurz, bis eine dort aufgebaute Panzersperre gesprengt wurde. Das einsam in einem kleinen Nebenzweig des oberen Filstals liegende Auendorf wurde derweil schon um die frühe Mittagszeit aus der Distanz mit Artillerie beschossen. Die Bevölkerung versteckte sich in den Kellern oder umliegenden Waldstücken. Drei Gebäude, darunter das Schulhaus, wurden nahezu komplett zerstört, viele andere leicht beschädigt. Vier Menschen aus dem Dorf, zwei Frauen und zwei Männer, kamen durch den Beschuss ums Leben, außerdem zwei deutsche Soldaten. Gegen 14 Uhr wurde das Dorf ohne weitere Kampfhandlungen eingenommen, der Gemeindebericht von 1949 nennt eine Panzerstärke von 40-50 Fahrzeugen.[4] Um 16.30 Uhr kam dort zusätzlich das 156. Field Artillery Bataillon an, dessen Geschütze offenbar für den folgenden Einsatz im oberen Filstal vorgesehen waren.[5]

Da um Bad Ditzenbach teilweise noch deutsche Soldaten, Volkssturm und Wlassow-Truppen in den Hängen und auf den Gipfeln ihre Stellung hielten, unterstützte ein Jabo-Angriff auf die Schonterhöhe gegen 16.45 Uhr den Vorstoß auf Bad Ditzenbach, wobei vier Soldaten und ein Zivilist getötet wurden.[6] Ein weiterer Dorf-

Auendorf erhielt am 21. April 1945 Beschuss durch US-Artillerie.

Bad Ditzenbach

In Mühlhausen teilten sich die vorrückenden US-Truppen am 21. April in die Richtungen Gosbach und Wiesensteig auf.

bewohner starb während der Schusswechsel um das Dorf. Der Einmarsch erfolgte etwa um 17.45 Uhr durch das 1. Bataillon des 71er Regiments. Eine Kompanie desselben schlug sich noch bis nach Drackenstein durch, das gegen 21 Uhr kampflos besetzt wurde. Die übrigen Soldaten blieben bis zum Tagesende in der Umgebung von Bad Ditzenbach gebunden und „säuberten" die Wälder von verbliebenen Gegnern.[7]

Das 2. Bataillon des 71er Regiments rückte unterdessen zusammen mit dem 54. Armored Infantry Bataillon gegen Gruibingen vor, dem nicht zuletzt wegen der Lage an der Autobahn eine strategisch wichtige Bedeutung zukam. In der Nacht hatte der dortige Bürgermeister in einer intensiven Auseinandersetzung mit dem verteidigungswilligen Ortskommandanten der Wehrmacht erreicht, dass das Dorf nicht verteidigt werden würde. Dennoch wurde auch Gruibingen aus der Distanz von den Amerikanern mit Granaten beschossen, offenbar waren es aber nur leichtere Kaliber. Daher waren glücklicherweise nur ein Leichtverletzter und kleinere Gebäudeschäden zu vermerken. Zwischen 14 und 15 Uhr besetzten die Amerikaner, darunter zahlreiche Panzer aus Richtung Boll, das Dorf. In der Umgebung gab es kleinere Gefechte mit deutschen Soldaten, bei denen ein Wehrmachtsunteroffizier fiel.[8] Noch bevor die Infanteristen des 71er Regiments um 17.30 Uhr ihren Kommandoposten in Gruibingen installiert hatten, zog ein Großteil der Panzertruppen sofort in Richtung Mühlhausen im Täle weiter. Dort gab es erneut den vorwarnenden leichten Artilleriebeschuss ohne größere Schäden, da die inzwischen alarmierte Dorfbevölkerung größtenteils die Keller aufgesucht hatte. Nach Zeitzeugenberichten waren zudem einige ältere Männer mit weißen Tüchern den Amerikanern entgegen gegangen.[9] Jedenfalls wurde das Dorf ohne jeden Widerstand eingenommen und später die Kommandozentrale des 71er Regiments dort eingerichtet.[10] Hier teilten sich die Amerikaner in die Richtungen Gosbach und Wiesensteig auf. In Wiesensteig rollten gegen 17 Uhr die Panzer ohne Kampfhandlung ein, die Infanteristen folgten gut drei Stunden später.[11]

Doch in Richtung Gosbach erhielten die US-Truppen heftigen Beschuss mit Maschinengewehren und leichten Granaten durch Wlassow-Truppen unter deutscher Führung sowie durch diverse Volkssturmeinheiten. Die Amerikaner belegten deshalb die Hänge wie „Aimer" und „Esel" mit einem längeren Dauerfeuer. Ein beteiligter GI beschreibt diese intensiven Feuergefechte, die allein in seiner Kompanie vier Kameraden das Leben kosteten. Unter den Gefangenen der Amerikaner befanden sich nach seinem Bericht Turkmenen, die für ihn wie Japaner aussahen.[12]

Das Dorf Gosbach erhielt zahlreiche Artillerietreffer, 25 Gebäude wurden zerstört, viele weitere beschädigt. Mehrere Dorfbewohner erlitten schwere Verletzungen. Ein französischer Kriegsgefangener starb an den Folgen eines Granatsplitters, ein Mann aus Geislingen und ein auswärtiger Volkssturmmann wurden nach den Kampfhandlungen tot aufgefunden.[13] Von Gosbach aus versuchten die Amerikaner noch weiter gegen ihre Widersacher südlich in die Wälder und in die Höhenlagen vorzudringen, kehrten aber aufgrund der unübersichtlichen Situation und des sich stark verschlechternden Wetters in den Ort zurück.[14]

Die amerikanische Armee-Zeitung „Beachhead News" berichtete über das Vorrücken der 44. US-Infanteriedivision in Richtung Ulm.

3
Durch offene Panzersperren von Süßen bis Geislingen und Bad Überkingen

Solange das 71er Regiment und die angeschlossenen Einheiten der 10. Panzerdivision sich von Norden und Westen ins obere Filstal durchkämpften, bildete Süßen den Ausgangspunkt für den Vormarsch nach Südosten entlang der Reichstraße 10. Dazu hatten die Amerikaner gegen 9 Uhr einen Spähtrupp nach Donzdorf geschickt, um die dortige Lage zu erkunden. Laut Zeitzeugenberichten hatten zwei französische Kriegsgefangene zuvor den Kontakt zu den US-Truppen in Süßen hergestellt.[15] In Donzdorf war es zuvor am 20. April zu heftigen verbalen Auseinandersetzungen mit einem von Norden her in den Ort gelangten „Werwolf"-Kommando gekommen, das aber die Donzdorfer nicht für seine Widerstandsabsichten gewinnen konnte und wieder abzog.[16] Nachdem im Laufe des Vormittags die Bedingungen für den Einmarsch festgelegt worden waren, erfolgte dieser in Donzdorf um die Mittagszeit hauptsächlich durch das 3. Bataillon des 114. Regiments der 44. Infanteriedivision, während das Bataillon Nr. 1 am Folgetag nach Geislingen nachrücken sollte.[17] Von Donzdorf aus feuerten alsbald Artillerieeinheiten auf den Albrand.[18]

Donzdorf wurde um die Mittagszeit des 21. Aprils 1945 besetzt.

Zwei Bataillone (Nr. 1 und 3) des 324. Infanterie-Regiments gingen danach von Süßen den Vormarsch über die Reichsstraße 10 und deren südliche Nebenstraßen an, wobei wegen Nachschubproblemen wiederholt auf Fahrzeuge anderer Einheiten gewartet werden musste. Das 1. Bataillon startete von Süßen aus ab 13.40 Uhr nach Süden, stieß dabei aber bald auf Straßensperren, die durch Ingenieure entfernt werden mussten, derweil die Infanterie von den Fahrzeugen stieg und zu Fuß weitermarschierte.[19] Bei Grünenberg lieferten sich die Amerikaner einen Schusswechsel mit einer deutschen Einheit, wobei ein deutscher Soldat fiel, der in Gingen beigesetzt wurde. Südlich von Grünenberg wurde das Bataillon außerdem mit Granaten beschossen, so dass Hausen erst gegen 17.30–18 Uhr erreicht und zusammen mit dem nachgerückten Bataillon Nr. 2 widerstandslos eingenommen wurde, ebenso wie kurz darauf Unterböhringen.[20] Im Anschluss daran sicherten die Einheiten Deggingen sowie die Gegend um Reichenbach im Täle ab.[21] Auch Deggingen, das gegen 18.30 Uhr besetzt wurde, blieb von Kampfhandlungen völlig verschont – was mancher fromme Einwohner später dem Schutz durch die Wallfahrtskirche Ave Maria zuschrieb.[22]

Deggingen, darüber das zuletzt von der SS genutzte Lager Nordalb. (Bild links)

Auch die Panzersperren in Kuchen waren von Frauen geöffnet worden, bevor die Amerikaner am 21. April 1945 einmarschierten. (Bild rechts)

Das 324er-Bataillon Nr. 3 hatte kurz nach 13 Uhr den Befehl erhalten, sich vorsichtig und mit regelmäßigem Funkkontakt bis Gingen vorwärts zu bewegen.[23] Späher hatten dort am Vormittag schon das Offenstehen der Panzersperren entdeckt. Der Gingener Ortsgruppenleiter hatte seinen Volkssturmleuten zwar den Befehl zur Schließung derselben gegeben, aber dabei hinzugefügt: *„Ich hab's euch gesagt, machen könnt ihr, was ihr wollt."*[24] Die Gingener verzichteten auf die unsinnige Maßnahme, auch die Filsbrücke wurde trotz entsprechender Vorbereitung nicht gesprengt, und zwischen 14 und 15 Uhr wagten sich die 324er-Infanteristen vorsichtig ins Dorf. Dort hielt man sich nicht lange auf und rückte gegen 15.30 Uhr nach Kuchen weiter.[25]

Hier waren die Panzersperren in der Nacht geschlossen worden, doch eine große Gruppe von Frauen und Mädchen aus dem Dorf hatte sie zunächst geöffnet und nach einer erneuten Schließung vollends abgebaut – nach Zeitzeugenangaben ließen sie die Baumstämme zuletzt in die Fils rollen. So konnten die Amerikaner hier ebenfalls völlig ungehindert durchmarschieren. Vorneweg fuhren vier Panzer, hinterher zog die Infanterie an den Seiten der Reichsstraße durch das Dorf und über die Siechenbrücke in Richtung Altenstadt. Vier Jahre später beschrieb der damalige Bürgermeister die Situation: *„Die Ortseinwohner hatten sich an der Straße gesammelt und sahen die Sache mit Ruhe und Würde vor sich gehen."* [26]

Genau wie im Nachbardorf Kuchen hatte sich in Altenstadt eine Gruppe von gut 80 Personen, vorwiegend Frauen, gegen Volkssturm und vereinzelte Soldaten durchgesetzt und die große Sperre über die Reichsstraße beim Gasthaus „Adler" passierbar gemacht. Von diesen stundenlangen, zermürbenden Verhandlungen und Konflikten hatten die Amerikaner freilich nichts mitbekommen. Um 16.25 Uhr meldete das 3. Bataillon, kampflos (*meeting no resistance*) in Geislingen angekommen zu sein, wobei es sich aber wohl um das 1912 eingemeindete Altenstadt handelte. Hier schwenkte eine Kompanie nach Süden in Richtung Bad Überkingen, das etwa eine Stunde später erreicht und kurz nach 18 Uhr als besetzt gemeldet wurde. Die übrigen Soldaten nahmen bis zum Abend das Zentrum und insbesondere die westlichen Bereiche von Geislingen ein, wobei sie von den umliegenden Berghängen gelegentlichen Beschuss erhielten. Um 22.40 Uhr meldete man an das

Blick von Osten in die heutige B 10 im Zentrum von Altenstadt. (Bild oben)

Geislingen-Altenstadt auf einem US-Luftaufklärungsfoto vom 8. April 1945. (Bild unten)

Geislingen von Nordwesten, links oben der Ödenturm. (Bild oben)

Die US-Flagge am Alb-Elektrizitätswerk in Geislingen. (Bild unten)

Regimentskommando, dass man am Abend das zivile Telefonnetz der Stadt intakt übernommen habe. Den Strom hätte man abgeschaltet und das Elektrizitätswerk würde bewacht.[27]

In Bad Überkingen hatte die dort angekommene Kompanie den Auftrag bekommen, auf die Hochfläche nach Türkheim hinaufzustoßen, um die dortigen Straßenkreuzungen zu sichern (*to take the town of Türkheim and get crossings secure by taking high ground*). Doch am steilen Hang nach Türkheim stoppte eine durch Wlassow-Soldaten errichtete, massive Panzersperre den Aufstieg im Schneeregen, und der kommandierende Captain Warder musste um 22.35 Uhr melden, dass dieser Weg nach Türkheim für Panzer derzeit nicht zu bewältigen sei (*trail impassable for tanks*), er am frühen Morgen eine Umgehung suchen werde und sich daher auf die Absicherung von Bad Überkingen während der Nacht beschränke.[28] Das obere Filstal war nun vollständig besetzt, das Erreichen der Albhochfläche und der weitere Vormarsch in Richtung Donau sollte am folgenden Sonntag fortgesetzt werden.

4
Die 103. Infanteriedivision folgt durch den Schurwald ins untere Filstal

Solange sich die Angriffsspitze um die 10. Panzerdivision in Richtung Südosten, nach Oberschwaben und Bayern, bewegte, folgten an den Flanken und im Rücken weitere Infanteriedivisionen, um die bislang unbesetzten Orte, Verkehrswege und Gebiete einzunehmen und abzusichern. In den amerikanischen Quellen wird dafür häufig der Begriff „mopping up the pockets" (Die Taschen ausstopfen bzw. Widerstandsnester ausheben) oder das unmissverständliche „cleaning up" verwendet.

Die 103. Infanteriedivision bewegte sich etwas westlich hinter der 10. Panzerdivision sowie der 44. Infanteriedivision her und manchmal auch nebenher. Das 410. Regiment dieser Division, die einen Kaktus als Emblem führte, befand sich mit seinen teilweise gut motorisierten drei Bataillonen am 20. April auf dem Weg vom Welzheimer Gebiet nach Plüderhausen. Von dort aus sollte über den Schurwald nach Süden in den Kirchheimer Raum vorgedrungen werden, die Mission war als „to clean up" hinter der 10. Panzerdivision definiert. Die Infanteristen wurden dabei durch einige weitere Einheiten verstärkt.[29]

Das 3. Bataillon nahm dabei den einfachen Weg über Lorch und erreichte in der Nacht zum 21. April Uhingen, um einige Stunden später in Kirchheim anzukommen, wo Einheiten der 10. Panzerdivision abgelöst wurden. Auch das 1. Bataillon fuhr am 21. April über Uhingen nach Weilheim, um am Folgetag unter anderem Neidlingen und Schopfloch zu besetzen. Dagegen hatte das 2. Bataillon eine größere Herausforderung zu bestehen: In der Nacht kamen die Soldaten von Welzheim aus in Rattenharz an, von wo es kurz vor 6 Uhr in die Wälder ging. Widerstand zeigte sich indes keiner. Eine Kompanie (E) nahm kurz nach 11 Uhr in Ober- und Unterberken 175 Gefangene. Kurz zuvor war schon das Zwischenziel Uhingen ausgegeben worden, der Kommandoposten fuhr bereits in Richtung Schlierbach, dem Tagesendziel, ab. Die Kampftruppen nahmen in westlicher Richtung um 14.20 Uhr Urbach ein und zogen um 15.20 Uhr kampflos durch Adelberg, um dann über die Etappen Oberwälden und Holzhausen gegen 17.30 Uhr in Uhingen einzutreffen. Am Abend kamen die Soldaten schließlich auf Lastwagen in Schlierbach an. Das Bataillon hatte an diesem Tag keine Toten und Verletzten zu verzeichnen. Von dort aus verließ es am 22. April das Göppinger Kreisgebiet nach Süden. Am 24. April würden sich die Einheiten in Geislingen für die weitere Offensive nach Südosten wieder zusammenschließen.[30]

Tagesbericht des 410. Regiments der 103. US-Infanteriedivision, das am 21. April 1945 von Norden durch den Schurwald ins Filstal vordrang. Dabei wurde um 15.20 Uhr auch Adelberg eingenommen und um 17.30 Uhr das am Vortag besetzte Uhingen erreicht.

In Adelberg kam es aufgrund der Umsicht des stelltretenden Bürgermeisters Herb zu keinen Gefechten mehr.

Was allerdings im knappen Tagesbericht des 2. Bataillons vom 21. April 1945 als lapidares *„15.20: Adelberg cleared by bataillon"* erscheint, stellte sich für die Gemeinde selbst und insbesondere den stellvertretenden Bürgermeister als wesentlich dramatischer dar. Die Bewohner von Adelberg hatten spätestens seit dem Abend des 19. April reihenweise deutsche Soldaten auf dem Rückmarsch erlebt und vom Höhenrücken des Schurwaldes aus optisch wie akustisch das Kriegsgeschehen verfolgen können. Bange Stunden des Abwartens zogen sich hin. Erst am frühen Abend des 20. April erschien ein amerikanischer Jeep mit zwei Soldaten im Dorf, die dem stellvertretenden Bürgermeister Hermann Herb mitteilten, dass ihre Einheit im Wald bei Plüderhausen liege und am nächsten Tag Adelberg besetzen werde. Herb, der Widerstand im Ort ausschloss, sollte zum Zeichen der Kapitulation weiße Fahnen an gut sichtbaren Orten hissen. Diese brachte er umgehend am Kirch- und Wasserturm an und sorgte auch beim Kloster für entsprechende Beflaggung. Am frühen Morgen des 21. April erschien jedoch von Oberberken her der Heilbronner Oberbürgermeister Heinrich Gültig, seit drei Wochen als Volkssturmführer unterwegs, im Dorf und befahl dem entgeisterten Herb bei Androhung der Todesstrafe, die Fahnen wieder einzuholen – er würde mit seiner sich in Oberberken befindlichen Truppe Adelberg verteidigen. Herb holte die Fahnen notgedrungen wieder ein, schickte aber gleichzeitig zwei französische Kriegsgefangene zu den Amerikanern, um diese über die Lage in Adelberg zu informieren.[31] Insofern erklärt sich, warum die Amerikaner zuerst Ober- und Unterberken einnahmen und dort die Volkssturmleute überraschten. Wäre Gültig mit seinen 175 Mann tatsächlich noch in Adelberg eingerückt, hätte es für das Dorf vielleicht eine Katastrophe gegeben. So zogen die

Soldaten friedlich durch und bekamen wegen eines einsetzenden Regenschauers von den Adelberger Bauern die Scheunen geöffnet.

Östlich durchzog das 411. Regiment ebenso den Schurwald und machte zahlreiche Gefangene. Durch das Nassachtal rückten die Amerikaner bis in die Nähe von Ebersbach vor, doch in der kleinen Industriestadt an der Fils befanden sich noch deutsche Soldaten. Die Lage sollte sich hier erst am kommenden Vormittag entscheiden.

[1] NARA MAR RG 407 WWII OR, 10. AD 54. AIB, 772. FAB, 776. FAB, 156. FAB; 90. Cavalry Reconnaissance Squadron (Boll - Gammelshausen – Gruibingen – Mühlhausen).
[2] NARA MAR RG 407 WWII OR, 44. ID 71.IR 0-3 S-3 report.
[3] NARA MAR RG 407 WWII OR, 44. ID 71. IR O-3 S-3 report und O-7
[4] HStAS J 170 Bü 6 Bericht Auendorf (März 1949).
[5] NARA MAR RG 407 WWII OR, 44. ID 71. IR 0-3.
[6] HStAS J 170 Bü 6 Bericht Bad Ditzenbach (2.4.1949). Die standesamtlichen Unterlagen geben beim Todeszeitpunkt der Gefallenen von der Schonderhöhe allerdings jeweils 13.30 Uhr an, möglicherweise erfolgte der Luftangriff also schon drei Stunden früher.
[7] NARA MAR RG 407 WWII OR, 44. ID 71. IR 0-3 und 0-7.
[8] HStAS J 170 Bü 6 Bericht Gruibingen (13.10.1948).
[9] Vgl. Zeitzeugenbericht Mühlhausen.
[10] NARA MAR RG 407 WWII OR, 44. ID 71. IR 0-3 und 0-7.
[11] HStAS J 170 Bü 6 Bericht Wiesensteig (25.8.1948).
[12] Robert B. Weber, My Experiences in World War 2 (1943-1946). Including My Combat Diary, o. O. 1996, S. 28f. Der damals 20-jährige Weber diente als Staff Sergeant in der Company A des 54. AIB der 10. AD. Seine Einheit hatte am 20.4. von Gschwend aus Schwäbisch Gmünd eingenommen und war dann am Nachmittag nach Uhingen gerückt.
[13] HStAS J 170 Bü 6 Bericht Gosbach (2.4.1949).
[14] Weber, Experiences, S. 28f.
[15] Nach Zeitzeugenberichten kann eine US-Delegation schon am Abend des 20.4. in Donzdorf zu Verhandlungen gewesen sein.
[16] Zeitzeugenbericht Donzdorf.
[17] NARA MAR RG 407 WWII OR, 44. ID 114. IR Box 9244. Die Soldaten waren von um 6 Uhr von Ruppershofen aus gestartet.
[18] HStAS J 170 Bü 6 Bericht Donzdorf (30.10.1948).
[19] NARA MAR RG 407 WWII OR, 44. I. 324. IR Box 9250.
[20] NARA MAR RG 407 WWII OR, 44. ID 324. IR Box 9250; HStAS J 170 Bü 6 Berichte Hausen (27.4.1979) und Unterböhringen (29.3.1949).
[21] NARA MAR RG 407 WWII OR, 44. ID 324. IR Box 9250.
[22] HStAS J 170 Bü 6 Bericht Deggingen (12.10. 1948).
[23] NARA MAR RG 407 WWII OR, 44. ID 324. IR Box 9250.
[24] HStAS J 170 Bü 6 Bericht Gingen (13.8.1948).
[25] Ebenda.
[26] HStAS J 170 Bü 6 Bericht Kuchen (31.3.1949).
[27] NARA MAR RG 407 WWII OR, 44. ID 324. IR Box 9250.
[28] Ebenda.
[29] NARA MAR RG 407 WWII OR, 103. ID 410. IR Box 11921. Angeschlossene Einheiten: Kompanie B des 328 Engineer Combat Bataillons, Kompanie A des 83rd Chemical Mortar Bataillons, Kompanie A des 614. Tank Destroyer Bataillons und ein "Platoon" der 103. Cavalry Reconnaissance Troop.
[30] NARA MAR RG 407 WWII OR, 103. ID 410. IR Box 11921.
[31] Vgl. Zeitzeugenbericht Adelberg sowie HStAS J 170 Bü 6 Bericht Adelberg (o.D.).

Der 22. April 1945:
Sinnlose Kämpfe und kluge Verhandlungen

1
Die Situation im oberen Filstal – Geplanter Vorstoß auf die Albhochfläche

Die Orte des oberen Filstals waren am 21. April vollständig besetzt worden – von Bad Überkingen bis Wiesensteig. Die einsetzende Dunkelheit, starker Regen oder Schnee sowie feindlicher Beschuss hatten am Abend dieses Tages dazu geführt, den Aufstieg zur Albhochfläche erst am kommenden Vormittag weiterzuführen. Nur Drackenstein hatten die Amerikaner schon erreicht. Das Terrain bot den materiell unterlegenen deutschen Verteidigern eine der wenigen Möglichkeiten, die Amerikaner zumindest zeitweilig aufzuhalten. Daher hatten Wlassow-Soldaten und Volkssturm schon seit Wochen die Hänge und Ansteige entsprechend vorbereitet und mit Panzersperren und Schützenlöchern versehen. Zur Verstärkung der deut-

Drackenstein aus der Luft, Aufnahme aus den 1930er Jahren.

schen Kräfte am Albrand kamen offenbar am Abend des 21. April weitere Truppen an, beispielsweise in Türkheim und in Aufhausen. Zu welchen regulären Einheiten diese teilweise sehr jungen Soldaten, Zeitzeugen in Türkheim sprachen von „Hitlerjugend-Soldaten", gehörten, ist bislang nicht sicher nachweisbar. In amerikanischen Unterlagen vom 23. April werden einige Einheiten, mit denen man auf der Albhochfläche bei Feldstetten im Kampfkontakt stand, genannt: die Freiwilligen-Stammdivision, Teile der 47., 559. und vor allem der 189. Volksgrenadierdivisionen, sowie der 198. Infanteriedivision und des 10. Artillerie-Ausbildungsregiments.[1] Im Bericht von 1949 erwähnt die Gemeinde Türkheim auch, dass die ausgerückten Männer des Göppinger Volkssturms in ihrem Ort und in Amstetten lagen, sich aber im Lauf der Nacht zerstreuten und versuchten, nach Hause zu gelangen.[2]

Das 71. Regiment der 44. US-Infanteriedivision rückte aus seinen am Vortag erreichten Positionen Drackenstein, Bad Ditzenbach, Mühlhausen und Wiesensteig weiter über Neidlingen, Donnstetten, Magolsheim, Ennabeuren, Sontheim bis Feldstetten, um die auf Ulm vorrückende 10. US-Panzerdivision in diesem Gebiet zu unterstützen. Diese war schon am 21. April weiter vorgestoßen, wobei das von SS-Truppen besetzte Westerheim schwere Zerstörungen hinnehmen musste und 24 tote Einwohner zu beklagen hatte.[3] Der Nachschub des 71. Regiments lief weiter über Gruibingen und Mühlhausen. In das Kampfgeschehen auf dem Gebiet des Landkreises Göppingen griff das Regiment nicht mehr ein.[4]

Bad Überkingen (links) und Türkheim (rechts) auf einem US-Luftaufklärungsfoto, Anfang April 1945. Über die Straße in der unteren Bildmitte marschierten am frühen Morgen des 22. April etwa 70 deutsche Soldaten auf Bad Überkingen zu.

2
Verlustreiche Kämpfe in Bad Überkingen, Geislingen und um Aufhausen

Fußweg nach Türkheim, Aufnahme April 2014.

Im Raum zwischen Geislingen und Deggingen sollte das 324. Regiment der 44. Infanteriedivision am Vormittag des 22. April auf die Albhochfläche gelangen. Das gesamte Regiment bestand zu diesem Zeitpunkt aus 160 Offizieren und 2908 einfachen Soldaten.[5] Den direkten Weg über die exponierte Geislinger Steige und die Reichsstraße 10 schloss man offenbar aus, zumindest taucht er in der Überlieferung dieser Tage nicht auf – vielleicht erschien das Risiko dort zu hoch, abgesehen davon, dass Geislingen erst am 23. April als sicher besetzt galt. Auch das an der Reichsstraße gelegene Amstetten wurde erst am Morgen des 23. April aus Richtung Türkheim-Wittingen besetzt.[6] Von Weiler ob Helfenstein aus beschossen deutsche Soldaten wiederholt die Amerikaner und sprengten auch die Steige zum Dorf. Von Einkreisung bedroht seien sie am 23. April morgens abgezogen.[7] In späteren Zeitungsartikeln werden indes Kämpfe auf der Steige und amerikanische Verluste erwähnt, die sich bislang aber nicht durch Quellenbelege erhärten lassen. Im Heimatbuch Weiler wird von einer Befahrung der Steige durch die Amerikaner erst vom 24. April berichtet.[8]

Offensichtlich hielten die deutschen Befehlshaber auf der Albhochfläche um Türkheim die amerikanischen Kräfte in und um Geislingen sowie in Bad Überkingen am frühen Morgen des 22. April für so schwach, dass dort ein Gegenangriff gewagt wurde. Von Türkheim aus drang ein Stoßtrupp gegen 5.30 Uhr zur Bad Überkinger Kahlenbergstraße, einem Neubaugebiet, vor, wo zwei abgestellte Panzer mit Panzerfäusten abgeschossen wurden. In den Häusern, in denen einquartierte Amerikaner vermutet wurden, ließen die deutschen Soldaten öffnen und warfen ohne Rücksicht auf die Bewohner Handgranaten in Fenster und Hausflure. Ein blutiger Häuserkampf begann, wobei zwei Amerikaner getötet wurden, der deutsche Stoßtrupp zog sich wieder zurück. Um 6.25 Uhr ging beim Regimentskommandeur Colonel Kenneth Anderson in Süßen die Meldung über den Angriff ein: *"Captain Warders group being attacked by enemy of unknown strength; automatic weapons and bazookas*".⁹ Mit etwas zeitlichem Abstand, mutmaßlich gegen 6.30 Uhr, marschierte jedoch eine weitere deutsche Truppe von etwa 60-70 Mann von Türkheim aus auf der Straße in Dreierreihen auf Bad Überkingen zu und geriet den alarmierten Amerikanern ins offene Schussfeld, vor allem vom Turm der Kirche und einer MG-Stellung in der Gartenstraße aus. Die Koordination dieser deutschen Attacke muss geradezu dilettantisch gewesen sein, wobei angeblich zuvor ein deutscher Spähtrupp ohne Widerstand bis zur Kirche durchgekommen sein sollte. Die überwiegend jugendlichen deutschen Soldaten hatten den kampferprobten US-Infanteristen wenig entgegenzusetzen. Die Szenen auf den Wiesen am Ortsrand von Bad Überkingen müssen erschütternd gewesen sein. Ein Teil der Soldaten schlug sich bis zur Geislingerstraße und zum Gasthaus „Germania" durch, die Kampfhandlungen im Dorf dauerten etwa bis 8.30 Uhr an. Mit der Bergung der zahlreichen Verwundeten musste aber zunächst aufgrund der unklaren Lage abgewartet werden.[10]

Um 9.14 Uhr gab Colonel Anderson die Weisung an die Offiziere vor Ort, einige wichtige Persönlichkeiten aus dem Ort zu holen und ihnen mitzuteilen, dass bei weiterem Widerstand derselbe vollständig zerstört werden würde: *„Get hold of a few of the prominent people of the town and tell them we are going to shell it, until there is nothing left of it, if there is any more resistance from it."*[11] Gut zwanzig Minuten später erhielt Anderson wieder Bericht aus Bad Überkingen, wo inzwischen die blutige Bilanz gezogen wurde. Hier wird die Aufteilung der deutschen Angriffstruppe klar wiederholt: der nächtliche Stoßtrupp aus Richtung Süden und die bei Dämmerung folgende größere Gruppe. Die Verluste auf amerikanischer Seite werden hier mit zwei Panzern, vier Gefallenen und zwei Verwundeten angegeben.[12] Die Zahl der deutschen Gefallenen wurde spontan auf 20-30 geschätzt, dazu kamen eine ähnliche Zahl Verwundeter sowie 20 Gefangene.[13] Direkt in Bad Überkingen gefallen sind an diesem Tag 25 deutsche Soldaten, weitere könnten im Geislinger Krankenhaus verstorben sein, wohin die Schwerverletzten nach einigen Stunden gebracht werden konnten. Von diesen 25 Toten waren 16 erst zwischen 16 und 18 Jahre alt. Von der Herkunft her stammten etliche aus dem fränkischen, thüringischen und sächsischen Raum, ebenso einige aus dem Großraum Stuttgart. Jedoch waren keine Jugendlichen und Soldaten aus dem Göppinger Kreisgebiet dabei, abgesehen von einem 33-jähriger Volkssturm-Mann aus Weiler ob Helfenstein, der möglicherweise wegen seiner Ortskenntnis zur Truppe gehörte. Zwölf Tote wurden als *„Grenadiere"* angegeben[14], einige aus dem Stuttgarter Raum als *„Jäger"*[15]. Anwohner mussten die Leichen am Nachmittag auf Leitern und Karren zum Friedhof tragen. Unterdessen schickte man zwei Rotkreuz-Schwestern nach Türkheim, um die deutschen Soldaten zum Abzug zu bewegen, was beim zweiten Anlauf auch gelang. Zuvor hatten die Amerikaner schon Granaten auf das Dorf abgefeuert, wegen der schlechten Sicht an diesem Tag aber deutlich daneben gezielt.[16]

Die Tragödie von Bad Überkingen war jedoch nur einer der Schauplätze von erbitterten Kampfhandlungen, in die das 324. Regiment am Vormittag des 22. April verwickelt wurde. Denn auch in Geislingen selbst drangen deutsche Soldaten während des Vormittags von der Ostseite in die Stadt ein und verwickelten die beiden dort liegenden Kompanien des 3. Bataillons in harte Kämpfe. Drei US-Panzer wurden durch Panzerfäuste zerstört, zeitweilig war sogar die Straße zwischen Geislingen und Bad Überkingen abgeschnitten. Die 324er konnten ihrem Auftrag nicht weiter folgen und vorrücken, sondern mussten sich jetzt selbst erbittert verteidigen. Um weitere Panzer vor dem Abschuss zu schützen, sollten jedem Fahrzeug vier bis sechs Infanteristen zugeordnet werden.[17]

Den Ernst der Lage, das Festsitzen in Geislingen und das Warten auf Verstärkung bekräftigte Anderson aus seinem Kommandoposten kurz vor 10 Uhr in einer Meldung an den Divisionsstab: *„Want to say that threat to Geislingen is serious. Will have to hold up until someone takes over."* Eine halbe Stunde später sah es wenig besser aus, die Amerikaner hatten immer noch erhebliche Probleme (*still having plenty of trouble*) und um 11.20 Uhr stellte man fest, dass drei kleine Gruppen amerikanischer Soldaten isoliert um ihr Leben kämpften, darunter sechs Mann in der Telefonzentrale. Erst allmählich gelang es, die Deutschen zurückzudrängen, um 13.15 Uhr konnte die Wiederherstellung der Kontrolle über die Stadt gemeldet werden: *„Things seem to be under control in Geislingen."*[18] Mit Lastwagen, zwölf Fahrzeuge konnten jeweils ein Bataillon transportieren, holte man nun am Nachmittag die Kameraden vom 114. Regiment aus Schwäbisch Gmünd und Donzdorf

Areal der WMF und umliegende Gebäude in Geislingen.

zur Ablösung, die um 18.30 Uhr endlich erfolgte. Nach Bad Überkingen schickte man ebenfalls zwei weitere Kompanien.[19] Der Auftrag für den Rest des Tages bestand in der Besetzung Türkheims und Nellingens, was in Türkheim 20.20 Uhr und in Nellingen um 22.30 Uhr ohne größere Kampfhandlungen bewältigt wurde. Kurz nach Mitternacht traf in Türkheim die Kompanie I von Captain Warder ein, die am Vorabend noch an der Panzersperre gescheitert war und am Vormittag die Attacke von Bad Überkingen abgewehrt hatte.[20]

Neben einem anschaulichen, wenngleich vielleicht etwas dramatisierten Bericht im Regimentsbuch der 324er von 1946[21] kann man in den standesamtlichen Unterlagen einige Anhaltspunkte zu dem in deutschen Quellen kaum erwähnten Gefecht in Geislingen und im Bereich der Türkheimer Steige finden. So wurden in Geislingen nicht nur mindestens drei deutsche Soldaten am 22. April getötet,[22] sondern ebenso drei Zivilisten. Bei den Soldaten fiel beispielsweise ein 16-Jähriger um 10 Uhr im Gewand „Talgraben", ein 37-jähriger Soldat wurde an der Türkheimer Steige getötet. Auch unter den an diesem Tag oder in den Folgetagen im Geislinger Krankenhaus verstorbenen Soldaten könnten sich Betroffene dieser Kämpfe befunden haben.[23]

Die Kompanie B des 3. Bataillons des 324. Regiments hatte unterdessen mit fünf Panzern versucht, von Hausen aus die alte Steige nach Aufhausen zu überwinden. Dort traf sie auf hartnäckigen Widerstand aus deutschen Stellungen, auch auf der deutschen Seite waren Panzer im Einsatz. Um 8.55 Uhr erfolgte ein Bericht des Bataillons, der bereits den Verlust von drei mittelgroßen Panzern beinhaltete: *„Meeting lots of resisctance. Enemy bazooka fire knocked out 3 medium tanks, have only 2 left. 4 enemy tanks in front of us with infantry and bazookas."* Durch die Befragung von Gefangenen erfuhren die Amerikaner, dass die deutschen Truppen erst in der Nacht zuvor dort angekommen waren. Ein rund zweistündiges intensives Feuergefecht zog sich zwischen 10 und 12 Uhr hin, dann meldete die Kompanie B um 12.45 Uhr die Eroberung des Dorfes, etwa 200 deutsche Soldaten und Wlassow-Kämpfer gingen in Gefangenschaft. Zwei Höfe und eine Scheuer brannten ab, der Kirchturm wurde stark beschädigt, aber Zivilpersonen kamen nicht zu Schaden.[24] Die Verluste auf amerikanischer Seite werden nicht explizit aufgeführt, aber als *„many casualties"* (viele Verluste) verzeichnet. Im Sterbebuch der Gemeinde Hausen sind neun deutsche Soldaten verzeichnet, die allesamt am „Aufhauser Berg" gefallen sind – darunter erneut vier 17-Jährige.[25] Sie sind in Hausen beigesetzt, zwei weitere deutsche Soldaten in Aufhausen.[26] Nachdem sich die um Aufhausen kämpfende Kompanie wieder organisiert und Ablösung erhalten hatte, zog sie am Nachmittag weiter nach Magolsheim.[27]

Einzig die anderen beiden Kompanien (A und C) des 1. Bataillons waren lediglich auf leichte Gegenwehr gestoßen und schafften es innerhalb von etwa fünf Stunden um 12 Uhr nach Berneck, von wo aus sie gegen 15 Uhr auf die Autobahn

Hausen an der Fils, Aufnahme aus den 1930er Jahren.

gelangten.[28] Das Regimentskommando der 324er wurde an diesem Nachmittag von Süßen zeitweilig in ein Privathaus in Hausen an der Fils (Nr. 18/Hagmann) verlegt, wo später auch der Divisionskommandeur Major General William F. Dean eintraf.[29]

Zusammengefasst hatte das 324. Regiment seine strategischen Ziele an diesem Tag erst mit einigen Stunden Verspätung erreichen können, die Verzögerung durch deutsche Gegenangriffe und Verteidigung hatte schätzungsweise an die 50, vor allem junge deutsche Soldaten das Leben gekostet. Bei der weiteren Offensive nach Südosten wurde das Regiment für die Attacke auf Ulm der Task Force Hankins vom CCA der 10. Panzerdivision zugeordnet, die drei Tage zuvor als erste amerikanische Einheit in den Landkreis Göppingen vorgestoßen war.[30] Nun waren die Aufstiege aus dem oberen Filstal zur Albhochfläche in amerikanischer Hand und alle Gemeinden des Landkreises Göppingen südlich der Reichsstraße 10 besetzt.

Ebersbach an der Fils, aufgenommen von Süden. Bürgermeister Seebich verhandelte bis zum 22. April 1945 mit deutschen und amerikanischen Soldaten, womit er letzte Kämpfe in seiner Gemeinde verhinderte.

3
Ebersbach und das untere Filstal

Seit der Ankunft der Amerikaner in Faurndau und Uhingen am 19. und 20. April war der südlich gelegene Kirchheimer Raum die Haupt-Stoßrichtung des Angriffs und des Nachschubs gewesen. Weiter nach Osten drang man im Filstal erst später vor, als die 103. Infanteriedivision mit seinen drei Regimentern (409, 410, 411) und weiteren zugehörigen Einheiten durch den Schurwald nachrückte. Gleichwohl war man sich in Ebersbach bereits seit dem Eintreffen der Amerikaner in Uhingen während der Nacht vom 19. auf den 20. April über die Lage im Klaren. Im Laufe des kommenden Tages sammelten sich deutsche Soldaten im Ort und richteten Verteidigungsstellungen ein. Gegen Abend des 20. April fuhr ein falsch abgebogener amerikanischer Nachschubkonvoi des 93. Field Artillery Bataillons, das zur 10. Panzerdivision gehörte, von Uhingen her in den Ort. Die vordersten Lastwagen wurden abgeschossen, wobei zwei amerikanische Soldaten starben. Nachfolgende Fahrzeuge drehten um und zogen sich zurück.[31] Die deutschen Soldaten richteten sich trotz Unmutsäußerungen aus der Bevölkerung weiter auf einen Abwehrkampf ein.

Das 411. Regiment der 103. Infanteriedivision sollte seit dem 21. April mit seinen drei Bataillonen von Schorndorf aus durch den Schurwald vor allem über Schlichten den Weg nach Süden nehmen. Dabei kam es am Nachmittag in einigen Orten zu Kontakt mit dem östlich davon vorrückenden 410. Regiment, das Adelberg und Oberberken durchzogen hatte – so beispielsweise in Oberberken mit dem 2. Bataillon, das den Auftrag hatte, nach Kirchheim weiterzufahren, um dort Einheiten der 10. Panzerdivision abzulösen. Gegen 23 Uhr erreichte das 2. Bataillon sein Ziel, wobei Ebersbach bewusst umfahren wurde.[32]

Die vordersten Einheiten des 3. Bataillons waren hingegen um 15.40 Uhr in Schlichten angekommen und zogen umgehend weiter nach Thomashardt (16.05 Uhr), um 20.30 Uhr folgte Hegenlohe, wo 102 deutsche Gefangene gemacht wurden. Auch in Schlichten hatten sich 20 deutsche Soldaten ergeben. Danach stellte Reichenbach an der Fils mit seiner Filsbrücke das nächste Ziel für das 3. Bataillon dar.[33]

Um 19 Uhr hatte das 410. Regiment den Kollegen vom 411. mitgeteilt, dass sich in Ebersbach noch eine große Anzahl deutscher Soldaten befände und der Zugang zur Stadt von seiner Seite, also aus Richtung Uhingen, blockiert sei (*410th reports larger number of enemies in Ebersbach. Town is being blocked on 410th side*). Am Abend des 21. April sammelte sich das etwas zurückliegende 1. Bataillon des 411. Regiments in Schorndorf, wo auch der Kommandoposten des Regiments lag. Kurz nach Mitternacht war die Einheit weitgehend vollständig angetreten. Der Plan für das weitere Vorgehen sah die Weiterfahrt nach Schlichten vor, wo sich das Bataillon erneut versammeln und mit Funkkontakt abwarten sollte. Währenddessen hatte das 3. Bataillon aus Richtung Baltmannsweiler und Hohengehren laute Geräusche vernommen. Daher wurde die Situation dort beobachtet und Hegenlohe im Laufe der Nacht besetzt, wobei 40 Gefangene zu verzeichnen waren. Gegen 7.40 Uhr überquerte das Bataillon bei Reichenbach die Fils und nahm kurz darauf Hochdorf ein.[34]

In Reichenbach waren die ersten Amerikaner gegen 2 Uhr nachts angekommen, Kampfhandlungen erfolgten keine.[35]

Parallel dazu war inzwischen das 1. Bataillon um 6.45 Uhr von Schlichten aus zunächst vorsichtig zu Fuß weitermarschiert, bis eine gute Stunde später die Erlaubnis zur Re-Motorisierung erfolgte. Nun schloss sich um 8.20 Uhr der Befehl des Regimentskommandos aus Schorndorf an, Ebersbach umgehend einzunehmen (*Bataillon ordered to clean enemy out of Ebersbach immediately*). Offenbar über Büchenbronn rückte das Bataillon auf die Stadt an der Fils vor und nahm sie bis 10 Uhr ohne Kampfhandlungen ein, wobei sich noch 14 deutsche Soldaten ergaben.[36] Der Ebersbacher Bericht von 1949 führt auf, dass die Amerikaner vormittags um 9 Uhr auf dem Rathaus erschienen waren. Die deutschen Soldaten hatten sich gegen Abend in Richtung Oberlenninger Tal zurückgezogen.[37]

„Ebersbach cleared 10.00". Notiz aus den Unterlagen des 411. Regiments der 103. US-Infanteriedivision.

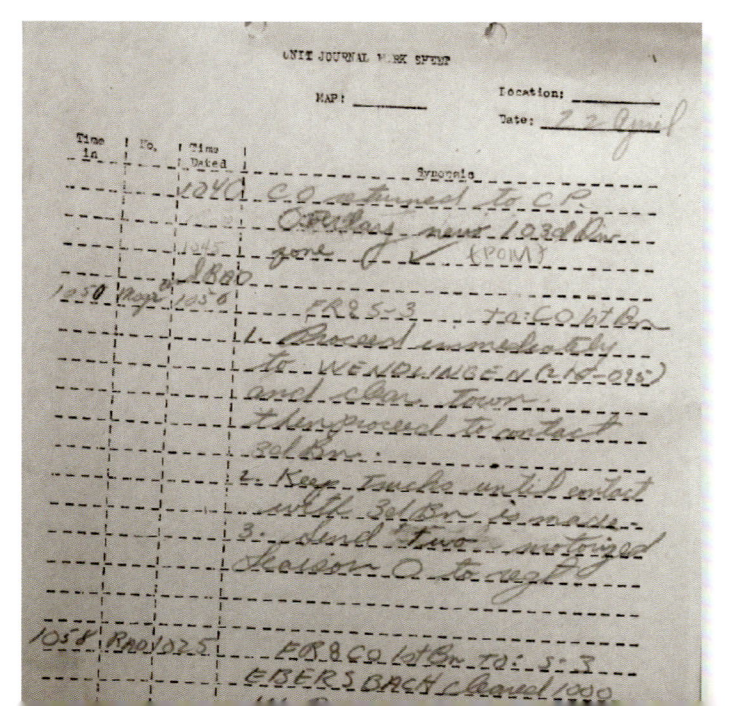

Bürgermeister Gustav Seebich hatte zuvor über französische Kriegsgefangene und den Dolmetscher Hermann Kolb mehrfach mit den amerikanischen Vorposten, die während des 21. April im Bereich des Nassachtals in naher Entfernung lagen, verhandelt. Ziel der Ebersbacher war es gewesen, einen Aufschub der Besetzung zu erreichen, bis die Wehrmachtssoldaten die Stadt verlassen hatten, um so unnötige Kampfhandlungen zu vermeiden.[38] Diese Taktik war zugunsten der Gemeinde erfolgreich aufgegangen.

Nach Ebersbach stockte der weitere Vormarsch des 1. Bataillons wegen Nachschubproblemen gut zwei Stunden, darauf rückte die Truppe über Hochdorf an diesem Tag weiter nach Wendlingen, Unterbohingen und Frickenhausen. Das 3. Bataillon besetzte unter anderem Oberbohingen und gegen 19 Uhr Nürtingen, letztere Stadt ohne Widerstand. Der Kommandoposten des Regiments wanderte von Schorndorf nach Kirchheim und Metzingen.[39] In Plochingen rückten am gleichen Vormittag Einheiten der 100. Infanteriedivision ein, in der Nacht zuvor hatten deutsche Truppen noch die Neckarbrücke gesprengt.[40]

Später am Nachmittag des 22. April wurde auch Bünzwangen besetzt, wo sich 58 Wehrmachtsangehörige freiwillig in Gefangenschaft begaben.[41] Soldaten des 373. Field Artillery Bataillons, das zur in der Nähe operierenden 100. Infanteriedivision gehörte, nahmen am 22. April in der Umgebung des Orts die kriegsmüden Männer (*all in all 58 war-weary Jerries*) in Gewahrsam, die danach an die 103. Infanteriedivision weitergegeben wurden. Auch hier hatte es von Seiten der Dorfbevölkerung schon seit dem Abend des 20. April längere Unterhandlungen mit den Amerikanern gegeben.[42]

Am Abend des 22. April war die amerikanische Besetzung des Landkreises Göppingen westlich von Donzdorf und südlich der heutigen B 10 abgeschlossen – es verblieb der nordöstliche Teil des Kreisgebiets, das bisherige Hinterland des Kriegsgeschehens in der Region.

[1] John McCabe, History and After Action Report. 419. Armored Field Artillery Bataillon, o.O. [1945], S. 40. Ein deutscher Kriegsgefangener nennt am 22.4. ebenfalls die 189. VG-Division bei Nellingen: NARA MAR RG 407 WWII OR, 44. ID 324. IR. Box 9250.
[2] HStAS J 170 Bü 18 Bericht Türkheim (20.4.1949).
[3] Warum Westerheim brannte, Feldstetten nicht, Schwäbische Zeitung, 23.4.2013.
[4] NARA MAR RG 407 WWII OR, 44. ID 71. IR 0-3-07.
[5] NARA MAR RG 407 WWII OR, 44. ID 324. IR Box 9250.
[6] HStAS J 170 Bü 18 Bericht Amstetten (19.11.1948).
[7] Bernd Gehring, Weiler 1945-1966, in: Weiler ob Helfenstein und Hofstett am Steig. Die Burgsiedlung der Helfensteiner, Veröffentlichungen des Stadtarchivs Geislingen an der Steige 27, Weiler 2010, Band 1, S. 385-395, hier S. 387ff. Bericht von 1945 aus der Ortschronik des Lehrers Alfred Zwies.
[8] Ebenda, S. 388. Dies bedeutet auch, dass offenbar keine Sprengung oder dergleichen an der Steige erfolgt war. Ebenso zeigt der Bericht Rubensdörfer in den Zeitzeugenquellen, dass der Nachschubverkehr nach ab dem 25. April durch Geislingen lief.
[9] NARA MAR RG 407 WWII OR, 44. ID 324. IR Box 9250.
[10] Zeitzeugenbericht Bad Überkingen Nr. 1.
[11] NARA MAR RG 407 WWII OR, 44. ID 324. IR Box 9250.
[12] In den deutschen Quellen werden stets drei tote Amerikaner genannt, allerdings scheint die Zahl 3 oder 4 im amerikanischen Bericht korrigiert worden zu sein.
[13] NARA MAR RG 407 WWII OR, 44. ID 324. IR Box 9250.
[14] Dies könnte ein Hinweis auf die 189. VG-Division sein.
[15] Gemeinde Bad Überkingen, Sterbebuch 1945, Einträge 9-34/45.
[16] Zeitzeugenbericht Türkheim.
[17] NARA MAR RG 407 WWII OR, 44. ID 324. IR Box 9250.
[18] Ebenda.
[19] Ebenda.
[20] Ebenda.
[21] Combat history of the 324th Infantry Regiment, [Baton Rouge, LA, Army & Navy Pub. Co.], 1946, S. 110-112
[22] Gemeinde Geislingen, Sterbebuch 1945, Einträge 174/45 und 191/45.
[23] Ebenda, Einträge 206-217/45.
[24] HStAS J 170 Bü 6 Bericht Aufhausen (o.D.).
[25] Gemeinde Hausen/Fils, Sterbebuch 1945, Einträge 3-11/45.
[26] Gemeinde Aufhausen, Sterbebuch 1945, Einträge 4/45 und 8/45. In HStAS J 170 Bü 6 Bericht Aufhausen ist jedoch die Beisetzung von drei deutschen Gefallenen vermerkt.
[27] NARA MAR RG 407 WWII OR, 44. ID 324. IR. Box 9250.
[28] Ebenda.
[29] Ebenda.
[30] Ebenda.
[31] Leif C. Reinertsen, After Five. History of the 93rd Field Artillery Bataillon, Weinsberg 1945, S. 50ff.
[32] NARA MAR RG 407 WWII OR, 103. ID 411. IR Box 1129-2.
[33] Ebenda.
[34] NARA MAR RG 407 WWII OR, 103. ID 411. IR Box 1129-2. Baltmannsweiler wurde hingegen vom 375. Artillery Bataillon der 100. Infanteriedivision eingenommen, deren letzte Kampfhandlung im 2. Weltkrieg. Auch dort ergaben sich zahlreiche Wehrmachtssoldaten: The History of the 375th Field Artillery Bataillon, Marshall Foundation o. J., S. 93.
[35] HStAS J 170 Bü 5 Bericht Reichenbach (23.8.1948). Am 21.4. waren durch Artilleriebeschuss vier Menschen getötet worden.
[36] NARA MAR RG 407 WWII OR, 103. ID 411. IR Box 1129-2.
[37] HStAS J 170 Bü 6 Bericht Ebersbach (4.4.1949).
[38] StAL E 902/8 Bü 13492.
[39] NARA MAR RG 407 WWII OR, 103. ID 411. IR Box 1129-2.
[40] HStAS J 170 Bü 5 Bericht Plochingen (26.11.1948).
[41] HStAS J 170 Bü 6 Bericht Bünzwangen (22.11.1948).
[42] The 373rd in Combat, Stuttgart-Vaihingen 1945, S. 59.

23. – 25. April 1945:
Das nordöstliche Kreisgebiet bildet den Abschluss

1
Stuttgart und Ulm werden besetzt – Die Lage der unbesetzten Kreisgemeinden

Bis zum 23. April hatte der am 18. April begonnene schnelle amerikanische Vorstoß nach Süden seine wesentlichen Ziele erreicht: das Abschneiden der Autobahn Stuttgart-München und des Großraums Stuttgart sowie das Erreichen der Albhochfläche mit Zielrichtung Ulm und die Einkesselung der dortigen Reste der 19. deutschen Armee. Um 11 Uhr vormittags übergab der Stuttgarter Oberbürgermeister Strölin am 22. April die württembergische Landeshauptstadt an einen französischen General, schon zwei Tage zuvor waren von Westen französische Truppen, aber auch Soldaten der 100. US-Infanteriedivision ohne größere Kampfhandlungen in die Vororte und ins Stadtgebiet vorgerückt.[1] In der Nacht vom 22. auf den 23. April gelang es der Angriffsspitze der 10. Panzerdivision, eine Donaubrücke bei Ehingen zu sichern, am Folgetag wurde ein zweiter Flussübergang erobert. Zusammen mit den Regimentern 71 und 324 der 44. Infanteriedivision besetzten die Soldaten der 10. Panzerdivision am Morgen des 24. April das von den Luftangriffen der vergangenen Monate stark zerstörte Ulm – wiederum nahezu zeitgleich mit französischen Truppen.[2] Jeden Tag wuchs derweil die Zahl der deutschen Gefangenen massiv an, zu hunderten gaben sie den schon lange verlorenen Kampf auf. Die Amerikaner kamen mit ihrem Abtransport kaum noch nach.

Im Landkreis Göppingen waren die Amerikaner nach der Besetzung Donzdorfs am 21. April nicht viel weiter ins strategisch weniger wichtige nordöstliche Hinterland vorgedrungen. Am 22. April hatte man auf dem Weg zum Rechberg, wo die Tage zuvor noch gekämpft wurde, das Dorf Reichenbach unter dem Rechberg eingenommen. Auch hier hatte ein französischer Kriegsgefangener die Übergabe in die Hand genommen und war den Besatzern mutig entgegen gegangen. Im Dorf Rechberg marschierten die Amerikaner, es handelte sich vermutlich um Angehörige des 114. Regiments der

Das Münster ragt aus dem Trümmern der Ulmer Altstadt hervor. Privataufnahme des US-Veteranen Dr. Elbert Ted Rulison, vermutlich um den 24./25. April 1945.

44. Infanteriedivision, gegen 17 Uhr ein.[3] Von Norden, in Straßdorf und seiner Umgebung war einige Stunden lang erbittert gekämpft worden, hatten die Amerikaner ebenfalls die verbliebenen deutschen Soldaten zum Abzug nach Süden und Osten gedrängt. Winzingen dürfte gleichsam am 22. oder 23. April besetzt worden sein, Hinweise auf Kampfhandlungen gibt es hier keine. Der Nachbarort Wißgoldingen folgte am Morgen des 23. April wiederum kampflos, hier hatten viele Einwohner aus Angst in den vorherigen Nächten ihre Häuser verlassen und im Wald kampiert.[4]

Von Geislingen aus hatten die bisher durchgezogenen amerikanischen Einheiten ebenfalls weitere Schritte nach Norden unternommen. So harrten die Einwohner von Eybach, Weiler ob Helfenstein oder Waldhausen weiter auf das Kommende und verfolgten das Geschehen aus mündlichen Nachrichten oder durch die Akustik des Krieges.

2
Die 63. Infanteriedivision „säubert" den verbliebenen Raum zwischen Remstal und Donau – Wege zur Übergabe der Dörfer

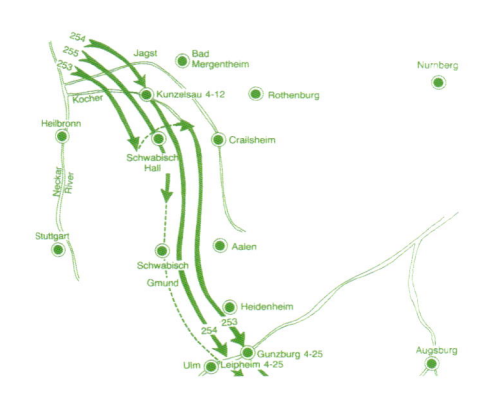

Vormarschkarte der drei Regimenter der 63. US-Infanteriedivision vom Kocher bis zur Donau.

Ab dem 23. April sollte es für die verbliebenen Gemeinden nicht mehr lange dauern, bis auch hier die Besatzer erscheinen würden. Die großteils motorisierten Regimenter 253, 254 und 255 der 63. Infanteriedivision sowie weitere Einheiten, darunter zwei Artilleriebataillone (862 und 863), rückten seit dem 21.–23. April mit hoher Geschwindigkeit aus Richtung Schwäbisch Hall in den Raum östlich von Schwäbisch Gmünd vor. Ihre Aufgabe bestand darin, das verbliebene Gebiet zwischen Remstal und der Donau bei Günzburg und Langenau vollends zu besetzen und den Vorstoß in Richtung Alpenraum von Norden her zu sichern.

In den mittlerweile zumindest weitläufig eingeschlossenen kleinen Ortschaften, in denen sich teilweise aber noch Wehrmachtsangehörige befanden, kam es intern bisweilen zu heftigen Auseinandersetzungen. Meist drehten sich diese um die Panzersperren, die man von Seiten der Bevölkerung als Ursache für einen möglichen Beschuss und damit als elementare Gefahr für die Dörfer betrachtete. Dass die Amerikaner in Göppingen, Geislingen, Schwäbisch Gmünd oder Donzdorf eingetroffen waren, dürfte sich bis zum 22. April nahezu überall herumgesprochen haben. Daher bildeten sich vielerorts Gruppen, die das Geschick ihres Heimatortes selbst in die Hand nehmen wollten, trotz Drohungen von Wehrmacht und Partei.

Rund 30 Frauen sollen in Weißenstein am Vormittag des 21. April die Panzersperre in Richtung Nenningen beseitigt haben, möglicherweise hatte man von der Besetzung Donzdorfs an diesem Tag erfahren und mit einem schnelleren Eintreffen der Amerikaner gerechnet. Obwohl diese bis zum 24. April nicht nach Weißenstein kamen, blieb die Sperre offen.[5] Die Besetzung Weißensteins wird von der Gemeinde 1948/49 auf den Morgen des 24. April gelegt, als der Bürgermeister seinen Ort um 7 Uhr an einen amerikanischen Trupp von drei Panzerspähwagen übergeben haben soll. Bei einem kurzen Feuergefecht fiel ein versprengter deutscher Soldat.[6] Falls Nenningen, wie im Folgenden beschrieben, doch schon am Vorabend besetzt worden sein sollte, ist anzunehmen, dass die Amerikaner von dort kamen – die nördlichen Routen über Degenfeld, Weiler in den Bergen und Böhmenkirch sind vom zeitlichen Ablauf her eher auszuschließen.

Da sich im benachbarten Nenningen eine Pioniereinheit der Wehrmacht befand, gestaltete sich die Lage dort sehr schwierig. Frauen und drei junge Kriegsversehrte aus dem Dorf versuchten ebenfalls am 21. April, die Wachsoldaten zum Öffnen der Sperre zu bewegen und bauten diese nach dem Weggang der Soldaten selbst ab. Dies hatte allerdings zur Folge, dass die drei jungen Männer vom Kommandanten der Pioniereinheit bis zu deren Abzug wegen Landesverrats gesucht wurden und ihr Leben nur durch eilige Flucht in Wanderhütten der Umgebung retten konnten. Auch der Ortsgruppenleiter und Volkssturmführer von Nenningen wollte an den dreien ein Exempel statuieren und sie öffentlich erhängen lassen. Kurz vor dem Eintreffen der Amerikaner am Abend des 23. April gelang es den Flüchtigen, zu ihren Familien zurückzukehren. Zwei Franzosen hatten zuvor als Parlamentäre mit den US-Einheiten verhandelt.[7] Der Zeitpunkt der Besetzung Nenningens ist in den deutschen Quellen allerdings widersprüchlich, entweder handelt es sich um den Abend des 23. oder 24. April.[8] Die amerikanischen Quellen würden eher für den Abend des 24. April und das 255. Regiment der 63. Infanteriedivision sprechen.[9]

Im nördlich von Nenningen gelegenen Degenfeld (damals Lkr. Schwäbisch Gmünd) öffneten Frauen und Mädchen am 23. April, nach dem Abmarsch der deutschen Soldaten, die Panzersperre.[10] Die kampflose Besetzung durch die Amerikaner erfolgte am Nachmittag des 24. April.[11] Am Vormittag des gleichen Tages schritten die Einwohner von Eybach gleichermaßen zur Tat, als die deutschen Soldaten vollends abgezogen waren – am 22. hatte das Dorf bereits Artilleriebeschuss erhalten und wollte jeden weiteren Schaden vermeiden.[12]

In Weißenstein und Eybach bauten die Bewohner die Panzersperren vor dem Einmarsch der US-Truppen eigenhändig ab.

Treffelhausen (links) und Böhmenkirch zählten zu den letzten Gemeinden des Landkreises Göppingen, die von den Amerikanern besetzt wurden. In Böhmenkirch zeigte die weiße Fahne am Kirchturm die Kapitulation des Orts an.

Um die Besetzungen im Zeitraum vom 23.-25. April besser zu überblicken, ist es sinnvoll, die Routen der einzelnen amerikanischen Einheiten zu dokumentieren. Die drei Regimenter der 63. Infanteriedivision hatten am 22. und 23. April den Raum östlich von Schwäbisch Gmünd erreicht, unter anderem Iggingen, Herlikofen, Unterböbingen und Mögglingen. Die Regimenter operierten nebeneinander und teilten den zu besetzenden Raum in Zonen ein. Da die Einheiten in diesen Tagen in schnellem Tempo viele, oft sehr kleine Orte einnahmen, sind nicht immer alle tatsächlich besetzten Dörfer und Weiler aufgezeichnet worden – manchmal wussten die Amerikaner hier offenkundig selbst nicht genau, in welchem Dorf sie sich gerade befanden, es hieß dann gelegentlich „*nameless town*".[13]

Am östlichsten rückte das 253. Regiment vor und berührte das Göppinger Kreisgebiet während des 23. bis zum 25. April nicht auf seiner Route, die unter anderem über Adelmannsfelden, Schechingen, Heuchlingen, Mögglingen, Lauterburg, Bartholomä, Steinheim, Gerstetten, Söhnstetten, Niederstotzingen bis Günzburg führte.[14]

Das 255. Regiment, am 22. April bereits in Iggingen und Herlikofen, bekam am 24. April den Befehl, mit höchstmöglicher Geschwindigkeit (*with all possible speed*) zur Donau vorzurücken, dort östlich von Ulm die Übergänge zu sichern und Einheiten der 12. Panzerdivision abzulösen. Während des Vormittags des 24. April wurden Bettringen und Bargau besetzt sowie um 12.30 Uhr Weiler in den Bergen als „*cleared*" gemeldet.[15] Die Amerikaner stießen dabei auf nahezu keine Gegenwehr, hatten aber gelegentlich mit dem bergigen Terrain zu kämpfen und nördlich von Degenfeld waren die Straßen vermint. Über Treffelhausen erreichten Soldaten des Regiments gegen Abend Steinenkirch und Ravenstein. Ein junger Mann, der den Amerikanern in Treffelhausen beim Einmarsch etwas auf Englisch zugerufen hatte, wurde mitgenommen und im Laufe der Nacht in Waldhausen erschossen – die Gründe hierfür sind jedoch völlig unklar. Denkbar wären ein „Werwolf"-Verdacht, eine Provokation, ein Fluchtversuch oder, wie bisher gemutmaßt, ein Spionagevorwurf.[16] In Steinenkirch hatten die Dorfbewohner rechtzeitig die Panzersperren abgebaut, in den umliegenden Wäldern machten die Amerikaner etwa 30 deutsche Gefangene.[17] Der Kommandoposten des 255. Regiments befand sich am Abend zeitweilig in Weißenstein, in der Nacht setzte man den Vormarsch über die Umgebung von Nenningen nach Südosten in Richtung Langenau fort.[18]

Das sehr eng mit dem 255. Regiment kooperierende 254. Regiment gelangte am 24. April von Heubach aus über die Kitzinghöfe und die Straße westlich von Bartholomä am frühen Abend nach Böhmenkirch. Dort flatterte bereits die weiße Fahne am Kirchturm, als die Amerikaner gegen 19–20 Uhr ankamen – nach einigen Warnschüssen wurde der Ort kampflos besetzt. Die weitere Route brachte die 254er Infanteristen am späteren Abend noch über Gussenstadt bis in die Umgebung von Gerstetten[19] und möglicherweise auch bis Eybach, wo in dieser Nacht auf den 25. April die ersten Amerikaner eintrafen[20]. Schnittlingen, wo Einwohner mit weißen Fahnen den Besatzern vorsorglich entgegen gelaufen waren, und dessen Besetzungszeitpunkt an diesem Abend später mit 20 Uhr angegeben wurde, dürfte gleichfalls im Bereich des 254. Regiments gelegen haben.[21] Allein dieses Regiment verzeichnete für den 24. und 25. April 698 Gefangene.[22]

Mit organisierter Gegenwehr sahen sich die Amerikaner zu diesem Zeitpunkt nur noch selten konfrontiert. Trotzdem konnten auch versprengte Soldaten weiterhin eine Gefahr für die US-Einheiten darstellen, zumal in diesem unwegsamen und hügeligen Gelände. Exemplarisch sei hier aus dem *„Combat Diary"* eines anonymen Soldaten des 863. Field Artillery Bataillons zitiert, der über Schwäbisch Gmünd, Herlikofen, Weiler in den Bergen, sowie einen für ihn unbekannten Ort in Richtung Leipheim unterwegs war: *„24. April 1945. Weiler. Things were getting hot again. The Heinies had fled to the hills and were still up there as far as we knew. Quite a haul of prisoners was made and among them was a 12-year old who had been running around with a P 38."* Übersetzt: „24. April 1945. Weiler. Es wurde wieder heiß. Die Heinies (Deutschen) hatten sich auf die Hügel geflüchtet und befanden sich – soweit wir wussten – immer noch dort. Eine ziemliche Menge Gefangener wurde gemacht, darunter ein Zwölfjähriger, der mit einer P-38 (Pistole) herumgerannt war."[23]

Gefangene deutsche Soldaten, vermutlich auf dem Weg in Richtung Ulm.

Wohl als letzte der Gemeinden des Landkreises Göppingen wurde das Dorf Weiler ob Helfenstein besetzt, mutmaßlich ebenfalls von Soldaten der 63. Infanteriedivision. Am Mittag des 25. April hielten dort zwei amerikanische Fahrzeuge aus Richtung Schalkstetten, zuvor waren die Amerikaner auch aufgrund der gesprengten Weiler Steige nicht zu dem kleinen Dorf vorgedrungen. Die beiden Offiziere und einige Soldaten wiesen den Bürgermeister an, bis zum Folgetag alle Waffen einzusammeln. Die Besetzung des Dorfes wurde mit einer Versammlung der Bevölkerung vor dem Rathaus und Hausdurchsuchungen am nächsten Tag vollzogen.[24]

Am 24. April wurde die 100. US-Infanteriedivision, die zuvor die harten Kämpfe in Heilbronn durchgestanden hatte und danach durch den westlichen Schurwald bis zum Neckar gestoßen war, in Reserve gestellt. Ihre Soldaten um die Regimenter 397, 398 und 399 wurden insbesondere in der Stuttgarter Umgebung und in der Gegend östlich von Stuttgart untergebracht. Vor allem das 397. (Göppingen) und das 399. Regiment (u.a. in Boll) sowie weitere Einheiten wie das 373. Field Artillery Bataillon (u.a. in Göppingen, Faurndau, Jebenhausen)[25] kamen am 30. April 1945 im Landkreis Göppingen als Besatzungstruppe an und lösten die verbliebenen Soldaten der Kampftruppen ab. Diese Einheiten konnten am 8. Mai in den Orten des Landkreises das Ende des 2. Weltkriegs feiern, wie beispielsweise die Kompanie 1 des 3. Bataillons der 397er in Salach: *„The company was still in Salach when the war in Europe officially ended on May 8, 1945, and occupation duty began. Some newer members fired their guns into the air to celebrate the occasion, but most of the old hands simply went to sleep."* Übersetzt: „Die Kompanie war immer noch in Salach als der Krieg am 8. Mai in Europa offiziell endete und die Besatzungsaufgaben begannen. Einige der neueren Kameraden feuerten mit ihren Waffen in die Luft, um den Anlass zu feiern, aber die meisten der alten Haudegen gingen einfach schlafen."[26] Die Stationierung der Einheiten der 100. Infanteriedivision dauerte bis Juni/Juli 1945 an, ein vorgesehener Einsatz im Pazifik musste aufgrund der Atombombenabwürfe nicht mehr erfolgen. Die 9. Infanteriedivision löste sie als Besatzungstruppe ab und blieb bis Mitte der 1950-er Jahre in Göppingen.

Für die inzwischen seit über zwei Wochen „befreiten" Bewohner des Landkreises Göppingen zeigten diese öffentlichen Siegesfeiern der Amerikaner, teilweise mit zugehörigen Paraden, das Ende des Zweiten Weltkriegs an. Der Ebersbacher Otto Schmid schrieb lapidar in sein Tagebuch: *„Der Krieg ist zu Ende. Kapitulation hat's doch gegeben, wenn auch Herr Hitler x-mal gesagt hat, das gibt's nicht."*[27] Was die weitere Zukunft bringen würde, war weitgehend ungewiss. Gerüchte über einen baldigen Krieg zwischen den USA und Russland machten die Runde. Zumindest die unmittelbare Gefahr für Leib, Leben und Besitz schien aber für die Menschen des Landkreises vorbei, die alltäglichen Sorgen um Lebensmittel, Wohnraum und vielfach vermisste Angehörige sollten ab jetzt lange Zeit den Alltag dominieren. Hinzu kam ein massiver Zustrom von Flüchtlingen, am Ende der 1940-er Jahre würde sich die Bevölkerung des Landkreises gegenüber dem Vorkriegszustand um etwa ein Drittel vergrößert haben.

In der Göppinger Boehringer-Villa wurde Ende April Generalfeldmarschall Gerd von Rundstedt verhört.

Hamsterer und Flüchtlinge im Bereich Geislingen-Amstetten, August 1945. Standbilder aus einem Film der US-Army.

Am 31. Mai 1946 fasste der kommissarische Landrat Paul Metz (1899-1961) bei der ersten Kreistagssitzung nach dem Krieg rückblickend die Situation nach dem Einmarsch zusammen: *„Als wir nach dem Einmarsch der Besatzungstruppen vor einem Nichts standen, da sahen wir mit dem geistigen Auge die zwei Worte geschrieben: Quo vadis? – Wohin gehst du? Niemand wusste, was kommen wird.*

Niemand wusste, was geschehen würde und was geschah. Alles war im Fluss. Nur eines wussten wir, dass wir den Krieg total verloren haben und vor einem Trümmerhaufen stehen. Jeder bangte um sein eigenes Leben, um die Existenz seiner Familie. Jeder trug die Sorge um die noch Vermissten im Herzen. Wir hatten keine Gesetze mehr. Die Befehle der Besatzungstruppen prasselten auf uns nieder."[28]

[1] Walter Nachtmann, Das Ende des Zweiten Weltkriegs in Stuttgart, in: Stuttgart im Zweiten Weltkrieg, Gerlingen 1989, S. 493-500.
[2] Nichols, Impact, S. 273ff.
[3] HStAS J 170 Bü 15 Bericht Rechberg (23.10.1948).
[4] HStAS J 170 Bü 15 Bericht Wißgoldingen (12.10.1948).
[5] HStAS J 170 Bü 6 Bericht Weißenstein (o.D.). Der dortige Chronist muss sich allerdings teilweise um eine Woche vertan haben, da er z.B. die Öffnung der Panzersperre auf den 28.4. (richtig wohl 21.4.) legt, den Einmarsch selbst dann auf den 24.4. datiert.
[6] HStAS J 170 Bü 6 Bericht Weißenstein (o.D.). Aus welcher Richtung die Amerikaner kamen, wird nicht genannt.
[7] Josef Seehofer, Ortsgeschichte von Nenningen, Ludwigsburg 1970, S. 54.
[8] HStAS J 170 Bü 6 Bericht Nenningen (28.3.1949) gibt den 23.4. abends um 19.30 Uhr an, Ortschronist Seehofer legt die Verhandlungen der Franzosen in Donzdorf (!) auf den 24.4. und den Einmarsch der Amerikaner aus Richtung Messelhof sogar auf den Abend des 25.4. Laut Zeitzeugenbericht kamen die Amerikaner von Norden über das Schwarzhorn, vgl. Zeitzeugenbericht Nenningen.
[9] NARA MAR RG 407 WWII OR, 63. ID 255. IR. Regimental History; Chris Makas, History of B Company 255th IR, o.O. 1998, S. 9.
[10] HStAS J 170 Bü 15 Bericht Degenfeld (6.10.1948). Eine nähere Zeitangabe des Einmarschs fehlt hier.
[11] NARA MAR RG 407 WWII OR, 63. ID 254. IR. Regimental History; S3-Report.
[12] HStAS J 170 Bü 6 Bericht Eybach (o.D.).
[13] Beispielsweise 863. FAB Übernachtungsort am 24. 4.1945.
[14] NARA MAR RG 407 WWII OR, 63. ID 253. IR. Regimental History; Unit History.
[15] NARA MAR RG 407 WWII OR, 63. ID. 255. IR. Regimental History. HStAS J 170 Bü 15 Bericht Weiler in den Bergen (20.9.1948) vermerkt den amerikanischen Einmarsch ab 10.30 Uhr.
[16] HStAS J 170 Bü 6 Bericht Treffelhausen (28.3.1949); Karl Oßwald, Der Einmarsch der Amerikaner, in: Böhmenkirch. Dorf und Land zwischen Messelberg und Albuch, Weißenhorn 1990, S. 403.Vgl. auch Zeitzeugenbericht Waldhausen. Waldhausen ist beispielsweise einer der nicht erwähnten Orte, aufgrund der zeitlichen Abfolge und der Marschroute von Steinenkirch ist jedoch dieselbe Einheit anzunehmen.
[17] HStAS J 170 Bü 6 Bericht Steinenkirch (o.D.).
[18] NARA MAR RG 407 WWII OR, 63. ID. 255. IR. Regimental History.
[19] NARA MAR RG 407 WWII OR, 63. ID. 254. IR. Regimental History; S3-Report.
[20] HStAS J 170 Bü 6 Bericht Eybach (o.D.).
[21] HStAS J 170 Bü 6 Bericht Schnittlingen (13.4.1949). Dies wäre auch für Geislingen-Stötten anzunehmen, dort vermerkt der Bericht aus HStAS J 170 Bü 6 den Durchzug der Amerikaner für den 23.4. (ohne genaue Zeitangabe).
[22] NARA MAR RG 407 WWII OR, 63. ID. 254. IR. Regimental History; S3-Report.
[23] NARA MAR RG 407 WWII OR, 63. ID. 863. FAB „B"-Battery. „Terminello".
[24] HStAS J 170 Bü 6 Weiler ob Helfenstein (4.2.1948). Vgl. auch: Bernd Gehring, Weiler 1945-1966, in: Weiler ob Helfenstein und Hofstett am Steig. Die Burgsiedlung der Helfensteiner, Veröffentlichungen des Stadtarchivs Geislingen an der Steiger 27, Weiler 2010, Band 1, S. 385-395, hier S. 387ff. Bericht von 1945 aus der Ortschronik des Lehrers Alfred Zwies. Hier wird auch ein Abtransport der wehrfähigen Dorfbewohner aufgrund eines verletzten US-Soldaten erwähnt, sowie deren Rückkehr aus Geislingen nach einigen Stunden.
[25] 373rd in Combat, S. 60.
[26] Einige Beispiele: Kompanie 1 des 3 .Bataillons des 397. IR. war in Salach stationiert (B. Lowry Bowman/ Paul F. Mosher, Company I. WW II Combat History. Company I, 3rd Battalion, 397th Infantry Regiment, 100th Infantry Division, o.O. 1996, S. 87.
[27] Vgl. Zeitzeugenbericht Ebersbach Nr. 1.
[28] KrA GP F2, Bd. 1.

Fabian Beller

Das Kriegsende 1945 im Landkreis Göppingen im Spiegel der Kreispresse 1946 bis 2015

Radiointerview des SDR mit Georg Maurer, einem der Akteure an der Altenstädter Panzersperre, Geislinger Zeitung 1965.

Vor nunmehr 70 Jahren fand auch im Landkreis Göppingen einer der dunkelsten Zeitabschnitte in der neueren deutschen Geschichte sein Ende. Vom 19. bis 25. April besetzten amerikanische Truppen nach und nach die einzelnen Gemeinden des Landkreises und beendeten damit die mehr als zwölfjährige Herrschaft des NS-Regimes. Von einem totalitären System indoktriniert und geblendet, sahen nur die wenigsten die anrückenden feindlichen Truppen als Befreier, zumal sich die Sanktionsmechanismen des im Untergang begriffenen „Dritten Reiches" ab 1944 drastisch verschärften und bis in die letzten Stunden noch funktionierten. Widerstand gegen Staats- und Parteilinie oder nur die öffentliche Äußerung von Zweifeln am „Endsieg" wurden streng sanktioniert und zum Teil mit dem Tode bestraft. Die Erinnerung der Menschen an Nationalsozialismus und Kriegsende unterlagen in Nachkriegsdeutschland verschiedenen Strömungen und Veränderungen, die ein breites Spektrum vom Wunsch des Vergessens und „nach Vorne Blickens" bis hin zum offensiven und öffentlichen Umgang mit der eigenen Vergangenheit abdeckten. Mit Blick auf die Regionalausgaben „Geislinger Zeitung" und „Göppinger Kreisnachrichten" in der Neuen Württembergischen Zeitung (NWZ) über das Kriegsende im April 1945 können jene Entwicklungen in der sich verändernden Erinnerungskultur nachvollzogen werden. Darüber hinaus lassen sich Vergleiche und Parallelen zu überregionalen und nationalen Geschichtsbildern und Erinnerungen ziehen.

Nach der Lizenzerteilung durch die US-Militärregierung erschien am 2. August 1946 die erste Ausgabe der NWZ mit dem Lokalteil „Rund um den Hohenstaufen" (später als „Göppinger Kreisnachrichten" erschienen). In der direkten Nachkriegszeit bis 1949, in der den Menschen die dramatischen Ereignisse von Krieg, Terror und Zerstörung noch sehr präsent waren, stand neben der Aufarbeitung der NS-Vergangenheit in so genannten Spruchkammerverfahren, der Problematisierung von Wohnungs- und Flüchtlingsnot sowie den Entwicklungsstandsmeldungen über die Demokratie in Deutschland auch die Erinnerung an die besonders von Tod und Zerstörung betroffenen Städte im Blickpunkt. Für den Göppinger Lokalteil waren dies ohne Zweifel die Luftangriffe auf Göppingen am 1. März 1945 sowie der Angriff auf Wäschenbeuren am 19. April, kurz vor dem Einmarsch US-amerikanischer Truppen. In zwei Artikeln zum jeweiligen Jahrestag beschrieb Karl Aberle 1947 die Ereignisse um die Zerstörung Göppingens und Wäschenbeurens sowie den Einmarsch der Amerikaner.[1] Unter anderem 1949 ergänzt durch einen Zeitzeugenbericht eines Herrn „Stahl" wurden sowohl der genaue Ablauf als auch die Folgen in Form einer Schadens- und Opferbilanz des US-Bomber-Angriffs am 1. März rekonstruiert. Im NWZ-Lokalteil „Unterm Helfenstein" (später unter den Namen „Geislinger Fünftälerbote" und „Geislinger Zeitung" erschienen) wurde in einem Artikel vom 21. April 1949 auf vergleichbare Art und Weise der Zerstörung Westerheims (Alb-Donau-Kreis) beim Einmarsch der Amerikaner gedacht.[2] Die Schilderungen von Bürgermeister Kneer, damals im Volkssturm, dienten hierbei als Quelle. Die großen Zerstörungen von Westerheim, Wäschenbeuren und Göppingen bildeten in der zeitgenössischen Erinnerung der Menschen die bestimmenden Ereignisse im Gedenken an Krieg und Zerstörung. Nicht thematisiert wurden hingegen die Geschehnisse beim Einmarsch der US-Streitkräfte in anderen Gemeinden des Landkreises.

Mit dem Jahr 1949 endete die bis dahin jährliche Berichterstattung zum Kriegsende abrupt und wurde lediglich zu großen, zehnjährigen Jahrestagen jeweils im April erneut thematisch aufgegriffen. Bereits 1950, trotz der fünfjährigen Wiederkehr der Ereignisse, fanden sich keine Artikel, die sich mit dem Kriegsende im Landkreis befassten. Im Vordergrund der lokalen Berichterstattung standen vielmehr die ausgiebig gefeierten Faschings- und Osterveranstaltungen. Dies scheint umso bemerkenswerter, als Karl Abele 1949 in Anbetracht des Gedenkens an Kriegsopfer und Zerstörungen noch dafür plädierte, derartige Veranstaltungen, Festivitäten und Frohsinn aus Gründen der Pietät in Gänze zu unterlassen.[3] Das Jahr 1949, mit der Gründung der beiden deutschen Staaten und dem allmählichen Erlahmen der Spruchkammerverfahren im Rahmen der alliierten Entnazifizierungsmaßnahmen in den westlichen Besatzungszonen, wird auch in weiten Teilen der Geschichtswissenschaft als Ende der unmittelbaren Nachkriegszeit und Besatzungsherrschaft angesehen.[4] Angesichts

Artikel in der NWZ zum zehnjährigen Gedenken an den Luftangriff auf Wäschenbeuren 1955.

sich zunehmend stabilisierender Versorgungsverhältnisse, einer erfolgreichen Bewältigung der akuten Kriegsfolgen und einer sich abzeichnenden Integration der Bundesrepublik in die Reihen westlicher Demokratien, muss der Wunsch der Menschen als sehr groß angesehen werden, die Erinnerungen an Diktatur und Krieg hinter sich lassen zu wollen und den Blick nach vorne in die Zukunft zu richten. Parallel zum gesamtgesellschaftlichen Interesse nahm auch die lokale Presseberichterstattung über Krieg und Zerstörung im Zweiten Weltkrieg ab.

In der überregionalen, auch nationalen Presseberichterstattung der NWZ hingegen blieb die Auseinandersetzung mit der Zeit des Nationalsozialismus stets präsent. Der Interessensschwerpunkt in den 1950er- und 1960er Jahren lag insbesondere auf Personen mit vermeintlich weniger belasteten Biographien wie beispielsweise Erwin Rommel, Friedrich Paulus, Claus Schenk Graf von Stauffenberg oder Werner von Fritsch, später auch Dietrich Bonhoeffer. Unübersehbar scheint hier die Intention, für eine Zeit, in der bisher ungeahnte Verbrechen geschahen, doch einige gesellschaftliche Elemente in den Fokus zu rücken, die belegen können, dass nicht alle Deutschen Verbrecher waren und blind den Führerbefehlen folgten.

Suche nach Vorbildern

Die Sehnsucht und Suche nach jenen „Heldinnen" und „Helden", die retrospektiv mit ihrem Verhalten und Handeln der Gesellschaft als Leit- und Vorbilder dienen können, lässt sich ebenfalls auf lokaler Ebene nachweisen. Drei Artikel im Geislinger Lokalteil vom 21. April 1955 zum Kriegsende in Geislingen und Umgebung thematisierten neben dem Ablauf des Einmarsches der US-Truppen in Geislingen selbst, in Gosbach und Überkingen, wo es beim Einmarsch noch Kämpfe und Tote gegeben hatte, auch *„Die schneidigen Weiber von Altenstadt"*.[5] Nach einem Bericht von Stadtamtmann Stumpf haben jene Frauen unter mutigem Einsatz ihres Lebens mehrmals die Panzersperre beseitigt und dadurch die Beschießung und Zerstörung der Stadt verhindert. Die Frauen von Altenstadt scheinen ein Vorbild für Mut und Zivilcourage anzubieten, mit dem sich die Menschen in Geislingen noch heute identifizieren können und wollen. Vor dem Vergleich mit Geschehnissen bei Truppeneinmärschen andernorts scheint es zwar fraglich, ob die Beseitigung einer Panzersperre tatsächlich über Beschießung oder gar vollständige Zerstörung einer Gemeinde den Ausschlag gab. Dennoch bleibt der Mut der Frauen, sich gegen die lokalen Befehlshaber zu stellen und sich damit einer großen Gefahr für Leib und Leben auszusetzen, eine couragierte und damit nacheifernswerte Handlung. Es belegt zudem, dass Gehorsam gegenüber Staat und Partei nicht grenzenlos war und spätestens bei der Bedrohung des eigenen Lebens und dörflichen Besitzstandes endete.

Die Lokalpresse stellt bei der Vermittlung von Geschichtsbildern einen wichtigen gesellschaftlichen „Transmissionsriemen" dar. Die Geschichte der mutigen Frauen kam denn auch zu jedem großen Gedenktag neuerlich auf, wenngleich aus

„schneidigen Weibern" in den Folgejahren stets die „mutigen Frauen" wurden. Artikel über die niedergeschriebenen Erinnerungen des ehemaligen Volkssturmführers Georg Maurer 1965 oder die selbst verfassten Protokolle von Eugen Schöllkopf 1985 belegten und ergänzten die Geschichte der Altenstädter Frauen.[6] In den folgenden „Jubiläumsjahren" finden sich in der Berichterstattung der Geislinger Nachrichten zum Kriegsende noch weitere Erzählungen über vergleichbare Vorkommnisse. Der Chronist von Eybach, Franz Kummer, schilderte in einem GZ-Artikel den Versuch der Beseitigung einer Panzersperre am „Herrenweg" durch Eybacher Frauen.[7] Barbara Englert stellte in ihrem GZ-Artikel 1995 fest, *„Auch Kuchen hatte tapfere Fraue"*.[8]

Für die Göppinger Kreisnachrichten rekonstruierte Stadtarchivar Karl Kirschmer 1955 in zwei Artikeln die Ereignisse des 19. und 20. April, wobei seine Quellen hauptsächlich auf Gemeinderatsprotokolle und Erzählungen von Stadtbeamten über den ereignisgeschichtlichen Ablauf, Opfer und die Schäden begrenzt blieben.[9] Hierbei spekulierte Kirschmer bereits intensiv über Gründe und Motive für den im Nachhinein, auch aus militärischer Sicht, relativ sinnlosen Jagdbomberangriff auf Wäschenbeuren. Im Großen und Ganzen nahm die Berichterstattung danach eher ab. Selbst die 20-jährige Wiederkehr der Besetzung des Landkreises durch US-amerikanische Truppen 1965 zeitigte kein Echo in der lokalen Presseberichterstattung. Erst 1970, neuerlich mit einem Artikel von Karl Kirschmer vom 18. April, trat das Kriegsende erneut in den Blickpunkt. Der Artikel basierte auf Kirschmers Veröffentlichung „So endete der Krieg im Kreis Göppingen" von 1961 und beleuchtete erstmals die Marschroute der US-amerikanischen Truppen durch einzelne Kreisgemeinden, beispielsweise Börtlingen, Faurndau, Rechberghausen und Wangen.[10]

Ein weiterer Fall von Panzersperrenbeseitigung trug sich auch in Heiningen zu. Auf Druck der Einwohner erfolgte unter Einwilligung von Bürgermeister Karl Kümmel bereits am 12. April, das heißt acht Tage vor (!) dem Einmarsch US-amerikanischer Truppen, die Beseitigung einer Panzersperre aus Furcht vor der drohenden Zerstörung des Dorfes. Von einem Flak-Offizier beim Abbau erwischt und verhaftet, wurden zwei Heininger, Oberlehrer Kauderer und Landwirt Stohrer, in Göppingen von einem Standgericht zum Tode verurteilt. Lediglich die noch ausstehende Bestätigung des Urteils durch Reichsstatthalter Wilhelm Murr sowie der Einmarsch der Amerikaner in Göppingen bewahrten beide vor der Hinrichtung. Obwohl die Umstände jener Vorkommnisse bekannt und auch belegbar waren, berichteten die Göppinger Kreisnachrichten erst 1975, und hier auch nur am Rande, vom Kriegsende in Heiningen.[11] Mit der Veröffentlichung von Rolf Kümmel, Sohn des ehemaligen Heininger Bürgermeisters Karl Kümmel, wurde die Geschichte 2002, auch in ihrer Ausführlichkeit und Dramatik, einer breiteren Öffentlichkeit zur Kenntnis gebracht. Nach jener Publikation rückte Heiningen 2005 mit einem eigenen Artikel in der Berichterstattungsserie über das Kriegsende im Landkreis stärker in den Fokus.[12]

Hierbei wird deutlich, dass Zeitungsberichterstattung meist einen Anstoß zum Berichten über ein Ereignis benötigt. Oftmals reicht hierbei ein Jahrestag allein nicht aus, sondern bedarf eines gesellschaftlichen Interesses und Echos, häufiger noch einer aktuellen Publikation oder Ausstellung zu einem Thema. Andererseits können auch bestimmte andere tagespolitische Ereignisse so stark in den Vordergrund treten, dass die Erinnerung an Vergangenes dahinter zurücktreten muss. Zum Jahrestag des Einmarsches im April 1965 war es zum Beispiel das sehr verregnete und verschneite Osterfest in Göppingen, was im Fokus zu stehen schien. Findet Erinnerung an ein Ereignis gesellschaftlich oder politisch nicht statt, zeigt sich in der Presse, als einem Spiegel des politischen, kulturellen und gesellschaftlichen Lebens, konsequenterweise auch kein Niederschlag desselben.

In den Göppinger Kreisnachrichten liegt der Schwerpunkt der lokalen Berichterstattung über Krieg und Zerstörung bis 1970 stark auf den Ereignissen vom 1. März 1945 und der Zerstörung der Göppinger Oberstadt. Möglicherweise durch den Artikel Kirschmers 1970 mitinitiiert, thematisierte die Berichterstattung zu den darauffolgenden Jahrestagen 1975, 1985, 1995 und 2005 stets Ereignisse und Abläufe in den einzelnen Kreisgemeinden, die immer detailreicher nachgezeichnet wurden. Die Entwicklung hin zu einer verstärkt lokalhistorischen Betrachtung des Kriegsendes im Landkreis mit dem Versuch, möglichst viele Gemeinden miteinzubeziehen, zeichnete sich in der GZ jedoch erst 1995 ab. Die sehr umfangreiche Artikelserie mit insgesamt 30 Beiträgen, verteilt über mehrere Wochen, wurde im Juni 1996 nochmals zusammengefasst in einer Sonderausgabe veröffentlicht. Diese „Explosion" der Berichterstattung über das Kriegsende im Landkreis wiederum ist in den Göppinger Kreisnachrichten erst 2005 mit der Serie „Schwerpunkt 60 Jahre nach Kriegsende", die unregelmäßig von Anfang April bis Ende Mai erschien, festzustellen. Das große Interesse der überregionalen Presse am Kriegsende belegt die Artikelserie „Kriegsende vor 50 Jahren" in der Rubrik „Südwestumschau" der NWZ 1995. Darüber hinaus lassen sich, als weiterer Beleg des gesellschaftlichen und wissenschaftlichen Interesses an Regional- und Lokalgeschichte, insbesondere seit den 1990er Jahren, verschiedene, häufig von den jeweiligen Gemeindeverwaltungen herausgegebene, lokalgeschichtliche Untersuchungen nachweisen, die sich explizit mit dem Kriegsende in einzelnen Kommunen beschäftigten.[13]

Der quantitative Anstieg von Zeitungsberichten über das Kriegsende im Landkreis lässt sich mit einer zunehmenden Historisierung der Zeit des Nationalsozialismus erklären, das heißt dem Zeitpunkt, mit dem Vergangenes zu „Geschichte" wird. Damit einher geht das zeitlich bedingte, allmähliche Aussterben jener Generation, welche die Zeit tatsächlich noch selbst miterlebt hat, wobei das letztendliche „Schreiben der Geschichte" durch die nächste und übernächste Generation erfolgt.

Boomende Zeitzeugenforschung

Neben der gestiegenen Quantität und dem inhaltlich deutlich angewachsenen lokalhistorischen Interesse in der Berichterstattung lassen sich auch entscheidende Veränderungen bei der Quellengrundlage ausmachen. Bis 1985 bildeten chronikalische Quellen aus den jeweiligen Verwaltungen, ergänzt durch einige Egodokumente, wie zum Beispiel selbst verfasste Memoiren und Erinnerungsprotokolle, den Quellenschwerpunkt in beiden Zeitungen. In dem Ausmaß wie das stärker ausdifferenzierte lokalhistorische Interesse wuchs, kamen in den Artikeln auch vermehrt Zeitzeugen zu Wort, wobei nicht der ehemalige Schultheiß, Amtmann oder Chronist der Gemeinde erzählt, sondern „einfache" Menschen, die keine leitenden Funktionen bekleideten. Das gewachsene regional- und lokalhistorische Interesse, das sich in jener Zeit und bis heute ebenfalls in der Geschichtswissenschaft manifestiert, bedarf als Quellengrundlage jener Zeitzeugen. Nichts kann den Kriegsalltag, aber auch die zerstörerischen Kräfte und den Wahnsinn jener Tage authentischer, und auch dramatischer veranschaulichen als der Bericht eines Kindes, das am eigenen Leib den Luftangriff auf Wiesensteig am 4. April 1945 miterlebte und seine tote, auf der Straße liegende Tante mit ansehen musste.[14] Nichts ist sicherlich für Wäschenbeurener eindrücklicher, als die Erzählungen eines Schülers, der die Zerstörung von Wäschenbeuren miterlebte oder als Ebersbacher Alteingesessener oder Schüler die dramatischen Stunden der Übergabe des Ortes an die US-Besatzer aus erster Hand nachlesen zu können.[15] Für die Zeitungsberichterstattung, die den Leser in besonderem Maße ansprechen soll, ohne Zweifel besonders wertvolle Quellen. Folglich trat die nüchterne Schilderung von Abläufen, Fakten, Opferzahlen und Schadensbilanzen in den Berichten zunehmend zugunsten von zum Teil emotional besetzten Zeitzeugenberichten in den Hintergrund.

Die „Entdeckung" der Zeitzeugen in den Kreiszeitungen ab Mitte der 1980er Jahre lässt sich mit der Etablierung des geschichtswissenschaftlichen Ansatzes der „Oral History" in Deutschland in Verbindung setzen. Dieser neue, aus den USA stammende Ansatz kam insbesondere vor dem spezifischen Hintergrund der Erforschung der nationalsozialistischen Diktatur und deren Auswirkungen auf das Alltagsleben der einfachen Bürger auf. Der Historiker schafft sich durch aktive Suche nach Zeitzeugen seine Quellen selbst. Hierbei sollen neue Fragen an die Geschichte gestellt und diese von Zeitzeugen beantwortet werden. Nicht die „gemeinsame" Geschichte steht hierbei im Erkenntnisinteresse, sondern die subjektiv und individuell erlebte.[16]

Zeitgleich zur biographisch unterlegten Berichterstattung in den Printmedien machten Zeitzeugeninterviews spätestens seit den 1990er Jahren auch in populärwissenschaftlichen TV-Formaten und Geschichtsdokumentationen, zum Beispiel „ZDF-History", einen wesentlichen Bestandteil aus. So wurden in der Hauptsache autobiographisch-narrative Interviews herangezogen, um bspw. das Thema Holocaust zu beleuchten oder von NS-Größen wie Speer, Göring, Himmler oder Heydrich sehr facettenreiche Bilder zu zeichnen. Ein Hauptziel der Heranziehung von Zeitzeugen, die mit Hilfe medialer Finessen regelrecht inszeniert werden, ist hierbei auch die bewusste Emotionalisierung des Zuschauers. Häufig überwiegen dabei jedoch die Ziele des Entertainments und der Quotensteigerung gegenüber den vermeintlichen Ansprüchen der Autoren und Produzenten nach historischer Aufklärung und Wissensvermittlung.[17]

Die Zeitzeugenforschung gestaltet sich teilweise nicht unproblematisch, insbesondere wenn zwischen dem Erlebten und dem Erzählten eine größere zeitliche Distanz liegt.[18] Erinnerungen, auch über schreckliche Erlebnisse, verblassen oder werden durch gemeinsame, kollektive Erinnerungen an die Zeit überlagert und verändert, ohne dass es dem Zeitzeugen selbst unbedingt bewusst ist. Erinnerungen sind stets subjektiv und können sich ergänzen, aber durchaus auch widersprechen. Widersprüche oder nicht durch andere Aussagen oder Quellen verifizierbare Zeitzeugenberichte können bis hin zu Kontroversen um die Deutungshoheit von Ereignissen führen. Hat Eugen Schöllkopf nun mit seinem 1983 im Stadtarchiv Geislingen zu Protokoll gegebenen Verhalten mit dazu beigetragen, Geislingen vor der Zerstörung zu bewahren oder nicht? Und gebührt ihm deshalb ebenso wie den Altenstädter Frauen ein Platz auf einer Gedenktafel vor dem Rathaus?[19]

Die Geschichten von und über Menschen, die durch ihr Handeln in einer konkreten Bedrohungssituation Schaden oder gar die Zerstörung einer Gemeinde verhindert und Menschenleben gerettet haben, sind in einigen Zeitzeugenberichten über das Kriegsende in den Göppinger Kreisnachrichten und der Geislinger Zeitung überliefert. Manche lassen sich anhand weiterer Aussagen und Quellen belegen, andere müssen so stehen bleiben, bis sie entweder gestützt oder eher in Zweifel gezogen werden können. In jedem Fall jedoch ist, insbesondere vor dem Hintergrund neuerer Erkenntnisse aus anderen Quellen und Vergleichen, bei den wertenden Aussagen der Zeitzeugen über die tatsächlichen Wirkungen des Handelns jener Menschen Vorsicht geboten. Allzu gerne werden Zeitzeugenberichte auch von Journalisten aufgegriffen und mit teils plakativen Titeln, wie zum Beispiel „*Weiße Fahne bewahrte Boll vor der Zerstörung*" oder „*Mutig setzt er weiße Fahnen*" versehen.[20] Dergleichen Zeitzeugenberichte mit entsprechender journalistischer Umrahmung bieten vor allem ansprechenden Lesestoff, vor dem die historischen Realitäten bisweilen in den Hintergrund treten können.

Die Hinwendung der Geschichtswissenschaft zur Lokal- und Zeitzeugengeschichte findet auch in der Berichterstattung der Kreispresse ihren Niederschlag. Für den Lokaljournalismus und dessen Leser sind es neben den spannenden, detailreichen und sehr individuellen Erlebnissen der Betroffenen möglicherweise auch jene Geschichten von couragiertem Verhalten in den letzten Kriegstagen, welche den Leser in besonderem Maße ansprechen. Das gesellschaftliche Interesse an Vorbildern und Identifikationsfiguren für einen Teil deutscher Geschichte, der bedauerlicherweise nur wenige große zu bieten hat, ist nach wie vor ungebrochen.

[1] Vgl. Karl Aberle: Vor zwei Jahren, in: NWZ/Rund um den Hohenstaufen, 19.04.1947, S. 5 sowie Ders.: Schmerzliche Erinnerungen, in: ebd., 01.03.1949, S. 3.

[2] Vgl. H. R.: Heute vor vier Jahren wurde Westerheim zerstört, in: NWZ/Unterm Helfenstein, 21.04.1949, S. 5.

[3] Vgl. Aberle, Schmerzliche Erinnerungen, S. 3.

[4] Vgl. u. a. Wolfgang Benz: Deutschland unter alliierter Besatzung 1945-1949, Stuttgart 2009 [=Handbuch der deutschen Geschichte/Gebhardt; Bd. 22], S. 1-221 oder Jürgen Kocka: 1945. Neubeginn oder Restauration? Deutschland 1945-1949, in: Carola Stern und Heinrich August Winkler (Hg.): Wendepunkte deutscher Geschichte 1848-1945, überarbeitete und erweitere Neuausgabe, Frankfurt/M. 1997, S. 141–168.

[5] H. R.: Die schneidigen Weiber von Altenstadt, in: NWZ/Unterm Helfenstein, 21.04.1955, S. 8.

[6] Vgl. Redaktion: Die letzten Kriegstage im Geislinger Bezirk, in: NWZ/Geislinger Fünftälerbote, 21.04.1965, S. 10 sowie Unbekannter Autor: Das bittere Ende vor 40 Jahren, in: NWZ/GZ, 20.04.1985, S. 16.

[7] Vgl. Unbekannter Autor: Beschossen von Artillerie und MG, in: NWZ/GZ, 20.04.1985, S. 16.

[8] Barbara Englert: Auch Kuchen hatte tapfere Frauen, in: Sonderausgabe „1945 – Das Kriegsende vor 50 Jahren rund um Geislingen" (Zusammenfassung einer Artikelserie aus der Geislinger Zeitung 1995), Juni 1996, S 17.

[9] Vgl. Karl Kirschmer: Die Tragödie von Wäschenbeuren, in: NWZ/Rund um den Hohenstaufen, 19.04.1955, S. 6 und Ders.: Zur Erinnerung an den 20. April 1945, ebd., 20.04.1955, S. 6.

[10] Vgl. Ders.: Erinnerung an eine schicksalsschwere Zeit, in: NWZ/Göppinger Kreisnachrichten, 18.04.1970, S. 15.

[11] Vgl. E. N.: Hitler-Bilder wanderten schnell in den Ofen, in: NWZ/Göppinger Kreisnachrichten, 19.04.1975, S. 13.

[12] Vgl. Rolf Kümmel: Heiningen, April 1945, Heiningen 2002 sowie Inge Czemmel: Zwei Männer zum Tode verurteilt, in: NWZ/Göppinger Kreisnachrichten (Lokalteil Voralb), 28.04.2005, ohne Seitenangabe.

[13] Exemplarisch zu nennen seien an dieser Stelle: Stadt Eislingen/Fils (Hg.): Ende, Wende, Neubeginn in der Stadt Eislingen/Fils 1945/46, Eislingen/Fils 1995 sowie Gemeinde Gingen an der Fils (Hrsg.): Du keine Angst – wir Frieden. Augenblicke aus dem Geschehen in der Gemeinde Gingen zum Ende des Zweiten Weltkriegs, Gingen a. d. F. 1995.

[14] Vgl. Michael Rahnefeld: Vor dem Haus lag die Tante, in: NWZ/Göppinger Kreisnachrichten., 20.04.2005, ohne Seitenangaben.

[15] Vgl. Christa Herrmann: Ein Wirtshaus als Klassenzimmer, in: ebd., 06.05.2005, sowie Regina Ehrhardt-Dziambor: Schultes verhinderte Schlimmeres, in: ebd., 21.04.2005, jeweils ohne Seitenangaben.

[16] Vgl. Julia Obertreis: Oral History – Geschichte und Konzeptionen, in: Dies. (Hg.): Oral History (=Basistexte Geschichte, Bd. 8), S. 7-28, hier S. 9f.

[17] Vgl. Oliver Näpel: Historisches Lernen durch „Dokutainment"?: Ein geschichtsdidaktischer Aufriss. Chancen und Grenzen einer neuen Ästhetik populärer Geschichtsdokumentation, analysiert am Beispiel der Sendereihen Guido Knopps, in: Zeitschrift für Geschichtsdidaktik 2 (2003), S. 213-244., hier S. 213, 218 und 220f.

[18] Zur allgemeinen Problematisierung von Zeitzeugenberichten als Quellengattung vgl. Harald Welzer: Das Interview als Artefakt. Zur Kritik der Zeitzeugenforschung, in: Obertreis, Oral History, S. 247-260 sowie Näpel: Historisches Lernen durch „Dokutainment"?, S. 220.

[19] Vgl. hierzu die neuerlich entbrannte und in Teilen emotional geführte Debatte um die (verwehrte) Ehrung für Eugen Wilhelm Schöllkopf, in: Roderich Schmauz: Späte Ehre für die mutigen Frauen von Altenstadt, in: NWZ/GZ, 21.10.2014, S. 9 und Ders.: Gedenkstele nur für die mutigen Frauen, in: ebd., 12.11.2014, S. 9. sowie aktuell: Karsten Dyba: Lückenhafte Geschichte: Eugen Schöllkopf soll die Stadt gerettet haben, in. NWZ/GZ, 02.06.2015, S. 9 und Ders.: Kommentar Kriegsende: Ehre, wem Ehre gebührt?, in: ebd., 06.06.2015, S. 9.

[20] Vgl. die niedergeschriebenen Erinnerungen von Else Allmendinger unter dem sehr pointierten Titel „Weiße Fahne bewahrte Boll vor der Zerstörung", in: NWZ/Göppinger Kreisnachrichten, 20.05.2005, ohne Seitenangabe oder Leonhard Fromm: Mutig setzt er weiße Fahnen, ebd., 22.04.1995, S. 23.

Alexander Gaugele

Kriegsgräber und Erinnerungsstätten des Zweiten Weltkriegs im Landkreis Göppingen

„Die Soldatengräber sind die großen Prediger des Friedens, und ihre Bedeutung als solche wird immer zunehmen." (Albert Schweitzer)

Am 8. Mai 2015 jährt sich das Ende des Zweiten Weltkriegs in Europa zum 70. Mal, so auch im Landkreis Göppingen, wo bis heute etwa 1.000 Kriegstote aus dem letzten Weltkrieg in Sammel- oder Einzelgräbern als stumme Zeugen und mahnende Institutionen die Erinnerung an die Schrecken und Opfer des Krieges aufrechterhalten.

Diese Gräber stehen genauso wie die Grabstätten aus der Zeit des Ersten Weltkriegs unter besonderem Schutz und dienen dazu „[…] *der Opfer von Krieg und Gewaltherrschaft in besonderer Weise zu gedenken und für zukünftige Generationen die Erinnerung daran wachzuhalten, welche schrecklichen Folgen Krieg und Gewaltherrschaft haben* […]"[1]. Das für diese Gräber geltende, dauerhafte Ruherecht soll hierfür Sorge tragen. Die jeweiligen Städte und Gemeinden sind für die ordnungsgemäße Feststellung und Erhaltung, Anlegung, Instandsetzung und Pflege der Kriegsgräber zuständig, die Kosten hierfür werden vom Bund übernommen.

In den nachfolgenden Ausführungen wird auf die Bergung und Bestattung der Kriegstoten der letzten Kriegstage sowie die Organisation der Kriegsgräbererfassung und -feststellung im Kreis Göppingen eingegangen. Darüber hinaus soll an einigen Beispielen das sinnlose Sterben der letzten Kriegstage auf allen Seiten verdeutlicht werden.

Bergung, Bestattung und Erfassung der Kriegstoten im Landkreis Göppingen

Durch das schnelle Fortschreiten der alliierten Kampfverbände im April 1945 brachen die Kommunikationswege und auch die Organisationsstrukturen innerhalb der einzelnen Wehrmachtseinheiten und -verbände sehr schnell zusammen, so dass kaum mehr Aufzeichnungen über die entstandenen Verluste gefertigt werden konnten.

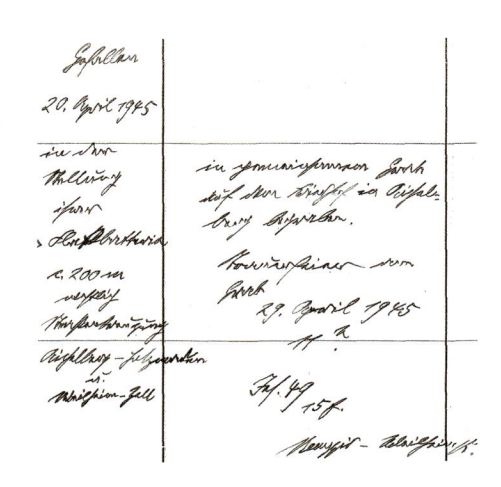

Abb. 1: Einträge für tot aufgefundene Soldaten auf Markung Geislingen. [Qu: ev. Kirchenregisteramt Geislingen/Steige – Beerdigungsbuch]

Abb. 2: Typischer Eintrag in einem Kirchenbuch für drei Gefallene einer Flakbatterie, die bei den Gefechten um Aichelberg am 20. April 1945 gefallen sind und am 29. April durch die Zivilbevölkerung beigesetzt wurden. [Qu: ev. Pfarramt Zell u. A – Totenregister]

Abb. 3: Standard-Erkennungsmarke für einen deutschen Soldaten zur Identifizierung im Falle des Todes. [Qu: Sammlung Alexander Gaugele]

Begräbnisse von gefallenen Kameraden geschahen, wenn überhaupt möglich, notdürftig im Gelände. Viele Soldaten blieben aber einfach an Ort und Stelle, wo sie gefallen waren, liegen und wurden erst später zufällig aufgefunden (siehe Abb. 1).

In den allermeisten Kommunen wurden die Kriegstoten unter Aufsicht der Besatzungsmacht von der Zivilbevölkerung und Ortsgeistlichkeit geborgen und beerdigt (siehe Abb. 2). Man versuchte dabei auch, die Identität der gefallenen Soldaten anhand aufgefundener persönlicher Papiere festzustellen und die Erkennungsmarke, welche ebenfalls zur späteren Identifizierung der Gefallenen beitragen konnte, sicherzustellen (siehe Abb. 3). Auf diese Weise konnten nahezu alle gefallenen Soldaten und Zivilisten im Landkreis Göppingen identifiziert werden. Nur in wenigen Fällen blieben die Getöteten aufgrund fehlender Papiere und Erkennungsmarken namenlos.

Die Beurkundung der Kriegssterbefälle erfolgte im Gegensatz zu den Todesfällen, die sich in den vorherigen Kriegsjahren an den jeweiligen Fronten außerhalb der Heimatkriegsgebiete ereignet hatten, nicht auf Anzeige der zuständigen Wehr-

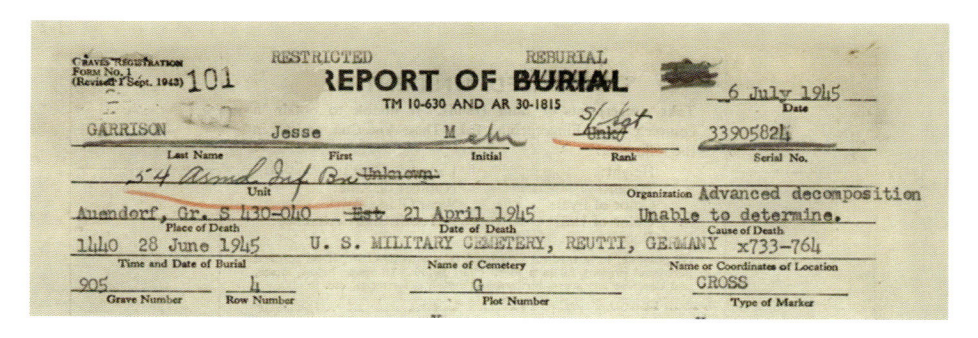

Abb. 4: Ausschnitt aus der Verlustakte von Staff Sergeant Jesse Marion Garrison, welcher am 21.04.1945 in Auendorf gefallen ist und vor seiner Umbettung nach Neu-Ulm Reutti auf dem Ortsfriedhof von Auendorf begraben war. [Qu: DEPARTMENT OF THE ARMY, U.S ARMY HUMAN RESOURCES COMMAND – Individual Deceased Personnel File Jesse M. Garrison]

Kriegsgräber und Erinnerungsstätten 125

Abb. 5: Amerikanischer Soldatenfriedhof in Bensheim im April/Mai 1945 - Provisorische Grabzeichen aus Holz kennzeichnen die Gefallenengräber. [Qu: 46th Quartermaster Graves Registration Company Unit History, S. 25]

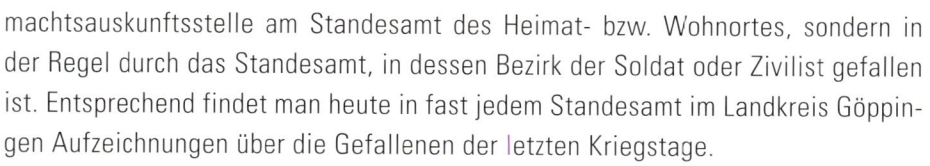

machtsauskunftsstelle am Standesamt des Heimat- bzw. Wohnortes, sondern in der Regel durch das Standesamt, in dessen Bezirk der Soldat oder Zivilist gefallen ist. Entsprechend findet man heute in fast jedem Standesamt im Landkreis Göppingen Aufzeichnungen über die Gefallenen der letzten Kriegstage.

Die bei den Kämpfen getöteten US-Amerikaner wurden in den meisten Fällen direkt nach den Kämpfen durch die im Rücken der Kampfeinheiten operierenden Sanitäts- und Versorgungseinheiten erfasst, identifiziert und manchmal provisorisch, unter anderem auf Gemeindefriedhöfen begraben. Nach Kriegsende wurden die getöteten Soldaten dann durch den „Quartermaster Graves Registration Service" auf die neu angelegten Sammelfriedhöfe nach Bensheim oder Neu-Ulm Reutti überführt. Von dort erfolgten dann ab Sommer 1945 sukzessive die Umbettungen nach Frankreich (Lorraine American Cemetery, St. Avold) und von dort auf Wunsch der Angehörigen auch in die Heimat.

Abb. 6-8: Kriegsgräber von US-Soldaten auf dem Soldatenfriedhof in St. Avold, Frankreich die während der Kämpfe zwischen Aichelberg und Deggingen gefallen sind. [Qu: Stefan Reuter, Dillingen/Saar]

Ein Teil der im Kreis Göppingen gefallenen US-Soldaten ist auf dem Soldatenfriedhof in Saint Avold (Département Moselle, Region Lothringen, Frankreich) bestattet. Auch fünf Soldaten, die bei den Kämpfen im unteren Filstal ums Leben kamen, sind dort beigesetzt (siehe Abb. 6 bis 8).

Durch das Kriegsende blieb auf deutscher Seite das Schicksal vieler Soldaten und Zivilisten oftmals ungewiss. Entsprechend groß war deshalb auch die Sorge der Angehörigen, da sie nicht wussten, was in den letzten Wirren des Krieges mit ihren Lieben geschehen war. Viele von Ihnen versuchten deshalb, sofort nach Kriegsende über Suchanzeigen bei kirchlichen Stellen und anderen Verbänden etwas über das Schicksal ihrer Angehörigen herauszufinden, was aber oft erst Monate später gelang.

Um wenigstens das Schicksal der während der letzten Kriegstage gefallenen Soldaten und Zivilisten aufzuklären, wurde Anfang Oktober 1945 durch die Alliierte Militärregierung der *„Alliierte und Deutsche Kriegsgräberdienst“* eingesetzt, um die auf deutschem Boden liegenden Kriegsgräber aller Nationen in einer zentralen Kartei zu erfassen. Diese Behörde, die mit dem „Volksbund Deutsche Kriegsgräberfürsorge“ eng verknüpft war, sollte dann über ein Auskunftsbüro die Angehörigen benachrichtigen.

Gleichzeitig mit der Einsetzung der Behörde erging an alle Bürgermeisterämter eine Richtlinie zum „Suchen, Erfassen, Betreuen und Melden der Kriegsgräber des Zweiten Weltkriegs“. Darin wurde unter anderem auf die Suche und Erfassung sämtlicher Kriegsgräber und unbeerdigter Gefallener aller Nationen innerhalb des Markungsgebiets der jeweiligen Kommunen sowie auf die Meldepflicht unbeerdigter alliierter Gefallener und Gräber alliierter Gefallener an die Militärregierung hingewiesen.

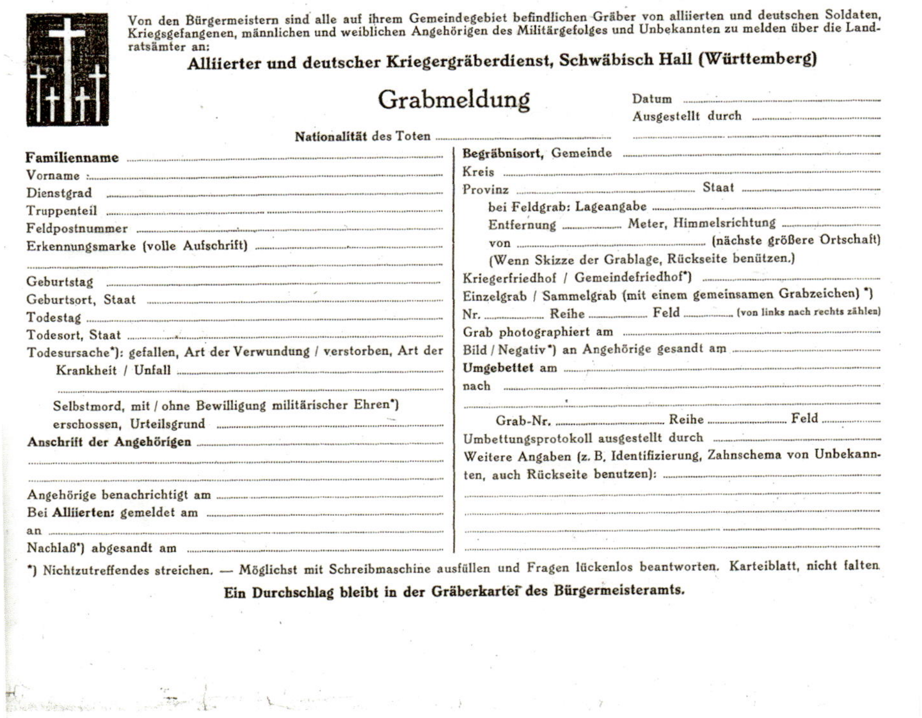

Von den Bürgermeistern sind alle auf ihrem Gemeindegebiet befindlichen Gräber von alliierten und deutschen Soldaten, Kriegsgefangenen, männlichen und weiblichen Angehörigen des Militärgefolges und Unbekannten zu melden über die Landratsämter an:

Alliierter und deutscher Kriegergräberdienst, Schwäbisch Hall (Württemberg)

Grabmeldung

Datum ...
Ausgestellt durch ...

Nationalität des Toten ...

Familienname ...
Vorname : ...
Dienstgrad ...
Truppenteil ...
Feldpostnummer ...
Erkennungsmarke (volle Aufschrift) ...
Geburtstag ...
Geburtsort, Staat ...
Todestag ...
Todesort, Staat ...
Todesursache*): gefallen, Art der Verwundung / verstorben, Art der Krankheit / Unfall ...
Selbstmord, mit / ohne Bewilligung militärischer Ehren*)
erschossen, Urteilsgrund ...
Anschrift der Angehörigen ...
Angehörige benachrichtigt am ...
Bei **Alliierten:** gemeldet am ...
an ...
Nachlaß*) abgesandt am ...

Begräbnisort, Gemeinde ...
Kreis ...
Provinz ... Staat ...
bei Feldgrab: Lageangabe ...
Entfernung ... Meter, Himmelsrichtung ...
von ... (nächste größere Ortschaft)
(Wenn Skizze der Grablage, Rückseite benützen.)
Kriegerfriedhof / Gemeindefriedhof*) ...
Einzelgrab / Sammelgrab (mit einem gemeinsamen Grabzeichen) *)
Nr. ... Reihe ... Feld ... (von links nach rechts zählen)
Grab photographiert am ...
Bild / Negativ*) an Angehörige gesandt am ...
Umgebettet am ...
nach ...
Grab-Nr. ... Reihe ... Feld ...
Umbettungsprotokoll ausgestellt durch ...
Weitere Angaben (z. B. Identifizierung, Zahnschema von Unbekannten, auch Rückseite benutzen): ...

*) Nichtzutreffendes streichen. — Möglichst mit Schreibmaschine ausfüllen und Fragen lückenlos beantworten. Karteiblatt, nicht falten

Ein Durchschlag bleibt in der Gräberkartei des Bürgermeisteramts.

Abb. 9: Muster einer Grabmeldung für die Einreichung beim Alliierten und Deutschen Kriegsgräberdienst von der Richtlinie an alle Bürgermeister zum Suchen, Erfassen, Betreuen und Melden der Kriegsgräber des Zweiten Weltkriegs. [Qu: Kreisarchiv Göppingen]

Die Erfassung aller Kriegstoten innerhalb des Kreisgebietes musste anhand eines Karteiblatts als Grabmeldung innerhalb von vier Wochen erfolgen und über das jeweilige Landratsamt an den „Alliierten und Deutschen Kriegsgräberdienst“ gesandt werden. Durch diese Erfassung konnten bis etwa Mitte 1946 nahezu alle Kriegstoten innerhalb des Landkreises Göppingen festgestellt und die Angehörigen entsprechend informiert werden.

Eine Vielzahl getöteter Soldaten und Zivilisten konnte dadurch bereits in den folgenden Nachkriegsjahren von ihren Angehörigen in die Heimatgemeinden, ähnlich wie es bei den getöteten alliierten Soldaten und Gefangenen der Fall war, überführt werden. Ausnahmen stellten hier vor allem die östlichen Alliierten dar, die keine Heimatüberführungen vornahmen. Entsprechend ist es heute nicht mehr möglich, die exakte Zahl der im Landkreis Göppingen während des Zweiten Weltkriegs umgekommenen Personen zu ermitteln. In einem Schreiben vom 14. Oktober 1946 an das Innenministerium in Stuttgart übermittelt das Landratsamt Göppingen für den Kreis Göppingen folgende Zahlen über die Kriegsopfergräber[2]:

Kriegsgräber und Erinnerungsstätten

I. Deutsche Kriegsopfergräber
  1. Einzelgräber   1070
  2. Sammelgräber mit zusammen 19 Personen   2

II. Ausländergräber
  1. Einzelgräber   288
  2. Sammelgräber mit zusammen 9 Personen   3

  insgesamt   1363

Diese Zahlen beinhalten aber auch diejenigen, die in Lazaretten ihren Verwundungen erlegen oder im Dienst tödlich verunglückt sind und später in Ihre Heimatgemeinden im Landkreis Göppingen überführt worden sind. Des Weiteren konnten in dieser Aufstellung auch noch nicht die Personen berücksichtigt werden, die an den Kriegsfolgen in den Jahren 1947-1952, unter anderem im Kriegsgefangenen-Lazarett in Göppingen, verstorben sind.

Entsprechend schwierig ist es, Rückschlüsse auf die genaue Anzahl der im Landkreis Göppingen während der Kriegsjahre 1939-1945 verstorbenen Personen zu ziehen. Die Wenigsten davon, man geht von etwa 200 Toten aus, sind aber während der letzten Kriegstage durch die Endkämpfe ums Leben gekommen. Heute sind auf den kommunalen Friedhöfen aber immer noch über 1.000 öffentlich gepflegte Kriegsopfergräber aus der Zeit des Zweiten Weltkriegs oder in Folge dessen verzeichnet. Diese Gräber sind in den „Gräberlisten für öffentlich-gepflegte Gräber" verzeichnet und werden von den jeweiligen Kommunen geführt. Mittlerweile können diese auch vollständig über das Internet beim Landesarchiv Baden-Württemberg, Abteilung Staatsarchiv Ludwigsburg, für weitere Recherchen eingesehen werden.[3]

Verzeichnis der Kriegsgräberstätten und -anlagen mit Kriegstoten der letzten Kriegstage auf Basis der Gräberlisten für öffentlich-gepflegte Gräber

Gemeindefriedhof Aichelberg	mind. 1 Kriegstoter in Sammelgrab	möglw. 1 weiterer Toter als Unbekannter im Sammelgrab
Gemeindefriedhof Bad Ditzenbach	2 Kriegstote in Einzelgräbern	Mehrere Soldaten starben nach Besetzung des Ortes im Reservelazarett Bad Ditzenbach.
Gemeindefriedhof Bad Überkingen	9 Kriegstote in Einzelgräbern	
Gemeindefriedhof Bad Überkingen-Hausen a. d. Fils	9 Kriegstote in Sammelgrab	
Gemeindefriedhof Birenbach	1 Kriegstoter in Einzelgrab	
Gemeindefriedhof Bad Boll	2 Kriegstote in Einzelgräber	
Gemeindefriedhof Deggingen	1 Kriegstoter in Einzelgrab	
Gemeindefriedhof Drackenstein	2 Kriegstote in Sammelgrab	
Gemeindefriedhof Roßwälden	3 Kriegstote in Sammelgrab	

Kriegsgräber und Erinnerungsstätten

Städtischer Friedhof Geislingen/Steige	mind. 12 Kriegstote in Einzelgräbern	mehrere Kriegstote wurden erst nach der Besetzung ohne Kenntnis des Todesdatums tot aufgefunden, zusätzlich starben mehrere Soldaten nach dem 23.04. an ihren Verletzungen im Teillazarett Geislingen (zugehörig zum Reservelazarett Bad Ditzenbach)
Städtischer Friedhof Geislingen/Steige-Aufhausen	2 Kriegstote in Einzelgräbern	
Städtischer Friedhof Geislingen/Steige-Türkheim	1 Kriegstoter in Einzelgrab	
Gemeindefriedhof Gingen/Fils	1 Kriegstoter in Einzelgrab	
Städtischer Friedhof Göppingen	0 Kriegstote	Für den Hauptfriedhof in Göppingen konnten keine Toten im Zeitraum 19. - 23.04.1945 anhand der Kriegsgräberlisten nachgewiesen werden. Mehrere Soldaten starben nach der Besetzung im Lazarett in Göppingen.
Städtischer Friedhof Göppingen-Bezgenriet	7 Kriegstote in Sammelgrab	
Städtischer Friedhof Göppingen-Faurndau	12 Kriegstote in Sammelgrab	
Städtischer Friedhof Göppingen-Hohenstaufen	3 Kriegstote in Einzelgräbern	
Städtischer Friedhof Göppingen-Jebenhausen	1 Kriegstoter in Einzelgrab	
Gemeindefriedhof Rechberghausen	2 Kriegstote in Einzelgräbern	
Gemeindefriedhof Schlat	2 Kriegstote in Sammelgrab	1 Kriegstoter in Einzelgrab
Gemeindefriedhof Schlierbach	5 Kriegstote in Einzelgräbern	
Städtischer Friedhof Uhingen	mind. 1 Kriegstoter in Einzelgrab	Ein weiterer Kriegstoter starb vermutlich kurz nach dem Einmarsch, Todesdatum unbekannt
Städtischer Friedhof Uhingen-Diegelsberg	1 Kriegstoter in Einzelgrab	
Gemeindefriedhof Wäschenbeuren	1 Kriegstoter in Einzelgrab	
Gemeindefriedhof Zell u. A.	1 Kriegstoter in Einzelgrab	
Insgesamt	mind. 82 Kriegstote in Kriegsgräbern des Landkreises Göppingen	

Auch in den späteren Jahren wurden noch Versuche unternommen, den verbliebenen unbekannten Toten ihre Namen zurückzugeben. Hierfür wurden in den 1960-er Jahren oftmals Graböffnungen durch den „Volksbund Deutsche Kriegsgräberfürsorge e.V." durchgeführt. Manchmal konnte auf diese Weise weiterhin vermisst geltenden Soldaten der Name zurückgegeben werden.

Aus der Aufstellung ist zu entnehmen, dass auf den Friedhöfen im Landkreis Göppingen noch heute mindestens 82 Kriegstote bestattet sind, welche bei den Endkämpfen im Zeitraum zwischen 19. und 23. April 1945 ums Leben gekommen

Abb. 10 u. 11: Kriegsgräber auf dem Gemeindefriedhof von Faurndau (li.), Namenstafel auf dem Sammelgrab (re.). [Qu: Sammlung Alexander Gaugele]

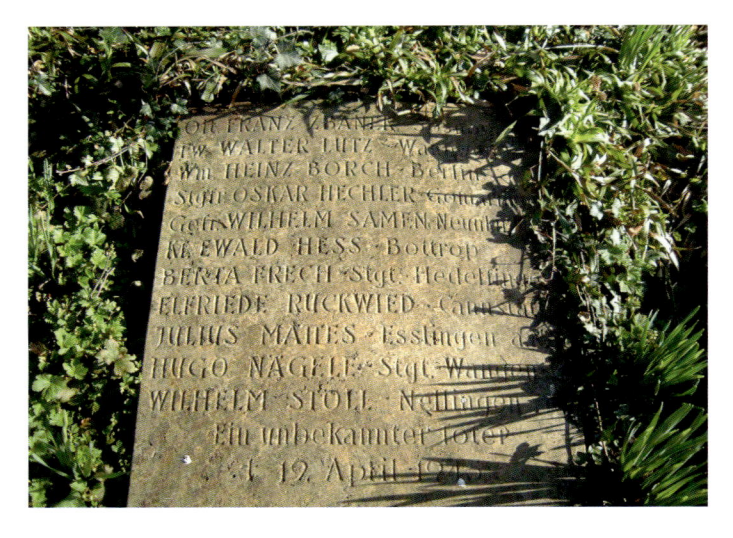

Abb. 12: Kriegsgräber in Bad-Überkingen
[Qu: Sammlung Alexander Gaugele]

sind. Eine Häufung kann hierbei im Bereich Geislingen/Steige und dem Oberen Filstal, dem Voralbgebiet sowie dem Unteren Filstal/Remstal festgestellt werden.

Die meisten noch existenten Kriegsopfergräber für die Zeit der letzten Kriegstage sind jedoch für das Stadtgebiet von Göppingen nachgewiesen. Insgesamt entfallen auf Göppingen und seine Stadtbezirke 23 Kriegstote in Sammel- und Einzelgräbern. Über die Hälfte der Toten sind allein auf dem Friedhof von Faurndau bestattet. Nahezu alle Soldaten und Zivilisten sind bei der Besetzung des Orts am 19. April 1945 ums Leben gekommen. Bemerkenswert ist in dieser Hinsicht die Tatsache, dass für die Stadt Göppingen keine Kriegsopfergräber für die Zeit zwischen 19. und 23. April 1945 nachgewiesen werden konnten.

Auch auf dem Gemeindegebiet von Bad Überkingen findet sich noch heute eine Vielzahl von Soldatengräbern aus der Zeit der Endkämpfe. Anhand der Kriegsgräberlisten können gegenwärtig für die gesamte Ortschaft insgesamt 18 Kriegstote festgestellt werden. Von den 25 Soldaten, die bei den letzten Gefechten gegen die US-Amerikaner in Baden Überkingen ums Leben kamen, ruhen noch heute neun davon auf dem Gemeindefriedhof. Weitere neun Kriegstote sind auf dem Ortsteilfriedhof von Hausen an der Fils beerdigt.

Exkurs: Ein Endphaseverbrechen in Oberdrackenstein

Bereits frühzeitig nach dem Einmarsch in die Sowjetunion im Juni 1941 versuchte die Wehrmacht, die innerhalb der Sowjetunion lebenden nicht-russischen Minderheiten für den Kampf gegen die stalinistische Herrschaft zu gewinnen. Ende des Jahres 1941 wurden bereits die ersten Freiwilligen, größtenteils Angehörige musli-mischer Minderheitenvölker (Kaukasier, Turkmenen, Aserbaidschaner usw.), angeworben und ausgebildet. Auf dieser Basis bildeten sich dann nach und nach die sogenannten „Ostlegionen".

Auch auf dem Truppenübungsplatz in Münsingen fand die Ausbildung solcher Ostlegionen statt, darunter auch einer „Turk-Völkischen Führerschule", einer Ausbildungsstätte für ausgesuchte Freiwillige – meist Offiziere und Unteroffiziere der Roten Armee – die dort ähnlich wie an deutschen Kriegsschulen zu Feldwebeln herangebildet wurden. Neben dem deutschen Stammpersonal von etwa 15 Offizieren und 50 Unteroffizieren bestand die Schule aus 600 bis 800 turk-völkischen Legionären, die nach ihrer Stammeszugehörigkeit auf fünf Inspektionen aufteilt wurden.

Vor Abschluss des laufenden Lehrgangs erhielt die Führerschule im März 1945 den Einsatzbefehl. Sie erhielt den Auftrag, den Autobahnalbaufstieg gegen die näher rückenden US-Verbände als selbstständig operierender Verband zu verteidigen. Die Führung der Schule, nun als Kampfverband agierend, übernahm wie bereits auf dem Truppenübungsplatz Münsingen ein Major als Regimentskommandeur, wodurch er auch die Disziplinargewalt über die Soldaten besaß.

Anfang April 1945 bezog die Führerschule ihre Stellungen im Bereich des Autobahnalbaufstiegs. Der Stab der Einheit wurde nach Hohenstadt verlegt, die fünf

Inspektionen in und in die Nähe von Ober- und Unterdrackenstein, Wiesensteig und Gosbach. Der Gefechtsstand befand sich im Rathaus, das Geschäftszimmer des Stabes in der Gastwirtschaft „Zur Krone" in Hohenstadt. Im Ort selber waren auch alle weiteren Angehörigen des Stabes untergebracht.

Am Nachmittag des 18. April 1945 ereignete sich im Quartier des Majors dann der verhängnisvolle Vorfall, auf Grund dessen es zur späteren Erschießung eines Angehörigen der Turk-Völkischen-Führerschule kam. Im Keller des Quartiers war ein ukrainischer Fremdarbeiter zusammen mit der Schwester der Hausbesitzerin damit beschäftigt, Kartoffeln zu schälen, als der Fahrer des Majors, dessen Namen vermutlich Seitkasimow oder Sajajew lautete, von allen aber nur „Sascha" gerufen wurde, in den Raum trat und kurzerhand den Ukrainer aus dem Keller schickte. Kaum hatte der ukrainische Fremdarbeiter den Raum verlassen, habe sich „Sascha" angeblich auf die junge Frau gestürzt und versucht, sie zu vergewaltigen. Nur durch die heftige Gegenwehr der Frau sei es dem Fahrer nicht gelungen, seine Tat zu vollenden, er habe ihr aber wütend ein Kartoffelmesser auf die Brust gesetzt. In diesem Moment kam der Ukrainer zurück in den Keller, woraufhin „Sascha" von der Frau abließ, drohte aber damit, dass er sie schon noch bekommen und töten würde.

Das verängstigte Opfer vertraute sich aus Angst noch am selben Abend ihrer Schwester an, welche die Tat dem im Haus wohnenden Major berichtete. Der Major, welcher auf Grund des schnellen Fortschreitens der alliierten Kampfverbände den ganzen Tag taktische Einsatzfragen mit seinen Inspektionschefs erörtert hatte und entsprechend angespannt und müde war, zeigte sich empört über das ihm geschilderte Verhalten seines Fahrers. Um sich Gewissheit über das Vorgefallene zu verschaffen, ließ er sich vom Opfer unter Anwesenheit der Schwester noch einmal genau über den Sachverhalt informieren.

Am nächsten Tag, dem 19. April 1945 – die gegnerischen Kampfverbände standen schon absehbar bald vor dem Albaufstieg und unmittelbare Feindberührung war zu erwarten – nahm sich der Major, obwohl vielfältige militärische Aufgaben zu erledigen waren, der Sache an und ließ seinen Fahrer in die Schreibstube des Stabes kommen, wo er ihn hinsichtlich der erhobenen Vergewaltigungsvorwürfe zur Rede stellte. „Sascha" bestritt die Vorwürfe, woraufhin der Major ungehalten reagierte und seinem Fahrer einige Schläge verpasste. Anschließend ging er zurück in sein Quartier und befragte die Frauen erneut und in ernster Weise zum Sachverhalt, da „Sascha" die Tat nicht zugeben wollte. Die Frauen versicherten, die Wahrheit gesagt zu haben und erklärten, dass sie weiterhin Angst vor „Sascha" hätten, woraufhin der Major versuchte sie zu beruhigen und erklärte, dass er den Fahrer versetzen werde.

Der Major begab sich anschließend in seinen Gefechtsstand im Rathaus, wohin er auch seinen Fahrer befohlen hatte. Dort angekommen, wunderte sich der Hohenstädter Bürgermeister über das Verhalten des Fahrers, der vor dem Ofen auf dem Boden saß, während der Kommandeur am Schreibtisch schriftliche Arbeiten erledigte. Auf das Verhalten des Fahrers angesprochen, erwiderte der Major lediglich, dass dieser ein Verbrecher sei. Zu diesem Zeitpunkt hatte sich der Major sehr wahrscheinlich schon entschlossen, seinen Fahrer auf Grund der sittlichen Verfehlung exekutieren zu lassen, wohlweislich, dass er als Kommandeur der Führerschule nicht das Recht hatte, die Erschießung eines turk-völkischen Angehörigen eigenmächtig anzuordnen, da diese rechtlich den deutschen Soldaten gleichgestellt waren und daher ohne ordentliches Gerichtsverfahren nicht standrechtlich hingerichtet werden durften. Diese Tatsache hinderte den Major aber nicht daran, seinen Fahrer ohne gerichtliches Verfahren – die Einberufung eines Standgerichts wäre für ihn in seiner Stellung als Regimentskommandeur durchaus möglich gewesen – erschießen zu lassen.

Am selben Nachmittag wurde der turk-völkische Legionär „Sascha" vor das Dorf geführt und musste etwa 150 Meter nördlich des Feldwegs von Hohenstadt nach Oberdrackenstein sein eigenes Grab ausheben. Kurz vor Vollendung seiner Arbeit wurde er jedoch wieder in das Dorf zurückgeführt. Die Angelegenheit war in Hohenstadt schon in aller Munde und es wurde gemutmaßt, dass „Sascha" eine Frau vergewaltigt hatte und deswegen erschossen werden sollte. Gerüchte und Äußerungen wurden laut, dass wegen der Erschießung des Legionärs das Haus der beiden Frauen in Brand gesteckt würde. Mehrere in Hohenstadt untergebrachte Legionäre versuchten, beim Nationalsozialistischen Führungsoffizier (NSFO) und dritten Generalstabsoffizier (Ic) zu intervenieren. Dieser erkundigte sich bei seinem Vorgesetzten über den Sachverhalt. Ob sich der Ic jedoch zu Gunsten des Legionärs einsetzte, bleibt ungewiss. Der beschuldigte „Sascha" wurde in der Nacht über dem Schulhaus eingesperrt.

Am frühen Morgen des 20. April 1945 wurde der Major zunächst in einer anderen Angelegenheit in Anspruch genommen. Er erhielt Meldung, dass sich ein Hohenstädter Landwirt dem Befehl verweigerte, mit dem Volkssturm auszurücken, woraufhin auch die anderen Angehörigen des Hohenstädter Volkssturm den Einsatz verweigert hätten. Auf seinem Gefechtsstand stellte er den Landwirt in harschem Ton zur Rede und fragte ihn, warum er nicht zum Volkssturmdienst angetreten sei. Er beschimpfte den Landwirt als „Feigling" und deutete auf den Platz vor dem Feuerwehrmagazin, wo ein Mast zum Trocknen der Feuerwehrschläuche aufgestellt war. Der Major brüllte, dass er ihn an dem Masten „neben dem Russen" aufhängen und seine komplette Familie vernichten werde. Diese Worte hatten den Landwirt sichtlich getroffen und ein in der Sache herbeigezogener Zeuge schaltete sich ein, um zu dessen Gunsten auszusagen. Der Major unterbrach den Zeugen aber sofort und drohte, ihn ebenfalls aufhängen zu lassen. Erst als der Landwirt sich ein Herz fasste und versicherte, kein Feigling zu sein, da er als hochdekorierter Soldat im Ersten Weltkrieg gekämpft hatte, verstummte der Major. Er fragte den Landwirt, ob er künftig zum Volkssturmdienst antreten werde und ob er ihm dies verspreche. Der Mann gab sein Versprechen ab und wurde nach Hause entlassen.

Im Laufe des Vormittags ließ der Major seinen Fahrer „Sascha" in das Rathaus

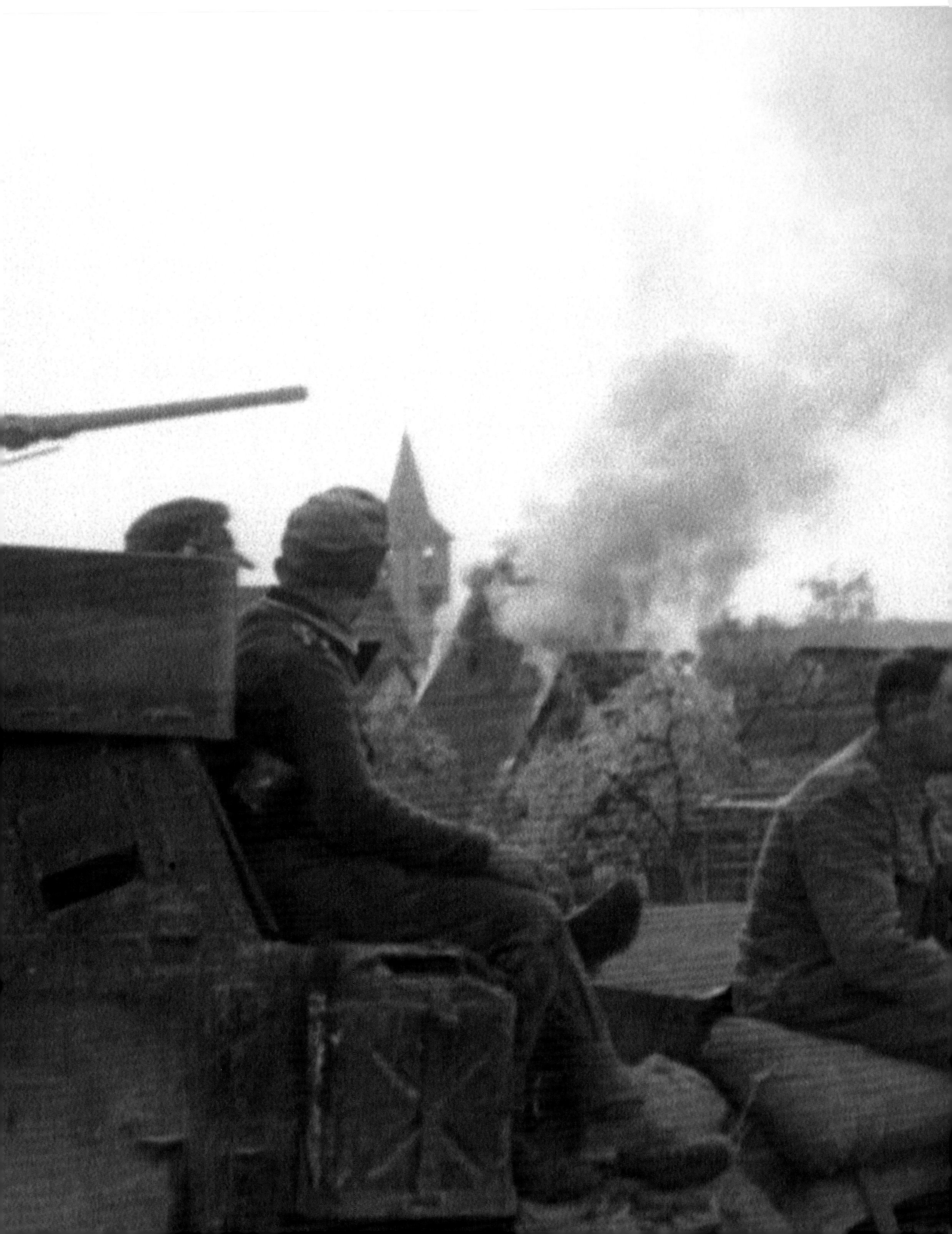

Berichte und Erinnerungen
aus den Gemeinden des Landkreises Göppingen

„Führers Geburtstag" fällt aus

Ein 14-jähriges Mädchen erlebt, wie in Adelberg das Kriegsgeschehen näher rückt und der Ort unerwartet in große Gefahr gerät.[1]

Die Bewohner von Adelberg erlebten, wie die Front am 19. April 1945 zunächst an ihnen vorbeizog und mussten bis zum Nachmittag des 21. April nervenaufreibende Stunden durchleben, bis die Situation mit dem kampflosen Einmarsch ein glückliches Ende fand.

19.4.45

Dumpf grollender Kanonendonner aus östlicher Richtung lässt die nahende Front erahnen. Weder Radio noch Zeitung melden den aktuellen Stand. Angst macht sich breit. Mit einigen anderen Mädchen soll ich auf dem Rathaus etwas zu „Führers Geburtstag" vorbereiten. Doch die Tür ist verschlossen, zwei deutsche Soldaten warten davor. Der eine meint, der Geburtstag würde wohl nicht mehr gefeiert. Wir sind perplex und fast empört, wie sich der Mann so etwas zu sagen traut. Die Amerikaner seien bald hier, erklärt er kurz.

Schon seit Tagen passieren immer wieder einzelne, von ihrer Truppe abgesprengte deutsche Soldaten das Dorf und aus ihren Schilderungen erfährt man, dass sich amerikanische Truppen bereits in allernächster Nähe befinden. Weil man das Schlimmste befürchtet, versucht man, etwas von den ohnehin sehr knapp bemessenen haltbaren Nahrungsmitteln für den äußersten Notfall zurückzulegen und zusammen mit persönlichen Dokumenten und Habseligkeiten zu verstecken oder zu vergraben.

Bereits einige Zeit vorher musste auf höheren Befehl in allen Ortschaften je eine „Volkssturmgruppe" gebildet werden mit den noch im Ort weilenden älteren Männern, meist Kriegsteilnehmer vom Ersten Weltkrieg. Sie mussten u.a. den Umgang mit Panzerfäusten erlernen. Die Adelberger Gruppe bekam dann an Ostern den

Bataillonsbefehl, an der Schorndorfer Straße ca. 100 m nach dem Waldeingang eine Panzersperre vorzubereiten. Diese wurde jetzt von der Wehrmacht geschlossen. Es gibt keinen Strom und keine außerörtliche Telefonverbindung mehr. In der Nacht finden wir keinen Schlaf. Wir sitzen angekleidet in der Küche bei einem flackernden Kerzenstummel, ein Stückchen besonders „schwarzes" Brot, dem vermutlich einige nicht definierbare Zutaten beigemischt waren, dazu in der Tasse einen „Ersatzkaffee" aus gerösteten Gerstenkörnern, das ist unser Nachtmahl.

20.4.45
Es ist herrliches Frühlingswetter, sonnig und warm. Man meint, eine Uhr ist stehengeblieben. Niemand geht zur Arbeit in die Stadt, niemand zur Schule. Unheilvolle, beängstigende Spannung liegt in der Luft. Um 19 Uhr kommt ein amerikanischer Jeep mit zwei Soldaten durch die Schorndorfer Straße in Richtung Ortsmitte und fragt nach dem Ortsvorsteher. Vom herbeigerufenen stellvertretenden Bürgermeister Hermann Herb wollen sie wissen, ob sich deutsches Militär am Ort befindet. Gleichzeitig melden sie, dass eine amerikanische Truppe von einigen 100 Mann im Wald Richtung Plüderhausen lagert und am folgenden Tag Adelberg besetzen würde. Sie befehlen, dass sofort am Dorfeingang und an höheren Gebäuden gut sichtbar weiß beflaggt werden müßte. Bei Nichteinhaltung dieser Bedingung würde Adelberg unter Beschuss genommen.

Herr Herb erklärt, dass er Adelberg widerstandslos übergeben werde. Er bittet die Lammwirtin Frau Geiger um einige Tafeltücher und bringt diese eigenhändig auf dem Wasserturm und Kirchturm an. Ferner benachrichtigt er gleich telefonisch den Rössleswirt im Kloster, Herrn Wahl, dass er dasselbe im Kloster veranlassen soll und zwar am Klostertor, am Kirchturm und am Pfarrhaus, was dieser auch befolgt.

21.4.45
Am frühen Morgen erscheint von Oberberken her ein Volkssturm-Anführer und fragt in einem Wohnhaus beim Wasserturm nach der für die Beflaggung verantwortlichen Person. Man holt Herrn Herb herbei. Der Volkssturmführer (es war der OB von Heilbronn) befiehlt: Entweder die weißen Flaggen werden sofort abgenommen, oder Herr Herb wird auf der Stelle erschossen. Auf den Einwand, die Amerikaner befänden sich bereits im Plüderhäuser Wald, erklärte der VS-Mann, er würde mit seiner Volkssturmtruppe von Oberberken kommen und Adelberg verteidigen.

Hermann Herb holte darauf vom Wasserturm die weiße Flagge herunter, der Volkssturm-Mann entfernt sich mit seinem Motorrad.

Nun gilt es schnell zu handeln: Herr Herb beauftragt den französischen Kriegsgefangenen Georges Pelletier, der seit einigen Jahren in seinem Betrieb beschäftigt war, er soll mit weißer Fahne zusammen mit seinem Kameraden Gilbert (dieser besaß englische Sprachkenntnisse) den Amerikanern im Wald von dem Vorfall berichten und gleichzeitig versichern, dass die gestellte Bedingung eingehalten würde, trotz der vom Wasserturm entfernten Flagge. Mit einer schriftlichen Erklärung wird die kampflose Übergabe Adelbergs nochmals bestätigt. Bei ihrer Rückkehr berichten die beiden Franzosen, dass die Amerikaner – da sie die Einholung der Flagge am Wasserturm beobachtet hatten – bereits auf 12 Uhr mittags die Beschießung Adelbergs mit Panzerkanonen angeordnet hatten und aufgrund der überbrachten Nachricht jedoch die Befehle zurückriefen.

Nachmittags um 14 Uhr erscheint ein amerikanischer Oberst mit weiteren sechs Offizieren auf dem Rathaus. Herr Herb begibt sich mit ihnen in den Sitzungssaal. Als Erstes nimmt einer das Hitlerbild von der Wand und zerschmettert es über der Stuhllehne. Dann ordnen sie an, dass sämtliche Schusswaffen und feststehende Messer, sowie Fotoapparate und Ferngläser abzuliefern seien. Außerdem gelte ab sofort ein absolutes Ausgangsverbot von abends 19 Uhr bis morgens 7 Uhr. Während der Verhandlungen stehen ständig zwei Soldaten links und rechts von Herrn Herb mit der Maschinenpistole im Anschlag.

Darauf ziehen die amerikanischen Truppen, vom Breiten-Weg her kommend durch das Dorf, in Zweierreihe langsamen Schrittes, jeder mit der Waffe im Anschlag, durch die Kirchstraße, am Kloster vorbei, Richtung Oberwälden. Ab und zu stockt der lange Zug. Man beobachtet sie vom Fenster aus, halb ängstlich aber froh, dass man so ganz unbehelligt dabei bleibt. Bei einem Gewitterregen öffnen einige Bauern ihre Scheunen entlang der Straße und die Soldaten stellen sich unter.

Der Bevölkerung werden die Anordnungen der Amerikaner durch Ausschellen vom Amtsboten bekanntgegeben. In den ersten Wochen nach der Übergabe war Adelberg ohne Strom, ohne Wasserversorgung und ohne polizeiliche Ordnung, es durfte auch keine Milch nach Göppingen geliefert werden. An den folgenden Tagen rollen schwere Panzer durch die Göppinger Straße. Vermutlich verursacht durch die enorme Erschütterung stürzt die älteste Linde, die oberhalb der Göppinger Straße stand und bereits bandagiert war, zusammen.

Für einen Notfall wurde am 20.4.45 dringend ärztliche Hilfe benötigt. Da die Straße nach Göppingen und Schorndorf gesperrt war, bot sich der damalige Rathausangestellte Erwin Mürdter an, mit seinem Leichtmotorrad die Ärztin von Rechberghausen zu holen. Über den Staufener Fußweg erreichte er die Adelberg-Börtlinger Kreuzung und wurde dort von den Amerikanern festgenommen. Mit seinen Englischkenntnissen konnte er sich jedoch verständlich machen und die Notsituation erklären, worauf er freigelassen wurde und mit der Ärztin auf dem Rücksitz nach Adelberg zurückkehren konnte.

„Als Erstes nimmt einer das Hitlerbild von der Wand und zerschmettert es über der Stuhllehne." Beim Einmarsch demoliertes „Führerporträt" (Papierdruck auf Holzplatte, zuvor wohl verglast) im Gemeindearchiv Adelberg.

[1] KrA GP S 16 Adelberg Nr. 1. Bericht der Zeitzeugin von 2014.

Kampfeinsatz am Aichelberg: „Innerhalb von wenigen Minuten entstand ein Inferno"

Ein 15-Jähriger erlebt als Flaksoldat die Kampfhandlungen um den Aichelberg am 20. April 1945 und wird später fälschlich für tot gehalten.[1]

Unsere Einheit, die dem 5. Flakregiment 10 angehörte, war am Vorabend des 20. April 1945 in der Nähe von Backnang stationiert, wo wir uns im Blick auf den Geburtstag des „Führers" noch die Tiraden von Josef Goebbels anhörten, der mit Überzeugungskraft vom Endsieg tönte.

Kurz nach Mitternacht sind wir nach Aichelberg und Weilheim/Teck aufgebrochen, wo wir im Morgengrauen des 20. April 1945 eingetroffen sind. Die Aufgabe hieß „Sicherung des Aichelberg-Viadukts" gegen mögliche Angriffe der alliierten Jagdbomber. Zu diesem Zweck haben wir uns links und rechts des Viadukts mit unseren Vierlings-Flakgeschützen eingegraben. Es war ein außergewöhnlich schöner und heißer Frühlingstag, so dass man sich mehr oder weniger hemdsärmelig bewegte und Bluse, etc. ablegte. Ich erwähne dies, weil dieser Umstand für mich – wie unten beschrieben – besondere Bedeutung hatte.

Die Einheit bestand aus erprobten Flaksoldaten, die von der Invasionsfront an der Normandie kamen und bis nach Süddeutschland zurückgeflutet waren. Die während des Rückzugs aufgetretenen Verluste wurden durch Schnellrekrutierung von jungen Leuten innerhalb der deutschen Rückzugsstationen aufgefüllt; so u.a. auch durch mich und einige Kameraden aus den Gemeinden rund um Marbach am

Um den Aichelberg und seine Umgebung wurde bis zum frühen Nachmittag des 20. April 1945 heftig gekämpft.

Neckar. Ich selbst war damals zusammen mit einem Schulfreund in Murr a.d. Murr eingezogen worden. Er war im Februar 1945 gerade 15 Jahre alt geworden, während ich es schon auf stolze 15 ½ Jahre gebracht hatte. In Aichelberg sind wir von den Bewohnern mit großer Bereitwilligkeit und Gastfreundschaft aufgenommen worden. Natürlich war nicht zu übersehen, dass die Bevölkerung fast nur aus Frauen, älteren Männern und Kindern bestand.

Gegen 10 Uhr erschienen die ersten Jabos, die wir mit gezieltem Feuer empfingen und zum Abdrehen zwangen. Ein zweiter Angriff nach etwa einer halben Stunde wurde ebenfalls durch einen Feuerhagel aus den Vierlings-Geschützen abgewendet, obgleich die Jabos zwei Bomben los wurden, die allerdings weiter oben in den Berg einschlugen und die Brücke nicht beschädigten.

Über Aichelberg kreiste ein „Fieseler Storch", der die Bewegungen der anrückenden amerikanischen Truppen beobachtete und das Feuer einer Einheit unseres Regiments, das mit 8,8 cm-Geschützen ausgerüstet und östlich von Aichelberg stationiert war, steuerte. Diese Batterie ballerte kurz vor Mittag los, was für uns das Zeichen zur erhöhten Alarmbereitschaft war, da wir damit rechnen mussten, uns eventuell schlagartig zurückziehen zu müssen.

Um die Mittagszeit herum gelang es einer amerikanischen Panzereinheit, östlich von Aichelberg durchzubrechen. Sie belegte mit gezielten Salven das Aichelberg-Viadukt und die es umgebenden Flakstellungen. Innerhalb von wenigen Minuten entstand ein Inferno; es gab die ersten Verwundeten. Mein Geschützführer schrie mir und meinem Freund zu: „Haut ab!" In panischer Angst warfen wir uns in den Straßengraben und robbten in Richtung Kirchheim davon. Kurze Zeit später erhielt unser Geschütz einen Volltreffer, wobei es wohl Tote gab. Ich vermute, dass einer der toten Kameraden auf meine unter einem Baum liegenden, persönlichen Sachen fiel und man ihn dann, weil er möglicherweise auch seine Flakbluse abgelegt hatte, für mich hielt und auch an meiner Stelle bestattet hat.

Viele Monate später, als ich bereits wieder zu Hause war, erreichte uns ein Brief aus Aichelberg mit dem Hinweis, dass ich dort am 20. April 1945 durch einen Splitter in den Rücken gefallen war. Dem Brief lagen mein Soldbuch und einige sonstige persönliche Sachen bei. Ich bin dann damals noch mit dem Fahrrad nach Aichelberg gefahren und habe noch heute ein Bild von diesem Grab bei mir. Ich habe dies dann in einem Brief an das Bürgermeisteramt oder auch das Pfarramt richtiggestellt, so dass man wohl in der Zwischenzeit richtigerweise das Grab als die letzte Ruhestätte von zwei unbekannten Soldaten ausweist. Ich kann nur vermuten, dass einer der beiden Soldaten aus dem damaligen Steinheim a.d. Murr stammt. Er hatte eine ähnliche Statur und Haarfarbe wie ich, war ebenfalls in unserer Einheit und ist bis heute vermisst.

[1] KrA GP S 16 Aichelberg Nr. 1.

Der Volkssturm kehrt um

Ein 13-Jähriger erlebt in Albershausen die Dramatik im Ort vor und beim Einmarsch der Amerikaner am 20. April 1945.[1]

Die Bewohner von Albershausen wurden aufgefordert, Polizeisperren anzulegen. Beiderseits der Straße von Albershausen nach Schlierbach gruben alte Männer, Frauen und Kinder tiefe Löcher, von denen aus anrückende feindliche Fahrzeuge beschossen werden sollten. Die Straße selbst verbarrikadierten Arbeitskolonnen mit Balken, Steinen und Betonröhren. Andere Bollwerke bauten sie in der Uhinger- und Ebersbacherstraße sowie in der „Sperre" auf. Das Material schafften sie mit Handkarren, Pferde- und Kuhgespannen herbei. Manch einer der „Bauleute" mag sich Gedanken über den Sinn dieser letzten Verteidigungsanstrengungen gemacht haben. Im Radio versprach Adolf Hitler noch immer den Endsieg, der durch eine Geheimwaffe erreicht werden solle, und im Albershäuser Schulunterricht malten Kinder immer noch Plakate mit der Aufschrift „Wo der deutsche Soldat steht, kommt kein anderer hin".

Am Vorabend von Hitlers Geburtstag sollte das „Jungvolk" in die „Hitlerjugend" eingegliedert werden. Da stand ich nun mit den Gleichaltrigen vor der „Krone", und keiner wusste, was zu tun sei. Während schon der Kanonendonner der näherkommenden Feinde zu hören war, sollte noch ein Gelöbnis auf „Führer, Volk und Vaterland" abgelegt werden. Der Fähnleinführer wusste auch keinen Rat, denn er hatte von „oben" keine Anweisung mehr erhalten (dieses „oben" gab es schon nicht mehr). Ich ging heim und folgte dem Beispiel der anderen Buben: die Uniform steckte ich samt dem Jungvolk-Ausweis in das Ofenloch. Die Kamine rauchten auch aus anderen Häusern: besonders Hitlerbilder und belastende Dokumente aus dem „Dritten Reich" übergab man den Flammen. Nur die Fahnen, die feiertags an jedem

Ortsansicht von Albershausen aus den 1930er Jahren, unten Rathaus und Hauptstraße.

Haus gehisst werden mussten, wollten die sparsamen Albershäuser nun doch nicht vernichten. Das Hakenkreuz trennten sie heraus, und aus dem restlichen schwarz-weiß-roten Stoff fertigten sie Hemden und Blusen.

Die amerikanische Armee kam immer näher: Lange Kolonnen von Kriegsgefangenen, Strafbataillonen in Häftlingskleidung, Hitler-Jugend (noch zum Widerstand aufgerufen), zogen mit ungenügender Ausrüstung, abgehetzt, lumpig und übermüdet den Roten Berg hinauf. Ihre Habseligkeiten hatten sie auf ein Handwägele oder ein Fahrrad gepackt. – In der Nacht klopfte ein Soldat an die Haustür. Er erzählte, dass er desertiert und in Etappen auf dem Weg zu seiner Familie in Nürnberg sei. Er zeigte einen Empfehlungsbrief meines Bruders, der Bürgermeister in Bodelshausen bei Hechingen war. Meine Eltern versorgten ihn mit einem Rucksack Essbarem und einem Fahrrad zum schnelleren Vorwärtskommen. Er konnte sich heimlich und nachts fortbewegen. Immer noch gab es fanatische SS-Leute, die „kurzen Prozeß" mit Fahnenflüchtlingen machten.

Der Albershäuser Volkssturm wurde zur Vaterlandsverteidigung aufgerufen. Da trafen sich alte Männer und Hitler-Jungen vor dem Alten Schulhaus, um sich abends am 19. April auf den Weg zu machen. Sie sollten sich mit Wehrfähigen anderer Gemeinden treffen, um am Fuß der Schwäbischen Alb eine Verteidigungslinie aufzubauen. Nicht alle besaßen Waffen. Die meisten der Älteren hatten Erfahrungen im 1. Weltkrieg 1914 – 1918 gemacht, aber auch die Einsicht gewonnen, dass ihr jetziger Einsatz wohl vergeblich bleiben müsse. Da ihnen von Hitlers Parteigenossen bei Befehlsverweigerung der Tod angedroht wurde, marschierten sie noch in der Nacht in Richtung Zell unter dem Aichelberg. Schon auf dem Weg zum Reutenhau schlugen sich einige in die Büsche, um dort den nächsten Tag abzuwarten und die neue Lage zu erkunden. Andere machten sich in Hattenhofen aus dem Staub. Mein Vater kehrte dort bei seinem Schwager Schock Mack, ein, wo er mit Gleichgesinnten ein paar Krügle Most trank und auch gut vesperte. Da die restliche Truppe zwischenzeitlich weitermarschiert war und niemand richtig wusste (oder wissen wollte), wo der Sammelplatz war, beschlossen die Männer doch lieber umzukehren, zumal das Häuflein immer kleiner geworden war. Ein Feuerschein am Himmel und nun auch lauteres Kanonendonnern ließen darauf schließen, dass der Feind schon das Filstal besetzt hatte.

Am 20. April um 10.30 Uhr rollte eine amerikanische Panzerkolonne aus Sparwiesen nach Albershausen ein. Auf der Motorhaube des ersten Panzerspähwagens saß Erich Müller als Gefangener und als Schutzschild. Er war Oberleutnant und ein Sohn des Albershäuser Schulleiters. Kurz vorher hatte er bei seinen Eltern in der Schulstraße einen Kurzurlaub verbracht und wollte nun mit einem Fahrrad zurück zu seiner Pioniereinheit in Ulm. War seine Entscheidung aus Pflichterfüllung, aus Patriotismus oder aus Angst gefallen? Wenige Kilometer hinter seinem Heimatort wurde er gefangengenommen. Auf der Weiterfahrt nach Schlierbach mag er wohl an seine Flucht gedacht haben, zumal ihm das Gelände bekannt war. Kurz vor dem Schlierbacher Wald sprang er dann von dem Fahrzeug. Dort wurde er erschossen. Im gleichen Waldstück befanden sich noch kampfbereite deutsche Soldaten. Mit „Panzerfäusten" zerstörten sie die ersten beiden Panzer der Kolonne. Sie und die Besatzung der Panzer fanden dabei den Tod.

Die Hauptstraße nach Schlierbach verlief über den Roten Berg. Dort hinauf ratterten nun mit lautem Getöse die Kolonnen der amerikanischen Armee. Ein Panzer blieb unverhofft vor dem Haus meiner Eltern stehen, und meine Angst war riesengroß. Unter der Besatzung waren viele „Neger", die für mich furchterregend aussahen. Niemals zuvor hatte ich einen schwarzen Mann gesehen. Mein Vater holte für die Soldaten einen Krug Most aus dem Keller. Den ersten Schluck musste er selber nehmen (was er gerne tat), erst dann trauten sie der Gastfreundschaft. Aus dem ersten Mostkrug wurde ein Dutzend. Eine ganze Kolonne von Fahrzeugen blieb nun ebenfalls in der Edelgasse stehen, um das schwäbische Nationalgetränk zu probieren. Mein Nachbar und Freund Werner Gölz verstand als Einziger in der Straße Englisch. So konnte er den Soldaten aus den USA etwas von der Mostherstellung erzählen und vom Hefekranz, den meine Mutter vom letzten Mehlvorrat gebacken und auf der Motorhaube eines Panzers aufgetischt hatte. Die Angst der Leute aus der Edelgasse war bald der Hoffnung gewichen, dass man „noch einmal davongekommen" sei.

Im „besetzten" Albershausen quartierten sich amerikanische Mannschaften im Waldeck ein. Die Offiziere residierten im „Bären". Dort ging es ihnen nicht schlecht, denn vor dem Wirtshaus stand ihre Gulaschkanone, die mit dem Holz der Bären-Wirtin befeuert wurde. Beim Holzholen fanden die Soldaten hinter der Holzbeuge volle Weinflaschen, die dort versteckt waren. Im Waldeck durften die Hausbesitzer ab und zu in ihre beschlagnahmten Häuser. Sie waren bei Verwandten vorläufig untergekommen. Um im Haus nach dem Rechten zu sehen, gab es immer einen Vorwand: man habe den Kanarienvogel zu versorgen, suche den entlaufenen Hund oder brauche aus dem Medizinschränkle eine lebenswichtige Arznei. Dabei behandelte man sich gegenseitig eher neugierig als feindselig. Ganz banale Dinge fielen auf: „Die Amerikaner essen Tag und Nacht" (sie kauten Kaugummi, den man bisher in Deutschland nicht kannte), „ihr Brot ist blütenweiß" (soll das Kraft zum Kämpfen geben?), „sie tragen keine Knobelbecher, sondern leichte Wanderstiefel" (kann man so in den Krieg ziehen?). Die Kinder erkannten sehr schnell, was man mit einem gewinnenden Lächeln und ein paar Brocken Englisch erreichen kann: Geschenke wie Schokolade, Kaugummi, eine Schachtel Zigaretten für den Vater.

---

[1] KrA GP S 16 Albershausen Nr. 1. Bericht des Zeitzeugen von 2013.

„Ach komm, gang hoim, was willsch den Viadukt sprenga? Der Ami isch in Uhinga!"

Ein zehnjähriges Mädchen erlebt in Albershausen am 19. und 20. April 1945, was Krieg bedeuten kann.[1]

Albershausen mit dem örtlichen Schulhaus.

Meine Eltern betrieben in Albershausen ein Lebensmittelgeschäft. Ich war etwas ein Nachzüglerkind, denn meine beiden älteren Brüder mussten schon zur Wehrmacht und waren an der Ostfront im Einsatz. Mit 53 Jahren war mein Vater nicht mehr einberufen worden, doch für den Volkssturm hatte man ihn erfasst. In den Tagen vor dem Einmarsch zogen immer wieder deutsche Soldaten durch das Dorf, ihre Tornister auf Leiterwägen. Man gab ihnen etwas Brot oder sonstigen Proviant mit auf den Weg. Am frühen Abend des 19. April kamen Gerüchte auf, die Amerikaner seien schon in Holzhausen und Uhingen. Ich hätte mit meinen Freundinnen am nächsten Tag in den BDM aufgenommen werden sollen. Wir hatten schon im alten Schulhaus voller Stolz das Zimmer geschmückt und mein Vater hatte mir nach langem Drängen einen passenden Rock besorgt. Unerwartet kam der Lebensmittellieferant mit einer großen Menge von Waren, unser Laden voll bis unters Dach. Außerdem sollte der Ort befestigt werden. Vater holte mich dazu: „Komm Mädle, präg dir das ein!" Man musste die Sägböcke abliefern, die auf der Straße von Sparwiesen als Hindernisse dienen sollten – eine völlig lächerliche und absurde Sache. Von der Hitlerjugend hieß es allerdings, sie hätte eine Panzerfaust, um damit gegen die Amerikaner zu kämpfen. Bei ihnen gab es durchaus einige Fanatiker, die bis zum Schluss an den „Endsieg" glaubten.

Dann tauchte plötzlich der Ortsgruppenleiter auf und wollte meinen Vater zum Volkssturm abholen: „Du Hans, wir müsset los und den Aichelberg-Viadukt sprengen!" Mein Vater, ein sehr großer und kräftiger Mann, weigerte sich: „Ach komm, gang hoim, was willsch den Viadukt sprenga? Der Ami isch in Uhinga!" Darauf der Ortsgruppenleiter: „Wenn du net mitkommsch, verschieß ich dich!" Vater wurde wütend: „Du spinnsch wohl. Das Haus isch voll mit Ware, ab 6 Uhr morgens kommet Kunda, ich ka doch Frau und Kend net alloi lassa." Ich weinte, meine Mutter auch. Sie sagte flehend: „Hans, gang halt mit." Vater schaute sie vielsagend an und folgte dem Ortsgruppenleiter.

Am Abend zerhackte Mutter das Hitlerbild mit dem Beil und warf es in den Ofen. Mitten in der Nacht hörte ich sie wieder weinen: Vater war zurück, er hatte sich vom Volkssturm abgesetzt. Zwischen Albershausen und Hattenhofen hatte er zum ersten Mal behauptet, er habe Durchfall, schlug sich in die Büsche und kehrte dann aber wieder zu den wartenden Volkssturmmännern zurück. Dies wiederholte er vier Mal. Als er nach dem vierten Mal – zwischen Hattenhofen und Zell – nach langer Wartepause vorsichtig zurückkehrte, fand er seine Truppe schlafend vor, die müden Männer hatten zuvor ja den ganzen Tag auf dem Feld gearbeitet. So machte er sich allein auf den Rückweg.

Der 20. April 1945 – Die Besetzung verläuft friedlich

Bei Tagesanbruch war unser Geschäft brechend voll, jeder wollte noch etwas holen – gegen Bargeld, nicht gegen Marken. Ich saß mit einigen Kindern aus der Nachbarschaft in der Küche, meine Oma passte auf uns auf. Spannung lag in der Luft. Irgendwann kam das Dröhnen der Panzer deutlich näher. Vater erschien in der Küche und schickte uns alle in den großen Keller des Nachbarhauses – er war der Einzige, der die Lage im Griff zu haben schien. Im Keller krochen wir voller Angst hinter die Mostfässer. Ein paar Mal hörten wir Schritte und trauten uns kaum zu atmen. Dann ging die Tür wieder auf, Vater rief: „Kommt alle rauf!" Als wir aus der Tür traten, sah ich den ersten amerikanischen Panzer. Ein Soldat mit Stahlhelm schaute uns Kaugummi kauend an und wir ihn.

Nachdem alle aus dem Keller gestiegen waren und uns vor dem Haus aufgestellt hatten, durchsuchten zwei oder drei Mann das Gebäude. Danach konnten wir zurück in unser eigenes Haus, vor dem drei Panzer standen. Einige Leute, die nicht mehr rechtzeitig nach Hause gekommen waren, befanden sich noch im Verkaufsraum. Vater ließ sie nun wieder hinaus, einige Frauen kreischten schrill. Er ermahnte sie, ruhig zu bleiben, langsam zu laufen und nicht zu rennen. Als sie draußen waren, erschien ein riesengroßer Amerikaner im Laden. Er sagte zu meiner Mutter zuerst „Du verkaufen!", doch dann trat er hinter die Theke und fragte: „Du Geld?" Meine Mutter, die das meiste Geld in der Schürzentasche trug, erwiderte „A bissle", was er aber nicht verstand. Er wusste zu unserem Erstaunen jedoch ganz genau, wo man die Kasse öffnete und nahm das Wechselgeld heraus. Andere durchsuchten unseren Keller, wo meine Tante aus Weil im Dorf ihr gutes Geschirr und Besteck eingelagert hatte. Das ließen sie allerdings unversehrt. Ein Soldat nahm stattdessen zwei ganze Lagen mit Eiern mit und ließ sie im Nachbarhaus für sich und seine Kameraden braten. Das ein Jahr ältere Nachbarsmädchen kam bald schadenfroh heraus: „Ätsch bätsch, ich hab für eure Eier einen Schoklad gekriegt!"

Das fand ich furchtbar gemein und ungerecht. Aber ein Amerikaner hatte das mitbekommen und ich erhielt von ihm nun sogar zwei Tafeln Schokolade, die Oma kriegte auch noch eine.

Der Panzerabschuss im Tannenwald – Die Stimmung schlägt um

So hatten wir uns gerade ein wenig mit den Amerikanern angefreundet, als ein furchtbarer Lärm losbrach. Im Tannenwald in Richtung Schlierbach hatten deutsche Soldaten zwei amerikanische Panzer mit Panzerfäusten abgeschossen. Dabei wurde auch der Sohn des Oberlehrers Müller getötet, den sein Vater nicht hatte verstecken wollen und der als Gefangener auf einen Panzer oder Spähwagen gesetzt worden war. Jetzt änderte sich die Stimmung im Dorf drastisch. Die Amerikaner verhängten sofort eine Ausgangssperre, wir konnten nur durch die Schlitze der Fensterläden sehen, was draußen vorging. Ich beobachtete, wie ein deutscher Soldat abgeführt wurde, die Hände über dem Kopf. Ein Amerikaner schlug ihm ins Kreuz, dass er beinahe hinfiel. Entsetzt sagte ich: „Mama, ich hasse diese Leute!" Doch mein Vater erklärte mir ruhig, dass im Krieg leider solche schlimmen Dinge vorkämen und es dort um Leben oder Tod ginge. Der Krieg sei das „Geschäft" der Soldaten. Die Amerikaner waren wütend wegen des Angriffs, weshalb auch der Vormarsch in Albershausen einige Stunden stockte. Erst nach einigen Tagen konnte man selbst in Richtung Tannenwald laufen und die Stelle des Angriffs anschauen. Es hingen noch graue Unterhemden von den Panzerbesatzungen in den Ästen.

Später hörte man, dass die gefangenen Volkssturmmänner des Dorfs durch Albershausen gefahren würden. Sie hatten es nicht mehr bis zum Aichelberg-Viadukt geschafft, der aber von jemand anders gesprengt worden war. Nun seien sie auf dem Weg ins Lager Heilbronn. Vater ließ sich von meiner Mutter rasch zwei große weiße Taschentücher bringen und winkte ihnen mit einer gewissen Schadenfreude zu. Als der Ortsgruppenleiter einige Zeit danach wieder ins Dorf zurückkehrte, stattete mein Vater ihm sofort einen Besuch ab – „gestreichelt" hat er ihn sicher nicht, denn er war früher ein erfolgreicher Ringer gewesen.

Die Amerikaner quartierten sich teilweise noch länger ein, beispielsweise im Schulhaus. Es dauerte nicht lange, bis sie auch Freundinnen im Dorf gefunden hatten, die man „Veronikas" nannte. Diese hatten dann schöne Strümpfe und rochen nach Parfüm. Wir hingegen mussten unser BDM-Zimmer leeren, während die Amerikaner zuschauten und sich wohl ihren Teil dabei dachten. Nach einigen Wochen hatte sich das Leben wieder einigermaßen normalisiert. Glücklicherweise kehrten auch meine beiden Brüder wieder aus Russland zurück, aber sie hatten Einiges durchmachen müssen.

---

[1] KrA GP S 16 Albershausen Nr. 2. Zusammenfassung eines Interviews mit der Zeitzeugin von 2013.

„Frolleins zurück!"

Drei Jugendliche aus Aufhausen erinnern sich an die Ereignisse in ihrem Heimatdorf zur Zeit des Kriegsendes.[1]

Als schlimmste Zeit empfand man in Aufhausen die Wochen vor dem Einmarsch wegen der permanenten Gefahr durch Jagdflieger. Eine Zeitzeugin las auf einem abgeworfenen Flugblatt: „Wir sind die Lustigen Acht, wir kommen bei Tag und bei Nacht! Und wenn es einmal kracht, dann waren's die Lustigen Acht!" Die Feldarbeit wurde so zur Nervenprobe und teilweise in der Nacht verrichtet, wie das Kartoffelstecken. Glücklicherweise waren die Aufhausener Äcker vergleichsweise klein und mit Büschen oder Hecken gesäumt, die Deckung bieten konnten. Dennoch fiel ein Bauer aus dem Ort am 16. April einer Attacke von zwei Jabos zum Opfer, ebenso seine beiden Pferde, die Bäuerin überlebte schwer verletzt. Die Pferde verscharrte man in einem Bombentrichter. Im „Lamm" seien russische Wlassow-Soldaten einquartiert gewesen. Zuvor gab es im Dorf viele französische Kriegsgefangene, die in Abwesenheit der Bauern deren Höfe versorgten und recht beliebt waren. Die Dorfkinder sammelten Weinbergschnecken für die Franzosen

Postkarte von Aufhausen aus den 1930er Jahren.

und tauschten diese gegen Bonbons oder Schokolade. Auch deutsche Soldaten waren zeitweilig in Aufhausen stationiert. Sie meinten, wenn sie abziehen müssten, wäre innerhalb einer Woche der „Feind" hier – so sei es dann auch gekommen.

22. April 1945: Die Amerikaner kommen von „hinten herein"

Die Aufstiege zur Albhochfläche waren ebenso wie in den Nachbarorten wie Bad Überkingen durch Panzersperren erschwert. Deshalb seien die Amerikaner am Mittag des 22. April von „hinten herauf" aus Richtung Bad Ditzenbach bis Aufhausen vorgedrungen. Am Vorabend hatte es starken Regen gegeben, und in Richtung Hausen verteidigten junge deutsche Soldaten den Hang. Der Volkssturm des Orts rückte offenbar nicht mehr aus. Drei tote Wehrmachtssoldaten, die an diesem Tag dort fielen, wurden in Aufhausen beigesetzt. Ob die Panzersperren vor Aufhausen offen oder geschlossen waren, konnten die Zeitzeugen nicht angeben, da sie alle in den Kellern Schutz gesucht hatten. Etliche hatten auch eigene „Bunker" angelegt. Jedenfalls feuerten die Amerikaner einige Male in den Ort, wobei der Kirchturm beschädigt wurde. Später wurde erzählt, dass danach jemand eine weiße Fahne am Turm herausgehängt habe.

Dann rückten Amerikaner in das Dorf ein. Bei einer Familie traten sie die abgeschlossene Haustür ein, der Vater kam mit einem weißen Taschentuch heraus. Die GIs kontrollierten die Keller nach Soldaten, alle Familienmitglieder mussten zuerst hinauf und konnten danach wieder hinunter. Vor dem Hirsch standen ein Panzer und zwei Soldaten. Eine Zeitzeugin erinnerte sich, dass sie sich mit anderen Mädchen allmählich hinaus auf die Straße wagte, als plötzlich amerikanische Soldaten in einen Hauswinkel sprangen. Sie brüllten „Frolleins zurück!" als Warnung und holten zwei deutsche Soldaten aus einer Scheuer, die sich ergaben.

Bei der Durchsuchung eines Hofes wurde ein amerikanischer Offizier von hinten durch eine offene Tür von einem deutschen Soldaten erschossen. Zur Vergeltung brannten die aufgebrachten Amerikaner das Haus nieder, der französische Kriegsgefangene konnte zumindest verhindern, dass der Familie etwas geschah. Der Tote sei im Straßengraben gelegen und mit einem rot-weißen Tischtuch zugedeckt gewesen. Vielerorts wurden versteckte Wehrmachtssoldaten abgeführt.

Vor den Amerikanern hatten die Kinder zuerst etwas Angst, besonders vor den ungewohnten Dunkelhäutigen. Mehrere Häuser sowie die Schule mussten für einige Tage geräumt werden. In den Häusern der Zeitzeugen sei es nur zu kleineren Beschädigungen oder Diebstählen durch die Besatzer gekommen, beispielsweise wurden frische Socken gestohlen und schmutzige zurückgelassen. Nur wenn die Amerikaner auf der Suche nach Schnaps waren oder solchen gefunden hatten, machte man sich größere Sorgen. Einmal habe ein GI mit einem russischen Mädchen, das als Magd auf einem Hof arbeitete, anbandeln wollen, doch die verpasste ihm eine Ohrfeige, worauf der seine Pistole zog. Der hinzueilende Bauer konnte glücklicherweise Schlimmeres verhindern.

Bei der Abgabe der Waffen, darunter auch uralte Vorderlader und Luftgewehre, gab es einen schlimmen Zwischenfall. Ein Amerikaner nahm ein Gewehr am Lauf und schlug es gegen die Mauer einer Miste, um es unbrauchbar zu machen. Das Gewehr war aber geladen und entsichert – der sich durch den Schlag lösende Schuss riss dem Mann den ganzen Bauch auf. Die Kinder wurden schnell hineingeschickt und die Amerikaner gerieten in Hektik. Vermutlich hat der Soldat diese Verletzung nicht überlebt. Die drei toten deutschen Soldaten hatte man unterdessen zum Friedhof gebracht. Dem Vater einer Zeitzeugin war aufgefallen, dass einer schöne Stiefel trug – wenig später habe er einen Mann aus dem Dorf mit denselben gesehen.

Die Amerikaner seien etwa eine gute Woche in Aufhausen geblieben. Über viele Tage hinweg fuhren Nachschubfahrzeuge und Jeeps die Hauptstraße entlang. Die Kinder seien auf den Gartenmauern gesessen und hätten „Schokolade" gerufen, wenn wieder Amerikaner vorbeifuhren. Soldaten warfen ihnen auch Geldstücke zu, aber damit hätte man damals leider nicht viel anfangen können. Die späteren Kontrollfahrten der amerikanischen Besatzungstruppen seien nicht allzu häufig erfolgt. Trotzdem hielt man sich meistens an die Ausgangssperre und wollte die Amerikaner nicht unnötig herausfordern. Viele deutsche Soldaten auf dem Heimweg wurden unterdessen im Dorf mit Zivilkleidung und einem Rechen oder einer Mistgabel zur Tarnung versehen.

Gut in Erinnerung geblieben ist auch die Landung von zwei deutschen Jagdfliegern am 7. Mai in Richtung Türkheim. Viele Aufhausener sahen sich die beiden Maschinen an und etliche sicherten sich „Souvenirs".

Die Nachkriegszeit bedeutete für die Kinder und Jugendlichen oft harte Arbeit, besonders, wenn die Väter nicht mehr zurückkehrten. Manches größere Mädchen arbeitete als „Kindsmagd" bei anderen Familien, damit wenigstens ein „Mund vom Tisch" war. Viele „Hamsterer" seien aus Ulm gekommen, aber man hätte nicht allen etwas geben können. „Ährenlesen" und „Buchelesammeln" diente auch in Aufhausen zur Ergänzung der Nahrungsvorräte, Schwarzschlachtungen waren ebenfalls nicht unüblich.

[1] KrA GP S 16 Aufhausen Nr. 1. Zusammenfassung eines Interviews mit den Zeitzeugen von 2014.

Die Tragödie von Bad Überkingen am 22. April 1945

Auszüge aus dem ausführlichen Bericht des Lehrers Gottfried Bächtle.[1]

Die Nervosität wurde immer sichtbarer. Die Parteileitungen begannen, Akten zu vernichten und sich für den Abzug bereit zu machen. Der Bevölkerung wurde zugemutet, sich selbst zu evakuieren. So wurde auch der Ort Bad Überkingen in den frühen Morgenstunden des 3. April 1945 in den Gasthof zum Hirsch aufgerufen, um die Anordnungen für den Abzug entgegenzunehmen. Die Männer von Bad Überkingen haben diese Maßnahme als hoffnungslos angesehen und die Bevölkerung aufgefordert zu bleiben, weil gar keine Möglichkeit mehr bestand, sich irgend eine andere Zuflucht zu suchen. Dabei wurden die tollsten Gerüchte verbreitet über die Anwendung von Sonderwaffen, über Vereisung und Vergasung des ganzen Gebietes.

Blick über Bad Überkingen vom Kahlenstein aus, im Hintergrund die Albhochfläche mit Türkheim.

Aussagen von deutschen Soldaten soll vorher schon ein Spähtrupp bis zur Kirche vorgedrungen sein, ohne auf Widerstand zu stoßen.

Die deutsche Angriffstruppe, im ganzen etwa 60 Mann, hat sich vor der Ortschaft verteilt, zerstreute sich nach der Kahlenbergstraße zu, während sich der andere Teil wieder zu einer geschlossenen Formation zusammengefunden hatte und auf die Gartenstraße zumarschiert war. Diese Gruppe wurde von dem Maschinengewehrposten erfasst und vollständig aufgerieben. An dieser Stelle blieben ca. 15 Soldaten tot liegen. Es war auf dem Weg von Türkheim herkommend in der Verlängerung des Kindergartens, dem früheren H.J.-Heim. Auch vom Kirchturm her soll von der Besatzung Maschinengewehr-Feuer auf die deutschen Soldaten abgegeben worden sein. Ob aus der Richtung Türkheim noch ein weiterer Angriff zu erwarten war, war zu dieser Stunde noch nicht ganz geklärt.

Von der Kahlenbergstraße aus sind die deutschen Soldaten morgens also zwischen 5 – 7 Uhr vorgedrungen bis zur Geislingerstraße in Richtung Gasthaus Germania. Die Amerikaner bekamen von Geislingen aus Verstärkung. So waren die wenigen deutschen Soldaten schnell überwunden und blieben größtenteils tot zurück.

Neun verwundete Soldaten haben sich in das Befehlsheim, von Herrn Rechtsanwalt Dr. Löffler bewohnt, geschleppt. Frau Dr. Löffler hat sich in diesen Stunden tapfer der Verwundeten angenommen. Der Raum war mit Blut überströmt. Nach Angabe von Frau Dr. Löffler soll ein deutscher Arzt morgens mit zwei amerikanischen Soldaten, so um 8.30 Uhr, erschienen sein. Es sei aber nichts geschehen, bis diese Verwundeten gegen Mittag 14.30 Uhr geholt wurden. Der deutsche Arzt des Lazaretts im Badhotel durfte das Haus nicht verlassen und konnte deshalb in die Ereignisse nicht eingreifen. Da das Badhotel erst wenige Tage vorher mit dem schon erwähnten Generalstab belegt war, musste das Haus erst wieder als Lazarett eingerichtet werden.

Dank der opferfreudigen Zusammenarbeit zwischen Einwohnerschaft und dem Lazarett gelang es, die allernotwendigsten Behelfsmittel wie Bettwäsche und andere Bedarfsgegenstände zusammenzutragen. Der Arzt – Herr Dr. Foos aus Geislingen und die Schwestern mussten sich um Verbandsstoffe umsehen, auch die Verpflegung fehlte, die man mit vieler Mühe und Schwierigkeiten aus Bad Ditzenbach und Geislingen heranholte. So konnten wenigstens die Leichtverwundeten in das Haus aufgenommen werden, während die Schwerverwundeten die ersten Hilfen erhielten und nach Geislingen weitergeleitet wurden. Am 16. Mai wurde das Lazarett im Badhotel aufgelöst, die Insassen wurden nach Geislingen und Bad Ditzenbach überführt. (…)

Nach nochmaligen Unterhandlungen mit dem Dolmetscher, Herrn Freymöller, war der Kommandeur zu bewegen, dass wir die Verwundeten und Toten bergen durften. Dagegen wurde nicht gestattet, die Toten auf den Friedhof zu bringen, was aber stillschweigend gemacht wurde. Es musste dann noch darüber verhandelt werden, ob man den Toten die Papiere abnehmen dürfe, was man nach einigem Zögern

Bad Überkingen, Ortsmitte.

auch erreichte. Herr Neidhart erhielt dann vom Kommandeur den Befehl, bis abends 17 Uhr eine namentliche Liste der Toten abzugeben und über die Bergung Meldung zu machen.

Daraufhin hat sich Herr Neidhart zum amerikanischen Sanitäter begeben, erhielt von dort eine Anzahl Armbinden und ging nun mit anderen Männern erst in die Kahlenbergstraße, wo sich Martin Straub – jetziger Bürgermeister – bereits um die Toten und Verwundeten bemühte. Man holte weitere Männer herbei und konnte am Vormittag die Toten und Verwundeten aus der Garten- und Kahlenbergstraße bergen. Die Toten wurden mit dem Fuhrwerk des Herrn Thierer zum Hirsch geholt und auf den Friedhof überführt. Um etwa 16 Uhr waren die Toten geborgen und auf dem Friedhof geordnet aufgebahrt. Die Kampfhandlungen erforderten 25 gefallene und etwa 25 verwundete deutsche Soldaten und drei Gefallene der amerikanischen Kampftruppe. Vor dem Haus Heinrich Wagner und in dessen Keller lagen je ein toter Amerikaner. Die amerikanischen toten Soldaten wurden von der Kampftruppe geborgen.

Die deutschen Verwundeten – es waren ca. 25 Mann – wurden dem Lazarett im Badhotel zugeführt und teils direkt in das Krankenhaus Geislingen verbracht. Die Meldung über die Bergung der Gefallenen konnte um 17 Uhr an den Kommandeur gemacht werden mit der Übergabe der Namensliste. Den Gefallenen waren die Papiere u.a. Gegenstände abgenommen und für jeden Einzelnen geordnet in einem Umschlag verwahrt auf dem Rathaus hinterlegt. Das Rathaus und auch das Pfarramt erhielt eine Liste.

Blick über Bad Überkingen ins obere Filstal.

Verhandlungen mit den deutschen Truppen in Türkheim und Beisetzung der Toten

Während der Bergungsarbeiten am Nachmittag des 22. April in der Gartenstraße sind von Seiten der amerikanischen Befehlsstelle zwei deutsche Rote Kreuz-Schwestern mit der Flagge als Parlamentäre nach Türkheim beordert worden, um dem dortigen deutschen Kommando die Einstellung der Feindseligkeiten zu empfehlen.

Dieser Versuch hatte den erwünschten Erfolg nicht. Da der Aufstieg auf die Alb durch die amerikanischen Truppen von Geislingen aus immer noch aufgehalten war, während die Versuche von Überkingen aus und ebenso von Hausen nicht gelangen, wurde vom amerikanischen Kommandanten in Überkingen noch einmal der Versuch gemacht, den deutschen Kommandanten in Türkheim zu bewegen, die Kampfhandlungen einzustellen. Die zwei Schwestern wurden noch einmal nach Türkheim beordert, um dem dortigen Kommandanten die Lage im Tal zu erklären und die Folgen eines weiteren Widerstandes für die Dörfer nahezulegen. Dieser zweite Versuch hatte den Erfolg, dass sich die deutschen Truppen bei Türkheim zurückzogen und dem Ort Türkheim der beabsichtigte Beschuss erspart blieb. Die Truppenführung auf der Höhe bei Türkheim war bis dahin über die Verhältnisse im Tal noch ganz im Unklaren und wurde erst von den Schwestern von dem missglückten Vorstoß gegen den Ort Überkingen unterrichtet.

Am Abend des 22. April wurde von einer Anzahl Männer eine Suchaktion im Autal gemacht, weil man nicht wusste, ob in diesem Gebiet Verwundete liegen könnten. Auch am Michelsberg wurden Suchaktionen durchgeführt.

Am 23. April um die Mittagszeit erschienen auf der Geislinger Straße beim Pfarrhaus zwei bewaffnete Soldaten mit Tarnanzügen. Diese wurden von Herrn Neidhart angehalten und über ihr Vorhaben befragt. Sie gaben an, der „Wlassow-Truppe" anzugehören – eine Formation, die aus Russen zusammengesetzt war – und wollten angeblich mit Gewalt die Amerikaner wieder aus dem Ort hinauswerfen. Nach einiger Bemühung gelang es mit Hilfe weiterer Männer diese zwei „zweifelhaften Kämpfer" zu überreden, die Waffen abzulegen und dem Lazarett in Obhut zu geben. Die Kampftruppen waren zu dieser Stunde weiter ins Tal vorgerückt, kamen aber wieder zurück.

---

[1] KrA GP S 16 Bad Überkingen Nr. 3. Auszug aus dem umfangreichen Bericht, der hier nicht komplett wiedergegeben werden kann.

[2] Die Sperre war an einen anderen Ort nach Geislingen verlegt worden.

Der Krieg im eigenen Haus

Ein Familienvater und Kriegsveteran des Ersten Weltkriegs aus Bad Überkingen schildert die Ereignisse vom 21. und 22. April 1945, als er amerikanische Soldaten in seinem Haus einquartiert bekam und diese von deutschen Soldaten angegriffen wurden.[1]

Vor der Besetzung durch die Amis war in Überkingen immer etwas los. Der Volkssturm musste immer wieder antreten und abmarschieren. Die Oberen der Partei NSDAP rückten mit Kind und Kegel aus nach Aufhausen und ließen ihre lieben Einwohner da. Überkingen sollte der Kampfplatz der „Neuen Waffe" werden. Die ganze Gemeinde musste ausziehen ins Oberland. Ich sollte den 3. Zug übernehmen mit Fahrzeugen (Bauernwagen) mit alten Leuten, Kindern, Vieh und Futter. Ich erklärte, dass ich da nicht mitmache. Die Leute würden auf der Strasse durch die „Jabos" (Jagdbomber) elendiglich zusammengeschossen. Ich sagte den Befehlsgebern: „Ich bleibe hier auf meiner Scholle, komme was da kommen mag". Von 1915 bis 1918 als Infanterist an der Westfront habe ich zur Genüge das Elend der französischen Bevölkerung gesehen und mitgemacht.

Am Samstag 21. April vormittags wurde in der Molkerei Butter ausgegeben und in der Mühle (Thierer) gab es Mehl. Bis ich das erfuhr, war nichts mehr da. Ich ging dann ins Büro (Mineralbrunnen), um die dort aufgehängten Hitler-Bilder zu vernichten und zu Hause verbrannte ich anschließend die Hakenkreuz-Fahnen, das Buch „Mein Kampf", denn wenn die Amis etwas gefunden hätten, wäre man dran gewesen.

Um 16 Uhr traf ich Herrn Schönberger, der mit dem Fahrrad von Geislingen kam und meldete, dass die Amis mit Panzern auf dem Weg nach Überkingen sind. Alles ging in die Häuser. Dann kamen Trupps von den Amis in alle Häuser und suchten nach deutschen Soldaten. Dies ging glatt vorbei, da keine deutschen Soldaten da waren. Etwa um 19 Uhr haben die Amis vor meiner Garage das Abendessen eingenommen von der Feldküche. Das Essen war sehr reichlich und Sachen, die wir nur noch vom Hörensagen kannten. Die Kinder standen drumherum und bekamen auch etwas davon. Alles war friedlich.

Bei einbrechender Dunkelheit fuhren die Panzer mit den Soldaten los in Richtung Türkheim. Es entlud sich ein sehr heftiges Gewitter mit sehr viel Regen. Die alte Steige nach Türkheim war gesperrt durch umgesägte starke Bäume, so dass die Panzer nicht nach Türkheim hinaufkamen, wo die Deutschen waren. So kamen die Amis wieder zurück und stellten ihre Panzer am Haus Hommel in der hinteren Kahlenbergstrasse (damals Wilhelm-Murr-Strasse) ab und bezogen Quartier. Ich bekam zwölf Amis in meine beiden unteren Zimmer, Nachbar Freimöller: einen Offizier und einen Mann. Die Soldaten waren ganz durchnässt, ich machte Feuer im Ofen, damit sie die Uniformen trocknen konnten, was gerne angenommen wurde mit „thank you". Hede servierte Tee für alle. Meine Frau und ich gingen mit Gudrun etwa um 10 Uhr (22 Uhr) nach oben ins Schlafzimmer, um zu schlafen. Daran war aber mit der Aufregung, Umtrieb und Unruhe nicht zu denken.

Etwa um 4 Uhr morgens fielen einzelne Schüsse. Ich sagte: „Nun geht es so langsam los." Um 4.15 Uhr ging es dann auch los. Panzer schossen und viel Maschinen-Gewehre. Nun standen wir auf, zogen uns an und gingen die Treppe hinunter in den Keller. Die Amis waren natürlich auch wach, wuschen und rasierten sich. Da läutete die Hausglocke, draußen stand ein deutscher Soldat, fragte: „Sind Amis da?", ich gab keine Antwort, dann rief der Deutsche ganz laut: „Aufmachen, aufmachen!" Hinter mir standen die Amis und vor mir der Deutsche. Ich reagierte blitzschnell, tat gar nichts und ging in den Keller, da krachte schon die erste Handgranate im Windfang. Wirkung: ein großes Loch durch die Decke in das Souterrain, Glastüre total kaputt, alle Wandplättchen demoliert und ein Ami tot am Boden. Ihn hat es am Bauch und Brust total zerrissen und er lag in einer großen Blutlache. Ich ging in den Keller zu Hede und Gudrun. Ich machte dann die Tür zum Wasserabstellraum auf und ich sah durch das kleine Fenster zwei deutsche Infanteriestiefel stehen. Durch den Lichtschein von innen sah dieser, dass jemand in dem Raum war und warf sofort eine zweite Handgranate durch das Fenster. Ich schlug die Tür zu und rief: „Hede, Gudrun, los raus durch die Garage zu Übeles!". Da immer geschossen

In den Straßen und Gassen von Bad Überkingen kam es am Vormittag des 22. April 1945 zu erbitterten Kämpfen.

wurde, gingen wir vorsichtig über die Strasse – die Gartenmauer hatte einige Gewehrschüsse – und klopften bei Familie Übele um Einlass, wo wir dann auch in den Keller gingen. Wie sich später herausstellte, ging die Handgranate nicht los, es war zu unserem Glück ein Blindgänger. Herr Übele ging gegen 8 Uhr in den oberen Stock und sah hinter meinem Haus Rauch. Vermutlich brannte es. Ich wartete einen günstigen Moment ab und ging durch die Garage in mein Haus. Die Innentür war verschlossen und dahinter ein Ami. Ich sagte, er soll aufschließen, was er aber nicht tat. So nahm ich einen Hammer und schlug den Sperr-Riegel zurück. Der Ami war erschrocken, richtete das Gewehr sofort auf mich und drohte mit Erschießen. Ich konnte ihn beschwichtigen und klar machen, dass dies mein Haus ist. Er ließ mich dann passieren und ich durfte in das Haus hinauf. Ich schaute alles nach, konnte aber keinen Brandherd entdecken, und ging wieder zurück in den Keller von Familie Übele und berichtete, was ich gesehen hatte.

Inzwischen hatten sich die amerikanischen Soldaten fertig gemacht zum Abmarsch, und als das Schiessen aufhörte, gingen wir, ich, Hede und Gudrun, zurück ins Haus und sahen die Bescherung: Ein Soldat war tot, ein weiterer Soldat lag verwundet auf der Couch, im Windfang alles kaputt, ebenso die Glastüre, auf dem Boden lag eine große Blutlache mit allen Innereien des toten Amis. Die Soldaten gingen dann weg und es kam ein Auto von den Amis, holten den Toten, sie zogen ihn einfach an den Füssen zur Tür hinaus. Bei Freimöllers läutete ein Deutscher, der Offizier öffnete und schoss den Deutschen sofort nieder. Die Amis legten diesen Toten vorn an die Straße beim Haus Wagner. Ich besah mir die Umgebung: auf dem Kompost von Herrn Dauner lag ein toter Deutscher und unter dem Birnbaum auf Jooses Acker lag auch ein toter Deutscher. Die Deutschen wurden gegen 11 Uhr von einem Fuhrwerk von Hirschwirt Thierer abgeholt.

Untertage (Sonntag) war es vorerst ruhig. Gegen Abend mussten wir die Kahlenbergstrasse restlos räumen, da von Türkheim ein Angriff erwartet wurde. Wir gingen alle in den Mineralbrunnen und verbrachten dort die Nacht zum Montag: Ab und zu hörte man Geschützdonner, weiter war aber nichts los. Morgens um 8 Uhr gingen wir heraus und wieder in das Haus: Es waren keine Kampftruppen mehr da, aber viele Sanitätsautos, die sich auch bald verzogen.

Die Deutschen haben die zwei abgestellten Panzer beim Haus Hommel durch Panzerfäuste zerstört, so dass der Kommandeur eine Riesenwut hatte und ganz Überkingen zerstören wollte. Wie das mit den Abordnungen wegen Übergabe der Deutschen in Türkheim war, weiß ich nicht. Wir hatten im Haus soviel zu tun, dass man sich nicht um Anderes bekümmern konnte.

[1] KrA GP S 16 Bad Überkingen Nr. 2. Unveröffentlichter Bericht aus dem Jahr 1987, 2014 von einer Nachbarin des inzwischen verstorbenen Zeitzeugen an das Kreisarchiv übergeben.

Straßenkampf in Bad Überkingen

Eine schwangere 24-jährige Frau aus Bad Überkingen muss im Ortskern das Drama des 22. April 1945 miterleben.[1]

In den Tagen vor dem Einmarsch hoffte man immer noch auf den Einsatz der „Wunderwaffen", die angeblich von der Schwäbischen Alb herab (der Truppenübungsplatz Münsingen lag in der Nähe) angewandt werden sollten. Zu Hitlers Geburtstag am 20. April hatte Joseph Goebbels im Radio gesprochen. Ich erinnere mich noch genau an den Spruch „Berlin bleibt deutsch, Wien wird wieder deutsch", denn Wien war bereits gefallen. Auch daran glaubte man noch, denn Goebbels konnte so überzeugend sprechen. Doch es kam anders.

In der Nacht vor dem 21. April musste der gesamte Volkssturm von Bad Überkingen sich am Rathaus versammeln. Was war los? Mein Bruder kam zurück und klopfte an meine Tür. Alle sollten aufstehen, wir müssten gehen. Alles, was auf einen Leiterwagen passe, sollte mitgenommen werden. Es war am Schluss so viel, dass wir damit sicher nicht einmal die Geislinger Steige hoch gekommen wären. In der Nachbarschaft gingen die Fensterläden auf. „Was macht ihr? Geht ihr?" Die Kinder waren alle schon angezogen und sprangen lustig auf der Straße herum, als ob nichts wäre. Als es schließlich Tag wurde, wollte niemand mehr gehen. Auf dem Rathaus wurde verkündet, dass alle evakuiert würden und der Abmarsch zu Fuß erfolgen müsste, nur die alten Leute und die Kinder dürften mit Kühewagen fahren. Pferde gab es längst nicht mehr. Zum Glück kam es zu dem geplanten Marsch nicht mehr, da sich der Einzug der amerikanischen Truppen rascher vollzog als erwartet: Bekannte, die im Bergwerk zwischen Bad Überkingen und Geislingen arbeiteten, riefen an und teilten mit, die „Amis" kämen gerade vorbei und seien in einer halben Stunde in Bad Überkingen. Wir waren alle sehr aufgeregt.

Dann kamen die Amerikaner wirklich: Ein Panzer fuhr voraus, mit zwei deutschen Kriegsgefangenen als „Kugelfang" auf jeder Seite. Ich schlug oben im ersten Stock den Fensterladen auf und sogleich drehte ein Soldat sein Gewehr in meine Richtung. Sie hatten offenbar große Angst, denn vom nahen „Kahlenfelsen" herunter wurde bereits von deutscher Seite geschossen. Die mitmarschierende Infanterie (es soll die 100. Am. Inf.-Division gewesen sein)[2] belegte anschließend die Häuser im Ortsinnern. Die Gebäude am Ortsrand blieben dagegen aus Sicherheitsgründen unbesetzt, so auch unser Haus, das gegen Geislingen zu lag, so dass wir in unserem Keller bleiben konnten. Die Bewohner der geräumten Häuser strömten in unseren dreiteiligen Keller, der schon immer als Luftschutzkeller für die ganze Straße gedient hatte. Trotz der Schießerei ging ich auf die Straße hinaus. Weitere Panzer kamen, dazwischen deutsche Gefangene.

In der Nacht blieben wir im Keller, bis ich es nicht mehr aushielt und oben wieder in mein gewohntes Bett ging. Ich erwartete unser ersehntes Kind, das ich aber kurz nach dem Einmarsch wieder verlor. Wohl als Folge der Aufregungen. Mitten in der Nacht gab es eine fürchterliche Explosion, nicht allzu weit entfernt. Es stellte sich heraus, dass ein deutscher Stoßtrupp an der Kahlenbergstraße (ca. 200 m von uns weg) einen amerikanischen Panzer in die Luft gesprengt hatte. Beim anschließenden Feuergefecht kamen drei amerikanische und 23[3] deutsche Soldaten ums Leben. Ich rannte so schnell wie möglich wieder in den Keller zurück. Ein weiterer deutscher Stoßtrupp kam von der Alb von Türkheim herunter, die Soldaten gingen im Gänsemarsch. Auf dem Turm der Überkinger Kirche waren aber amerikanische Scharfschützen, die die Deutschen einen nach dem anderen niederschossen. Eine Frau zog alle in ihr nahegelegenes Haus, man konnte ihnen aber nicht mehr helfen – alle waren tot.[4]

Unser Keller war ziemlich tief, er diente zugleich als Weinkeller und hatte viele Treppen. Oben konnte man durch eine Luke hinaussehen. Von dort sah ich, wie deutsche und amerikanische Soldaten von den Nachbarhäusern und -gärten aufeinander schossen. In der Nähe des Kellers stand ein amerikanischer Panzer, einige Amerikaner kamen in unseren Keller. Einer von ihnen weinte und sagte, eben habe man seinen besten Freund erschossen. Dafür müssten drei Deutsche daran glauben. Ein anderer zeigte mir eine Patrone, die ihm gegolten habe. Er wollte sie deshalb aufheben. Während die amerikanischen Soldaten gegen deutsche Männer äußerst misstrauisch waren – sie witterten hinter jedem einen „Werwolf" –, so dass mein Bruder sich ständig abseits halten musste, waren sie zu den Frauen recht nett. Einer bot mir Kaugummi an, was ich vorher noch nie gesehen hatte. Erst als er es mir vorgemacht hatte, versuchte ich auch ein Stück.

Da sich in anderen Kellern deutsche Soldaten unter die Zivilbevölkerung gemischt hatten, kam es dort mitten unter den Leuten zu Gefechten. Zum Glück scheint aber niemand aus der Dorfbevölkerung etwas geschehen zu sein.

---

[1] Erstabdruck in der GZ vom 20.4.1985.
[2] Es war das 324. Regiment der 44. US-Infanteriedivsion.
[3] Tatsächlich fielen 25 Soldaten direkt an diesem Tag in Bad Überkingen, eine nicht genau erfassbare Zahl (etwa 5–10) erlag im Geislinger Krankenhaus den Verletzungen, vermutlich aus diesem Gefecht oder aus Kämpfen am Aufhauser Hang, was Alter und Herkunft der jungen Soldaten nahelegen.
[4] Diese Aussage stimmt nicht, es gab einige Verwundete, die überlebten und später Bad Überkingen besuchten.

Augenzeugin der Tragödie

Ein zehnjähriges Mädchen flieht mit seiner Familie vor den Amerikanern in das vermeintlich sichere Bad Überkingen und wird dort Augenzeugin der Tragödie des 22. April 1945.[1]

Blick auf Bad Überkingen aus Richtung Türkheim. Auf diesem Weg stießen die deutschen Soldaten im Morgengrauen des 22. April 1945 zum Ort vor.

Mein Vater (Jg. 1899) war Uhrmacher in der WMF und deshalb „UK"-gestellt. Trotzdem hatte man auch ihn zum Volkssturm eingeteilt. Er schien immer über den Verlauf des Krieges und den Stand der Front gut informiert gewesen zu sein. Auch wollte er mir keine Jacke für das Jungvolk mehr kaufen, obwohl ich wochenlang darum gebettelt hatte. Am 21. April 1945 sollten wir das erste Mal öffentlich durch die Stadt laufen. Wir hatten die ganzen Lieder schon eingeübt und richtig marschieren gelernt. Ohne Jacke und nur in einer weißen Bluse erschien ich pünktlich um 14 Uhr auf dem Geislinger Sportplatz. Doch plötzlich kam ein Parteigenosse in Uniform, der uns schnell heimschickte: die Amerikaner stünden schon vor Altenstadt, das ja nur eine knappe halbe Stunde Fußweg entfernt lag. Heulend rannten wir nach Hause. Der Vater war bereits mit dem Volkssturm ausgerückt. Er hatte jedoch meiner Mutter eingeschärft, dass sie beim Herannahen der Amerikaner zu ihren drei Schwestern nach Bad Überkingen fliehen sollte – das kleine ruhige Nest sei bestimmt sicherer als Geislingen. Er würde sobald wie möglich nachkommen.

Schnell packten wir zusammen und zogen mit meiner Tante sowie meinen beiden Cousins (8 und 10 Jahre) los. An der Wilhelmshöhe wurde gerade die Panzersperre geschlossen. Mein Onkel, der gerade eben auf Fronturlaub daheim gewesen war und nun eigentlich zu seiner Einheit sollte, musste dabei helfen. Auch meine Mutter und meine Tante wurden angehalten, doch der Onkel konnte erreichen, dass wir gemeinsam passieren konnten. Während wir oben den Waldweg entlang liefen, konnten wir unten im Tal schon die amerikanischen Panzer auf der Überkinger Straße fahren sehen. Wir trafen auch auf einen deutschen Soldaten, der uns flehentlich um Zivilkleidung bat, die wir freilich nicht dabei hatten. Er war aus Angst davongelaufen und wollte heim nach Stuttgart. Meine Mutter konnte ihm zwar den Weg sagen, aber sonst nichts für ihn tun. Schließlich versteckte er sich im Gebüsch und wir gingen weiter.

Bei unserer Ankunft in Bad Überkingen hatten die Amerikaner bereits den Ort widerstandslos besetzt. Wir zogen nun bei unseren Tanten ein, die direkt neben der Kirche wohnten. Am Abend stieß mein Vater zu uns, er hatte sich im Wald vom Volkssturm abgesetzt und war in Zivil problemlos an den Amerikanern vorbeigekommen. Unsere Erleichterung war groß.

Doch am frühen Morgen wurden wir durch Schüsse geweckt. Wir sahen zum Fenster hinaus: eine Gruppe von vielleicht 30 Soldaten war auf der Straße bis kurz vor die Kirche gelangt, wo es eine Senke gab, und wurde von den Amerikanern jetzt vom Kirchturm aus mit Maschinengewehren beschossen. Die Deutschen feuerten mit ihren Gewehren zurück, doch sie wurden – soweit ich sehen konnte – alle niedergeschossen. Nachdem wieder Ruhe eingekehrt war, holten die Amerikaner die erwachsenen Bewohner aus den umliegenden Häusern, auch meine Eltern und meine Tante. Sie mussten die toten Deutschen auf Leitern, die es ja an fast jedem Haus gab, zum Friedhof tragen. Auch das sahen wir Kinder alles vom Fenster aus mit an. Auf dem Friedhof, so erzählte meine Mutter später, lagen die Toten auf ganzen Haufen zusammen, es sei schrecklich gewesen. Deshalb ließ man uns Kinder vorerst auch nicht aus dem Haus.

Nach einigen Tagen kehrte mein Vater zunächst allein nach Geislingen zurück, um nach unserem Haus in der Hohenstaufenstraße zu sehen. Durch Beschuss waren einige umliegende Häuser stark beschädigt worden, bei uns sind es nur einzelne Einschusslöcher in den Außenwänden gewesen. Als Uhrmacher hat er später viel Kundschaft bei den Amerikanern gehabt, die zu uns Kindern unheimlich nett waren.

[1] KrA GP S 16 Überkingen Nr. 1. Zusammenfassung eines Interviews mit der Zeitzeugin von 2013.

„Dort lagen drei tote Amerikaner mit Bauchschüssen – ein schlimmer Anblick."

Eine 14-Jährige aus Bad Überkingen beschreibt die Ereignisse des 21. und 22. Aprils 1945.[1]

Wir wohnten damals in der Bad Überkinger Nuberstraße, eher etwas am Ortsrand. Mein Vater war Anfang März an Leukämie gestorben. Etwa acht Tage vor dem Einmarsch der Amerikaner machten wir gerade Kehrwoche auf der Straße, als drei deutsche Soldaten vorbeikamen, darunter ein Offizier. Sie fragten uns, wie man nach Deggingen ins Lager Nordalb käme. Wir beschrieben ihnen den Weg. Der Offizier tönte noch: „Wir werden den Krieg bald gewinnen!" Mein Großvater meinte, als sie weitergelaufen waren: „Ja, die schwätzet einen schönen Scheiß daher." In diesen Tagen hatte auch der Büttel dazu aufgerufen, alles zu packen, den Ort zu evakuieren und nach Oberböhringen zu gehen. Meine Mutter und sämtliche Bewohner unserer Straße lehnten diese fragwürdige Maßnahme allerdings ab – ihnen war nicht klar, was das bringen sollte.

Am 21. April hatte sich meine Mutter vormittags zusammen mit meiner Cousine auf den Weg nach Hausen gemacht, um dort einige Bienenstöcke zu versorgen. Sie war Imkerin und hatte einigen Kriegsteilnehmern des Dorfs versprochen, dies zu tun. Am Nachmittag schellte der Büttel aus, dass man jetzt Lebensmittel ohne Marken kaufen könnte. Ich machte mich auf den Weg, kaufte vor allem Nudeln ein und kehrte wieder zurück. Als ich nach Hause kam, hatte meine Tante ein weißes Leintuch aus dem Fenster gehängt. Sie hatte mitbekommen, dass die Amerikaner bereits im Anmarsch waren. Sie schickte mich umgehend zurück ins Dorf, um meine gehbehinderte Patentante zu holen und hierher an den Ortsrand zu bringen. Ich drehte also wieder um und ging in Richtung Ortmitte, wo inzwischen die Amerikaner eingezogen waren. Wie gebannt schaute ich die riesigen Panzer an. Bei meiner Patentante klopfte ich an den Laden. Drinnen schrien sie nur: „Wir machen nicht auf, der Feind kommt!" Ich rief: „Dode, ich bin's nur, nicht der Feind." Ich wurde eingelassen. Nach einer Weile fuhren die Panzer in Richtung Kahlenbergstraße, damals Wilhelm-Murr-Straße, weiter und wir liefen in die Nuberstraße zurück.

Endlich kamen auch meine Mutter und meine Cousine, um die wir uns schon etwas gesorgt hatten. Meine Mutter war von der Situation völlig überrascht, denn in Hausen und im Wald lagen noch deutsche Soldaten. Sie befürchtete Schlimmes: „Das wird was geben!"

Am frühen Morgen, noch bei Dunkelheit, hörten wir zahlreiche Schüsse, konnten aber vom Fenster aus nichts sehen. Meine Mutter hatte schon in den Wochen

Luftbild vom Ortskern Bad Überkingens mit der Kirche St. Gallus.

zuvor deutsche Soldaten im Lazarett, das im Badhotel eingerichtet war, betreut und machte sich große Sorgen um diese Männer. Wir zogen uns an und eilten dorthin. Man sagte, im Wald lägen noch verwundete deutsche Soldaten. Mutter schickte mich ins Lazarett, um dort ihre Stiefel zu holen. Ein junger amerikanischer Soldat verwehrte mir zunächst den Zugang: „No, no!" Da ich aus der Schule etwas Englisch konnte, erklärte ich ihm, was ich wollte. Vor dem Badhotel hatte man etwas auf Stroh gelegt und mit einer Decke bedeckt. Der Amerikaner sagte zu mir: „Come on!" Er zog die Decke weg: „Look!" Dort lagen drei tote Amerikaner mit Bauchschüssen – ein schlimmer Anblick, der mir lange Zeit nachging.

Währenddessen hatte sich geklärt, dass im Wald keine deutschen Soldaten mehr waren. Stattdessen mussten Verwundete versorgt werden, die bei dem Gefecht verletzt worden waren. Auch wir pflegten drei oder vier Wochen daheim einen jungen Mann. Er und ein weiterer Kamerad erzählten, dass sie auf dem Weg von Türkheim nach Überkingen hineinmarschieren wollten und die Amerikaner vom Kirchturm aus auf sie gefeuert hatten. Eine hilfsbereite Anwaltsfrau hatte sie in einem nahe gelegenen Haus erstversorgt. Meine Mutter berichtete später, die Beerdigung der gefallenen deutschen Soldaten auf dem Überkinger Friedhof sei sehr bewegend und traurig gewesen – besonders weil es sich um so viele Jugendliche gehandelt habe.

Badhotel Bad Überkingen, im April 1945 als Lazarett genutzt.

Die kommende Nacht mussten wir in der Anlage des Mineralbrunnens verbringen, dort campierten wir auf dem Boden. Man hatte Angst, dass deutsche Soldaten von Oberböhringen aus erneut angreifen könnten. Nur der Großvater blieb im Haus, er hatte seinen Stock neben dem Bett stehen und wollte diesen jedem „über den Grind ziehen", der ihn störte. Den Schnaps vergrub er sicherheitshalber, da er den Amerikanern nicht traute: „Wer woiß, was des für oine send!". Glücklicherweise geschah in der Nacht nichts weiter, für uns Jüngere war es dennoch sehr aufregend. Großvater, der sein eigenes Bett genossen hatte, lachte uns anschließend kräftig aus.

Die amerikanischen Kampftruppen wurden bald durch eine andere Einheit abgelöst, die sich allgemein recht freundlich benahm. Auf Anordnung hin mussten wir jedoch alle Waffen und Fotoapparate abgeben. Darunter befanden sich auch alte Gewehre vom 1870-er Krieg oder noch ältere Modelle. Der dicke Amerikaner, der die Waffen entgegennahm, lachte sich fast kaputt über diese Antiquitäten. Die Amerikaner richteten im Badhotel ihre Kommandantur ein. Meine Mutter kam dort gelegentlich hin und berichtete, dass die Amerikaner getrennt essen würden: Weiße, Schwarze und Juden. Für einen besonders großen und beleibten Offizier habe man kein Bett gefunden, weshalb er auf dem Billardtisch schlief. Meine etwas vorwitzige Cousine trieb sich auch öfters bei den Amerikanern herum, beispielsweise im „Stern". Sie erzählte, man müsse sich nur hinstellen und freundlich lachen, dann bekäme man Schokolade und andere Süßigkeiten. Man habe sie auch einmal aufgefordert, ein Hitlerbild anzuspucken, was sie bereitwillig tat und dafür wiederum Schokolade kassierte. Ein junger amerikanischer Pfarrer, Mr. Roth, war besonders freundlich. Ich häkelte ihm ein Jäckchen für das Kind, das seine schwangere Frau erwartete. Sie schickte aus den USA einen sehr netten Dankesbrief.

Eines Abends klopfte es. Zuerst wollten wir nicht aufmachen, aus Angst, es könnten vielleicht plündernde Polen oder Russen sein, die in dieser Zeit häufig nachts unterwegs waren. Mutter öffnete dennoch – es war kein Unbekannter. Sie rief: „Ach Gott, ach Gott, jetzt kommt der Mann, der gesagt hatte, wir gewinnen den Krieg!" Tatsächlich handelte es sich um den Offizier, dem wir acht Tage vor dem Einmarsch den Weg nach Deggingen erklärt hatten. Er stammte aus Reutlingen und bat uns, sich hier verstecken zu dürfen. In unserer Hütte nebenan durfte er sich einen Tag im Stroh verbergen und zog dann weiter in Richtung Heimat.

[1] KrA GP S 16 Überkingen Nr. 4. Zusammenfassung eines Interviews mit der Zeitzeugin von 2013.

„Die Schurwaldhöhen sind voll mit Amis."

Geschichtliche Darstellung der letzten Kriegstage durch die Gemeinde Baiereck vom Oktober 1948.[1]

Am 21. April zogen Soldaten der 103. US-Infanteriedivision durch das Nassachtal und den Schurwald.

März 1945
Etwa 50 Panzerfaustschützenlöcher werden entlang der Talstraße vom Volkssturm ausgehoben.

28.3.1945
Die Schule, die schon monatelang nur noch eingeschränkten Unterricht gab (Kohlenknappheit, Fliegeralarme!) (das 8. Schuljahr hatte nur noch wöchentliche „Appelle"!), schließt in Anbetracht der sich nähernden Kampfhandlungen ihre Pforten.

8.4.1945
Einquartierung! Eine Trosskompanie mit Werkstattabteilung in Stärke von etwa 250 Mann (Heeresflak) kommt aus der Heilbronner Gegend und macht in Baiereck und Nassach-Unterhütt Quartier, nicht gerade zum Leidwesen der jungen Weiblichkeit.

Ein biederer Baierecker, dem ein deutscher Trupp im Hausgang elf Gewehre stehen ließ, um sich in Gefangenschaft zu begeben, hatte diese Waffen, die ihn als alten Soldaten „dauerten", recht gut und tief vergraben. Als nun die Waffenabgabe zur strengen Pflicht gemacht wurde, musste er mit Schweiß, aber noch mehr Most, seine „Schützlinge" ausgraben und per Schubkarren, der Zickzackweg gelaufen sein soll, abliefern.

Man stand vor der Besetzung große Ängste aus. Aber nun war alles viel glimpflicher abgelaufen als gedacht. – Eine allgemeine Suche nach weggeworfenen Waffen auf unserer Markung brachte wenig ein. Die Flurschäden waren äußerst gering, kein Einwohner verletzt, keinem ein Haar gekrümmt, keiner einer Plünderung ausgesetzt. Die meisten dachten nur daran: Wann kommt unser Vater, Bruder, Sohn zurück? Ist er gefangen oder gefallen oder durch die Maschen der amerikanischen Netze geschlüpft?

9.5.1945

Drei Neger brechen nachts im abseitsstehenden Haus Z. in Nassach ein, plündern und vergewaltigen Frau A. Z., während ihre Schwägerin sich durchs Fenster retten konnte.[2] Bedrohungen durch (meist angetrunkene) Polen und andere Ausländer in Zivil geschehen des Öfteren. Es passiert aber nichts Schlimmeres.

Unser Dorf und auch Nassach-Unterhütt bekam keinerlei Besatzung, nur Jeeps mit schwerbewaffneten Amis durchfuhren Tag und Nacht kontrollierend das Tal und seine Wälder in allen Richtungen, manchmal in die Büsche knallend. Einige verlassene, teils abgewrackte Autos, zwei ausgebrauchte Flakrohre im Dorf zeugen noch lange von dem Kriegssturm, der so lind durchs Tal gebraust war.

Nun war der ersehnte Friede. Und doch keiner.

---

[1] HStAS J 170 Bü 6 Bericht Baiereck. Abschrift im Kreisarchiv Göppingen.
[2] Bei den „Negern" handelte es sich um Marokkaner aus der nahen französischen Zone.

Sinnloser Gegenangriff

Drei Kinder aus Bezgenriet (Zeitzeuge A Jg. 1934, Zeitzeuge B Jg. 1933 und Zeitzeugin C Jg. 1932) erinnern sich an den 20. April 1945, als nach der kampflosen Besetzung des Dorfes ein deutscher Leutnant einen Gegenangriff auf die Amerikaner unternimmt.[1]

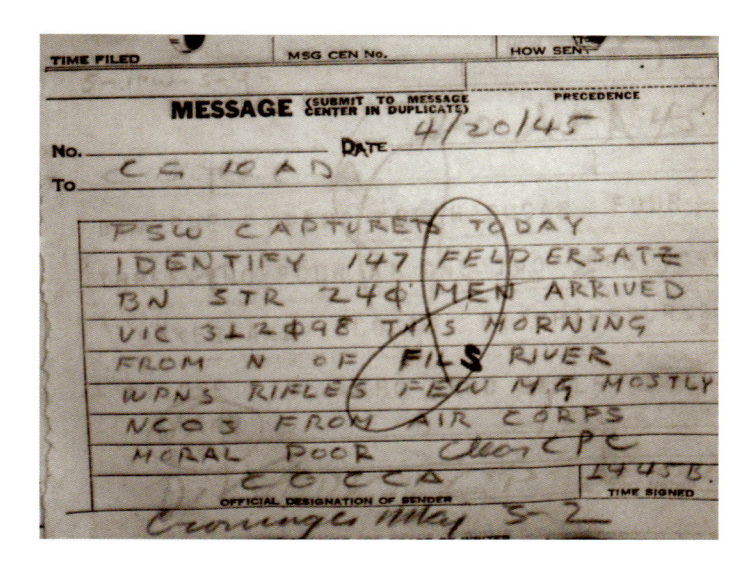

Das Combat Command A der 10. US-Panzerdivision traf beim Vorstoß auf Kirchheim auf deutsche Soldaten des 147. Ersatzbataillons, 31 davon wurden auch in Bezgenriet gefangen genommen. Nach den Angaben auf dieser Notiz bestand das Bataillon aus etwa 240 Mann und war mit Karabinern sowie wenigen MGs ausgerüstet, die Kampfmoral wurde von den US-Offizieren als schwach (poor) eingeschätzt.

Ab Ostern waren deutsche Soldaten in Bezgenriet untergebracht worden, auch einige Lastwagen und andere Fahrzeuge der Wehrmacht. Zeitzeuge B erinnerte sich, dass er am Nachmittag des 19. April bei schönstem Frühlingswetter mit der Familie auf dem Feld arbeitete, als man den Luftangriff auf Wäschenbeuren beobachtete. Was genau angegriffen wurde, habe man allerdings nicht gewusst, nur die Richtung Wäschenbeuren oder Birenbach vermutet. Jedenfalls war man sehr beunruhigt, ob die Jagdflieger nicht auch noch in die Nähe des eigenen Dorfs kommen würden. Dass die Front letztlich schon so nah war, hatte man nicht erwartet, obwohl ihr Näherrücken absehbar gewesen sei. Deshalb hätten die Väter, Veteranen des Ersten Weltkriegs, bereits Vorkehrungen getroffen und Nahrungsmittel ebenso wie Wertgegenstände in Sicherheit gebracht. Auch auf den Äckern hatte man schon vorsichtshalber die Kartoffeln gesteckt. Man hoffte sehr, dass die Amerikaner und nicht die Franzosen kommen würden, obwohl man mit den französischen Kriegsgefangenen im Dorf ein gutes Verhältnis hatte.

Besetzung und Kampf am 20. April 1945

Sorgenvoll drängten die Dorfbewohner am Abend des 19. April die deutschen Soldaten zum Abzug in Richtung Alb. Zeitzeuge A erinnerte sich, dass der bei seiner Familie einquartierte 19-jährige Soldat mit seinem Pferdegespann etwa um 20 Uhr abfuhr – später bekam man die Nachricht, dass er es noch bis ins Allgäu geschafft und überlebt hatte. Die Nacht verbrachte man noch nicht im Keller, doch am nächsten Morgen wurde es unruhig. Einige Dorfbewohner sahen die ersten amerikanischen Panzer aus Richtung Heiningen vorrücken, die auch einige Warnschüsse abgaben. Viele Familien flüchteten in die Keller, nur die verbliebenen Männer

Bezgenriet

spähten gelegentlich nach draußen. Der verunsicherte Bürgermeister war in der Nacht noch von einigen Bürgern in seinem Entschluss bestärkt worden, das Dorf ohne Widerstand zu übergeben. Deshalb blieben die zuvor vom Volkssturm angelegten Panzersperren offen und dieser rückte auch nicht aus. Am Rathaus versicherte der Bürgermeister nun den Amerikanern die kampflose Übergabe Bezgenriets, ein Panzer stand auf der Kreuzung in der Ortsmitte. Aus der Ferne hörte man später eine gewaltige Explosion – die Sprengung des Aichelberg-Viadukts.

Luftaufnahme von Bezgenriet, in der Ortsmitte die Kirche.

Am Ortsrand Richtung Schopflenberg waren inzwischen einige versprengte deutsche Soldaten beim Haus der Familie A angekommen und baten dort um etwas Wasser. Vater A bot ihnen auch noch Brot und Most an. Während die Männer friedlich dasaßen und ihr Vesper aßen, erschien ein Leutnant und ließ sie zum Einsatz antreten. Einer maulte und meinte, das habe doch alles sowieso keinen Sinn mehr. Der Leutnant drohte ihm bei einer nochmaligen derartigen Äußerung mit Erschießung. Die Soldaten formierten sich und rückten am Bett des Heimbachs entlang in Richtung Dorfmitte vor. Ein heftiges Feuergefecht begann, die Schüsse pfiffen durch den Ort, die Amerikaner feuerten auch mit den Panzern und Maschinengewehren. Die Scheune von Familie A erhielt einen Treffer und geriet in Brand, der bald auch auf das Wohngebäude übergriff. Die Familie rannte aus dem Keller und warf sich in eine Vertiefung bei der Straße. Nach einer Weile wagte sich der Vater zurück, das

Vieh – sechs Kühe und vier Kälber – war aber bereits im Stall erstickt. Als er im Schlafzimmer begann, Gegenstände aus dem brennenden Haus zu werfen, zerbarst ein Spiegel durch ein Gewehrgeschoss, worauf er das Haus wieder verließ. Erst nach dem Ende der Schießerei versuchte man mit einer Feuerspritze – die Feuerwehr hatte umsichtig zuvor mehrere im Dorf verteilt – zu löschen, was sich jedoch schwierig gestaltete, da auch der Schlauch angeschossen und daher löchrig war. Die anderen Familien blieben zunächst im Keller, gelegentlich wurde ein vorsichtiger Blick nach draußen gewagt. An einigen Stellen brannte und rauchte es, beispielsweise beim „Lamm". Aufgrund der unsicheren Situation hatten die Amerikaner eine komplette Ausgangssperre verhängt. Man erzählte hinterher, sie hätten vorgehabt, das Dorf als Vergeltung für den Überfall ab 17 Uhr anzuzünden, doch die französischen Kriegsgefangenen hätten sich für Bezgenriet eingesetzt und die Zerstörung abwenden können. Vater B musste zusammen mit Nachbarn die sieben toten Wehrmachtssoldaten, die vor allem im unteren Ortsteil lagen, mit einem Pferdefuhrwerk aufladen und zum Friedhof bringen, wo sie in einem Gemeinschaftsgrab beigesetzt wurden. Auf Seiten der Amerikaner hatte es nur einen Verwundeten gegeben.

Nachdem sich gegen Abend die Lage wieder beruhigt hatte, beschlagnahmten die Amerikaner vorwiegend in der Ortsmitte einige Häuser, diese Ausquartierung der Bewohner dauerte etwa zehn Tage. Gegen die Dorfbewohner verhielten sie sich ordentlich, doch in den Häusern wurde einiges verwüstet und zerstört. Noch schlimmer sei es bei der nachfolgenden Besatzungstruppe gewesen, die wahre „Sauforgien" veranstaltet hätte und bisweilen auch nachts auf der Suche nach Schnaps gewesen sei, was die Bevölkerung doch etwas beunruhigt habe. Für die Kinder sei es allerdings nicht schlimm gewesen, hätte man doch von den Amerikanern oft

Ein schwerbewaffneter Soldat der 10. US-Panzerdivision im Frühjahr 1945 während einer Kampfpause.

Bezgenriets Nachbarort Jebenhausen wurde am 20. April 1945 erst gegen 13.30 Uhr besetzt.

Kaugummi, Schokolade oder das eigenartige Weißbrot aus Maismehl bekommen – auch wenn die Eltern zur Vorsicht im Umgang mit den Besatzern mahnten. Überall um das Dorf lagen Waffen und Munition verstreut, Panzerfäuste und Maschinengewehrbänder. Zeitzeugin C erinnerte sich, wie sie selbst einmal eine Panzerfaust aus dem Wald mit nach Hause brachte; Zeitzeuge A wusste noch, wie Kameraden in einem Steinbruch ebenfalls eine Panzerfaust abfeuerten und dabei Verbrennungen erlitten.

Während man im Dorf meist keinen Hunger zu leiden brauchte, kamen viele Göppinger zum Hamstern nach Bezgenriet und in die Nachbarorte. Man erinnerte sich noch, wie die Väter bei der Getreideernte sagten: „Rechet au et so sauber!" – damit für die zahlreichen „Ährenleser" auch etwas übrig blieb.

[1] KrA GP S 16 Bezgenriet Nr. 1. Zusammenfassung eines Interviews mit den Zeitzeugen von 2013.

„Nun jubeln sie also den Amerikanern zu. Es widert mich an." – Die letzten Kriegstage in Böhmenkirch

Nach Tagebuchaufzeichnungen der Bibliothekarin Ingeborg Scheutzow, die als Flüchtling aus Heilbronn die Tage um das Kriegsende in Böhmenkirch erlebt.[1]

Gasthaus „Krone" in Böhmenkirch, Postkarte um 1930.

7. April

Unweit von Spiegelberg holte uns ein Lastwagen ein mit der Heimatadresse „Gerstetten". Nach einem kurzen Gespräch mit dem Chauffeur wird der Handwagen aufgeladen und nach 12 Stunden landen wir, mit Unterbrechungen wegen Fliegergefahr, bei Heidenheim, 8 km von unserem Ziel entfernt. Wir sitzen auf einer kleinen Anhöhe, und Hans erzählt mir von seinen Verwandten in Böhmenkirch auf der Alb.

Nach zweistündigem Marsch, immer bergauf, sind wir am Ziel. Endlos kommt mir die Zeit vor, die ich im Regen vor der Gastwirtschaft warte (die Verwandten haben eine Metzgerei mit Gastwirtschaft; die Metzgerei ist zur Zeit jedoch geschlossen). Endlich kommt Hans mit der Botschaft heraus, dass wir bleiben können. Wir sind total erschöpft. Ich schlafe mit Mutter und Tochter in einem Raum. Bedauerlicherweise kommen wir sehr ungelegen, denn morgen ist Weißer Sonntag, und das Töchterchen erhält die Erstkommunion.

8. April

Die Kommunion ist vorüber. Wir sind Fremde aus einer lauten, unbarmherzigen Welt. Hier gibt es keine Sirene. Das Geschehen „draußen" scheint die Menschen kaum zu berühren. Abseits vom Kampfgetümmel leben sie in Frieden dahin. Nur das Fehlen vieler Männer erinnert an den Krieg.

18. April

Jetzt hat der Krieg auch Böhmenkirch erreicht. Deutsche Soldaten werden im Hause und in den Stallungen einquartiert. Panzersperren entstehen rings um das Dorf. Auch in den umliegenden Häusern sind Einquartierungen. Am Abend sitzen die Soldaten fröhlich beieinander, ein letztes Mal zu feiern. Sie laden uns dazu…

24. April

Ursprünglich wollten wir am 24. April weiterziehen, nachdem sich die Lage zugespitzt hatte. Aber heute früh hieß es, der Kessel um uns ist geschlossen, das Dorf wird nicht verteidigt, die Panzersperren werden fortgeräumt. – So bleiben wir also hier.

24. April, 18 Uhr. Einmarsch der Amerikaner. Weiße Fahnen hängen aus einigen Fenstern, und eine Anzahl von Frauen und Kindern steht lachend mit weißen Tüchern winkend am Straßenrand. Schweigend sehen wir zu. Wie beobachten die Familie, die in den letzten Tagen öfter in die Gaststätte gekommen war, mal mit Parteiabzeichen, mal ohne, je nach Lage laut Rundfunk. Nach der letzten Goebbelsrede waren sie so siegessicher, dass sie wieder mit Parteiabzeichen erschienen und während der Gespräche eifrig Notizen machten. „Zur Denunziation bei der Parteileitung" gaben sie frech zu. „Wir haben schon lange alle aufgeschrieben!". Damit verließen sie den Raum. Nun jubeln sie also den Amerikanern zu. Es widert mich an.

Während des Einzugs spielen die Amerikaner deutsche Militärmärsche. Auf den Kühler eines ihrer Fahrzeuge haben sie einen deutschen Soldaten gebunden. Einige Amerikaner kommen in den Wirtschaftsraum und verlangen Bier. Da ich mich mit ihnen am besten verständigen kann, bittet mich die Familie, sie zu bedienen. Es sind zahlreiche Schwarze dabei. Ich lerne, wie man ein Bierfass anzustechen hat, und es gelingt mir auf Anhieb. Je mehr die Soldaten trinken, desto unbehaglicher wird auch mir, besonders als die Schwarzen den Weinkeller besichtigen wollen. Sie zwingen mich, voran zu gehen. Aber es geht alles gut. Als sie nachher eines der Kinder sehen, verteilen sie Schokolade und an die Männer Zigaretten…

Die nächsten zwei Tage gibt es viel Umtrieb. Wir müssen uns gewaltig umstellen. Scharfe Bestimmungen werden erlassen, wie sie in besetzten Gebieten stets herausgegeben werden: Von 20-7 Uhr darf die Straße nicht betreten werden. Waffen sind umgehend abzuliefern. Übertretungen werden ausschließlich mit dem

Tode bestraft. Das sind nur die ersten Bestimmungen. Sobald die Besatzung da ist, werden weitere Verordnungen folgen. Ich glaube aber, dass nach Eintreffen der Besatzung das Verbot, das Dorf zu verlassen, wieder aufgehoben wird…

Hans' Cousine kommt aufgelöst zu mir: „Oben im Plättzimmer liegen Granaten und Panzerfäuste! Mein Gott, was wird aus uns, wenn die gefunden werden!" Hans und ich betrachten die Hinterlassenschaft der deutschen Einquartierung und beschließen, die Waffen zur Kommandantur zu bringen. Einige meinen, wegen der bereits abgelaufenen Frist sollten wir die Waffen lieber ins Wasser werfen. Wir entschieden uns für die ordnungsgemäße Ablieferung und begegnen unterwegs einem Offizier, der uns anhält. Er begleitet uns zur Waffensammelstelle und verwickelt uns anschließend in ein Gespräch. Er bewundert das schöne deutsche Land und kann nicht verstehen, um was der Krieg eigentlich geht. Dann meint er: „We are fighting for God's justice". Mehrmals wiederholt er, dass sie für den Sieg der göttlichen Gerechtigkeit kämpfen. Auf seine Frage nach unserem Wohnort nennen wir Heilbronn. Er bedauert die Zerstörung der Stadt – er ist durch Heilbronn gekommen und zeigt ehrliche Erschütterung über das Ausmaß der Zerstörung – und betont, dass sie (die Amerikaner) daran keinen Anteil hätten. „Das waren die Engländer. Die sind feige, sie kommen immer nachts… Wir zeigen uns auch am Tage, vor allem am Tage" betonte er. Er scheint von den Engländern nicht viel zu halten. Leider fiel mir nicht rechtzeitig ein, ihn auf das Abschießen von Menschen durch amerikanische Flieger aufmerksam zu machen. Zum Abschluss warnt er mich vor seinen siegestrunkenen Kameraden und legt mir nahe, die Türen fest zu verschließen.

Heute ist der 27. April. Seit gestern ist es ruhiger, da ein großer Teil der Truppen weitergezogen ist. Wir rechnen mit baldigem Eintreffen der Besatzung.

Der hiesige Pfarrer (das Dorf ist katholisch) berichtet, dass amerikanische Panzer vor seinem Hause hielten. Er wurde „gebeten" herauszukommen, um die amerikanischen Soldaten und ihre Waffen zu segnen. Während des Segens knieten alle auf ihren Panzern nieder. Die knienden Soldaten sah ich von weitem. Später erkundigten sie sich nach den Gottesdienstzeiten. Es wurde angeordnet, dass die Deutschen und Amerikaner in der Kirche getrennt sitzen sollen. Immer wieder betonen die Amerikaner, dass ihr Kampf nicht dem deutschen Volke, sondern dem Nationalsozialismus gelte.

---

[1] Eugen Lang/Karl Oswald (Hg.), Böhmenkirch. Dorf und Land zwischen Messelberg und Albuch, Band 1, Weißenhorn 1990, S. 398–400.

Die weiße Fahne am Kirchturm

Zwei junge Frauen (A, Jahrgang 1924 und B, Jahrgang 1925) beschreiben Kriegsende in Böhmenkirch.[1]

Die Situation vor dem Kriegsende war sehr angespannt. Verlässliche Nachrichten gab es kaum noch. Mutter B hörte heimlich am Radio den „Engländer" [BBC], während die Töchter Schmiere stehen mussten. Es hätte im Dorf viele SA-Leute gegeben, die gern Leute anzeigten, deshalb musste man sehr vorsichtig sein und konnte nichts offen sagen. Ein älterer Mann war nach dem gescheiterten Attentat vom 20. Juli 1944 direkt vom Kirschenpflücken weg verhaftet worden, weil er gesagt hätte: „Wenn sie ihn nur erschossen hätten!" Der Schultes hatte ihm noch helfen wollen und sagte vor den Polizeibeamten, der Mann habe sicherlich Churchill gemeint, worauf der Beschuldigte jedoch darauf beharrte, Hitler gesagt zu haben. Deshalb war er lange in Göppingen eingesperrt gewesen.

In Böhmenkirch erwartete man die Amerikaner aus Richtung Weißenstein, dort befand sich an der alten Steige eine rund zwei Meter hohe Panzersperre. Die Zeitzeugin A erinnerte sich, dass kurz vor Kriegsende in Weißenstein aus Wehrmachtsbeständen Stoff und Schweizer Käse ausgegeben wurde. Sie selbst radelte deswegen

Luftaufnahme von Böhmenkirch, im Hintergrund der Messelberg (links) und der Hohenstaufen (rechts). Am frühen Abend des 24. April 1945 konnte die Gemeinde widerstandslos besetzt werden.

mit dem Fahrrad dorthin, wurde von hilfsbereiten Wehrmachtssoldaten über die Panzersperre gehoben und erhielt ein großes Stück Käse. Auf dem Rückweg wurde sie jedoch zusammen mit anderen „Käseholern" von einem amerikanischen Jagdbomber beschossen, die Gruppe rettete sich in ein nahes Wäldchen und warf sich dort auf den Boden. Alle hätten Todesangst gehabt. Die Jagdbomber-Piloten hätten immer wieder die Gegend heimgesucht und auch auf Milchkannen oder Viehgespanne gefeuert.

Als die Amerikaner bereits in Donzdorf waren [20./21. April], suchte ein Parteigenosse die Familie B auf und forderte den Vater zum Volkssturm an. Die Mutter behauptete, er sei krank und könne nicht kommen. Sie hatte ihren einzigen Sohn in Russland verloren und hasste das Regime. Doch der Parteigenosse blieb unerbittlich, der Vater solle „tot oder lebendig" kommen und die Mutter werde er noch „nach Dachau" bringen. So musste der Vater ausrücken, kam aber unbeschadet wieder.

Am Tag vor dem Einmarsch kam plötzlich eine Gruppe von etwa 50-60 französischen Kriegsgefangenen mit einem Wachmann nach Böhmenkirch, um dort die Nacht zu verbringen. Sie hatten Wagen dabei, die mit Rot-Kreuz-Fahnen abgedeckt waren. Man brachte die Männer in der „Sonne" und im „Grünen Baum" unter, aber auch in Scheunen. Ein ziemlich kranker Franzose durfte bei der Familie B in der Stube am warmen Ofen schlafen und erhielt heißen Tee. Die Mutter sagte: „Oh, wenn das alles nur schon vorbei wäre, ich habe solche Angst." Der Franzose versuchte zu beruhigen: „Solange wir da sind, passiert nichts." Doch am nächsten Tag gingen sie schon weiter. Auch eine Gruppe deutscher Soldaten zog durch den Ort. Man bot ihnen an: „Bleibt da, wir verstecken euch." Doch sie wollten weiter, in Gerstetten sollen sie wenig später von den Amerikanern erschossen worden sein.[2]

Der fanatische Böhmenkircher Ortsgruppenleiter, der Schulleiter Bernhard Döser, hatte stets getönt: „Wir verteidigen Böhmenkirch bis zum letzten Mann!" Doch als am Morgen des 24. April drei Warnschüsse der Amerikaner auf den Feldern vor dem Dorf einschlugen, war er der erste, der Reißaus nahm – er kehrte auch nach dem Krieg nicht wieder zurück. Der Vater A., langjähriger Postbeamter und kein Parteigenosse, bat nun seinen Bruder, auf den Kirchturm zu steigen und dort eine weiße Fahne zu hissen. Der nahm ein Leintuch sowie ein großes weißes Bettuch und tat, wie ihm geheißen. Tatsächlich rückten die Amerikaner ohne einen weiteren Schuss am Nachmittag überraschend aus Richtung Bartholomä in den Ort ein, einen im Wald aufgegriffenen älteren Mann hatten sie auf einen Panzer gesetzt. Zeitzeugin B bemerkte erschreckt, dass an ihrem Haus im Gegensatz zur Nachbarschaft noch die weiße Fahne fehlte und band schnell eine Schürze an einen Besenstiel.

Die Einwohner Böhmenkirchs mussten sich vor ihren Häusern auf die Straße stellen, während jeweils zwei US-Soldaten dieselben durchsuchten. Manche reichten den Soldaten Lebensmittel oder Getränke, doch Vater A , Teilnehmer des Ersten Weltkriegs, warnte: „Gebt ihnen nichts, wenn die merken, dass etwas zu holen ist, fangen sie an zu plündern." So kam es auch bei einem Getränkeladen, der völlig ausgeräumt wurde. Die Amerikaner, darunter riesengroße Schwarze, seien auf dem Bordstein gesessen und hätten die Spirituosen geleert, bis sie „sternhagelvoll" gewesen wären. Danach hätten sie die leeren Flaschen an ein Fenster gestellt und darauf geschossen, was die Anwohner sehr verängstigt habe.

Vater A. hatte seiner Tochter streng verboten, sich auf der Straße zu zeigen. Trotzdem habe sie sich am nächsten Morgen etwas zu vorwitzig aus dem Haus gewagt, um trotz Ausgangssperre Brot zu besorgen. Ein amerikanischer Offizier hatte sie allerdings recht schnell erwischt und mit „Come in!" ins Rathaus bestellt. Dort wurde sie bis zum Nachmittag zusammen mit deutschen Soldaten eingesperrt, die sich ergeben hatten. Erst als sie klarmachen konnte, dass sie lediglich Brot hatte kaufen wollen, wurde sie freigelassen und sogar mit dem Jeep nach Hause gefahren.

In Böhmenkirch hatten die Amerikaner die großen schönen Häuser besetzt und dort manchmal auch geplündert. Insgesamt waren die Soldaten nicht gerade zimperlich, doch Übergriffe auf die Bevölkerung hätte es nicht gegeben. Vor allem auf Eier und Schnaps hatten sie es abgesehen. Nach einer Weile verteilten sie auch Schokolade und anderes an die Kinder. Zeitzeugin B hätte allerdings nie etwas von ihnen genommen, ihr missfiel, wie sie sich als Herren aufspielten. Zeitzeugin A., deren Familie keine Landwirtschaft und deshalb durchaus Mangel an Lebensmitteln hatte, war hingegen froh um die eine oder andere amerikanische Konserve. Aufgrund ihrer Englischkenntnisse konnte sie sich gut mit den Besatzern verständigen. Ein Offizier hätte sie einmal ins Casino nach Heidenheim eingeladen, doch ihr Vater ließ sich nicht erweichen. Eine andere junge Frau hatte auch mit einem amerikanischen Offizier ein Kind gehabt, doch der sei irgendwann wieder zurück in die USA zu seiner dortigen Familie.

In den Wochen nach Kriegsende wanderten immer wieder deutsche Soldaten auf dem Heimweg durch das Dorf, die dort übernachten konnten und mit etwas Proviant versogt wurden. In der Hoffnung, dass vielleicht andernorts auch den eigenen Söhnen oder Brüdern derart geholfen würde, habe man immer wieder etwas mitgegeben – Kleidung und Lebensmittel. Drei Soldaten aus Freiburg blieben länger in Böhmenkirch, da sie in der französischen Zone gefangen genommen worden wären. Auch viele Städter reisten zum Hamstern nach Böhmenkirch. Hinzu kam eine große Zahl von Flüchtlingen, beispielsweise aus Ungarn oder Tschechien, die noch irgendwie mit untergebracht werden mussten. Gerade für junge Leute sei es lange eine trübe Zeit gewesen, da in fast jedem Haus ein Gefallener zu beklagen war, so auch bei den Zeitzeuginnen, die jede einen Bruder verloren hatten.

---

[1] KrA GP S 16 Böhmenkirch Nr. 1. Zusammenfassung eines Interviews mit den Zeitzeuginnen von 2013. Die Kürzel „A" und „B" stehen nicht (!) für die Anfangsbuchstaben der Familiennamen, sondern sind beliebig gewählt.

[2] Tatsächlich sind in Gerstetten am 24. April 1945 10-11 deutsche Soldaten gefallen.

Ein Offizier rettet den Gockel

Eine 24-jährige Frau aus Boll berichtet über die kampflose Besetzung ihrer Heimatgemeinde.[1]

Unser Haus stand am Ortsrand von Boll in der Dürnauer Straße. Mein Vater hatte im Ersten Weltkrieg als Unteroffizier gedient und hohe Auszeichnungen erhalten. Als Sozialdemokrat kam er mit den Nazis mehrfach in Konflikt und wurde dreimal über Nacht eingesperrt. Einmal gab es eine umfangreiche Hausdurchsuchung, weil er gedroht hatte, dass er daheim ein Maschinegewehr hätte – was allerdings nicht stimmte.

Heimlich hörte Vater während des Kriegs am Volksempfänger ausländische Sender, aber nur so laut, dass er allein es verstand – denn es gab im Ort SA-Leute, die auch an den Fenstern lauschten und dann Anzeige erstatteten. Durch das Radio schien er über die Kriegslage recht gut im Bilde zu sein. Wie unsere Nachbarn wären auch wir bei Feindgefahr oder Luftangriffen zu einem Luftschutzraum bei der „Wilhelmshöhe" eingeteilt gewesen. Das kam aber für meinen Vater aufgrund

Boll wurde am späten Vormittag des 20. April 1945 weitgehend kampflos besetzt.

seiner eigenen Kriegserfahrungen nicht in Frage. Er grub stattdessen im Garten einen fast mannshohen Splittergraben, in dem bei Bedarf die ganze Verwandtschaft Schutz finden konnte.

Jedenfalls wussten wir am Abend des 19. April schon Bescheid, dass der Amerikaner nahe war und Wäschenbeuren angegriffen wurde, wo man sich angeblich gewehrt habe. Tatsächlich rollten am 20. April die amerikanischen Panzer aus Richtung Dürnau heran, teilweise über die Felder. Unser Vater hatte inzwischen alle Verwandten zur Sicherheit aus dem Ort auf die Heide geschickt, nur meine Mutter und ich blieben bei ihm. Da sich unser Haus ganz vorne am Ortseingang befand, schwenkte er angesichts der Amerikaner eine weiße Fahne zum Fenster hinaus. Ohne einen Schuss abzugeben fuhren sie weiter in Richtung Ortsmitte und Rathaus – die Panzer vorneweg und hinterher Jeeps mit Offizieren. Es waren auch viele schwarze Soldaten darunter. Die ganze Besetzung Bolls ging sehr friedlich vonstatten. An der Gruibinger Steige, in der Nähe der Silberpappeln, wurde jedoch ein Volkssturm-Mann aus Ebersbach erschossen, der eine Panzerfaust abgefeuert hatte.

Die Amerikaner besetzten einige Häuser im Ort und richteten bei der „Linde" ihre Feldküche ein. Bei den Bauern holten sie vor allem Eier und Milch. Wir blieben von der Ausquartierung verschont, da wir nur ein kleines Häuschen und Ziegen besaßen. Andere Familien mussten ihre Häuser verlassen und durften nur zum Versorgen des Viehs kurzzeitig heim. Als junge Frau durfte ich übrigens einige Wochen nicht aus dem Haus – meine Eltern hatten Angst, dass mir etwas passiert.

Einen kleineren Schrecken gab es für uns noch: Am Tag nach dem Einmarsch kam ein schwarzer Soldat mit einer Pistole in der Hand die Straße entlang und nahm unser Hühnergehege ins Visier. Er hatte es auf unseren Gockel abgesehen, den wir aber doch zur Zucht brauchten! Das versuchte mein Vater dem Schwarzen mit Händen und Füßen klarzumachen. Während die beiden noch lebhaft diskutierten, kam von hinten ein amerikanischer Offizier. Der ließ einen gehörigen Schrei los, worauf der Schwarze sich davon machte. Der Offizier verschonte den Gockel und verlangte lediglich ein frisches Ei pro Tag seines Aufenthalts in Boll – das war natürlich kein Problem.

Die Fremdarbeiter im Dorf durften sich nun frei bewegen und manche revanchierten sich bei den Bauern, die sie nicht anständig behandelt hatten, weshalb einiges gestohlen wurde. Die Versorgung war zwar nicht üppig, aber da wir selbst Kartoffeln, Getreide und unsere Ziegen hatten, litten wir keine schlimme Not.

[1] KrA GP S 16 Bad Boll Nr. 1. Zusammenfassung eines Interviews mit der Zeitzeugin von 2014.

„Die Bünzwanger Unterhändler sollten vorn auf dem ersten Panzer Platz nehmen. Beim ersten Schuss, der gegen die Ami falle, würden sie beide erschossen werden."

Bericht der Gemeinde Bünzwangen vom November 1948 über die Mühen um eine kampflose Übergabe des Dorfs.[1]

GIs der 100. US-Infanteriedivision nehmen deutsche Soldaten gefangen, am 22. April 1945 auch bei Bünzwangen.

Über die letzten Kriegstage des Dorfes ist folgendes zu berichten: Der Schulunterricht wurde der Kriegslage wegen am 6. April 1945 eingestellt. Die Arbeit in den Fabriken ging bis zuletzt weiter. So wurde in Uhingen bis Donnerstag, den 19. April noch für Rüstungszwecke von hiesigen Arbeitern bis 17 Uhr an V2-Teilen gearbeitet. Vom Anmarsch des Feindes war kaum etwas zutreffendes bekannt. Heeresbeamte des Werkes[2] sagten nur, es stehe „lumpig" und vor Eintreffen des Feindes sollten Pläne und Arbeitsvorrichtungen, die vom OKH stammten, vernichtet werden. Am Abend dieses Donnerstages wurde in Bünzwangen [der Volkssturm] aufgeboten nach Ebersbach mit späterem Marschziel Aichelberg. Sonst erfolgten weder amtlich noch privat keine weiteren Anordnungen.

In der Nacht auf Freitag konnten Annäherungen der Feindspitzen auf den Schurwaldhöhen festgestellt werden. Während dieser Zeit lagen im Dorf auch deutsche Soldaten, keine Kampfeinheiten, sondern in Umschulung begriffene Luftwaffenangehörige, meist ältere Jahrgänge, die zum Infantriedienst und zur Panzernahbekämpfung Verwendung finden sollten. Zwei Offiziere, ein Feldwebel und ein Gefreiter von ihnen wollten das Dorf unbedingt gegen den anrückenden Feind verteidigen. Die Mannschaft war dabei in der Bedienung der Waffen (Gewehr und MG) kaum erfahren, hatte keinerlei schweren Waffen, höchstens noch einige Panzerfäuste und vor allem keine Kampferfahrung. Dabei leuchtete die Zwecklosigkeit einer Verteidigung jedem Vernünftigen ein. Die Mannschaft musste bereits Schützenlöcher und MG-Stellungen ausheben, während die Einwohnerschaft sich mit den oben angeführten Soldaten um die Aufgabe einer Dorfverteidigung stritt und dabei sogar mit der Waffe bedroht wurde.

Endlich wurde die Vereinbarung erreicht: Das Dorf wird dem Feind kampflos übergeben. Die Übergabe findet gegen Abend statt, um den deutschen Soldaten zu ermöglichen, sich im Schutze der Nacht abzusetzen und die Höhen der Alb zu gewinnen. Zu diesem Zeitpunkt war, nach Uhingen, auch schon Albershausen von amerikanischen Truppen besetzt worden und im Schlierbacher Wald streiften Panzer der Amerikaner. Zwei Bürger stellten sich zu dem schweren Gang nach Uhingen zur Verfügung. Die Einwohner atmeten auf, als sich die beiden mit einer weißen Fahne und einer Vollmacht des Bürgermeisters am Abend des 20. April 45 nach Uhingen auf den Weg machten. An der Sutzenbachbrücke trafen sie auf die Ami, die dort einen Panzerriegel gebildet hatten. Die beiden Bünzwanger wurden lachend empfangen und zunächst ins Haus des Uhingers Stein gebracht. In der Vernehmung wollten die amerikanischen Soldaten zunächst wissen, ob der Ort nun auch tatsächlich von den deutschen Soldaten geräumt sei und was für Ausrüstung sie hatten. Die Bünzwanger Unterhändler sollten vorn auf dem ersten Panzer Platz nehmen. Beim ersten Schuss, der gegen die Ami falle, würden sie beide erschossen werden.

Als die Fahrt schon losgehen sollte und sie nochmals gefragt wurden, ob die Soldaten oben in Bünzwangen auch Panzerfäuste gehabt hätten und die Frage bejaht wurde, wurden die Motoren sofort wieder abgestellt und die Fahrt abgeblasen. Die Bünzwanger wurden nur in einem Jeep ins Haus des Architekten Maisch zu einer neuen Vernehmung gefahren, die in einem anständigen Ton verlief und wobei auch Getränke angeboten wurden. Die Vernehmung leitete diesmal ein deutschstämmiger amerikanischer Offizier. In der Nacht wurden die Bünzwanger trotz Protest in Uhingen festgehalten und ohne Verpflegung gelassen. Sie erreichten jedoch, dass das Dorf nicht beschossen wurde, allerdings wurde ihnen klar gemacht, dass wenn am Morgen bei dem Einmarsch der amerikanischen Soldaten auch nur ein Schuss falle, das Dorf mit Phosphorgranaten [beschossen würde]. Es ereignete sich aber bis in den späten Nachmittag des Samstag hinein gar nichts. Die beiden Bünzwanger beschlossen deshalb ins Dorf zurückzukehren, wo sie nicht nur die Angehörigen, sondern die gesamte Einwohnerschaft in Sorge erwarteten.

Bei der Rückkunft fanden sie noch deutsche Soldaten im Dorfe, die entweder überhaupt nicht abgezogen waren oder wieder ins Dorf zurückgekehrt waren, da ihnen der Durchbruch nicht gelungen war. Die im Ort befindlichen Soldaten mussten auf Anordnung der Amerikaner die Waffen abgeben, die Koppeln ablegen und die Mäntel offen tragen. Die Entwaffnung führten die Soldaten selbst durch. Die Waffen wurden zunächst unbeschädigt im Rathaus gelagert. Am selben Tag wurde auch angeordnet, dass sämtliche Fotoapparate und Ferngläser sofort abzuliefern seien. In der Nacht von Freitag auf Samstag fielen im Schlierbacher Wald beim Durchbruchsversuch drei deutsche Soldaten. Auf Anordnung eines amerikanischen Offiziers durch Fritz Maier (Sanitäter des Dorfes) wurden die drei Toten am Montag geholt und unter Anteilnahme der Einwohner und des evangelischen Geistlichen am Dienstag, den 24. März 1948, in einem gemeinsamen Grab im hiesigen Friedhof beigesetzt.

Am Sonntag, den 22. April 1945, landete ein amerikanischer Ari-Aufklärer bei der Turnhalle, der dieses Gelände zu einem Feldflugplatz ausersehen hatte, die umliegenden Häuser wurden als Quartier vorgemerkt. Es erschien aber niemand mehr. Am Nachmittag des 22. April kamen von Ebersbach drei Amerikaner herauf, die die anwesenden bzw. auffindbaren deutschen Soldaten durchsuchten und mit erhobenen Händen in die Gefangenschaft abführten. Häuser wurden dabei nicht durchsucht, so dass es einigen gelang, der Gefangenschaft zu entgehen. Es wurde keine Besatzung oder Verwaltungsdienststelle der Amerikaner ins Dorf gelegt. Die Waffen, die im Rathaus lagerten, wurden noch vor dem Waffenstillstand an Bitterlings Mistemauer zerschlagen. Dort lagen sie als wüster Trümmerhaufen bis sie ein Pforzheimer Evakuierter zu den Uniformstücken in die Rathausremise warf. Panzerfäuste wurden von einem ehemaligen deutschen Soldaten entschärft, da die Amerikaner sich nicht damit abgeben wollten, noch drauf verstanden.

In der Folgezeit hatten wir nur unter Plünderungen der Polen zu leiden. Die hier untergebracht gewesenen Franzosen, ehemalige Kriegsgefangene, hatten schlimmere Ausschreitungen verhütet.

---

[1] HStAS J 170 Bü 6 (Bünzwangen). Abschrift im Kreisarchiv Göppingen. Fehlstellen wurden sinngemäß in eckiger Klammer ergänzt.

[2] Mutmaßlich die Allgaier-Werke in Uhingen.

„Soldaten, schießt doch nicht mehr, es ist doch alles sinnlos geworden." – Deggingen im April 1945

Ein 16-Jähiger aus Deggingen beschreibt die Situation in seinem Heimatort vor, während und nach dem Einmarsch der Amerikaner am 21. April 1945.[1]

Einige Wochen vor dem Einmarsch amerikanischer Truppen ins Filstal wurde die Degginger HJ zu einer Feierstunde nach Wiesensteig befohlen. Der Befehl galt für die HJ des gesamten Gebiets. Um der Tieffliegergefahr zu entgehen, wurde des Nachts marschiert. Diejenigen an der Spitze hatten abgeblendete Taschenlampen dabei. Wie die anderen des Gebiets nach Wiesensteig gekommen sind, ist mir nicht bekannt.

Es sollte eine Feier werden, aber es war eher eine Abrechnung mit uns, mit allen Deutschen. Der Bannführer beklagte in seiner Rede das Schwinden von Stolz und Siegeszuversicht, von Treue und Gehorsam. Es fehle die Opferbereitschaft, der Durchhaltewille und der Glaube an den Endsieg. Aus heutiger Sicht muss man sich fragen, wie der Vortragende so sprechen konnte, er wusste doch, dass die militärische Lage hoffnungslos war. Er wusste auch, dass ein Sieg nicht mehr möglich war. Bei unserem Nachtmarsch nach Wiesensteig stand nur das Erlebnis im Vordergrund. Die Durchhalteparolen des Bannführers kamen nicht mehr an.

Bevor wir nach der Feier zum Rückmarsch antraten, sprach unser Fähnleinführer mit ihm, und auch über unseren langen Marsch durch die Dunkelheit. Weil dieser Nachtmarsch eine Art „Stählung des Körpers" war, wie man damals sagte und neben der ideologischen Schulung im Vordergrund stand, nahm der Bannführer seine Vorwürfe gegenüber uns zurück. Einen Seitenhieb auf unseren HJ-Führer konnte er sich jedoch nicht verkneifen. Dieser verzichtete beim Antreten auf das sonst übliche „stillgestanden". Er bestand jedoch darauf, dass „stillgestanden" immer das erste Kommandowort sein muss. Beim Rückmarsch wurden die üblichen Marschlieder wie „Es zittern die morschen Knochen" gesungen. Stattdessen drangen durch manche Kehlen Laute wie „Es zittern dem Schorsch die Knochen". Das kam

Blick auf Deggingen und das obere Filstal, im rechten Vordergrund die Wallfahrtskirche Ave Maria.

beim HJ-Führer nicht gut an. Auf Humor dieser Art wurde im letzten Kriegsjahr kein Wert mehr gelegt.

In diesen letzten Monaten vor dem Zusammenbruch wurden sogenannte Durchhaltelieder gesungen. Manche wurden bekannt durch Kinofilme und deren Werbung. Das „Burenlied" war auch dabei. Es berichtete unter anderem vom Kampf des alten Buren und seines 14-jährigen Sohnes. Obwohl es kein Marschlied war, wurde es nicht nur von der HJ gerne gesungen. Wahrscheinlich sollten diese Lieder die älteren Männer des Volkssturms und die Jungen aus der HJ, also das letzte Aufgebot, mitreißen, damit auch sie opferbereit würden und noch in ein aussichtsloses Kampfgeschehen eingreifen könnten. (…)

Nun stand das Ende des Zweiten Weltkrieges unmittelbar bevor, der endgültige Zusammenbruch war nur noch eine Frage von Tagen, allenfalls von einigen Wochen. Auch wir Degginger machten uns Gedanken, was wohl in den kommenden Tagen auf uns zukommt, über die Besetzung, die unmittelbar bevorstand. Ob dabei alles gut geht, oder ob es zu Kampfhandlungen kommt, mit Artilleriebeschuss, oder gar zu Luftangriffen. Truppen der Amerikaner, aber auch französische Streifkräfte waren uns schon sehr nahe gekommen. Mit guten Bekannten und hinter vorgehaltener Hand sprach man über den erwarteten Einmarsch. Man hoffte, dass es dann Soldaten der US-Army sind, von ihnen versprach sich die Bevölkerung viel. Ihr Land wurde nie von Deutschen in Mitleidenschaft gezogen, sie hatten nie eine Niederlage durch uns einstecken müssen. Deshalb erwartete man von ihnen eine korrekte Behandlung im Gegensatz zu Frankreich, das im Laufe eines Menschenlebens schon dreimal die Invasion deutscher Truppen hinnehmen musste. Deshalb konnte man im Falle einer Besetzung durch ihre Streitkräfte nicht unbedingt ein korrektes Verhalten erwarten.

Einmarsch der Amerikaner am 21. April

Die Front kam täglich näher, wir wussten, dass nun der Einmarsch unmittelbar bevorstand. Am 21. April kämpften Amerikaner um Westerheim, auch französische Verbände waren in dieser Gegend. Diese wollten möglichst große Teile Süddeutschlands besetzen. An diesem 21. April waren es dann amerikanische Truppen, auf deren Eintreffen wir uns vorbereiten mussten. Wie schon berichtet, waren wir eine Großfamilie, die Kinder, Eltern, Tante und die Großeltern. Das ältere Haus in der Fischergasse und dessen Keller hätten einem Fliegerangriff oder einem Artilleriebeschuss nicht widerstehen können. Deshalb beschlossen wir, in unserem Haus in der Mühlstraße auf den Einmarsch zu warten, denn dessen Untergeschoss war in Stahlbeton gebaut. In den Mittagsstunden zogen wir los, nur mit den notwendigsten Papieren in der Tasche. Wir gingen auf der Königstraße, am Himmel war es ruhig, nur aus der Ferne, wie bei einem Gewitter, war ab und zu ein dumpfes Grollen zu vernehmen. Wir wussten nichts von dem Inferno, das über so manche

Nachbargemeinde gekommen war. Unterwegs überholten uns deutsche Soldaten. Einer hatte Maschinengewehrgurte über den Schultern, ein anderer trug Munitionskästen. Meine Großmutter sagte zu ihnen: „Soldaten, schießt doch nicht mehr, es ist doch alles sinnlos geworden". Einer antwortete: „Nein Großmutter, wir schießen nicht mehr". Ein anderer aufgebracht: „Wir schießen, was die Rohre hergeben". Sie zogen weiter, wir verloren sie aus den Augen. Warum wir auf den sicheren und kürzeren Weg unter den Bäumen des Alleenweges verzichtet hatten und stattdessen die deckungslose Königstraße benutzten, ist mir heute noch ein Rätsel. Nun hatten wir unser Ziel erreicht, meine Angehörigen gingen ins Haus und unterhielten sich mit den Mietern. Währenddessen hielt ich mich auf dem Grundstück auf, das an das Filsufer grenzte und wartete auf die kommenden Ereignisse. Man sah über den Fluss auf die noch unbebauten Lukenwiesen, hinter ihnen die Straße Deggingen – Reichenbach.

Nach einiger Zeit hörte man aus der Ferne von Osten her kommend das tiefe Brummen von schweren rollenden Fahrzeugen, deren Lärm jedoch gedämpft war, so als müssten sie noch weiter entfernt sein. Als das Dröhnen der Motoren lauter wurde, suchten meine Angehörigen und deren Mieter die Kellerräume auf. Warum ich mir vorgenommen hatte, den Einmarsch der Amerikaner, der nun unmittelbar bevorstand, hautnah mitzuerleben, kann ich aus heutiger Sicht nicht beantworten. Dazu verließ ich das Grundstück und fand an der Einfahrt zum Hof (das ist zwischen heutiger Volksbank und der Apotheke) einen Platz direkt am Straßenrand.

Deggingen, rechts die Hiltenburg.

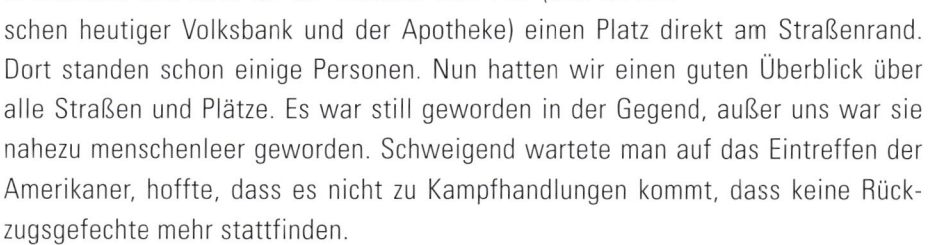

Dort standen schon einige Personen. Nun hatten wir einen guten Überblick über alle Straßen und Plätze. Es war still geworden in der Gegend, außer uns war sie nahezu menschenleer geworden. Schweigend wartete man auf das Eintreffen der Amerikaner, hoffte, dass es nicht zu Kampfhandlungen kommt, dass keine Rückzugsgefechte mehr stattfinden.

Es dauerte noch seine Zeit, bis die Panzerspitzen den Ort erreichten. Währenddessen tauchten andere Bilder in mir auf, mein Blick ging zurück in eine bessere Zeit, Erinnerungen wurden wieder lebendig. An dieser Stelle stand ich schon einmal im 2. Halbjahr 1940: Einquartierung war im Ort, dabei sah ich wie nebenan, anfangs der Mühlstraße, deutsche Soldaten Übungen abhielten, oder besser gesagt, wie diese „geschliffen" wurden. Die Frauen waren empört, öffneten die Fenster und brachten ihren Unmut zum Ausdruck. Lautstark beschwerten sie sich über die „unmenschlichen" Befehle der Ausbilder. Angesichte der angespannten Verhältnisse von Teilen der Truppenführung zur Bevölkerung, wurde der Drill und der Schliff schon tags darauf auf den Sportplatz verlegt. Damals, als ganz Deutschland im Siegestaumel lag, redete man nicht gleich von Wehrkraftzersetzung. Aber wie wäre es wohl im letzten Kriegsjahr gewesen? Seien wir ehrlich; als die Fanfaren zu den Sondermeldungen ertönten, übermannten fast alle Stolz und Genugtuung. Fast alle, auch diejenigen, die mit der Partei nicht viel am Hut hatten.

Das Donnern der schweren Fahrzeuge wurde lauter und brachte mich wieder in die Wirklichkeit zurück. Die amerikanischen Panzerspitzen hatten die Geislingerstraße erreicht und bogen nun in die Bahnhofstraße ein. Ich hatte noch nie, außer in der Wochenschau, so einen Stahlgiganten gesehen, der nun langsam auf die nahe Filsbrücke zurollte. Vor dieser Stand ein Schild mit der Aufschrift „Tragkraft 50 ZTR.". Nun musste sie ein Gewicht verkraften, das mehr als das Zwanzigfache betrug, und sie tat es, sie tat es sogar mehrere Male.

Plötzlich, ich traute meinen Augen nicht, sah ich, dass auf dem rasselnden Koloss ein Junge saß, der sich am Geschützrohr festhielt. Er trug seine HJ-Uniform. Das helle Braunhemd war im Kontrast zu der dunkelgrünen Tarnfarbe des Panzers gut zu erkennen. Er war etwa 15 Jahre alt, ich kannte ihn, er stammte aus einer Nachbargemeinde. Was ihn wohl dazu bewogen hatte, sich im Braunhemd zu zeigen, sich dadurch in diese fatale Lage zu bringen. Es sei denn, er hätte noch zum letzten Aufgebot gehört, sofern es in unserer Gegend ein solches gegeben hätte, und wäre dabei geschnappt worden.

Wie schon gesagt, wir standen am Straßenrand an der Biegung und konnten alles genau beobachten. Diese Stahlkästen, die stinkende Abgaswolken ausstießen, kamen direkt auf uns zu, schwenkten dann mit ruckartigen Bewegungen in die Kurve ein, rollten auf der Hauptstraße Richtung Kirche und Rathaus weiter. Es folgten noch weitere Ungetüme dieser Art, auch Lastkraftwagen und Jeeps. Die Amerikaner musterten uns mit ernsten Gesichtern, wir blickten ebenso ernst zurück. Hass in deren Augen habe ich nicht gesehen. Die US-Truppen sind nun „durchgezogen". Es wurde in den Straßen wieder ruhiger. Wir kehrten froh und zufrieden in die Fischergasse zurück. Froh und zufrieden, dass keine Feuergefechte mehr stattgefunden haben.

Am frühen Morgen, Sonntag den 22. April 1945, setzten amerikanische Kampfverbände den Vormarsch fort. Die Motorengeräusche auf der alten Steige nach Berneck waren unüberhörbar. Baumstämme, die über dem Weg lagen, mussten entfernt werden, dadurch wurde so mancher Einwohner aus dem Schlaf gerissen.

An diesem Tag besuchte ich, wie immer, den Gottesdienst. Auf dem Kirchplatz, in der Ecke zwischen dem alten Rathaus und dem ehemaligen Haus des Gemeindedieners (beide Gebäude abgebrochen zu Gunsten der Kreissparkasse) lagerten, kaum bewacht, gefangene Soldaten. Sie trugen ähnliche Uniformen wie die Deutschen. Die Kirchgänger starrten sie an, sie lächelten freundlich zurück. Einige der Leute sagten: „Das sind Russen". Wenn es so gewesen ist, dann waren es Soldaten des Generals Wlassow, diese kämpften an der Seite der Deutschen. Da wussten sie noch nichts von dem schweren Schicksal, das auf sie wartete. Sie wussten noch nicht, dass sie entgegen anders lautenden Versprechungen ausgeliefert wurden. Ein Akt gegen die Menschlichkeit.

Noch an diesem Abend, oder besser gesagt in der Nacht, wurden Bekannte von mir in deren Haus in der Ditzenbacherstraße unsanft aus dem Schlaf gerissen. Es wurde heftig an die Haustüre gepocht. Draußen stand ein Amerikaner, in dessen Begleitung ein Englisch sprechender Nachbar war. Der Amerikaner wollte Schnaps. Da keiner im Haus war, wurde ihm Most angeboten, diesen lehnte er ab. Wider Erwarten war er höflich und teilte ihnen die Zeiten der Ausgangssperre mit. Bei der Nachbarin, wie sie später erzählte, hatte er mehr Glück. Diese stellte zwei Gläser auf den Tisch. Als sie einschenken wollte, nahm er ihr die Schnapsflasche aus der Hand, steckte sie ein und zog wortlos von dannen. Der Dolmetscher schulterzuckend hinterher.

Aufregung im Alltag mit den Besatzungstruppen

Am nächsten Tag kamen die Besatzungstruppen. Jetzt wurden auch Hausbesitzer belästigt. In der Nordalbstraße sind Häuser durchsucht worden, währenddessen mussten die Bewohner das Gebäude verlassen. Angeblich suchten sie nach Waffen und Munition. Wir hatten Glück. Während der ganzen Besatzungszeit wurden wir nicht belästigt. Kein Amerikaner hat unser Haus betreten. Das war nicht selbstverständlich. Unsere Bekannten in der Ditzenbacherstraße hatten wiederum Pech, auch deren Haus wurde durchsucht, sie konnten jedoch dabei sein. Die ganze Prozedur war sehr oberflächlich, nur als die Satteltasche eines Fahrrades gefunden wurde, war die Aufregung groß. Sie vermuteten, auf das Versteck eines Revolvers gestoßen zu sein. Im Großen und Ganzen sind sie jedoch höflich gewesen.

Das Dorf ist seit einigen Tagen besetzt, der Druck der letzten Wochen gewichen, der Ami ist da, das Leben wird schon weitergehen. Es kam jedoch noch anders, bittere Stunden blieben uns nicht erspart. Das Bürgermeisteramt musste uns im Auftrag des Kommandanten und der Militärregierung mitteilen, dass ein US-Soldat der Besatzungstruppe vermisst werde. Sollte er nicht lebend gefunden werden, und der oder die Täter sich nicht stellen, müssten die Degginger mit der höchsten Strafe rechnen. Nun verbreitete sich schnell das Gerücht, dass dann zehn männliche Einwohner zwischen 16 und 60 Jahren durch die Militärregierung zum Tode verurteilt würden. Schnell bekam der Gemeindediener den Auftrag überall zu suchen, die Leute zu befragen, mancher Einwohner beteiligte sich daran. Ohne Ergebnis. Mit Bangen sah man den nächsten Stunden entgegen. Endlich die erlösende Nachricht. Er wurde im Untergeschoss des Bahnhotels gefunden, total verkatert, aber sonst wohlauf. Wie ernst die Todesdrohung gewesen war, muss dahingestellt bleiben. Zum Glück haben wir sie nicht erfahren müssen.

Das Leben normalisierte sich wieder. Die Kinder erbettelten von den Amis Schokolade und Kaugummi. Manchen ging artig, andern fordernd der Spruch über die Lippen: „Have you chocolate für me?" Wurde deren Wunsch erfüllt, bedankten sie sich mit: „Thank you very much!" Diese Worte habe ich damals ab und zu gehört. Ich war jedoch schon zu alt oder zu stolz, wollte nicht um etwas bitten. Die Kinder hatten schnell einige Brocken Englisch gelernt. Dieses Sprüchlein habe ich heute noch im Ohr, genau diese Worte, deren sich die Kinder bedienten. Erwachsene bückten sich nach Zigarettenkippen, die kaum angezündet, weggeworfen wurden.

Die Panzersperre, die in der Ditzenbacherstraße errichtet wurde, ist zum Teil abgebaut worden. Zu deren Bau hatte man den Asphalt aufgerissen, in den Unterbau der Straße starke Baumstämme gerammt und dessen Zwischenräume mit Steinen und Erde aufgefüllt. Das hätte man sich ersparen können, sie waren wertlos. Panzer, sogar Jeeps, konnten leicht an dem Hindernis vorbeifahren, durch Wiesen und Gärten, die daran grenzten. Nach einer gewissen Zeit platt gedrückt und abgeflacht. Darüber fuhren nun junge Amis mit den Jeeps, das gab den sogenannten Schaukeleffekt, sie hatten großen Spaß dabei. Auch Kinder mit ihren Fahrrädern beteiligten sich daran. An deren Abbau mussten auch die amerikanischen Truppen mitgeholfen haben, denn auf unserem Grundstück, das an die Panzersperre grenzte, wurde nach deren Beseitigung ein schönes Gartengerät gefunden; halb Spaten, halb Schaufel, das von den Amis liegen gelassen wurde, aber uns hatte es jahrzehntelang gute Dienste geleistet.

Auf der Königstraße, am Ortsausgang Richtung Ditzenbach, wurde ebenfalls eine Panzersperre errichtet. Wie und mit wem dieses Hindernis abgebaut wurde, ist mir nicht bekannt. Es musste jedoch schnell beseitigt worden sein, denn gleich nach dem Einmarsch am nächsten Tag, setzten die amerikanischen Kampfverbände den Vormarsch fort. An der Kaplaneibrücke stehend, sah ich den endlosen Kolonnen der Panzer und sonstigen Fahrzeugen zu, bei ihrer Fahrt auf der Königstraße in Richtung Ditzenbach. Die Stahlkolosse hatten schon straßenschonende Hartgummistreifen auf den Ketten. Staunend sah ich ihren Überfluss an Waffen und Material, sah zu, wie sie stundenlang über die Straße donnerten, unaufhaltsam, mit dem weißen Stern der US-Army an den Panzertürmen.

Am 8. Mai 1945 war der Krieg zu Ende, man atmete auf, das ist der Friede. Das Wichtigste war, dass das Töten zu Ende ging, dass die Waffen schwiegen.

Die bei uns stationierten Amis suchten in ihrer Freizeit die Abwechslung, den Zeitvertreib. An der Mündung des Krettenbachs zur Fils saß auf einem Baumstumpf ein Ami und fischte mit dem Schnellfeuergewehr. Viele Kinder sahen dabei zu. Die Ausbeute war gering, für ihn war es nur eine Abwechslung vom Militäralltag.

---

[1] KrA GP S 16 Deggingen Nr. 1. Eigenhändiges Manuskript des Zeitzeugen, mit dem 2014 auch ein Interview geführt und aufgezeichnet wurde. Darin wurde auch berichtet, dass am Vortag des Einmarschs die SS-Truppen das Lager Nordalb räumten – zur großen Erleichterung der Degginger. Abdruck des fast identischen Textes in: Egon Göser, Die letzten Monate des Dritten Reiches in der Region, in: Deggingen und Reichenbach im Täle – Ein Heimatbuch, Deggingen 2010, S. 411–419. Enthalten ist dort auch eine ausführliche Schilderung des Luftangriffs auf Göppingen am 1. März 1945.

„Am Nachmittag herrscht im Dorf eine unheimliche Stille, als ob sich alle verborgen hätten."

Ein junger Lehrling aus Deggingen dokumentiert die Stimmung vor dem Einmarsch der Amerikaner und die kampflose Besetzung seines Heimatorts.[1]

Im Herbst 1944 fuhr ich einmal mit dem Zug von Geislingen heimwärts. Ein älterer Schulkamerad war dabei und begann nach Abfahrt des Zuges hastig einen Apfel zu essen und sagte zu mir: „Ich zeig dir etwas". Auf der Fahrt nach Altenstadt standen Stacheldraht umzäunte Baracken und als der Zug daran vorüberfuhr, öffnete er das Fenster und warf den abgenagten Apfel über den Zaun und sogleich stürzten sich mehrere Insassen des Lagers auf diesen Apfelbutzen. Mein Kamerad amüsierte sich dabei, was ich gar nicht lustig fand.

Kurz vor Kriegsende, im März 1945, wurde ich frühmorgens durch ein eigenartiges Geräusch geweckt. Es war noch dämmrig und ich ging zum Fenster, ohne es zu öffnen. Da marschierte ein langer Zug von Häftlingen, begleitet von ein paar Soldaten

Das Ausbildungslager „Nordalb" über Deggingen, vor dem Kriegsende zuletzt von der SS genutzt, die kurz vor dem Eintreffen der Amerikaner in Richtung Westerheim abzog.

in Richtung Ditzenbach. Von marschieren konnte eigentlich nicht die Rede sein, sie schlurften vorüber. Daher das sonderbare Geräusch, und es war gespenstisch anzusehen. Als ich wieder im Bett lag, konnte ich nicht mehr schlafen und meine Gedanken umkreisten diese Elendsgestalten. Dann fiel mir ein, es müssen diejenige aus den Geislinger Baracken sein, die sich im Herbst um den Apfelbutzen gebalgt hatten. Ob sie wohl die letzten Tage überlebt haben?

Mit dem Schnee schmolz 1945 auch unsere letzte Hoffnung, denn der Feind war schon tief in Deutschland eingedrungen und mein roter Wollfaden auf der Landkarte hatte ausgedient. Von unseren Soldaten kamen keine Briefe mehr und alles Denken kreiste um das herannahende Kriegsende und niemand wusste, was danach werden sollte. In der letzten Kriegswoche war abends in unserer Fabrikkantine eine Dorfversammlung. Ein Propagandaoffizier, der in einem Auto angereist war, berichtete mit leeren Worten von der herankommenden Front und sagte etwas von Messers Schneide und bevorstehendem Endkampf und anschließend breitete sich eine Art Weltuntergangstimmung aus.

In jener Zeit war auf dem Postamt als Vorsteher ein gewisser Herr Schmitt, ein 150%-iges Parteimitglied, und dieser hielt am anderen Abend in der Dämmerung vor dem Postamt zu einem Häuflein Volkssturmmännern, mein Vater war auch darunter, eine flammende Rede über Vaterlandstreue und Pflichtgefühl und ließ dann, unter Androhung standrechtlicher Erschießung bei Feigheit vor dem Feind, ein Dutzend Beutegewehre verteilen. Ein Gewehr für zwei oder drei Mann. Dann schickte er die so ausgerüsteten Männer nach Berneck, wo sie den Albrand verteidigen sollten vor dem anrückenden Feind. Dort nächtigten sie dann ohne Betreuung, Verpflegung und Führung und kehrten am anderen Morgen über Wald- und Wiesenwege, einzeln oder in kleinen Gruppen nach Hause zurück. Der Herr Schmitt hatte sich samt seiner Treue und Vaterlandsliebe schon abgesetzt und in Sicherheit gebracht und ward in Deggingen nie mehr gesehen.

Am Samstagvormittag [21. April 1945] stellte ich mich in die Warteschlange vor der Gärtnerei. Es war schon eigenartig, hier etwa 20 Leute, die vor dem Gartentor warteten – im 3 km entfernten Gosbach schlugen die ersten Granaten ein – und zu Hause begann man, alles zu verstecken, auf dem ein Hakenkreuz war. Am Nachmittag herrschte im Dorf eine unheimliche Stille, als ob sich alle verborgen hätten. Über uns kreiste schon längere Zeit ein einzelnes Aufklärungsflugzeug und wahrscheinlich war es unser Glück, dass das Dorf wie ausgestorben dalag, denn es geschah überhaupt nichts. Bald sah man die von Ditzenbach aufsteigenden Leuchtspurgarben der amerikanischen Maschinengewehre in Richtung Eckfelsen und dem Albrand der Ditzenbacher Steige, und wir erwarteten stündlich den Einmarsch des Feindes, aber auch diesbezüglich geschah nichts.

Es war schon nach 18 Uhr, wir standen vor dem Haus und hielten Ausschau. Plötzlich standen die ersten amerikanischen Soldaten fast vor uns. Sie waren, entgegen unserer Erwartung, von Reichenbach kommend, über die Hauptstraße ins Dorf einmarschiert und kamen nun über die Friedhofstraße und über die Filsbrücke auf unser Haus zu. Als alles ruhig blieb, warteten sie auf die in den Fahrzeugen folgenden Truppen. Bei ihrem Einmarsch in Deggingen gab es keinerlei Kampfhandlungen, und es fiel nicht ein Schuss. Wir gingen wieder in unsre Häuser zurück, und es geschah sonst nichts Außergewöhnliches mehr.

Am anderen Tag, es war Sonntag der 22. April 1945, ging ich morgens wie gewohnt in die Kirche. Der Gottesdienst war kürzer als sonst und ohne Predigt. Die wenigen Besucher zerstreuten sich anschließend rasch. Auf dem Kirchplatz vor dem Rathaus standen mehrere Gruppen von U.S.-Soldaten. Da tauchten plötzlich, von der Hauptstraße kommend, über die Stufen zum Kirchplatz, vier oder fünf deutsche Soldaten mit umgehängten Gewehren auf und lösten unter den Amerikanern einen hektischen Aufruhr aus. Die Waffen wurden in Anschlag gebracht. Die Deutschen erhoben die Hände und mussten dann ihre Gewehre auf den Boden legen. Ich stand wie gebannt und erlebte hautnah, wie unsere einst siegreichen Soldaten zu Kriegsgefangenen wurden. Etwas deprimiert ging ich nach Hause und sah von dort, wie die Amerikaner mit ihren Panzern die Bernecker Steige hochfuhren. Sie mussten die vielen Baumstämme beseitigen, die als Panzersperre quer über die Steige lagen. Aber gegen Mittag war alles frei gesägt und weggeschoben und der Vormarsch ging in Richtung Berneck weiter und für Deggingen war das Kriegsende gekommen – allerdings nicht mit „Sieg und Heil", wie man es uns jahrelang versprochen hatte.

[1] Fritz Darcis, Erlebnisse und Ereignisse 1937-1945, in: Deggingen und Reichenbach im Täle – Ein Heimatbuch, Deggingen 2010, S. 405-411, hier S. 409-411.

„Hängen Sie die Hitlerbilder weg!"

Der Donzdorfer Emil Gemeinder, ein Veteran des Ersten Weltkriegs, berichtet in seinem Tagebuch über die Lage in Donzdorf und Umgebung während des Kriegsendes.[1]

Marktplatz und Hauptstraße in Donzdorf, Mitte der 1930er Jahre.

3. April 1945, Dienstag

Panikstimmung, Göppinger Merkblatt zur Umsiedlung der Bevölkerung nach Thüringen kommt auch nach Donzdorf. Stichwort: Schwabentreue. Große Aufregung. Ängstliche Gemüter denken ans Packen. Doch schließlich siegt die Vernunft: Wir bleiben!

Auf dem Schulweg der Schuldiener, eben vom Rathaus kommend: „Morgen ist keine Schule!" Stellvertretender Bürgermeister und Schuldiener machen zusammen Vakanz. Der Schulleiter funkt dazwischen: Sofort in die Schule!

Unglaubliche Gerüchte werden verbreitet. Gerüchte von der geheimnisvollen Waffe, die um den Rechberg eingesetzt werden soll. Armes Volk!

Wegen der Luftgefahr wird in jedem Schulhaus nur je eine Klasse eine Stunde lang unterrichtet und die Hauptarbeit dem häuslichen Fleiß überlassen. Es werden Arbeiten für zweistündige Hausaufgaben vorbereitet und die gefertigten Arbeiten wieder kontrolliert.

(…)

In Weißenstein gibt es aus Heeresbeständen Schweizerkäse und Flaschenweine.

(…)

6. April 1945, Freitag

Für Einquartierung der Sanitätskompanie 46 038 zwei Schulsäle genehmigt und dritten Schulsaal als Geschäftszimmer. Schuldiener Boser gibt vier Säle frei. Die Herren verstehen es, sich's bequem zu machen.

Das Rote Kreuz auf dem Dach des Schulhauses, das ab 1. April wieder besonders beachtet werden soll, dass im Umkreis von 300 m kein Angriff erfolgen soll, gibt einige Beruhigung für besorgte Gemüter. Da auch die Gewerbeschule durch das Olgaspitäle das Rote Kreuz trägt, überträgt sich der Schutz so ziemlich auf ganz Donzdorf.

(…)

14. April 1945, Samstag
Landesschützen richten sich ein im Schulhaus. Sie kommen über Esslingen von Tuttlingen (Deutschlands letzte Hoffnung). Bettladen aus Segelfliegerquartier im Bock. Hauptmann Eisele 422.

(…)

19. April 1945, Donnerstag
7 Uhr schon Fliegerangriff. Schluss der Hausaufgaben – Merk und Vogt [Lehrerkollegen]. Briefträger Saur meldet Panzer in Gmünd. Morgens 3 Uhr unangemeldeter Besuch. Gmünder trauen sich nicht mehr mit dem Lastwagen, der sie von Ulm her mitgenommen hat, nach Gmünd zu fahren und wünschen Quartier im Vorhäuschen. Was doch alles passieren kann. Gewaltige Rauchwolken hinter Hohenstaufen. Wäschenbeuren brennt.

Bildstock in der Nähe von Donzdorf mit Blick auf den Hohenrechberg.

20. April 1945, Freitag
Herrlicher Frühlingstag. Ramsberg meldet drei amerikanische Panzer auf Ramsberg. 6.45 Uhr Requiem für Karg.
Im Ort große Aufregung. Ausverkauf der Lebensmittel ohne Karten in beliebigen Mengen. Von Süßen her schleppen sie Leder und Kleiderstoffe in ganzen Ballen. Heeresbestände werden geplündert. In Donzdorf wird beim Leuze der aufgestapelte Tabak in ganzen Ballen ausgegeben. Mit Handkarren und Mistwagen werden die Ballen weggeführt. Sogar von auswärts kommen die Liebhaber.

Panzer fahren nach Süßen und sperren den Verkehr über die Lauterbrücke. Abends kommt ein Panzerspähwagen nach Donzdorf. Besuch im Rathaus (Späth: zuerst die Waffen abliefern!).

21. April 1945, Samstag
Waffenabgabe auf dem Rathaus. Amerikaner kommen nach Donzdorf. Nachmittags gewaltiges Gewitter. Blitz und Donner. (Wie die Amis laufen können! Gegen die Naturgewalten können sie doch nichts ausrichten).

22. April 1945, Sonntag
Gegen 14 Uhr kommt Apotheker Gropper in aller Eile: Herr Oberlehrer, kommen Sie doch schnell! Die brechen sonst das Haus ab. Was ist geschehen? Eine motorisierte

Amikolonne hat Donzdorf besetzt. (General auf dem Weg in die Krone auf Englisch: „Kann ich hier durchgehen? Please!" (Es ist doch gut, wenn man ein bißchen Fremdsprachen versteht.)

Schießerei am Bülzenbuckel. Rasch den Mantel umgeworfen und zum Schulhof geeilt. Da ist alles ein ganzes Heerlager: Panzerwagen an Panzerwagen. Verständigung hapert etwas. Der Posten hat Sorge: „Wissen Mann, der Revolver unter Mantel tragen?" Seine Zweifel werden behoben, doch sein Misstrauen bleibt bestehen. Er nimmt noch einen zweiten Mann mit ins Hinterhaus, wo ihm die Quartiere gezeigt werden. Wie er im unteren Klassenzimmer durch die vielen Fenster die Nachbarschaft überschaut, da gruselt's ihm: „Nix Quartier!" Im oberen Stock kann er sich besser beruhigen. Da kann so leicht nichts passieren.

Zu Boser unter dem Torbogen: „Hängen Sie die Hitlerbilder weg!" Boser: „Das mach ich nicht." (Herr Merk hatte sie in seinem Klassenzimmer schon entfernt). Herr Boser betreut die Einquartierten und alles verläuft in bestem Einvernehmen, so lange alles nüchtern ist. Sobald aber der Alkohol seine Wirkung tut und die Hitlerbilder entdeckt werden, ist dem Unheil nicht mehr zu wehren. Die Bilder werden herabgerissen, zerfetzt und in gemeiner Weise besudelt „Chysen on the Führer" (Wandinschrift im Treppenhaus). Das ganze Schulhaus wird verwüstet. Türen, Schränke erbrochen, Bänke zusammengehauen, Bücher, Hefte, Schiefertafeln im ganzen Haus durcheinander geworfen. Ein Bild der Verwüstung im ganzen Haus.

Nachts Beschießung von Nenningen (Gefangene verraten die Stellung), Hänle verletzt. Zersplitterte Fensterscheiben bei Hänle, Bäcker Knoblauch, Kalkbrenner.

23. April 1945, Montag

Schulnachbar Albert Hummel schickt zwischen 11 und 12 Uhr Meldung von Plünderung im Schulhaus. Polen, Franzosen und Deutsche treiben sich im Schulhaus herum. Da wird aber ausgefegt. „Que cherchez vous ici – Allez! Marchez!" Die Franzosen, etwas verdutzt ob der scharfen Sprache, verziehen sich. Der Rundfunkapparat in Hummels Scheuer wird ihnen weggenommen. Telefonapparat, Filmgerät u. a. werden bei Liebhabern sofort abgeholt. Kluge Leute wollen mit dem Strafgesetz nicht in Konflikt kommen. Und so wird bald ein großer Teil des Geraubten wieder zurückgewonnen. Volle 14 Tage gibt es Arbeit, um die verstreuten Gegenstände wieder halbwegs zu sichten und zu ordnen.

Die Polen hatten die Feuerwehrschläuche zerschnitten und im Lehrmittelzimmer inmitten eines Papierhaufens eine Flasche mit Benzin aufgestellt. Offenbar wurden sie zu früh ertappt, um ihr Vorhaben auszuführen, das Haus in Brand zu stecken.

Albert Hummel, der versuchte, die Plünderungen zu verhindern, wurde vom Ami mit der Waffe bedroht. In Nenningen wurde dem Sohn Hänles auf dem Weg zur Wache für seinen gefallenen Vater unmittelbar vor der Kirchentüre, die er eben öffnen wollte, von einem Ami die Armbanduhr vom Arm gerissen.

23. April 1945, Montag
Abzug der Amerikaner, Plünderung in der Schule. Von abends 7 bis morgens 7 Uhr Ausgehverbot.
(…)

26. April 1945, Donnerstag
Harmoniumtransport in die Kirche. Pfuhbeck stellt Wägele von den vielen, die im Schloßhof herrenlos herumgestanden waren. Franzosen ziehen ab nach Gmünd. Von hier durch Flugzeuge in ihre Heimat.
(…)

28. April 1945, Samstag
Amerikaner von 24. bis 27. in Weißenstein. Plünderung der „Nazi"-Quartiere.
(…)

1. Mai 1945, Dienstag
8 Grad Kälte. Ostarbeiter transportiert. Rest französischer Gefangener abgezogen. „Dachauer Sträfling" berichtet in Nenningen bei gutgläubigen Leuten von Bischof Sproll im Dachauer Lager. Ein gemeiner Schwindel.

2. Mai 1945, Mittwoch
2 Grad Kälte. Abgabe des Beuteguts von der Plünderung am 20. April in Süßen: Leder und Stoffe bis Freitag den 4. Mai.

3. Mai 1945, Donnerstag
Besuch in Weißenstein und Nenningen. Heftiger Weststurm mit Schneegestöber und Regen bei Null Grad. Ausgang von 6-19 Uhr.

4. Mai 1945, Freitag
Ende des Nachtwachdienstes (28.4. – 4.5.) Bücherschrankausräumung.

5. Mai 1945, Samstag
Morgens 8 Uhr wieder Lichtstrom und Radio. Hausglocke geht wieder.

10. Mai 1945, Donnerstag
Himmelfahrtstag wieder Einquartierung der Amerikaner im unteren Schulhaus und wiederholte Verwüstung desselben.

---

[1] KrA GP S 16 Donzdorf Nr. 1. Die Abschrift des Tagbuchs wurde dem Kreisarchiv 2014 von Herrn Wolfgang Holl (Donzdorf) freundlicherweise übergeben.

Das Kriegsende in Drackenstein

Der Zeitzeuge (Jg. 1937) hat 2011 seine Kindheitserinnerungen aus Drackenstein verfasst und berichtet eindringlich über die Ereignisse um das Kriegsende 1945.[1]

Unterdrackenstein mit der Reichsautobahn.

„In den letzten Kriegstagen war es mit der Ruhe in Drackenstein vorbei. So als wolle man die gesamte Albhochfläche in eine einzige Festung verwandeln, wurden die zusammengezogenen Soldaten damit auf Trab gehalten, Bäume auf Albaufstiegswegen zu fällen um amerikanische Panzer am Vormarsch zu hindern. Schützengräben wurden auch an der alten Steige, die von Unterdrackenstein nach Oberdrackenstein führt, ausgehoben; das war eigentlich auch unser täglicher steiler Schulweg. Jetzt schufteten dort gefangene Franzosen und Polen mit Schaufel und Hacke. Man begann, Löcher mit Pressluftbohrern in die dünnsten Stellen der Viaduktbögen der gegenüberliegenden Reichsautobahn zu bohren und Sprengstoff hineinzustopfen, den man mit Zündschnüren versah. Eines der schönsten Teilstücke der Autobahn von München über Ulm-Stuttgart, das dort den Albabstieg mit der herrlichen Brücke verbindet, wurde am nächsten Tag in die Luft gesprengt.

Schwere Munitionswagen, beladen mit Panzerfäusten, Maschinengewehren, dicken Granaten und Sprengstoff, standen getarnt unter Bäumen im Wald um Drackenstein. Hinter der Scheune von Schweizers Hof machten sich etwa 20 deutsche Soldaten mit Gewehrputzen zu schaffen, es wurde eine einem Rosenkranz ähnliche Kette mit einem daran hängenden Öllappen durch den Gewehrlauf gezogen. Ich hüpfte zwischen den Soldaten herum, und sie redeten mit mir. Einige Soldaten lachten, scherzten und rauchten, andere waren ganz still. Ein älterer Soldat rief mich zu ihm hin. Er saß auf dem Grasboden, zog mich ganz an sich, sagte, ich sähe aus wie sein Sohn und weinte.

Das Kommando über dieses letzte zusammengewürfelte Aufgebot in und um Drackenstein hatte ein Oberstleutnant, der mit meiner Mutter ein Verhältnis hatte,

„Ihr Erscheinen erfolgte so plötzlich, dass es der Bevölkerung unwahrscheinlich erschien…"

Beschreibung der Zeit um den Einmarsch am 20. April 1945 durch die Gemeinde Dürnau.[1]

Eine vorübergehende Veränderung des Dorfbildes erfuhr Dürnau durch einen Tieffliegerangriff am 5. April 1945. Mit diesem Angriff machte sich das Näherrücken der Front fühlbar für die hiesige Gemeinde merkbar. Der Angriff erfolgte auf den fahrplanmäßigen Zug Göppingen – Boll, der sich zur Zeit des Angriffes um 8.30 Uhr auf dem Dürnauer Bahnhof befand. Die amerikanischen Jabos beschossen den Zug und Bahnhof mit Bordwaffen und warfen je Flugzeug zwei Bomben mit 250 kg ab. Unter den acht geworfenen Bomben befanden sich zwei Blindgänger. Eine Frau musste schwer verletzt in das Reservelazarett in Bad Boll eingeliefert werden. Ein Kriegsgefangener erlitt leichtere Verletzungen. Die Gleise wurden aufgerissen, der Bahnhof selbst stark beschädigt und der Zugverkehr von Dürnau nach Boll für zwei Tage unterbrochen. Das Lagerhaus der Darlehenskasse erlitt Dachschaden. Außerdem entstanden Dach-, Fenster- und Zimmerschäden in mehreren Straßen in der Nähe des Bahnhofs, ja selbst noch in der Boller Straße. In Obstbaumgrundstücken wurden einige Bäume zerstört, im Übrigen war der Flurschaden jedoch ein geringer.

Dürnau in den 1930er Jahren.

Drei Tage vor dem bereits erwähnten Bombenangriff, nämlich am Ostermontag, den 2. April 1945, bekam das Dorf Einquartierung durch deutsche Truppen. Ein Instandsetzungstrupp belegte drei Wochen lang die Wirtschaftsgebäude des ehemaligen Schlosses. Eine Anzahl der Fahrzeuge wurde in den Scheunen der landwirtschaftlichen Betriebe untergestellt.

Zur gleichen Zeit, d.h. schon am Karfreitag, war der Volkssturm in Tätigkeit getreten. Bei der Wilhelmshöhe, in der Boller Straße und der Hauptstraße oberhalb der Kolonialwarenhandlung Bässler wurden von den Männern des Volkssturmes Panzersperren errichtet.

Der Einmarsch am 20. April 1945

Am 20. April 1945 nachmittags gegen 14.00 Uhr rückten amerikanische Truppen in Dürnau ein. Ihr Erscheinen erfolgte so plötzlich, dass es der Bevölkerung unwahrscheinlich erschien, obwohl der überstürzte Auszug des Instandsetzungstrupps in Richtung Gruibingen das Näherrücken der feindlichen Truppen anzeigte. Der Volkssturm, der aus zwölf, teils körperbeschädigten Männern bestand, rückte nicht aus.

Lediglich die Panzersperren, die von den einrückenden Amerikanern überhaupt nicht beachtet wurden, wurden von ihm und der Bevölkerung wenige Tage später abgetragen und beseitigt.

Da sich beim weiteren Vorrücken der amerikanischen Truppen oberhalb der Nachbargemeinde Gammelshausen an der Gruibinger Steige kleinere Nachhutgefechte entwickelten, nahmen die Amerikaner in der darauf folgenden Nacht vom unteren Feld der Markung Dürnau aus über den Ort hinweg, die Steige, den Albtrauf und den Nordabhang der Alb vereinzelt unter Artilleriebeschuss. Einschlagstellen sind heute noch beim Viehhaus auf dem Ziegelwasen und im oberen Burren vorhanden.

Besatzungszeit

Während der Besatzungszeit hatte Dürnau zweimal Einquartierung amerikanischer Truppen. Vom 24./25. April 1945 bezogen etwa zwei Kompanien der amerikanischen Truppen im hiesigen Ort Nachtquartier, während sich im Juli eine Kompanie drei Wochen hier niederließ.

Neben vielen Wohnungen und einem Teil der Wirtschaftsbetriebe wurde auch die Schule belegt sowie das Rathaus. Die belegten Wohnungen mussten innerhalb weniger Minuten von den Besitzern und Mietern geräumt werden. Sie kamen meistens bei Bekannten und Verwandten unter, bzw. zogen es vor, im Wirtschaftsgebäude ihres Anwesens zu verbleiben. Wie die Nachbarorte, so musste auch die hiesige Gemeinde zwei Hausdurchsuchungen über sich ergehen lassen. Sämtliche Ortsausgänge wurden dabei jedes Mal abgesperrt.

Während der Besatzungszeit wurden der Bevölkerung nur in geringem Umfange Naturalien, Uhren, Fotos, Radioapparate und kleinere Möbelstücke wie Sessel entwendet. Lediglich an den im Lammsaal abgestellten Evakuiertengütern aus Stuttgart und dem Rheinland wurde geplündert, wobei den Geschädigten erhebliche Schäden erwuchsen. Die Täter konnten jedoch nicht einwandfrei bezeichnet werden und auch die Kripo konnte nur teilweise Aufklärung schaffen.

Gegen Ende des Krieges erfuhr die Gemeinde eine Bevölkerungszunahme durch den Zustrom Evakuierter. Nach dem Stand vom 1. Juli 1947 hielten sich von diesen in Dürnau noch 49 Personen aus der amerikanischen Besatzungszone, sieben aus Berlin und fünf aus der französischen Zone auf. Evakuierte aus der englischen und russischen Besatzungszone hatte Dürnau nicht aufgenommen.

Nach Kriegsende wurden der Gemeinde Flüchtlinge aus den polnisch besetzten Gebieten (bis 1.7.47 = 12), aus der CSR (87) und aus Ungarn (53) zugewiesen, die aufgenommen und untergebracht werden mussten. Außerdem fanden noch vier Flüchtlinge aus sonstigen Gebieten und ein Ausländer aus Holland Aufnahme.

---

[1] HStAS J 170 Bü 6 Bericht Dürnau (30.12.1949). Einige die Nachkriegszeit betreffende Inhalte werden hier aus Platzgründen nicht aufgeführt.

„Wir wollet et, dass Ebersbach zerstört wird, bloß weil ihr dahanna omeinander trialet!"

Ein 17-Jähriger aus Ebersbach schildert die spannungsreichen Tage vom 19. bis zum 22. April in Ebersbach, darunter eine Auseinandersetzung an der Panzersperre.[1]

Von September 1944 bis Februar 1945 musste ich bereits als Flakhelfer Dienst leisten. Danach wurde ich zunächst zum Reichsarbeitsdienst entlassen, erhielt jedoch wohl durch einen glücklichen Zufall keine Einberufung mehr, so dass ich das Kriegsende in meiner Heimatgemeinde Ebersbach erlebte. Viele Altersgenossen hat man noch in die SS gesteckt, ob sie wollten oder nicht.

 Am Nachmittag des 19. April 1945 besuchte ich meine Tante in Faurndau. Es gab Fliegeralarm, aber ich blieb nicht lange im Schutzraum und ging bald wieder raus auf die Straße. Aus Richtung Bartenbach sah man eine Rauchsäule und die Jagdflieger, die Wäschenbeuren angriffen. Nach der Entwarnung machte ich mich wieder auf den Fußweg nach Ebersbach. Auf Höhe der Allgaier-Werke kam mir eine Frau aus Ebersbach entgegen, die mich fragte, ob sie noch ihre Schwester in Faurndau besuchen könnte, man erzählte nämlich, dass die Amerikaner in Richtung Faurndau vorrückten. Wahrheitsgemäß, aber vielleicht auch etwas naiv sagte ich,

Ebersbach mit der Filsbrücke im Vordergrund.

noch keine Amerikaner gesehen zu haben, außer den Flugzeugen natürlich. Meinem Kenntnisstand nach befanden sie sich in der Crailsheimer Gegend. Sie fuhr weiter. Ich selbst konnte bald zu einem Bekannten mit aufs Fahrrad steigen, der ebenfalls nach Hause wollte. In Ebersbach standen bereits viele Menschen auf der Straße und diskutierten lebhaft über die Lage. Daheim fand ich meine Mutter weinend vor. Meinen Vater hatte man zum Volkssturm abgeholt, für den ich glücklicherweise nicht registriert war, denn ich hätte ja eigentlich zur Wehrmacht einberufen werden sollen.

Früh am 20. April machte ich mich auf den Weg von unserem Haus in der Karlstraße zur Ortsmitte und ging dann neugierig die Hauptstraße entlang in Richtung Ortsausgang. Dort war von Wehrmachtssoldaten bei der Firma Geiger eine Panzersperre errichtet worden, wofür man einen Lastwagen des Unternehmens quer auf die Straße gestellt und mit Eisenstangen beladen hatte. Einige Soldaten standen dabei und auch etliche Schaulustige. Sie erzählten, in der Nähe seien zwei Pak-Geschütze aufgestellt worden. Der befehlshabende Offizier saß auf der Deichsel des Lastwagens. Ein alter Mann beschimpfte ihn: „Sie, gucket Sie, dass Sie so schnell wie möglich verschwindet. Wir wollet et, dass Ebersbach zerstört wird, bloß weil ihr dahanna omeinander trialet!"[2] Der Offizier zog seine Pistole und drohte dem Mann: „Verschwinde Du, sonst passiert was!" Eingeschüchtert zog sich der Alte zurück. Plötzlich brachte man einen amerikanischen Lastwagen, dessen Windschutzscheibe völlig kaputt war. Er war offenbar bei einem Gefecht in der Nähe erbeutet worden.

Da ich wissen wollte, was hier in der Gegend eigentlich vorging, stieg ich den Raichberg hinauf, von wo ich mir eine bessere Aussicht versprach. Dort lagen ebenfalls deutsche Soldaten. Amerikaner waren noch keine zu sehen. Als aber ein US-Aufklärer über dem Raichberg kreiste, wurde mir doch recht mulmig, und ich fand, es wäre besser, hier zu verschwinden. Die Sicht war nämlich ganz klar, ein wunderbarer Frühlingstag. Wie ich in der HJ gelernt hatte, sprang ich nun zwischen den blühenden Obstbäumen hin und her, wobei ich von oben sicherlich zu sehen gewesen bin. Jedenfalls kam ich unbeschadet wieder nach Hause.

Am folgenden Tag blieb es relativ ruhig. Wieder schaute ich in den Ort. Dort bekam ich mit, wie ein französischer Kriegsgefangener oder Zivilarbeiter dem deutschen Offizier an der Panzersperre einige Schachteln amerikanischer Zigaretten zeigte, die er aus Richtung Göppingen mitbekommen hatte. Als ich am nächsten Tag erneut in die Ortsmitte ging, waren die Amerikaner schon da. Posten standen auf der Straße, sie wirkten allerdings nicht sehr bedrohlich. Beim Rathaus hatte sich eine Menschenmenge versammelt. Auf einem Fuhrwerk lagerte Proviant, der einer gefangengenommenen Volkssturmtruppe gehört hatte. Ein Amerikaner fing an, die Sachen in die Menge zu werfen. Die einen, die etwas gefangen hatten, freuten sich – die anderen, die nichts gefangen hatte, riefen: „Pfui! Ihr nehmt Sachen von den Amerikanern an!" Kurz darauf kam aus Richtung Reichenbach ein riesiger amerikanischer Truck angerauscht. Wegen der Menschenmenge musste er bremsen und anhalten. Der schwarze Fahrer stieg aus dem Führerhaus. Die Leute riefen: „Au, a Neger, a Neger!" Das war für viele – wie für mich auch – eben der erste Schwarze, den sie in ihrem Leben gesehen hatten. Dem wurde es aber zu dumm, er zog seine Pistole und schoss in die Luft, worauf die Leute auseinanderstoben und er weiterfahren konnte.

Zwischen Reichenbach und Ebersbach war auch ein Zug stehen geblieben, der nach und nach geplündert wurde. Jemand sprach mich an, ich sollte helfen, Sachen für die Stadtgemeinde zu sichern. Also kam ich auf einem Holzvergaser mit. Während des Ausladens fuhr ein amerikanischer Jeep vor und der Offizier herrschte mich auf Englisch an, was ich da eigentlich mache. Ich verstand ihn zwar nicht, aber konnte mir anhand seiner Gestik denken, was er wollte. Deshalb winkte ich Herrn Kolb herbei, der mehrere Sprachen beherrschte und für mich die Situation mit dem Amerikaner klären konnte.

In diesen Tagen hielt ich zusammen mit zwei oder drei Gleichaltrigen auch Nachtwache beim Rohstofflager der Firma Kaufmann, wo man sich wegen möglicher Plünderungen sorgte. Als Lohn erhielten wir einige Naturalien.

Bald wurden Amerikaner in Ebersbach einquartiert, in der Karlstraße musste beispielsweise die ganze Westseite geräumt werden. Im Villenviertel zogen sie ebenfalls ein, wo ich mit einem Freund häufiger zum „Zigarettenbetteln" ging. Kaugummi oder Schokolade bekamen wir nicht, schließlich waren wir mit 17 keine Kinder mehr. In Hoffnung auf Lebensmittel arbeitete ich bis Herbst auf einem Bauernhof, da ich meine alte Lehrstelle vorerst nicht wieder aufnehmen konnte.

Ende August kehrte auch endlich mein Vater zurück. Die Amerikaner hatten ihn mit seinen Volkssturm-Kameraden in Altheim bei Ulm gefangen genommen und dann im Lager Heilbronn inhaftiert. Dort herrschten schlimme Zustände, weil sie mit der riesigen Zahl von Gefangenen völlig überfordert waren. Obwohl er ein stabiler Mann gewesen war, bestand er nur noch aus Haut und Knochen.

---

[1] KrA GP S 16 Ebersbach Nr. 2. Zusammenfassung eines Interviews mit dem Zeitzeugen von 2014.
[2] Auf Hochdeutsch in etwa: „bloß weil ihr euch hier herumtreibt."

„Heute ist Adolfs Geburtstag, aber die Geschenke bekommen wir von den Amerikanern."

Der Ebersbacher Otto Schmid (1897–1953) zeichnet in seinem Tagebuch detailliert die Tage und Wochen um das Kriegsende auf.[1]

Der Ebersbacher Bürgermeister und spätere Landrat Gustav Seebich (1899-1985). Sein Verhandlungsgeschick ersparte Ebersbach Kampf und Zerstörung.

3. April
In der Nacht das 4. Aufgebot vom Volkssturm alarmiert. Auf der Hauptstraße reger Autoverkehr, auch Flüchtlinge kommen durch. Heute morgen 9 Uhr hieß es, dass feindliche Panzerschützen in Markgröningen seien. – Um 11 Uhr hieß es schon in Stuttgart. Die Leute auf den Straßen reden erregt miteinander, abends 17 Uhr werfen zwei Jabos Bomben hier.

Heute Mittag wurde Parteigeschäftszimmer geräumt. Abends 6 Uhr kam Merkblatt betreffend Räumung.

4. April
Der Tag hat begonnen mit Jabo-Angriffen und Alarm bis abends 20 Uhr. Den ganzen Tag ziehen große Kolonnen mit Gefangenen auf der Hauptstraße ostwärts. Gefangene von Jabo angeschossen, Tote gegeben. Alles kauft Brot, aber der Bäcker kann nicht so viel backen. Viele Leute haben auch keine Karten mehr. Die letzten und vorletzten Karten mussten statt vier bis viereinhalb Wochen reichen und nachdem kam Kürzung.

5. April
Wie gewöhnlich fing der Tag an mit einem Jabo-Angriff um 8 Uhr. Am westlichen Ortsausgang sowie am östlichen bei Autogenwerk stand je ein Zug, der zusammengeschossen wurde. Ich habe mich gerade gewaschen in der Küche, und ich glaubte, der Jabo komme im Tiefflug zum Fenster herein. Da hat es schwer gekracht, und die Sache ist sehr interessant zum Zuschauen, solange es einem nicht selber gilt. Die Leute sind sehr erregt. Züge fahren nicht mehr. Auf der Hauptstraße ziehen Zivilisten und Soldaten, Italiener, Franzosen und Russen, insbesondere verwundete deutsche Soldaten humpelnd an Stöcken ostwärts. Ein Zug mit Rote-Kreuz-Wagen soll zusammengeschossen worden sein. Bei der Traube warten den ganzen Tag Hunderte um von Autos mitgenommen zu werden, das reinste Zigeunerlager. Ein Betrieb nach dem andern schließt seit Osterdienstag.

6. April
Der Tag ist ruhig verlaufen. Allerdings um 8 Uhr wieder Alarm bis 4 Uhr, ohne Angriff bei uns. Der Flüchtlingsstrom auf der Hauptstraße hat nachgelassen. Die gestern zusammengeschossene Lokomotive wurde an den eisernen Steg transportiert. Ein Junge von 14 Jahren stieg oben drauf, kam mit den elektrischen Drähten in Berührung und war tot.

7. April
Der Tag war ruhig. Morgens halb 5 Uhr wurden 20 Mann Volkssturm alarmiert, weil bei Schlierbach 20 Fallschirmspringer gelandet sein sollen. Suchen, überall ohne Ergebnis. Ein Trupp Ungarn kam hier ins Quartier. In den Straßen bettelten sie um Brot. Vielfach hört man, dass auch deutsche Soldaten Quartier suchen, weil sie große Strecken zu Fuß machen müssen, auch Verwundete die von der Front kommen.

8. April
Wir hatten die längste Dauer Alarm, 13 Stunden. Den ganzen Tag Jabo und auch Bomberverbände. Unser Mieter Kiehnle bekam den Einberufungsbefehl.

9. April
Die Front rückt näher, man merkt es am Verkehr.

10. April
Wie alle Tage. Wetter sehr warm. Heute Kartoffeln gesteckt. Die Leute haben Angst, der Feind könnte sie wegnehmen im Haus. Abends Jabo dagewesen. In Roßwälden brennt ein Haus. Hiesige Feuerwehr alarmiert. In Schlierbach sollen mehrere Häuser brennen, auch durch Jabo.

11. April
Wie alle Tage – Kreis Esslingen bekam Sonderzuteilung an Brot und Fleisch. Elli holte für uns auch 12 Kipfen auf unsere Karten, indem wir Ernährungsamt Göppingen wegschnitten. Sie sind aber bald dahinter gekommen, weil der Zustrom zu arg wurde.

12. April
Fliegertätigkeit mittelmäßig – leicht Regenwetter. Züge fahren nur des Nachts. Ein Militärzug kam von Winnenden bis Oberesslingen, in der nächsten Nacht nur bis Ebersbach, wurden dann morgens 8 Uhr hier ausgeladen und in Quartieren untergebracht. Bei uns waren 12 – 15 Mann. Die Soldaten waren recht hungrig und klagten über die Verpflegung. Stimmung sehr schlecht bei ihnen. Es waren 76er Gebirgspioniere aus Mittenwald (Bayern). Abends 8 mussten sie an der Bahn sein, um ½ 3 Uhr fuhr der Zug ab.

13. April
Präsident Roosevelt gestorben. Fliegertätigkeit gering. Wir sagten, die Flieger müssen zur Trauerparade. Vor den Lebensmittel- und Metzgerläden stehen die Leute Schlange, weil Sonderzuteilungen ausgegeben werden, auch kann man die Lebensmittel für drei Wochen auf die Karten im Voraus kaufen.

14. April
Die Front rückt sicherlich näher; Crailsheim. Man glaubt, der Zusammenbruch komme immer näher. Die Ausverkäufe beginnen so langsam. Die Leute laufen hastiger und schauen dauernd, um zu beratschlagen, was und wie, und wo sie etwas erhaschen können. Geld haben wir genug, aber vielleicht könnten wir es später noch notwendiger gebrauchen. Die Banken geben nur 100 Mark heraus, weil sie kein Geld mehr haben. Wie ich schon öfter gehört habe, haben die Parteimenschen ihre Uniformen verbrannt oder umgefärbt. Die Zeitungen wollen mir noch den Sieg glaubhaft machen, nachdem die Bonzen doch selbst nicht mehr daran glauben, sonst hätten sie doch keine solche Angst.

15. April
Nichts von Bedeutung, nur der Volkssturm musste die am Samstag angekommen Bomben, die zur Sprengung verschiedener Objekte vorgesehen sind, an verschiedene Plätze transportieren. Otto von Tübingen nach Ulm überwiesen.

16. April
Fliegertätigkeit immer größer, je näher die Front rückt. Heute Abend ein Auto voll Mineralwasser bekommen, 160 Kisten. Vielleicht das letzte?

17. April
Heute Morgen Georg hier mit Auto. Als Volkssturmmann einen Transport Leute nach Ulm gebracht.

18. April
Immer herrliches Sommerwetter. Im Parteilokal soll ein Kommando stationiert sein wegen Kontrolle von Soldaten. Jedenfalls laufen viel Blindgänger herum. Vielfach hört man auch von sehr schlechter Stimmung beim Militär. Der Feind soll vor Tübingen sein.

19. April
Heute Mittag hieß es, der Feind stehe vor Reutlingen. Fliegertätigkeit sehr stark. Abends 20 Uhr überall große Aufregung. Panzerspitze soll in Wäschenbeuren sein, und wir glaubten, die Front sei bei Crailsheim. Wo der Feind letzte Woche wieder herausgeworfen wurde, wie die Zeitung zwei Tage nacheinander fettgedruckt

brachte. Volkssturm alarmiert. Antreten 22 Uhr im Schulhof. Schnell abmarschiert in Richtung Bünzwangen. Um 23 Uhr Panzerspitze in Faurndau. Reges Leben in den Straßen und vor den Häusern. Ich ging zu Bett um 23.30 Uhr und wollte sorglos schlafen, als wäre der Krieg zu Ende. Nicht gut geschlafen vor lauter Schießerei.

20. April
Morgens 6.30 Uhr klopft Schwager Wiedmann und sagt, dass sie in Uhingen seien. Jetzt ist Mittag 16 Uhr und dauernd Detonationen von Sprengungen, Bomben und Pack, Bordwaffen und M.G. Heute ist Adolfs Geburtstag, aber die Geschenke bekommen wir von den Amerikanern. Von Uhingen sollen die Panzer über Albershausen in Richtung Kirchheim vorgestoßen sein. 100 bis 150 sollen es sein. Alles will Brot holen bei Krötz, er kann's aber nicht schaffen. Wilde Gerüchte gehen um über den Stand und die Anmarschwege der Panzer. Gegen Abend hieß es, Panzer kommen, aber bei Fabrik Geiger wurde ein Lastwagen abgeschossen, der Benzin geladen hatte. Einer soll tot oder schwer verwundet sein, der andere gefangen genommen. Hinter dem Auto muss noch ein Panzerkampfwagen gefahren sein, welcher dann abgedreht hat. Viele Einwohner haben die Nacht im Keller zugebracht, ich aber ging um 22 Uhr zu Bett und habe herrlich geschlafen die ganze Nacht bis morgens halb 7 Uhr. Vor dem Bettgehen kam Elsa und weinte, denn Richard soll in Gefangenschaft sein. Abends mit dem Volkssturm abmarschiert und andern Vormittag gefangen. Kurze Dienstzeit. Verschiedene Volkssturmmänner sind wieder zurückgekommen, denen es auch so ergangen sein soll.

21. April
Morgens 7 Uhr große Aufregung. Ebersbach soll verteidigt werden, alles soll fort. Durch schlechtes Wetter sind die Jabo erst um 10 Uhr gekommen. Um 9 Uhr ging ich an die Panzersperre, welche aber in der Nacht von Einwohnern weggemacht wurde. Der Panzerkampfwagen hat auf meinem Acker gewendet, und einen Baum abgedrückt.

Wir sollen jetzt eingeschlossen sein, ungefähr Gmünd, Göppingen, Kirchheim, Plochingen. Den ganzen Tag wird zeitweise stark geschossen. Deutsche Soldaten laufen hin und her. Jabo-Tätigkeit in Richtung Hochdorf. Seit gestern Mittag keinen elektrischen Strom mehr, auch keine Zeitung. Abends hieß es wieder, die Panzer kommen. Es hat sich nicht bewahrheitet. Bei Fabrik Geiger wurden vier Lastwagen abgeschossen, wobei es zwei Tote und einige Gefangene gegeben haben soll. Die Autos sind fehl gefahren. Anstatt in Uhingen nach Albershausen abzuzweigen, sind sie geradeaus nach Ebersbach gefahren. Der Befehl wurde durchgegeben: Panzer kommen, Fensterläden auf, Fenster geschlossen halten. Auf den Autos sind auch Lebensmittel und Zigaretten gewesen, wobei schnell geraucht wurde, hauptsächlich von den Russen bei Geiger. Abends hieß es, die deutschen Truppen wollen ausbrechen Richtung Hochdorf – Kirchheim. Dort starke Schießerei bis nachts 24 Uhr.

22. April

Morgens 6 Uhr einige schwere Einschläge in der Nähe, dann nichts mehr zu hören. Um 8 Uhr sagte ich, man könnte glauben, der Krieg sei zu Ende. Um 9 Uhr kam nochmals der „lahme Gustav". Um 10 Uhr fuhren ein Personenwagen und zwei Lastwagen in unseren Ort ein und wir waren amerikanisch. Das Rathaus wurde besetzt und sogleich die Führerbilder zum Fenster herausgeworfen. Die Bekanntmachung erfolgte, dass innerhalb einer Stunde sämtliche Waffen abzuliefern sind. Bald danach kontrollierte eine Patrouille die Spindelwerke. Nachdem die Amerikaner eingefahren waren, kamen vier deutsche Soldaten am Haus vorbei. Einer hatte die Maschinenpistole umhängen. Ich sagte, sie sollen sich Zivilkleider besorgen, worauf einer sagte, wenn wir nur könnten. Ein anderer sagte, diese Kluft haben wir schon acht Jahre an, und die behalten wir. Um 12 Uhr gingen schon Plünderungen an in den Läden, hauptsächlich von Russen. Später wurde ein Sicherheitsdienst aufgestellt von Gefangenen. Franzosen, zivilen Holländern und Deutschen, die auch in der Nacht patrouillierten und die Russenbaracken bewachten. Nachmittags liefen Russen, auch hiesige Einwohner herum mit Leder- und Stoffballen sowie Stiefeln, die sie nach Hause schleppten. Die Sachen kamen von einem Eisenbahnwagen, der aus einem zwischen Ebersbach und Reichenbach stehenden Zug geplündert wurde. Sonntagabend wurde dann der Rest sichergestellt und in Kaufmanns Fabrik gebracht. Kauffmann ist Ortskommandant. Richard am Sonntagnachmittag zurückgekommen.

23. April

Montag Vormittag liefen die Ausländer wieder mit Stoff, Leder und Stiefeln, die in Kauffmanns Fabrik an letztere verteilt wurden, obwohl sie nichts damit anfangen können, außer den Stiefeln. Gefangene deutsche Soldaten werden eingebracht und fortgeschafft, darunter der junge Traubenwirt. Nachmittags hieß es, am Rathaus würden die Sachen von dem geplünderten Eisenbahnwagen an Deutsche verteilt. Lieselotte, Elli und Anneliese gingen auch hin, leider war nichts mehr da. Dagegen wurde ein weiterer Wagen entdeckt, von dem jede einige Häute Leder, Schuhnägel und sonstiges mitbrachte.

24. April

Bisher bin ich nicht fortgekommen wegen Regenwetter, aber heute. Mittags fuhr ich an unseren Acker und besah mir den Schaden. Wir fuhren zurück an den Gefangenenlagern vorbei, wo großer Tumult war. Einen Meister von Firma Lechler, auch Meister Schüle von Autogenwerk, wollten sie aufhängen, wegen angeblicher schlechter Behandlung der Ausländer. Ein gefangener Franzose hatte zwei Schachteln Zigarren unter dem Arm und reichte sie seinen Kameraden herum. Ich kenne die Meister gut und griff auch gleich als zweiter zu. Die Rauchwaren holten sie bei Stöhr, angeblich für 1500 Mark. Ein Auto mit einem de Gaulle-Soldaten brachte Weinflaschen. Wie wir in den Ort kamen, wurde das Auto wieder voll beladen am

Kaffee Bach mit Weinflaschen und anderen Sachen. Junge Zivilrussen liefen besoffen herum, die Weinflasche unter dem Arm.

Bei uns auf dem Güterbahnhof stand auch ein Zug, wo sechs Wagen mit Kohle durch den Bürgermeister sichergestellt wurden für die Bäcker und Metzger. Ein Wagen mit Kinderkleidern wurde auch angefangen zu plündern durch Nachbarn, was aber bald verhindert werden konnte. Nachmittags bekam die Feuerwehr und alle verfügbaren Männer den Auftrag, den Wald abzusuchen, und die deutschen Soldaten aufzufordern, sich zu übergeben, andernfalls werde Ebersbach zusammengeschossen. Durch die Ortsschelle wurde bekanntgegeben, dass sich alle uniformierten Soldaten, die sich noch im Ort befinden, auf dem Rathaus melden müssen. Marta ging mittags nach Thomashardt, um Setzware zu holen. Zwei deutsche Soldaten baten um Essen. Weil sie nichts hatte, wollte sie ihnen was bringen auf dem Rückweg, fand aber keinen mehr.

25. April

Reger Auto- und Panzerverkehr auf der Straße. Bomberverbände und Jabo fliegen ostwärts. Bei Ulm und Münsingen sollen sich noch Kämpfe abspielen. Ulm soll schon amerikanisch sein, sagte gestern ein gefangener Russe, die alle von dort wieder zurückgekommen sind. Die Amerikaner fahren den ganzen Tag, dass man kaum die Straße überqueren kann. Man könnte glauben, das Benzin fließe bei ihnen wie bei uns das Wasser in den Bächen. Nachmittags kam die Anordnung, dass das aus den Eisenbahnwagen geraubte Gut wieder herausgegeben werden solle, oder durch hiesige Handwerker geschätzt und bezahlt, andernfalls erfolgt Haussuchung. Einige wurden heute von Gefangenen geholt, um an deren Lager den Drahtverhau

Blick über Ebersbach aus Südosten.

wegzumachen, aber nur Nazis. Einen Meister von Firma Schuler geholt und getrocknet.

Bis 20 Uhr haben wir Ausgang, Beginn morgens 7 Uhr. Ein Auto patrouilliert abends durch die Straßen. Die Zuchthausfrauen vom Spindelwerk, die gestern Morgen von gefangenen Franzosen und amerikanischen Soldaten freigelassen wurden, sollen nicht zur Entlassung kommen.

Im Bünzwanger Wald wurde noch nachmittags geschossen. Zwei Amerikaner gaben vom Wehr immer wieder einen Schuss ab, und dann hörte man wieder einen Feuerstoss von einem M.G.

26. April
Von morgens 6 Uhr bis abends sah man immer wieder Autokolonnen mit deutschen Gefangenen durchfahren. 70 Autos voll, geschätzt je 50 Mann. Das zu sehen ist bitter, aber Herr Hitler macht noch nicht Schluss. Auf einem Auto befand sich Menzel, der Webmeister von Firma Scheuffelen. Das neue Schulhaus wurde von den Amerikanern beschlagnahmt, und der Schuldiener musste ausziehen. In Reichenbach soll der amerikanische Ortskommandant ein gebürtiger Reichenbacher sein. Die Soldaten, die aus den Wäldern zurückkommen, werden zivil eingekleidet, bekommen einen Pass und können nach Hause oder bei einem Bauer arbeiten. Aber Meldung auf dem Rathaus ist erforderlich. Verschiedene Volkssturmmänner von hier sind zurückgekommen, der Ortsgruppenleiter und verschiedene andere fehlen noch.

27. April
Roos und Strobel vom Volkssturm sollen bei Boll gefallen sein. Das H.J.-Heim wurde von amerikanischem Militär als Unterkunft beschlagnahmt. Parteigenossen müssen arbeiten, Panzerbekämpfungslöcher zudecken. Ein neuer Gemeinderat wurde eingesetzt. Fotoapparate mussten auf dem Rathaus abgegeben werden. An den Plakatsäulen ist ein Anschlag, wonach die durch die Naziregierung erlassenen Gesetze von der amerikanischen Militärregierung für ungültig erklärt werden. Immer kommen neue Bekanntmachungen und Anordnungen. Der elektrische Strom ist zu schwach, um Radio hören zu können.

28. April
Radio-Apparate müssen auf dem Rathaus gemeldet werden. Sämtliche freie Zimmer müssen auch gemeldet werden. Die Ausländer, mit Ausnahme der Russen, können in diese Privatzimmer, weil sie nicht mehr in den Baracken bleiben wollen, auch die gefangenen Franzosen. Viel Brückenmaterial wird heute in Richtung Ulm geführt.

29. April
Sonntag – Adolf Schindele jg. gestern vom Volkssturm zurückgekehrt. Russen tauschen Stoff, hauptsächlich für Uhren und Schnaps.

30. April
Viele Häuser von amerikanischen Truppen beschlagnahmt. In der Bahnhof-, Karl-Wilhelm-, Garten-, Steinberg- und Bachstraße. Radioapparate holten verschiedene Soldaten zur Benützung, solange sie hier sind. Abends kamen zwei amerikanische Soldaten, ein 18- und 19-Jähriger und wollten Kaffee tauschen für Wein. Wir machten den Handel und saßen beieinander bis 22.30 Uhr und tranken Wein. Der eine sprach etwas deutsch und war ein lustiger Kerl. Als sie gingen merkten wir, dass er zuviel hatte. Zigarren rauchten sie wie Millionäre, ich natürlich auch.

1. Mai
Viele deutsche Gefangene werden hier durchgefahren. Wie ich gehört habe auch Krüger und Blum. Abends hieß es, ab 22 Uhr kommen alle Russen weg. Zwei Ostarbeiterinnen, denen Lieselotte noch Röcke machen sollte, holten wieder ihren Stoff und sagten, alle weinen, weil sie fort müssen. Es wurde bei ihnen laut, dass Krieg komme zwischen Amerika und Russland und sie nach Frankreich in große Sammellager kommen sollen. Zwei amerikanische Soldaten wollten wieder Wein, und wir gaben ihnen einen Liter. Wenn ich nur ein Wort Englisch spreche, dann glauben sie schon, ich sei Meister in dieser Sprache.

2. Mai
Heute wird gesagt, Amerika und Russland machen Krieg, Hitler sei tot. Wir haben keinen elektrischen Strom, und demzufolge können wir kein Radio hören. Zeitung gibt's auch keine. Bei Firma Kauffmann, die selbst Strom erzeugt, kann Radio gehört werden. An meinem Acker ist ein Soldatengrab gemacht worden. Die Russen sollen abends wieder zurückgekommen sein.

(…)

4. Mai
Morgens kam schon ein Flugblatt vom Bürgermeisteramt mit der Warnung an alle Haushaltungsvorstände, dass sie für die Taten ihrer Kinder haftbar gemacht werden, weil ein Telefondraht der Amerikaner zweimal durchschnitten wurde. Dem Bürgermeister und Hermann Kolb hat Ebersbach viel zu verdanken. In verschiedenen Gemeinden, wo der Nazibürgermeister durchgebrannt ist und kein Dolmetscher da ist, sieht es schlimm aus. Um 22 Uhr wollten wir zu Bett gehen, da kam noch der amerikanische Soldat, der vor einigen Tagen Wein bei uns getrunken hatte und bat Lieselotte, dass sie ihm die Regimentsnummer (100) an seinen neuen Rock nähe. Er gab ihr gleich ein Täfelchen Chocolade. Er erzählte, sein Vater sei Doktor und habe jetzt viel Arbeit. Er habe großes Heimweh und wisse heute nicht, wann er überhaupt heimkomme.

(…)

7. Mai
Viele Lastwagen mit deutschen Gefangenen fahren westwärts. Die Nazis heute morgen wieder mit Schaufeln zur Arbeit. Deutsche Wehrpässe liegen in den Wäldern. Soldaten, die sich als Zivilisten durchschlagen, sieht man überall noch, fragen nach dem Weg und der Lage und nach Essen.

8. Mai
Marta Holz geholt bei der Königseiche aus zerschossenem Wald. Der Krieg ist zu Ende. Kapitulation hat's doch gegeben, wenn auch Herr Hitler xmal gesagt hat, das gibt's nicht.

9. Mai
Bilder kann man auf der Hauptstraße sehen wie in Frankreich bei der deutschen Frühjahrsoffensive 1918. Evakuierte ziehen nach ihrer Heimat mit allen möglichen Fahrzeugen. Immer noch sieht man heimkehrende Soldaten in Zivil. Ich habe einen aus Wernau zu seinem Kriegskameraden Sattler Nuding gebracht. Er kam von München.

(…)

11. Mai
Ein Gespann von zwei kleinen Pferden samt Wagen vom Konzentrationslager Dachau zu Nachbar Rösch gekommen. Die Insassen, drei Männer aus Belgien, eine Frau aus Oberschlesien, die in Saarbrücken gearbeitet hat, ü und eine Frau aus Saarbrücken selbst. Sie wollten Heu für ihre Pferde. Sie erzählten haarsträubende Sachen über die KZ-Lager. Ein Mann sagte, dass von seinem Transport vor sechs Jahren von 1000 Personen noch vier am Leben seien. Ihre Gefangenennummer ist auf dem Arm eintätowiert. Beim Waldhorn ein deutscher Gefangener von einem langsam fahrenden Auto abgesprungen und ab. Wie ich gehört habe, soll er aus Heilbronn sein.

---

[1] KrA GP S 16 Ebersbach Nr. 1. Eine Kopie des Tagebuchs wurde dem Kreisarchiv 2013 freundlicherweise von Nachkommen übergeben.

„Wir standen stumm an der Straße, die Hände in den Hosentaschen, und fragten uns: Was kommt jetzt auf uns zu?"

Eine 16-Jährige aus Eislingen berichtet über die Zeit des Kriegsendes und die eigene Gedankenwelt in dieser Zeit.[1]

Eislingen aus Richtung Nordwesten.

Wir lebten in Eislingen in einer Wohnung auf dem Gelände der Papierfabrik Fleischer, wo mein Vater auch seit den 1920-er Jahren arbeitete. Das ehemals jüdische Unternehmen war unter den Nationalsozialisten arisiert worden, die Familie Fleischer Ende 1938 nach England emigriert. An den alten Herrn Kuno Fleischer, einen sehr freundlichen und großzügigen Mann, kann ich mich noch gut erinnern.[2] Er erfreute sich bei der Belegschaft überaus großer Beliebtheit, im Gegensatz zu seinem Neffen Dr. Hermann Fleischer, der recht streng war und großen Wert auf äußerste Pünktlichkeit legte.

Der Ausgang des Krieges war für meine Eltern mit der Kriegserklärung an die USA im Dezember 1941 besiegelt. Meine Mutter sagte damals: „Hat denn der Hitler noch keinen Atlas gesehen? Das große Amerika, Russland und England mit seinen Kolonien – wie soll das kleine Deutschland das schaffen?" In der Schule steckten wir freilich noch stolz die Fähnchen auf der Landkarte – bis Stalingrad und damit der Wendepunkt kam. Auch schwarze Tafeln mit dem Wort „Stalingrad" wurden in der Schule aufgehängt. Meine sehr christlich geprägten Eltern waren keine Parteigenossen gewesen, trotzdem ging ich mit großer Begeisterung in den BDM, wegen der dortigen Kameradschaft und den vielseitigen Aktivitäten.

Wegen der zunehmenden Luftangriffe im Frühjahr 1945 suchten wir häufig den Luftschutzraum der Papierfabrik auf, zusammen mit der Direktorenfamilie. Besonders eingeprägt hat sich meiner Familie ein Jabo-Angriff am Ostermontag 1945. Mein Vater, im 1. Weltkrieg mit der goldenen Militärverdienstmedaille ausgezeichnet, hatte Dienst beim Volkssturm, Mutter besuchte den Gottesdienst, und ich betreute daheim meinen erst 1940 geborenen Bruder. Während des Gottesdienstes griffen die Jabos an. Der Pfarrer brach die Messe ab und die Leute flohen, viele in die beiden Stollen am Weinberg. Ich zerrte meinen Bruder so schnell wie möglich in den Luftschutzraum. Währendessen hatte mein Vater zusammen mit einem französischen Kriegsgefangenen unter einem Baum in der Nähe des Bahnhofs Schutz gesucht. Die beiden Männer hielten sich vor Angst umarmt und zitterten gemeinsam um ihr Leben. Durch den Angriff wurden eine Frau in der Schlossstraße getötet und ein Haus in der Hindenburgstraße beschädigt.

Die Stunden vor dem Einmarsch

Auch in Eislingen sah man am Nachmittag des 19. April die Rauchwolken aus Richtung Wäschenbeuren und rasch verbreitete sich die Nachricht, dass die Amerikaner kämen und das Dorf wegen Widerstands bombardiert hätten. Mein Vater hatte vom Volkssturm aus den Auftrag, die Panzersperre in Richtung Holzheim zu schließen, ging aber nicht mehr hin. Seit dem späten Nachmittag hatten wir uns wieder im Luftschutzkeller eingerichtet und blieben dort auch über Nacht. Erst gegen Mittag des 20. April kam jemand zu uns herunter und klärte uns darüber auf, dass die Amerikaner bereits hier wären. Meine Mutter und der Kleine verblieben zuerst noch im Keller, doch mein Vater und ich wagten uns vor an die Stuttgarter Straße. Dort jubelten die Franzosen und Russen den Amerikanern mit „Viva, Viva!" zu, die schon wieder aus Richtung Göppingen kamen, nachdem sie am frühen Morgen durchs Ottenbacher Tal und von Salach her vorgedrungen waren. Wir standen stumm an der Straße, die Hände in den Hosentaschen und fragten uns: Was kommt jetzt auf uns zu? Zudem hatte ich Angst vor den schwarzen Soldaten, da man uns in der Schule furchtbare Dinge über diese „Untermenschen" erzählt hatte.

Als mein Vater beim Fabrikgelände nach dem Rechten sehen wollte, stellte er fest, dass der vorbeifließende Mühlbach völlig verstopft war – mit Uniformen, Hitlerbildern und Hakenkreuzfahnen. Zwei Männer fischten die Sachen heraus, damit das Wasser wieder fließen und Strom für die Fabrik erzeugen konnte. Etwas später erhielten wir von den Amerikanern die Anweisung, unsere Wohnung innerhalb von zwölf Stunden zu räumen. In der Nachbarschaft hatte ein SS-Mann mit seiner

Familie gelebt und war geflohen. Eine weitere Nachbarin gab uns den Schlüssel zu dieser Wohnung und wir zogen um.

Einige Arbeiter, die uns eigentlich hatten helfen wollen, waren plötzlich verschwunden – bald erfuhren wir, dass ein Güterzug mit Lebensmitteln am Eislinger Güterbahnhof stand und geplündert wurde. Ich begab mich deshalb ebenfalls dorthin. Der Zug hatte vor allem Nudeln, Zucker und Konserven geladen, auch Wassereimer, auf denen noch „Organisation Todt" stand. Ich griff mir einen der Eimer, doch jemand riss ihn mir wieder aus der Hand. Im allgemeinen Chaos lagen viele Lebensmittel auf dem Boden herum. Da ich keinen Sack dabei hatte, zog ich den Unterrock aus und schaufelte lose Nudeln hinein, auch eine Dose Essiggurken erwischte ich noch.

Wenige Tage nach dem Einmarsch wurden kleine Flugblätter verteilt. Auf diesen erklärte Manfred Rommel, der als 16-jähriger genauso alt war wie ich, dass sein Vater zum Selbstmord gezwungen worden war und mitnichten den „Heldentod" erlitten hatte, wie man uns in der Propaganda vorgelogen hatte. Das war ein ziemlicher Schock, denn Rommel wurde in der Bevölkerung sehr verehrt.

Als wir nach vier Wochen wieder in unsere Wohnung zurückkehren konnten, mussten wir leider feststellen, dass die „kämpfende Truppe" dort ihrer Zerstörungswut freien Lauf gelassen hatte. Viele Möbel waren zerstört, die Kuckucksuhr und das Spielzeug gestohlen sowie die Lebensmittel im Keller absichtlich verdorben worden: die Mostfässer hatte man auslaufen lassen, die gekalkten Eier hineingeworfen und über einen mühsam durch Ährenlesen gewonnenen Sack Getreide Benzin geschüttet. In unserer Notwohnung mussten wir zwei Nächte lang ebenfalls noch Amerikaner beherbergen, die uns dann alle Armbanduhren und sämtliche Damenhandschuhe abnahmen. Nur unsere „Rabbits" hatten derweil wie Gott in Frankreich gelebt und waren mit Weißbrot und Erdnussbutter gemästet worden. Stattdessen gerieten die Hühner auf unserem Grundstück in Gefahr, als ein Schwarzer sie mitnehmen wollte. Mein Vater brüllte mit der Mistgabel in der Hand den Mann lautstark an und der zog sich zurück – zum Glück, er hätte meinen Vater ja auch über den Haufen schießen können.

Aber trotz solcher Erlebnisse und der Verwüstungen waren wir, besonders die Eltern, sehr froh, dass der Krieg und vor allem die große Angst vor den Luftangriffen, dieser dauernde Druck, endlich vorbei war – und ebenso die Furcht vor Bespitzelungen und Denunziationen. Meine Mutter hatte einmal einem ausgehungerten Kommunisten aus dem Ort Nahrungsmittel mitgegeben und Angst, dass sie deshalb selbst in ein KZ kommen könnte.

Die nachrückenden Soldaten verhielten sich im Gegensatz zu den ersten Einheiten gottlob wesentlich humaner, mein kleiner Bruder bekam viel Schokolade und durfte auf dem Fabrikgelände im Jeep mitfahren – trotz eindringlicher Verbote seitens der Eltern. Aus abgeworfenen Treibstofftanks der amerikanischen Flugzeuge bauten die Kinder Boote und veranstalteten Wettrennen auf dem Mühlkanal.

Die Filsbrücke in Eislingen.

Nach dem Kriegsende brach die ohnehin schon schlechte Versorgung mit Lebensmitteln völlig zusammen. Jeder musste schauen, wie er irgendwie durchkommt, alles andere war zunächst nebensächlich. Vater hungerte, damit wir Kinder genug zu essen hatten. Im Garten pflanzte er Tabak an, den er dann auf der Alb gegen Lebensmittel tauschte. Ährenlesen und „Buchele-Klauben" gehörten zu Sommer und Herbst, für sieben Pfund Bucheckern gab es einen Liter Öl.

Das Schulhaus in der Bismarckstraße war brechend voll mit Flüchtlingen, die oft kaum mehr als das nackte Leben gerettet hatten. Der Bürgermeister versuchte, die Not zu lindern, indem er beispielsweise Lastwagen ins Allgäu organisierte, die mit Käse zurückkamen.

Der jüdische Fabrikant Kuno Fleischer kehrte eines Tages wieder zurück, worüber sich viele seiner früheren Angestellten sehr freuten. Auch ich arbeitete inzwischen in der Firma und er war sehr erstaunt, wie ich seit seiner Emigration gewachsen war.

[1] KrA GP S 16 Eislingen Nr. 1. Zusammenfassung eines Interviews mit der Zeitzeugin von 2013.
[2] Kuno Fleischer (1880-1951). Ende 1938 emigrierte die Familie nach England, Kuno Fleischer war zuvor einige Zeit in Dachau interniert gewesen.

Kampfloser Einmarsch in Eislingen

Bericht der Gemeinde Eislingen über die letzten Kriegstage, verfasst im Oktober 1948 durch den Stadtbaumeister Gottlieb Nürk.[1]

In der Nacht vom 19. auf 20. April 1945 durchzogen laufend deutsche Soldaten unsere Stadt. Eine Rundfrage bei denselben ergab die Feststellung, dass praktisch keine deutsche Front mehr in unserer Nähe bestand. Was nicht tot oder verwundet sei, befinde sich in amerikanischer Gefangenschaft. Daraufhin habe ich am 20. April 1945 bei der Annäherung der amerikanischen Truppen der Polizei den Befehl gegeben, die Panzersperren nicht zu schließen, da ich die Stadt, welche bisher nahezu unversehrt blieb, vor der Zerstörung unter allen Umständen bewahren wollte. Andererseits wäre eine Verteidigung zwecklos gewesen, da keine deutschen Truppen mehr zur Verfügung standen und die wenigen Kisten Panzerfäuste nicht viel genützt hätten.

Die Truppen [des Eislinger Volkssturms] sammelten sich in der Nacht vom 19. auf 20. April 45 im Hohenstaufener Wald. Bei Tagesanbruch setzten sich die Truppen in Bewegung und erreichten gegen 7 bis 8 Uhr über Krummwälden und Salach herkommend die Stadt. Der Haupttrupp ging weiter nach Göppingen. Nur einzelne technische Kommandos besetzten die Fabriken Zeller & Gmelin sowie die Papier-fabrik Fleischer (Kiehn).

Ich war den ganzen Tag über auf dem Rathaus. Dort zeigte sich aber niemand. Erst abends wurde ich zwischen 20 und 21 Uhr von einem Offizier mit einigen Soldaten mit schussbereiter Waffe aufgesucht. Ich begab mich anschließend auf das Rathaus, wo ich nähere Weisungen von dem Offizier entgegennahm. Am andern Tag kamen verschiedene Offiziere auf das Rathaus. Auf dem Bahnhof wurden angeblich von amerikanischen Soldaten verschiedene Waggons mit Lebensmitteln frei gegeben und von Soldaten gefilmt.

Die ehemalige Reiff'sche Fabrik, welche als Lager für den Arbeitsdienst diente, wurde ebenfalls von einer Menge geplündert. Angeblich habe irgendjemand der Bevölkerung mitgeteilt, dass das dort aufgestapelte Gut herrenlos sei. Ich war mit dem amerikanischen Major unterwegs und kam dort vorbei. Er hat mit Waffengewalt dies sofort unterbunden und ließ die Türen versiegeln.

Als erstes Haus wurde die Villa Buck belegt. Um eine bessere Kochgelegenheit zu schaffen, wurde der Wirtschaftsherd von dem Gasthaus zur Rose ausgetauscht. Das Gebäude diente als Kasino, jedoch nur für einige Tage. Bei der Räumung gab es einen unliebsamen Auftritt, da ich den Insassen ursprünglich drei Stunden Zeit

„Schlageter-Denkmal" in Eislingen, später „Schiller-Denkmal".

gegeben hatte und zwar von 14-17 Uhr. Der betreffende Offizier kam jedoch schon um 16 Uhr und wollte jede weitere Räumung unterbinden. Die dortigen Bewohner haben sich darüber aufgeregt, und es entstand dabei ein Wortwechsel, wobei der Offizier sich unter anderem äußerte „Was Sie denn wollen, ihre Nazi-Schweine hätten in Frankreich den Leuten oft nur fünf Minuten Zeit gegeben". Durch Zureden konnte ich den Offizier endlich dazu bewegen, dass die noch im Haus vorhandenen Kinderbetten herausgenommen werden durften. Er sagte mir dies zu, jedoch durfte das Bett nicht von der sich so frech benommenen Frau herausgetragen werden.

Die erste Maßnahme war ein Aufruf zur Ablieferung der Waffen, Fotoapparate, Meldung ehemaliger Soldaten usw. Die Waffen selbst wurden gesammelt und dann später von amerikanischen Soldaten abgeholt. Die Fotos wurden von den amerikanischen Soldaten angeeignet. Zur gleichen Zeit führten ausländische, ehemalige Arbeiter und durchziehende ausländische Arbeitskräfte Plünderungen aus. Die hier noch anwesenden französischen Kriegsgefangenen wurden auf meinen Vorschlag mit Waffen versehen. Sie waren auf Grund eines früher gegebenen Versprechens bereit, zusammen mit der deutschen Polizei den Schutz der Bevölkerung zu übernehmen. Neben vielen Plünderungen durch dieselben wurden besonders zwei erwähnt, wobei je eine Person zu beklagen ist, und zwar in Krummwälden der Bauer Heinrich Z., vom unteren Etzberg der Bauer Xaver R. Die Plünderungen nahmen nunmehr überhand, bis die amerikanische Kommandantur auf meine dringenden Vorstellungen sich bereit erklärte, einzelne Streifen die Nacht über durchfahren zu lassen.

Gegen 8 Uhr morgens standen am 20. April 1945 Truppen der 10. US-Panzerdivision vor Eislingen.

Recht einschneidend war das Ausgehverbot. Für die Ärzte, Krankenschwestern usw., sowie für die Landwirtschaft wurden Ausweise ausgestellt. Die größte Schmach war, als einige Tage nach der offiziellen Besetzung an jedem Haus weiße Tücher ausgehängt werden mussten. Die Stadt wurde ziemlich stark belegt. Über 1000 Mann mussten hier außer den Schulhäusern in Privatquartieren untergebracht werden.

Erwähnt sei noch, dass an einige Soldaten und Offiziere für Privatzwecke für ihre Begleitungen Wohnungen abgegeben werden mussten. Ein seinerzeitiger Hinweis bei dem diensttuenden Oberst genügte, dass diesem Unfug ein rasches Ende bereitet wurde. Bei einer nächtlichen Kontrolle wurde außerhalb der Ausgehzeit bei einem Gelage mit amerikanischen Truppen auch der seinerzeitige Polizeichef S. festgenommen und seines Amtes enthoben.

Bei einem angeordneten Ausgehverbot wurde von dem Chef der hiesigen Truppe festgestellt, dass dies nicht restlos beachtet wurde. Dies rührte davon her, dass ich mich bei dem Stadtkommandanten eingesetzt hatte, dass die Frauen für ihre kleinen Kinder die Milch bei dem Milchhändler holen durfte. Er hatte dieser Bitte zugestimmt, musste aber von seinem Vorgesetzten eine strenge Rüge einstecken und sollte seines Amtes enthoben werden. Ich habe dem amerikanischen Oberst die Ursache geschildert und gebeten, den Stadtkommandanten nicht für seine Güte, welche er den kleinen Kindern zuteil werden ließ, zu bestrafen. Diesem Wunsche wurde meines Wissens auch Rechnung getragen.

[1] HStAS J 170 Bü 6 (Bericht Eislingen). Kopie im Kreisarchiv Göppingen.

Blick auf Eislingen aus Richtung Süden.

"Sofort aufhören, abbauen, das kann euren Vätern den Kopf kosten!" – Das Telefonnetz Eybacher Jungen nach Kriegsende
===

Wie Jungen aus Eybach mit gestohlenen Armeetelefonen ihr Heimatdorf verkabeln und ihren neuen Bürgermeister um die Fassung bringen.[1]

Ortsansicht von Eybach, rechts das degenfeldische Schloss.

Es hat sie gegeben, die Arrestzelle im Rathaus in Eybach. Dort wurden die Taugenichts und Landstreicher eingekastelt, wenn sie etwas verbrochen hatten. Ach ja, wahrscheinlich zählte man mich damals auch zu diesem Gesindel! Aber wie es dazu kam, das will ich jetzt niederschreiben.

Es war unmittelbar am Kriegsende 1945. In Eybach war ein Teil einer Kompanie der Deutschen Wehrmacht stationiert. Die Offiziere waren im Schloss untergebracht. Die gemeinen Soldaten hausierten gegenüber des Bräuhauses, in dem ich gewohnt hatte, in der damaligen Hauptstraße in den Räumen der alten Brauerei. Neben dem Treppenaufgang zu unserem Wohnhaus war ein alter Schuppen, in dem immer die Leiter und das dazugehörende Geschirr und sonstiges Gerümpel aufbewahrt wurden.

Als dann die Soldaten nach Eybach kamen, diente dieser Schuppen als Unterstand für zwei Armeefahrzeuge. Und gerade eines dieser Armeefahrzeuge war es, was unsere Aufmerksamkeit weckte. Es enthielt ungeahnte Gegenstände, die uns sehr willkommen erschienen. Wenn ich hier von uns spreche, so waren es wir zwei, mein Vetter Karl Heinrich, genannt Tim, aus Heilbronn, der zu dieser Zeit bei uns wohnte, da das Haus in Heilbronn durch eine Brandbombe zerstört war. Tim ist ja so alt wie ich (Jahrgang 1932), nur dass er am 3. Oktober geboren wurde.

Eines Morgens, wir staunten nicht schlecht, waren plötzlich alle Soldaten verschwunden; der ganze Rest der Kompanie. Aber etwas hatten sie doch nicht mitgenommen. Genau dieses Armeefahrzeug, für das wir uns so interessierten. Jetzt hieß es für uns beide, sehr schnell aktiv zu werden. Und wir wurden aktiv, denn alles was dieses Fahrzeug geladen hatte, konnten wir sehr gut gebrauchen. Selbst das Handwerkszeug, das wir teilweise benötigten, fanden wir in einer tollen Werkzeugkiste. Noch heute habe ich davon einige Werkzeuge und benutze sie immer noch. Verschiedene Hämmer in allen Größen – Meißel – Zangen – Schraubenschlüssel in allen Variationen – Metall- und Holzsägen – selbst eine Bohrmaschine, allerdings nur für Handbetrieb, nicht elektrisch betrieben und die Bohrer dazu – Schrauben in allen Größen – und ebenfalls Nägel in verschiedenen Größen. Ich könnte so weitererzählen. Es war einfach alles vorhanden. All dies, was wir beide, Tim und ich benötigten. Toll, wir konnten uns damit eine komplette Werkstatt einrichten! Die Frage war nur wo? Unsere Eltern durften ja davon nichts erfahren!

Aber wir fanden eine Lösung: Das „Hopfenhäusle" neben dem Wohnhaus, dort wo mein Vater unsere Schuhe flickte und wo die Hühner und Stallhasen untergebracht waren und wo früher für die Brauerei der Hopfen gelagert wurde. Unter diesem Dach, da wo jahrelang niemanden hinauf kam, bis auf Großmutter Hofmann, die dort die kleinen frisch geschlüpften „Biberla" (Küken) großgezogen hatte. Das war das ideale Versteck, da konnten wir zunächst alles unterbringen! Und wir brachten dort noch ganz andere, für uns viel wertvollere Utensilien unter. Das Armeefahrzeug hatte nämlich sechs nagelneue Feldtelefone, zwei ebenfalls neue Kabelrückentragen, mindestens drei Kilometer zweilitzige Kabel auf Rollen und noch weitere Elektrogegenstände geladen. Das war das Beste, das wir je erbeuten konnten. Und wir machten uns sehr schnell daran, das Fahrzeug mit den bereits erbeuteten Werkzeugen auszuschlachten. Da waren tolle Gegenstände vorhanden, die wir gut gebrauchen konnten. Die Elektrobatterie, mit der wir die beiden Scheibenwischermotoren betreiben konnten. Sie waren wertvoll für unsere Märklin Zuganlage. Der Tacho wurde ausgebaut, den wir später allerdings nicht gebrauchen konnten und ihn daher irgendwann weggeworfen hatten. Aber der Anlasser des Fahrzeuges diente uns immer wieder zum Spielen. Fensterkurbelteile hatten wir ebenfalls zur Seite gelegt. Wir konnten ja nicht wissen, ob man solche Teile nicht doch einmal benötigte. Eine ganze Menge, was wir dort als „gut zu gebrauchen" gehortet hatten.

Ach ja, fast hätte ich es vergessen: Die etwa 20 Liter Benzin die noch im Tank waren, hatten wir mit Schläuchen abgezapft. Später bescherte uns diese Flüssigkeit noch ein richtiges Höllenfeuer! Wir waren gründlich geschafft, als wir zunächst alles verstaut hatten. Dann gingen wir daran zu überlegen, was wir vor allem mit den Telefonutensilien machen konnten. Auch das hatten wir sehr schnell im Griff. Die amerikanische Armee hatte uns zwischenzeitlich überrollt und in ganz Deutschland gab es keine Telefonverbindungen mehr. Eine willkommene Situation, im Freundeskreis eine eigene Telefonverbindung aufzubauen. Bis zu diesem Zeitpunkt hatten unsere Eltern noch keine Ahnung, was ihre Sprösslinge angestellt hatten. Und das war gut so. Denn wir hatten ein vollkommen reines Gewissen.

Wollten wir aber eine Telefonanlage zu unseren Freunden aufbauen, konnten wir unser Vorhaben nicht mehr länger verheimlichen. Wir wussten sehr schnell, wie wir vorgehen und was wir machen wollten! Eine Telefonanlage, die uns mit allen unseren Freunden verbinden konnte.

Der Fritz (genannt Jug), der Ernst und der Albert, das waren unsere ersten Vorstellungen, mit denen wir Verbindung aufnehmen könnten.

Zunächst musste aber ein Platz gefunden werden, an dem wir die Telefonzentrale aufbauen konnten. Denn die Verbindungen zu den einzelnen Freunden ging ja nur, indem wir die Kabel an einer großen Tafel miteinander verbinden konnten. Wir nannten dies dann „Verstöpseln"! Auch das hatten wir schnell im Griff. In unserem Wohnhaus in der Hauptstraße im Dachgeschoss, dort wo die Treppe vom Erdgeschoss her endete. Da hatten wir Platz! Und dann gingen wir an die Arbeit! Tim, mein Vetter, entwarf das Verkabelungsbrett. Ich schaute, dass ich das entsprechende Material herbekam und fertigte nach Tims Plänen die Schaltzentrale. Ein Höllengerät, wie dies ob der Verkabelung ausgesehen hatte und uns später noch zum Verhängnis werden sollte. Dann wurden die Verbindungen zu den Freunden aufgenommen, denn wir wussten zu diesem Zeitpunkt noch nicht, ob die Freunde auch alle mitmachen würden. Aber da brauchten wir keine Überzeugungskraft anwenden. Alle waren sofort bei der Sache. Es musste nur entschieden werden, mit wem wir die erste Telefonverbindung aufbauen werden. Es war klar, der Jug, mein bester Freund, sollte die erste Verbindung erhalten, denn er wohnte am nächsten zu unserem Wohnhaus. Aber da gab es das erste Problem!!! Da mussten wir mit dem Kabel direkt über die damalige Hauptstraße. Oh je! Zu dieser Zeit befuhren die Amerikaner mit ihren riesigen, sehr hohen Transportfahrzeugen häufig diese Straße. Also musste das Kabel sehr hoch über der Straße gespannt werden.

Ich mache es kurz: Es gelang uns, dieses Problem zu lösen. Der riesig große Kastanienbaum hinter unserem Haus in Richtung zum Jug seinem Haus und der große Telefonmasten auf der anderen Straßenseite waren bestens geeignet dafür! Dem Jug sein Telefonanschluss war gelegt und es konnten die ersten Gespräche geführt werden. „Hallo Jug, hier spricht die Vermittlungsstelle!" Was waren wir doch für „einmalige Mechaniker". Jug war stolz, dass er der erste war, mit dem wir telefonieren konnten.

Nun sollte die zweite Verbindung aufgebaut werden. Eigentlich kein Problem. Die Kabelverbindung legten wir über die hinter unsrem Wohnhaus beginnende Grafenwiese mit den Obstbäumen bis zum hinteren Teil des Wohnhauses, in dem der Ernst wohnte. Und das klappte ebenfalls einmalig. Jetzt konnten wir bereits bei unserer Schalttafel zum ersten Mal das Stöpselverfahren ausprobieren. Mensch, waren wir Kerle! „Hallo Ernst, ich verbinde mit Jug!" Und nun kam es zum ersten Mal zu Schwierigkeiten!

Der Ernst hatte sich dem Grafensohn Martin allzu offen gezeigt und mit seinem Telefonanschluss geprotzt! Umgehend kam von Graf Martin der Antrag an uns, dass er auch einen entsprechenden Anschluss in das Schloss wolle. Eigentlich für uns kein Problem, wir hatten ja genügend Kabel und Material. Und dann, eine Verbindung mit einem Grafen. Mensch, waren das tolle Aussichten!

Aber da hatten wir uns kräftig getäuscht. Denn dem Grafen Martin sein erlauchter Vater, Graf Konrad, hatte seinem Sohn dazu keine Genehmigung erteilt. Wir konnten dann wenigstens einen Teil des bereits verlegten Kabels für den Anschluss von Albert Bundschuh verwenden. Das war positiv.

Tage vergingen. Wir mussten ja für den Anschluss beim Albert ebenfalls die Hauptstraße überqueren, denn der Albert wohnte damals im alten Adlerschulhaus, das zwischenzeitlich abgebrochen worden ist, da man den Grund und Boden für die neue Straßenführung benötigte. Übrigens der Name Adlerschulhaus deshalb, weil dieses Gebäude früher das Gasthaus zum Adler beherbergte und diese Gaststätte belieferte mein Großvater Heinrich Hofmann ja mit dem ersten Grafenbier der Schlossbrauerei Eybach.

Also, wir hatten auch für diese Straßenüberquerung bald eine Lösung parat. Die riesigen Lindenbäume entlang der Eyb bei der Eybbrücke und wieder ein großer Telefonmasten auf der anderen Seite der Straße verhalfen uns zu dieser Kabelverlegung. Schnell konnten wir daraufhin mit dem Bundschuh Albert auch telefonieren! Zu diesem Zeitpunkt haben wir erfahren, dass die Jungs der Mühl- und Steigstraße in Eybach, der Helmut, der Lothar und der Heinz, eine ähnliche Telefonverbindung aufbauen wollten; beziehungsweise schon damit begonnen hatten. Wir machten uns daraufhin bereits Gedanken, wie wir eine Verbindung mit dem anderen Telefonnetz, mitten durch das Dorf Eybach schaffen konnten! Aber dazu sollte es nicht kommen!

Die Entdeckung der Telefonanlage durch den Bürgermeister

Der damalige Bürgermeister von Eybach, der von den Amerikanern eingesetzt worden ist, da er wohl kein sogenannter „Nazi" war, namens Gaugler, durchstreifte mit Stolz geprägter Brust regelmäßig die Eybacher Straßen. Da kam er natürlich auch durch die Hauptstraße. Und dabei muss ihm eine der Kabelüberquerungen aufgefallen sein. Sehr fatal für uns! Der Bürgermeister ging wohl dem sichtbaren Kabel nach und landete, wie kann dies anders sein, zuerst bei Jug und dann natürlich in unserem Hause. Er wolle einmal kontrollieren, wohin das deutlich sichtbare Kabel hinführe, das dort über die Straße gespannt sei! Es führte gerade mal in das Dachgeschoß in unserm Haus, wohin denn sonst. Dort war Tim gerade dabei, einige Verstöpselungen für ein Gespräch zu Jug durchzuführen. Und das mit dieser „Höllenmaschine", die wir da aufgebaut hatten.

Der Bürgermeister war erschrocken, ihm blieb zuerst fast die Spucke weg, bevor er zu einer Donnerrede ansetzte. Der hatte ja keinerlei Ahnung, was wir da getrieben hatten. Mir blieb in meinem Gedächtnis noch deutlich der Satz in Erinnerung: „Sofort aufhören, abbauen, das kann euren Vätern den Kopf kosten!"

Warum sollten unsere Väter um einen Kopf kürzer gemacht werden? Das konnten wir wiederum nicht verstehen, wir hatten doch nichts verbrochen. Es war ein tolles Spiel, was wir da getrieben hatten. Wie ich erst später erfahren habe, hatten die Amerikaner von dieser Sorte von Jugendlichen gehörigen Respekt. Der Bürgermeister wollte nun wissen, wer zu den „gefährlichen Verbrechern" alles gehöre, die da verkabelt seien, denn er müsse dies alles sofort der amerikanischen Kommandantur melden. Wau, das kam uns doch sehr gefährlich vor, und wir wurden immer kleinlauter. Unser Selbstbewusstsein ist immer mehr zusammengeschmolzen. Vor allem als am andern Tag schon früh am Morgen eine Abteilung von der amerikanischen Militärpolizei auftauchte und von Bürgermeister Gaugler über unser Verbrechen aufgeklärt worden ist. Wir mussten postwendend unter Aufsicht der Amis, die mit Maschinengewehren bewaffnet waren, alles abbauen und teilweise in Kisten verpacken.

Ich erinnere mich, dass unser Abbau den Amis viel zu langsam gegangen ist, denn wir wurden fortan zu schnellerem Tempo angetrieben. Mir liegt noch heute das „to step – step – department Germany - how long do you think it will take?" in den Ohren. Was wohl soviel wie „macht schneller – schneller – wie lange wird es noch dauern?" bedeuten sollte! Das führte dann auch dazu, dass wir die Kabel an den Bäumen und Telefonmasten nur noch mit den Zangen abgeschnitten hatten. Die herunterhängenden Stücke konnten wir noch jahrelang an den Masten baumeln sehen.
Die Amis verschwanden sehr schnell wieder. Und nachdem sie uns nicht mitgenommen hatten, war das Ganze wohl nicht so schlimm. Darüber waren wir natürlich sehr froh. Doch Bürgermeister Gaugler gab abschließend Anweisungen, wohin wir das gesamte abgebaute Material bringen sollten. „Auf das Rathaus damit!" lautete seine Anweisung. Und wir nahmen alles unter unsere Arme und schleppten es aufs Rathaus. Da bin ich gut und gerne dreimal hingegangen, bis alles dort in der Arrestzelle verstaut war, und ich muss wohl der Letzte gewesen sein, der dort noch was abgeliefert hatte, denn: Jetzt kommt mein tollstes Erlebnis, das ich seit dieser Zeit je erlebt hatte. Als ich die letzten Kabelreste dort verstaut hatte, hörte ich noch den Bürgermeister mit lauter Stimme an mich gerichtet sagen: „Und Du gehörst auch dazu!" Die Arrestzellentür klappte mit Getöse zu, und ich vernahm noch das schrille Geräusch, das das Drehen des Schlüssels verursachte. Ich war ohne ein Urteil gefangen!

Es dauerte nicht allzu lange, bis ich dann wieder nach Hause durfte. Die Zeit ist schlecht einzuschätzen. Aber ich denke, dass es dann doch gut eine Stunde war, in der ich in der besagten Arrestzelle gefangen war! Ich, als gefangener „Werwolf" in der Eybacher Arrestzelle! Für mich unvergessen, war ich doch wohl der Einzige, dem dies widerfahren ist!

[1] KrA GP S 16 Eybach Nr. 1. Einsendung des Manuskripts durch den Zeitzeugen aus dem Jahr 2013.

„Junge, gehe schnell nach Hause"

Ein 13-jähriger Junge aus Eybach schildert den Beschuss seines Dorfes, die Flucht in den Wald, den Konflikt um die Panzersperren und den Einzug der Amerikaner in der Nacht zum 25. April 1945.[1]

Mitte März 1945, es lag dennoch viel Schnee auf der Alb, wurde bei Waldhausen ein deutscher Major mit seinem Jagdflugzeug abgeschossen. Diesen Luftkampf mit einem feindlichen Flugzeug konnten wir teilweise aus Eybach beobachten. Wir sahen, wie die voraus fliegende Maschine brennend in Richtung Waldhausen an Höhe verlor. Dieser Absturz sprach sich schnell herum und so stampften wir Kinder über die alte Steige hinauf zur Alb. Unweit des Bahnhofes sahen wir als Erstes die zerschossene Dampflokomotive eines Zuges, und etwa beim Wasserreservoir die Reste von einem ausgebrannten Flieger. Der tote Pilot, der noch am Fallschirm angebunden daneben lag, wurde am selben Spätmittag auf einem Pferdeschlitten nach Eybach gefahren, und wir Kinder durften trotz des Leichentransportes auf diesem Schlitten mit zurückfahren.

Nach dem Abzug des deutschen Militärs bauten die Einwohner von Eybach die Panzersperren im Dorf ab.

Täglich flogen mehrmals acht feindliche Jagdflieger, man nannte sie die „Lustigen Acht", übers Land und beschossen alles, was sich auf der Erde bewegte oder was fürs Volk lebensnotwendig war. Leider gab es dazu schon keine deutsche Abwehr mehr. Somit war auch unser Dorf ihr Ziel. Sie sahen trotz Tarnung der Fahrzeuge, dass hier Militär stationiert war. Sie kamen übers Felsental im Tiefflug auf fast Kirchturmhöhe und beschossen die Dorfmitte. Leider kam dabei ein Major namens Siebert ums Leben.

In den ersten drei Monaten 1945 wurde der Krieg immer heftiger. In unserem Dorf war eine SS-Einheit stationiert und die Soldaten mussten in Privathäusern untergebracht werden. Anfang April hatte der Volkssturm, zusammen mit den stationierten Wehrmachtsangehörigen, in den Wäldern die schönsten und dicksten Bäume zu fällen. Damit wurden quer zu den Straßen ca. vier Meter hohe Panzersperren gebaut. Unmittelbar daneben im Wald mussten die Soldaten Schützengräben ausheben und Infanterie-Stellungen vorbereiten, denn das Dorf und eine Durchfahrt durch das Tal sollten verteidigt werden. Diese Panzersperren wurden in Eybach von Geislingen kommend beim Herrenweg, an der Waldhauser Steige bei der Heidelkurve, sowie an der Steinenkircher Steige und der Straße nach Treffelhausen gebaut. Selbst die Fahrwege zum Heutal oder zur Pfingsthalde wurden verbarrikadiert. Es war die letzte Aufbäumung des deutschen Heeres, als ob solche Maßnahmen die gewaltigen Panzer der Amerikaner hätten aufhalten können.

Mein Vater wurde auch zum Volkssturm verpflichtet und hatte wie die anderen Männer vom Dorf zur Heimatverteidigung ein Gewehr zu Hause. Dieses Gewehr musste ich schnellstens noch am Freitag, bevor der Feind näher kam, in die Mühlesgasse zum Ortsgruppenleiter der Partei (Pressmar) tragen. Ich trug es umgehängt über die rechte Schulter – das vergesse ich nie, wie schwer diese Knarre war. Ständig lief ich schräg mit hochgezogener Achsel, sonst hätte ich den Holm auf der Straße geschleift, und anders durfte ich es auf Geheiß von Vater nicht tragen. Beide Hosentaschen hatte ich mit Munition vollgestopft, und der Parteiboss nahm alles wortlos entgegen.

Begleiter für zwei Majore und Auflösung des Eybacher Volkssturms

Am Samstag, den 21. April, hörten wir den tosenden Lärm von den anrückenden amerikanischen Panzern aus Geislingen und Altenstadt und den ständigen Beschuss durch Granaten. An diesem Samstagmorgen gegen 11 Uhr wurde ich von zwei hochrangigen Soldaten, die im Haus vom Gärtnermeister Mohn und Krieger einquartiert waren, gezwungen, sie mit einem kleineren Schubkarren den Berg hoch nach Waldhausen zu begleiten, und meine Mutter konnte nichts dagegen tun. Sie beluden diese kleine Karre mit schweren Rucksäcken und ihrer Ausrüstung und schoben diese die alte Waldhauser Steige hoch. Als wir die Straße überquerten, stießen wir bei der alten Steige an eine weitere Panzersperre, die von Militär stark bewaffnet bewacht wurde. Ein kurzer Befehl von einem meiner Begleiter und die Wache stand still. Sie mussten die Karre samt ihrer Ware über diese Sperre hinweghieven. Anschließend kletterten wir darüber. Dann ging es weiter bis zum Waldrand vor dem Christofshof. Dort luden sie ab, schenkten mir noch zwei Reichsmark, und schickten mich mit der Schubkarre nach Hause. Diese feinen Pinkel mit ihren schmucken und glitzernden Uniformen sagten zu mir nicht einmal „Auf Wiedersehen", so eilig wollten sie weitergehen.

Beim Zurückfahren sah ich drüben an der Straße ein großes Geschütz auf dem Felsvorsprung der Teufelsküche stehen, dessen langes Rohr war zur Straße bei der Pfingsthalde ausgerichtet. Weiter unten waren wieder die Wachsoldaten bei der Panzersperre. Sie hatten Maschinengewehre, Panzerfäuste und Minen bereitliegen. Sie sahen mein verweintes Gesicht, denn ich hatte durch das Schiessen und dem Gedröhne vom Filstal her wirklich höllische Angst. Sie halfen mir wieder über die Panzersperre mit dem guten Rat: „Junge, gehe schnell nach Hause". Dies befolgte ich, und samt meiner Schubkarre rannte und sprang ich die alte Steige im Dauerlauf hinunter. Später dann sagte mir mein Vater, dass diese hochdekorierten Soldaten Majore waren, die die Lage erkannt hatten und stiften gingen.

Noch am Spätnachmittag konnte sich Vater aus Geislingen durch den Wald bei der Pfingsthalde nach Hause durchschlagen, denn er hatte gewusst, dass im Wiesental die Gefahr durch Tellerminen am größten war. Das allerletzte Aufgebot des Hitler-Krieges sollte der Einsatz vom Volkssturm sein. Nochmals mussten an diesem Nachmittag alle Männer am Kirchplatz antreten. Diese Truppe der Heimatverteidigung sollte in und um Eybach, ja sogar noch weiter weg in Richtung Heidenheim zum Einsatz kommen. Die Befehlsgewalt dazu hatten wenige relativ junge Soldaten, die noch zur Bewachung und Verteidigung der Panzersperren rund um Eybach hier bleiben mussten. Doch die Frauen aus unserem Dorf waren so mutig und hatten mit ihren großen Goschen (Mundwerk) diese jungen Soldaten überrumpelt. Als diese dann mit Erschießungen drohten, wurden sie von den Frauen erst recht ausgelacht und sie von ihrem blinden Unfug überzeugt. Somit wurde letztendlich auch der Volkssturm noch an diesem Samstagnachmittag aufgelöst.

Flucht in den Wald

Sofort verließen wir an diesem Samstagabend in der Dunkelheit unser Haus, gingen über der Straße den Berg hoch, und kampierten im Wald. Nur mit dem Allernötigsten und unter einem primitiven Dach aus Teppichen, hielten wir uns auf halber Höhe am Weg unterm kleinen Himmelsfelsen auf. Vater wollte von dieser Stelle aus beobachten, was auf der Straße, mit unserem Haus und im Dorf allgemein, alles geschah, und wir sollten uns dort sicher fühlen. Mit dabei war natürlich die Familie Bosch, denn Karl wurde wider Erwarten nicht Soldat. Noch an diesem Abend setzte starker Schneeregen ein, und es wurde sehr nasskalt. Verschiedentlich detonierten schon um Eybach Granaten. Wegen der Nässe und zugleich, weil es wegen der Granatsplitter zu gefährlich wurde, mussten wir in der Nacht, bei tiefster Dunkelheit gegen vierundzwanzig Uhr unser Versteck verlassen und gingen in unser Haus zurück. Zunächst machten wir in den Kellerräumen für uns ein Notlager. Aber als kurz danach beim Armenhaus-Felsental eine Granate einschlug, begannen wir wieder die Flucht. Den Bürgern von Eybach wurde schon vorher bekannt gegeben, dass wenn Gefahr droht, für Jedermann die großen Gewölbekeller im Schloss, die als Luftschutzkeller ausgewiesen waren, aufgesucht werden sollen. Auch hatte Graf Konrad schon zuvor Vater angeraten, bei Gefahr den kürzesten Weg durch die Gärtnerei und den Schlosspark zu wählen. Somit sind wir bei finsterster Nacht gegen zwei Uhr, eben nur mit dem Allernotwendigsten, dorthin gegangen.

Abzug der deutschen Soldaten und Einmarsch der Amerikaner

Die deutschen Truppen, die in Eybach stationiert waren, verließen in der Nacht zum 22. April das Dorf über das Wiesental, das sie anschließend mit dem Verlegen von Tellerminen unpassierbar machten. Wir alle hatten offenbar Glück, denn am Sonntag, den 22. April, begann morgens gegen neun Uhr plötzlich heftiger Artillerie-Beschuss, der ununterbrochen bis 18 Uhr dauerte. Der Feind hatte ja gewusst, dass sich in Eybach Militär aufhielt. Aber durch den anhaltenden heftigen Schneeregen, der über dieses Wochenende niederging, konnten sie das Ziel nicht genau orten. Nur wenige Granaten schlugen im Dorf selbst ein, richteten aber trotzdem erheblichen Schaden an. Die meisten Einschläge wurden hinterher am Albrand, oberhalb vom Reiterles-Felsen, bei der Auchtweide und der Heutalhalde festgestellt. Wir erfuhren erst lange Zeit später, dass die Flak-Geschütze, die uns beschossen hatten, auf dem Marren bei Gingen stationiert waren.

So hörten wir im Luftschutzkeller von anderen Leuten, dass viele Eybacher so ähnlich wie wir am Samstagabend in das Felsental und Eybacher Längental geflüchtet sind. Einige Kleinbauern hatten sogar die Kühe in ihre Feldscheunen dahin mitgenommen. Der Großteil der Menschen soll im Wald und unter den Felsen im Franzosenkübel kampiert haben. Aber in der Nacht zum Sonntag haben wir uns, wegen der schlechten Wetterverhältnisse alle wieder im Luftschutzkeller vom Schloss getroffen.

Am Dienstagmorgen, es war der 24. April, schien plötzlich die Sonne. Bis dahin waren wir ununterbrochen im Luftschutzkeller, und da der Beschuss aufhörte und es jetzt wieder ruhig war, durften wir uns im Freien aufhalten. Vom deutschen Militär und auch an den Panzersperren war keiner mehr zu sehen. An diesem Morgen begannen Männer und besonders Frauen, die Panzersperren einzureißen und zu beseitigen. Damit wollten sie einem weiteren Beschuss des Dorfes zuvorkommen. Vater arbeitete eifrig mit. Er schnitt mit seinem großen Bolzenschneider die Drahtseile und den Stacheldraht auf, damit die Baumstämme wieder von den Straßen entfernt werden konnten.

In der Nacht zum 25. April rollten die ersten amerikanischen Panzer vom Roggental kommend über die Waldhauser Steige auf die Alb, und dies war für uns das Kriegsende. An diesem Abend machten im Ort die ersten Truppen mit fünf Panzerspähwagen halt und ließen bei der Kirche zwei Wohnhäuser, das von Walter Kummer und das Eckhaus von Otto Schmid, für sie als Unterkunft beschlagnahmen und räumen. Zum ersten Mal sahen wir amerikanische Soldaten und darunter besonders einige „Neger", die zu uns gleich freundlich waren. In der Kirche wurde sofort ein Dankgottesdienst abgehalten, der von der Bevölkerung beider Konfessionen gut besucht war. Die Besetzung vom Rathaus ging problemlos vonstatten, denn eine Frau Hendel, die schon zuvor als Sekretärin im Eybacher Rathaus tätig war, sprach fließend Englisch. Dadurch setzte sie sich als Dolmetscherin zum Wohle für das Dorf ein, und war fortan auch die Frau Bürgermeister für Eybach.

[1] KrA GP S 16 Eybach Nr. 2.

Kirche St. Mariä Himmelfahrt in Eybach.

Das Hitlerbild will nicht brennen

Ein neunjähriges Mädchen aus Faurndau erlebt im Keller die Besetzung
des Dorfs am Abend des 19. April 1945.[1]

Faurndau aus Richtung Südwesten,
unten Filskanal und Schulhaus in Faurndau.

Ich bin in Faurndau geboren und aufgewachsen zusammen mit zwei Schwestern. Meine ältere Schwester Jahrgang 1931, meine jüngere Jahrgang 1938, ich mit Jahrgang 1936 mittendrin. Mein Vater war gleich zu Beginn des Krieges zum Wiederaufbau in Elsass-Lothringen im Einsatz, bald aber ging es nach einer kurzen Rekrutenzeit in Schwäbisch Gmünd nach Russland. Von ihm wussten wir gegen Ende des Krieges, dass er in Kurland eingeschlossen war – mehr nicht. Unsere Großeltern sowie Patentante und Onkel lebten in Dürnau. Das hieß, meine Mutter war mit uns drei Kindern in Faurndau auf sich alleine gestellt. Deshalb waren wir auch öfters in Dürnau zu Besuch. Hier gab es keine Sirene, somit keinen Fliegeralarm, und wir konnten nachts ungestört durchschlafen. Meine Mutter hatte für jedes von uns Kindern aus Zwillichsäcken Rucksäcke genäht, um das Nötigste jeweils einpacken zu können. Man wusste ja nie, ob das Häuschen nach der Rückkehr noch steht oder nicht. Wir sind fast immer zu Fuß nach Dürnau gewandert. Bis Jebenhausen gingen wir auf der Landstraße, ab Jebenhausen dann den direkten Weg nach Dürnau über Feld- und Wiesenwege. Es war meiner Erinnerung nach an Ostern 1945 als wir bei unserer Wanderung gen Dürnau in Höhe von Bezgenriet von einer älteren Dame gefragt wurden: „Ja wöllet ihr flüchta?" Eine kurze Verneinung meiner Mutter hat sie zufriedengestellt. Wenig später – wir hatten soeben die Gemarkungsgrenze von Dürnau erreicht – kamen Tiefflieger. Zum Glück hatten wir den dortigen Bach überschritten (eine Brücke gab es zu jener Zeit nicht) und wir konnten an der steilen linken Böschung in Deckung gehen, bis die Gefahr vorüber war.

Es war meiner Erinnerung nach am 19. April 1945, als nachmittags Geschützdonner zu hören war und jeder Passant auf der Straße eine andere Neuigkeit erzählte. „In Wäschenbeuren sind Bomben gefallen, Panzer rollen von Rechberghausen her auf Faurndau zu usw". Es herrschte große Aufregung und Angst. Meine Mutter hatte vor allem Sorge um meine ältere Schwester, die mit den BdM auf dem Spielplatz war. Sie war erleichtert und froh, als meine Schwester endlich zu Hause ankam, und zwar mit zwei Medizinbällen und einem Lederball, ähnlich einem Fußball, im Gepäck. Diese sollten wir in Sicherheit bringen. Nun hat meine Mutter das Hitlerbild im Wohnzimmer abgenommen und wollte es im Herd verbrennen. Aber der Hitler wollte nicht brennen. Das war eine Aufregung! Wir waren erst beruhigt, als das Bild endlich in Asche lag. Dann blieb für uns nur noch abwarten. Am sichersten fühlten wir uns im Keller. Da hatten wir uns wegen des stetigen Fliegeralarms mehr oder weniger häuslich eingerichtet. Die Apfelhürden waren zu unserer Schlafstatt umgebaut, Beleuchtung waren Kerzen und etwas an Lebensmitteln hatten wir hinter den Mostfässern deponiert.

Mit bei uns im Keller war unsere Nachbarin, deren Mann ebenfalls im Krieg war, und deren alte Mutter. So waren wir zu sechs und warteten angstvoll auf die Dinge, die da kommen sollten. Ich hätte mich wesentlich sicherer gefühlt, wenn ein Opa oder Onkel bei uns gewesen wäre, wie es in Nachbarhäusern der Fall war. Immer wieder schaute meine Mutter aus dem Kellerfenster zur Straße hinaus, bis sie gegen Abend schräg gegenüber vor dem Nachbarhaus einen Panzer sah. Nun wussten wir, dass die „Amis" da waren. Die Haustüre hatten wir nicht abgeschlossen, es hatte geheißen, verriegelte Türen würden mit den Gewehrkolben aufgebrochen. Als es schon dunkel war, kamen sechs Soldaten mit dem Gewehr voraus zu uns in den Keller. Sie haben sich überall genauestens umgesehen und unter den Mostfässern die Schreibmaschine meines Vaters entdeckt. „Nix gut" hat meine Mutter gesagt, und das hat wohl genügt, sodass die Maschine tatsächlich wieder an ihren Platz zurückgestellt wurde. Wir sechs Frauen und Kinder schienen ungefährlich, und die Soldaten zogen wieder ab. Inwieweit sie die Wohnung inspiziert haben, wussten wir nicht, wir konnten jedenfalls keine Schäden oder Plünderungen feststellen.

Am nächsten Tag, dem 20. April, Hitlers Geburtstag also, an dem wir normalerweise auf dem Schulhof antreten und das Deutschlandlied sowie „Die Fahne hoch, die Reihen fest geschlossen" singen mussten, kamen zwei Soldaten eben-

Stiftskirche in Faurndau.

falls Gewehr voraus zu uns in den Keller. Sie kamen uns etwas betrunken vor. Auch sie hatten jedoch schnell festgestellt, dass von uns keine Gefahr ausging und sind wieder weitergegangen. Allerdings haben uns diese beiden im Keller eingeschlossen. Nun saßen wir fest und trauten uns kaum mehr zu bewegen. Letztlich hat meine Mutter ihren ganzen Mut zusammengerafft und ist zum hinteren Kellerfenster in den Garten ausgestiegen, um zur hinteren Haustüre ins Haus zu gelangen. Was hatte ich eine Angst, die Soldaten könnten noch im Haus sein und meine Mutter erschießen. Es war eine ungeheuer angespannte Situation, bis ich meine Mutter endlich die Kellertüre aufschließen hörte und sie wieder mit uns vereint war. Nun wagten wir uns langsam alle nach oben.

Bald hörten wir, dass in der Nacht zwei Männer erschossen worden waren. Einer in der damaligen Eugenstraße, der zweite in unserer nahen Umgebung. Sie hatten sich auf die Straße gewagt und angeblich auf Zurufe der Soldaten nicht reagiert. Die Tochter einer weiteren Nachbarin, die mit ihren drei Kindern in der Filsstraße wohnte, wollte am frühen Morgen rasch noch zum Einkaufen. Sie hatte nicht gewusst, dass die Amerikaner bereits in die Ortsmitte einmarschiert waren. Als sie die Besatzer sah, machte sie kehrt und wollte so schnell wie möglich zu ihren drei Kindern nach Hause. Auf den Ruf „Stop!" hat sie nicht gehört und wurde mit drei Schüssen getroffen. Glücklicherweise hat sie überlebt, drei Finger einer Hand hat sie dabei eingebüßt.

Nach dem Einmarsch der Amerikaner war es für mich ein einzigartig beruhigendes Erlebnis, dass es keinen Fliegeralarm mehr gab und wir nicht mehr fast ausschließlich im Keller hausen mussten. Für uns Kinder neu war natürlich die sogenannte Sperrstunde, die zunächst am Nachmittag angesetzt war und mit der Zeit mehr und mehr nach hinten gerückt wurde. Wie lange es dauerte, bis wir wieder zur Schule konnten, weiß ich nicht mehr. Das Schulgebäude war von den Amerikanern besetzt. Der erste Unterricht fand deshalb im damaligen Kindergarten im Freihof statt, für mich in der Zeit von 16 – 17 Uhr.

Ergänzen möchte ich noch, dass mein Vater mit einem der letzten Schiffe über die Ostsee nach Stettin entkam, schließlich in englische Gefangenschaft geriet, zu unser aller Freude im August 1945 entlassen wurde und nach abenteuerlicher Bahnfahrt in Faurndau ankam.

---

[1] KrA GP S 16 Faurndau Nr. 1. Übersendung des Manuskripts an das Kreisarchiv durch die Zeitzeugin im Frühjahr 2014.

Zwei Millionen Reichsmark im Rucksack

Ein pflichtbewusster Finanzverwalter der Daimler-Benz AG versucht am 19. April 1945 mit zwei Millionen Reichsmark vor den anrückenden Amerikanern aus Faurndau zu entkommen.[1]

Nur wenige Tage seit meinem Einsatz als Finanzverwalter bei dem Forschungs- und Konstruktionsteam der Verlagerungsstätte Schuhfabrik Faurndau bei Göppingen vergingen, als ich am Abend des 19. April 1945[2] gegen 7 Uhr plötzlich heftiges Maschinengewehrgeknatter vom Berg herunter in Richtung Wäschenbeuren hörte. Ich eilte von meinem Büro hinunter in den Fabrikhof, um mich zu informieren, was diese Schiesserei auf sich hat. Kollegen riefen mir zu: „Die Amerikaner kommen über den Berg!"

Die Situation begann gefährlich ernst zu werden. Was sollte ich tun, blitzschnell fuhren mir alle möglichen Gedanken durch den Kopf, es ging um die Sicherheit

Luftaufnahme von Faurndau, im Vordergrund der alte Ortskern um die Stiftskirche und in der linken Bildmitte die markante Schuhfabrik.

des Geldes mit über zwei Millionen Mark im Kassenschrank. Ich fasste Mut, griff zum Telefon und in meiner Not rief ich den Generaldirektor Dr. [Wilhelm] Haspel in seiner Privatwohnung an. Die Verbindung nach Stuttgart-Heumaden funktionierte noch, ich berichtete über die eingetretene Situation. Dr. Haspel sagte mir, dass auch Stuttgart von den Franzosen besetzt wurde, ebenso das Werk in Untertürkheim. Auf meine Frage, was ich tun soll, sagte Dr. Haspel: „Wenn die Straße nach Göppingen noch frei ist, dann versuchen Sie, mit dem Geld aus Faurndau herauszukommen." Ein gewagter Versuch, dachte ich, und frage Herrn Dr. Haspel „Sind Sie mit diesem Unternehmen, das sehr fraglich und gefährlich ist, einverstanden?" Er sagte „Ja". Ich schnappte auf dem Fabrikhof einen Kollegen mit Motorrad und Seitenanhänger und bat ihn im Auftrag von Dr. Haspel, mich mit dem Geld nach Göppingen zu bringen. Die Schießerei war inzwischen ohrenbetäubend geworden und kam immer näher auf die Straße nach Göppingen zu. Schnell leerte ich den Kassenschrank, steckte das ganze Geld in einen Rucksack, der prallvoll wurde und setzte mich in den Seitenanhänger. Wir rasten aus dem Werk auf die Landstraße.

Nach einigen 100 m schlugen auch schon Geschosse auf unserer Fahrbahn nach Göppingen ein. In der beginnenden Dämmerung zischten plötzlich Leuchtspurgeschosse vor, hinter und über unserem Fahrzeug vorüber – ein Entkommen schien nicht mehr möglich. Die Einschläge waren so dicht an unserem Gefährt, dass wir blitzschnell stoppten und in den nächsten Straßengraben lenkten. Glücklicherweise passierte uns außer einigen Abschürfungen nicht viel, doch waren wir in Deckung und aus der glimpflichen Lage befreit. Da die Schießerei immer stärker wurde, krochen wir hinter einen Grabhügel, so konnte uns wenigstens nichts passieren.

Die Nacht war hereingebrochen, die Feuerkanonade ließ nach. Nun machten wir uns zu Fuß auf, ich nahm den Rucksack mit dem Geld auf den Buckel. Wir überquerten verschiedene Felder bis zu den ersten Häusern, die den Dorfrand von Faurndau bildeten. Todmüde ruhten wir zunächst im Keller eines Hauses aus, in dem die Bewohner noch aufgeschreckt zusammensaßen. In der Zwischenzeit besetzten die Amerikaner die Göppinger Landstraße, stellten Maschinengewehrposten und Scheinwerfer auf, so dass die ganze Straße hell erleuchtet war.

Der Gedanke, das Geld wieder in Sicherheit zu bringen, ließ mich nicht los. Wir entschlossen uns weiterzugehen und kamen über Umwege durch Felder und Wiesen bis etwa 80 Meter vor die Schuhfabrik. Es trennte uns nur noch die hell erleuchtete Straße, die wir überqueren mussten. Vor uns in ca. 100 m Entfernung war ein Maschinengewehr aufgebaut, dass auf jede Bewegung schoss. Wir warteten eine Ruhepause ab, dann sprangen wir auf mein Kommando gleichzeitig, so schnell es möglich war, über die Straße. Als wir uns auf der Mitte der Straße bewegten, setzte ein mörderisches Feuer ein. Mit ein paar Sätzen ließen wir uns, wie vom Sturm gefegt, in den gegenüberliegenden Straßengraben fallen. Wir waren in Deckung, sie hatten uns nicht getroffen. Das Feuer rauschte noch eine Weile über unsere Köpfe hinweg. Ich rechnete nun bestimmt damit, dass man uns aufgreifen würde. Es tat sich jedoch nichts. Wir setzten in der Dunkelheit den Weg über das Zwischengelände fort und sind heil wieder in der Schuhfabrik gelandet.

In dieser Nacht war Herr Schuhmacher von der Bilanzabteilung mit einem Pkw auf der Straße nach Göppingen unterwegs. Er wurde wie wir beschossen, das Fahrzeug wurde schwer getroffen und Herr Schuhmacher musste sein Leben lassen.

Die Belegschaft befand sich im Luftschutzkeller, als wir so gegen 3 Uhr in der Früh eintrafen. Sofort wollte ich das Geld wieder in den Panzerschrank legen. Beim Betreten des Kassenraumes stand ich vor einem hohen Schutthaufen. Der Zugang zum Tresor war versperrt und das Öffnen nicht mehr möglich. Ein Panzerschuss hatte ein mächtiges Loch in das Mauerwerk geschlagen, das ganze Kassenzimmer zerstört bzw. in einen Schutthaufen verwandelt. Es blieb mir nur noch übrig, das Geld in einen Stahlschrank, der für Konstruktionszeichnungen im ersten Stock offen stand, einzuschließen. Ich entnahm für eventuell dringende Fälle 5000 Reichsmark, die ich in meinem Gepäckkoffer verstaute.

Es ist uns klar geworden, dass jede weitere Absetzbewegung mit Konstruktionsunterlagen zwecklos wurde. Wir haben daher alle Zeichnungsunterlagen, im Besonderen der V2, verbrannt. Der Schornstein der ehemaligen Schuhfabrik rauchte in die Nacht hinaus und zeigte an, dass mit der Vernichtung der geheimen Unterlagen unsere Kapitulation eingetreten war.

Um 5 Uhr früh hörten wir amerikanische Stimmen, die vom Kellereingang und den Schächten zu uns drangen. Ich versteckte meine Pistole noch rechtzeitig im oberen Fach eines Holzgestells. Auf Kommando stürzten plötzlich schwer bewaffnete Soldaten in den Keller, die auch gleichzeitig durch alle Kellerluken kamen und schrien: „Hände hoch!" Mit erhobenen Händen wurden wir hinauf in den Fabrikhof getrieben. Man tastete uns nach Waffen ab, stellte uns unter Bewachung, so dass wir uns als Gefangene betrachten mussten. So standen wir im Hof bis 9 Uhr vormittags, bis wir uns durch Ausweise und Papiere glaubwürdig machen konnten, dass wir keine Soldaten gewesen sind. Nun durften wir die Fabrik verlassen, aber nicht mehr betreten.

In den folgenden Tagen ist eine Ausgangssperre über die Bevölkerung verhängt worden. Jeden Tag lief ich nach Aufhebung der Sperre um die besetzte Schuhfabrik mit der Sorge und Überlegung, wie ich wieder zu meinem Geld kommen konnte. Auf einem solchen Weg begegnete mir eine Militärkolonne mit Panzerwagen und Geschützen. Nichts Böses ahnend war ich schon zur Hälfte an der Fahrzeugkolonne vorübergekommen, da hielt der Tross aus irgendeinem Grund. Ein Ami benutzte die Gelegenheit, sprang von seinem Panzergeschütz herunter und kam auf mich zu mit den Worten: „Du Soldat!". Ich verneinte, doch ehe ich mich ausweisen konnte, griff der Soldat mir in meine Brusttasche, holte meine Brieftasche heraus, entfaltete alle Schriftstücke, bis er einen Geschäftsbrief fand mit dem abschließenden Gruß „Heil Hitler!" Er schlug mir die Brieftasche mehrmals ins Gesicht und schrie: „Heil Hitler,

Du Nazi!". In diesem Augenblick riefen ihm seine Kollegen etwas zu, das ich nicht verstehen konnte, und es ergab sich ein Wortwechsel unter ihnen. Ich nützte diese Pause, entriss dem Ami meine Unterlagen und flüchtete in das fünf Meter entfernte Haus, wo ich mich im Keller verbarg. Man hatte mir nicht weiter nachgestellt.

Am dritten Tag meines Rundganges um das Werk erschreckten mich Donnerschläge aus dem Fabrikfenster des oberen Stockwerkes mit nachfolgenden Rauchfahnen. Dies wiederholte sich von Zimmer zu Zimmer rings um das Stockwerk. Ich befürchtete sofort, dass die Stahlschränke der Konstrukteure aufgesprengt wurden. Da bekam ich es mit der Angst zu tun, dass dies mit meinem provisorischen Geldschrank im ersten Stock ebenfalls passieren würde. Sofort machte ich mich auf den Weg zum Colonel, einem Oberst in Göppingen, dem ich über seine Sekretärin mein Anliegen verdolmetscht vorbringen konnte. Der Oberst beauftragte einen Offizier, mit zwei Mann und mir zur Schuhfabrik zu gehen. Wir fuhren zusammen in einem Jeep und kamen gerade noch rechtzeitig an meinen Geldschrank, der wenig später das gleiche Schicksal wie die übrigen Schränke erwartete. Das Geld wurde beschlagnahmt.

Nur wenige Stunden am Tag durfte sich die Belegschaft außerhalb der Fabrik auf offener Strasse sehen lassen und zwar einzeln und nicht in Gruppen. Wir beratschlagten, was wir tun konnten und waren uns einig, dass vor allen Dingen Herr Generaldirektor Dr. Haspel so schnell wie möglich von der Besetzung des Werkes benachrichtigt werden müsse. Aber wie sollte das geschehen, es war nur möglich, zu Fuß einen Melder wegzuschicken. Dies war aber ohne Genehmigung der Amerikaner nicht möglich und sehr gefährlich.

Das Schicksal des mir anvertrauten Geldes lag mir verantwortungsbewusst sehr am Herzen und als sich niemand bereit fand, die Benachrichtigung zu übernehmen, da habe ich zugesagt, den Fußmarsch nach Heumaden zu wagen.

Bei Beginn der Ausgangszeit um 9 Uhr des folgenden Tages machte ich mich auf den Weg. Um die Mittagszeit war es nur möglich, die einzelnen Orte auf Feldwegen zu umgehen. Bei der ganzen Wegstrecke bis Heumaden handelte es sich um ca. 30 km. Bis zum Spätnachmittag war es mir gelungen, bis Esslingen durchzukommen. Diese Stadt war von den Franzosen besetzt, die Straßen und Plätze waren menschenleer, man sah nur Wachposten und Patroullien. Ich wusste schon, dass die Franzosen alle Männer, die sie erwischen konnten, in die Gefangenschaft nach Frankreich verschleppten. Die Ausgangszeit war längst vorbei, es durfte sich nur der auf der Straße blicken lassen, der eine besondere Genehmigung von der Militärregierung vorzeigen konnte. Gerade das aber hatte ich nicht. Nun bin ich bis hierher gekommen und ich überlegte, ob ich nicht übernachten sollte, um am nächsten Tag meinen Marsch über die Neckarbrücke weiter fortzusetzen. Aber wo finde ich jetzt unerkannt eine solche Aufnahme bzw. Gastzimmer? Doch dann fasste ich Mut, koste es was es wolle, ich musste meinem bedrückten Herzen Luft machen und dachte nur noch an meine Verantwortung Dr. Haspel gegenüber.

Mit selbstbewussten Schritten ging ich auf die Brücke zu. Ich sah die Bewachungs-Posten am Anfang, der Mitte und am Ende der Brücke. Schon war ich am ersten Posten vorbei, ohne dass ich auch nur einen Blick auf das Schilderhaus wagte. Der zweite Bewacher hatte mich scharf im Auge und winkte mich zu sich. Ich ging auf ihn und sagte: „Malad – kaputt – nix Soldat". Er kontrollierte meinen Rücksack und ich wiederholte: „Malad – nix gut – krank". Auf der Mitte der Brücke standen neben dem Posten noch einige Vorgesetzten, die ein Zeichen gaben, dass sie sich diesem Fall annehmen wollen. Die Soldaten forderten mich auf in eine Holzbaracke mitzukommen. Ich habe mich durch Werks- und Personal-Ausweis, ebenso durch einen Ausweis „Lesè Passè", der veraltet war, ausgewiesen und beteuert, dass ich nicht Soldat gewesen bin. Ich erzählte weiter, dass Faurndau, auf diesen Ort war der letzte Ausweis ausgestellt, von den Amerikanern besetzt wurde, ebenso die Schuhfabrik, wo Daimler-Leute verlagert waren. Die Amerikaner hätten viele Unterlagen verbrannt und außerdem meine Geldkasse beschlagnahmt. Ich sei von der Belegschaft beauftragt, Herrn Generaldirektor Dr. Haspel der Daimler-Benz AG zu berichten. Ich merkte, dass auch einige Zivilisten mit roten Armbändern in der Hütte waren, die aufmerksam zuhörten und dolmetschten, auch weitere Fragen stellten. Vermutlich waren dies Leute von einem Entnazifizierungs-Komitee. Meine Darlegungen waren glaubhaft, jedoch wurde mir gesagt, so kommen Sie nicht weiter. Auf meine Frage, was ich tun solle, um Dr. Haspel noch an diesem Abend zu erreichen, zuckte man zunächst die Achseln. Schließlich bat ich um einen Passierschein nach Heumaden. Nach vielem hin und her stellte man mir einen befristeten, für diesen Abend gültigen Passierschein aus, und ich durfte weitergehen. Glücklich setzte ich meinen Weg fort, wurde jedoch ermahnt sehr vorsichtig zu sein, da Gefahr besteht, dass man mich einsperrt.

Ich erreichte mein Ziel und konnte Bericht Herrn Dr. Haspel erstatten. Das beschlagnahmte Geld wurde der Firma sukzessiv zurückgegeben.

---

[1] HStAS J 175 Bü 942c. Bericht aus dem Jahr 1977. Der Zeitzeuge war damals 71 Jahre alt.
[2] Im Originaltext fälschlicherweise 20. April.

„Ich werde Euch der SS melden, die hängt Euch auf!"

Ein junger deutscher Offizier aus Ravensburg erlebt den Einmarsch der Amerikaner in Geislingen und wird dort gefangengenommen.[1]

Blick auf den Geislinger Ortsteil Seebach, im Hintergrund der Ödenturm.

Wir waren uns einig, dass es unverantwortlich und aussichtslos wäre, gegen die von Norden aus vordringenden Amis zu kämpfen. Andererseits wollten wir nicht noch in den letzten Kriegstagen wegen Verrats oder Fahnenflucht unser Leben riskieren. Ich selbst war erst vier Wochen zuvor mit Müh und Not und viel Glück aus dem eingekesselten Hinterpommern entkommen. Immerhin existierten in unserer näheren Umgebung noch intakte Verbände der Waffen-SS und der Armee Wlassow, auf deutscher Seite kämpfende Russen und Ukrainer. „Abwarten" hieß unsere Lösung in diesen Tagen.[2]

Plötzlich tauchte eine Schar gerade 16 Jahre alter Buben auf, mit Karabinern, Sturmgewehren und Panzerfäusten bewaffnet, aber alle in Zivil. Sie kamen von Kehl am Rhein, das schon von den Alliierten besetzt war, und bezeichneten sich als Werwölfe. Weil sie seit Tagen nichts mehr zu essen hatten, baten sie, sich unserer Einheit anschließen und mit uns kämpfen zu dürfen. Wir wollten mit Werwölfen aus den verschiedensten Gründen nichts zu tun haben und schickten sie, vor allem mit dem Hinweis auf unseren eigenen Hunger, weiter. Da sie auf Verpflegung aus waren, gingen sie, zwar widerwillig, aber sie gingen.

Es muss kurz nach dem 20. April gewesen sein, denn ich habe noch in Geislingen die Rundfunkrede Goebbels zu Hitlers Geburtstag gehört. Die Amerikaner hatten ihren Vormarsch in Richtung Süden für ein paar Tage gestoppt und fuhren nun am hellichten Tag mit ein paar Panzern – ohne Infanteriebegleitung – in Geislingen ein. Um die Ecke zu einer Nebenstraße, gegenüber den Feuerwehrgaragen, beobachteten wir, der Besitzer des Geislinger Feinkostgeschäfts Zahn und ich, beide in Wehrmachtsuniform, die vorrückenden Panzer. Feuerwehrmänner standen einsatzbereit in der Nähe. Die Geislinger Bürger schauten ängstlich und erwartungsvoll aus Fenstern und Türen. Es fiel kein Schuss. Plötzlich trat ein Mann in Zivil auf mich zu und beschimpfte mich fürchterlich. Als deutscher Offizier hätte ich die Pflicht, gegen die Amerikaner zu kämpfen.

Ich trug nur eine Pistole. Herr Zahn eine Maschinenpistole oder ein Sturmgewehr. Wir erklärten dem Fanatiker die Sinnlosigkeit und die allgemeine Gefahr jeden Widerstands. Als er gar keine Ruhe gab, rieten wir ihm, doch selbst den Helden zu spielen. Er ging dann einige Schritte von uns weg, drehte sich plötzlich um und schrie uns zu: „Ich werde Euch der SS melden, die hängt Euch auf!" Weil wir wenige Stunden zuvor zirka 20 SS-Männer mit einem schweren Maschinengewehr in Geislingen gesehen hatten, geriet ich in Panik, sprang auf den Zivilisten zu und packte ihn am Kragen. Schlagartig waren wir von einer Menge Bürgern umringt, die schimpften und schrien: „Schlagt ihn tot, schlagt ihn tot!" Zunächst wusste ich nicht, wem die Drohungen galten, aber es stellte sich schnell heraus: Es war der Ortsgruppenleiter oder ein Blockleiter, den sie meinten. Herr Zahn und ich benutzten das Durcheinander und schlichen um die nächste Ecke.

Inzwischen waren die Amis auf ihren Panzern weitergerollt, zogen sich allerdings nach wenigen Stunden in Richtung Altenstadt zurück, um erst nach ein oder zwei Tagen Geislingen zu besetzen. Was mit dem Nazifanatiker geschehen ist, weiß ich nicht. Herrn Zahn habe ich im Jahre 1950 noch einmal getroffen, und wir tauschten Erinnerungen aus.

Ende April '45 war ich am Stadtrand von Geislingen in Kriegsgefangenschaft geraten. Ich hatte in der Morgendämmerung versucht, mich in Richtung Ulm davonzuschleichen. Zunächst nahm mir ein farbiger Soldat meine Armbanduhr ab und legte sie an seinen linken Unterarm, wo er bereits ein halbes Dutzend anderer Uhren gesammelt hatte. Dann wollte ein Ami-Oberst von mir wissen, wahrscheinlich weil ich Artillerieleutnant war, warum die deutsche Artillerie so wenig und so schlecht schieße. Ich erklärte es ihm mit dem Mangel an Munition und Nachrichtenmaterial, also an Funkgeräten und Feldfernsprechern. Eingehend befragte er mich, in akzentfreiem Deutsch, ein Captain (Hauptmann). Weil ich aus Ravensburg stamme, interessierte er sich ganz außergewöhnlich für die Geschichte dieser Stadt während des Dritten Reichs. Er fragte unter anderem, ob ich auch die früheren jüdischen Geschäfte, Knopf, Mercur und Woolworth gekannt und ob meine Familie dort eingekauft hätte. Während der ganzen Vernehmung äußerte der Captain kein Wort der persönlichen oder allgemeinen Anklage oder gar eine Beleidigung. Am Schluss wünschte er mir alles Gute. Bis heute bin ich tief beeindruckt von diesem vornehmen Mann. Ich war damals erst 21 Jahre alt.

Die Geislinger Jahnhalle wurde auch von der NSDAP für ihre Veranstaltungen genutzt.

---

1   „1945. Das Kriegsende vor 50 Jahren rund um Geislingen". Sonderbeilage der Geislinger Zeitung vom Juni 1996, S. 15.
2   Der Offizier befand sich mit anderen „zusammengewürfelten" Wehrmachtssoldaten in einem „Sportlager" nahe Geislingen. Es dürfte sich wohl um das Lager Kuchberg bei Oberböhringen gehandelt haben, da auf der Nordalb bei Deggingen bis kurz vor Kriegsende SS-Einheiten untergebracht waren.

„Die mutigen Frauen von Altenstadt" – Ein Augenzeugenbericht über die Vorgänge an der Panzersperre bei der Adler-Brauerei Altenstadt im April 1945

Georg Maurer schildert im Oktober 1947 die Vorgänge an der Panzersperre von Altenstadt vom 19. bis zum 21. April 1945, an denen er selbst persönlich beteiligt war. Dabei stützt er sich auf weitere Augenzeugenberichte.[1]

Wenn der Chronist einmal über die Kriegsereignisse in unserer Fünftälerstadt und ihrer näheren Umgebung berichtet, wird er „den mutigen Frauen von Altenstadt" einen besonderen Ehrenplatz in seinem Bericht einräumen müssen, die in jenen stürmischen Tagen des 19. bis 21. April 1945 für den Schutz ihrer Häuser und des Stadtteils Altenstadt in besonderer Weise sich unter Einsatz ihrer eigenen Person verdient gemacht haben. Heute ist der Tag gekommen, in einer öffentlichen Ehrung der geschichtlichen Tat dieser mutigen Frauen zu gedenken. Ich will im Folgenden einen sich auf Angaben von Augenzeugen stützenden Bericht über die damaligen Vorgänge geben.

Bei dem ungestümen Vordringen der feindlichen Truppen im März 1945 bewegte unsere, um ihr Hab und Gut besorgte Bevölkerung nur die eine Frage: „Wie schützen wir unsere Stadt und unsere Häuser vor der Zerstörung?" Wohl war der Volkssturm von den damaligen Machthabern zum Schutz der Heimat aufgerufen; allein er hatte keine Waffen und war deshalb machtlos.

Im Rahmen der Verteidigung der Stadt Geislingen und Umgebung war für den Abschnitt Tegelberg, Siechenbrücke und Michelberg die 9., 10. und 11. Kompanie des Volkssturmbataillons V Göppingen mit Werkführer Ranz von Altenstadt als Bataillonsführer ausersehen. Mit der Führung des Abschnitts wurde als dienstältester Soldat und Major a. D. Hauptlehrer Maurer von Altenstadt beauftragt.

Nach der militärischen Lage zu urteilen, war dieser Abschnitt, insbesondere der Unterabschnitt rechts und links der Siechenbrücke, der wichtigste der gesamten Widerstandslinie und so übernahm Maurer als Führer der 10. Kompanie selbst diesen Unterabschnitt an der Siechenbrücke. In der Zeit von etwa 10. bis 19. April wurde die Panzersperre zwischen Brauereiwirtschaft zum Adler und dem gegenüberliegenden Gebäude Stuttgarter Str. 179 von Bergmännern der Grube Karl im Auftrag der Parteileitung angelegt.

Die Verteidigung leitete der Kommandeur des Flak-Ersatz-Bataillons Göppingen. Offiziere dieses Bataillons legten die Hauptkampflinie fest und befahlen die Maßnahmen zur Verteidigung. Zunächst wurde die Anlegung von Schützenlöchern, Sperren und die Vorarbeiten für Sprengungen befohlen. Der Abschnittsführer Maurer und Kompanieführer Häussler, letzterer Hauptlehrer in Altenstadt, lehnten in einer Kompanieführer-Besprechung die verlangte Sprengung der Siechenbrücke als militärisch zwecklos ab. Bataillonsführer Ranz teilte ihren Standpunkt.

Mit dem Heranrücken des Feindes ging die Führung der Verteidigung in die Hände des aktiven Heeres über. Kampfkommandant für Geislingen wurde Hauptmann Mauk, der am 16. April die Räume des Lindenhofs mit seinen Leuten belegte und am Donnerstagabend noch seine Befehlsstelle auf die Alb verlegte mit der Begründung, dass er Geislingen nicht verteidigen könne. Die Verteidigungsanlagen unterstanden einem Pionierstab, der in Weiler o. H. untergebracht war. Dieser Stab hat die Sperren an den Steigen rings um Geislingen befohlen und ihren Bau beaufsichtigt. Für die Schließung der Sperren war der Volkssturm, für die Sperre am Adler der 1. Zug der 10. Kompanie unter Zugführer Emil Herrlinger vorgesehen.

Blick über die Eisenbahnkurve bei Geislingen und Altenstadt (rechts).

Als am Nachmittag des 19. April die amerikanischen Truppen bis Süßen vorgedrungen waren, erwartete die militärische Führung einen Angriff auf Geislingen und befahl die Schließung der Sperre am Adler. Kurz nachdem Kompanieführer Maurer dem Zugführer Herrlinger diesen Befehl weitergegeben hatte, meldete Letzterer, dass die Sperre wegen Widerstands der Bevölkerung, insbesondere der Frauen, nicht geschlossen werden könne. Maurer gab diese Meldung telefonisch an das Volkssturm-Bataillon weiter. In einem anschließenden fernmündlichen Anruf machte Kampfkommandant Mauk dem Abschnittsführer Maurer Vorwürfe wegen Nichtausführung des gegebenen Befehls, worauf Maurer alsbald zur Sperre ging und die jungen herumlungernden Polen zur Schließung der Panzersperre aufforderte. Diese legten, es war inzwischen an diesem Donnerstag etwa 15 Uhr nachmittags geworden, zehn Sperrbalken in die Sperre ein. Sofort sammelten sich eine Anzahl Frauen an, die über die Schließung der Sperre laut schimpften.

Unter diesen Frauen befand sich auch die 50-jährige Schlossereehefrau Friedrike Brucker, geb. Schöllhorn, die erzählte, dass am Vormittag dieses Donnerstags etwa um 11.30 Uhr vor ihrem Haus in der Oberböhringer Str. 7 ein Oberleutnant vom Pionierstab erschienen sei und die von den Soldaten vor und hinter dem Haus angelegten Schützenlöcher besichtigt habe. Dabei äußerte er zu ihrem Mann, dem Schlosser Jakob Brucker: „Ihr Haus muss wegen der Sicht gesprengt werden", worauf ihm Jakob Brucker erklärte: „Es kommt keiner in meinen Keller, außer tot." Darauf habe der Pionier-Oberleutnant erwidert, dass er das einsehe und dass es auch schmerzlich sei, aber er müsse eben den Befehl ausführen. Darauf sei der Oberleutnant wieder weggegangen.

Die Frauen packte bei dieser Erzählung eine große Wut. Der bei der Panzersperre im Gebäude Nr. 179 der Stuttgarter Straße wohnhafte 67-jährige Rentner Johann Mössmer schildert, wie sich die Erregung der Frauen immer mehr steigerte, weil sie nun befürchteten, dass die heranziehenden feindlichen Truppen mit ihren schweren Geschützen, wie an anderen Orten, die Häuser der ganzen Umgebung zusammenschießen würden. Mössmer sagte zu den Frauen: „Am besten ist es, wir machen die Sperre wieder auf." Das ließen sich die Frauen nicht zweimal sagen, sondern griffen sofort zu, hoben die Balken aus der Sperre und legten sie wieder auf die Seite. Polizeibeamte, die hinzukamen, bedrohten die Frauen mit strengen Strafen.

Die Gebäude der Adler-Brauerei in Altenstadt, Standort der Panzersperre.

Etwa um 15 Uhr [20.4.] nachmittags wurden vermutlich von Leuten der Organisation Todt die Balken in die Panzersperre wieder eingelegt. Die Anna Burkhardt schildert, wie sie und die Hermine Schmid und deren Mutter Margarete Schmid sowie die Bäckerehefrau Anna Hagmaier über die ernste Lage und die Gefahr gesprochen haben, die sich aus der erneuten Schließung der Panzersperre für die Gebäude der Umgebung und für den ganzen Stadtteil Altenstadt ergeben hatte. Diese Frauen waren sich darin einig, dass etwas geschehen müsse, und haben zwischen 17 und 18 Uhr nachmittags die Balken wieder entfernt. Die 40 bis 50 Zuschauer, die alle über die Schließung der Panzersperre laut schimpften, gaben durch beifällige Bemerkungen kund, dass sie mit dem Vorgehen der Frauen einverstanden waren. Sie blieben alle noch beieinander und besprachen die immer mehr sich zuspitzende Lage.

Etwa um 19.30 Uhr abends erschien ein Führer der Organisation Todt in kurzer Lederhose mit Kittel und in der Hand eine Reitgerte mit zehn weiteren Leuten der Organisation Todt bei der Panzersperre. Alle vermuteten, dass diese wieder die Panzersperre schließen wollten. Der Rentner Mössmer fragte diesen Führer, was er wolle, worauf dieser erwiderte: „Was haben Sie zum Fragen? Die Panzersperre muss geschlossen werden." Darauf packte der 67-jährige Mössmer den 30-jährigen OT-Führer hinten am Rockkragen und schüttelte ihn. Die dabeistehende Hermine Schmid, jetzige Schellhorn und Frau Katharina David von der Bergwerkssiedlung schlugen mit ihren Fäusten auf den Führer ein. Eine andere Frau entriss ihm die Reitgerte und verprügelte ihn damit. Aus der Volksmenge, es hatten sich inzwischen über 100 Personen angesammelt, erschollen laute Rufe: „No druff." Die mit ihrem Führer erschienenen Leute der Organisation Todt hatten inzwischen ihren Führer im Stich gelassen und Reißaus genommen.

Die Mitte der 1930er Jahre errichtete Bergwerkssiedlung von Altenstadt.

An diesem Freitagabend etwa um 21.30 Uhr versuchten eine Anzahl Frauen aus der Bruckwiesen-Siedlung und dem unteren Teil der Stuttgarter- und Felsstraße, die Balken der seitlichen Widerlager zu entfernen, um auf diese Weise eine nochmalige Schließung der Panzersperre unmöglich zu machen. Es ist ihnen aber nur zum Teil gelungen, obwohl sie bis nachts 0.30 Uhr arbeiteten.

Etwa um 23.30 Uhr in der Freitagnacht übermittelte Volkssturm-Bataillonsführer Ranz an den Abschnittsführer Maurer den Befehl des Kampfkommandanten, die Sperre sofort zu schließen, da es in zwei Stunden zu spät sein könne. Der Kampfkommandant machte Abschnittsführer Maurer für die Schließung verantwortlich und wollte bei Nichtausführung des Befehls eine Kompanie beauftragen, die Ordnung schaffen müsse. Unmittelbar darauf wurde dann Abschnittsführer Maurer vom Rathaus mitgeteilt, dass Reichsstatthalter Murr wegen der Entfernung der Sperre am Adler über Geislingen den Ausnahmezustand verhängt habe, und dass jede Person erhängt werde, die versuche, Sperren zu entfernen. Abschnittsführer Maurer wies auf die Gründe hin, die die Bevölkerung veranlasse, die Sperre zu entfernen; hatten doch der Bürgermeister und sämtliche Ortsgruppenleiter mit Ausnahme von Kerner Altenstadt bereits fluchtartig verlassen und der Kampfkommandant bereits schon am 19. April, wie erwähnt, seine Befehlsstelle vom Lindenhof auf die Alb verlegt. Abschnittsführer Maurer fügte noch bei, dass er die Gründe der Bevölkerung würdige. Er hielt eine Sperre, die nicht verteidigt werden kann, weil der Volkssturm keine Waffen besaß, für wertlos. Trotzdem wollte er, um dem gegebenen Befehl nachzukommen, den Versuch unternehmen, die Sperre zu schließen. Die angedrohten Maßnahmen gegen die Bevölkerung im Falle der Nichtschließung erschienen ihm folgenschwerer als die geschlossene Sperre. Als erfahrener Soldat glaubte er nicht, dass eine unverteidigte Sperre eine militärische Aktion von Bedeutung auslösen würde, und alarmierte den 3. Zug der 10. Kompanie, der nach Ausbesserung der Sperre diese noch in der Nacht von Freitag auf Samstag zwischen 1 und 3 Uhr wieder geschlossen hat.

21. April 1945

Am Samstag 21. April, morgens 6.30 Uhr, sammelten sich wieder viele Leute aus der Nachbarschaft bei der geschlossenen Panzersperre an und beratschlagten, was man tun solle, denn die Leute waren sich alle einig, dass man die Panzersperre wieder öffnen müsse. Etwa um 7.30 Uhr haben dann die Frauen begonnen, die Balken wieder zu entfernen. Als sie zur Hälfte fertig waren, erschien der Pionier-Oberleutnant an der Panzersperre, bestieg diese sofort und rief: „Wenn Ihr noch einen Balken anrührt, lasse ich Euch erschießen!" Dann ging dieser Offizier wieder weg. Abschnittsführer Maurer, dem das Vorgehen der Frauen gemeldet wurde, fragte Zugführer Herrlinger des 1. Zugs, der die Meldung erstattete, ob die Bevölkerung wisse, dass der Ausnahmezustand über Geislingen verhängt sei und dass jede Person erhängt werde, die Sperren entfernt. Als Herrlinger dies verneinte, bemerkte Maurer, dass er es für seine Pflicht erachte, die Bevölkerung davon in Kenntnis zu setzen. Er fuhr dann auch sofort zur Panzersperre und gab die Verfügung des Reichsstatthalters bekannt. Die Frauen ließen sich aber nicht einschüchtern und entfernten weiter die Balken mit der Bemerkung: „Wir hören mit der Beseitigung der Balken erst auf, wenn wir einen Schutz bekommen, der uns verteidigt." Darauf fuhr Maurer auf seinem Fahrrad wieder weg. Kurz darauf kamen drei Polizeibeamte auf einem Motorrad mit Beiwagen angefahren. Einer derselben zeigte ein Schriftstück und begann vorzulesen, dass das Standrecht verhängt sei und die Panzersperre nicht entfernt werden dürfe. Einige der umstehenden Männer mischten sich ein, weil sie der Meinung waren, dass man sich zunächst über den Stand der Lage erkundigen sollte. Bierbrauereibesitzer Götz erkundigte sich dann auf dem Rathaus, konnte aber nichts Näheres erfahren. Inzwischen waren vier junge bewaffnete Soldaten mit Panzerfaust an der Panzersperre eingetroffen, die eine Stunde Wache hielten und sich dann wieder entfernten.

Etwa um 11 Uhr vormittags sammelten sich die Frauen wieder bei der Panzersperre an, darunter auch Frau Fischer Geywitz von der Filsstr. 52. Diese hatte schon auf dem Weg zur Panzersperre zu den Frauen in den Häusern der Filsstraße, die aus den Fenstern schauten, hinaufgerufen: „Kommt mit und helft die Panzersperre wegzureißen!", worauf auch sofort einige Frauen mitgingen. Als Frau Geywitz bei der Panzersperre erschien, fragte sie: „Wer ist denn Herr über die Panzersperre?" Einige der Anwesenden riefen: „Es ist ja niemand mehr da." Da befahl Frau Geywitz: „Also hinauf!" Darauf kletterten sofort eine Anzahl Frauen auf die Panzersperre und wälzten die aufgeschichteten Baumstämme herab. Frau Geywitz und ihre 20-jährige Nichte Elly Geywitz begannen alsbald, mit ihren mitgebrachten Waldsägen die Seitenpfähle abzusägen. Auch die anderen Baumstämme wurden zum Teil zersägt, damit sie für die Panzersperre nicht mehr zu gebrauchen waren. Als die Panzersperre dann bis auf etwa drei Lagen mit je sechs Balken abgebaut war, rief jemand: „Jede wird gehängt, die die Panzersperre entfernt!" Darauf stellten die Frauen allgemein die Arbeit wieder ein, da ja das Meiste geschafft war, und begaben sich etwa um 12.30 Uhr zum Mittagessen. Die Panzersperre blieb in diesem, noch teilweise geschlossenen Zustand für den Durchgangsverkehr unpassierbar, bis etwa um 14 Uhr nachmittags dann die anrückenden feindlichen Truppen bei der Siechenbrücke sichtbar wurden. Die Frauen und eine Anzahl Männer waren inzwischen wieder erschienen. Vier Jünglinge im Alter von etwa 18 Jahren hatten mit Gewehren in Zivilkleidung etwa von 12 bis 14 Uhr Wache gehalten, nahmen aber, als sie die ersten amerikanischen Soldaten sahen, sofort Reißaus in Richtung Lindenhof und warfen ihre Gewehre in die Fils. In diesem Augenblick war den anwesenden Männern und Frauen klar geworden, dass nunmehr auch die letzten Balken weggeräumt werden müssten, wobei insbesondere der Hilfsarbeiter Franz Schneider und ein paar andere junge Leute sich eifrig beteiligten.

Rentner Mössmer, der die englische Sprache gut beherrschte, begab sich mit einer ebenfalls Englisch sprechenden Frau an den Ortseingang von Altenstadt und erklärte den amerikanischen Soldaten, dass sie durchfahren könnten und kein Hindernis mehr bestehe.

Ende des Berichts

[1] StAG, Edition durch Stadtarchivar Hartmut Gruber.

Schwarze Soldaten spielten „Fange" auf der B 10

Ein Zehnjähriger aus Geislingen-Altenstadt beobachtet an der B 10 den Einmarsch der Amerikaner am 21. April 1945.[1]

Mein Vater arbeitete in der WMF, zuletzt als Schweißer an Flugzeugrümpfen, die dort für die Firma Junkers repariert wurden. Deshalb hatte man ihn auch „UK" gestellt. Wir lebten in Altenstadt im Nebenhaus des Gasthofs „Rad". Am Volksempfänger stellte mein Vater häufig andere Sender als die offiziellen ein, deren Nachrichten aber nur er hören durfte.

Meine eindringlichsten Erinnerungen an den Krieg sind vor allem die großen feindlichen Fliegerverbände, die über Geislingen hinwegflogen. Man riet immer, wohin sie wohl fliegen würden. Bei den nächtlichen Bombenangriffen auf Stuttgart leuchtete der Himmel gelbrot und flackerte. Einen Jabo-Angriff habe ich am Ostersonntag 1945 erlebt, als ich mit meinen kleinen Geschwistern an der alten Eyb zum Blumenpflücken gegangen war. Plötzlich griffen Jabos einen Militär-Zug am Westbahnhof an. Wir suchten Deckung unter den nächsten Bäumen und rührten uns nicht. Der Zug wurde getroffen und konnte nicht mehr weiterfahren. Viele Menschen kamen nun zum Plündern. Neben einer Hobelbank holte mein Vater auch eine Rolle feldgrauen Stoff – später bekam ich aus diesem Stoff einen Konfirmationsanzug, dunkelblau eingefärbt. Wie andere Jungen aus meinem Viertel

Zerstörte Waggons am Westbahnhof von Geislingen, die im April 1945 zum Ziel einer Jabo-Attacke geworden waren.

beschaffte ich mir aus dem Zug einige Rollen Stanniol und eine Art Wecker, den man wohl irgendwo hätte anschrauben können.

Die Panzersperre und der Einmarsch am 21. April

Schon zwei Tage vor dem Einmarsch hatte man bei uns an der B 10 vom Vorrücken der Front bis in unsere Nähe gehört. Die Panzersperre stand schon einige Tage beim „Adler", deshalb kamen auch keine deutschen Fahrzeuge durch.

Wir Jungen in Altenstadt hatten jeweils bestimmte Reviere, die man eigentlich nur für gezielte Raufereien verließ. Unseres zog sich von oberhalb der Martinskirche bis zum früheren Gasthaus „Hirsch" und zum alten Rathaus in Altenstadt. Die Panzersperre beim „Adler" lag genau in unserem Blickfeld. Den Aufbau und den späteren Abbau sahen wir aus der Distanz etwa von Rathaus bis zum „Adler". Die dort handelnden Personen kannte man teilweise, weil es Mütter von Schulkameraden oder die „Milchfrauen" waren. Als es dann am Nachmittag des 21. April hieß: „Der Ami ist durch Süßen durch und geht auf Geislingen zu!", machten die Frauen angesichts der sich nähernden Panzer, die zwischendurch anscheinend den Vormarsch kurz gestoppt hatten, die Panzersperre auf. Nachdem die Sperre weg war, konnten die amerikanischen Frontsoldaten nach Altenstadt hineinfahren. Hinterher war man im Ort schon sehr dankbar für den Mut der Frauen.

Wir standen nun an der Ecke des „Rads" und schauten, was dort „unten" alles passierte. Dann sahen wir den ersten Panzer und mit ihm – für uns faszinierend – links und rechts Infanteriesoldaten, die mit Maschinenpistolen im Anschlag die Häuser entlanggingen und überall hineinschauten. So ging das langsam weiter. Hinter diesen ersten drei Panzern folgten größere Jeeps mit Offizieren, die gegenüber vom „Rad" stoppten und dann in den Hof des „Rad" fuhren, wo sie ihren Stab einrichteten. Im Gefolge kamen große Sattelschlepper mit mannshoher Beplankung an, auf denen amerikanische Soldaten standen, deren Köpfe man aber nicht sah. Am Sternplatz gab es einen längeren Stau. Drei Sattelzüge nebeneinander hielten beim „Kirchenstache", einem Bauernhaus zwischen Pfarrhaus und Kirche. Die Klappe ging herunter, heraus kamen lauter Schwarze mit blitzend weißen Zähnen, zwischen denen sie Dolche oder Messer gesteckt hatten. Sie spielten jetzt um ihre Fahrzeuge herum eine Art „Fangespiel", wahrscheinlich um sich nach der Fahrt et-

Blick über Altenstadt aus Südwesten.

was zu lockern. Für uns Kinder wirkte das allerdings sehr furchteinflößend, weshalb wir fluchtartig die Straße verließen und in den Keller des „Rads" rannten. Doch uns Buben hielt es nicht lange dort, wir wagten uns wieder nach draußen und bekamen von den Schwarzen die ersten Kaugummis unseres Lebens geschenkt. Ich habe ihn sofort gegessen und runtergeschluckt, da ich ja nicht wusste, wie das richtig funktioniert. Die Amerikaner waren jedenfalls alles andere als „böse" oder „feindlich".

Mein Vater war noch am Morgen des 21., ein Samstag, zum Volkssturm abberufen worden. Sie sollten in den Bereich der Schildwacht. Als die Gruppe meines Vaters dort ankam, sagte irgendeiner der Führer: „Hauet ab, machet, dass ihr hoimkemmat! Der Ami marschiert ein!" Mit dem Tornister auf dem Rücken lief mein Vater schnell zurück nach Hause, die Amerikaner waren inzwischen schon beim „Rad" angekommen. Irgendwie muss er trotz des Tornisters unverdächtig ausgesehen haben oder wurde einfach von ihnen übersehen. Er schlüpfte ins Haus, zog sich um und versteckte den Tornister. Aus dem Fenster sah er bereits wenige Minuten später seine Kameraden, die einen anderen Weg gewählt hatten, mit den Händen über dem Kopf – sie wurden abgeführt, aber nach einem Verhör im „Rad" wieder laufengelassen. Mit Lautsprechern verkündeten die Amerikaner die Zeiten der Ausgangssperre und verlangten das Heraushängen von weißen Fahnen.

Unsere Fenster zur Straße hatten Läden mit schrägen Jalousie-Stäben, durch die man gut heruntersehen konnte. Direkt unter unserer Wohnstube stand ein amerikanischer Funkpanzer. Man konnte von oben in den Panzer hineinspähen und bei geöffnetem Fenster die Funkberichte sowie den Radioempfang der Amerikaner deutlich hören. Parallel dazu gab unser Volksempfänger in der Stube völlig widersprüchliche Meldungen von sich. Jetzt wurde deutlich, wie sehr wir belogen worden waren.

Am Sonntagmittag kamen beim Kaffee vier Amerikaner und verlangten die Räumung unseres Hauses innerhalb einer Stunde. Den Kaffee durften wir aber freundlicherweise noch beenden – unter Aufsicht. Wir packten unsere Sachen auf Leiterwägen und kamen zunächst bei der Schreinerei Hildinger unter, wo wir in der Werkstatt schlafen konnten. Zwei Tage später durften wir jedoch schon in unser Haus zurück, da die Front sich verlagerte. Vermutlich hatten wir nur herausgemusst, weil wir zu nahe am Stab im „Rad" waren.

Langsam stellte sich so etwas wie „Normalität" ein. Amerikanische Soldaten waren in der Einstein-Schule untergebracht, die zur Überkinger Straße einen mannshohen Eisenzaun hatte. Wir Jungen schauten durch den Zaun die Amerikaner an. Die machten sich einen Spaß daraus, ihre Zigarettenkippen herauszuwerfen, hinter denen wir dann hersprangen – schließlich war Tabak damals die beste Währung.

[1] KrA GP S 16 Geislingen Nr. 4. Zusammenfassung eines Interviews mit dem Zeitzeugen von 2014.

Momentaufnahmen vom Einmarsch in Geislingen

Ein Neunjähriger aus Geislingen-Altenstadt erinnert sich an die Zeit des Einmarschs.[1]

Einige Tage vor dem Einmarsch stand ich an der B 10 in der Nähe der evangelischen Martinskirche. KZ-Aufseher trieben eine Kolonne Häftlinge durch die Stadt an einem Bauernhof vorbei, wo sich eine Abfallmiste befand. Die abgemagerten Menschen wollten weggeworfene Äpfel, Kartoffeln und Essensreste aufsammeln. Bei Ausbrechen aus der Kolonne schlugen die Aufseher mit ihren Gewehrkolben auf die Leute ein, die zum Teil zusammenbrachen.

Das Kommen der Amerikaner kündigte sich langsam an, durch „Radio Beromünster" war mein Vater einigermaßen im Bild über die Lage. Am Ortsrand von Gingen stand [am 21. April] schwere Artillerie und schoss auf die Alb, wohin die Wehrmacht sich zurückgezogen hatte. Noch vor dem Einmarsch ging der Geislinger Feuerwehr das Benzin aus. Kommandant Walz befahl meinem Vater, mit dem Kommando-Wagen in Amstetten im sogenannten „Deutschen Wald" Benzin zu holen. Die Wehrmacht hatte dort ein Benzindepot. Dort angekommen, musste mein Vater sofort dem Wehrmachtskommandeur zu Diensten sein – er wurde samt Auto quasi beschlagnahmt. An der bröckelnden Front zwischen Gerstetten und Westerheim hatte er den Offizier hin und her fahren. In einem günstigen Augenblick floh mein Vater zu Fuß. Im Sperrfeuer der Front fand mein Vater Unterschlupf in der Ziegelhütte am Ende der Geislinger Steige. Die Bauersfamilie war geflohen, die Tiere brüllten vor Hunger. Mein Vater fütterte sie auf Vorrat. Dann floh er bei Nacht durch die Front, an der Steige verletzte ihn ein Granatsplitter.

Amerikanische Soldaten und Lastwagen im Nachkriegs-Geislingen.

Zu Hause waren bereits die Amerikaner einmarschiert. Während sie vorrückten, versteckten sich viele Bewohner des Stadtteils Altenstadt in einer WMF-Bunkeranlage am Oberböhringer Berg. Ich stand am Fenster meines elterlichen Hauses, als im nahen Nachbarhaus eine Granate einschlug. Eine riesige Staubwolke hüllte die ganze Umgebung ein. Die Granate traf auf einen Eisenträger des Hauses und sprengte einen Erker am Haus vollständig weg.

Beim Einzug der US-Truppen bewegten sich endlose Schlangen Panzer, Jeeps und Sattelschlepper durch Geislingen. Neben den Panzern lief immer links und rechts ein Soldat mit Gewehr. Die Bevölkerung stand am Straßenrand. Versprengte deutsche Soldaten beschossen die Amerikaner von einem Haus nahe der jetzigen Fachhochschule. Die Amis schossen zurück – die Deutschen ergaben sich. Ein größeres Scharmützel gab es auch am städtischen Sportplatz. Erschossen wurde ein Bäcker in der Stuttgarterstrasse. Er hatte sich trotz Ausgangssperre auf die Straße gewagt.

Schnell lebten sich die Besatzer in Geislingen ein, in der Einstein-Schule (vorab Hans-Schlemm-Schule) nahmen sie Quartier. Ihre Fahrzeuge stellten sie im Schulhof ab. Da unser Schulhaus nun von Besatzern belegt war, wurden alle Schulklassen in die Turnhalle zusammengelegt und von einem entnazifizierten Lehrer unterrichtet. Später wurden wir in Einzelklassen in der Landwirtschaftsschule unterrichtet. In unsere von Amerikanern belegte Schule gingen wir trotzdem täglich hin und bekamen über den Zaun Essenreste und Kaugummi von den Soldaten.

Da der öffentliche Nahverkehr zusammenbrach, mussten Polizisten am Sternplatz Lkws anhalten, die dann auf den Ladepritschen Fahrgäste mitnehmen mussten.

Hauptstraße in Geislingen mit dem „Alten Rathaus" (rechts).

[1] KrA GP S 16 Geislingen Nr. 1. Zusammenfassung eines Interviews mit dem Zeitzeugen von 2013.

„Wir sehen mit banger Sorge das Unheil und die Katastrophe herannahen."

Der damalige Stadtamtmann Hans Rubensdörffer hält unter dem Titel ‚Vermerke über das Kriegsgeschehen' nüchtern in knappen Tagesberichten das Geschehen der letzten Kriegstage in Geislingen fest.[1]

Am 10.4.1945

Die feindlichen Heere in Ost und West sind schon weit in das deutsche Vaterland eingebrochen. Im Westen bewegen sich die Kämpfe auf der Linie Heilbronn-Bretten-Pforzheim. Auf der Hauptverkehrstraße Stuttgart-Ulm ist starker Verkehr von Flüchtlingen aller Art und Wehrmachtangehörigen. Innerhalb der Stadt und auf den Nachbarschaftsstraßen werden Panzersperren angelegt und errichtet.

Schon seit Anfang des Monats wurde unsere Stadt von Tiefffliegern heimgesucht; zwar wurde nur geringer Gebäudeschaden verursacht, vereinzelt wurden aber auch Personen verletzt und getötet. Der Personen- und Güterfernverkehr sowohl auf der Reichsstraße, vor allem jedoch auf der Reichsbahn, erleidet schwere Schäden durch Ausfall der elektrischen Lokomotiven. Wir sehen mit banger Sorge das Unheil und die Katastrophe herannahen.

Der kürzlich erwartete Befehl zur vollständigen Räumung der Stadt Geislingen bzw. des ganzen Kreises, wohl nur vorübergehend, unter Mitnahme des dringendsten Bedarfs an Lebensmitteln, Wäsche u.s.w., ist bisher nicht erfolgt und dürfte auch kaum mehr erfolgen. Das Ausmaß des Unglücks und Elends, „bei einem Auszug der ganzen Stadt", ist nicht auszudenken; doch lebt die Bevölkerung heute noch in der Angst einer möglichen Räumung der Stadt.

Amerikanischer Posten vor der Geislinger Gewerbe- und Handelsschule, Sommer 1945.

Am 19.4.1945

Der Bürgermeister Erbacher und Polizeirat Dirie sind geflüchtet; die Leitung der Stadt liegt in den Händen von Stadtkämmerer Hoyler mit Unterstützung durch Polizeioberinspektor Heinle.

Am 21.4.1945

Um 16 Uhr ertönt das Signal: Panzeralarm! Feindliche Panzer sind aus Richtung Göppingen in den Stadtteil Altenstadt eingedrungen, nachts weiterhin bis in die

Nachbarschaftsstraßen Überkinger- und Eybacherstraße und den Bühl herauf bis zur Gewerbeschule. Die Bevölkerung ist in ihre Keller und in die benachbarten Stollen geflüchtet.

Am 22.4.1945
Den ganzen Sonntag Schießerei zwischen deutschen Spähtrupps und feindlichen Panzerspitzen am Altenstadter Bühl, sowie am Türkheimer Berg und Überkinger Tal. Schon in der Nacht Plünderungen in der ganzen Stadt, sowie auf dem Bahnhof aus dem Güterschuppen und aus den nicht mehr entladenen Güterzügen durch die bisher hier beschäftigten Ausländer und russische Kriegsgefangene, welche in großer Zahl aus Richtung Ulm hier ankommen; diese werden von den amerikanischen Truppen zwar zurückhaltend, aber als Freunde begrüßt.

Am 23.4.1945
Amerikanische Truppen haben nunmehr die ganze Stadt besetzt. Militärische Kommission nachmittags im Ratsaal in Verhandlungen wegen Übergabe der Stadt, deren Vertreter sind Hoyler und Heinle. Von der WMF sind anwesend die Direktoren Clausnizer und Burkhardt. Stadtkämmerer Hoyler wurde mit der Führung der Bürgermeistergeschäfte beauftragt, Heinle mit Ordnungspolizei.

Das ganze Personal des Städtischen Wohlfahrtsamts wurde heute früh aus der Alten Gewerbeschule verwiesen, vermutlich wegen der Durchsuchung der bisher im Gebäude befindlichen Büroräume der SA. In der ganzen Stadt erfolgen Wohnungsbeschlagnahmen zur Unterbringung der amerikanischen Truppen; die Bewohner wurden in diesen Fällen meist kurzfristig (15-30 Minuten) aus ihren Behausungen verwiesen.

Dass unsere Stadt verhältnismäßig wenig Schaden erlitten hat, verdankt sie wohl einigen mutigen und beherzten Frauen* im Stadtteil Altenstadt, welche die vom Stadtbauamt auf militärische Weisung ausgeführten Arbeiten zur Herstellung von Panzersperren beim Gasthaus zum Adler in Altenstadt nicht nur mehrfach störten und einige vorlaute HJ-Jungen verprügelten, sondern die Frauen haben die unter militärischer Bedeckung vollendete Sperre auch nach Verkündung des Standrechts erneut beseitigt. Hierdurch gelang den amerikanischen Truppen ein rasches Vordringen in Altenstadt bis zum Bühl herauf schon am Samstag, den 21. April, nachmittags, ehe die Panzersperren im Stadtteil Geislingen vollendet waren. In der Adolf-Hitler-Straße (Gartenstraße) war die Lücke noch offen, und in der Hindenburgstraße (Hauptstraße) waren die tags zuvor unterbrochenen Arbeiten kaum fortgesetzt, so dass hier fast die ganze Straßenbreite zur Durchfahrt offen blieb.
* Nachträgl. wurde festgestellt, dass auch einige Männer beteiligt waren.

Am 25.4.1945
Erneute Plünderungen im ganzen Stadtgebiet, vor allem in Altenstadt, das überaus viel erdulden muss. Nachmittags werden die Amtsräume des Wohlfahrtsamts

wieder freigegeben und bezogen; hier alles in Ordnung, weil alle Türen und Kästen offen waren. In den oberen Räumen der S.A. alles geöffnet und durchsucht.

Polizei-Oberinspektor H. und Kriminal-Obersekretär G. werden festgesetzt. Eine nicht endenwollende Kolonne an Panzerfahrzeugen aller Art und sonstigen Fahrzeugen mit Kriegsmaterial und Truppen bestens ausgerüstet, alles motorisiert, fährt durch die Stadt in Richtung Ulm. Das Ende des fürchterlichen Krieges dürfte sehr nahe sein.

Am 26.4.1945
Stadtkämmerer Hoyler, als bisher beauftragter Bürgermeister verkündet um 12 Uhr, dass von der Amerikanischen Militärregierung der frühere Gewerkschaftsführer Reichle zum Oberbürgermeister der Stadt Geislingen bestellt wurde; Hoyler selbst wurde mit Hausarrest belegt bis 15.5.45.

Den auf 14 Uhr in den Ratsaal geladenen Amtsvorständen berichtet Oberbürgermeister Reichle über seine Bestellung durch die Militärregierung. Von dem General der 7. Amerikanischen Armee sei ihm unbeschränkte Machtbefugnis auch in weiterem Umkreis eingeräumt worden. Der OB bittet die Amtsvorstände, ihre Geschäfte wie bisher weiter zu führen, um die sich zweifellos noch steigernde Not der Bevölkerung bestmöglich zu lindern zu suchen; gegen die Besatzung müsse alles unterlassen werden, da sonst schwerste Vergeltung zu erwarten sei.

Am 30.4.1945
Der endgültige Zusammenbruch des deutschen Heeres steht unmittelbar bevor; längst über Ulm-Augsburg hinaus wurde heute München besetzt. Geislingen erhält Französische Polizeibesatzung in Stärke von 60-70 Mann, die in der Alten Gewerbeschule untergebracht werden.

Am 1.5.1945
Radio meldet: Kämpfe in der Innenstadt in Berlin, Reichskanzlei von den Russen besetzt. Kapitulationsangebot bzw. Verhandlungen des Reichsministers Himmler durch Vermittlung des Prinzen Bernadotte, als Präsident des Internationalen Roten Kreuzes? Admiral Dönitz verkündet im Rundfunk, der Führer sei gefallen.

Am Bahnhofhotel-WMF-Niederlage weht die amerikanische Flagge. Ausgehverbot weiter eingeschränkt auf die Zeit von 20 Uhr abends bis 6 Uhr früh.

Am 2.5.1945
Die Geislinger Bevölkerung hisst zum Zeichen der Ergebung auf allen Gebäuden die Weiße Flagge. Berlin und italienische Front-Kesselring kapitulieren.

Am 5.5.1945
In Anwesenheit der Bürgermeister des früheren Kreises Geislingen, Vertretern von Industrie, Handel, Gewerbe, Schulen, Behörden, sonstiger Angehörigen der

früheren Sozialdemokratischen Partei und der Amtsvorstände gibt OB Bericht über die Lage, im Ratsaal. Er geißelte zunächst die zwölfjährige Herrschaft der Nazi-Regierung, die nunmehr zusammengebrochen sei, nachdem noch vor wenigen Tagen, als schon Kämpfe in Berlin stattfanden, immerzu von „Siegen" gesprochen wurde. Dass unsere Stadt im Wesentlichen unbeschädigt erhalten wurde, sei nur dem raschen Vordringen der Amerikaner zu danken. Alle sollen dazu beitragen, die Ordnung und Ernährung der Bevölkerung sicherzustellen.

Die Amerikaner würden nicht als Eroberer und Unterdrücker, sondern als Befreier kommen. Das Unrecht der Nazizeit solle nach Möglichkeit wiedergutgemacht werden; Leute aus den KZ-Lagern wären deshalb bevorzugt zu behandeln. Auch der frühere Kreis Geislingen werde seine Selbständigkeit wieder erlangen.

Ein aktiver Offizier, als Sprecher der Amerikanischen Regierung, erklärt, dass dem deutschen Volk bei loyaler Haltung für die Zukunft ein noch lebenswertes Dasein gesichert werde. Unter Beifall der Anwesenden dankt der OB dem amerikanischen Sprecher.

Am 7.5.1945

General Jodl im Auftrag von Admiral Dönitz erklärt im Hauptquartier des Generals Eisenhower in Reims die bedingungslose Kapitulation Deutschlands. Rundfunkansprache des Grafen Schwerin-Krosigk als Reichsaußenminister an das Deutsche Volk; harte Bedingungen seien zu erwarten und zu ertragen. Alles müsse darangesetzt werden, um die Einheit der Nation zu erhalten. Ausgehverbot ab heute 21 Uhr bis 6 Uhr früh.

Am 8.5.1945

Um 15 Uhr wird der Waffenstillstand verkündet. Die Ansprache des OB wird wegen dessen Heiserkeit von Dolmetscher Fenner verlesen. Darin ermahnt der OB die im Ratsaal versammelten Beamten und Angestellten erneut zur Pflichterfüllung, um die zu erwartenden harten Bedingungen zu ertragen. Die Behörden und Geschäfte sind ab 15 Uhr geschlossen. Um 18 Uhr Dankgottesdienste in allen Kirchen (überfüllt!).

Parade von Soldaten der 100. US-Infanteriedivision durch Geislingen, Sommer 1945.

---

[1] Unter der Registratur-Signatur BMA 7 V 1 ist 2014 im Stadtarchiv Geislingen eine Akte zutage gekommen, die als ‚Bürgermeisteramts-Protokoll vom 1. März 1945 an' betitelt ist und am 7. Dezember 1955 vom Bürgermeisteramt dem Stadtarchiv ‚zur Kenntnisnahme und zum Verbleib' übergeben wurde. Nach einem kurzen Bericht über die Amtseinsetzung des Bürgermeisters Dr. Erbacher am 5. März 1945 hält der damalige Stadtamtmann Hans Rubensdörffer unter dem Titel ‚Vermerke über das Kriegsgeschehen' nüchtern in knappen Tagesberichten das Geschehen der letzten Kriegstage hier in Geislingen fest. Edition von Stadtarchivar Hartmut Gruber.

Zum Abschied „Heimat, deine Sterne"

Ein 15-jähriges Mädchen aus Geislingen erlebt verwundete deutsche Soldaten auf dem Rückzug und später die im Schulhaus einquartierten Amerikaner.[1]

Gefangene deutsche Soldaten werden aus Lastwagen durch Geislingen gefahren.

Wir wohnten in einer Dienstwohnung im Geislinger Schulhaus, wo mein Vater als Hausmeister arbeitete. Während er im Krieg war, lebte ich dort allein mit meiner Mutter. Kurz vor Kriegsende machte ein Lastwagen mit leichtverletzten deutschen Soldaten im Schulhaus Station. Die Männer befanden sich auf dem Rückzug und erzählten, dass ihnen bald die Amerikaner folgen würden. Meine Mutter schickte mich zum Lebensmittelgeschäft Zahn, um Kaffee für die Verwundeten zu besorgen. Bei den Nachbarn liehen wir einen großen Topf und kochten darin den Kaffee, den die Männer dann sehr dankbar für die Aufwärmung aus ihren Essgeschirren zu sich nahmen. Es war ein herzergreifendes Bild, wie sie dort auf dem blanken Fußboden saßen. Einer hatte eine Geige dabei. Er erzählte, er habe sie über den ganzen Krieg hinweg gerettet und hoffte, sie auch über dessen Ende hinaus zu erhalten. Als Dank für den Kaffee durfte sich meine Mutter ein Lied von ihm wünschen: Sie wählte „Heimat, deine Sterne", ein damals bei den Soldaten sehr beliebtes Stück. Er wünschte meiner Mutter außerdem, dass ihr Mann wieder heil nach Hause käme. Danach fuhren die Soldaten mit ihrem Lastwagen weiter.

Wenige Zeit später rollten andere Fahrzeuge heran: Die Amerikaner hatten Geislingen besetzt, von Gefechten hatten wir nichts mitbekommen. Meine Mutter und ich äugten ganz vorsichtig aus den Fenstern des Schulhauses heraus, in dem wir uns inzwischen völlig allein aufhielten. Wir sahen sehr große Transporter mit zumeist schwarzen Fahrern, vor denen wir schon etwas Angst hatten. Doch diese wurden recht schnell von anderen, leichteren Fahrzeugeinheiten abgelöst. Die zugehörigen Soldaten bezogen jetzt das Schulhaus, wobei sie zuerst die Hitlerbilder abmontierten. Wir mussten unsere Wohnung räumen und kamen bei verschiedenen Bekannten unter. Bettzeug und Wäsche durften wir mitnehmen. Diese Ausquartierung dauerte ziemlich lange.

Allerdings kehrte mein Vater glücklicherweise schon nach kurzer Zeit aus amerikanischer Gefangenschaft heim, in die er im Allgäu geraten war. Mit den Amerikanern standen wir bald in gutem Kontakt. Ins Schulhaus brachten sie große Öfen, mit denen ein Großteil der Geislinger Besatzungssoldaten verpflegt wurde. Vom übrigen Pfannkuchenteig des Frühstücks bekamen wir stets etwas ab. Meine Mutter machte außerdem Wäsche für sie und beherrschte rasch die von ihnen bevorzugte Bügeltechnik mit doppelter Bügelfalte auf der Rückseite der Uniform. Einmal erschien ein junger Amerikaner bei uns und erklärte, dass er furchtbar gern einen Hasenbraten mit Spätzle und Kartoffelsalat essen würde. Eier und Mehl hatte er schon dabei – und einen toten Hasen, mit Fell und allen Innereien. Meine Mutter musste das Tier erst einmal entsprechend bearbeiten. Vom Ergebnis auf dem Teller war der Amerikaner dann völlig hingerissen.

Am Eck vor dem Gefängnis standen immer amerikanische Wachposten. Sie waren äußerst dankbar für ein kleines Gespräch und etwas Abwechslung. Einer, ein ganz junger, bot mir und einer Freundin an, uns auf einem Spaziergang zu meiner Tante zu begleiten. Wir erklärten ihm, dass er allenfalls in gewissem Abstand hinter uns her laufen dürfte. Das machte er ganz brav, wartete während unseres Besuchs vor dem Haus und lief danach wieder mit Abstand hinter uns zurück. Weniger umgänglich war indes ein angesäuselter Soldat, der einmal meiner Mutter hinterher wollte, als wir bereits wieder im Schulhaus wohnten. Doch der robuste Küchenchef schmiss ihn hinaus und riet uns, die Tür abzuschließen. Unsere Wohnung war übrigens nicht verwüstet worden, doch hatten die Soldaten die Räume durch unsachgemäßes Heizen ordentlich verrust. Oben im Schulhaus gab es zudem ein gewisses Zimmer, das von den Soldaten und deren weiblichen Bekanntschaften entsprechend genutzt wurde.

Soldaten der 100. US-Infanteriedivision kamen als Besatzungstruppen auch nach Geislingen.

Ein Soldat hatte einen Hund dabei, der unten im Waschtisch schlief. Er behauptete, das sei Mussolinis Hund, den sie aus Italien mitgebracht hätten. Den Waschtisch haben wir heute noch. Später lösten Franzosen die Amerikaner im Schulhaus ab, mit denen wir allerdings auch ganz gut zurechtkamen.

[1] KrA GP S 16 Geislingen Nr. 2. Zusammenfassung eines Interviews mit der Zeitzeugin von 2014.

Die Hauptstraße von Geislingen.

unseren großen Haushalt zu organisieren. Der freundliche Bäcker von nebenan gab uns gelegentlich auch einen extra Laib Brot ohne Marken, deshalb wurde er einmal angezeigt. Wir Erwachsenen hungerten zugunsten der Kinder. Eine Erleichterung in dieser Hinsicht gab es 1946, als mein Onkel, der in Waldhausen auf dem Christophshof gearbeitet hatte, von dort 25 Zentner Kartoffeln beschaffte. Die gab es dann quasi zu allen Mahlzeiten.

Über das Ende des Krieges waren wir alle sehr froh und erleichtert, es war ja schon lang alles verloren und wurde nur noch sinnlos zerstört. Von meinen männlichen Schulkameraden kam kaum einer zurück oder sie hatten Arme und Beine verloren. Von den seelischen Schäden ganz zu schweigen. Selbst stumpfte man etwas ab, wenn man fortwährend hörte: der ist gefallen, jener ist gefallen, der ist vermisst und so weiter. Die Sorgen des Alltags dominierten. Hauptsache war, irgendwie durchzukommen. Bei den Nazis wollte hinterher keiner dabei gewesen sein – dabei kannte man in einer kleinen Stadt wie Geislingen doch fast jeden. Viele kamen zu meinem Vater, um einen „Persilschein" für die Entnazifizierung von ihm zu erhalten, was er aber zumeist ablehnte.

---

[1] KrA GP S 16 Geislingen Nr. 3. Zusammenfassung eines Interviews mit der Zeitzeugin von 2014.

Kaugummi und Patronen

Ein Sechsjähriger aus Gingen schildert seine Eindrücke um das Kriegsende.[1]

Wir lebten in Gingen direkt an der heutigen B 10, damals eine Pflasterstraße. Mein Vater war Schlosser und wegen Herzproblemen nicht eingezogen worden, obwohl er kein Parteimitglied war. Ein Vetter von mir kam mit 16 noch ins Ausbildungslager auf den Kuchberg, wurde aber nicht mehr in den Kampf geschickt. Meine Mutter hatte bei Kriegsbeginn zwei Äcker und drei Wiesen gepachtet, auf denen wir Kartoffeln und Getreide anbauten sowie drei Schafe, Ziegen, eine Sau und einige Hasen. So konnten wir uns einigermaßen selbst versorgen, obwohl es natürlich viel zusätzliche Mühe bedeutete. Bis 1946/47 hatten wir außerdem eine ausgebombte Familie aus dem Rheinland aufgenommen.

Kurz vor Kriegsende wurden russische Kriegsgefangene durch Gingen in Richtung Geislingen getrieben. Vor lauter Hunger holten sie die Abfälle von Rüben aus den „Misten". Einige Anwohner konnten ihnen rohe Kartoffeln geben, wenn die Bewacher es zuließen. In diesen Tagen war auch einmal ein Güterzug in Geislingen-West stehengeblieben. Vater und ich zogen mit Leiterwagen dorthin: Mein Vater nahm sich mehrere Tafeln Flugzeugblech aus Aluminium mit, mit denen er später vieles selbst gebaut hat – darunter auch später eine Schreibtafel für mich. Ich bekam einige Rollen Stanniolpapier, das schön silbrig glänzte.

Blick auf Gingen von Süden, im Hintergrund die Burgen Staufeneck (links) und Ramsberg (rechts).

Gingen von Norden, im Vordergrund die Eisenbahnlinie.

An den Einmarsch [am 21. April 1945] kann ich mich nur soweit erinnern, dass plötzlich beim Nachbarn ein amerikanischer Panzer im Hof stand und die zugehörigen Soldaten mir Kaugummi schenkten. Den eigentlichen Plan meines Vaters, sich bei Feindgefahr in einer Höhle in Richtung Unterböhringen zu verstecken, mussten wir nicht umsetzen. Zwischen Gingen und Süßen hatten die Amerikaner eine Artilleriestellung aufgebaut, mit der sie weiter entfernt liegende Ziele beschossen. Als sie weitergezogen waren, suchte ich mit meinem Vater das Gelände ab und wir kamen nicht ohne Beute zurück: eine halbe Dose Leberwurst, ein Besteck und vor allem ein Zelt, das uns später noch viele Jahre gute Dienste leistete. Abends gingen die Amerikaner von Haus zu Haus, zur Kontrolle der Sperrstunde, aber auch manchmal zum Plündern. Einmal kamen sie auch zu unserem Hühnerstall, in dem sich allerdings die Hennen eines Nachbarn befanden. Die Soldaten bedrohten meinen Vater und verlangten Eier, glücklicherweise konnte er sich mit seinem bisschen Schulenglisch ausreichend verständigen.

Im Mühlkanal lag bei Kriegsende haufenweise Munition herum, vor allem bei den Brücken. Wir Buben fischten die Patronen heraus, schlugen in der Küche eines Nachbarn mit dem Hammer deren Spitzen ab und zogen mit dem Schießpulver Spuren, die wir dann anzündeten. Einige Male fanden wir auch größere Kaliber, die 20-25 cm lang waren – fast ein Wunder, dass nichts passiert ist.

[1] KrA GP S 16 Gingen Nr. 1. Zusammenfassung eines Interviews mit dem Zeitzeugen von 2014.

„Dort fragte man mich, ob ich der Bürgermeister sei."

Bericht des späteren Oberbürgermeisters Christian Eberhard über die Besetzung der Stadt Göppingen am 20. April 1945 durch die amerikanische Armee und über die darauf folgenden Wochen.[1]

Schon am 19. April 1945 war bekannt, dass die Amerikaner im Vormarsch auf Schwäbisch Gmünd und auf Göppingen waren. Jagdbomber beunruhigten seit Tagen das ganze Gebiet des Remstales und des Filstales; man konnte sich zuletzt kaum mehr auf die Strasse und ins Geschäft begeben. Am Nachmittag des 19. April hatte Wäschenbeuren einen schweren Bombenangriff. Immer näher rückten die Amerikaner heran. Ihr Ziel war aber zunächst, wie sich andern Tags herausstellte, nicht Göppingen, sondern Faurndau, die Strasse Stuttgart – Ulm. In der Nacht vom 19./20. April 1945 Schiessereien auf die Stadt und in Richtung Faurndau. Das Rathaus Göppingen erhielt zwei Treffer, auch das Schloss, das Polizeigebäude und andere Gebäude wurden getroffen. Am Morgen des 20. April 1945 rückten die Amerikaner kampflos in die Stadt ein. Eine Verteidigung gab es nicht; der Volkssturm war in der Nacht abgezogen.

Plötzlich waren die amerikanischen Panzer in der Stadt. Im alten Oberamtsgefängnis, Hauptstr. 44, hatte der Kommandeur der einmarschierenden Truppen sein Hauptquartier aufgeschlagen. Die Polizei – Schutzpolizei und die Beamten und Angestellten der Polizei – war vor dem Gebäude angetreten. Vorsichtig und schüchtern kamen die Einwohner auf die Strassen. Die Jabos schossen nicht mehr und liessen keine Bomben mehr fallen. Ich selbst ging auch vorsichtig in die Stadt und sah mir den Betrieb beim Schillerplatz an. Nachher ging ich aufs Rathaus. Dort holte mich Hauptmann Braig mit zwei amerikanischen Soldaten ins Hauptquartier des Kommandanten. Dort fragte man mich, ob ich der Bürgermeister sei. Ich sagte, dass ich vom bisherigen Oberbürgermeister Dr. Pack mit der vorläufigen Weiterführung der Stadtverwaltung als Stellvertreter des Oberbürgermeisters beauftragt sei. Ich bekam nun sofort Befehle: Bekanntmachung über Ausgehzeit, Waffenablieferung usw. Von einer Übergabe oder dergleichen war nicht die Rede, die Stadt war ja schon ohne Kampf besetzt.

Am anderen Tag (21. April 1945) kam die amerikanische Militär-Regierung. In aller Frühe wurde ich von amerikanischen Soldaten mit Kraftwagen aus meiner Wohnung geholt. Es folgten Verhör und Besprechungen. Am gleichen Tag (also am

Die Göppinger Hauptstraße kurz nach dem amerikanischen Einmarsch, am Rathaus wehen die „Stars and Stripes".

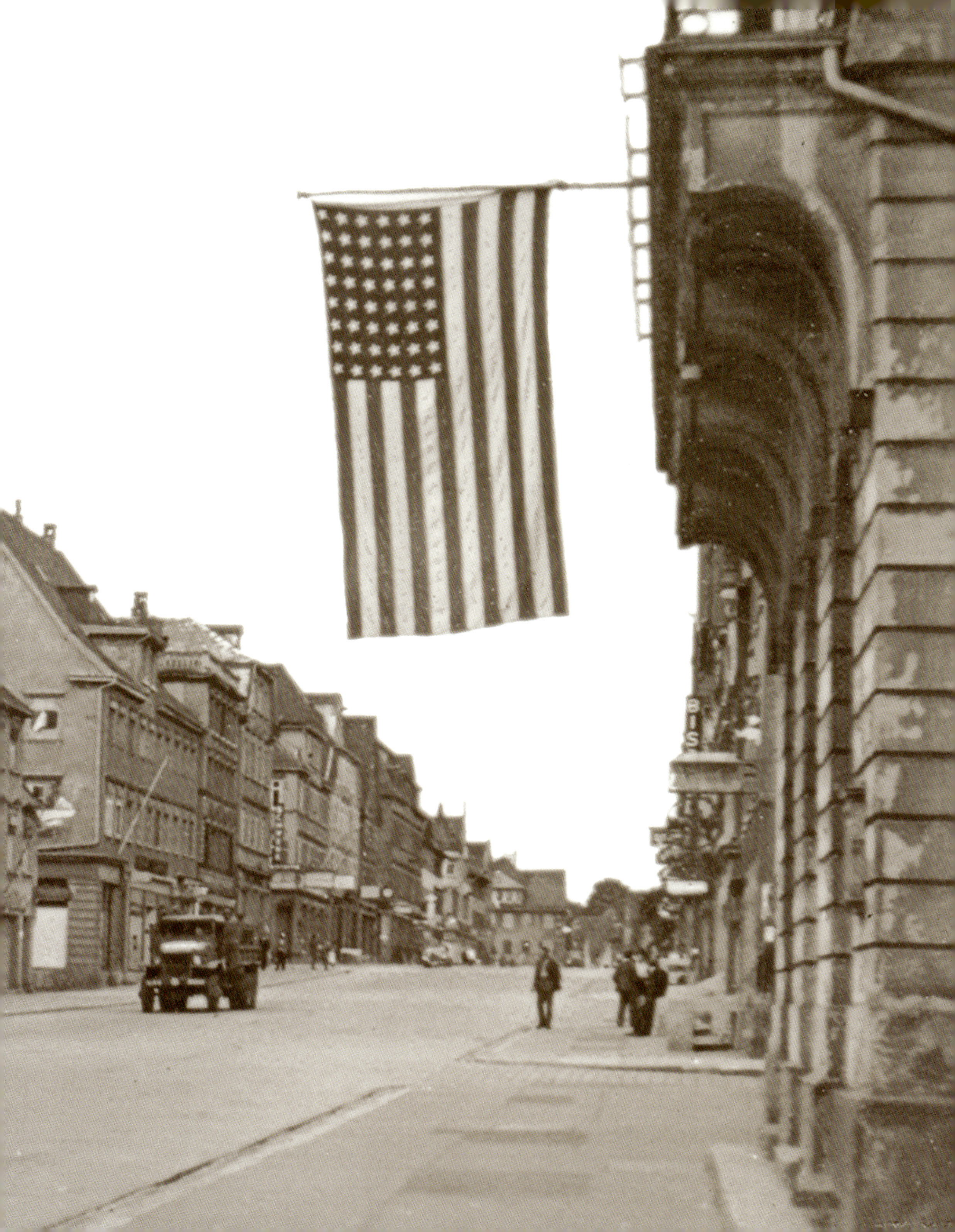
BIS

2. Tag der Besetzung) kategorischer Befehl der Militär-Regierung unter Androhung schlimmster Folgen, sofort die weiße Flagge hissen zu lassen; wer dem Befehl nicht nachkommt, wird verhaftet.

Und nun folgten für mich schwere Tage und Wochen. Alles bricht zusammen; eine furchtbare Katastrophe ging über uns hinweg. Meine Aufgaben wuchsen ins Ungemessene. Strom, Wasser, Gas – alles fehlte. Das ganze Wirtschaftsleben stand auf einen Schlag still. Plünderungen, insbesondere durch die vielen Ausländer, sind an der Tagesordnung, Einquartierung folgte auf Einquartierung, oft von einer Stunde zur andern. Die Menschen ganzer Straßenzüge und Häuserblocks wurden auf die Straße gesetzt. Wo Amerikaner einquartiert waren, konnen nicht zugleich auch Deutsche sein. Das war bitter, aber leider nicht zu ändern. Nur in ganz wenigen Fällen bekam ich vorher von den Einquartierungen Kenntnis.

Meine erste Aufgabe galt dem Gas- und Wasserwerk, das durch den Weggang von Direktor Zoller keinen Kopf mehr hatte. Den Vermessungsrat Hauser bestellte ich zum kommissarischen Verwalter der Stadtwerke und des Stadtbades; die militärische Regierung erhob hingegen keine Einwendungen. In wochenlanger mühevoller Arbeit ist es Hauser im Zusammenwirken mit Oberbaurat Hannemann von der Landeswasserversorgung gelungen, den ungeheuer gestiegenen Wasserbedarf sicher-

Luftaufnahme von Göppingen vor dem Zweiten Weltkrieg aus Richtung Südosten.

zustellen und die Wasserversorgung wieder in Ordnung zu bringen. Nicht minder schwierig war die Wiederherstellung der Stromversorgung. Auch dieses Problem wurde dank der tatkräftigen Unterstützung des Direktors Wais endlich gemeistert.

Weitere Hauptprobleme und Fragen standen im Vordergrund: die Ernährungsfrage, die Brennstoffrage, die Frage der Weiterzahlung des Familienunterhalts und der gehobenen Fürsorge, vor allen dingen aber die Geldfrage und anderes mehr.

Alle diese und noch viele andere Dinge kann der Stadtvorstand allein nicht meistern. Er braucht dazu in diesen bewegten Zeiten Männer aus der Einwohnerschaft, die ihm mit Rat und Tat an die Hand gehen. Solche Männer sind ihm nun im Benehmen mit der Militär-Regierung zur Seite gestellt.

Am 9. Mai 1945 fand in Gegenwart des Gouverneurs der Militär-Regierung, Herrn Captain Holbrook, eine erste Besprechung mit den neuen Beiräten auf dem Rathaus statt. Die Beiräte sollen keine exekutive, d.h. keine beschliessende Gewalt haben, den Oberbürgermeister vielmehr beraten und ihm helfen. Politische Fragen sollen im Beirat nicht verhandelt werden. Captain Holbrook brachte in seiner Ansprache, die von Herrn Louis Schuler übersetzt wurde, zum Ausdruck, dass er Verständnis für das Unglück habe, in das wir gekommen seien, und dass er uns helfen werde, so weit er dies vermöge. Er gab weiter zu verstehen, dass er mit der Stadtverwaltung bisher recht gut zusammengearbeitet habe. Der stellvertretende Oberbürgermeister Eberhard dankte dem Captain Holbrook für sein Verständnis für unsere Lage und für seine Hilfe, die er sich auch für die Zukunft erbat. Er gab weiterhin seiner Befriedigung darüber Ausdruck, dass ihm nun Männer an die Seite gestellt seien, die ihm Rat und Hilfe leisten sollen. Anschliessend besprach Eberhard in großen Zügen die jetzt zunächst vordringlichsten Aufgaben, die sofort mit aller Energie angepackt werden müssen und er bat die anwesenden Beiräte um ihre Mitarbeit und Hilfe.

Am darauffolgenden Tag (10. Mai 1945, Himmelfahrtsfest) Fortsetzung der Besprechung mit Captain Holbrook, in der eine Reihe von Fragen aus der Mitte der Beiräte erörtert und beantwortet wurden. Die nächste erste Arbeitstagung mit den Beiräten soll am Freitag, den 11. Mai 1945, stattfinden.

Göppingen, den 10. Mai 1945

Gez. Eberhard
Der stellvertr. Oberbürgermeister

[1] HStAS J 170 Bü 6 (Bericht Göppingen). Zweitfertigung im Kreisarchiv Göppingen.

„Wir sind urplötzlich Front geworden."

Ein älterer Mann berichtet 1955 über den Einmarsch der Amerikaner in Göppingen und schildert dabei den nächtlichen Artilleriebeschuss.[1]

„Ich sitze mit meiner Frau im Keller", so steht in einem Tagebuch, „und bald beginnt ein schweres Artilleriefeuer. Gegen 2 Uhr nachts kommt der Feldwebel der 6. Volkssturmkompanie und bringt mir den Befehl, in einer Viertelstunde am Forstamt anzutreten. Nur wenige Männer treffe ich dort an, die über 55-jährigen schickte man wieder heim, auch mich. Auf dem Rückweg wird es ganz toll. In immer kürzeren Abständen sausen die Granaten über mich weg, Feuerfontänen sehe ich hinter der Stadtkirche. Wir sind urplötzlich Front geworden. Immer wieder liege ich auf der Straße, wenn die Geschosse über mich wegsausen. Endlich lande ich erschöpft im Keller. Bis gegen Morgen dauert das Artilleriefeuer und die Einschläge kommen immer näher, so dass das Haus erzittert. Jeden Augenblick sind wir auf den Einschlag gefasst. Als wir uns morgens aus dem Keller herauswagen, stellen wir fest, dass zwei Nachbarhäuser und die Reuschkirche Treffer erhalten hatten.

Immer noch hört man die Panzer rollen. Und nun kommen sie plötzlich in nicht abreißender Kette die Lorcher Straße herunter. Nach der schweren Nervenbelastung und Spannung der letzter Woche, die kaum mehr zu tragen war, kommt ein Gefühl der Erleichterung über uns, daneben auch die Überlegung: Unsere Heimat, die wir so lieben, ist vom Feind besetzt. Was wird aus uns werden? Nachmittags gehe ich in die Stadt. Auf dem Schillerplatz sind Panzer aufgefahren und die ganze Haupt- und Poststraße ist besetzt. Die Soldaten essen zu Mittag. Die Göppinger sehen zu und es läuft ihnen das Wasser im Mund zusammen. Vom Rathaus weht ein großes Sternenbanner."

Die Untere Marktstraße in Göppingen in Richtung Marktplatz.

[1] KrA GP S 16 Göppingen Nr. 9. Erstabdruck in: NWZ Göppinger Kreisnachrichten vom 20. April 1955. Der Text wurde vom damaligen Göppinger Stadtarchivar Karl Kirschmer zur Verfügung gestellt, das Original des Tagebuchs konnte bislang nicht ermittelt werden. Der Autor lebte offenbar in der Nähe des Stadtteils Reusch, vielleicht am westlichen Nordring.

„Wenn ihr nicht verschwindet, kommen wir in einer Stunde wieder und erschießen euch!"

Ein 17-jähriges Mädchen erlebt am Göppinger Schillerplatz die Nacht vor dem Einmarsch und berichtet über die Aufregungen der folgenden Tage.[1]

Am 1. April 1944 kam ich aus Böblingen nach Göppingen zu meinem Onkel und meiner Tante, die dort am Schillerplatz ein Schuhmachergeschäft betrieben. Dort war ich sozusagen „Mädchen für alles" und half sowohl im Laden als auch im Haushalt mit. Von den Luftangriffen auf Göppingen ist mir vor allem der 1. März und ein Jabo-Angriff auf den Bahnhof in Erinnerung geblieben, bei letzterem konnte ich sogar noch die abgeworfenen Bomben fallen sehen, es waren genau sieben. Bei einer anderen Jabo-Attacke wurde eine Frau in der Stuttgarter Straße erschossen. Trotzdem gingen wir nie in den Keller.

Eindrücklich war auch die Verfolgung eines Bruders meiner Tante, der wegen Führerbeleidigung – er hatte Hitler als „Schmotzbart" bezeichnet – verhaftet worden war und bei Bartenbach sich aus einer Gefangenengruppe abgesetzt hatte. Von

Ein US-Militärjeep fährt über den Göppinger Schillerplatz, 1945.

Markt auf dem Göppinger Schillerplatz.

der Polizei verfolgt, tauchte er kurz bei uns am Schillerplatz unter und konnte sich dann wieder ins Remstal durchschlagen, wo er sich bis zum Kriegsende in einer Weinberghütte versteckte.

Vom Vorrücken der Amerikaner am 19. April 1945 erfuhren wir im Geschäft. Mehrere Leute erzählten aufgeregt, in Wäschenbeuren habe man sich verteidigen wollen und der Ort sei deshalb angezündet worden. Die Ami-Panzer stünden bald am Oberholz und so weiter. Auch weil am 20. April Hitlers Geburtstag war und dieser Tag vielleicht besonders gefährlich werden könnte, gingen auch wir am Abend mit einigen Nachbarn in den Schutzbunker der Firma Teppich-Roth, der etwa 30 Personen fasste und stabil gebaut war. Mein Onkel und Herr Roth waren am Schillerplatz die zuständigen Luftschutzwarte und schauten immer wieder draußen nach, was sich dort tat. Denn ab und zu schossen die Amerikaner mit Artillerie auch in die Stadt hinein. Auf einmal kamen sie aufgeregt hinunter: „Jetzt sind da auf dem Schillerplatz so ein paar Hansel, die Göppingen verteidigen wollen und Panzerfäuste abladen!" Es handelte sich wohl um Volkssturm-Leute. Roth und mein Onkel besaßen beide Pistolen. Wütend herrschten sie die Männer an: „Ihr paar, was wollt ihr denn Göppingen verteidigen? Wenn ihr nicht verschwindet, kommen wir in einer Stunde wieder und erschießen euch!" Ob das die Volkssturm-Männer beeindruckte oder nicht, jedenfalls waren sie nach einer Stunde nicht mehr da. So warteten wir im Keller ab, wo man von draußen wegen der starken Dämmung des Bunkers nichts hörte.

Am nächsten Morgen rollten schon amerikanische Panzer die Schillerstraße hinunter. Aus unserem Bunker wagten sich zuerst die jüngeren Leute hinaus, auf der Straße standen bereits sehr viele Menschen. Schwarze US-Soldaten knieten mit den Bajonetten im Anschlag auf den Panzern. Über den Schillerplatz fuhren einige Panzer in Richtung Grabenstraße, andere bogen in die Hauptstraße zum Rathaus ab. Überall wimmelte es von Leuten, ein großes Durcheinander, auf einigen Dächern hatten die Amerikaner Posten aufgestellt. Dann kam die Nachricht, bei einer Weinhandlung würden die Fässer geleert und man könnte sich etwas holen. Auch meine Tante und ich zogen mit einem Eimer los. Doch nach einer Stunde vergeblichem Anstehen mussten wir wieder heimgehen, weil die Fässer inzwischen leer waren.

Zuhause gab es beim Mittagessen die Nachricht, dass sowohl wir als auch Roths die Häuser für die durchziehenden Amerikaner zu räumen hatten. Eine Nachbarin bot uns ein Zimmer an, doch als wir mit dem Bettzeug losgegangen waren, hatte auch sie inzwischen eine Einquartierung zugeteilt bekommen. Wir erinnerten uns an ein früheres Angebot des Bauern vom Iltishof, dass wir im Notfall bei ihm Quartier finden könnten. Die Tante und ich setzten uns also auf die Fahrräder und fuhren nach Süden in Richtung Iltishof – vorbei an etlichen US-Fahrzeuge und Soldaten. Komischerweise hatten wir überhaupt keine Angst. Am Iltishof meinte der Bauer, es wäre hier recht unsicher, schon mehrfach sei der Hof beschossen worden. Er zeigte sich auch von unserer Fahrt durch die ganze Amerikanerkolonne recht beeindruckt. Wir rieten ihm, weiße Fahnen am Hof zu hissen, was er dann auch tat. Trotzdem fuhren wir lieber wieder nach Göppingen zurück. Für eine Nacht nahm uns die Familie Elektro-Speidel auf und nach einer weiteren Nacht bei einem Sattler in der Langen Straße war unser Haus wieder frei. In der Wohnung standen zwar noch Gläser auf dem Tisch und in den Betten waren am Fußende Spuren von Armeestiefeln, aber sonst waren die Räume wenig verwüstet. Den Vogel im Käfig hatten die Amerikaner sogar fürsorglich mit Weizengrieß und Wasser versorgt. So stellten wir fest, dass sie doch gar nicht so schlimm waren, wie immer von der Propaganda gesagt wurde.

Nach einer Weile erhielten wir auch regelmäßig amerikanische Kundschaft, die Soldaten ließen sich die Gamaschen an ihre „Boots" nähen oder diese einfärben. Wenn sich jedoch ein weißer Soldat im Laden aufhielt und zusätzlich ein Schwarzer eintrat, ging dieser wieder hinaus und wartete vor der Tür, bis der Weiße fertig war. Einmal kam auch ein Schwarzer, der selbst Schuhmacher war und die Maschinen in der Werkstatt anschauen wollte. In der Schillerschule und in der heutigen Uhland-Realschule (damals Hans-Schemm-Schule) hatte man ohnehin viele Schwarze einquartiert, dort standen auch immer sehr große Lastwagen. In der „Krone" am Schillerplatz hatten die US-Soldaten außerdem ein viel besuchtes Lokal. Ich belegte zusammen mit einigen Mädchen aus der Nachbarschaft einen Englisch-Kurs, damit ich mich besser mit ihnen verständigen konnte.

Eines Sonntags fragte mich das etwas ältere Dienstmädchen von Roths, sie stammte aus Maitis, ob ich sie nach Hohenstaufen begleiten wollte. Sie hatte vor, am Grab ihres gefallenen Bruders einen Blumenstrauß niederzulegen, weil dieser Geburtstag hatte, und wollte schon um 6 Uhr morgens loslaufen. Die Tante erlaubte es, und so marschierten wir zwei Mädchen fröhlich durch erstaunlich menschenleere Straßen in Richtung Hohenstaufen los – zur Sperrstunde, was wir aber nicht wussten. Dies stellten wir erst etwa einen Kilometer vor Hohenstaufen fest, weil dort zwei amerikanische Jeeps die Straße versperrten. Die Soldaten ließen sich nicht erweichen und verwiesen auf die noch bestehende Sperrzeit. So nahmen wir einfach einen Schlenker über Hohrein und kamen von der anderen Seite ins Dorf.

Nachdem wir die Blumen ans Grab gebracht hatten, machten wir uns auf den Rückweg nach Göppingen. An der Straße hatten die amerikanischen Soldaten gerade Wachablösung und wir fragten höflich, ob sie uns nicht mit nach Göppingen nehmen könnten. Die Soldaten ließen uns freundlich einsteigen, fuhren aber in Richtung Eislingen, wo sie stationiert waren. Bei der Weingärtner-Straße setzten sie uns ab und schenkten uns noch einige Kaugummi. Zu Fuß liefen wir nun in Richtung Göppingen, aus Vorsicht immer etwas abseits der Straße. Plötzlich hielt wieder ein Jeep und ein amerikanischer Soldat kam mit seinem Gewehr auf uns zu. Uns wurde ganz anders. Er wurde gegenüber meiner Freundin zudringlich und warf sie auf den Boden – mir hatte er einfach das Gewehr in die Hand gedrückt! Ich legte es in einiger Entfernung weg und versuchte dann, meiner Freundin zu helfen. Während wir noch unsere Rangelei mit dem Soldaten austrugen, merkte ich, dass ein weiterer Jeep vorbeifuhr. Ich rannte hin und schrie laut: „Nix guter Kamerad!" Der Jeep bremste, ein Soldat sprang heraus, schnappte sich den anderen und machte ihn regelrecht zur Sau, vor allem als der sein Gewehr nicht mehr fand. Wir waren gerettet, kamen aber erst gegen 12 Uhr nach Hause, obwohl wir schon um 9 Uhr zurück hatten sein wollen. Die Tante hatte sich unterdessen sehr große Sorgen gemacht.

[1] KrA GP S 16 Göppingen Nr. 4. Zusammenfassung eines Interviews mit der Zeitzeugin aus dem Jahr 2013.

„Die glauben doch nicht, ich bin so blöd und lass mich noch verheizen!"

Ein Achtjähriger aus der Göppinger Pflegstraße erlebt eine dramatische Nacht vor dem Einmarsch der Amerikaner.[1]

Der Göppinger Marktplatz. Auf der Verkehrsinsel das bereits 1934 aufgestellte Modell einer Fliegerbombe zur Erinnerung an die Bedeutung des Luftschutzes.

Ich wuchs in einer Göppinger Schuhmacherfamilie nahe beim Adelberger Kornhaus in der Pflegstraße auf, mein Vater war wegen seines Berufs „UK" gestellt. An die Wochen vor dem Kriegsende kann ich mich gut erinnern, vor allem an die Luftangriffe. Am 1. März 1945 standen wir noch vor der Haustür, als es plötzlich einen wahnsinnigen Explosionsschlag gab. Die Leute rannten schreiend durcheinander und schnell stellte sich heraus, dass die Oberstadt schwer getroffen worden war. Nach einer Weile schauten wir vom Schlosswäldchen aus von unten in die Marstallstraße hinein, wo es auf der rechten Seite einen Schreibwarenladen gab. Der brannte nun so stark, bis dass sich die Eisengitter verbogen. Weiter konnte man nicht mehr. Nach dem Löschen konnte man von der Hohenstaufenstraße bis zum Turnerschaftsstadion durchschauen, so eine Schneise hatte es durch die Oberstadt geschlagen.

Bei späteren Luftangriffen gingen wir in unseren Gewölbekeller in der Pflegstraße oder zum Eichertwald hinauf. Unser holländischer Zwangsarbeiter sang öfters: „Es geht alles vorüber, es geht alles vorbei, auch Adolf Hitler und seine Partei!" Wir baten ihn, das doch bitte nicht mehr zu singen, weil die Gestapo uns sonst alle holen würde. Als im April weitere Luftangriffe kamen und man die Einschläge hörte, hatten wir Kinder furchtbare Angst im Keller. Mein Vater musste bei den Volkssturmübungen Gräben und Schützenlöcher im Oberholz ausheben, was die meisten Teilnehmer als völligen Blödsinn betrachteten.

Im Frühjahr gingen wir öfters zu einem Landwirt im Ortskern von Bartenbach, um dort zu „hamstern". So auch am späten Nachmittag des 19. April – meine Mutter, meine vier Jahre ältere Schwester und ich. Als wir uns dort gerade an der Tür verabschieden wollten, kam mein Vater von Göppingen aus angerannt. Er rief: „Kommt heim, der Ami steht schon in Wäschenbeuren!" Kurz darauf nahm uns ein Jagdbomber unter Beschuss, seine Salve traf aber nur den Türrahmen. Trotzdem ein Riesenschreck. Über den Meerbach und den „Zwetschgenbuckel" eilten wir hinauf in Richtung Hildebrandweg und Oberholz. Vom Waldrand aus sahen wir die großen Rauchwolken über Wäschenbeuren und Panzer über die Hügel fahren. Durch das Oberholz kamen wir wieder nach Göppingen und begaben uns alle in den großen Bunker der Drillweberei unter dem späteren Stadtbauamt. Es hatte sich in der Stadt schon schnell die Kunde vom Vormarsch der Amerikaner verbreitet, weshalb sich auf den Straßen nur wenig bewegte – viele Menschen hatten sich in den Kellern und Bunkern versteckt.

In der Nacht, vielleicht gegen 23 oder 24 Uhr, kamen überraschend einige SS-Männer in den Bunker. Sie holten alle Männer heraus, um „Deutschland zu verteidigen" – darunter auch meinen Vater. Meine Mutter bekam große Angst. Doch nach etwa drei Stunden stand er wieder vor uns im Bunker. „Ja Michel, wo kommst du jetzt her?" rief meine Mutter fassungslos. Vater antwortete: „Die glauben doch nicht, ich bin so blöd und lass mich noch verheizen! Ich bin getürmt!" Auf dem Weg in Richtung Eislingen hatte er sich vom Rest der Truppe abgesetzt. Jetzt wurde die Angst bei uns noch größer, denn nun hätte mein Vater wegen Fahnenflucht erschossen werden können. Doch es kam glücklicherweise niemand mehr in den Bunker. Die anderen Männer kehrten übrigens erst nach drei Jahren aus der Gefangenschaft zurück.

Morgens wagten sich zwei oder drei Leute aus dem Bunker hinaus auf die Straße. Die Amerikaner waren schon da, ein Panzer gab noch einen Warnschuss ab, dann war der Krieg zu Ende. Weiße Leintücher wurden aus den Fenstern gehängt und durch Haupt- und Poststraße fuhren viele amerikanische Fahrzeuge, auf denen die Soldaten immer das Gewehr im Anschlag hatten. Wir kehrten in die Pflegstraße zurück. Zwei oder drei Tage später mussten wir innerhalb kurzer Zeit das untere Stockwerk räumen, weil die Amerikaner dort Gefangene unterbrachten und bewachten. Sie verhielten sich aber sehr anständig und gaben uns auch Lebensmittel aus ihren „eisernen Rationen" ab: Marmelade, Zucker, Schokolade und Kaugummi. Obwohl mein Vater wegen Schwarzhandels einmal zwei Tage lang eingesperrt wurde, begann er bald gute Geschäftsbeziehungen zu den Amerikanern, die schließlich genügend Militärstiefel auszubessern hatten.

[1] KrA GP S 16 Göppingen Nr. 3. Zusammenfassung eines Interviews mit dem Zeitzeugen von 2013.

Die Panzer kommen von Bartenbach

Zwei kleine Kinder, ein sechsjähriger Junge (Zeitzeuge 1) und ein vierjähriges Mädchen (Zeitzeuge 2), aus der oberen Lorcher Straße erleben den Einmarsch der Amerikaner aus Richtung Bartenbach am Morgen des 20. April 1945 und profitieren später von der Feldküche der US-Truppen am Stadtgarten.[1]

Der Göppinger Schockensee und die Gebäude des Stadtgartens vor dem Zweiten Weltkrieg.

Zeitzeuge 1

Wir wohnten in der Lorcher Straße in einem Haus des Bau- und Sparvereins, gegenüber der heutigen EWS-Arena, wo sich damals noch der Schockensee befand. Mein Vater war nach der Invasion im Juni 1944 bei Cherbourg in amerikanische Gefangenschaft geraten und kehrte zwei Monate nach Kriegsende heim. Beim Luftangriff am 1. März 1945 hatten wir großes Glück, da einige Häuser in der Nachbarschaft schwer getroffen wurden und auch etliche große Bomben in den Schockensee fielen.

Am Vorabend des Einmarsches am 20. April 1945 hatte sich der Angriff auf Wäschenbeuren bereits herumgesprochen und man hörte auch das Artilleriefeuer näher kommen. Nun kamen am Morgen tatsächlich die Panzer über die Bartenbacher Steige. Der erste Sherman gab einen Warnschuss in Richtung Süden ab, dann rannten wir zurück ins Haus. Ein zweiter Warnschuss auf das Haus Maurer folgte wenige Meter später auf Höhe der sogenannten „Böhringer-Häuser" und ein dritter kurz vor unserem Haus. Einige Häuser in der Lorcher Straße brannten, die Amis fuhren weiter in Richtung Zentrum. Nach einer Weile sickerte durch, dass Göppingen vollends kampflos übergeben und Herr Eberhard als Bürgermeister eingesetzt worden war. Meine Mutter war sehr erleichtert und sagte: „Gott sei Dank, jetzt ist es vorbei." Etwas ernster wurde es noch einmal als die Amerikaner die Wohnungen durchsuchten. Man gab schnell von Haus zu Haus weiter, wie sie dabei vorgingen, und erfuhr, dass sie öfters Sachen demolierten, wenn sie Hitlerbilder oder Fotos von Soldaten in Uniform fanden. Aus Angst verbrannte meine Mutter nahezu alle Familienbilder im Herd. Deshalb gibt es von mir und meinem Bruder nur ein einziges Kinderbild aus dieser Zeit.

Im Stadtgarten gegenüber wurden bald amerikanische Soldaten von der „kämpfenden Truppe" einquartiert. Ein freundlicher schwarzer Soldat bot mir kurz nach dem Einmarsch etwas Schokolade an. Ich hatte noch nie einen solchen Menschen gesehen und war etwas ängstlich, doch meine Mutter sagte, ich dürfe die Schokolade nehmen, schwarze Menschen gäbe es in Amerika viele. Mit ihrer Küche im Stadtgarten haben die Amerikaner uns zeitweilig quasi miternährt, wir konnten viel aus den Küchenabfällen herausholen, was wir etwa jeden zweiten Tag taten. Es gab bei ihnen auch häufig Hähnchen, von denen etwas übrig blieb. Wir Kinder bekamen sogar manchmal Eis und durften mit in die Küche. Die Amerikaner waren in dieser Zeit unwahrscheinlich nett zu uns, das werde ich ihnen niemals vergessen.

Für den heimgekehrten Vater haben wir auf der Straße Kippen gesammelt, deren Tabak er in der Pfeife rauchte. Trotz der Lebensmittel der Amerikaner musste meine Mutter oft zum Hamstern, um uns über die Runden zu bringen. Mit dem Fahrrad fuhr sie für ein Kistchen Erdbeeren oder ein Säckchen Kartoffeln bis ins Remstal. Dabei musste sie sich sehr beeilen, um wegen der Sperrzeiten wieder rechtzeitig heimzukommen. Einmal schaffte sie es nicht mehr, doch die Soldaten ließen sie durch, als sie sagte, dass sie zwei Kinder allein daheim hätte.

Später brachte die Hooverspeisung eine gewisse Entlastung bei der Sorge um unsere Ernährung. Ich kann mich noch gut erinnern, dass es samstags immer Ofennudeln und Kakao gab. Eine weitere Erinnerung sind die großen Lastwagen mit deutschen Kriegsgefangenen, die über die Lorcher Straße fuhren.

Zeitzeugin 2

Meine Mutter sah am Morgen des 20. April aus ihrem Schlafzimmerfenster, das in Richtung Bartenbacher Steige ging, die ersten Panzer den Berg hinaufkommen. Wir begaben uns schnell in den Luftschutzkeller des Stadtgartens. Ein Kellerfenster war zerbrochen und wir hatten große Angst. Die Inhaberfamilie des Stadtgartens hielt ihrem Spitz die Schnauze zu, damit man von außen nichts hört. Glücklicherweise ist nichts passiert.

Die Amerikaner richteten dann im Stadtgarten ihre Feldküche ein. Dort fiel so manches für uns ab: den Kaffeesatz brühte man noch mal auf und auch vom Pfannkuchenteig, den sie in runden Dosen hatten, blieb öfters etwas übrig. Immer wenn ein Laster vorbeifuhr, rannten alle Kinder rufend und winkend hin, bis die Soldaten etwas hinauswarfen. Die Cadbury-Schokolade in ihrem lila Papier war für uns ein kaum gekannter Genuss. Einmal fanden wir auch beim Stadtgarten etwas, das wir für Luftballons hielten und fröhlich aufbliesen. Eine alte Frau nahm uns die „Ballons" energisch ab, was wir überhaupt nicht nachvollziehen konnten.

Ihrerseits waren die Amerikaner sehr scharf auf Hitlerbilder und anderes NS-Material. Doch mein Vater hatte vor dem Einmarsch alles vergraben und man hat es dann auch nicht mehr geholt.

---

[1] KrA GP S 16 Göppingen Nr. 5. Zusammenfassung von Interviews mit den Zeitzeugen von 2013/2014.

Ein GI am elterlichen Klavier

Ein Elfjähriger aus der Göppinger Stadtmitte entsorgt vor dem Einmarsch der Amerikaner NS-Material im Schlossgraben und erlebt, wie die Volkssturmabteilung seines Vaters auf ihren Einsatz verzichtet.[1]

Ich (Jahrgang 1934) bin in der Göppinger Kirchstraße ganz in der Nähe der damaligen Hohenstaufen-Oberschule [heute Freihofgymnasium] aufgewachsen, mein Vater hatte dort eine Werkstatt und ein Geschäft. Als Stahlgraveur hatte er auch bei der Firma Allgaier zu tun, wo er an Bauteilen für Jagdflugzeuge mitarbeitete, was ich als Junge sehr aufregend fand. Deshalb war er „UK" gestellt, mein 12 Jahre älterer Bruder diente an der Ostfront.

Besonders spannend fand ich die Ausrüstung des Göppinger Volkssturms, die in einem Häuschen hinter der Schule eingelagert war. Wir Kinder „liehen" uns die hölzernen Panzerfaustattrappen aus und spielten damit im Schlosswäldle, das sich damals in einem ziemlich verwilderten Zustand befand und einen idealen Spielplatz abgab. Als wir damit erwischt wurden, gab es allerdings gehörigen Ärger.

In den Wochen vor Kriegsende kreisten quasi täglich ab etwa 11 Uhr die Jagdbomber über Göppingen und machten die Gegend unsicher. Der alte Fotograf Z. stieg mehrfach auf den Turm der Stadtkirche und versuchte unsinnigerweise, die Flugzeuge mit dem Kleinkalibergewehr zu beschießen.

Das Göppinger Schloss, rechts die Stadtkirche.

Innenhof des Göppinger Schlosses, 1930er Jahre.

Am Tag vor dem Einmarsch [19.4.] misteten meine Eltern ihren Laden aus: ich bekam den Auftrag, alle Gegenstände mit NS-Symbolen oder Hitler-Bildern zu entsorgen. Ich warf das ganze Zeug am Abend kurzerhand in den Schlossgraben. Wenig später schlug am Schloss eine amerikanische Granate ein. Der Angriff auf Wäschenbeuren am Nachmittag sprach sich allmählich in der Stadt herum. Es war nicht ganz klar, was sich dort abgespielt hatte, aber man wusste nun, dass der Feind nicht weit entfernt sein konnte. Vor allem bei den Frauen wuchs die Angst, dass die Franzosen und Marokkaner kämen. Viele versteckten sich in den Kellern. Dann hieß es auf einmal, beim Lebensmittelgeschäft Pflüger in der Bahnhofstraße gäbe es Wein! Tatsächlich konnte man diesen eimerweise mit nach Hause schleppen, daher erlebte mancher Göppinger den Einmarsch nicht ganz nüchtern. Auch mein Vater öffnete an diesem Abend eine lange aufbewahrte hochprozentige Flasche, die er einmal von einem guten Freund geschenkt bekommen hatte. Diese sollte dem Feind nicht in die Hände fallen.

Dramatisch wurde es noch, als der Volkssturm ausrücken sollte. Mein Vater war der „Spieß" der Abteilung „Stadtmitte", der Kommandant der Schulhausmeister Beißwenger. Der Befehl lautete, über Aufhausen die Alb in Richtung Ulm zu überqueren, da die Hauptstraßen zu unsicher seien. Beißwenger fragte erst einmal: „Wo sind die Häuptlinge?" Als man ihm mitteilte, Oberbürgermeister Pack und der Kreisleiter hätten mit einem Bus bereits das Weite gesucht, zerriss er den Befehl und die Abteilung „Stadtmitte" ging wieder nach Hause. Dagegen war die Abteilung „Göppingen Nord", die von einem Weltkriegsveteranen geleitet wurde, abmarschiert – einige Männer gerieten dabei noch in Gefangenschaft.

Während der Nacht zum 20.4. hatten die Amerikaner Göppingen in die Zange genommen und rückten am frühen Morgen aus drei Richtungen widerstandslos in die Stadt ein. Beim Anstieg von Bartenbach her gab es wohl noch einen kurzen Schusswechel. Als unser Nachbar, der „Eis-Pio", ein alteingesessener Italiener, die Panzer aus Richtung Lorcher Straße anrollen sah, lief er ihnen wild winkend entgegen. Ein paar Warnschüsse ließen ihn jedoch schnell wieder umdrehen. Wenig später besetzten die Amerikaner alle Häuser in unserem Block. Ein junger GI setzte sich bei uns ans Klavier und spielte „Lili Marleen", während meine Mutter mit großem Unwohlsein daneben stand – hatte sie doch das Silber im Klavier versteckt! Der Amerikaner merkte glücklicherweise nichts. Die Wohnung mussten wir für etwa eine Woche räumen, die Werkstatt erhielt ein „Off limits"-Schild. Bei der Besichtigung hatte mein Vater erfolglos versucht, die Gravur-Form für einen Stahlhelm durch einen darübergehängten Mantel zu verstecken, was dem amerikanischen Offizier aber nur ein Grinsen entlockte. Alles in allem kam bei uns nur ein Fotoapparat weg.

Eine Schrecksekunde gab es am 20.4. nochmals, als ein deutscher Me 262-Düsenjäger Göppingen überflog und die Amerikaner aus allen Rohren auf das Flugzeug feuerten. Am Nachmittag mussten wir dann alle Waffen abliefern. Ich ging mit meinem Spatzengewehr und einer schönen alten Kleinpistole meines Vaters in Richtung Schillerplatz. Trotz der Propaganda mit ihren Schauermärchen über die Amerikaner verspürte ich eigentlich gar keine Angst, nur um mein Gewehr tat es mir doch etwas leid. Ein Soldat zerschlug es am Randstein. Die antike Pistole steckte sich ein schwarzer Soldat ein, musste sie sogleich aber wieder einem Offizier aushändigen, der es gesehen hatte.

Bald wurde eine Pioniereinheit in der Hohenstaufen-Oberschule stationiert, die ihre mächtigen Sattelschlepper auf dem freien Platz abstellte, auf dem heute der Elektro-Speidel steht. Die Küche befand sich im Südflügel, wir Buben saßen oft gegenüber auf dem Fensterbrett und warteten, dass etwas für uns abfiel. Auch wussten wir bald, wo die Amerikaner meistens in ihren Hosentaschen die Schokolade stecken hatten und wie man die am besten klaute.

Ein paar Wochen nach Kriegsende waren wir oben am „Frisch-Auf"-Sportplatz, als dort ein Lastwagen mit deutschen Soldaten hielt und der Fahrer nach dem Weg fragte. Auf einmal rief einer: „Vadder, bisch du's?" Es war mein älterer Bruder, der es wieder nach Hause geschafft hatte. Die Freude war natürlich kaum zu beschreiben.

Rückschauend denke ich, dass die Stadt Göppingen beim Kriegsende sehr großes Glück gehabt hat.

[1] KrA GP S 16 Göppingen Nr. 1. Zusammenfassung eines Interviews von 2013.

„Lebt Ihr noch? Ihr könnt herauskommen. Es ist alles vorbei."

Ein achtjähriges Mädchen erlebt, wie ihr Elternhaus im Göppinger Stadtteil Reusch in der Nacht auf den 20. April 1945 mit Granaten beschossen wird und danach zahlreiche Häuser des Viertels besetzt werden.[1]

Am 19. April nachmittags verabschiedeten wir – meine Großmutter, Mutter, jüngere Schwester und ich – meinen Vater auf der Haustreppe. Er war Einkäufer bei Boehringer, wegen eines Herzfehlers wehruntauglich und sollte helfen, Rüstungsunterlagen zu verbrennen. Im Nordwesten war am Himmel ein roter Feuerschein zu sehen. Meine Großmutter sagte: „Das ist in Wäschenbeuren – die armen Menschen". Dort fanden Gefechte statt und ich frage mich heute, wie sich diese Nachricht so schnell verbreiten konnte.

Wir Frauen dreier Generationen verbrachten die Nacht im gewölbten Keller unseres zehnjährigen Hauses. Um 23 oder 24 Uhr ertönte ein lautes Pfeifen, ein Krachen, die Tür des Kamins sprang auf und Mauerwerk fiel in den Keller. Eine Grana-

Das im Nordwesten Göppingens erbaute Wohnviertel Reusch. Am rechten oberen Bildrand der Schockensee.

te war im Dach eingeschlagen und hatte den Kamin zerstört. Wir hatten furchtbare Angst und beruhigten uns erst, als kein Schutt mehr aus dem Kamin fiel und Stille eintrat. Ich fing an zu beten. In der Schule hatten wir damals Weltanschauung statt Religion, aber der Pfarrer der Reuschkirche gab wöchentlichen Religionsunterricht für Kinder. Nach einer Stunde war wieder ein Pfeifen zu hören, doch der Einschlag blieb aus. Es hatte ein Haus weiter unten getroffen. Nach einer weiteren Stunde das Gleiche. Der Einschlag war noch weiter entfernt.

Wieder eine Stunde später erwischte es unser Dach erneut und weiterer Schutt polterte aus der Kamintür. Dann zweimal im Stundentakt das Pfeifen einer Granate, die über uns hinweg flog und danach ein dritter Treffer. Dieser riss ein Loch in die Küchenwand im ersten Stock, wo meine Oma wohnte. Schutt verdunkelte das Kellerfenster.

Wir saßen völlig verängstigt im Keller. Es wurde langsam Tag. Plötzlich war die Stimme eines Nachbarn am Kellerfenster zu hören: „Lebt Ihr noch? Ihr könnt herauskommen. Es ist alles vorbei." Wir waren einerseits erleichtert, aber andererseits entsetzt über den Schaden.

Mein Vater kam vom Boehringer den „Bonnetsbuckel" hinauf, als eine dort wohnende Bekannte zu ihm sagte: „Gehen Sie schnell heim. Ihr Haus ist beschossen worden und ich weiß nicht, was mit Ihrer Familie ist". Nachrichten müssen damals in Windeseile von Haus zu Haus verbreitet worden sein und jeder kannte noch jeden in einem Wohngebiet. Mein Vater lief voller Sorge heim und war sehr froh, dass uns nichts passiert war. Der Schaden am Haus und wie die Reparatur zu dieser Zeit zu bewältigen war, belastete ihn schwer. Wir erfuhren, dass die Amerikaner nördlich von Göppingen drei Raketenstellungen[2] hatten und diese stündlich abwechselnd betätigten, um zu sehen, ob in der Stadt noch Widerstand vorhanden war, bevor sie einmarschierten. Eine davon war auf unser Haus gerichtet.

Als Kind hat man eine andere Sichtweise auf die Dinge. Ich fand es lustig, aus dem Loch in Omas Küche den anderen Kindern zuzuwinken und hoffte, wir würden jetzt einen Balkon bekommen, den ich immer an unserem Haus vermisst hatte. Zuerst war das Dach mit Pferdedecken von Boehringer abgedeckt worden und bei Gewittern machte es einen Mordskrach, wenn die Decken mit den Metallösen sich aufblähten und wieder aufs Dach schlugen. Dann bekamen wir von einigen Nachbarn ihre Ersatz-Dachziegel und für fast 30 Jahre waren wir das Haus mit dem „bunten Dach".

Die erste Kampftruppe waren zum Teil farbige Soldaten. Wir Kinder bestaunten sie vorsichtig. In der nächsten Straße am Eck eines der Fußwege, die das Reusch durchziehen, hatten die Soldaten Zaunlatten ausgebrochen und Feuer gemacht zum Würste braten. Ein Farbiger nahm mich auf den Arm, ließ mich von der Bratwurst beißen und schenkte mir aus einer Dose einen gelben süßen Ring – eine Ananasscheibe. Wenn ein Vorgesetzter kam, wurden wir verjagt, denn zunächst hieß es: „No fraternisation!"

Die 1930 errichtete Reuschkirche an der Nördlichen Ringstraße.

Die Kampftruppe zog bald weiter. Für die nachrückenden Soldaten wurden viele Häuser beschlagnahmt und die Bewohner mussten versuchen, anderswo unterzukommen. Man hatte nur ein paar Stunden Zeit, um Kleidung und Bettzeug für Kinder mitzunehmen. Als Verpflegungsstation diente die Bäckerei in der Straße. Unser beschädigtes Haus wurde zunächst verschont und wir nahmen Nachbarn auf. Erst, als es mit viel Mühe repariert war, mussten auch wir es verlassen und fanden in zwei Häusern noch je ein freies Zimmer. Wo meine Mutter mit uns Kindern wohnte, konnte sie kochen, wenn die Vermieterfamilie gegessen hatte. Es war schwierig, das tägliche Leben zu organisieren mit einer ungewissen Zukunft. Aber alle waren froh, dass der Krieg vorbei war und halfen einander, wie es heute nicht mehr denkbar ist.

Die Amerikaner waren sehr ängstlich wegen möglicher Krankheiten und entsorgten übrig gebliebene Lebensmittel sofort. An die „Feinde" durften sie nicht gelangen. So wurden sie auf Maurers Wiese, heute Zeppelinstraße, vergraben und ein Soldat in einem Wohnwagen bewachte die Anlage, damit niemand etwas ausgraben konnte. Das lockerte sich später. Die Soldaten ließen sich von den deutschen Frauen ihre Uniformen waschen und gaben jedes Mal ein Stück der begehrten Seife dazu. Einmal hatte der Koch zuviel Rührteig gemacht und brachte meiner Oma eine Riesenschüssel. Sie füllte alle verfügbaren Formen und wir hatten Kuchen wie noch nie. Uns Kindern gegenüber waren die Soldaten sehr freigiebig und unsere ersten englischen Sätze waren: „Do you have a chewing gum für mich – do you have a chocolate für mich?"

Einmal konnte mein Vater die Vorderseite einer amerikanischen Zeitung lesen, in die eine Gruppe Soldaten vertieft war. Dort stand, dass Präsident Roosevelt gestorben war. Nun sah man einen Teil der Soldaten mit Ansteckern, auf denen stand: „I like Ike". Meine Eltern fanden das damals seltsam, wie man in USA Wahlpropaganda betrieb und dem Kandidaten Eisenhower einen Spitznamen verpasste. Auch das lasche Salutieren vor Vorgesetzten war ungewöhnlich. Der Bäcker holte oft alle Männer in seinen Keller. Dort war eine Bar eingerichtet. Ein anscheinend künstlerisch Begabter hatte die Wände bunt bemalt mit sehr freizügig bekleideten, lebensgroßen Pin-up-Girls. Ein für die damalige Zeit ungewohnter Anblick.

Als die Kasernen im Stauferwald fertig gestellt waren, wurden die Wohnhäuser geräumt und es gab einiges zu putzen und zu ersetzen. Die bei uns einquartierten Soldaten wurden abgelöst. Nach Gerüchten soll ihr Schiff bei der Überfahrt nach Amerika auf eine Mine aufgelaufen sein. So jedenfalls erfuhren es junge Frauen, die sich mit Soldaten angefreundet hatten und nach ihnen forschten, weil diese sich nicht meldeten.

---

[1] KrA GP S 16 Göppingen Nr. 11. Übersendung des Manuskripts an das Kreisarchiv durch die Zeitzeugin im Frühjahr 2014.

[2] Artilleriestellungen, möglicherweise bei Oberhausen.

„Oh Fraule, reget se sich et auf, dr Ami isch scho en Wäschabeura."

Ein 16-Jähriger aus Göppingen muss bei der HJ-Gebietsleitung seinen Glauben an den Endsieg beteuern und schließt nach Kriegsende Freundschaft mit den Amerikanern.[1]

Ich bin in Göppingen geboren und aufgewachsen, meine Familie besaß ein Textilgeschäft in der Innenstadt. Mein Vater hatte am 1. Weltkrieg teilgenommen und war dort schwer verwundet worden. 1939 wurde ich in das Jungvolk aufgenommen, wie damals vorgeschrieben war, später in die HJ. In den letzten Kriegsmonaten machte man mich zum kommissarischen Jungvolk-Fähnleinführer, weil alle gleichaltrigen Kameraden schon eingezogen oder gar gefallen waren. Da ich nicht zur SS wollte, deren Werber mehrfach die oberen Klassen der Hohenstaufen-Oberschule aufsuchten und die Jungen zur Unterschrift drängten, meldete ich mich als Kriegsfreiwilliger zur Wehrmacht. Aufgrund einer Erkrankung schickte man mich aber aus dem Wehrertüchtigungslager in der Rhön wieder nach Hause und so wurde ich glücklicherweise nicht mehr eingezogen. Einige meiner Schulkameraden gerieten dagegen als Flakhelfer bei Straßburg in Gefangenschaft, zwei sind dort getötet worden.

Die Untere Markstraße in Göppingen um 1940.

Die Luftangriffe auf Göppingen am 1. März und am 12. April 1945 habe ich hautnah miterlebt. Beim zweiten Angriff versuchte ich, bei der Bergung von Verschütteten aus einem Haus am Fischbergle zu helfen, doch ohne größeres Gerät war wegen der Einsturzgefahr nicht in den Keller zu kommen. Mit meiner Jungvolk-Abteilung ging ich damals mittwochs und samstags vom Ostring aus regelmäßig ins Oberholz, da ich die Jungen aus der Stadt heraushaben wollte – die Luftangriffe hatten bei uns einen starken Eindruck hinterlassen.

Über Bekannte, die ausländische Sender hörten, kannten wir auch die Kriegsdarstellung der Alliierten – welcher Propaganda man glauben sollte, konnten wir nicht entscheiden. Weil wir sowohl in Crailsheim als auch in Heilbronn, wo jeweils heftige Kämpfe stattfanden, Verwandte hatten, waren wir über den Stand der Front aber einigermaßen im Bild. Wenige Tage vor Kriegsende sah ich in der Göppinger Poststraße ein kleines Trüppchen Wehrmachtssoldaten, völlig erschöpft und abgewetzt, das Gepäck auf Leiterwägelchen. Ich dachte mir: „Wenn das der Zustand der deutschen Wehrmacht ist, kann der Krieg nicht mehr lange dauern – und was kommt dann?"

Das Göppinger Rathaus in den 1930er Jahren.

In dieser Zeit, es war schon nach dem Tod Roosevelts am 12. April, musste ich einmal nach Schwäbisch Gmünd, um mich dort als Kurier des Göppinger HJ-Banns bei der HJ-Gebietsführung zu melden. Ich trug Reithosen, Stiefel und eine graue Jacke. Der stellvertretende Gebietsführer auf dem Amt herrschte mich an, ich würde mich anscheinend nicht mehr trauen, in der Uniform über den Hohenstaufen zu laufen. Am nächsten Tag sollte ich gefälligst noch einmal kommen und zwar in voller Uniform! Ich versuchte mich damit herauszureden, dass ich die Uniform nur schonen wollte, weil man wegen der permanenten Jabo-Gefahr öfters in den Straßengraben springen müsse. Darauf wurde ich gefragt, ob ich denn nicht mehr an den Endsieg glauben würde. Ich lief rot an, weil ich eigentlich zur Wahrheitsliebe erzogen worden war und wie jeder klar denkende Mensch den Krieg zu diesem Zeitpunkt für verloren hielt. So stammelte ich verzweifelt etwas zusammen, worauf ich dann gehen durfte und auch am nächsten Tag nicht mehr zu kommen brauchte.

Am 19. April 1945, einem warmen Frühlingstag, war ich mit einem Freund und zwei Basen aus der Nähe von Heilbronn am Waldecksee gewesen. Als wir uns am späteren Nachmittag auf den Heimweg nach Göppingen machten, hatten deutsche Soldaten schon die Jebenhäuser Brücke gesperrt, im Norden war die Rauchsäule von Wäschenbeuren zu sehen. Über den „Hohen Steg" konnten wir die Bahnlinie doch noch überqueren und nach Hause gehen. Dass sich die Amerikaner tatsächlich jetzt schon von Norden in Richtung Göppingen bewegten, was sich nun in der Stadt schnell herumsprach, überraschte uns doch sehr. Inzwischen hatte man meinen Vater zum Volkssturm gerufen. Meine Mutter beschwerte sich deshalb bei der Kreisleitung, wo man ihr „beruhigend" mitteilte: „Oh Fraule, reget se sich net auf, dr Ami isch scho en Wäschenbeura." Es sollte wohl heißen, dass nicht mehr viel passieren wird. Jedenfalls rückte die Abteilung meines Vaters nicht aus. Dagegen zogen einige meiner Jungvolkleiter-Kollegen in Richtung Alb ab, kamen jedoch ohne Kampfeinsatz bald wieder zurück.

Nachts war an Schlaf kaum zu denken. Im nahen Rathausturm schlug eine Granate ein, immer wieder hörte man vereinzelte Schüsse. Währenddessen versuchten wir in der Wohnung „belastendes Material" zu vernichten: Die Jacke der Jungvolk-Uniform wanderte in den Ofen, die weniger auffällige schwarze Hose wurde dagegen verschont. Leid tat es mir etwas um mein Wehrmachts-Sammelalbum, aber meine Mutter war unerbittlich – das Album wurde ebenso wie andere zerrissen. Mein jüngerer Bruder versteckte irgendwo einige Exemplare der Luftwaffenzeitung „Adler". Auch mein Fahrtenmesser wollte ich zunächst nicht abgeben, erst einige Tage später brachte ich es doch lieber zur Polizei.

Am frühen Morgen hörte man dann die schweren Fahrzeuge der Amerikaner in der Stadt. Etwa gegen 10 Uhr trauten auch wir uns vorsichtig auf die Straße und sahen wie die Panzer langsam durch die Grabenstraße rollten und in Richtung Bahnhof abbogen. Eine gewisse Anspannung lag in der Luft. Später erzählte meine Mutter, dass bei ihr im Laden ein amerikanischer Offizier gewesen sei, der ihr irgendwie bekannt vorgekommen sei. Sie meinte, es könnte ein jüdischer Emigrant aus Göppingen gewesen sein, sie war früher eine Zeit lang Kindermädchen bei der Kaufmannsfamilie Lendt gewesen. Der Offizier habe sie jedenfalls beruhigt und auf Deutsch gesagt, dass sie keine Angst zu haben brauche, es würde jetzt wieder alles in Ordnung kommen.

Im Gegensatz zu meinem Bruder stand ich den Amerikanern einige Zeit recht skeptisch gegenüber, es waren ja immerhin unsere Feinde gewesen. So stellte ich mich auch zunächst quer, als mein Bruder zu Weihnachten zwei amerikanische Offiziere einladen wollte, die er vom Café Fetzer her kannte und die sonst keinen Anschluss hätten. Mein Vater beschwichtigte vorläufig und nachdem sie mich einmal in unserem Laden besucht hatten, durften sie am Heiligabend zu uns kommen. Etwas seltsam kam ich mir schon vor, als sie in ihrer Festtagsuniform mit uns in die Oberhofenkirche einzogen, so vieles hatte sich in so kurzer Zeit verändert. Mit den beiden Amerikanern entstand dann eine richtige und langjährige Freundschaft, wir diskutierten viel über Politik, machten Ausflüge in die Umgebung und auch mein Englisch verbesserte sich stark. Allerdings mit einem bestimmten Akzent – später fragte mich einmal eine amerikanische Kundin, wann ich denn in Pittsburg/Pennsylvania gewesen sei.

[1] KrA GP S 16 Göppingen Nr. 5. Zusammenfassung eines Interviews mit dem Zeitzeugen von 2013.

Ein überraschendes Wiedersehen

Ein 16-jähriger Schlosserlehrling aus Göppingen entgeht der Einberufung zur Wehrmacht und macht kurz nach Kriegsende in der heimischen Karlstraße eine unerwartete Begegnung.[1]

Ich stamme aus einer Göppinger Schlosserfamilie aus der Karlstraße. Mein Vater war dem NS-Regime gegenüber sehr kritisch eingestellt und deshalb mehrfach kurzzeitig in Arrest genommen worden. Nach dem Krieg erfuhr er, dass ihn die Gestapo mehrere Jahre überwacht hatte. Auch meinen Großvater haben die Nazis einmal zusammen mit dem Architekten Immanuel Hohlbauch durch die Göppinger Straßen getrieben. Glücklicherweise wurde mein Vater ebenso wie mein Onkel als kriegswichtiger Handwerker „UK" gestellt und musste nicht in den Krieg. Selbst ging ich ab dem 1. April 1944 bei meinem Vater in die Lehre.

Im September/Oktober 1944 musste ich mit etwa 600 anderen Jungen aus dem Landkreis zum „Schippen" an den Westwall, wo wir in der Nähe von Iffezheim eingesetzt wurden. Was ich dort erlebt habe, öffnete mir vollends die Augen über die Lage. Mir wurden dabei die erdrückende materielle Überlegenheit der Alliierten, speziell durch die täglichen Bombenangriffe und die völlige Sinnlosigkeit einer Verlängerung des Krieges, klar. Eindrücklich in Erinnerung geblieben ist mir die

Ruinen in der Göppinger Oberstadt nach dem schweren Luftangriff vom 1. März 1945.

Begegnung mit einem vorbeiziehenden Trupp Soldaten, unter denen sich auch ein Bekannter aus Göppingen befand: Dieser berichtete mir, dass der junge Offizier vor wenigen Kilometern einen nicht mehr marschfähigen Kameraden in den Straßengraben geworfen und kurzerhand mit der Pistole erschossen habe. Hier fiel meine Entscheidung, dass ich bei dieser Sache – wenn irgendwie möglich – nicht mitmarschieren würde.

Als ich Anfang Januar 1945 meine Aufforderung zur Musterung erhielt, die an einem Montagmorgen in der Schule von Jebenhausen stattfinden sollte, versuchte ich meine körperliche Verfassung durch mehrtägigen Schlafentzug drastisch zu verschlechtern. Mit Erfolg: Ich wurde bis zum 1. September 1945 zurückgestellt, für mich und meine Familie war das wie eine Erlösung. Meinen Kameraden erzählte ich nur, dass ich bislang keine Nachricht zur Einberufung erhalten hätte.

Den schweren Luftangriff auf Göppingen am 1. März habe ich von der Karlstraße aus beobachtet und dann sofort mit meinem Vater, der bei der technischen Nothilfe war, bei der Bergung von Verschütteten in der Oberen Marktstraße geholfen. Noch eindringlicher war für uns der Angriff von acht Jagdbombern am Morgen des Ostersonntags [2. April], der ohne Vorwarnung oder Alarm erfolgte. Die Flugzeuge flogen so nah vorbei, dass man vom Küchenfenster aus die Piloten in den Cockpits sehen konnte. Bei ihrer Attacke auf die Bahnlinie kamen in einem Lokschuppen sechs junge Flakhelfer ums Leben.

Am 19. April befand ich mich zusammen mit meinem Vater auf unserer Wiese am Traubenkeller, als wir am Nachmittag von der Anhöhe die großen Rauchfahnen über Wäschenbeuren sahen. Mein Vater war besorgt: „Ich glaube, da passiert etwas." Wir überlegten, ob wir nicht vorerst dort bleiben sollten, zumal es eine Schlafmöglichkeit gab. Doch die Mutter und mein Bruder befanden sich ja noch im Haus und erwarteten uns bei der Rückkehr bereits im Keller. Am kommenden Morgen, dem 20. April, verbreitete sich die Nachricht vom Vorrücken der Amerikaner nach Göppingen schon früh auch in der Karlsstraße. Man erzählte, es wäre beim Einmarsch aus Richtung Bartenbach/Rechberghausen alles friedlich verlaufen, auch weil einige Anwohner der Lorcher Straße mit weißen Fahnen gewunken hätten. Bald sah man die ersten US-Soldaten in unserer Straße. Alle Haustüren hatten offen zu sein, die Soldaten schauten jeweils kurz hinein und gaben dann recht lässig ihr „Ok" – in einer halben Stunde war alles vorbei.

In den folgenden Tagen sperrte man die Straße allerdings ab, auch weil die US-Truppen dort Vorräte für den Nachschub lagerten. Als ich eines Morgens, es war vermutlich der 23. April, zur Arbeit ging, hielt vor der Bäckerei in der Nachbarschaft ein amerikanischer Jeep. Ein Soldat stieg aus, nahm seinen Helm ab, schaute mich an und sagte plötzlich meinen Namen. Ich erwiderte sofort seinen. Es war mein früherer Nachbar Siegfried Rosenthal, der mit mir im gleichen Haus gewohnt hatte und etwa sieben Jahre älter als ich war. Die jüdische Familie war schon vor der

Pogromnacht 1938 aus Göppingen in die USA ausgewandert. Er freute sich, dass die Karlstraße unbeschädigt geblieben war und fragte nach meiner Familie. Wir sprachen etwa zehn Minuten miteinander, dann kaufte er noch drei Brezeln und fuhr weiter in Richtung Ulm. Siegfrieds Auftrag, so hatte er erzählt, bestand darin, bei der Verhaftung Hermann Görings mitzuhelfen. Er hatte in der Armee den Rang eines Sergeants. Jahre später besuchte er noch einige Male seine alte Heimat, meistens unangemeldet.

Bereits nach wenigen Tagen fing man in der Karlstraße an, sich mit den Amis zu arrangieren. Viele Frauen wuschen Wäsche für die Soldaten und man kam mit den jungen Burschen, die ihre großen Trucks be- und entluden öfters ins „Gespräch", auch wenn man nur wenige Brocken Englisch konnte. Aber Kaugummi und Zigaretten, die begehrteste Ware, bekam man doch recht häufig geschenkt. Oft traf man sich auch im Reusch mit den Amerikanern, die einen großen Teil der neuen Häuser in den Parallelstraßen zum Turnerschaftsstadion besetzt hatten. Dort verbrachte man die Zeit, als würde man sich schon seit Jahren kennen – mit Sport und gemeinsamem Essen. Ein Glücksfall bestand für mich in der Abkommandierung zu regelmäßigen Arbeiten am Flugplatz und an den dortigen Offiziershäusern. Den Lohn forderte ich in Zigaretten ein, die ich dann meist gegen Lebensmittel eintauschte, denn außer Kartoffeln gab es nicht viel. So konnte man gelegentlich ein halbes Brot oder einen halben Ring Wurst mit nach Hause bringen. Trotzdem sollten es bis 1948 sehr magere Jahre werden.

Da mein Vater bei den Amerikanern als „unbelastet" galt, musste er auch bei der Entnazifizierung mithelfen. Deshalb tauchte eines Tages in unserer Werkstatt ein Mann auf, der jammerte, dass er wegen seiner NS-Vergangenheit nach Ludwigsburg vorgeladen sei, und bat meinen Vater um ein Entlastungsschreiben. Mein Vater rief mir nur zu, dass ich den großen Vorschlaghammer holen sollte – darauf schoss der Mann wie eine Rakete aus der Tür.

Ich selbst versuchte, die Ereignisse des Krieges – ich hatte auch in Stuttgart nach Luftangriffen furchtbare Dinge ansehen müssen – mit viel Sport zu verdrängen. Nach dem Arbeitstag von 7-18 Uhr setzte ich mich aufs Rad und fuhr hinauf zum „Frisch Auf!-Gelände. Aber manche Erlebnisse, vor allem aus dem Bombenkrieg, ließen sich nur langsam verarbeiten und kamen auch Jahrzehnte später immer wieder ins Bewusstsein.

Wohngebäude des Göppinger Fliegerhorsts.

[1] KrA GP S 16 Göppingen Nr. 2. Zusammenfassung eines Interviews mit dem Zeitzeugen von 2013.

Das Kriegsende im Göppinger Christophsbad

Ein knapp siebenjähriger Junge erlebt im Göppinger Christophsbad die letzte Phase und das Ende des Krieges.[1]

Das Göppinger Christophsbad mit der Sauerbrunnenbrücke. Links das Brunnenhäuschen, Ende der 1930er Jahre.

Ich lebte mit meinen Eltern in einer Dienstwohnung des Christophsbades, beide arbeiteten auch dort. Mein Vater, im Zivilberuf Kraftfahrer im Sauerbrunnenbetrieb, musste allerdings schon ab 1939 zur Wehrmacht. Meine Mutter war ebenfalls kriegsbedingt im Einsatz, sie hatte ihren Dienst in der Bügelstube zu leisten. So trieb ich mich als „Schlüsselkind" mit anderen Kindern von Angestellten des „Hauses Landerer" in den weitläufigen Anlagen des Christophsbades herum, es gab ja einen großen Park und einen eigenen Sportplatz. Ohnehin stellte das Christophsbad eine Art „Insel" in der NS-Gesellschaft dar, wo man auf deren Ideologie und die Gepflogenheiten so weit wie möglich verzichtete. Hier galt „Grüß Gott!" anstatt „Heil Hitler!". Das wurde mir an meinem ersten Schultag im Sommer 1944 in der Hans-Schemm-Schule (heute Uhland-Realschule) zum Verhängnis, wegen des „falschen" Grußes musste ich sogleich nachsitzen.

Abgesehen davon war das Christophsbad durch seine Gärtnerei an der Jahnstraße und dem Freihof auch im Hinblick auf die Versorgung relativ autark. Eine hohe Mauer umschloss das Gelände der Klinik, nur durch die Tore war es zu betreten. Auf dem flachen Dach des Frauenbaus hatte man einen weißen Kreis mit einem roten Punkt in der Mitte aufgemalt, vermutlich als Hinweis für feindliche Piloten. Eine weitere eindrückliche Erinnerung an das Jahr 1944 ist das mühselige Sammeln von Kartoffelkäfern auf Äckern in der Nähe der Bergfeldsiedlung. Unser Lehrer behauptete, die Amerikaner hätten die Krabbeltiere dort abgeworfen.

Im Frühjahr 1945 spürte man aber auch im Christophsbad den Krieg immer mehr. Am Himmel waren die großen Bombergeschwader zu beobachten und zu hören, auf ihrem Weg zu den Großstädten. Auch sonst kannten wir Kinder die Flugzeuge, ganz oben surrten immer die Aufklärer. In der Schule rannte bei Fliegeralarm immer jemand von Klassenzimmer zu Klassenzimmer und rief: „Fliegeralarm 15" – dass hieß wohl, man sollte in 15 Minuten im Keller sein. Der Luftschutzraum des Christophsbades befand sich unter dem Park, ein riesiger Gewölbekeller, in dem sonst vor allem Most lagerte. Dort fand sich die Belegschaft bei Gefahr ein, ebenso die französischen Kriegsgefangenen, die sich fast frei in der Anlage bewegten und nur nachts in einer Abteilung eingeschlossen wurden. Ein einzelner kriegsversehrter Soldat bewachte sie. Je näher das Kriegsende rückte, desto häufiger gab es Alarm. Auch ich als Sechsjähriger war gewohnt, mich im Dunkeln anzuziehen und mit meinem Köfferchen in den Keller zu marschieren. Nach dem Bombardement von Dresden wurden im Christophsbad Ausgebombte von dort in freien Abteilungen untergebracht, es waren vor allem ältere Menschen.

Anfang April, es muss um Ostern gewesen sein, flogen die Amerikaner einen schweren Angriff entlang der Bahnlinie. Wir hörten im Keller die Detonationen und das Licht fiel aus. In der Umgebung hatte es einige Zerstörungen und auch etliche Tote gegeben. Der Verladeschuppen für das Sauerwasser des Christophsbades war weggesprengt, die zur Brandwache abgestellten Männer – darunter auch ein Franzose – lagen tot am Ufer der Fils. Man sagte, es hätte ihnen durch den Druck der Explosion die Lungen zerrissen.

Eines Tages, ebenfalls im April, rauschte auf unserem Schulweg an der Jahnstraße ein Jabo heran und schoss auf uns. Wir konnten uns gerade noch über einen Holzzaun retten, an dem man längere Zeit die Schussspuren sah. Ein Mädchen wurde bei dem Angriff verletzt. Danach nahm mich meine Mutter aus der Schule, was aber zu diesem Zeitpunkt niemand mehr wirklich interessierte.

Irgendwie muss sich das Nahen der Amerikaner am 19. April schon herumgesprochen haben, jedenfalls verbrachten wir die Nacht auf den 20. April frühzeitig im Keller. Man hatte die vergangenen Nächte allerdings schon einige Male Artilleriegrollen aus der Ferne gehört. Unsere Hoffnung lag auf dem Kommen der Amerikaner, dagegen fürchtete man die Russen sehr. Die Franzosen, die dann ja Stuttgart einnahmen, hatte komischerweise niemand auf der Rechnung.

Am nächsten Morgen kamen die Amerikaner aus Richtung Faurndau die Fils entlang über die Metzgerstraße. Wie später erzählt wurde, hatte sich ein älterer Hitlerjunge, den wir vom Sehen kannten und der auf die Hohenstaufen-Oberschule ging, mit einer Panzerfaust im Pförtnerhaus hinter der Sauerbrunnenbrücke postiert. Diese ging damals noch rechtwinklig über die Fils und führte geradeaus auf das Pförtnerhaus zu. Der Junge wollte den ersten Panzer abschießen, der über die Brücke käme. Für den Pförtner eine brenzlige Situation: Er musste den richtigen Zeitpunkt abwarten, um den Buben zu entwaffnen – nicht zu früh, falls noch deutsche Soldaten oder gar SS in der Nähe waren, und auch nicht zu spät. Doch es gelang zum Glück, dem Jungen die Panzerfaust abzunehmen und die Waffe zu entfernen.[2] Wenn dieser die Panzerfaust abgefeuert hätte, wäre vielleicht auf das Christophsbad geschossen worden – trotz der Roten Kreuze an der Mauer. So konnten die Panzer ungehindert die Brücke überqueren, deren hölzerne Konstruktion den schweren Fahrzeugen jedoch nicht lange standhielt und einbrach.

Das erste, was ich nach dem Verlassen des Kellers sah, waren Lastwagen mit deutschen Gefangenen, die von der Front wegtransportiert wurden. Am Christophsbad musste auch der kriegsversehrte Wachmann der Franzosen auf einen solchen Transporter aufsteigen, nachdem sein Gewehr am Randstein zerdeppert worden war. Wegen Überfüllung der Ladefläche hockte er nun auf der Motorhaube.

Die Amerikaner durchsuchten kurz das Christophsbad, darunter schwarze Soldaten, was mich sehr beeindruckte. Es sollten alle Waffen, Radios und Fotoapparate abgegeben werden. Die Hitlerbilder hatte man vorsorglich schon verbrannt. Die Amerikaner verhielten sich aber allgemein korrekt und freundlich, ich habe mich im Gegensatz zu den älteren Kindern allerdings doch noch nicht so nahe an sie herangetraut.

Nach einer Weile bekamen wir Nachricht, dass mein Vater sich in französischer Kriegsgefangenschaft in Weingarten befand. Als er 1946 wieder nach Hause zurückkehrte, habe ich ihn zuerst kaum erkannt, so wenig hatte ich ihn die letzten Jahre gesehen. Ich konnte aber froh sein, noch beide Eltern zu haben, in vielen Familien hatte man dieses Glück nicht. In der Belegschaft des Christophsbads gab es zwei ältere Ehepaare, die jeweils beide Söhne verloren hatten. Auch in unserer großen Verwandtschaft klaffte manche Lücke. Im Christophsbad wurden bald alle verfügbaren Räumlichkeiten mit Flüchtlingen belegt, darunter viele Deutsche aus dem damaligen Sudetenland. Wir mussten einen Raum unserer Wohnung abgeben, in den eine Frau einzog, die dann im Sekretariat arbeitete. Nicht wenige dieser Flüchtlinge fanden im Lauf der Zeit eine Anstellung „beim Landerer".

Die Zeit bis zur Währungsreform kannte zwar viele Mangelerscheinungen, doch im Vergleich zu anderen ging es uns einigermaßen gut. In den kalten Wintern waren wir sehr dankbar für die Dampf-Zentralheizung der Klinik, die immerhin bis um 19 Uhr lief. Unsere Großmutter arbeitete in Holzhausen bei einem Bauern, von dort holten wir meist zu Fuß Milch, Kartoffeln und Marmelade. Äpfel kamen von einer Tante aus Bezgenriet. Außerdem verfügten die Mitarbeiter des Christophsbades über eigene kleine Gärten, Hühner und Hasen hielten wir ebenfalls. Als Salat musste eben Löwenzahn herhalten, auch wenn er recht bitter schmeckte. Mit dem Zug fuhren wir im Herbst nach Schlat, um an den Hängen des Wasserbergs „Buchele" zu lesen – für sieben Pfund gab es einen Liter Öl. Das Hauptnahrungsmittel blieben indes bis 1948 die Kartoffeln, manchmal sogar schon zum Frühstück.

[1] KrA GP S 16 Göppingen Nr. 7. Zusammenfassung eines Interviews mit dem Zeitzeugen von 2013.
[2] Anderen Zeitzeugen zufolge lag nach Kriegsende längere Zeit noch eine Panzerfaust in der Fils, möglicherweise handelt es sich um die in dieser Episode beschriebene Waffe. Wer genau dem Jungen die Panzerfaust abgenommen hat, ist nicht klar, vermutet werden der Pförtner und/oder der kriegsversehrte Wachsoldat.

„Russen sind es keine!"

Ein Zehnjähriger verpasst am 20. April 1945 seinen ersten Aufmarsch im Jungvolk und erlebt in der Göppinger Bodenfeldsiedlung den Einmarsch der Amerikaner sowie die entbehrungsreiche Nachkriegszeit.[1]

Zusammen mit meiner Mutter kam ich von Stuttgart-Bad Cannstatt, wo wir ausgebombt worden waren, nach Göppingen. Mein Vater war seit Oktober 1944 vermisst und kehrte nicht wieder zurück. In Göppingen wohnten wir zunächst bei meiner Tante in der Oberen Markstraße, bis das Haus beim großen Luftangriff am 1. März 1945 komplett zerstört wurde. Danach zogen wir zu meinen Großeltern in die Bodenfeld-Siedlung. Ich besuchte die Hans-Schemm-Schule, die heutige Uhland-Realschule. Bis kurz vor Kriegsende mussten wir die einschlägigen Kriegslieder einüben und singend um den Flügel im Musiksaal marschieren. Die Versorgungslage war inzwischen schon ziemlich schlecht. Trotzdem gab es immer noch Postkarten der Ritterkreuzträger und Bastelbögen der deutschen Jagdflugzeuge. Wir Jungen verehrten diese Kriegshelden wie man heute Spitzensportler bewundert, so wurden wir erzogen. Am 20. April sollte ich erstmals mit dem Jungvolk beim Stadtgarten marschieren, ich hatte mir bereits alle Abzeichen besorgt. Aber es kam zu meinem damaligen Leidwesen ganz anders.

Göppingen, Neue Knabenschule an der Burgstraße. Während der NS-Zeit „Hans-Schemm-Schule", heute Uhlandschule.

Der 19. April war ein wunderbarer Frühlingstag. Wo die Front damals genau war, wusste man ja nicht – man ahnte nur, dass sie von Norden kommen würde, denn zumindest die Kämpfe um Crailsheim waren bekannt. Am Nachmittag sahen wir vom Bodenfeld aus die amerikanischen Jagdbomber wie Hummeln den Hohenstaufen umkreisen. Dann stachen sie immer wieder nach unten, man hörte Schüsse und Detonationen. Es muss so gegen 16 Uhr gewesen sein, als eine gewaltige Rauchsäule aufstieg – Wäschenbeuren brannte. Danach wandten sich die Jabos der Göppinger Flakkaserne zu: Etliche Fahrzeuge wurden zusammengeschossen, auch ein Bus in der Nähe von Holzheim, zum Glück gab es keine Verletzten. Die Bewohner des Bodenfelds hatten große Sorge, dass die Soldaten der Flakkaserne sich verteidigen würden, schließlich waren entlang der Bahnlinie zuvor schon Schützenlöcher gegraben worden. Doch die Flaksoldaten zogen in der Nacht ab. Etwa gegen 23 Uhr hörte man Explosionen aus Richtung des Flugplatzes, offenbar sprengte man dort Munitionsvorräte. Am späten Abend gab der Lebensmittelladen im Bodenfeld seine Restbestände aus, darunter Wein und Nudeln – man holte, was noch zu kriegen war.

Wir richteten uns mit den Nachbarn im Keller ein Matratzenlager ein. Mein 75-jähriger Großvater, der einzige Mann in der Umgebung, ging jedoch in sein eigenes Bett und sagte: „Ich bin ein alter Mann. Mir ist das alles wurst." Wir anderen hatten jedoch sehr große Angst, die ganze Nacht hörte man das Dröhnen der Panzer, die sich vom Ottenbacher Tal her näherten. Von Eislingen aus fuhren sie am frühen Morgen nach Holzheim, wo die Panzersperre beim Geschäft Rollmann offen stand. Langsam rollten sie um das Eck des Sägewerks Seyfang. Wir spähten vorsichtig durch die Kellerfenster. Plötzlich blieb die Kolonne stehen. Ein Soldat sprang ab: Ein Schwarzer. Alle waren gottfroh: „Russen sind es keine!" Ohne Zwischenfälle zogen die Amerikaner weiter. Eine Russin, die beim Bäcker Sonnentag arbeitete, winkte ihnen mit einem roten Schal zu. Man erhielt die Anweisung, an den Fahnenmasten, die im Bodenfeld vor jedem Haus standen, weiße Leintücher aufzuziehen. Danach passierte erst einmal gar nichts, nun waren wir eben erobert. Erleichterung verspürten wir insofern, dass endlich die Luftangriffe – wir hatten ja schon in Stuttgart einiges erlebt – und die ganze Schießerei endlich vorüber waren.

Erst ein paar Tage später durchsuchten amerikanische Soldaten recht rüde unsere Wohnung und nahmen das Radio mit. Mein Großvater hatte im Nachttisch noch eine Pistole meines Vaters und 100 Schuss Munition. Wie durch ein Wunder klemmte bei der Durchsuchung die Schublade, der Soldat riss den Beschlag ab und ließ es

Die Göppinger Flakkaserne, heute Bereitschaftspolizei.

aufhängen". In mir zitterte alles. Ich bat: "Lassen Sie doch die Männer laufen. Ich will ihnen den Weg doch zeigen, wo es nach Ulm geht". Da ließ er ab von den Soldaten. Ich aber konnte den SA-Mann lange nicht vergessen.

Ähnliches hatte ich schon zwei Tage vor Kriegsende erlebt (18.4.). Morgens in der Früh holte ich mein bißle Magermilch. Da kamen 14 Männer die Brückenstraße herauf und hielten mich an. Sie baten mich, ich möge ihnen doch helfen. Sie kämen aus der Heidelberger Gegend und sollten nach Ulm einrücken. Sie hätten aber keine rechte Fahrgelegenheit bekommen, sie kämen von Gmünd und seien sehr müde. Auch hätten sie sich schon etliche Tage nimmer waschen können. Man sah es den Männern an, dass sie erschöpft waren. Gottlob, ich konnte ihnen helfen. Ich schloss das Gemeindehaus auf, da konnten sie sich richten. Wir hatten für unsere Kinder einen sehr schönen Waschraum. Als ich wieder vom Milchhaus kam, sagte ich den Männern, dass ich ihnen einen Kaffee kochen werde. Ich bettelte Milch im Milchhaus und bekam so viel, dass ich reichlich Kaffee kochen konnte. Nach dem Kaffee ruhten sie aus, sie hatten keine Eile, nach Ulm zu kommen. Wohl oder übel kochte ich noch ein Mittagessen. Es gab einen Kessel saure Kartoffelrädle. Meine Nachbarsfrauen halfen mir. Eine kochte Kartoffel, der Bäcker gab mir das Mehl und eine Frau das Fett dazu. Ich kochte so viel, dass ich noch von der Ulmerstraße etliche Soldaten holen konnte. Aber meine Soldaten hatten immer noch keine Eile, weiterzuwandern. Es war einer dabei, der war Kirchenmusiker und der spielte am Nachmittag im Kirchensaal einen Choral um den anderen. Es kamen meine Nachbarn dazu und wir haben mit den Soldaten gesungen und es war uns wohl ums Herz. Der ganze Nachmittag verging ohne Alarm. Kurz vor 18 Uhr sagten wir einander "Behüt Gott und alles Gute". Nach Wochen traf ich einen von den Männern auf der Landstraße. Er sagte mir, dass sie alle in Gefangenschaft gekommen seien in das große Lager von Rosenheim.

Salach

Salach von Südosten, rechts der alte Ortskern.

Mit meinen drei Soldaten kam ich um 22 Uhr (22.4.) nach Salach. Sie wurden gerne aufgenommen. Eine Frau im Haus machte ihnen warmes Wasser, dass sie ihre Füße baden konnten. Am anderen Morgen gingen sie in aller Frühe weg. Zwei Stunden danach führte man sie als Gefangene ab, am Haus vorbei. Unsere Kinder waren noch auf, man legte sie ganz angekleidet ins Bett, man wusste ja nicht, ob es eine schlimme Nacht gibt. Es blieb aber ruhig. Unser Herr

Scharpf, der im Haus wohnte, hatte den Volkssturm unter sich, der beschäftigte uns und sagte, er hätte mit dem Bürgermeister gesprochen, dass er mit seinen Leuten nicht kämpfen werde. Wenn der Feind ins Dorf komme, werde er mit einem Leintuch das Zeichen geben zur Übergabe.

Es hat sich am anderen Morgen alles ruhig verhalten und die Übergabe der Gemeinde Salach ging zu aller Befriedigung vor sich. Wir konnten alles durchs Kellerfenster beobachten. Das Haus meiner Schwester liegt neben dem Rathaus. Auf der Straße war ein schrecklicher Umtrieb, viele Panzer rollten daher, das Rathaus wurde von vielen Amis besetzt. Es war ein Rennen hin und her, man getraute sich nicht auf die Straße, man konnte die Kinder nicht hinaus lassen. Ich musste einige Tage in Salach bleiben, doch meine Gedanken gingen viel nach Göppingen, wie würde es dort aussehen. Man hörte, dass immer mal wieder geplündert wurde. Schließlich musste ich doch wieder heim, so nahm ich mein Leiterwägele mit meinen Habseligkeiten und machte mich auf den Weg.

Unsere eigenen Leute vom Volkssturm mussten alle Leute, die auf der Landstraße gingen, kontrollieren nach dem Woher und dem Wohin. Ich wurde auch angehalten. Der Mann kannte mich nicht. „Sie sind verhaftet, mit aufs Rathaus, sie sind eine Spionin". „Nie und nimmer" sagte ich ihm, aber er glaubte mir nicht und schon lief er neben mir her. Als wir nahe bei Göppingen waren, kam uns ein lieber Bekannter entgegen, der auch die Leute anhalten musste. Er merkte sofort, dass man mich verhaftet hatte. „Ja, Menschenskind, lass unsere Schwester Luise laufen, die gehört zu uns. Ich kenne sie gut, sie ist unsere Kinderschwester". Seine Frau war eine Ausschussdame von unserem Kindergarten. Nun konnte ich noch vollends gut heimkommen. Ich fand alles in der Wohnung und im Kindergarten gut an. Am selben Mittag sah ich noch nach meinen Schmidsleuten. Oh weh, das ganze Haus war belegt von „Negern"! Die Haustüre und Glastüre standen weit offen. Ich ging leise hinein. Als ich aber die „Neger" sah, schlich ich mich leise davon. In der Stadt fand ich Frau Schmid mit ihren fünf Kindern. Leise klagte sie, dass sie im Wege seien und nicht genug zum Essen bekommen. Sie kamen dann immer wieder mal zu mir zum Mittagessen. Man war erleichtert, als die „Neger" die Wohnung verließen.

Nachkriegszeit

Die Schulen wurden wieder geöffnet und auch meine Kinder konnten wieder kommen. Nur noch einmal mussten wir schließen, das war am amerikanischen Nationalfeiertag. Es hieß, an diesem Tag dürfe der Ami plündern. Nachmittags setzte ich mich in den Garten, falls noch ein Kind käme. Es kam aber keines. Wer aber kam, war der Ami. Zwei Offiziere und zwar wollten sie bei Langbein-Bühler plündern. Es war alles verschlossen, in keinem Geschäft wurde gearbeitet. Mit ihren Stiefeln klopften sie gegen die Türe, rüttelten, sie meinten, sie brächten die Türe auf. Kein Mensch war auf der Straße, was sollte ich tun? Ich hatte Angst, aber schließlich lief ich gegen sie und rief ihnen zu. Sie kamen zu mir an den Gartenzaun. Ich schüttelte die Hände, sagte „nichts gut, jüdische Familie". „O.K.", lächelten sie mich an und gingen weiter. Ich war froh, dass alles so gut ging. Später kam Herr Bühler. Ich erzählte ihm alles. Er war herzlich froh und bedankte sich sehr.

Die Nachkriegsjahre waren schwere Jahre. Man hatte nicht genug zu essen. Dabei war es bei den Amerikanern besser, als es bei den Franzosen war. Viele, viele Zuckerrüben habe ich nach Feierabend in den umliegenden Ortschaften zusammengebettelt. Ich habe sie geschnitzelt und für die Kinder Sirup gekocht. Sie haben den braunen Sirup gern genommen. Unsere Kinderärztin war sehr dafür, sie kam öfters zu uns und untersuchte die Kinder. Es war für mich stets eine zusätzliche Arbeit. Ich musste bei allen Kindern die Moroneinreibung machen. Ebenso musste ich die Kinder alle wiegen, eine genaue Liste führen und alles eintragen. Arbeiter von Langbein-Bühlers gaben mir stets die Brückenwaage. Immer wieder waren Kinder dabei, die TB hatten. Diese Kinder bekamen dann an Butter und Milch eine extra Zulage. Die Sorgen für uns Erwachsene liefen neben uns her, es waren die Sorgen um unsere Männer.

Die Göppinger Hauptstraße mit dem Rathaus.

In meinem Kindergarten war reger Betrieb. Immer wieder wurde neue Kinder angemeldet, meist Flüchtlingskinder. Mit den Flüchtlingen kam eine neue Not. Es bekümmerte einen sehr, wie arm die Leute kamen. Nur das Notdürftigste brachten sie mit, viel Kummer und Herzeleid hatten sie. Ihre Heimat, Hab und Gut mussten sie zurücklassen. Man half, so gut man nur konnte. In der Stadt wurde das Hilfswerk eröffnet. Von dort bekamen die Leute das Allernötigste für den Haushalt, aber auch Kleider und Schuhe. Alle Flüchtlinge von unserem Bezirk mussten zuerst zu mir kommen und mir sagen, was und wie viel sie am nötigsten brauchten. Wenn meine Kinder weg waren, ging ich mit meinem Zettel und fragte nach, ob ich die Leute schicken konnte. Immer konnte man ihre Wünsche nicht erfüllen, aber sie bekamen immer etwas. Es war dieses für mich noch eine zusätzliche Arbeit, doch ich tat es gern. Die Leute mussten doch wieder eine Heimat haben.

Von einem Vater eines Kindes, der einen Großhandel in Obst und Gemüse hatte, bekam ich für meine Kinder sieben Zentner Kartoffel. Jeden Morgen wuschen wir die Kartoffeln im Garten. In einem großen Kessel kochte ich sie, so dass jedes Kind zum Vesper eine warme Kartoffel bekam. Da hieß es, flink Kartoffel schälen. Die Kinder aßen sie gerne. Wir hatten 164 aufgeschriebene Kinder. Zwei Flüchtlingsbüble, es waren Pfarrersbuben aus Dresden, bettelten schon beim Waschen. Nur eine einzige Kartoffel. Sie konnten sie roh essen. Auf der Flucht haben sie oft aus den Mülleimern rohe Kartoffeln gegessen.

Ein ganz großer Segen kam auf uns zu: Ein Herr Fröhlich von Hohenstaufen lebte in Amerika und erbte von einem Onkel dort eine große Wurstfabrik. Dieser Herr Fröhlich sandte viele Waggon Lebensmittel an Frau Nies, das ist die liebe Tante Eugenie von etlichen Kindern, die bei mir im Kindergarten waren. So oft Herr Fröhlich Lebensmittel schickte, durfte ich am Abend mit einem Brückenwagen zur Tante Eugenie kommen. Es half mir dann immer ein Vater. Allein hätte ich es nicht geschafft. Stets bekam ich einige Säcke schönes weißes Mehl, Milchpulver, Eipulver, Kakao, Linsen, Reis und große Dosen Schinken, auch Fett, so dass ich laufend für meine Kinder kochen konnte. Jeden Morgen brachten sie ihr Tellerle und Löffel mit. Es war eine Freude, wie sie sich alles schmecken ließen. Auch die alten Leute von der Nachbarschaft holten sich ein Essen. Für einen Niklausbesuch ließ ich beim Bäcker etliche Stollen Brot backen. Vor dem Mittagessen schnitten wir die Brote auf und belegten sie mit Schinken, legten sie auf Servierbretter und auf zwei Rutschkärrele. Eines führte der Niklaus und eines führte der Kaminfeger in den Kindergarten herein. Die Kinder saßen in einem großen Kreis auf ihren Stühlen und hinter den Stühlen standen die Mütter. Was war das für ein Jubel, solch gute Vesperbrote zu bekommen. Alle Mütter freuten sich mit den Kindern, sie hätten zu gerne auch ein solch gutes Brot gehabt.

Mit meinen Müttern hatte ich immer einen guten Kontakt gehabt. Im Winter hielt ich jeden Monat einen Mütterabend. Das war immer schön. Alle Not und die Sorgen haben uns zusammengeführt und wir haben oftmals alles unserem lieben Gott hingelegt. Zu jedem Altennachmittag konnte ich Hefekränze backen lassen und den Kaffee dazu geben. Wie oft dankten wir Herrn Fröhlich im Stillen. Es wurde in Göppingen eine Straße nach ihm benannt – August Fröhlich-Straße. Er hat dieses verdient, er war ein großer Wohltäter.

In dieser Hungerszeit kam er von Amerika zu Besuch. Da gingen wir mit unserer großen Kinderschar zu ihm. Er war bei Tante Eugenie in ihrem großen Garten (Wiesengelände). Wir durften etliche Kreisspiele machen und Lieder singen, was ihm sehr gefallen hat. Einige Kinder durften ein Dankgedicht aufsagen. Und meinen Kindern hat es gefallen, dass er jedem eine Schokolade gab und etliche Kinder küsste er. Wir wurden an diesem Mittag öfters fotografiert.

---

[1] KrA GP S 16 Göppingen Nr. 10. Übergabe des Manuskripts durch die Nichte der Zeitzeugin an das Kreisarchiv.

„Als die Panzerspitze die Brücke erreichte, erhielt sie von den umliegenden Höhen Feuer."

Ein Volkssturmmann aus Gosbach berichtet über die Ereignisse in seinem Heimatdorf vom 19. bis zum 21. April 1945.[1]

In der Nacht zum 19. April läuteten in Gosbach die Glocken als Signal zur Alarmierung des Volkssturmes und der Hitlerjugend. Wir versammelten uns danach beim „Rad", wo der Ortsgruppenleiter, der gleichzeitig auch Leiter des Volkssturms war, eine Rede hielt. Er erklärte uns, dass der Feind nahe sei und dass der Volkssturm deshalb abrücken und eine Stellung beziehen müsste. Übernachtet wurde danach in einer Scheune.

Am anderen Tag erhielten wir Grabwerkzeug und bauten damit eine Stellung am Rande der Autobahn. Gleichzeitig erhielten wir zur Bewaffnung einige Karabiner. Die Stärke des Volkssturmes betrug zusammen mit der HJ etwa 40 Personen. Die HJ trug ihre Uniform, während die Volkssturmmänner nur mit einer Armbinde gekennzeichnet waren.

Am 20. April hörten wir bereits das feindliche Artilleriefeuer und am 21. steigerte sich die Aufregung bei der Führung erheblich. Um 11 Uhr mussten wir auf einer Wiese antreten und erhielten hier unsere Einsatzbefehle. Diese wurden um 11.30 Uhr bereits wieder geändert. Danach blieben nur die russischen Freiwilligen in der Stellung an der Autobahn, während der Volkssturm am Leimberg eingesetzt werden sollte. Es handelte sich dort um eine neue Stellung, die nur mangelhaft ausgebaut war. Beim Stellungswechsel ging ein großer Teil des Volkssturms und der HJ, darunter auch ich, nach Hause und nur der Rest kam in der neuen Stellung an.

Kurz nach 13 Uhr erfolgte dann der Beschuss des Ortes durch feindliche Artillerie. Die Geschosse schlugen vor allem in der Ortsmitte beim „Rad" und Rathaus ein. Danach war Ruhe, bis man um 13.30 Uhr Panzer- und Flugzeuggeräusche hörte. Der Feind kam auf der Autobahn aus Richtung Gruibingen. Als die Panzerspitze die Brücke erreichte, erhielt sie von den umliegenden Höhen Feuer. Die Amerikaner eröffneten daraufhin von der Autobahn aus das Feuer auf den Ort. Sie beschädigten

Autobahnbrücke in der Nähe von Gosbach.

dabei vor allem die Häuser in der Kirchgasse, von denen einige auch brannten. Wir saßen in unserem Haus im Keller. Plötzlich gab es einen lauten Knall und meine Mutter und die Tante wurden durch ein feindliches Geschoss schwer verletzt. Das Geschoss hatte die Kellertür durchschlagen und war als Querschläger bis in den Keller gedrungen. Ich rannte anschließend auf die Straße und sah, dass in den Hofeinfahrten bereits amerikanische Panzer standen. Danach fuhr ich mit einem Fahrrad nach Ditzenbach zum dortigen Sanatorium, in dem sich ein Lazarett befand. Der dortige Arzt durfte aber nicht weg. Im unteren Dorf fand ich schließlich einen US-Krankenwagen, in dem ich mitfahren durfte. Wir fuhren an den Panzern vorbei und der amerikanische Arzt hat die Notversorgung der Verletzten vorgenommen. Sie konnten aber nicht abtransportiert werden, da sich in Geislingen noch deutsche Truppen befanden.

Am gleichen Tag sah ich auch noch einen riesigen amerikanischen Lastwagen in einer der Ortsstraßen stehen. Auf seiner offenen Ladefläche befanden sich gefangene russische Freiwillige zum Abtransport. Am nächsten Tag erfolgte dann der Abtransport der Verwundeten, unter denen sich auch ein erblindetes Mädchen befand.

Nach dem Einmarsch gab es damals verschiedene Anschläge und Bekanntmachungen der Militärregierung. Dabei wurden die Ausgangszeiten veröffentlicht, Personen zur Arbeit aufgerufen und die Ablieferung der Waffen gefordert. Selbst Gaspistolen, Messer und Säbel mussten abgegeben werden.

Luftaufnahme von Gosbach aus den 1930er Jahren.

[1] KrAGP S 16 Gosbach Nr. 1: Erstabdruck des Textes in der NWZ Göppinger vom 20.4.1985.

„Der Volkssturm bewegte sich planlos und ohne Führung im Gelände, hauptsächlich am Leimberger Hang. Jeder suchte sich so gut als möglich ins Sichere zu bringen."

Geschichtliche Darstellung der letzten Kriegstage durch die Gemeinde Gosbach vom April 1949.[1]

Auf die hiesige Gemeinde wurde kein Luftangriff durchgeführt, dagegen wurde die Ortschaft am 21. April 1945 am Tage des Einmarsches der feindlichen amerikanischen Truppen nachmittags zwischen 12 und 15 Uhr durch Artillerie beschossen. Das Artilleriefeuer wurde durch einen Aufklärungsflieger geleitet. Die feindliche Artillerie soll am Fuße der Alb bei Gammelshausen in Stellung gelegen sein. Die Ortschaft wurde mit fünf bis sieben Salven eingedeckt. Es wurden sechs bis acht Häuser mehr oder weniger schwer beschädigt. Das Kaliber gehörte der leichteren Klasse an. Durch diesen Beschuss wurde der Gasthausbesitzer, „Zum Rad", als er im Begriffe stand, die Haustüre zu schließen, durch die feindlichen Geschosse tödlich verletzt. Ferner wurde ein französischer Zivilarbeiter auf der Straße vor dem Rathaus durch Geschoss-Splitter ebenfalls tödlich verwundet.

Blick über Gosbach ins obere Filstal, im Hintergrund Bad Ditzenbach und Deggingen. Von den umliegenden Bergen wurden die US-Truppen am 21. April 1945 unter Beschuss genommen.

Eine Beschießung durch Artillerie war eigentlich nicht notwendig. Eigene Truppen waren in der Ortschaft nicht vorhanden, lediglich wenig disziplinierte sogenannte Wlassow-Truppen befanden sich unter deutscher Führung auf den Höhen des „Aimer" und „Esel". Deren Bewaffnung war äußerst mangelhaft.

Die obere Kehre der neuen Albsteige wurde am Tage vor dem Einmarsch der Amerikaner durch deutsche Truppen gesprengt. Die Beschädigung war jedoch so, dass am andern Tag nach wenigen Stunden die Fahrbahn wieder durch die Amerikaner frei gemacht wurde. Ferner wurde am 20. April 1945 vormittags 9 Uhr die große Drachenloch-Autobahnbrücke von eigenen Truppen gesprengt. Zunächst war daher der Verkehr auf der Autobahn vollständig unterbrochen. Die Amerikaner sprengten jedoch in wenigen Tagen eine Fahrbahn in die rückwärts gelegene Felswand. Im Laufe der Monate wurde diese Fahrbahn weiter ausgebaut und ist seither, also schon drei Jahre lang, zur Benützung freigegeben.

Panzersperren wurden in der hiesigen Ortschaft nur an den Albaufgängen errichtet und zwar zum Teil aus Balken und Schutt und zum Teil durch Fällen der am Weg stehenden Bäume. Durch Fehlen der eigenen Artillerie erübrigte sich der Bau von Artillerie-Stellungen. Dagegen wurde eine Schützenloch-Stellung am Ostersonntag und Montag am Westausgang der Ortschaft errichtet und zwar angefangen am Leimberger Hang unterhalb des zu dieser Zeit stehenden Schießhauses herab zur Talsohle und vorbei an der Josefskapelle und von da wieder entlang an der Reichsautobahn bis zum Hang am Eselberg. Es wurden hier lediglich Schützenlöcher und Maschinengewehr-Nester ausgehoben.

Die einheimische Bevölkerung sollte wenige Tage vor dem Einmarsch der Amerikaner evakuiert werden. Da jedoch der Zusammenbruch schon offenkundig war, ließ sich von der Bevölkerung niemand dazu bewegen. Dagegen war der hiesige Ort der Zufluchtsort von vielen Personen der luftgefährdeten Gebiete aus Stuttgart, Ulm, weiter aus den Städten des Rheinlandes und übrigen Deutschlands.

Am 21. April 1945 wurde der Ort Gosbach durch amerikanische Truppen besetzt. Die Gegner rückten im Laufe des Nachmittags mit äußerst starken Panzereinzeiten und sonstigen motorisierten Fahrzeugen über die Autobahn von Richtung Gruibingen gegen die hiesige Ortschaft vor. Die auf den Höhen befindlichen wenigen eigenen Truppen feuerten mit Maschinengewehren und leichten Granatwerfern wenige Schüsse gegen diese heranrückenden feindlichen Einheiten. Die Folge davon war, dass die amerikanischen Panzereinheiten das Feuer mit Brandmunition gegen die Ortschaft eröffneten. Es wurde somit hauptsächlich die westliche Front der Ortschaft betroffen, und es gingen zirka 25 Wohnhäuser und Scheuern vollständig in Flammen auf. Weiter wurden noch zirka zehn Wohnhäuser und Scheuern mehr oder weniger schwer beschädigt. Hierbei gerieten auch zirka 15 bis 20 Stück Großvieh in Verlust. Weiterhin verschiedene Schweine, dann in größerer Anzahl Ziegen und Hühner.

Außer den oben angeführten wenigen Schüssen war von den eigenen Einheiten weiterhin kein Widerstand geleistet worden, und die amerikanischen Truppen konnten die Ortschaft ungehindert in Besitz nehmen. Der Volkssturm bewegte sich planlos und ohne Führung im Gelände, hauptsächlich am Leimberger Hang. Jeder suchte sich so gut als möglich ins Sichere zu bringen. Leider Gottes wurde hierbei ein Volkssturmmann, namens Alt, am Leimberger Hang 500 m oberhalb des Bahnhofes von den feindlichen Maschinengewehrgeschossen tödlich getroffen. Eine Familie mit vier Personen suchte Zuflucht im 50 Meterstand eines am Leimberger Hang errichteten Schießhauses. Dieser Stand wurde von zwei Panzergranatvolltreffern getroffen. Die Eltern und der Sohn hiervon wurden schwer verwundet. Die Tochter verlor dabei das Augenlicht. Weiter wurden noch vier Personen beim Einmarsch verwundet. Die amerikanischen Truppen verhielten sich im Großen und Ganzen diszipliniert. Es konnten keine größeren Gewalttätigkeiten, Diebstähle, Plünderungen oder dergleichen verzeichnet werden,

Die ersten Wochen nach der Besetzung durfte die Bevölkerung nach abends 7 Uhr und vor morgens 7 Uhr die Straße nicht betreten. Von den Amerikanern wurde eine Hilfspolizei eingesetzt, die die erste Ordnung zu übernehmen hatten. Der elektrische Strom war für einige Tage unterbrochen. Die männliche Bevölkerung wurde zum Straßenbau an der Umgehungsstrasse bei der Sprengung der Drachenloch-Brücke für einige Tage herangezogen. Nachdem tags darauf die Albaufgänge befahrbar waren, verließ der ganze amerikanische Heerestross die Ortschaft, und in den folgenden Tagen und auch später hatte Gosbach wenig amerikanischen Truppen unterzubringen. Die Häuser wurden in den ersten Tagen nach der Besetzung gründlichen Untersuchungen unterworfen. Sämtliche Schusswaffen, Ferngläser und Fotoapparate mussten abgeliefert werden. Auf den Wiesen und Feldern entstand durch die schweren Panzer geringer Flurschaden.

[1] HStAS J 170 Bü 6 (Gosbach). Mehrfertigung im Kreisarchiv Göppingen.

„Come on! Come on! Du bei Mama, hol zehn Eier!"

Ein Zwölfjähriger aus Gruibingen beschreibt die Zeit um das Kriegsende
in seinem Heimatdorf und hätte fast ein gutes Tauschgeschäft gemacht.[1]

Mein Vater war nach einem schweren Unfall lange Zeit gelähmt, weshalb er wenigstens nicht zur Wehrmacht musste. Während der letzten Kriegsmonate zählten wir Kinder die großen Bomberpulks am Himmel, die meist in Zehnergruppen flogen. Einmal zählten wir 1200 Stück, es könnte das Bombardement auf Dresden gewesen sein. Beim Angriff auf Ulm im Dezember 1944 sah man von Gruibingen aus die Lichtschirme am Himmel. Aus Stuttgart und sogar aus Düsseldorf zogen ausgebombte Familien in das Dorf. Wegen der Fahrzeuge auf der Autobahn kamen auch oft Jagdflugzeuge in die Gegend und sorgten für Gefahr. Die Schule fiel häufig aus, jede Woche mussten wir ein- bis zweimal zu Luftschutzübungen antreten. Der alte Briefträger, der die Zeitungen ins Dorf brachte, meinte angesichts der fortwährenden Nachrichten über zerstörte Städte: „Die keit des Deuschland voll zamma."[2] Es war eine traurige Zeit, vor allem wenn die Nachrichten über Gefallene ins Dorf kamen – Familienväter oder auch ganz junge Kerle, 18 oder 19 Jahre alt, die man gut kannte.

Ortsansicht von Gruibingen aus den späten 1930er Jahren.

Wenige Tage vor dem Einmarsch stürzte ein deutsches Me-109-Düsenflugzeug nach einem Luftkampf in der Nähe ab. Fast der ganze Flecken zog los, um das Wrack anzusehen, in dem sich noch scharfe Munition befand. Der Ortsgruppenleiter stand im Braunhemd an der Absturzstelle und fuchtelte mit einer Pistole herum. Er schrie: „Wer es wagt, etwas von dem Flugzeug zu nehmen, wird von mir erschossen!" Ein alter Mann brummte nur: „Du saudommer Kerle, gang doch hoim!" Das war schon recht riskant, denn man hatte allgemein Angst vor Bespitzelung und Anzeigen – im Wirtshaus, wo die Alten „politisierten" oder daheim, wenn am Fensterladen gelauscht wurde, ob man nicht heimlich Feindsender hörte. Später erfuhr man, dass ein Lehrer aus Gruibingen kurz vor Kriegsende in der Nähe von Heilbronn von der SS erschossen worden sei – er hatte versucht, in Zivilkleidern unterzutauchen.

Die Front näherte sich im Verlauf des April immer weiter, deutsche Truppen auf dem Rückzug quartierten sich über Nacht in Gruibingen ein. Auch bei uns logierte ein Soldat, der meinem Vater Ratschläge gab, wie wir uns am besten beim Eintreffen der Amerikaner verhalten sollten. Einige Leute hatten selbst bereits Unterstände oder Schutzräume angelegt.

Schon am 19. April kam auch zu uns die Nachricht vom amerikanischen Vormarsch und vom Angriff auf Wäschenbeuren. Tags darauf machten vier oder fünf deutsche Soldaten an einem Nachbarhaus halt. Sie aßen dort heißhungrig Rauchfleisch und einen großen Laib Brot. Auf einem Handwägelchen hatten sie ihr ganzes Material dabei. Es war ein Sprengkommando! Die Männer erzählten, sie hätten bei Aichelberg die Autobahnbrücke hochgehen lassen, gerade die Franzosenbrücke und jetzt wollten sie die Drackensteiner Brücke sprengen. Ein älterer Nachbar fragte, ob sie denn ernsthaft glaubten, mit den Sprengungen die Amerikaner aufhalten zu können? Die Soldaten meinten, sie hätten halt den Befehl und den müssten sie jetzt ausführen.

Der Einmarsch am 21. April 1945

Die Nacht vom 20. auf den 21. April verbrachten wir ebenso wie die Nachbarn im Keller, einige Dorfbewohner waren auch in den Wald hinauf gezogen, da mit Granaten geschossen wurde. Mittags um 13.30 Uhr sah ich den ersten amerikanischen Panzer auf der Landstraße rollen, bald zogen sie ohne Widerstand in das Dorf ein, es waren bereits weiße Fahnen gezeigt worden. Die Panzersperre am „Adler" wurde einfach eingeebnet.

Mein Großvater freute sich sehr über das Kommen der Amerikaner, denn er hatte das ganze Nazi-System gründlich satt. Es war schon ein gewisses Gefühl der Befreiung. Er klopfte ihnen auf die Schultern und bot Rauchfleisch an. Doch die Soldaten zeigten sich misstrauisch und wollten nichts essen, sie hatten wohl Angst vor vergifteten Lebensmitteln. Ich selbst ging hinaus, um mir die Fahrzeuge der Amerikaner anzusehen, die Panzerspähwagen und die kleinen Jeeps, die mir besonders gut gefielen. In der Nähe des „Adlers" winkte mich ein Soldat heran, der

in einem der Spähwagen saß: „Come on! Come on! Du bei Mama, hol zehn Eier!"
Er zeigt mir ein Paar neue Schuhe, die er mir gegen die Eier tauschen wollte. Ich hastete nach Hause und besorgte aufgeregt die Eier, doch als ich zurückkam, war der Soldat leider schon weitergefahren.

Durch den Granatenbeschuss war ein alter Mann am Bein verletzt worden, amerikanische Soldaten brachten ihn mit dem Jeep zu ihrer Krankenstation, die sie zeitweilig beim „Adler" eingerichtet hatten. Nach der Erstversorgung transportierte man ihn nach Göppingen ins Krankenhaus. Etwa eine Stunde nach der Besetzung wurde öffentlich ausgeschellt, dass alle Waffen und Fotoapparate abzugeben seien. Außerdem durchkämmten die Amerikaner die Häuser, einige beschlagnahmten sie auch als vorübergehendes Quartier. Dabei gingen sie nicht immer zimperlich vor, es war ja Krieg. Eines Nachts kamen beispielsweise zwei amerikanische Soldaten, ein Schwarzer und ein Weißer, zu uns ins Haus und wollten ein Radio haben. Wir besaßen aber keins, so dass sie sich bei den Nachbarn eines „besorgten". Doch meistens verhielten sie sich anständig, vor allem sind keine Übergriffe gegen Frauen vorgekommen.

Zwei bis drei Wochen fiel der Strom aus und nichts mehr wurde gebracht oder abgeholt, auch die Milch unserer Kühe nicht. So holte man wieder die alten Geräte, Butterfässer und dergleichen hervor. Außerdem gab es eine strenge Ausgangssperre. Häufig fuhren in den folgenden Wochen Sattelschlepper mit deutschen Kriegsgefangenen aus Richtung Bayern durch den Ort. Die Männer waren eng auf der Ladefläche zusammengepfercht und litten unter der Hitze, Hunger und Durst. Oft zeigten sich die schwarzen Fahrer der Lastwagen menschlich und hielten in Gruibingen an, damit man den Gefangenen Wassereimer und Brotlaibe hinaufreichen konnte.

Bald kamen auch viele Leute nach Gruibingen, die um Nahrung bettelten oder versuchten, etwas gegen Lebensmittel einzutauschen. Meine Mutter hat viele Brotlaibe kleingeschnitten, um den Kindern etwas zu geben. Wir selbst mussten zwar von klein auf hart arbeiten, litten aber keinen Hunger. Im Lauf der Zeit musste das Dorf etwa 300 Flüchtlinge aufnehmen, viele davon Katholiken. Dies führte im zuvor nahezu fast rein evangelischen Gruibingen bisweilen zu gewissen Spannungen, und es dauerte eine ganze Weile, bis sich die Konfessionen aneinander gewöhnt hatten.

---

[1] KrA GP S 16 Gruibingen Nr. 1. Zusammenfassung eines Interviews mit dem Zeitzeugen von 2013.
[2] Hochdeutsch: „Die schmeißen [bomben] Deutschland vollends zusammen!".

„Das ganze Dorf, bis in die Seitengäßlein hinein, war voll von Panzerwagen."

Ausführlicher Bericht aus dem Gruibinger Heimatbuch, basierend auf Aufzeichnungen des langjährigen Pfarrers und Ortschronisten Walter Frieß (1898-1991), der von 1927-1963 im Ort wirkte. Frieß schildert präzise die Situation vor und beim Einmarsch sowie seine unterschiedlichen Eindrücke über die Amerikaner.[1]

Am 11. April 1945 brachte die Tätigkeit feindlicher Flieger große Unruhe in das Dorf; es ging nun offenbar schnell dem Zusammenbruch entgegen. Aber noch in diesen letzten Tagen wurde von der deutschen Regierung, besonders in den Zeitungen, behauptet, die Lage sei günstig, und es müßte in allernächster Zeit durch den Einsatz neuer Waffen eine Wendung zu Gunsten Deutschlands eintreten; man war misstrauisch, dachte jedoch auch wieder, es könnte doch wohl nicht alles frei erlogen sein. Vom 13. bis 15. April war eine Truppe hier, die zwar ihre Geschütze eingebüßt hatte, aber straffe Zucht zeigte; sie marschierte in der Frühe des 15. April mit Gesang ab. Ein Feldwebel dieser Abteilung war von Beruf Pfarrer, aus der Pfalz; er kam in das Pfarrhaus, und es war von ihm manches über die Lage und über die Ereignisse der letzten Zeit, auch auf politischem und kirchlichem Gebiet, zu erfahren, obwohl er der Partei angehörte und auch freiwillig in den Krieg gezogen war, um die Treue der Kirche zum Volk unter Beweis zu stellen, stand er mit seinen Urteilen (er konnte auch manches über die in Hitlers Reich und Kriegführung geschehenen Greueltaten sagen; der Gruibinger Pfarrer hatte vorher nicht viel mehr als unsichere Gerüchte zu hören bekommen) völlig auf der Seite der Bekenntniskirche und das hieß in dieser Stunde: des Hauptteiles des deutschen Volkes; durch Lug und Trug sei Hitler zur Regierung gekommen, und durch Lug und Trug breche jetzt sein Reich zusammen. Schon etwas früher war, damals noch streng vertraulich, manches Wichtige von Oberstleutnant Oppe, dem späteren Gruibinger Bürgermeister, zu erfahren; er hatte für seine Frau in einem Gruibinger Bauernhaus ein Zimmer gemietet; in Ditzenbach lag der höhere Stab, bei dem er Dienst zu tun hatte.

Die Front nähert sich – Volkssturm und Panzersperren

In der Ferne war es auffallend ruhig. Der Kampflärm war zuvor bei Tag und Nacht deutlich zu hören; jetzt war kaum mehr etwas zu vernehmen. Erst in der Nacht zum

Donnerstag, 19. April, drang der Donner der Geschütze wieder zu unseren Ohren, aber nun aus bedrohlicher Nähe. Die Tätigkeit der feindlichen Flieger war sehr lebhaft; bei Nacht freilich kamen sie weniger als früher; sie hatten die Nacht nicht mehr nötig, da sie sich am hellen Tage sicher fühlen konnten. Wir kamen kaum mehr zur Ruhe; die Feldarbeit oder das Gehen auf der Landstraße war sehr gefährlich. Wohl sagten die Bauersleute gelegentlich, so könnten sie nicht mehr hinausgehen; sie wagten es aber immer wieder. Es wurde sogar sehr viel draußen gearbeitet; das Säen oder das Stecken der Kartoffeln wurde möglichst früh besorgt, weil man nicht wußte, wie es eine Woche oder zwei später aussah. Die Unruhe steigerte sich rasch; die Frontnähe beherrschte das Leben. Wie wohl der Feind im Falle der Eroberung unserer Gegend sich verhalten würde? In den Zeitungen (sie kamen ja nur noch ganz unregelmäßig nach Gruibingen; mehr und mehr wurde der feindliche Rundfunk, allen Verboten zum Trotz, abgehört) wurde das Schlimmste angekündigt; unter der Hand jedoch gelangten Nachrichten aus den schon besetzten Gebieten zu

Gruibingen wurde nach kurzem Artilleriebeschuss am 21. April 1945 um die Mittagszeit eingenommen.

uns, die erwarten ließen, dass wenigstens die Amerikaner zunächst nicht allzu hart oder gar unmenschlich auftreten würden. Dass die Schutzstaffel den Kampf mit erbarmungsloser Härte führte, war bekannt, sie vor allem wollte man nicht im Orte haben; sie fürchtete man mehr als den Feind. Die letzten Maßnahmen der Hitler-Regierung, auch manche Anordnungen militärischer Stellen waren geeignet, das Vertrauen vollends zu zerstören. Über die Panzer-Hindernisse, die an den Straßen angebracht wurden, musste man lachen (es waren etwa Bäume oder Balken über die Straße gelegt; oder sollte eine verdeckte Grube als Falle dienen; ferner gab es neben der Straße Löcher für Einzelkämpfer, wohl zum Gebrauch der Panzerfaust-Waffe, und kleine Winkelgräben, etwa für Maschinengewehre; eine Panzerfalle befand sich gleich neben dem Schulhaus, Löcher und Winkelgräben begleiteten z.B. die Straße über Mühlhausen nach Wiesensteig).

Nicht zu lachen war darüber, dass viele und wertvolle Brücken vernichtet wurden zu einem Zeitpunkt, da die Schädigung des deutschen Verkehrswesens und Volksvermögens der allein zu erwartende Erfolg war; es wurde kurz vor dem Eintreffen des Feindes leider auch die Franzosenbrücke gesprengt. Dass hastig und ohne gleichmäßige Regelung ein Teil der Fahrräder beschlagnahmt wurde, wäre noch zu verschmerzen gewesen. Aber was sollte man über den wilden Fanatismus denken, der die gesamte Bevölkerung zum Kampfe mit der Waffe aufrief? Dieselbe Regierung, die zuvor in anderen Ländern jedes Eingreifen der Zivilbevölkerung als ein schweres Verbrechen ansah und behandelte, die dabei mit äußerster Schärfe vorging, gebot nun den nicht der Wehrmacht angehörigen Männern, ja sogar Frauen und Mädchen, sie sollten in den Kampf eingreifen! Es wurde ausdrücklich erklärt, es dürfe kein Dorf und keine Stadt geschont werden; das Zeigen der weißen Fahne und die Übergabe wurden bei Todesstrafe verboten. Es musste sein, dass das Volk sich innerlich von der Regierung lossagte, noch ehe der Feind kam; es musste sein, dass der Sturz der Hitler-Regierung kein Bedauern hervorrief.

19. April 1945 – Man rechnet mit dem Eintreffen der Amerikaner

Am Donnerstagabend (19. April) wurde in unserem Dorfe ausgeschellt, es sei mit dem baldigen Eintreffen des Feindes zu rechnen; wenn er komme, so werde mit der Kirchenglocke das Alarmzeichen gegeben. Es braucht nicht besonders berichtet zu werden, dass dieses Alarmzeichen nie gegeben wurde. Aber nicht zu verwundern ist, dass nun von Stunde zu Stunde gewartet wurde, und dass allerlei Nachrichten und Gerüchte sich jagten. Vieles war schon früher vergraben; jetzt wurden weitere Gegenstände in Sicherheit gebracht. Der Pfarrer schaffte einen Teil seiner wertvolleren Bücher in die Kirche hinüber; ein Teil der Kirchengeräte wurden übrigens auch versteckt. In der Nacht vom Donnerstag zum Freitag verscheuchte der Donner der Kanonen vollends das friedliche Leben; der Gefechtslärm ließ an ernstere Kämpfe um den Albaufstieg denken; tatsächlich war der deutsche Widerstand schon zusammengebrochen. Am Freitag steigerte sich die Unruhe; fast ununterbrochen sausten die feindlichen Tiefflieger über Dorf und Felder; es war nicht möglich, auf dem Felde zu arbeiten. Wer im Dorfe blieb, musste sich die meiste Zeit im Keller aufhalten, mindestens sich häufig in den Keller begeben. Es war ein herrlicher Frühlingstag; die Sonne ließ Luft und Boden angenehm warm werden; schöne Blumen blühten wie mitten im Frieden; so war es nicht schwer, sich für diesen Tag oder doch für einige Stunden zum Verlassen des Dorfes zu entschließen. Ein großer Teil der Gemeinde zog hinaus, womöglich mit Rucksäcken, in denen das Lebensnotwendigste zusammengepackt war. Auch Pferde wurden hinausgenommen. Man stieg etwa auf Buch hinauf oder versteckte sich in einem Talwinkel wie Mittelbronnenteich. Dort draußen, zumal auf den Bergen droben, war das Schießen noch lauter als im Dorf. Es ließ sich gar nicht abschätzen, ob bloß vereinzelte Gebäude in Brand geraten waren, oder ob umfangreiche Verwüstungen entstanden waren; an beunruhigenden Gerüchten fehlte es nicht. Vom Kirchturm aus war außer etwas Rauch im Westen nichts Besonderes zu sehen. Mit dem Eintreffen des Feindes war stündlich zu rechnen. Eine Verteidigung Gruibingens entsprach zwar den ergangenen Befehlen, war aber völlig sinnlos und aussichtslos; die Bevölkerung war durchaus für sofortige Übergabe. Die Männer, die zum Volkssturm aufgerufen waren, befanden sich weder in der seelischen Verfassung, die einen ernsthaften Kampf ermöglicht hätte, noch standen ihnen die erforderlichen Waffen zur Verfügung. Und wenn nun sogar Buben, die vor nicht sehr langer Zeit aus der Schule gekommen waren, als Volkssturmmänner auftreten sollten, so konnte dies die Lage verdeutlichen, aber nicht ändern. Auch die Soldaten, die im Dorfe einquartiert waren und nun in der Nähe kämpfen, waren gegen eine sinnlose Opferung der Ortschaft.

Aber es kam ein scharfer Ortskommandant, der durchaus die Verteidigung und damit Zerstörung Gruibingens durchsetzen wollte. Noch um 1 Uhr nachts führte der Bürgermeister mit ihm einen Kampf um die Schonung seiner Gemeinde; zunächst schien er nicht viel zu erreichen. Es fehlte nicht viel, dass der Bürgermeister erschossen worden wäre; ohne Zweifel tat er der Gemeinde einen wichtigen Dienst. In dieser Nacht gingen viele Leute nicht oder in den Kleidern zu Bett; der Wechsel von Kampflärm und Stille hielt an. Die im Ort befindlichen Ausländer, besonders die französischen Gefangenen, verhielten sich ruhig.

Der 21. April – Die Besetzung Gruibingens

Am Samstag, 21. April, war eine Beerdigung zu halten; sie wurde auf morgens 7 Uhr gelegt; um diese Zeit hoffte man am ehesten sicher zu sein. Aber es war nicht einmal möglich, sich ruhig vor dem Hause des Verstorbenen zu sammeln, um zu singen und dann im Zuge zum Friedhof zu gehen. Heftiges Schießen, besonders Maschinengewehrfeuer feindlicher Jagdbomber, zwang uns, in Deckung zu gehen; wir mussten uns in kleinen Gruppen zum Kirchhof begeben. Auch am Grab hatten wir keine Ruhe; der Sarg wurde während des Schießens versenkt; ein Gesang war nicht möglich. Es wurde niemand verletzt, freilich hielten es auch nicht viele Leute bis zum Gottesdienst in der Kirche aus. Der Kampf zog sich tatsächlich ins Oberdorf herein. Die Befürchtung, der Kaltenwanghof werde beschädigt oder zerstört werden, erwies sich als unbegründet; es blieb dort ziemlich ruhig, sogar als Gruibingen selbst schon besetzt war. Vielmehr kamen die Feinde auf der Boller und auf der Gammelshäuser Steige herauf. Der Widerstand einzelner deutscher Soldaten (die meisten gerieten in Gefangenschaft oder wurden zunächst zersprengt) brachte es mit sich, dass eine erhebliche Anzahl von Granaten ins Oberdorf und seine Umgebung hereinkam. Der Lärm war sehr groß und ließ mit Schlimmem rechnen; doch handelte es sich um ganz leichte Granaten, die nicht allzuviel Schaden anrichteten. Der Hauptteil des Dorfes blieb unbeschädigt. Auch die Einwohner selbst kamen gut durch. Ein einziger Mann, Jakob Allmendinger, ein älterer Bauer, wurde durch einen Granatsplitter am Bein verletzt, so dass er Schmerzen auszuhalten hatte und eine Zeit lang im Krankenhaus liegen musste. Es war gut, dass der Bürgermeister sich am Rathaus dem Feinde zur Übergabe des Dorfes stellte. Unterhalb des Dorfes fand aber das Gefecht seine Fortsetzung. Ein deutscher Offizier fuhr mit dem Rad Mühlhausen zu und gab der Truppe, die sich jenseits des oberen Filstals festgesetzt hatte, ein Zeichen; so wurde von dort herabgeschossen, und das Feuer wurde seitens der feindlichen Panzerwaffe erwidert, von unmittelbar unterhalb des Dorfes. Wiederum war der Lärm größer als der Schaden; das Dorf selbst blieb unbeschädigt. Das letzte Gefecht in der Gegend fand am Sonntagmorgen statt, in der Gegend von Mühlhausen; von da an war nur noch wenig aus weiter Ferne zu hören, und nach ein paar Tagen war alles ruhig – abgesehen davon, dass gelegentlich ein Blindgänger sich entlud oder gesprengt wurde oder dass auf einzelne Soldaten geschossen wurde.

Die Amerikaner im Pfarrhaus

Eine geordnete Arbeit war am Samstag, 21. April, nicht möglich; in den Kellern wurde das Eintreffen der Feinde erwartet. Im Keller des Pfarrhauses wirkte es zugleich spannend und entspannend, als gemeldet wurde, dass der erste feindliche Panzerspähwagen drüben beim ‚Adler' eingetroffen sei. Alsbald waren im Hausgang Schritte zu vernehmen. Die Pfarrhaushälterin fand die ersten feindlichen Soldaten vor und teilte dies sofort im Keller mit; der Pfarrer selbst kam herauf und hatte im Gange einige Soldaten vor sich, die ihre Pistolen schußbereit in der Hand hielten, sie aber nicht auf ihn selbst richteten. Er sagte, dass er der evangelische Pfarrer sei und dass sich nur unbewaffnete Leute im Keller befänden. Die äußere Kellertüre wurde geöffnet, so dass man gut hinuntersehen konnte; damit gaben sich die Männer zufrieden. Ein einzelner Soldat geriet im Gespräch mit dem Pfarrer vorübergehend in den Kasernenhofton; aber das war nicht schlimm. Es war über das Verhalten der Feinde im Pfarrhaus nicht zu klagen; niemand wurde belästigt, auch wurde nichts geraubt. Im Laufe des Nachmittags und Abends kamen wiederholt kleine Gruppen und gingen durch etliche Räume des Hauses; eine ernsthafte Durchsuchung fand nicht statt; es wurde kein Kasten, keine Schublade geöffnet. Allerdings wurden Photoapparate abverlangt

Am 21. April, 20 Minuten nach 14 Uhr nachmittags, trafen die Feinde im Gruibinger Pfarrhaus ein. Wir waren zuerst nicht ganz sicher, ob es wirklich, wie erwartet, Amerikaner waren. Die großen Sterne an den Wagen kamen uns seltsam vor; auch sahen wir Panzer, an denen rote Tücher hingen. Bald stellte es sich heraus, dass wir's wirklich mit der amerikanischen Wehrmacht zu tun hatten (es wurde übrigens behauptet, es seien auch Spanier und Italiener dabei gewesen). Und bald zeigte sich auch, dass nicht bloß, wie es recht wohl möglich erschien, eine Aufklärungs- oder Sicherungsabteilung in unser Tal gekommen war, sondern dass wir uns an einer der Vormarschstraßen einer ganzen feindlichen Armee befanden. Das ganze Dorf, bis in die Seitengäßlein hinein, war voll von Panzerwagen.

Für ein paar Tage lebten wohl mehr Amerikaner als Deutsche in Gruibingen. Den Leuten, die sich auf der Straße sehen ließen, besonders den Kindern, die sich die Wagen und Soldaten anschauen wollten, geschah nichts Schlimmes. Allerdings war die erste Begegnung zwischen Fremden und Einheimischen nicht überall so harmlos verlaufen wie im Pfarrhaus. Etwa in der Hälfte der Häuser benahmen sich die Soldaten anständig und raubten nichts; in der anderen Hälfte gab es große Unterschiede. Eines darf zur Ehre des amerikanischen Heeres gesagt werden: es kam kein Sittlichkeitsverbrechen vor; und wo je einmal ein Soldat sich zweideutig verhielt, wurde sofort entschieden eingegriffen. Schnaps wurde nicht selten begehrt oder geholt; es war gut, dass die Abgabe von Schnaps bald verboten wurde. In manchen Häusern wurden Lebensmittel gefordert oder geholt, aber andere dafür gegeben. Gestohlen wurden besonders gern Taschen- und Armbanduhren, Schmucksachen, Eier, womöglich mit dem Korbe, bares Geld, Kleidungsstücke. In einigen Häusern kamen bloß vereinzelte Gegenstände weg; es gab aber Familien, die einen beträchtlichen Teil ihres Hausrats verloren; besonders oben im Gairen wurde gehaust (doch auch hier nicht in allen Häusern); der Schaden konnte für einzelne Familien viele hundert Mark betragen. Überdies wurden manche Türen mit den Stiefeln eingestoßen; Möbel oder Koffer wurden aufgebrochen; Soldaten legten sich mit stark beschmutzten Stiefeln in saubere Betten, es gab Häuser, in denen der gröbste Schmutz von den Gängen und Treppen weggeschippt werden musste. Oft wurde alles durcheinandergewühlt und in größter Unordnung zurückgelassen; es war erst nach längerem Suchen festzustellen, was noch vorhanden war. Körperliche Mißhandlungen wurden immerhin vermieden. Der Ton des Umgangs war wohl in vielen Fällen rauh, aber in der Regel, wie es scheint, nicht gehässig. Mitten im Kriegstreiben ging es manchmal friedlich und freundlich, ja geradezu idyllisch zu. Die Amerikaner ließen sich etwa ein Vesper vorsetzen und zeigten sich befriedigt. Oder sie kamen ins Haus eines Schreiners; in der Stube stand ein Harmonium. Der Bub, der musizieren gelernt hatte, musste ihnen seine Kunst zeigen; da ihm im Augenblick nichts anderes einfiel, spielte er, ausgerechnet an diesem Tag das Lied ‚Herz und Herz vereint zusammen', sie aßen noch etwas und gaben dann 50 Mark. Wie anders, als wenn oben im Dorf Lebensmittel auf dem Boden zertreten wurden.

Die Schwierigkeiten der Sprache gaben zu manchen Missverständnissen und heiteren Auftritten Anlass. Sehr hart war, dass in den meisten Fällen die Häuser, die Einquartierung erhielten, von allen Bewohnern ganz geräumt werden mussten; und zwar gewöhnlich mit sehr kurzer Frist, etwa einer Stunde, oder gar bloß weniger Minuten. Da gab's dann viel Hast und Aufregung, wenn nur das Allernötigste hinausgeschafft werden sollte; vollends war es schwierig, wo alte oder kränkliche Leute betroffen waren. So musste gleich am Sonntagabend das Schulhaus geräumt werden; aber was war das für ein Treiben, ein Eilen und Schleppen! Hörte die Einquartierung in einem Hause auf, so war die große Frage, in welchem Zustande Wohnung und Hausrat angetroffen wurden. Besonders schmerzlich war es, wenn Bilder verstorbener Angehöriger und andere Stücke, an denen liebe Erinnerungen hingen, genommen oder zerstört waren. Die aus ihren Wohnungen Vertriebenen mussten eben sehen, wo sie unterkamen. Einige lebten in den Ställen, andere waren dicht gedrängt in fremden Häusern beieinander; es konnten in einem kleinen Häuslein etwa 20 Leute sein. Die Amerikaner freilich hatten auch nicht viel Platz; es gab Häuser, in denen 30, 40 und noch mehr Mann sich aufhielten. Neben der Einquartierung (immerhin brachten die Amerikaner die meisten Lebensmittel selbst) war für die Gruibinger Leute besonders beunruhigend das nächtliche, offenbar eigenmächtige Patrouillieren der Soldaten in den Häusern. Die Leute wurden aus dem Schlaf aufgeschreckt und mussten möglichst schnell die Soldaten hereinlassen und die Wohnung durchsehen lassen, nach ein paar Tagen wurde diese Sache abgestellt.

Die Amerikaner

Schon am Dienstag zogen die meisten Amerikaner weiter, am Mittwoch und Donnerstag war es wieder ziemlich still im Dorf. Die Durchzüge der amerikanischen Truppen hörten aber noch nicht auf; zuerst ging fast alles durch die Ortsstraße; bald aber wurde zumeist die Autobahn benützt. Zu Zeiten ging es ungeheuer lebhaft auf der Autobahn zu, es waren vielerlei Soldaten und Waffen, viele Panzer, mächtige Kranen u.s.w. zu sehen. In Gruibingen selbst blieben für etwa zwei Wochen etliche Amerikaner im ‚Rössle'; sie leiteten die Gruibinger Angelegenheiten in wohlwollender Weise und hinterließen kein schlechtes Andenken. Das amerikanische Heer machte den Eindruck einer reichlich und zweckmäßig ausgerüsteten und technisch gut ausgebildeten Truppe; im Fahren zeigten sie sich geschickt, und man konnte sich auch während sehr starken Verkehrs auf den Straßen völlig sicher fühlen. Die Kolonnen fuhren weniger dicht aufgeschlossen, aber schneller als die deutschen. An rein militärischer Straffheit und Ordnung erreichten sie das deutsche Heer nicht. Die Soldaten selbst waren jung, kräftig und gut genährt; sie zeigten ein starkes Selbstgefühl, aber einen Mangel an Reife, Mannhaftigkeit und Tiefe. Nicht wenige verstanden unsere Sprache. Eine natürliche Gutmütigkeit zeigte sich namentlich im Umgang mit den Kindern; es gab Soldaten, die mit ihnen fein zu spielen wußten; viele Kinder erhielten auch Nahrungsmittel oder Naschereien. Etwas Kindliches, teilweise auch Kindisches eignete sehr vielen amerikanischen Soldaten. Es machte ihnen etwa Vergnügen, an der Pfarrhausglocke zu ziehen; oder mit einem Kraftwagen einen Lärm zu erzeugen, der an das Heulen der Sirenen erinnerte. Im Schulhaus spielten sie mit einer Kindereisenbahn; anderswo zerstörten sie eine Kinderkanone; gelegentlich kamen sie in ein Haus, einfach um sich ein wenig zu unterhalten. In Fällen wirklicher Not konnten sie hilfsbereit sein; so kam ein amerikanischer Arzt, als ein Kind geboren wurde.

Die „Schwarzen" wurden zuerst etwas gefürchtet; wir hatten es hier nicht viel mit ihnen zu tun; es zeigte sich, dass sie gutmütig waren, ihnen wie den eigentlichen Amerikanern gefiel es in unserer Gegend offenbar sehr gut. Ein großer Teil der deutschen Soldaten, die in der Nähe von Gruibingen kämpften, geriet alsbald in Gefangenschaft. Schon am Tage nach der Besetzung unseres Dorfes wurden Gefangene durchgeführt. Es traf sich, dass ein junger Soldat aus Gruibingen dabei war, dass im Ort Aufenthalt gemacht wurde, und seine Angehörigen ihn sehen konnten. Viele Wagen voll Gefangener kamen während der nächsten Tage durch. Später, auch noch lange nach dem Ende der Feindseligkeiten, wurden oft Gefangene auf der Autobahn vorübergeführt; ein paarmal erhielten hiesige Leute durch abgegebene Briefe oder herausgeworfene Zettel Nachricht über gefangene Angehörige.

Das Kriegsende am 8. Mai 1945

Am 8. Mai kam der Waffenstillstand. Er wurde uns überhaupt nicht öffentlich mitgeteilt, und wir erfuhren von ihm durch Gerüchte oder aus den Worten feindlicher Soldaten. Es verschwanden also die Abdunklungsrahmen, die schwarzen Papiere und Vorhänge. In Gruibingen selbst lebten einige französische Gefangene sowie einige Männer und Frauen aus dem Osten. Es waren nicht viele, und sie lebten und arbeiteten friedlich mit den Einheimischen zusammen. Während des Krieges wurde manchmal die Sorge ausgesprochen, wie es wohl mit allen diesen Fremden im Falle einer deutschen Niederlage gehen werde; ob sie nicht unser Land ausrauben und unterdrücken könnten. Bis zum Eintreffen der Amerikaner blieb bei uns alles ruhig. Als die Besetzung erfolgt war, hatten die Gefangenen und die zur Arbeit Genötigten volle Freiheit, und es stand bei ihnen, wie sie sich gegen die Einheimischen verhielten. Die französischen Gefangenen erwiesen sich als redliche Männer; sie taten uns nichts zuleide, redeten auch mit den Amerikanern in freundlichem Sinne über uns. Anfang Mai verließen die Franzosen Gruibingen; mit ihnen zog eine elsässische Familie fort, die wegen ihrer französischen Gesinnung aus ihrer Heimat entfernt und zwangsweise in Gruibingen untergebracht worden war (in dem kleinen Häuslein, in dem früher Pauline Wolf wohnte); sie war von nationalsozialistischer Seite übel behandelt worden, mit der Bevölkerung aber ordentlich ausgekommen; seit der Besetzung zeigte sie an ihrer Behausung die französische Fahne. Nach einiger Zeit stellte es sich heraus, dass die Leute noch nicht nach Frankreich zurückkehren durften, sondern in Stuttgart aufgehalten wurden, und dort unter schlechter Versorgung zu leiden hatten. Einer von den Franzosen kam selbst zu Besuch hierher; und nun schickten hiesige Leute ‚ihren' Franzosen Lebensmittel nach Stuttgart.

Die Leute aus dem Osten wurden anmaßend, als wir keine Macht mehr hatten. Wenn bei uns nicht viel geschah, so erfuhren wir doch viel über Plünderungen in den benachbarten Städten; gegen freches Rauben fanden wir bei den Amerikanern Schutz. Als am 22. Mai einige Polen in einem Kraftwagen hierher fuhren und in der

‚Krone' rauben wollten, hielten hiesige Leute auf der Autobahn ein amerikanisches Auto an und baten um Hilfe; die Polen wurden dann vertrieben.

Als die feindliche Wehrmacht unsere Gegend besetzte, wurden die Verbindungen zur Außenwelt beinahe alle unterbrochen. Es gab keine Zeitung und keine Post, keinen Eisenbahn- oder Kraftwagenverkehr, keinen Fernsprecher. Wir durften zuerst unsere Wohnungen erst von 6 Uhr morgens an verlassen und mussten abends um 7 Uhr daheim sein. Vom 12. Mai an hatten wir bis 9 Uhr Ausgangsfreiheit, dann bis 9.30 Uhr, von Anfang der Erntezeit an bis 10.30 Uhr. Am Morgen durften wir später von 5 Uhr an das Haus verlassen. Strafen wegen ungenügender Beachtung dieser Beschränkungen wurden in Gruibingen nicht verhängt.

Postkarte von Gruibingen aus der Zeit des Autobahnbaus (1937), der Verlauf der Reichsautobahn ist mit dem Stift eingezeichnet.

In den ersten Tagen durften wir auch das Dorf nicht verlassen. Das war begreiflich, da ja noch Versprengte in der Gegend waren, und an manchen Stellen noch Waffen und Munition herumlagen; nur in den allerdringendsten Fällen wurde die Erlaubnis zum Gang in einen Nachbarort erteilt. Am Mittwoch (25. April) wurde den Bauersleuten erlaubt, wieder auf die Felder hinauszugehen. Sie sollten aber um 6 Uhr abends zurückkommen; es war noch nicht ganz ungefährlich draußen. Dann wurden Gänge oder Fahrten im Umkreise von 15 Kilometern erlaubt, so dass wir wieder Verbindung mit der Kreisstadt hatten.

Auf den Feldern hatte es da und dort Schäden gegeben, doch von mäßigem Umfang; die schweren Panzerwagen hatten natürlich ihre Spuren hinterlassen. Die Straßen sahen zuerst übel aus; die grünen Ränder waren großenteils zerstört; es fehlte nicht an gewaltigen Pfützen und tiefen Löchern, und der Schmutz war stellenweise greulich. An den Rändern lagen Kabel, etwas Kriegsmaterial, viele weggeworfene Kanister, Schächtelein, Papiere, beschädigte Zäune erinnerten kräftig daran, wie lebhaft es zugegangen war. Allmählich erfuhren wir, wie die benachbarten Gemeinden den Sturm überstanden hatten. Wie zuerst die einzelnen Familien innerhalb des Dorfes, so hatten jetzt die Gemeinden einander viel von ihren Erlebnissen zu erzählen. Im Ganzen war das Bild, das unsere Gegend bot, wesentlich günstiger, als wir es uns gedacht hatten.

[1] Walter Frieß, Gruibinger Heimatbuch, Gruibingen 1986, S. 422-429.

„Das Ende sei doch der Tod vieler Menschen und die totale Zerstörung von Hattenhofen."

Ein Bericht des damaligen Bürgermeisters Georg Thierer über die letzten Kriegstage in Hattenhofen.[1]

Dass die feindlichen Heere immer näher an unsere Heimat kamen, konnte in den ersten Monaten des Jahres 1945 jeder hören und sehen und in den Tageszeitungen lesen. Zu hören und zu sehen waren auch die feindlichen Bombengeschwader, die über unsere Städte und Dörfer flogen. Zu jeder Tages- und Nachtstunde gab es Fliegeralarm. Schwere Bomber, deren Zahl mit bloßem Auge auszumachen war, flogen über Hattenhofen. Alle waren erschreckt, als um die Mittagstunde des 1. März Bomben auf Göppingen fielen. Landwirte unserer Gemeinde, die auf den Feldern arbeiteten, konnten dem furchtbaren Ereignis zusehen. In den Zeitungen wurde gewarnt, den Anordnungen von Partei und Wehrmacht Widerstand zu leisten.

Da an das öffentliche Warnnetz über die Meldung eingeflogener Flieger nur größere Städte und Industriegemeinden angeschlossen waren, erhielten wir in Hattenhofen nach privater Vereinbarung die Alarmdurchsage vom Rathaus Uhingen. Die Luftschutzsirene, die noch in den letzten Monaten des Krieges auf dem Rathaus installiert wurde, wurde beschafft mit Hilfe landwirtschaftlicher Erzeugnisse,

Hattenhofen wurde am 20. April 1945 von den amerikanischen Truppen zunächst umgangen und erst am Folgetag besetzt.

die ein Gemeinderat von seinem Selbstversorgerhaushalt abzweigte. Aus all dem, was wir sehen, hören und lesen konnten, mussten wir Mitte April den Schluss ziehen, dass es nur noch Tage sein konnten, bis unser Dorf von feindlichen Truppen überrollt und besetzt sein werde, wobei wir alle hofften, dass es eine kampflose Übergabe werden möge.

So kam der 19. April, es war ein Donnerstag[2], ein schöner sonniger Frühlingstag. Als Bürgermeister von Albershausen verbrachte ich diesen Tag vorwiegend in Albershausen, da ich erfahren hatte, dass amerikanische Truppen das Remstal erreicht hätten und sich in Richtung Filstal bewegten.

Es dürfte gegen 17 Uhr an diesem Donnerstag gewesen sein, als wir in Albershausen in nordwestlicher Richtung einen riesigen Feuerschein wahrnahmen und bald darauf erfuhren, dass Wäschenbeuren brannte. Um die gleiche Zeit etwa nahmen wir auch den Großbrand in Schlichten wahr. Da Hattenhofen telefonisch nicht mehr zu erreichen war, fuhr ich gegen Abend dorthin zurück. Meine Frau war mit den drei kleinen Kindern im Hausgarten, nicht ahnend, dass die feindlichen Truppen schon so nahe waren. Dass Wäschenbeuren brannte und die Amerikaner auf dem Vormarsch in Richtung Göppingen waren, wusste zu dieser Stunde wohl in Hattenhofen noch niemand, obwohl auch in Hattenhofen die riesige Rauchwolke zu sehen war.

Da ich davon unterrichtet war, dass der Volkssturm Albershausen für den Montagabend Abmarschbefehl hatte, fuhr ich in der Nacht nochmals nach Albershausen und blieb dort auf dem Rathaus, denn in der Nacht waren die Amerikaner über Rechberghausen bis in das Filstal vorgestoßen und erste Truppen hatten Uhingen erreicht.

Der 20. April 1945 – Die Amerikaner in Albershausen

Wir warteten also an diesem Freitagvormittag auf die feindlichen Panzer aus Richtung Uhingen und waren erstaunt, als die ersten Panzer von Sparwiesen kommend Albershausen erreichten und von hier in Richtung Schlierbach vorstießen. Die Truppen, die von Faurndau über Sparwiesen nach Albershausen kamen, waren von Hattenhofen aus gut zu erkennen. Es soll eine riesige Staubwolke gewesen sein, die die Truppen in Hattenhofen ankündigte.

Auf dem Rathaus in Albershausen erwartete ich die Amerikaner, die mich sofort festsetzten und mir verboten, das Haus zu verlassen. Ein Vorauskommando stationierte sich im Rathaus und ich hatte anhand von Landkarten, die mir das Kommando auf den Tisch legte, (es waren bessere Karten der Gemeindemarkung als ich sie je auf dem Rathaus gesehen hatte) Auskünfte zu geben und die ersten Befehle entgegen zu nehmen.

Es war gegen 9.30 Uhr, als die ersten Truppen Albershausen erreichten. Der Truppendurchzug ging Stunde um Stunde bis gegen Abend. Es waren Hunderte von Fahrzeugen und wohl Tausende amerikanischer Soldaten. Als der Truppendurchzug gegen Abend nachließ und ich im Rathaus nicht mehr unter Bewachung stand, habe ich trotz des Verbots das Rathaus verlassen und bin an Bachläufen und auf Feldwegen in Richtung Hattenhofen gelaufen. Ich wollte doch wissen, was dort geschehen war.

Zu meiner Überraschung saßen beim Lindele französische Kriegsgefangene, die im Lager Hattenhofen untergebracht waren und bei verschiedenen Landwirten in Arbeit standen. Sie hatten das Vorrücken der amerikanischen Truppen auf der Straße Albershausen-Schlierbach beobachtet. Sie versicherten mir, dass soweit es bei ihnen liege, in Hattenhofen nichts geschehe, sie würden sich jederzeit für ihre Bauern, aber auch für den Bürgermeister einsetzen. Tatsächlich kamen später auch einige der Gefangenen auf das Rathaus und sagten mir ein Lebewohl.

Über die Ledergasse kam ich gegen 20 Uhr in den Ort. Es war noch heller Tag, denn damals war die Uhr zwei Stunden vorgestellt. Kinder spielten wie im tiefsten Frieden auf der Straße, während wenige Kilometer entfernt feindliche Truppen vorüber zogen und deutsche Soldaten mit Panzerfäusten amerikanische Panzer abschossen und Feind und Freund das Leben lassen mussten.

Hattenhofen in Gefahr – Verhandlungen mit den deutschen Soldaten im Ort

Schon auf dem Wege zur Wohnung erfuhr ich, im Ort seien deutsche Soldaten mit dem Befehl Hattenhofen zu verteidigen. Sie hatten bereits in verschiedenen Häusern der Gemeinde Posten bezogen. Die Aufregung im Dorf war groß. Was stand uns da bevor? Wie ich später erfuhr, hatte bereits am Vormittag dieses Tages ein amerikanischer Jeep, von Sparwiesen kommend, beim Haus Eckstein angehalten. Ein Soldat war ausgestiegen, um sich bei Eugen Eckstein zu erkundigen, ob der Ort von deutschen Soldaten besetzt sei. Eckstein versicherte dem Amerikaner, es seien keine deutschen Truppen im Dorf, worauf die US-Soldaten zurückfuhren. Tatsächlich aber standen nur 100 Meter entfernt beim Haus Wolfsdörfer deutsche Posten mit Panzerfäusten, bereit auf die feindliche Patrouille zu feuern. Aber Hattenhofer Frauen, die den Vorgang beobachteten, schritten energisch gegen sie ein und verhinderten ihr Vorhaben. Die Frauen aber haben damit dem Dorf einen großen Dienst erwiesen und es vor großem Unglück bewahrt.

Nach meiner Ankunft in Hattenhofen traf ich im Schulhaus drei junge Offiziere, die mir bestätigten, dass sie den Befehl hatten, in Hattenhofen dem Feind Widerstand zu leisten und sie seien entschlossen, diesen Befehl auch auszuführen, denn auf Befehlsverweigerung stehe die Todesstrafe, es drohe der Galgen.

Tatsächlich wurde am Tage zuvor in der Presse aus der Crailsheimer Gegend Entsprechendes berichtet.[3] Ich erklärte den Offizieren, was ich an diesem Tage in Albershausen gesehen und erlebt hatte, nämlich, dass Tausende von amerikanischen Soldaten mit Panzern und schweren Fahrzeugen durch Albershausen in Richtung Schlierbach gefahren seien, dass zwischen Albershausen und Schlierbach Kämpfe stattgefunden hatten und dass es doch Wahnsinn sei, mit den paar deutschen Soldaten, ausgerüstet mit Fahrrädern, einigen Maschinengewehren und Panzerfäusten, noch eine Verteidigungslinie aufzubauen. Das Ende sei doch der Tod vieler Menschen und die totale Zerstörung von Hattenhofen. Meine Verhandlung hatte anfänglich keinen Erfolg. Befehl war Befehl für die jungen Offiziere.

Ich ging kurz zu meiner Familie, tief besorgt um unser aller Schicksal. Meine Frau war mit den Kindern einigen Nachbarn und einigen deutschen Soldaten im Hausgarten. Seit Tagen war, wie in den anderen Häusern, das Nachtlager im Keller eingerichtet.

Zu weiteren Verhandlungen mit den Offizieren kamen der Landwirt Eugen Knopp und mit ihm ein altgedienter Feldwebel. Als ich nochmals die gegebene Situation schilderte und erklärte, wie sinnlos, aber auch verantwortungslos eine Verteidigung wäre, brach das Eis. Der erfahrene Feldwebel übte dabei einen starken Einfluss auf die jungen Offiziere aus. Sie waren bereit zum Abzug. Inzwischen war es 1 Uhr nachts geworden. Wir vereinbarten, dass um 2 Uhr nachts die Truppe auf dem Schulhof zusammengezogen werde und dort zwei ortskundige Bürger aus Hattenhofen bereitstünden, um die Soldaten auf einem noch sicheren Wege in Richtung Autobahn zu bringen.

Nach meiner Information konnte als sicher nur noch der Weg entlang des Butzbaches in Richtung Pliensbach gelten. Landwirt Knopp war zur Führung bereit und ebenso Ortsbauernführer Gallus, den ich rasch herbeigeholt hatte. Gegen 2.30 Uhr nachts haben die deutschen Soldaten, es dürften mit ihren Offizieren über 300 Mann gewesen

Fast wäre es in Hattenhofen noch zu einem fatalen Aufeinandertreffen von deutschen und amerikanischen Soldaten gekommen.

sein, den Ort verlassen. Sie sind, wie mir später die beiden Begleiter sagten, ohne Widerstand bis zur Autobahn durchgekommen. Das also geschah in der Nacht vom 20. zum 21. April.

Der 21. April 1945 – Erleichterung über die kampflose Besetzung

Am Mittwoch dem 21. April, gegen 5.30 Uhr morgens fuhren die ersten amerikanischen Truppen mit schweren Panzern in Hattenhofen ein und in Richtung Zell – Autobahn weiter. Die Einwohner des Dorfes wurden von dem Gedröhne der Panzer aus dem Schlaf gerissen, soweit man in dieser Nacht überhaupt von Schlaf reden konnte. Gott sei Dank waren die deutschen Truppen, die den Ort verteidigen sollten, wenige Stunden vorher abgezogen. Noch waren aber viele andere Soldaten im Dorf. Sie haben in den folgenden Tagen, teils mit Fahrrädern und mit rasch organisierten Zivilanzügen ausgestattet, versucht in ihre Heimat zu kommen. Die meisten ergaben sich und wurden als Gefangene mitgenommen. Nach zwei Tagen zeigten sich die ersten Amerikaner auf dem Rathaus. Einige sprachen gut deutsch. Es waren die Söhne von Vätern, die in den zwanziger Jahren nach Amerika ausgewandert waren. Das Haus Dannenmann (die sogenannte Villa) wurde als Kommandostelle beschlagnahmt. Andere Häuser mussten für Unterkünfte umgehend geräumt werden. Ich hatte Befehl, jeweils vormittags um 9 Uhr auf dem Rathaus zu sein und Bericht zu geben und Befehle entgegen zu nehmen.

Am ersten Tag erhielt ich den Befehl, folgendes öffentlich bekanntzugeben:

1. Es besteht allgemeines Ausgehverbot von abends 6 Uhr bis 7 Uhr morgens. Wer dieses Ausgehverbot übertritt, wird festgenommen.

2. Alle Hieb-, Stich- und Schusswaffen sind abzuliefern. Wer mit einer Schusswaffe angetroffen wird oder in dessen Hause eine Schusswaffe gefunden wird, wird mit dem Tode bestraft.

3. Alle Ferngläser und Fotoapparate sind auf dem Rathaus abzuliefern.

4. An den Haustüren sind Listen anzubringen, auf denen alle Bewohner des Hauses mit Geburtsdaten verzeichnet sind.

Da es nicht möglich war, die Bekanntmachung durch die Ortsschelle durchzuführen, zumal ein starker Durchgangsverkehr und damit viel Motorengeräusch auf den Straßen war, entschloss ich mich, von Haus zu Haus bekanntzumachen, dass sich abends um 18 Uhr von jedem Hause eine verantwortliche Person im Höfle einzufinden habe.

Ich nahm die Gelegenheit, der Bürgerschaft den Ernst der Situation mitzuteilen, sie dringend zu bitten, jeden Gedanken an Widerstand aufzugeben, den Anordnungen der amerikanischen Truppen Folge zu leisten, ihre Forderungen zu erfüllen, allen Hader zwischen den Familien und in der Gemeinde zu vergessen und zu dulden, dass die Bauern zum Futterholen für ihre Tiere auch über fremde Grundstücke fahren können, da die Straßen und Ortswege von amerikanischen Truppen gesperrt waren. Noch selten wurde in Hattenhofen so viel Verständnis gefunden für all das, was in diesen Stunden und Tagen notwendig war.

So bekamen wir zum Beispiel, als ich bekanntgeben musste, dass innerhalb weniger Stunden für das Ausländerlager in Uhingen 40 Herrenhemden abzuliefern seien, über 100 Stück. Alle Menschen waren froh, dass die große Gefahr abgewendet war. Bitter war es, als aus Kirchheim, dort war der für Hattenhofen zuständige höhere Offizier stationiert, die Weisung kam, innerhalb weniger Stunden Radiogeräte bereitzustellen. Es blieb uns von der Verwaltung dann doch nichts anderes übrig, als in die Häuser zu gehen und diese Apparate herauszuholen. Die amerikanischen Truppen hatten strengen Befehl, jede Verbindung mit der Bevölkerung zu unterlassen, was auch befolgt wurde. Lebensmittel waren glücklicherweise nicht zu requirieren. Wir selbst waren auf die lebenserhaltenden und Seuchen verhindernden Rationen gesetzt. Der Hunger begann.

Überraschen schnell ging der Alltag weiter. Jeden Tag um 9 Uhr war ich auf dem Rathaus in Hattenhofen um 10 Uhr in Albershausen. Als Fahrzeug wurde mir ein Fahrrad zugestanden. Die in den beiden Orten stationierten Kommandanten brachten jeweils einen gut deutsch sprechenden Soldaten mit.

---

[1] Emil Walter (Hg.), Heimatbuch Hattenhofen, Hattenhofen 1975, S. 179-185. Georg Thierer (1909-2004) war von 1942 bis Oktober 1945 Bürgermeister von Albershausen und Hattenhofen. 1948 wurde er Bürgermeister von Rechberghausen.

[2] Im Originaltext fälschlicherweise „Montag".

[3] Tatsächlich war in der letzten Ausgabe des „Hohenstaufen" am 19.4.1945 ein kurzer Artikel zu den Vorgängen in Brettheim abgedruckt.

Die Panzersperre von Heiningen

Hauptlehrer Hermann Kauderer (*1886) beschreibt im Oktober 1948 ausführlich die Vorgänge um das Kriegsende in Heiningen. Er selbst wirkte maßgeblich an der Beseitigung der dortigen Panzersperre am 12. April 1945 mit und wurde deshalb am 17. April zusammen mit dem Landwirt Johannes Stohrer zum Tode verurteilt. Aufgrund der nicht mehr erfolgten Urteilsbestätigung durch Gauleiter Murr erlebte Kauderer am 20. April in Göppingen die Befreiung durch die Amerikaner.[1]

Die Ortsmitte von Heiningen mit der Kirche.

Nach dem panikartigen Rückzug der deutschen Heere aus Frankreich 1944 und gar nach dem Übergang der feindlichen Heere über den Rhein 1945 war es jedem halbwegs Einsichtigen klar, dass der Krieg rettungslos verloren war. Gegnerische Luftgeschwader überflogen fast täglich am hellen Tage ungestört weite Gebiete unseres Landes. Tag und Nacht lösten sich Luftwarnung und Entwarnung ab. Niemand kam mehr zur Ruhe. Halbe Nächte wurde die Erde erschüttert von den niedergehenden Bomben und Luftminen. Stundenlang musste man in der Nacht im Keller verbringen, da endlose Luftgeschwader unser Dorf überflogen, in der Schule war ein geregelter Unterricht nicht mehr möglich, da die Schüler bei jeder Warnung das Schulhaus verlassen mussten. Die Bauern auf dem Felde, die von Jabos belästigt wurden, suchten Schutz mit ihren Gespannen unter Bäumen. Am Tage wagte sich fast kein Fahrzeug mehr in die Heimatstadt.

Die Einwohner erhielten die Mitteilung, dass in nächster Zeit der ganze Bezirk geräumt werden müsse. Aufnahmegebiet sollte das württembergische Oberland, die Gegend von Riedlingen sein. Dann wurde die Bevölkerung durch die Nachricht erregt, dass unsere Dörfer durch Rundbefestigungen zu Stützpunkten gemacht und um jeden Preis gehalten werden sollten. Tatsächlich wurden auch an den Straßen und auf der Markung Schützenlöcher ausgehoben und Maschinengewehrstände ausgebaut. Dies war die Aufgabe des Volkssturms, der die Anweisung dazu von der Kreisleitung erhielt. Die Errichtung von drei Panzersperren im Dorf, auch durch Mannschaften des Volkssturms, vervollständigten das düstere Bild jener Lage vor dem Zusammenbruch. Jedermann war klar, dass diese Maßnahmen am Verlaufe des verlorenen Krieges nicht das Geringste änderten, wohl aber geeignet waren, unsere Ortschaften der Vernichtung preiszugeben.

Die Bevölkerung stellte sich diesen Verteidigungsmaßnahmen, welche sich nachher durchaus als sinnlos herausstellten, zum größten Teil ablehnend gegenüber. Besonders war dies den Panzersperren gegenüber der Fall, da sie von den Jabos doch jederzeit gesehen und Ziel ihrer Angriffe werden mussten, besonders deshalb auch, weil einquartiertes Militär Widerstand bei Annäherung des Gegners vermuten ließen. Dass die einquartierten Gruppen keine Kampftruppen waren und gewillt, gegebenenfalls den Ort zu räumen und sich rückwärts zu verziehen, konnte der Gegner ja nicht wissen. Jedenfalls waren sich die Einwohner darüber klar, dass dieser Art der Verteidigung mit ungeeigneten Mitteln (vier Panzerfäuste standen zur Verfügung, sonst nichts, nicht einmal Gewehre) und mit ungeeigneten Kräften (Volkssturm) nur das größte Unglück für das Dorf bedeuten würde. Aus diesem Grunde wurden verschiedene Einwohner beim Bürgermeisteramt vorstellig und verlangten den Einsatz des Bürgermeisters zur Beseitigung der Sperren aus dem Dorf. Trotz dieses Einsatzes konnte aber nichts ausgerichtet werden.

Durch Bomben war bis jetzt kein Schaden angerichtet worden. Zwar waren schon einige in der Nähe des Dorfes niedergegangen, wie Brandbomben und Benzinkanister im Heubachtal, zwei große Bomben im Haag, Bomben auf den Personenzug bei Dürnau, aber mit Angriffen konnte jetzt gerechnet werden.

Die Beseitigung der Panzersperren – Todesurteile für zwei Heininger

Da aus diesem Grunde die Vorstellungen mancher Bürger dringender wurden, gab Bürgermeister Kümmel seine Einwilligung zur Beseitigung der drei Sperren am 12. April 1945. Am Abend des gleichen Tages wurde an den Sperren, zwecks Wegräumung derselben, gearbeitet. Ein Leutnant der einquartierten Flakgeräteabteilung kam dazu und die Folge war, dass folgende acht Personen, darunter auch der Bürgermeister, verhaftet, über Nacht auf dem Rathaus eingesperrt und am frühen Morgen des 13. April 1945 der Kreisleitung in Göppingen übergeben wurden: Hermann Kauderer, Oberlehrer, und dessen Frau Marie Kauderer, Johannes Stohrer, Landwirt, Wilhelm Moll, Schlosser, Karl Kümmel, Bürgermeister, Ursula Bühler, Witwe, Dorothea Rollmann, Witwe, Marie Frei, Schneidersehefrau. Von dieser wurden die Verhafteten der Polizei übergeben, von Kriminalobersekretär Ostertag verhört und ins Untersuchungsgefängnis abgeführt.

Beim Verhör bekannten sich die Beteiligten offen zu ihrer Tat. Nach einem nochmaligen Verhör durch Herrn Amtsgerichtsrat Rieber, wobei die Anklage, welche auf Wehrmachtsminderung und Feindbeihilfe lautete, bekannt gegeben wurde, wurden drei Beteiligte, Kauderer, Stohrer und Moll, vor das neugebildete Standgericht gestellt. Dies war am 17. April 1945, morgens um 5 Uhr. Die Verhandlung, die während eines Fliegerangriffs und explodierenden Bomben stattfand, war kurz und endete mit der Verurteilung von zwei Beteiligten (Kauderer und Stohrer) zum Tode ohne mildernde Umstände mit Einzug des gesamten Vermögens. Reichsstatthalter Murr hatte sich die Entscheidung vorbehalten. Das Urteil sollte ihm zur Bestätigung vorgelegt werden. Er war aber zu dieser Zeit nicht mehr auffindbar.

In Heiningen entstand nach Bekanntwerden des Tatbestandes eine mächtige Aufregung unter den Anwohnern, die sich nach dem Urteilsspruch noch verstärkte. Gnadengesuche wurden eingereicht. Doch wurde die Hinrichtung der Beteiligten nicht mehr vollzogen, einesteils, weil das Urteil nicht bestätigt und andererseits, weil den amerikanischen Truppen ein überraschender Durchbruch zwischen Ludwigsburg und Crailsheim gelang, sodass sie am Abend des 19. April vor und in Göppingen standen.

Aus dem Untersuchungsgefängnis wurden in der Nacht vom 19. zum 20. April 1945 sämtliche Gefangene, meistens Ausländer, entlassen, nur die zwei zum Tode Verurteilten mussten ausharren. Erst nach dem Einmarsch der amerikanischen Panzertruppen, welche durch die Lorcherstraße erfolgte, wurden sie auf Anweisung eines amerikanischen Majors von Gefängnisdirektor Rieber entlassen. Dieser Major äußerte sich noch, es sei erfreulich, dass sich auch hier Männer gefunden hätten, die den Mut aufgebracht hätten gegen diesen Wahnsinn anzukämpfen.

Auf dem Heimweg über den Eichert bei schönstem Frühlingswetter sahen die beiden eine einzige Staubwolke auf jeder Straße der Umgebung liegen, herrührend von den vielen Kriegsfahrzeugen der Amerikaner, welche die Straßen so dicht nach beiden Richtungen befuhren, dass ein Überqueren für Fußgänger fast eine Unmöglichkeit schien. Sie konnten auch einige Granateinschläge am Wasserberg beobachten. Die Felder waren menschenleer. Nur hin und wieder suchten Volkssturmmänner, welche sich dem befohlenen Abmarsch nach rückwärts entzogen hatten und der Heimat zustrebten, einen Weg durch Äcker und Wiesen. Das Bild der Heimat hatte sich durch den Einmarsch der amerikanischen Truppen völlig verändert.

Die Besetzung Heiningens am 20. April 1945

In der Nacht vom 19. auf den 20. April 1945 waren die Panzersperren, welche wieder errichtet worden waren, vom Volkssturm geschlossen worden. Der Kreisstab hatte die letzte Gelegenheit abzureisen, wahrgenommen und war per Auto auf die Alb entwischt. Aber manchen Heeresfahrzeugen gelang es nicht mehr, die Sperren hinter sich zu bringen. Sie mussten den Weg über die Felder nehmen oder wieder umkehren. Über Nacht wurden die Sperren von Leuten des Volkssturms bewacht. Am Morgen des 20. April erschien morgens gegen 8.30 Uhr die Spitze eines Panzerzugs, von Eislingen herkommend, Panzer an Panzer, soweit das Auge reichte, vor der geschlossenen ersten Sperre. Der Kommandant stieg aus und befahl einem Abseitsstehenden dafür zu sorgen, dass die Sperre alsbald geöffnet wurde. Sofort eilten Einwohner, Polen, französische Kriegsgefangene herbei, während andere rückwärts aus ihren Häusern in ihren Gärten im Grase verschwanden, und bald war die Sperre geöffnet. Inzwischen waren auch die beiden anderen Sperren geöffnet worden. Die erste Sperre war sogleich von drei amerikanischen Soldaten überstiegen worden, die den Bürgermeister aufsuchten. Gleichzeitig mit dem Halt der zwei

Panzer vor der ersten Sperre waren auch Panzer nach beiden Seiten der Straße abgeschwenkt und in den Talmulden verschwunden, so in der Graset, in der Au, bei der Mühle, in der Breite, waren dort in Feuerstellung gegangen und eröffneten später das Feuer gegen den Albrand und auf die Alb.

Nach Öffnen der Sperren fuhren die Panzer durch das Dorf um gegen Gammelshausen und die Alb vorzustoßen. Die Bewohner standen schweigend in und vor den Häusern und schauten diesem Vorgang mit stumpfen Mienen zu. Am zweiten Tage folgten den Panzertruppen auch Fußvolk, welche in Reihen rechts und links an der Straße den Ort passierten. Kampflärm von der Alb her wurde nicht gehört, doch schienen sich kleinere Kämpfe in den Wäldern entwickelt zu haben; einige Verwundete wurden eingebracht und ins Schulhaus gelegt. Hier befand sich das Lazarett. Dies gab vermutlich auch zu dem Gerücht Anlass, dass der Lotenberg voll von Toten und Verwundeten liegt, ebenso gäbe es im Fuchseckwald eine Menge Tote. Alle diese Gerüchte stellten sich später als völlig unwahr heraus.

Im Dorfe selber hatten die Amerikaner sofort vom Rathaus Besitz genommen und dort eine Ortskommandantur eingerichtet, welche alsbald auch die ersten Anordnungen erließ. Die Waffen mussten aufs Rathaus gebracht werden, wo sie unbrauchbar gemacht wurden. Die Einwohner durften ihre Häuser nicht mehr verlassen, auch wurde in der Ortsmitte alsbald mit dem Räumen von Wohnhäusern begonnen, um Einquartierung Platz zu machen. Von den einquartierten Truppen

Luftaufnahme von Heiningen aus den 1930er Jahren.

wurden die Häuser vom Dach bis zum Keller durchsucht. Kästen, Schränke, Koffer u.a. erbrochen und der Inhalt zum Teil zerstreut oder vernichtet, wie auf dem Rathaus manche Akten, die Armbinden des Volkssturms oder im Schulhaus. Bücher und Lehrmittel aus Glas. Letztere wurden sämtliche zerschlagen. Im Schulhaus scheinen auch Operationen ausgeführt worden zu sein. Nach dem Abzug sah ich in Gefäßen noch Reste von Blut für Blutübertragungen und blutige Schürzen. Überreste wurden in einer Grube im Gärtchen hinter dem Schulhaus vergraben.

Am zweiten Tag der Besetzung hatte ich selbst auf dem Rathaus bei der Ortskommandantur etwas zu erfragen. Der Platz vor dem Rathaus war voll von Panzerautos; ständig fuhren sie ab und ständig kamen sie an. Auch im Rathaus selbst war ein beständiges Kommen und Gehen von Ordonanzen, die mich mit schiefen Blicken betrachteten. Im Parteigeschäftszimmer klapperten die Schreibmaschinen und ununterbrochen wurden Ferngespräche geführt. Im Vorraum der Gemeindepflege lagen Soldaten auf dem Steinboden und schliefen. In das Obergeschoss kam ich nicht. Hier traf ich auch Herrn Pfarrer Erbe, welcher anfragte, ob der Gottesdienst für den kommenden Sonntag abgehalten werden dürfte, was alsbald genehmigt wurde. (…)

Unser Dorf war in den ersten Tagen nach der Besetzung völlig von der Außenwelt abgeschlossen. Die Einwohner durften ihre Häuser nicht verlassen. Zwar kamen immer Volkssturmmänner durch, die bei Annäherung des Gegners mit ihren Abteilungen nach rückwärts abzumarschieren gezwungen waren und später sich von ihrer Truppe lösten und so der Gefangennahme und den vielen folgenden Strapazen entgingen. Der Heininger Volkssturm konnte nicht mehr abmarschieren, da zum festgesetzten Abmarschzeitpunkt die amerikanischen Truppen schon vor der ersten Panzersperre erschienen waren.

Die Schulen blieben geschlossen; die Räume waren von Truppen und Sanitätspersonal belegt und dem Lehrpersonal völlig unzugänglich. Der elektrische Strom blieb anfangs völlig aus und damit auch die Nachrichtenübermittlung über das Radio. Später konnten wir wieder mit Strom versorgt werden. Die Zeitungen erschienen nicht, der Zugverkehr blieb eingestellt, die Schienen verrosteten und zwischen ihnen wuchs langes Gras. Die Felder blieben in der warmen Frühlingssonne menschenleer. Doch wurde nach einigen Tagen das Ausgehverbot geändert. Die Bevölkerung durfte tagsüber zur Feldarbeit die Felder betreten, doch blieb das Ausgehverbot bei Nacht noch lange bestehen. Das Dorf erhielt mit der Besetzung eine Besatzung. Die schönsten Häuser des Oberdorfs mussten von den Bewohnern geräumt werden und einige Wochen lang blieben sie im Besitz der Truppen. Die Bewohner konnten nur die Viehstätte betreten, um hier die täglich notwendig werdenden Arbeiten zu verrichten.

In der Besatzungszeit ereignete sich ein bedauerlicher Unglücksfall. Am 5. Mai 1945, nachmittags, hantierte ein amerikanischer Soldat in seinem Quartier bei

Wilhelm Schraag im oberen Stock unvorsichtig mit seinem Gewehr. Ein Schuss löste sich und drang durch die Decke in den unteren Stock. Dort hielt sich der 15-einhalbjährige Knabe des Besitzers Karl S. bei Soldaten der Einquartierung auf und wurde so unglücklich von der Kugel getroffen, dass er sofort tot war. Der Soldat war außer sich, aber das Unglück war schon geschehen.

Am Bahnhof war ein Zelt für schwarze Truppen aufgeschlagen. Auch im Bahnhofsschuppen sollen solche untergebracht gewesen sein. Außer einigen kleineren Ausschreitungen wurde nichts Nachteiliges über diese Truppen bekannt. Zudem wurde die Bevölkerung gewarnt.

Die Besatzung benahm sich mustergültig. Die Einwohner konnten sich sicher fühlen vor den Überfällen ausländischer Arbeiter, welche die Umgebung, hauptsächlich einsam gelegene Bauerngehöfte, unsicher machten. Belegt durch die Truppen wurden die schönsten Gebäude, so die neuerbauten Häuser am Bahnhof, im Oberdorf, aber auch in der Ortsmitte.

Nach vier Wochen zog ein Teil der Besatzung ab. Die letzten Truppen verließen Heiningen nach etwa sechs Wochen. Ausgehzeit wurde festgesetzt von morgens 7 Uhr bis abends 19 Uhr, später bis 21 Uhr. Doch blieb das Ausgehverbot bei Nacht den ganzen Sommer über bestehen, was in mancher Hinsicht sehr lästig war. (…)

Als bemerkenswert ist auch hervorzuheben, dass vor der Besetzung Heiningens zahlreiche Sträflings- und Häftlingskolonnen unter Bewachung den Ort durchzogen. Scheinbar wurden Gefängnis und Lager vor dem anrückenden Gegner geräumt.

Kaum waren die [amerikanischen] Panzerkolonnen durchgejagt, erschienen auch die ersten deutschen Gefangenen. Sie wurden zu Fuß rücktransportiert und im Hof des Bauern Rapp im Ratzenbach gesammelt und verpflegt, während sich die Wachmannschaft die Zeit mit Messerspicken auf eine Bretterwand vertrieb. Später wurden andere Gefangene mit Windeseile durch das Dorf gefahren. Einmal an einem Sonntag erschienen drei Lastautos mit Gefangenen, die aber von den Amerikanern schon entlassen worden waren unter deutscher Führung oben im Dorf, machten Halt und wurden von den herbeieilenden Einwohnern verpflegt. Es waren Truppen aus dem ungarischen Kriegsgebiete, die in ihre Heimat, Mannheim am Rhein, wollten.

In den ersten Tagen der Besetzung erbebten Tag und Nacht die Häuser von den Abschüssen der schweren Geschütze, die Ortschaften auf der Alb beschossen. Die Panzer erkletterten ohne nennenswerten Widerstand zu finden, Raumsperren vor sich wegschiebend, den Albrand. Scheinbar standen den wenigen deutschen Truppen keine schweren Waffen zur Verfügung, nicht ein Schuss einer solchen war hörbar. Auch war von einer zurückflutenden deutschen Armee, abgesehen von einzelnen Fahrzeugen, so gut wie nichts zu sehen. Die Front zwischen Ludwigsburg und Crailsheim muss durch den Durchbruch der amerikanischen Truppen völlig gesprengt worden sein. Es wird auch gesagt, dass seit dem Übergang des Gegners über den Rhein gar keine einheitliche Front mehr bestanden habe. Vielleicht vollzog sich der Rückzug auch in anderer Richtung. Schärfer gekämpft wurde in unserer näheren Umgebung bei Weilheim und am Rechberg.

Die hier einquartierten deutschen Truppen zogen in der Nacht vor dem Einmarsch der Amerikaner ab. Geräte, die sie nicht mitnehmen konnten, wurden von ihnen zerstört. Sie hinterließen bei den Bewohnern, was soldatisches Benehmen anbelangt, nicht den besten Eindruck. Nachdem die Panzertruppen die Alb überquert hatten und die Kampffront sich entfernt hatte, verließ auch der Stab der Amerikaner, sowohl Rat- als auch Schulhaus.

Bürgermeister Kümmel nahm sein Amt wieder auf und das dörfliche Leben kam wieder in Gang. Große Schwierigkeiten machte die Versorgung mit Lebensmitteln. In den ersten Tagen musste jeder selbst schauen, wie er durchkam. Vorhandene Vorräte verblieben den Einwohnern, die Truppen versorgten sich aus eigenen Beständen. (…)

Das dörfliche Leben hat sich im Laufe der Zeit wieder eingespielt. Flüchtlinge mussten aufgenommen werden. Die Schule wurde wieder am 1. Oktober 1945 eröffnet. Der Eisenbahnverkehr lief wieder an. Die Munitionsstapel verschwanden von der Bezgenrieter Straße. Eines Tages war auch die Besatzung abgezogen. Die Kriegsfurie war über die Gegend weggebraust ohne nennenswerte Spuren zu hinterlassen. Wir können Gott danken, dass alles so gut ablief, wie auch ein amerikanischer Offizier uns Heiningern zurief: „Ihr könnt Gott danken, kein Ziegel ist von Euren Dächern gefallen."

[1] HStAS J 170 Bü 6 (Heiningen). Zweitfassung im Kreisarchiv Göppingen.

„Als ich die Haustüre öffne, blicke ich in den Lauf von zwei Gewehren. Mir wird übel vor Schreck. Mein Gedanke: Jetzt nehmen sie mir den Vater weg."

Der damals 14-jährige Rolf Kümmel (1930-2010) schildert eindrücklich die Situation in Heiningen vor dem Kriegsende und erlebt mit, wie sein Vater, der Bürgermeister Karl Kümmel, wegen Beseitigung der Panzersperre verhaftet und vor Gericht gestellt wird.[1]

„Die meisten Bauern gehen nicht in den Keller. Wenn uns eine Bombe trifft, soll sie uns alle treffen, uns und unser Vieh, sagen sie. Wie sollen wir leben ohne unseren Hof. Wenn der Herrgott uns schützen will, schützt er uns. Und ganz praktisch: Durchschlägt eine der sechseckigen Brandbomben das Dach und fängt der Hof an zu brennen, dann muss das Vieh schnell losgebunden werden, dann kommt es auf jede Sekunde an. Im Keller hört man einschlagende Brandbomben vielleicht überhaupt nicht. (…)

Der Führer hat uns Wunderwaffen versprochen, sie werden den Kriegsverlauf ändern. Haben wir nicht schon mit V1- und V2-Raketen London beschossen? Vielleicht jetzt V3 oder V4, d.h. größere Raketen mit höherer Treffsicherheit. Wie man hört, soll es bald bemannte Raketen geben, mit denen man sich auf ein Ziel stürzen kann. Freiwillige werden gesucht, die bereit sind, sich dafür zu opfern. Mein (naiver) Vorschlag an den Führer der örtlichen Hitler-Jugend: Man solle alle Orts- und Straßenschilder vertauschen, damit der Feind sich nicht mehr zurechtfindet. Er geht dann in die falsche Richtung. Der HJ-Führer (17-jährig?) findet das toll, er wolle diesen Vorschlag weitergeben.

Die Stimmung dreht. Bisher feindliche Flugzeuge in großer Zahl am Himmel, sonst aber Ruhe im Dorf. Ich muss zugeben: Jetzt ziehen zurückweichende Truppen durch die Hauptstraße. Nicht wie eine siegreiche Armee, eher niedergeschlagen, müde, dreckig, fast zerlumpt und in einer schlechten Verfassung. Am schlimmsten: Die zunehmende Zahl an Meldungen über gefallene Soldaten unseres Dorfes. Ein Bild des Jammers, wie die Frauen zusammenstehen in kleinen Grüppchen, wie sie mit ihren Schürzen sich die Tränen abtrocknen. Am anderen Tage wird eine Todesanzeige in der Zeitung stehen mit dem Eisernen Kreuz in der Mitte und dem stereotypen Satz: Für Führer, Volk und Vaterland ist gefallen…

Zwei Bürgermeister, die sich beim Kriegsende mutig für ihre Gemeinden einsetzten: Karl Kümmel aus Heiningen (links) und Gustav Seebich aus Ebersbach (rechts), der spätere Landrat.

Die Leute fangen an, den Krieg zu verfluchen. Andererseits mein Latein-Lehrer: Dulcis et decorum est pro patria mori (es ist süß und ehrenhaft, für das Vaterland zu sterben). Wem soll ich denn glauben, wer hat denn Recht?

Auf Befehl von Hitler wird im Herbst 1944 zur Verteidigung der Heimat ein Volkssturm gebildet. Idee: Alle noch nicht unter Waffen stehenden jungen und alten Männer sollen als Partisanen ihr Dorf verteidigen und das Vordringen der feindlichen Truppen zumindest verzögern. Keine Uniformen, statt dessen eine Armbinde. In Heiningen bildet sich eine Truppe von 50-60 Männern. Ihre einzige Ausrüstung sind vier Panzerfäuste, d.h. panzerbrechende Waffen, keine Gewehre. Sie fangen an, entlang der Zugangsstraßen zum Dorf Schützenlöcher auszuheben. Form wie ein großes L, ca. ein Meter tief, geeignet, um Schutz zu finden bei Tieffliegerangriffen und um aus diesen Todeslöchern Panzer abzuschießen. Als der Volkssturm beginnt, unter Anleitung eines Wehrmachtsoffiziers in Heiningen Panzersperren anzulegen, entsteht eine große Unruhe unter der Bevölkerung, Widerstand regt sich.

Drei Panzersperren bringt man im Dorf an. Im Oberdorf, dort wo der Oberlehrer Kauderer wohnt, in der Dorfmitte beim Flaschner Rollmann und am südlichen Ausgang bei der Gärtnerei Mohring. Heiningen als Festung: Geradezu lächerlich. (...)

Die Partei ordnet an, alle männlichen Jugendlichen, die 14 Jahre und älter sind, zu evakuieren. Man will sie zu Werwölfen (paramilitärische Organisation) ausbilden. Ich kann mich daran erinnern, wie wir auf den Einsatz vorbereitet wurden. Ein Offizier der Waffen-SS hält unserem kleinen Häuflein eine schneidige Rede: Unbedingter Gehorsam zum Führer, Glaube an den Endsieg, Überlegenheit der arischen Herrenrasse und dann (wörtlich!): „Wer einmal Blut geleckt hat, kann nicht mehr davon lassen!" Es wird mir übel, Angst kriecht in meinen Bubenkörper. Warum soll ich Blut lecken? Zweifel regt sich, ob das alles so richtig ist. Bauer Haag, dessen Sohn betroffen ist, geht zum Rathaus. „Was kann man dagegen tun, Herr Bürgermeister?" will er wissen. „Ihr müsst euch gemeinsam widersetzen, alle Eltern müssen sich zusammentun," sagt Bürgermeister Kümmel.
Als der Ortsgruppenleiter der NSDAP die Jugendlichen zusammenruft, um sie auf ihre Aufgabe zu verpflichten, erscheinen fast geschlossen, obwohl nicht eingeladen, auch die Eltern. Nein, das käme nicht in Frage, sagen sie empört. Unsere Kinder geben wir nicht her, da ist sich das Dorf einig. Fast kommt es zu einem Handgemenge. Der Ortsgruppenleiter ist verdutzt. Da müsse er erst die Weisung seiner vorgesetzten Stelle einholen. (...)

12. April 1945 (Donnerstag)

Die Erregung und Angst über den nahenden Feind und die Panzersperren legt sich wie eine drückende Last über das Dorf. Die Sperren werden zum Tagesgespräch.

Sie müssen weg, sagen die Leute, da müsse man doch etwas unternehmen. Man sagt, Tiere spüren die Gefahr. Auch Menschen ahnen die Gefahr. Da braut, da ballt, da zieht sich etwas zusammen, es ist wie ein heraufziehendes Gewitter, schwül, schwarz, düster, beängstigend. Menschen auf dem Dorf waren damals sensibler gegen Bedrohungen als heute, weil stärker mit der Natur verbunden. Ahnungen (damals) versus Informationen (heute).

Morgens kommt Lehrer Kauderer, angetrieben von einer inneren Unruhe, zu Bürgermeister Kümmel aufs Rathaus. Die Bevölkerung erhebe sich, sagt Kauderer. Kümmel: „Dann ist es an der Zeit, etwas zu unternehmen. Werft die Steine aus den Panzersperren hinaus!" Man beschließt, damit zu beginnen, wenn es Nacht geworden ist.
Dann geht Kauderer zu Bauer Stohrer, um mit ihm über die Ausräumung der zweiten Panzersperre zu reden. Wenig später kommt Stohrer noch einmal aufs Rathaus. Er lässt sich vom Bürgermeister bestätigen, dass man wirklich heute Nacht mit der Aktion beginnt. Stohrer sagt: „Lieber soll ein Mann zugrunde gehen als das ganze Dorf". (…)

Ich war damals allein zu Hause. Wie erwähnt, mein Vater auf dem Rathaus in Eschenbach. Als ich die Haustüre öffne, blicke ich in den Lauf von zwei Gewehren. Mir wird übel vor Schreck. Mein Gedanke: Jetzt nehmen sie mir den Vater weg. (…)

Als die Nachricht von der Verhaftung das Dorf erreicht, als sie von einem Haus auf das andere überspringt, so wie ein Feuer überspringt bei trockenem Stroh, legt sich eine Decke des Entsetzens über den Ort. Am Rathaus, an der Molkerei, bei der Post, beim Wagner Allmendinger, beim Schmied Habdank, beim Küfer bilden sich Gesprächsgruppen. Die Leute schimpfen und sind gleichzeitig voll Sorge. Zum Ortsgruppenleiter gehen die einen, zum Pfarrer die andern. Man verfasst eine Bittschrift, schickt sie dem Kreisleiter der NSDAP, in der Kirche wird für die Freiheit der Verhafteten gebetet. Manche wollen vor das Gefängnis in Göppingen ziehen, andere die verbliebenen Panzersperren vollends verstören. Keiner spricht mehr vom Endsieg, von der Notwendigkeit, für den Führer zu kämpfen. Aber bald erkennen alle: Die Ohnmacht ist größer als der Zorn. Objektiv betrachtet: Keine Chance, gegen das Regime etwas zu erreichen. Obwohl kurz vor dem Zusammenbruch: Die Mauern des nationalsozialistischen Systems können von ein paar Männern und Frauen nicht geschleift werden. (…)"

[1] Rolf Kümmel, Heiningen 1945, Heiningen 2002, S. 16-42. Das gesamte, sehr lesenswerte Büchlein umfasst 67 Seiten.

Die Autobahnbrücken werden gesprengt

Bericht der Gemeinde Hohenstadt über die Kriegshandlungen auch in der Umgebung des Orts.[1]

Am 19. musste ein Russe im Gewand „Petrus" sein Grab graben, das Urteil wurde aber nicht daselbst vollstreckt. Am selben Tag musste um 4.45 Uhr nachts der Volkssturm antreten, zum Einsatz kam dieser jedoch nicht.

Am 20. April wurde vormittags 8 Uhr die große Drachenlochbrücke an der Autobahn in die Luft gesprengt. Samstag [21. April] früh lag feindliches Artilleriefeuer vor Mühlhausen, vormittags versuchte der Amerikaner, die Autobahn herauf zu fahren, musste aber wegen der gesprengten Drachenlochbrücke wieder zurück. Als er nun Feuer aus der Richtung Tierstein bekam, schoss er in Gosbach 10-12 Häuser in Brand, wobei es auch Tote gab (21. April). Mittags um 13.30 Uhr war Feueralarm. In Oberdrackenstein brannten infolge Beschießung durch Jagdflieger ein Wohnhaus und drei Scheunen. Die Hohenstadter Feuerwehr konnte aber wegen der Flieger nicht ausrücken. Um 14 Uhr wurde dort die Steige beim Felsen beim Jägerbauer gesprengt, um die gleiche Zeit auch die Autalbrücke an der Reichsautobahn auf der Markung Machtolsheim.

Mehrere Brücken der Reichsautobahn wurden im Landkreis Göppingen noch am 20. April 1945 durch die Wehrmacht gesprengt.

Mittags 14 Uhr fielen Sprenggranaten auf die ersten Häuser in Hohenstadt beim Ortsausgang nach Wiesensteig; sie kamen aus Richtung Heidental-Auschwang. Die Gebäude von Kathrina Pässler und Paul Mayer wurden leicht beschädigt. Die Granaten stammten vom Gegner, der von Schopfloch nach Westerheim zog. Von 16 Uhr ab brannte Westerheim schrecklich, es tobte ein schwerer Kampf. Es wurde Nacht und man wartete mit Bangen. Der Hausrat war meist in den Kellern verstaut. Die Baumannsfahrnis und die Maschinen waren in den Baumgärten untergestellt.

Sonntag 22. April[2] um 4 Uhr früh rückte das deutsche Militär in Richtung Ulm ab, weil die erwartete Verstärkung nicht eingetroffen war. Das war eine Erleichterung. Mittags 12 Uhr fuhren von Drackenstein her zwei amerikanische Panzer in den Ort, während weitere Panzer schon östlich und südlich Aufstellung genommen hatten. Jetzt wurde der Ort vom Bürgermeister übergeben. 1600 feindliche Fahrzeuge fuhren nun durch in Richtung Laichingen, von Deggingen und Berneck über Drackenstein herkommend.

Der große Krieg war damit für Hohenstadt zu Ende, ohne dass der Ort selbst größeren Schaden erlitten hatte.

[1] HStAS J 170 Bü 6 Bericht Hohenstadt (28.3.1949).
[2] Im Original fälschlicherweise „24. April".

„Sei doch nicht verrückt, dreh wieder um!"

Ein 16-Jähriger wird gemustert und erlebt an seinem Geburtstag das überraschende Vorrücken der Amerikaner in das Kreisgebiet und den Angriff auf sein Heimatdorf.[1]

Ich bin 1929 in Hohenstaufen geboren und dort aufgewachsen. Mein Vater, ein Teilnehmer des Ersten Weltkrieges, leitete die Abteilung Großmontage bei der Firma Schuler in Göppingen und hatte beruflich viel in Frankreich zu tun, das er sehr schätzte. Auch aufgrund seiner eigenen Erfahrungen war er ein entschiedener Kriegsgegner. Mein älterer Bruder und mein ein Jahr älterer Vetter, der bei uns aufgewachsen war, wurden zur Marine und zur Heimatflak eingezogen.

Mit weiteren Jungen aus dem Kreis Göppingen musste ich im Oktober/November 1944 an den Westwall bei Iffezheim, um dort Schanzarbeiten zu leisten. Beispielsweise legten wir zickzackförmige Schützengräben an, die durch ihre Form Deckung gegen Tieffliegerangriffe bieten sollten. Die Verpflegung sah sehr mager aus, so dass wir in der „Freizeit" versuchten, mit der Hand Fische aus den Tümpeln am Rheinufer zu fangen. Die Rückfahrt nach Göppingen erfolgte dann wegen der Fliegergefahr nur nachts, tagsüber bemühte man sich, den Zug in Tunneln oder im Wald abzustellen.

Berg und Dorf Hohenstaufen, dahinter der Hohenrechberg.

Einige Wochen vor Kriegsende wurde ich mit meinen Altersgenossen in der Göppinger Freihofturnhalle gemustert, danach kamen wir in das Ausbildungslager auf den Kuchberg. Als Verwendungswunsch gab ich „Springbootfahrer" an, weil ich hoffte, dadurch nicht so schnell zum Einsatz zu kommen. Irgendwann schickte man uns nach Hause, um dort den Einsatzbefehl abzuwarten.

Den schweren Luftangriff auf Göppingen vom 1. März 1945 habe ich an der Gewerbeschule am Nordring erlebt, wo ich Unterricht hatte. Zuerst dachten wir, die Flugzeuge würden eine Großstadt anfliegen, doch dann sahen wir schon die ausgeklinkten Bomben fallen, vor denen wir in uns in Splittergräben auf dem Hof der Schule zu schützen versuchten. Nach dem ersten Chaos halfen wir in der Christophstraße beim Löschen und Bergen. Dabei wurde ein älterer Soldat von einem herabfallenden Dachziegel erschlagen. Noch schlimmer war für mich der Angriff am 12. April, als auch die Firma Munz & Oehme getroffen wurde, wo mein Freund Hans arbeitete. Ich hielt mich mit dem Fahrrad im Eichert auf und eilte zur Firma, nachdem die Bomben gefallen waren. Kaum hatte ich den Hof betreten, sah ich Hans mit offenen Augen am Boden liegen. Ich rief seinen Namen und schüttelte ihn, doch er war schon tot. Der Luftdruck hatte ihm vermutlich die Lunge zerfetzt. In Hohenstaufen war ich nicht mehr in der Lage, seiner Mutter, die innerhalb von sechs Monaten zwei Söhne im Krieg verloren hatte, diese furchtbare Nachricht zu übermitteln. Die Schwester eines Freundes tat es für mich.

Der 19. April 1945

In den Wochen vor dem Einmarsch wagten wir Jugendlichen uns oft sonntags zum Wasserschutzreservoir am Hohenstaufen, um von dort aus die Luftkämpfe und Bomberverbände in der Gegend zu beobachten. Wenn ein Jagdbomber in unsere Richtung kam, sprangen wir schnell in den Wald, um dort Deckung zu suchen. Mitte März stürzte in Richtung Wäschenbeuren ein englischer Bomber ab. Dabei kamen sechs Besatzungsmitglieder ums Leben, der Bordschütze hing noch hinten in seiner Kapsel, ein weiterer Mann lag zwischen Maitis und Wäschenbeuren tot auf dem Rücken – ein grauenvoller Anblick, der uns lange nachging. Nur ein Pilot hatte überlebt und wurde zwei Tage später am Bahnhof Birenbach gefangen.

Am 19. April musste bei Lenglingen ein amerikanischer Jabo notlanden. Als mein Freund Fritz und ich davon hörten, fuhren wir mit dem Fahrrad hin, um uns die Maschine anzusehen, die sich noch in gutem Zustand befand. Die Piloten hatten nach der geglückten Landung das Weite gesucht und waren im Wald in Richtung Remstal verschwunden, wo ja ihre Landsleute schon vorrückten. Am Flugzeug konnten wir uns jedoch nicht aufhalten, weil es dauernd von anderen Jabos angeflogen wurde – so mussten wir uns mehrfach unter Büschen verstecken. Da es uns doch langsam zu gefährlich wurden, machten wir uns auf den Weg nach Maitis. Dort hörten wir plötzlich Schüsse aus Richtung Wäschenbeuren und sahen bald große Rauchsäulen aufsteigen. In der Nähe des Maitiser Bahnhofs trennte ich mich von

Fritz und wollte mit dem Fahrrrad nach Wäschenbeuren fahren, um dort zu helfen. Auf dem Weg kamen mir deutsche Soldaten entgegen, die mich anherrschten: „Sei doch nicht verrückt, dreh wieder um!". Ich durfte mein Rad an ihren kleinen Lastwagen hängen, doch bald mussten wir in den Straßengraben springen, weil ein Jabo das Auto beschoss. Weitere versprengte Soldaten sowie ein Königstiger-Panzer zogen über den Aasrücken vorbei ins Ottenbacher Tal.

So schnell wie möglich kehrte ich zurück nach Hohenstaufen, wo ich am Wasserreservoir Hans P. traf. Er war etwa zwei Jahre älter als ich, in Rumänien geboren und eine Art „Bursche" oder Adjudant beim Reichsstatthalter Murr in Stuttgart gewesen. Seit einiger Zeit hielt sich dieser umgängliche junge Mann nach einem Bombenangriff hier zur Erholung auf. Zusammen schauten wir hinunter auf das brennende Wäschenbeuren. Hans sagte: „Komm, wir ziehen uns zurück!". Offensichtlich wollte er das Dorf verlassen oder sich irgendwelchen Verteidigungseinheiten anschließen. Ich entgegnete, dass ich meinen Vater und meinen Großvater nicht im Stich lassen konnte. Kurz danach wurde auch Hohenstaufen Ziel der Jagdbomber, die Sirenen heulten. Zu Hause öffneten wir die Fenster und schlossen die Läden. Der Nachbar rief meinem Vater zu, dass sich der Volkssturm am Rathaus sammeln sollte und wollte wissen, ob er gehe. Mein Vater verneinte und behauptete, dass auch ich nicht zu Hause wäre. Der Nachbar blieb dann ebenfalls daheim. Bald brannte es im Dorf an mehreren Stellen. Ich lief wieder hinaus, um zu helfen, unter anderem bei den Häusern Gairing und Link. Unser Nachbar, der Förster S. lief den Berg hinauf zu seiner Mutter, die in der Nähe der Kirche wohnte. An der Friedhofsmauer fand er Hans Polter mit einer schweren Kopfverletzung, an deren Folgen er in der Nacht starb. Eine 34-jährige Frau aus dem Saarland, die bei einer Bekannten in Hohenstaufen untergekommen war, wurde von einem Bombensplitter im Bauch getroffen. Man brachte die Schwerverletzte ins Magazin der Feuerwehr, wo man sie in einem Schlauchboot notdürftig zu versorgen versuchte. Vor Schmerzen riss sie sich schier die Kleider vom Leib. Man bat einige Soldaten, die über ein Auto verfügten, die Frau nach Göppingen ins Krankenhaus zu fahren, da die Straße nach Göppingen noch frei sei. Doch während des Gesprächs hörte man eine gewaltige Detonation aus Richtung Süden: in Höhe des Wannenhofs hatte man die Straße gesprengt. So konnte die Frau nicht mehr gerettet werden, sie starb qualvoll in Hohenstaufen. Nach den Löscharbeiten verbrachten wir die Nacht im Gewölbekeller unseres Hauses.

Im Morgengrauen sah man dann die ersten amerikanischen Panzer und Fahrzeuge ins Dorf einrücken. Einige waren mit einem weißen Stern versehen, andere hatten auf der Motorhaube eine gelb-glänzende Folie angebracht, um sie für die eigenen Luftstreitkräfte erkennbar zu machen. Mein Vater und ich waren sehr glücklich und erleichtert, dass der Krieg für uns vorbei war und vor allem ich nicht mehr eingezogen werden konnte. Allerdings mussten wir unser Haus etwa für 2-3 Wochen räumen, wir bekamen nur zehn Minuten Zeit, um das Nötigste zusammen-

Das Dorf Hohenstaufen wurde in den frühen Morgenstunden des 20. April 1945 besetzt.

zupacken. Mein Vater durfte allerdings ab und zu ins Haus, ich hingegen nicht – gegenüber uns Jugendlichen waren die Amerikaner etwas misstrauisch und hatten wohl Angst vor „Werwölfen".

Im unserem Keller hatte die Familie Schuler einige Dinge eingelagert. Da sie sich bald recht gut mit dem Göppinger Kommandanten Captain Holbrooke verstanden, konnte sie die Sachen bald ungehindert abholen. So fuhr ich mit dem Fahrrad nach Göppingen. Dort traf ich Herrn Mönes, mit dem ich zu Captain Holbrooke ging, wo auch Frau Pauline Schuler arbeitete. Ich durfte aber wiederum nicht zu Holbrooke ins Büro, vermutlich wieder aus Vorsicht. Drei Jeeps mit Bewaffnung fuhren kurz darauf nach Hohenstaufen, auf dem letzten war ich mit meinem Fahrrad. Die Familie Schuler konnte die Sachen ungehindert mitnehmen.

Am 8. Mai, dem Tag der Kapitulation, wurde die Stromleitung durch Freudenschüsse der amerikanischen Truppen beschädigt. Die bald stationierten Soldaten der 100sten US-Infanterie-Division aus Texas waren teilweise recht raue Burschen, die mit den Pferden der Bauern wild durch die Gegend ritten. Doch im Großen und Ganzen verhielten sie sich der Bevölkerung gegenüber recht anständig. Die später folgenden schwarzen Soldaten einer Transporteinheit waren jeweils in den Gastwirtschaften und in der Schule untergebracht, die Weißen auch in einzelnen Privathäusern. Bei der Küche im Schulhaus erhielten die Kinder des Dorfes bald die Reste der Soldaten-Mahlzeiten. Anfänglich hatte man diese noch verbrannt, wie auch andere Abfälle, die im Steinbruch „entsorgt" wurden, wo man manchmal allerhand Brauchbares finden konnte. Ich kann mich gut erinnern, wie mein Vater einmal einige kaum benutzte Frotee-Handtücher mit nach Hause brachte, die bei uns beschlagnahmt worden waren. Glücklicherweise kehrte auch mein Bruder nach einigen Monaten aus englischer Gefangenschaft heim. Mein Vetter war als Flakhelfer von den Amerikanern gefangengenommen und in die USA verschifft worden. Nach seiner Entlassung blieb er dort und machte später Karriere als Jurist.

---

[1] KrA GP S 16 Hohenstaufen Nr. 1. Zusammenfassung eines Interviews mit dem Zeitzeugen von 2013.

„Wir sind nicht schuld an diesem Krieg!"

Ein 14-Jähriger aus Uhingen-Holzhausen berichtet über den Einmarsch der Amerikaner am 20. April 1945 und die Beschießung des Aichelbergs.[1]

Ich wuchs mit vier Geschwistern in Holzhausen auf, damals ein Dorf mit vielleicht 350 Einwohnern. Mein Vater war seit 1941 im Krieg in Frankreich eingesetzt und kehrte erst ein halbes Jahr nach Kriegsende wieder zurück. Als 14-Jähriger wurde ich gut zwei Wochen vor dem Einmarsch der Amerikaner in die HJ aufgenommen und sollte bald eine Jungschar übernehmen. Da ich bereits viel in der Landwirtschaft mithelfen musste und häufig draußen auf dem Feld war, habe ich auch den Luftkrieg im Frühjahr 1945 hautnah miterlebt. Einmal wurden mein Bruder und ich auf dem Feld von einem Tiefflieger beschossen, dessen Bordkanonen uns nur knapp verfehlten. Ich sah die Geschosse praktisch vor meinem Gesicht. Von diesem Zeitpunkt an waren wir besonders vorsichtig.

Auch den Luftangriff auf Göppingen am 1. März 1945 habe ich von Holzhausen aus sehr gut beobachten können. In den Wochen vor Kriegsende versuchte man uns in der HJ zur Errichtung von Panzersperren anzuregen. Doch die älteren Bürger in Holzhausen machten uns klar, dass dies – zumal in diesem Gelände – ein völlig sinnloses Unterfangen sei, weil die Panzer einfach drum herum über Äcker und Wiesen fahren könnten. Daher unterließen wir es, so fanatisch war man dann auch wieder nicht.

Am Abend des 19. April hörte man dann vom Angriff auf Wäschenbeuren und wusste daher vom baldigen Eintreffen der Amerikaner. Wenig später hörte man bereits die Geräusche der näherkommenden Panzer und Militärfahrzeuge immer lauter. Eine riesige Panzerkolonne, es mögen vielleicht 100 Panzer gewesen sein, bog zwischen Wangen und Holzhausen am Lindacher Wald nach Süden in Richtung Filstal ab.

Am 20. April traf ein Vorauskommando der Amerikaner im Ort ein, wo es keinerlei Widerstand gab. Auch bei uns klopften einige Soldaten, um unser Haus am Ortsrand zu besetzen. Als meine Mutter zu weinen begann, tat es dem deutschsprachigen Offizier etwas leid und er meinte entschuldigend: „Wir sind nicht schuld an diesem Krieg!". Trotzdem mussten wir unser Haus räumen und behelfsmäßig bei Nachbarn unterkommen. Um die Soldaten milde zu stimmen, stellte meine Mutter ihnen noch Brot und Most auf den Tisch, bevor wir das Haus verließen. Beides fanden wir dann bei unserer Rückkehr nach drei Tagen unversehrt wieder, aus Angst vor vergifteter Nahrung hatten die Amerikaner ihr Begrüßungsmahl stehen gelassen. Es wurde von ihnen aber auch nichts gestohlen oder beschädigt.

Unweit unseres Hauses stellten die Amerikaner eine ganze Reihe von Panzern und Artillerie mit Schussrichtung auf den Aichelberg auf, um die dort postierte deutsche Artillerie unter Feuer zu nehmen. Dafür fällten sie auch viele Bäume, um ein freies Schussfeld zu bekommen. Der Beschuss des Aichelbergs dauerte glücklicherweise nicht sehr lang, der deutsche Widerstand war wohl nicht sehr stark.

Als zwei amerikanische Panzer durch das Dorf fuhren, gerieten sie in eine Sackgasse und mussten wieder umdrehen. Beim Wenden zerstörten sie die Umfassungsmauer einer Miste. Der Bauer, ein leicht buckliger Veteran des Ersten Weltkriegs, schimpfte ungeachtet seiner eigenen Kriegserfahrungen lautstark auf die Amerikaner ein. Diese packten ihn daraufhin am Kragen und setzten ihn auf einen der Panzer obendrauf. In Uhingen ließen sie ihn aber wieder laufen und nach Hause zurückkehren.

Blick nach Norden über Uhingen auf Holzhausen und den Schurwald.

Nach wenigen Tagen gaben die Amerikaner die besetzten Häuser wieder frei, die Bauern hatten während der Einquartierung stundenweise Zutritt zu ihren Höfen gewährt bekommen, damit sie die Tiere füttern und versorgen konnten.

In den folgenden Wochen passierten immer wieder Lastwagen mit dichtgedrängten deutschen Kriegsgefangenen durch den Ort. Die Fahrer, meistens Schwarze, fuhren sehr schnell, damit die Deutschen nicht abspringen und flüchten konnten. In einer scharfen S-Kurve mussten sie jedoch das Tempo etwas drosseln, dort warfen Dorfbewohner den Soldaten Brotlaibe hinauf auf die Ladeflächen. Auch sah man in dieser Zeit immer wieder deutsche Soldaten, die sich Zivilkleidung besorgt hatten und mit einer Hacke über der Schulter durch die Gegend liefen, um im Notfall eine landwirtschaftliche Tätigkeit vorzutäuschen.

[1] KrA GP S 16 Holzhausen Nr. 1. Zusammenfassung eines Interviews mit dem Zeitzeugen vor 2014.

„Jetzt musst du keine Angst mehr haben."

Ein 14-jähriges Mädchen aus Holzheim erlebt am 19. April 1945 bange Stunden, als sein Vater zum Volkssturm einrücken soll und ist sehr erleichtert über das Ende des Luftkriegs.[1]

Meine drei älteren Brüder mussten alle in den Krieg. Als letzter erhielt mein Bruder Heinrich im Frühjahr 1945 mit 18 Jahren den Marschbefehl an die Ostfront. Zuvor war er schon in Stuttgart als Flakhelfer eingesetzt worden, danach in Epinal [Lothringen] zum Arbeitsdienst. Meine Mutter begleitete ihn mit dem Zug nach Schwäbisch Gmünd, unterwegs mussten sie wegen der Jagdbomber bereits mehrfach aussteigen und Schutz suchen. Den Rückweg musste sie bis Ottenbach zu Fuß laufen, wo sie dann ein Arzt aus Eislingen freundlicherweise mitfahren ließ. Unser Vater hatte mit dem Volkssturm in Holzheim zwei Panzersperren anzulegen, eine beim Geschäft Rollmann, die andere an der Schlater Straße. Ab Herbst 1944 gab es auch für uns größere Mädchen keine Schule mehr, stattdessen „Kriegsdienst". Wegen einer starken Rheumaerkrankung musste ich nicht wie andere meiner Kameradinnen in eine Fabrik. Stattdessen holte mich der Hattenhofener Bürgermeister Thierer freundlicherweise drei Mal in der Woche zum Kleben der Lebensmittelmarken in das dortige Rathaus.

Blick aus Richtung Holzheim ins Filstal.

Es war eine schlimme Zeit in größter Anspannung. Jeden Abend saß die Familie zusammen und wartete, ob der Ortsgruppenleiter kommt und ihr mitteilt, dass der Sohn oder Bruder gefallen ist, denn man hörte lange nichts von ihnen. Vor allem für meine Mutter muss es schrecklich gewesen sein. Auch der Luftangriff vom 1. März 1945, der uns wie viele völlig überraschte, hatte uns direkt das Grauen des Krieges vor Augen geführt. Eine Bekannte aus Holzheim wurde in einem Kindersarg beerdigt, so war ihre Leiche zusammengeschmort. Zur Konfirmation erhielt ich das Gebetbuch eines an diesem Tag gestorbenen Mädchens, zuvor hatte meine Mutter beim Buchhändler keines mehr für mich erwerben können.

Akuter Alarm am 19. April 1945

Am Nachmittag des 19. April besuchte ich meine zukünftige Schwägerin in Hattenhofen. Frau Blessing, eine Damenschneiderin aus Göppingen, zeigte uns dort, wie man einen Rock schneidert. Die Amerikaner waren bereits vor Wäschenbeuren und man sah vom Garten aus die Rauchwolken von dort am Horizont. Bei meiner Schwägerin waren zwei Soldaten von der Feldgendarmerie einquartiert; einer der beiden hat anlässlich des bevorstehenden „Führergeburtstags" und der Goebbelsrede im Radio sogar noch seine Galauniform angezogen.

Es gelang uns, meinen Vater in Holzheim anzurufen. Er riet uns, schnell über Heiningen nach Holzheim zu kommen, da bereits die Jebenhäuser Steige von den Amerikanern mit Leuchtspurmunition beschossen wurde. Mit dem Fahrrad kam er uns entgegen, meine Schwägerin begleitete mich. An der Kirche in Bezgenriet nahmen wir in gedrückter Stimmung Abschied von ihr – wir wussten ja nicht, was die nächsten Stunden bringen und ob wir uns wiedersehen würden. Als wir durch den Heininger Wald fuhren, ertönte laut akuter Alarm – was auch bedeutete, dass die Volkssturmmänner anzutreten hatten, zu denen mein Vater eingeteilt war. Ich hatte riesige Angst, dass er wegen Fahnenflucht erschossen werden würde, weil er nicht im Ort war. Ich weinte den ganzen Weg über. Die Heininger Steige hinauf kamen uns die letzten Soldaten aus der Flakkaserne entgegen. Doch als wir nach Holzheim zur Panzersperre bei Rollmann zurückkehrten, standen alle Volkssturmmänner noch dort und meinem Vater geschah nichts. Offensichtlich rückten sie auch nicht aus, und er ging wieder nach Hause, wo er Wertsachen in der Scheune vergrub.

Die Nacht verlief sehr unruhig: ständiges Geratter und aus Richtung Flugplatz hörte man Sprengungen. Am Morgen wollten mein Vater und Onkel August bei diesem, er wohnte exponiert oberhalb der Kirche, die Wagen aus den Scheunen holen, damit diese bei einem möglichen Beschuss nicht verbrannten. Doch die Amerikaner kamen schon aus Richtung Eislingen – mein Vater sah sie. Sie gaben zwei Warnschüsse auf den bewaldeten Friedhofshang ab, und da kein Feuer erwidert wurde, rückten sie weiter in Richtung Holzheim vor. Mein Vater rannte die Pfarrsteige herunter und rief: „Die Amerikaner kommen schon von Eislingen rum!" Von unserer unteren Küche aus konnten wir sie an der Hasenmauer sehen: die Infanteristen bewegten sich mit ihren MPs im Schutz der Panzer vorwärts durch das Dorf und eine halbe Stunde später waren wir amerikanisch. Wir standen auf der Straße, verspürten eine kolossale Erleichterung, ein riesengroßer Druck fiel ab. Als uns später amerikanische Jabos überflogen, nahm mich mein Vater in den Arm und sagte: „Jetzt musst du keine Angst mehr haben." Vor den Flugzeugen hatte ich unheimliche Angst gehabt und alle da oben gekannt, die dort rumgeflogen sind: Fliegende Festung [B 17], Marauder, Lightning. Ich habe halt nicht sterben wollen. Die sind ständig am Himmel herumgeflogen und macht da jetzt einer seinen Schacht auf? Das hat man ja nie gewusst. Von den Fliegern träume ich manchmal heute noch.

Etwa zehn Tage nach dem Einmarsch der Amerikaner richteten sie auf dem Hof meines Elternhauses, direkt am Bach, eine Wäscherei ein. Gegenüber nutzten sie die Halle eines Malers als Duschraum, wozu sie ein Aggregat in den Bach gestellt hatten. Ein älterer Amerikaner fragte mich, ob ich ihm sein Emblem (100. Division) auf die Uniform nähen könnte. Als ich sie ihm wieder gebracht hatte, meine Mutter hatte es allerdings übernommen, habe ich dafür zwölf Täfelchen Cadbury-Schokolade und einen Beutel Bonbons bekommen. Auch sonst haben wir mit den Amerikanern stets positive Erfahrungen gemacht, es gab keine Übergriffe oder dergleichen. Im „Stern" hatten sie ihre Küche, davor stand eine große Gulaschkanone. Wenn die Amerikaner vorbeimarschierten, rannte unser kleiner Nachbarsbub immer hinaus und rief laut „Heil Hitler!" – so wie er es eben von früheren Aufmärschen und Umzügen kannte.
Lediglich einmal wurden meiner Mutter die zum Lüften aus dem Fenster gehängten Federbetten geklaut. Doch sie lief hinterher, beobachtete, in welchem Haus sie verschwanden und holte sie später zurück.

Mein mittlerer Bruder kam recht schnell wieder zurück in die Heimat, seine Kompanie hatte sich in Oberschwaben aufgelöst und er konnte sich bis zum Kriegsende bei einem Bauern in Münsingen verstecken. Der Älteste kehrte zerlumpt und in sehr schlechtem gesundheitlichen Zustand aus amerikanischer Gefangenschaft zurück, weil durch eine Gelbsuchterkrankung seine Leber stark angegriffen war. Meine Mutter päppelte ihn deshalb ein halbes Jahr lang mit Mehlbrei wieder auf. Vom Jüngsten erhielten wir vier Jahre lang kein Lebenszeichen, dann traf einen Tag vor dem Geburtstag meiner Mutter eine Postkarte von ihm mit 25 Wörtern ein – eine unglaubliche Freude, auch er sollte zurückkommen.

---

[1] KrA GP S 16 Holzheim Nr. 1. Zusammenfassung eines Interviews mit der Zeitzeugin von 2013.

In Kuchen fiel kein Schuss

Ein Siebenjähriger aus Kuchen erlebt die Öffnung der Panzersperre durch die Frauen des Orts und erinnert sich an zahlreiche Episoden mit den amerikanischen Soldaten.[1]

In den Wochen vor Kriegsende warfen amerikanische Jagdbomber Flugblätter ab, auf denen stand: „Wir sind die lustigen Acht, wir kommen bei Tag und bei Nacht!" Wenn man diese Flugzeuge hörte, rannte man schnell in die Häuser. Auch Stanniolstreifen wurden manchmal abgeworfen. In diesen Tagen wurde am Bahnhof Geislingen-West ein Güterzug von der Bevölkerung geplündert, der unter anderem Flugzeugbleche, Stanniol und Pomade geladen hatte. Aus den Blechen haben die älteren Buben später Boote für die Fils gebastelt.

Ich kann mich auch noch gut daran erinnern, dass wir am Tag vor dem Einmarsch in Kuchen zu Besuch bei meinem Onkel waren. Der erzählte, die Amerikaner seien bereits in Süßen, wohin es ja nur acht Kilometer wären. Deshalb würden sie bald zu

Gegen 16 Uhr erreichten die Amerikaner am 21. April 1945 Kuchen, wo sie auf offene Straßen trafen.

uns kommen. Einige Nachbarn zogen zur Sicherheit mit voll bepackten Leiterwagen in den Wald, gleichaltrige Kinder wie ich hatten an den Schnürsenkeln zusammengebundene Schuhe um den Hals hängen – das sehe ich noch genau vor mir. Meine Mutter aber beschloss: „Wir bleiben!" Eine große Gruppe von Frauen aus dem Dorf hatte sich zur geschlossenen Panzersperre am Ortseingang begeben, die aus übereinander gestapelten Baumstämmen bestand. Wir Kinder sprangen neugierig hinterher. Etwa 20 Frauen bewegten jeweils einen Stamm weg, bis die Sperre offen war. Doch SA oder Volkssturm bauten sie wieder auf. Das ging nun ein paar Mal hin und her, bis die Frauen letztendlich die Stämme in die Fils rollen ließen – der Weg für die Amerikaner war frei.

Diese rückten [am 21. April] sehr vorsichtig ein, mit Fußtruppen, Lastwagen und Panzern, es fiel dabei kein einziger Schuss. Einige Anwohner der B 10 hatten auch weiße Fahnen aus den Fenstern gehängt. Wir winkten aus dem Fenster des 1. Stocks heraus, einige Amerikaner winkten zurück. Kurz nach ihrem ersten Durchzug begannen sie Kabel zu verlegen, dicke Gummikabel, die auf großen Trommeln aufgerollt waren. Beim Nachbarn holten Soldaten Holz und machten ein Feuer – mitten auf der B 10. Vor allem im Schulhaus, in den Turnhallen, im Schwimmbad und in den Gaststätten wurden Amerikaner einquartiert, im „Hirsch" beispielsweise vorwiegend Schwarze.

Die Amerikaner haben sich in Kuchen durchweg gut benommen – abgesehen davon, dass sie das Schwimmbad ruinierten, als sie dort mit Panzern in die abgelassenen Becken fuhren. Zu zwei schwarzen Soldaten hatten wir ein besonders gutes Verhältnis, sie waren sehr freundlich und auch sehr fromm, einer hieß „Mr. Clyde" und kam aus Los Angeles. Im Spätsommer halfen die beiden meiner Großmutter bei der Apfelernte und bestanden darauf, ihr den Wagen durch den Ort zu ziehen, was ihr allerdings etwas peinlich war – was sollten nur die Leute denken? Ebenso unangenehm empfand sie es, als einer der beiden sie eines Sonntagmorgens zum Gottesdienst abholen wollte. Sie sagte es ihm zwar zu, doch er sollte schon einmal vorausgehen. Mein Bruder, mein Cousin und ich erhielten von ihnen auch Kaugummi, Orangen und Bananen. Vom erstmaligen Geschmackserlebnis einer Banane war ich allerdings etwas enttäuscht, so dass ich sie noch in Mutters Zuckerlade tunkte. Trotzdem griffen wir rasch zu, als eines Tages eine ganze Kiste von einem vorbeirumpelnden Sattelschlepper auf die Straße fiel. Ohnehin fuhren die Amerikaner äußerst lässig durch die Gegend und hängten manchmal die Füße zum Fenster hinaus.

Im „Hirsch" feierten und tranken die amerikanischen Soldaten bald auch mit jungen Damen aus dem Dorf, die allesamt freiwillig kamen. Einmal wurde eine ganze Gruppe von ihnen aufgegriffen und mit dem Lastwagen ins Göppinger Krankenhaus transportiert, vermutlich zur Kontrolle von Geschlechtskrankheiten. Auf diese Frauen hat man dann jahrelang mit dem Finger gezeigt.

Glücklicherweise kam mein Vater recht früh aus der Kriegsgefangenschaft zurück. Bald begann er einen regen Tauschhandel mit den Amerikanern – eine Flasche

Schnaps gegen einen Kanister Benzin. Doch das amerikanische Benzin war rot eingefärbt und das stellte bei möglichen Kontrollen ein gewisses Risiko dar. Ein befreundeter Chemiker wusste Rat: dem Benzin wurde kleingeklopfte Holzkohle beigegeben, das mehrfach durchgeschüttelte Benzin zwei Tage stehengelassen und zuletzt durch ein Tuch klar gefiltert.

Das zugehörige Auto, ein Kadett, war allerdings zuvor in Gefahr gewesen: eine Gruppe Franzosen hatte es abtransportieren wollen, was zunächst an den fehlenden Rädern scheiterte. Sie kündigten jedoch an, am nächsten Tag wiederkommen zu wollen. Deshalb wandte sich meine Mutter an den US-Kommandanten in Geislingen und der schickte tatsächlich zwei Mann, die bis zum nächsten Tag Wache vor unserer Garage hielten. Ich saß bei ihnen auf dem Schoß und kriegte Kaugummi. Als die Franzosen mit einem Lastwagen anfuhren und die Wache sahen, drehten sie schnell wieder um.

Später hatte ich auch einen „American Football", so ein eiförmiges Ding – ob ich den gefunden hatte oder geschenkt bekam, weiß ich nicht mehr. Jedenfalls versuchten wir, damit Fußball zu spielen, was aber ziemlich problematisch war. Bei einem Reparaturversuch hat der Schuhmacher ihn leider erledigt. Wesentlich gefährlicher war das Spielen mit liegengebliebener Munition. Ältere Buben erzählten, dass auf dem Spitzenberg ein deutsches Maschinengewehr, ein MG 42, liegengeblieben war, mit dem sie dann auf Bäume schossen. Die Amerikaner haben ihrerseits mit Eierhandgranaten im SBI-Kanal „gefischt".

[1] KrA GP S 16 Kuchen Nr. 1. Zusammenfassung eines Interviews mit dem Zeitzeugen von 2013.

Süddeutsche Bauwollindustrie in Kuchen.

„In den Morgenstunden des 20. April 1945 rückte die Mehrzahl der Feindbesatzung in Richtung Göppingen ab…"

Bericht der Gemeinde Maitis über die letzten Kriegstage und die Besetzung des Dorfs am frühen Abend des 19. April 1945.[1]

Von Maitis aus startete am 20. April 1945 die amerikanische Offensive zunächst in Richtung Ottenbach und Salach.

In den Nachmittagsstunden eines Augusttages im Jahre 1944 fielen vier Bomben und ein Blindgänger im Gewand Kohlbronnen (zwischen Radelstetten und Maitis) und richteten beträchtlichen Schaden im Haferfeld an. Der Blindgänger wurde einige Zeit nach Kriegsende ausgegraben und gesprengt. Von dieser Zeit an kamen täglich vier bis acht feindliche Jagdflugzeuge, welche mit ihren Maschinengewehren auf einzelne Autos, Feldgespanne und auf dem Feld arbeitende Menschen schossen. Der Personenzug Göppingen-Schwäbisch Gmünd wurde gegen die Mittagszeit in der Nähe der Station Birenbach regelmäßig als Angriffsziel ausersehen; verschiedene Lokomotiven wurden durch starken Beschuss außer Betrieb gesetzt, Menschen verwundet und getötet. Trotz der starken Fliegertätigkeit wurden die Felder abgeerntet und die Herbstsaat vorgenommen.

Wenn bisher Maitis von den Kriegsgeschehnissen fast unbehelligt geblieben war, so kam es doch in der Nacht vom 4. April 1945 zur ersten Einquartierung durch Einheiten der Heeresfestungsartillerie 1305 mit ungefähr 200 Mann und 30 Pferden. Da die Mannschaft, wo es auch galt, bei der Arbeit tüchtig mithalf, war sie allgemein beliebt, denn trotz der Erkenntnis, dass die Front immer näher rückte und die feindliche Fliegertätigkeit immer größer wurde, ist alle Arbeit auf dem Felde verrichtet worden.

In der Nacht vom 16. auf 17. April 1945 kam es über Maitis zu einem Luftkampf, bei dem ein englisches 4-motoriges Bombenflugzeug mit kanadischer Besatzung auf der Markung Holzweiler (Gemeinde Wäschenbeuren) im Wald abstürzte; ein Flieger dieses Flugzeuges wurde am 17. März 1945 morgens im Gewand Schafhalde mit verkohlten Beinen tot aufgefunden. Er wurde auf dem hiesigen Gemeindefriedhof beigesetzt.

Der 19. April 1945
Am 19. April 1945 wurden dem Bauer Christian Boxriker bei der Heimfahrt vom Felde um die Mittagszeit seine beiden Pferde durch Tiefflieger erschossen; dem Bauer Wilhelm Weiler wurde einige Stunden später ebenfalls ein Pferd durch die gefürchteten Jabos (Jagdflieger) getötet und ein Ochse stark angeschossen. Letzterer wurde erst am andern Tag geschlachtet.

Gegen 16 Uhr des 19. April 1945 erschienen acht Jagdflugzeuge und kreisten einige Zeit über Wäschenbeuren und gingen sogleich zum Angriff über. Nach kurzer Zeit war der Ort Wäschenbeuren durch den Beschuss der Tiefflieger und Abwurf von Brandbomben ein Raub der Flammen.

Um das Dörfchen Maitis nicht zum nächsten Ziel eines Luftangriffes zu machen, zog am Abend gegen 18 Uhr die schon einige Wochen hier einquartierte Artillerie auf der Straße nach Lenglingen-Ottenbach ab. Dabei wurde sie von den von Radelstetten herkommenden Amerikanern gesichtet und mit Panzergranaten und Maschinengewehren beschossen. Durch diesen Beschuss brannte der Ziegerhof samt Wohn- und Scheuergebäude nieder, wobei das gesamte Inventar, ein Pferd und 28 Stück Vieh mit verbrannten. Auch in dem nahe gelegenen Ort Lenglingen sind durch diesen Beschuss vier Scheunen mit mehreren Stück Vieh niedergebrannt; auf dem Maitishof wurde ebenfalls eine Scheuer durch Feindeinwirkung zerstört. Maitis erlitt durch den Panzer- und Infanteriebeschuss nur leichten unbedeutenden Schaden. Im Rathaus schlug eine Panzergranate ein, beschädigte aber nur das Vordach am Eingang.

Die an der Wirtschaft zum „Rad" und an der Kirche angebrachten Panzersperren wurden zwei Stunden vor Einmarsch der amerikanischen Soldaten fertig gestellt, aber nicht mehr geschlossen. Der Bauer Christian Knödler, dessen Haus am Ortseingang steht, erklärte als erster den Amerikanern, dass sie hier keinen Widerstand zu befürchten hätten. Trotz dieser Erklärung wurde das Haus des Leonhardt Weingardt sen. beim Rathaus durch die Infanterie beschossen. Bei der Besetzung kamen auch noch einige deutsche Soldaten in Gefangenschaft.

Die Bevölkerung, vor allem Frauen und Kinder, hielten sich zum größten Teil in den Kellern auf. Obwohl vereinzelt Schüsse fielen und teilweise in die Kellerräume geschossen wurde, wurde doch keiner der Einwohner verwundet oder getötet. In der Hauptsache musste sich die Bevölkerung in den Kellerräumen aufhalten, während die Besatzungstruppen die Wohnungen nach Waffen usw. durchsuchten und die Wohnungen als Unterkunft beschlagnahmten.

In den Morgenstunden des 20. April 1945 rückte die Mehrzahl der Feindbesatzung in Richtung Göppingen ab; der Rest der Besatzung verblieb noch einige Tage in Maitis. Rund um Maitis hat die amerikanische Artillerie Stellung bezogen. Viele Geschütze verschiedener Kaliber waren in den Feldern aufgestellt, wodurch die Fruchtfelder großen Schaden erlitten. Von diesen Stellungen aus wurden die Orte Hohenstaufen und Rechberg beschossen. Es entstand auch dort Schaden an Wohnhäusern und Stallungen.

In den folgenden Tagen rollten unaufhörlich Panzer und Kraftfahrzeuge aller Art durch den Ort. Während der Besetzung musste die Einwohnerschaft durch öffentliche Bekanntmachung aufgefordert werden, außer Waffen und Munition auch Fotoapparate abzugeben, wodurch kaum mehr ein Fotoapparat in der Gemeinde verblieb, auch Radios wurden verschiedentlich beschlagnahmt und mitgenommen. Für manche Familie war die Einquartierung sehr hart. Viele deutsche Soldaten sind als Gefangene auf Lastkraftwagen durch Maitis gefahren worden.

[1] HStAS J 170 Bü 15 Bericht Maitis (1.3.1949).

Eine halbe Stunde Dauerfeuer

Drei Zeitzeugen (Jahrgänge 1926, 1933 und 1938) erinnern sich an die Besetzung Mühlhausens durch die Amerikaner am 21. April 1945 und die Beschießung der umliegenden Berghänge.[1]

Am Himmel beobachteten die Kinder aus Mühlhausen seit 1944 vermehrt die riesigen Bombergeschwader auf ihrem Flug zu den Großstädten. Während des Angriffs auf Ulm am 17. Dezember 1944 sei der Himmel blutrot gewesen. Im Dorf wurden unter anderem Ausgebombte aus Stuttgart und Mainz aufgenommen. Mit der Tälesbahn seien noch im Krieg auch viele Stuttgarter gekommen, um rucksäckeweise Äpfel zu besorgen.

In Mühlhausen marschierten täglich viele russische Kriegsgefangene oder Zwangsarbeiter vorbei, die am Lämmerbuckel arbeiteten. Man habe mit ihnen nicht reden dürfen. In unbeobachteten Momenten sei es für die Kinder dennoch möglich gewesen, mit ihnen Brot gegen handgeschnitztes Spielzeug, beispielsweise Holzvögel oder Körbchen, tauschen zu können. Den Franzosen sei es deutlich besser gegangen, diese konnten sich ziemlich frei bewegen und angelten regelmäßig in der Fils.

Mühlhausen im Täle. Während es im Dorf keine Gegenwehr gab, kam es in der Umgebung zu teilweise heftigen Schusswechseln.

Ein Zeitzeuge erinnerte sich, dass er im April 1945 beim Holzmachen im Wald russischen Wlassow-Soldaten „mit Schlitzaugen" begegnete, die am Albrand Gräben und Schützenlöcher anlegten. Sie hätten ein wenig Deutsch gesprochen und gesagt, dass er keine Angst zu haben brauche. Man sah auch viele Wehrmachtssoldaten auf dem Rückzug, meist nur mit Pferdefuhrwerken. Die Soldaten hätten in Scheunen übernachtet und dort vielfach Waffen versteckt.

Den Luftangriff auf Wiesensteig am Mittag des 4. April verfolgten die Zeitzeugen von Mühlhausen aus. Am folgenden Tag traf ein Angriff mit Brandbomben Mühlhausen selbst, wodurch einige Gebäude beschädigt wurden, aber niemand verletzt wurde. Die Bewohner löschten mit Pumpen. Selbst das Wasser der Fils hätte durch die Flüssigkeit der Bomben gebrannt.

Über die Frontlage war man sich erst im Klaren, als am 20. April über einzelne Personen die Nachricht vom Einmarsch der Amerikaner in Göppingen kam. Vorräte und Wertsachen wurden in Kisten verpackt und vergraben, NS-Uniformen und Bilder verbrannt oder in die Fils geworfen. Für die Sprengung der Autobahnbrücken musste man im Dorf die Fenster öffnen, besonders stark sei die Explosion allerdings nicht gewesen. Nach der Besetzung Gruibingens am Mittag des 21. April habe man sich auf den nahen Einmarsch vorbereitet. Ein Großteil der Bewohner versteckte sich im Keller, andere hatten sich in die Umgebung geflüchtet, zum Beispiel in die Dotzenhöhle, zwischen die Felsen oder auf die abgelegenen Eselshöfe.

Die Amerikaner hatten mit den Panzern einige Granaten auf das Dorf abgefeuert, die glücklicherweise nur leichten Sachschaden verursachten. Die beiden Panzersperren, eine davon in Richtung Gruibingen, wurden einfach umfahren. Einige alte Männer seien mit weißen Fahnen den Amerikanern am Ortsrand entgegengelaufen. Daraufhin ging der Einmarsch am Nachmittag vollends friedlich vonstatten, es sei kein Schuss abgefeuert worden, im Gegensatz zum benachbarten Gosbach. Den amerikanischen Soldaten habe man trotzdem ihre Anspannung und Angst ansehen können. Kriegsgefangene Polen und Franzosen, die gut behandelt worden waren, setzten sich nun für „ihre" Familien ein – beispielsweise die polnische Magd Fanny, die in der Mühle arbeitete.

Allerdings hatten die Amerikaner bald von Mühlhausen aus die umliegenden Hänge unter starken Beschuss genommen, weil dort noch Gegenwehr vorhanden war, möglicherweise von den Wlassow-Truppen. Rund eine halbe Stunde lang sei „wie verrückt" aus allen Rohren gefeuert worden, noch später habe man in den Bäumen Granatsplitter gefunden. In Mühlhausen teilten sich die Amerikaner auf und fuhren sowohl in Richtung Gosbach als auch nach Wiesensteig weiter. Die niedrige Brücke über der Fils brach schon unter dem ersten Panzer zusammen und senkte sich ins Flussbett, die folgenden fuhren einfach darüber hinweg.

Aufgrund der sehr schlechten Witterung quartierten sich viele Amerikaner über Nacht in Mühlhausen ein, weshalb viele Einwohner ihre Häuser räumen mussten. Überall hätten sie gekocht, auch in den Gärten. Einige versuchten vergeblich, aus

Blick über Wiesensteig nach Mühlhausen (links).

Enteneiern Spiegeleier zu braten, was aber auch an der Bedienung des Holzherdes gescheitert sein könnte.

In der Mühle installierten die Amerikaner eine Funkstation und einen Kommandoposten, der länger im Ort blieb, ansonsten zog der Großteil der Truppe am nächsten Tag weiter. Einige Tage lang rollte im Anschluss der Nachschub in Richtung Wiesensteig und Westerheim. Trotz einiger Verwüstungen in den Übernachtungsquartieren hätten sich die Amerikaner der Zivilbevölkerung gegenüber sehr „kulant" verhalten. An die Kinder gaben sie Kaugummi, Schokolade und die größtenteils bislang unbekannten Orangen ab. Einer der Zeitzeugen erinnerte sich an seinen ersten unbedarften Biss in eine ungeschälte Orange und den Gedanken „Des Glomb kann der [Ami] behalten!". Speziell die schwarzen Soldaten seien oft sehr großzügig gewesen. Allgemein war man froh über das Kommen der Amerikaner, denn vor den Franzosen und ihren marokkanischen Hilfstruppen hätten sich die Leute deutlich mehr gefürchtet.

Da in Mühlhausen nahezu jeder etwas Landwirtschaft betrieb, habe dort so gut wie niemand ernsthaft Hunger leider müssen. Zumindest Kartoffeln, Mehl und Eier hätte es meist ausreichend gegeben. Daher nutzten später auch nicht alle das Angebot der Hoover-Speisung, wo es unter anderem Reisbrei, Erdnussbutter und Kakao gab. Verteilt wurde die Speisung vom Fenster des Pfarrhauses aus. Doch aus dem Göppinger Raum kamen viele Menschen zum Hamstern, vor allem wegen Brot, Butter und Äpfeln.

---

[1] KrA GP S 16 Mühlhausen Nr. 1. Zusammenfassung eines Interviews mit den Zeitzeugen von 2014.

„Der Kompaniechef sagte zu meiner Mutter, dass diese Handlung Verrat am deutschen Volk wäre und dass hier nur die Todesstrafe in Frage kommen würde."

Ein 21-jähriger Kriegsversehrter aus Nenningen will sein Heimatdorf vor der Zerstörung bewahren und wird als Verräter gejagt.[1]

Luftbild von Nenningen aus den 1930er Jahren, rechts die Kirche.

Nach einer schweren Schulter- und Oberarmsverletzung Ende August 1943 – nach nur zehn Tagen Fronteinsatz in Russland – und langen Lazarettaufenthalten in Warschau, Freudenstadt und Göppingen wurde ich im März 1944 aus der Wehrmacht entlassen. Zeitweilig war ich bis auf nur 35 kg abgemagert gewesen und bin dem Tod nur knapp entronnen. Ich hatte großes Glück gehabt und habe viele andere Verwundete sterben sehen.

Man schlug mir nach der Entlassung vor, in Bad Waldsee als Führungskraft bei der Landjugend zu arbeiten, doch das lehnte ich ab. Meine Vorstellung war es eher, eine Lehre als Industriekaufmann zu machen. Eine Lehrstelle war aber zu dieser Zeit nicht zu bekommen. Ich ging deshalb von Mitte April 1944 bis Mitte März 1945 in eine private Handelsschule nach Göppingen. Bis Oktober 1944 gab es in Nenningen nur vereinzelt Fliegeralarm. Danach wurde der Fliegeralarm immer häufiger ausgelöst, ab Dezember 1944 fast jeden Tag. Außerdem war in Nenningen seit Oktober 1944 eine Pionierkompanie der Wehrmacht stationiert.

Im Januar 1945 kam der Befehl, dass jede Gemeinde einen Volkssturm aufbauen musste. Obwohl ich wegen meiner Verwundung kein Gewehr mehr halten konnte, bestand der örtliche Volkssturm-Kommandant und Veteran des Ertsten Weltkriegs darauf, dass ich bei den Übungen erscheine. Meine ebenfalls verwundeten Kameraden Johannes N. und Anton K., die von der Wehrmacht entlassen waren, mussten ebenfalls zum Volkssturm.

Die Panzersperre

Am 20. April 1945 wurden mit Holzstämmen Richtung Weißenstein und Richtung Donzdorf Panzersperren errichtet. Die Panzersperre Richtung Donzdorf war massiver als die nach Weißenstein. Die Soldaten der Pionierkompanie, die in Nenningen stationiert waren, mussten darüber wachen, dass die Panzersperren nicht geöffnet wurden.

Am 21. April waren wir drei Kriegsversehrten bei meiner Mutter versammelt. Plötzlich kam die Nachricht zu uns, dass Frauen aus dem Dorf die Panzersperre Richtung Donzdorf entfernen wollten. Wir gingen sofort dorthin und fanden die Frauen in Aufregung vor. Sie gaben uns zu verstehen, dass vom Wachpersonal die Warnung kam, dass bei Annäherung an die Panzersperre sofort geschossen werden musste. Ich ging allein zu den zwei wachhabenden Soldaten und bat, dass die Panzersperre doch geöffnet werden sollte. Eindringlich erklärte ich Ihnen, dass die Amerikaner ja bereits in Geislingen, Schwäbisch Gmünd und in Donzdorf wären und ich es mir nicht vorstellen könne, dass Nenningen die Amerikaner aufhalten könnte. Wir wollten nicht, dass unser Dorf von den Amerikanern sinnlos in Schutt und Asche gelegt wird. Ich ging wieder zu den Frauen zurück. Darauf unterhielten sich die beiden Soldaten. Nach kurzer Zeit gingen sie, ohne eine Nachricht zu hinterlassen, in Richtung Unterkunft.

Gesucht von Wehrmacht und Volkssturm

Nachdem wir (die drei Verwundeten und die Frauen) die Panzersperre entfernt hatten, gingen wir wieder in mein Elternhaus. Meine Mutter empfing uns ganz aufgeregt und sagte, dass der Kompanieführer der Wehrmacht bei ihr gewesen sei und nach uns dreien gefragt hätte. Sie sagte, dass wir schnell verschwinden sollten. Der Kompaniechef sagte zu meiner Mutter, dass diese Handlung Verrat am deutschen Volk sei und dass hier nur die Todesstrafe in Frage kommen würde. Deshalb sollten wir erschossen werden.

Wir sind dann umgehend am Wehrbach entlang Richtung Christental und auf nicht einsehbaren Wegen auf den Kreuzberg gegangen. Als wir beim Kreuz waren, konnten wir feststellen, dass die Soldaten, die in Nenningen stationiert waren, in Richtung Weißenstein abmarschierten [22. April]. Plötzlich kamen amerikanische Jagdbomber, die Soldaten gingen der Straße entlang (in der Höhe des jetzigen Rathauses) in Deckung. Ein Soldat wurde getroffen und starb bei diesem Luftangriff.

Anschließend wurde die Panzersperre in Richtung Weißenstein von Frauen geöffnet.

In der ersten Nacht haben wir die Kreuzberg-Hütte vom Alpenverein Göppingen aufgebrochen und dort übernachtet. Am anderen Tag brachte mein Bruder Hans etwas zum Essen. Er sagte, dass wir auf keinen Fall nach Hause kommen sollten. Der Volkssturm wäre noch aktiv. Der Volkssturm-Führer hatte nach unserem Aufenthaltsort gefragt. Auch waren inzwischen „Werwölfe" nach Nenningen gekommen. Der Volkssturmführer wollte mich, Johannes und Anton an der Kirchenlinde aufhängen lassen. Hans empfahl uns deshalb, den Standort Kreuzberg-Hütte rasch zu verlassen, weil dieser inzwischen im Dorf bekannt war, und auf dem Kalten Feld eine andere Hütte anzusteuern. Diese Empfehlung wurde von uns umgehend befolgt.

Am anderen Tag sahen wir die Amerikaner über das Schwarzhorn kommen und sind, kurz bevor die Amerikaner den Ort besetzt haben, schnell wieder zu meiner Mutter zurückgekehrt. Die Amerikaner hatten die Ortschaft Nenningen nachts von Donzdorf aus mit ca. 40 Granaten beschossen. Fünf Granaten sind auf dem Anwesen meiner Eltern bei der Hocheinfahrt und vor der Küche eingeschlagen. Ein Granatsplitter zertrümmerte das Küchenfenster. Zu dieser Zeit war die ganze Familie allerdings im Keller in Sicherheit. Zwei französische Kriegsgefangene waren dann den Amerikanern als Unterhändler entgegengegangen, am frühen Abend des 23. April wurde Nenningen schließlich besetzt.

Es kamen noch mehr Amerikaner über den Messelberg und von Donzdorf in das Dorf. Bei uns im Haus war ein Fabrikant aus Stuttgart einquartiert, der viele Spirituosen bei sich hatte. Das haben sich die Soldaten natürlich geholt. Ein weißer Amerikaner versuchte, meine attraktive 20-jährige Schwester zu vergewaltigen, doch ein schwarzer Offizier rettete sie – er hielt dem anderen seine Pistole an den Kopf und stauchte ihn zusammen.

Wir drei Kriegsversehrten erhielten in Salach offizielle Entlassungspapiere von den Amerikanern, andere Gefangene wurden nach Wasseralfingen in ein Lager verbracht. Ab Mai 1945 kehrten immer mehr Kriegsteilnehmer von Nenningen zurück in die Heimat. Bei uns war jeder zurückkommende Soldat herzlich willkommen. Wenn es um ein Essen ging, hat meine Mutter keinen rückkehrenden Soldaten abgewiesen, durch unseren Hof hatten wir eine recht gute Lebensmittelversorgung. Viele haben auch in der Scheune übernachtet.

Ab Oktober 1945 veranstalteten die Amerikaner mit den Bürgern von Nenningen (besonders mit den jungen Frauen) Freundschaftszusammenkünfte. Die Zusammenkünfte waren im großen Schulsaal (heute Volksbank). Wir ehemaligen Soldaten sind zu diesen Veranstaltungen nicht gegangen. Als ehemalige Soldaten haben wir das Hitler-Reich als verbrecherisch angesehen. Doch die Amerikaner, die unsere Städte in Schutt und Asche gelegt und tausende unschuldige Bürger durch ihre Luftangriffe getötet hatten, sind für uns trotzdem keine Freunde gewesen.

---

[1] KrA GP S 16 Nenningen Nr. 1. Zusammenstellung aus einem Interview mit dem Zeitzeugen von 2013 und dessen persönlichen Notizen.

Bauern und Soldaten sind sich einig

Ein Elfjähriger aus Oberböhringen erlebt die Bedrohung durch Jagdflieger, die Plünderung des Lagers auf dem Kuchberg und wie die Bauern des Dorfs mit den einquartierten Wehrmachtssoldaten eine beiderseitig günstige Abmachung treffen.[1]

Bauernhof in Oberböhringen.

Ich bin in Oberböhringen in einer Bauernfamilie aufgewachsen. Meine drei älteren Brüder waren im Krieg, glücklicherweise kehrten sie nach Kriegsende alle zurück. Mein Vater wurde noch zum Volkssturm einberufen, rückte aber nicht mehr aus. Oft sahen wir die großen Bomberverbände unsere Gegend überfliegen, besonders eindrücklich war es beim Angriff auf Ulm im Dezember 1944, als die Flieger sehr tief ihren Kurs auf die Stadt nahmen.

Von den Wochen vor dem Einmarsch der Amerikaner ist mir vor allem noch der Ostermontag [2.4.1945] in Erinnerung. Ich war mit meinem Vater zur Aussaat auf dem Feld. Da er glaubte, dass der Krieg nicht mehr lange dauern würde, wollte er das Getreide schon im Boden haben, bevor es uns jemand wegnehmen könnte. Wir besaßen selbst zwar kein Radio, aber von Bekannten hatten wir vom Näherrücken der Front erfahren – daher die Feldarbeit an einem Feiertag. Auf dem Feld wurden wir nun mehrfach von Jagdbombern überflogen, es waren wohl die berüchtigten „Lustigen 8". Da man gehört hatte, dass bei Tieffliegerangriffen bereits Menschen in Türkheim und Altenstadt umgekommen waren, hatten wir große Angst. Glücklicherweise wollten sie uns wohl nur erschrecken, denn geschossen haben sie letztlich nicht. Trotzdem spannten wir irgendwann die Pferde aus und kamen „im Galopp" zu Hause an, wo meine Mutter und meine Schwester schon sehr beunruhigt gewartet hatten.

Beim Gasthof „Hirsch" wurde einmal ein Lastwagen, der eine Hütte auf der Ladefläche hatte, von einem Jagdflieger beschossen. Ich befand mich in der Nähe und versteckte mich unter einem Holzstapel. Unsere Polin rannte mit ihrem kleinen Kind schnell in den nächsten Keller. Dem Fahrer gelang es, während der Pilot eine neue Schleife drehen musste, sein Fahrzeug unter einige große Bäume zu fahren, die ausreichend Deckung boten. Eine Scheuer brannte jedoch ab, die Feuerwehr konnte ein weiteres Übergreifen der Flammen aber verhindern. Wir Kinder sammelten später die Hülsen der Explosivgeschosse ein.

Das Ausbildungslager Kuchberg, zuletzt von der SS betrieben.

Ganz in der Nähe lag das Lager Kuchberg, das zuletzt von der SS zur Ausbildung genutzt wurde. Da die SS am Ende weder Geld noch Benzin hatte, mussten die Landwirte aus Oberböhringen mit ihren Fuhrwerken für sie Lebensmittel aus Geislingen holen. Zur Gegenleistung durfte man sich aus dem Lager „bedienen", als die Soldaten in Richtung Türkheim abzogen. Auch wir holten Decken und Geschirr, auf dem Heimweg wurden wir wieder von Jagdbombern überflogen und mussten in den Straßengraben springen.

Nun waren in Oberböhringen, einem kleinen Dorf von vielleicht 150-200 Einwohnern, allerdings noch Wehrmachtssoldaten einquartiert, vielleicht etwa 50 Mann. Sie schliefen in den Scheunen und Ställen, nicht in den Häusern selbst. Die Bauern des Dorfes verhandelten angesichts der näher rückenden Amerikaner direkt mit den Soldaten wegen des Abzugs; auf den Bürgermeister, einen Nazi, hörte niemand. Man wurde sich bald insoweit einig, dass die Soldaten von den Bauern Zivilkleidung erhielten und dafür das Dorf verlassen würden, damit es dort zu keinen Kämpfen kam. So mancher Landwirt musste deshalb später sein Feld in einer Uniform bestellen. Wir hatten selbst zwei Unteroffiziere „versorgt". Einer machte sich mit Hacke und Rucksack getarnt auf den Fußweg nach Hamburg, wo er nach drei Wochen tatsächlich ankam, wie wir später erfuhren. Den anderen versteckten wir mehrere Wochen bei uns, wobei meine Eltern einen Decknamen für ihn benutzten, damit ich mich nicht aus Versehen verplapperte. Er half uns tatkräftig bei der Landwirtschaft und bekam dann später unser einziges Fahrrad für den Heimweg nach Giengen an der Brenz.

Durch nahes Artillerie- und MG-Feuer merkten wir, dass der Krieg auch das Filstal und unsere Umgebung erreicht hatte. Vor allem vom Grünenberg her hörte man zahlreiche Schüsse. Bald erfuhr man auch die Nachrichten von der Besetzung Geislingens. Doch zu uns den Berg hinauf kamen die Amerikaner vorerst nicht, es dauerte noch einige Tage – an das genaue Datum kann ich mich nicht erinnern. Aus jedem Haus hatte dann eine weiße Fahne zu hängen, auch die Panzersperren an der neuen und alten Steige mussten entfernt werden. Komischerweise durften letzteres nur die Frauen des Orts vornehmen. Als das alles erfolgt war, marschierten die Amerikaner zu Fuß durch den Ort, die Fahrzeuge hatten sie vor dem Dorf abgestellt. Wir Kinder schauten aus den Fenstern neugierig zu, wie die Soldaten alles vorsichtig kontrollierten. Zwischenfälle, Übergriffe oder Probleme gab es keine, die Amerikaner haben sich ordentlich verhalten. Trotzdem waren sie uns ein wenig unheimlich, zumal man sich mit ihnen sprachlich ja nicht sehr gut verständigen konnte. Nach dem Durchmarsch durch den Ort zogen sie wieder ab und teilten den Dorfbewohnern die Ausgangssperren mit.

Fast jeden Abend fuhr künftig ein Jeep ins Dorf, dessen Besatzung die strikte Einhaltung der Ausgangssperre überprüfte. Wenn wir Kinder ihn schon von weitem in der großen Kurve sahen, sprangen wir schnell nach Hause. Einquartierungen von Soldaten gab es in Oberböhringen nicht, doch in den ersten Tagen kamen die Amerikaner manchmal nachts, um nach versteckten deutschen Soldaten zu suchen. Dabei umstellten sie die Häuser und schauten sogar in die Kinderbetten. Das war schon etwas befremdlich. „Unseren" Unteroffizier hatten wir in der Scheune versteckt, ihn haben sie glücklicherweise nicht gefunden.

Abgeliefert werden mussten hingegen alle Waffen, diese wurden auf einem Acker mit Benzin übergossen, angezündet und so vernichtet. Auf dem nahen Spitzenberg stand noch lange ein deutscher Granatwerfer, wegen der schwierigen Zugänglichkeit wurde er erst nach einigen Jahren abtransportiert. Da die Autobahn an mehreren Stellen gesprengt worden war, drängte sich der Autoverkehr sehr stark durch Geislingen, so dass man mit den Fuhrwerken kaum noch durchkam. Dort konnte man häufig auch die Lastwagen sehen, auf denen deutsche Kriegsgefangene eingepfercht waren.

Da nachts einige Male mutmaßlich von früheren polnischen und russischen Kriegsgefangenen Schweine gestohlen wurden, stellte man im Dorf zeitweilig eine Wache auf und verriegelte die Türen. Bald kamen aus den Städten zahlreiche Bettler in den Ort. Viele nahmen sehr weite Wege für einen oder zwei Liter Milch auf sich. Ein Stück Brot hat normalerweise jeder bekommen, manchmal war am Abend keines mehr da.

[1] KrA GP S 16 Oberböhringen Nr. 1. Zusammenfassung eines Interviews mit dem Zeitzeugen von 2014.

„Bis ihr morgen früh aufsteht, habt ihr die Amerikaner da."

Bericht der Gemeinde Ottenbach von 1948 über die Besetzung des Dorfs am 20. April 1945.[1]

Die hiesige Bevölkerung erhielt im Laufe des März 1945 durch die Post Mitteilung, dass unser Gebiet geräumt werden müsse, bis nach dem Siege. Manche besorgten sich Rucksäcke, der größte Teil der Bevölkerung aber kümmerte sich nicht um diesen Befehl. Im Laufe der Jahre fand eine Anzahl Familien, welche durch die Kriegsereignisse die Wohnung verloren hatten, hier gastliche Aufnahme. Die Evakuierten kamen teils vom Rheinland, teils von Stuttgart. Zwei Stuttgarter Familien sind jetzt noch hier. Am Osterfest (1. April 1945) rückten die ersten deutschen Soldaten hier an als Besatzung. Am Osterdienstag kam die sogenannte „Einheit Schuster" hier in Quartier. Diese Einheit setzte sich zusammen aus meist älteren Männern aus dem ganzen Reiche. Schwaben waren nicht darunter.

Ottenbach mit Hohenstaufen.

Am 19. April in den späten Abendstunden als die Nachricht hier eintraf, dass die Amerikaner ganz in der Nähe seien, rückte die Einheit ab. In den letzten Wochen zogen ständig deutsche Soldaten der verschiedensten Waffengattungen, welche vor dem Feinde flohen, hier durch. In den späten Abendstunden des 19. April brannte es in Lenglingen, Ziegerhof, Wäschenbeuren, Hohenstaufen. Aus Göppingen hörte man Panzeralarm. Ein deutscher Major, welcher mit etwa 40 Mann hier durchzog, machte kurzen Halt, ließ durch seinen Schreiber Berichte usw. schreiben. Beim Abschied sagte er: „Bis ihr morgen früh aufsteht, habt ihr die Amerikaner da. Schließt keine Panzersperren, versucht keinen Widerstand, so geschieht euch nichts." Diese Lehre wurde hier beachtet und danach gehandelt.

In der Morgenfrühe des 20. April kurz vor halb 5 Uhr, kam der erste Panzerwagen der Amerikaner hier an, machte Halt beim Gasthaus zum Lamm. Einer fragte in gebrochenem Deutsch: „Wo ist deutsch Soldat?" Er bekam die Antwort: „Alle sind fort." Hierauf kamen Wagen und Geschütze verschiedener Art und fuhren durch. Dieser Wagenzug riss stundenlang nicht ab. Ein einziger Schuss wurde abgegeben. Dieser schlug ein kleines rundes Loch durch eine Fensterscheibe und fiel dann ab, ohne weiteren Schaden anzurichten.

Der 20. April war trocken und heiterer Witterung. Die vielen durchfahrenden Wagen wirbelten Staubwolken auf. Für die ersten Tage war hier im alten Schulhause eine kleine Besatzung und auch sonst waren einige Häuser wenige Tage belegt. Die Besatzungstruppen in unserem Ort waren gegen die Zivilbevölkerung human.

[1] HStAS J 170 Bü 6. Bericht der Gemeinde Ottenbach vom 6.11.1948.

15 Amis am Ofen

Ein 16-Jähriger aus Ottenbach verpasst seine Musterung am 20. April 1945 und erlebt stattdessen 15 Amerikaner in der elterlichen Stube.[1]

Unsere Eltern und die Nachbarn haben immer viel über Hitler und den Krieg geschimpft. Sie sagten von Anfang an, dass dieser Krieg gegen die halbe Welt nicht gewonnen werden könne. Wir Jungen hingegen konnten das nicht verstehen, im Jungvolk und der Hitlerjugend hat es uns eigentlich gut gefallen – mit den ganzen Geländespielen und dass wegen der Parteifeiertage die Schule ausfiel. Auch unser Lehrer war ein 200-prozentiger Nazi. Die Luftschutzübungen betrachteten wir eher als eine Art Spiel. Ernster wurde es in den Monaten vor dem Kriegsende, als die Jabos die Gegend unsicher machen. Sie warfen auch Flugblätter ab: „Wir sind die lustigen Acht, wir kommen bei Tag und bei Nacht!" Diese Piloten feuerten auf jedes bewegliche Ziel: Züge, Autos, aber auch Rinder und Schafe.

Der schwere Luftangriff auf Göppingen am 1. März war von Süßen aus gut zu beobachten, wo ich nachmittags für einen Gärtner aus Salach Bäume schnitt. Nach Feierabend fuhr ich noch mit dem Fahrrad in die Stadt und half beim Räumen von Trümmern. Meine drei Jahre ältere Schwester arbeitete als Dienstmädchen bei einer Familie in der Nördlichen Ringstraße, die vier kleinen Kinder waren häufig bei uns in Ottenbach zu Gast. Ihr Haus wurde komplett zerstört und alle kamen um: die Mutter, ihre Schwester und alle Kinder, das jüngste war zwei Jahre alt. Meine Schwester war an diesem Tag glücklicherweise nicht in Göppingen, sonst wäre sie vermutlich auch getötet worden. Da der Familienvater bei der Wehrmacht diente, musste sie die Leichen identifizieren. Ich begleitete sie nach Göppingen, es war grausam.

Meine Musterung, ich war ja schon 16, hätte am 20. April in Göppingen stattfinden sollen. Doch am 19. April traf ich beim Heimweg aus Salach einen anderen Jungen aus dem Dorf, der an diesem Tag seine Musterung hatte. Er erzählte, diese sei ausgefallen, weil die Amerikaner schon über Schwäbisch Hall hinaus nach Süden vorgedrungen seien. Wenig später sahen wir über dem Hohenstaufen die Jagdbomber, die Wäschenbeuren angriffen. Zu Hause berichtete ich meinen Eltern, dass die Musterung wohl flachfalle. Meine Mutter hatte bereits angefangen, einen Kuchen zu backen – die Musterungen wurden traditionell ja etwas gefeiert. Stattdessen begannen wir eilig, die Kartoffeln zu stecken, damit sie nicht von den

Amerikanern gestohlen werden konnten. In der Scheuer vergruben wir außerdem etliche Dosen mit Fleisch.

Morgens am 20. April, so gegen 6 Uhr, rückten die amerikanischen Panzer aus Richtung Schonterhof auf Ottenbach zu. Bürgermeister Weber, den die Soldaten in Kitzen antrafen, versicherte, dass es keinen Widerstand geben würde. Tatsächlich geschah den Ottenbachern nichts. Vor allem wir Jungen hatten auch kaum Angst, die Älteren vielleicht etwas mehr – es war einfach aufregend. Bei uns im Haus fragten 15 amerikanische Soldaten sehr höflich, ob sie bei uns schlafen dürften. Sie hatten Schlafsäcke dabei und mein Vater heizte den Ofen an, denn es war morgens noch recht frisch. So saßen die 15 Amerikaner, darunter einige Schwarze, bei uns um den Ofen und hörten über unser großes Saba-Radio die zuvor verbotenen „Feindsender".

Als sie nach einigen Tagen weiterzogen, fehlte nichts im Haus – außer dem Feuerzeug meines Vaters. Zwei Tage nach dem Einmarsch konnten wir dann beobachten, wie die amerikanische Artillerie von Süßen aus auf den Rechberg feuerte.

In Ottenbach kam es beim Einmarsch zu keinen Kämpfen mehr.

[1] KrA GP S 16 Ottenbach Nr. 1. Zusammenfassung eines Interviews mit dem Zeitzeugen von 2014, geführt von Dr. Martin Gerstenberg. Zusammenfassung: Dr. Stefan Lang.

„Wenn nur scho gschtorba wär."

Ein Neunjähriger aus Rechberghausen durchlebt beim Einmarsch große Ängste und rechnet mit dem Schlimmsten.[1]

Ich lebte mit meiner Mutter in der Bahnhofstraße von Rechberghausen, mein Vater war im Krieg. Wenige Wochen vor Kriegsende biwakierten deutsche Soldaten in der Nähe des Schlosswäldchens. Dass sie sich bereits auf dem Rückzug befanden, war mir damals noch nicht klar. Mit einigen Männern freundete ich mich ein wenig an, zwei nahmen sogar an meiner Erstkommunion teil – sie fuhren mich mit einem Militärfahrzeug durch den Ort, während des Gottesdienstes gab es allerdings einen Fliegerangriff.

Am Morgen des 19. April hatten wir noch absolut keine Ahnung, was an diesem Tag passieren würde. Während des Nachmittags gingen immer mehr Gerüchte über das Vorrücken der Amerikaner um. Meine Tante fuhr trotzdem mit dem Fahrrad nach Göppingen zur Kreissparkasse. Sie sagte: „Ich glaub' das erst, wenn sie [die Amerikaner] den Hungerboll [das heutige Gartenschaugelände] hinunterfahren. Als sie zwischen 16 und 17 Uhr zurückkehrte, hörte und sah man bereits die Detonationen und Flammen von Wäschenbeuren. Einige Männer aus Rechberghausen radelten los, um die Panzersperre Richtung Birenbach zu schließen, drehten aber wieder um. Meine beiden Tanten, die in der Faurndauer Straße wohnten, kamen zu uns, um uns zu sich zu holen. Man erwartete, dass die Amerikaner auf der Hauptverkehrsstraße [Lorcher Straße] kommen würden und es bei ihnen sicherer wäre. Monard, ein französischer Kriegsgefangener, der beim Bäcker Betz wohnte, begleitete uns. Die Geschosse zischten schon aus Richtung Wäschenbeuren. Immer wieder riss Monard uns zu Boden. Wir überquerten den Bach und kamen schließlich an. Der Großvater im Obergeschoss hörte noch in voller Lautstärke die Goebbelsrede zu Hitlers Geburtstag. Widerstrebend ließ er sich in den Keller schicken. Dort warteten wir voller Angst. Meine Tante schaute immer wieder nach oben. Dort liefen noch deutsche Soldaten in Richtung Faurndau. Dann näherte sich ein dumpfes rhythmisches Brummen. Im Keller stand noch ein Holzkoffer eines mit uns befreundeten Franzosen, der sich bei der Arbeit verletzt hatte. Wir öffneten ihn und fanden Schokolade. Einhellig beschlossen wir: „Wenn wir schon sterben müssen, essen wir wenigstens den Schoklad!" Doch das war nur ein kleiner Trost, das Warten voller Anspannung erschien schier unerträglich. Ich drückte mich fest an meine Mutter und erwartete

Ansicht von Rechberghausen, unten das Neue Schloss in der Ortsmitte.

das Schlimmste. Ich sagte: „Wenn nur scho gschtorba wär." Die Amerikaner hatte man uns nämlich stets als wahre „Monster" geschildert. Plötzlich ging die Kellertür auf, drei tiefschwarze amerikanische GIs kamen bewaffnet herein. Sie suchten offenbar deutsche Soldaten und kontrollierten das ganze Haus. Überrascht dachte ich nur: „Die haben ja Köpfe und Arme wie wir!" Die Amis ließen uns aber völlig unbehelligt, es waren immerhin drei junge Frauen hier im Keller. Verstanden haben wir sie jedoch überhaupt nicht. Nachdem sie wieder draußen waren, flüsterte ich: „Mama, die schwätzet ja wie d'Frösch!", derart ungewohnt klang ihr Englisch für uns.

So glimpflich dieser erste Kontakt für uns ausgegangen war, lief es nicht überall ab: Ein Nachbar wurde erschossen, weil er in Feuerwehruniform auf die Straße gelaufen war und an der Hauptstraße hatte ein alter Mann zur falschen Zeit neugierig aus dem Fenster geschaut. Insgesamt starben fünf Männer aus dem Ort an diesem Abend. Auch einzelne Vergewaltigungen wurden bekannt. Nachts feuerten Panzer oder Artillerie in Richtung Süden, vermutlich nach Göppingen.

Im Laufe des Abends kamen immer mehr Menschen in das Haus, da die gegenüberliegende Straßenseite ausquartiert wurde – am Ende sollten es 21 Personen sein. Man schlief auf dem Fußboden und sonst wo. Am nächsten Morgen waren die Wiesen in Richtung Faurndau voll mit Amerikanern und ihren Fahrzeugen.

Unser Haus in der Bahnhofstraße wurde noch zwei Tage verschont, dann mussten auch wir hinaus. Immerhin erlaubten die Amerikaner, dass wir täglich innerhalb einer Stunde die Hühner und Hasen füttern konnten. In Abwesenheit der Amerikaner spickte meine Mutter einmal schnell ins Haus und entdeckte mit Entsetzen, dass ihre beste Suppenschüssel als Nachttopf unter einem Bett stand. Sie hat sie später schweren Herzens weggeworfen. Zum Ausgleich haben wir aber Orangen und Kaugummis mitgenommen, die überall herumlagen, oder aus den Jeeps die eingewachsten Tagesrationen gestohlen. Nach einer Weile richteten die Amerikaner beim Bahnhof einen Sammelplatz ein, wo ich beim Ab- und Aufladen von leeren Benzinkanistern half, wofür ich immer etwas bekam. Einen etwas bösartigen Amerikaner ärgerten wir Jungs besonders gern. Sobald wir ihn sahen, stellten wir uns hin und riefen „Kuhscheiße, Kuhscheiße!". Einmal warf er uns eine ganze Schachtel Eier nach. Die versuchten wir erfolglos zu fangen und versauten dabei unsere Kleider – zu seiner großen Schadenfreude. Eine ziemliche Enttäuschung erlebte einmal meine Tante, die glaubte, zwei ganze Eimer herumliegende Hörnchennudeln bei den Amerikanern aufgelesen zu haben. Nachdem die „Nudeln" trotz langem Kochen überhaupt nicht weich wurden, erkannte man resigniert, dass es sich um eine Art Zünderkartuschen handelte.

Mein Vater kehrte wieder glücklicherweise heim, er ist zu Fuß von Sizilien nach Rechberghausen gelaufen, in Italien häufig nur bei Nacht. Auch andere Männer aus dem Ort kamen nach und nach wieder einzeln zurück, oft völlig ausgemergelt und zerlumpt.

Oben das Alte Schloss von Rechberghausen, unten das „Obere Tor", das beim Einmarsch am 19. April 1945 in Brand geschossen wurde.

[1] KrA GP S 16 Rechberghausen Nr. 3. Zusammenfassung eines Interviews mit dem Zeitzeugen und seiner Tante (Jahrgang 1924) von 2013.

„Morgen früh würde es keinen Hitler mehr geben."

Ein Zwölfjähriger aus Rechberghausen beschreibt die Zeit des Kriegsendes in seinem Heimatdorf.[1]

Die Panzersperren wurden etwa im Frühjahr 1945 vom Volkssturm und der Hitlerjugend bzw. dem Jungvolk gebaut. Auch wir Jungen von 12 oder 13 Jahren mussten graben. Eine Sperre war am früheren Wehr, Richtung Birenbach, und eine zweite am „Pfaffensteg", Richtung Zachersmühle. Auf beiden Seiten der Straße wurden drei Baumstämme, doppelseitig, zwei Meter tief eingegraben. Seitlich wurden im Wald sechs Stämme, ca. 50 cm stark, gelagert, die von Pferden hergezogen waren. Dann war vorgesehen, die gelagerten Stämme mit Pferden über die Straße zu ziehen und zwischen den eingegrabenen Stämmen aufzuschichten. Im Übrigen wurden mit dem Bau der Panzersperren, den See hinaus, von der Werkstatt Küfer-Bauer bis zur Panzersperre am Wehr, Splittergräben in L-Form angelegt, im Abstand von etwa 50 m. Sie waren 1,5 m tief. Die ausgegrabene Erde wurde Richtung Westen angehäuft und die Gräben mussten an den sechs Sonntagen vor dem Einmarsch vom Volkssturm gegraben werden.

Bei der Besetzung Rechberghausens kamen fünf Männer aus dem Ort ums Leben.

Anfang April 1945 kamen 700 bis 800 KZ-Häftlinge das Dorf herunter, Männer und Frauen. Voraus gingen vier Wachsoldaten. Am Schluss des Zuges wurden sieben oder acht Handwägelchen gezogen, mit den nicht Gehfähigen. Es ist unklar, woher diese Leute kamen und wohin sie gebracht wurden. Man hat seither davon nichts gehört. Wahrscheinlich arbeiteten sie in einer Rüstungsfirma und mussten sich von der Front absetzen. Eine Frau wollte von ihrer Bäckerei den Leuten ein paar Roggenwecken geben. Die Wachen haben dies aber verhindert.

Im Schafstall in Rechberghausen waren etwa 25 französische Kriegsgefangene untergebracht, die bei der Firma Seitz, bei Bauern und Handwerkern arbeiten mussten. Diese Franzosen wurden bis etwa 1943 bewacht und einige schliefen in ihrer Arbeitsstelle. Die meisten wurden im „Lamm" verpflegt. Die Firma Seitz war ein

Rüstungsbetrieb, fertigte Panzerketten und erstellte im Krieg einige neue Fabrikgebäude. Die Gefangenen arbeiteten bei Seitz von 7 Uhr bis 18 Uhr. Zum Schluss gab es auch noch eine Nachtschicht. Etwa zwei Wochen vor dem Einmarsch der Amerikaner traf der Rechberghäuser Albert S. mit 1.000 weiteren französischen Gefangenen in Rechberghausen ein. Herr S. war Wachsoldat im Raum Mannheim und musste mit drei Kameraden vor den Amerikanern fliehen. In Absprache mit dem Bürgermeister Kurz wurden die Gefangenen im Schlosshof untergebracht. Dies war eine schwere Belastung für die Gemeinde, denn die Leute mussten irgendwie verpflegt werden. Sie halfen sich selbst mit Schneckensammeln und Fischen. Die Bevölkerung wurde durch den Feldschütz Irtenkauf aufgefordert, für die Franzosen Proviant zu spenden. Auch wurde angeregt, diese Leute für Gartenarbeiten einzusetzen und ihnen dafür etwas zu essen zu geben.

Der 19. April 1945

Der 19. April! Wir hatten in der Nähe vom Bahnhof, zwischen Bahndamm und Marbach, ein Gärtchen. Am Vortag, also am 18. April, sagte meine Mutter, wir hätten noch Kartoffeln, auch Steckkartoffeln, im Keller und ich sollte versuchen, zwei Franzosen zu bekommen, die diese Kartoffeln stecken könnten. Gegen 13 Uhr ging ich deshalb zum Schlosshof rauf in das Wachhäuschen zu Herrn Schwarz und sagte, dass ich zwei Franzosen bräuchte für Gartenarbeiten. Die bekam ich sehr schnell, denn jeder wollte mit mir gehen. Wir hackten den Garten zuerst durch. Ich brauchte aber nicht zu arbeiten, die Franzosen machten alles selbst. Abends bekamen sie von meiner Mutter etwas zu essen, und ich brachte sie dann wieder auf den Schlosshof.

Am zweiten Tag, es war der 19. April, holte ich die Franzosen wieder und sie steckten nun die Kartoffeln in den Boden. Gegen 15.30 Uhr kamen etwa zehn Jabos über den „Berg", Richtung Wäschenbeuren. Das war der Angriff auf Wäschenbeuren! Die Franzosen sagten zu mir, dass in den Flugzeugen französische Piloten seien, denn die Jabo hatten einen roten Schwanz.[2] Dieses Kennzeichen wurde von einem Bewohner aus Bartenbach in einem Zeitungsartikel bestätigt. Die Flugzeuge machten diese Runde 8–10mal. Beim zweiten Anflug machte einer der Franzosen sein Hemd auf und zog die Trikolore hervor. Ich war erschrocken, aber die Franzosen meinten, es passiere nichts, denn es dauere höchstens noch einen halben Tag, bis die Amerikaner da seien. Sie waren also genau über das Kriegsgeschehen informiert. Dann nahm er den Spaten und band die Trikolore daran und winkte den Flugzeugen. Bei der dritten oder vierten Runde warfen die Piloten zwei oder drei Päckchen heraus. Die Franzosen holten diese. Es handelte sich um Notrationen der Amerikaner, mit Knäckebrot, Wurst, Fleisch und Zigaretten. Die beiden vesperten gleich, und ich bekam die ebenfalls beiliegende Schokolade. Die Jabos flogen sehr niedrig über uns, die Piloten winkten uns auch zu und flogen immer wieder gegen Wäschenbeuren. Beim letzten Mal wackelten sie mit den Flügeln. Meine Begleiter drängten heim und sagten, es dauere nicht mehr lange, bis der Amerikaner da sei.

Auch meinten sie, sie würden auf uns aufpassen, uns würde nichts passieren. Morgen früh würde es keinen Hitler mehr geben. Ich brachte die Franzosen so gegen 17.45 Uhr zum Schlosshof.

Unterwegs trafen wir Herrn Seitz, der mit ein paar Feuerwehrmännern auf seinem Mercedes saß, auf dem eine Feuerwehrspritze montiert war. Sie waren gegen 16.30 Uhr nach Wäschenbeuren gefahren und wollten dort helfen, die Brände zu löschen. Sie seien aber nur bis zum Schützenhof gekommen, weil ihnen der Amerikaner schon entgegenkam. Ich brachte die Franzosen schnell zum Schlosshof. Die deutschen Wachmänner wollten mir nicht glauben, dass der Amerikaner schon so nahe sei. Erst müssten doch noch deutsche Truppen kommen. Vom Dachboden des Wachhauses konnten sie aber mit dem Fernglas erkennen, dass die Panzer schon zwischen dem Krettenhof und Birenbach daherkamen, Panzer nach Panzer. Die Wachmänner flohen Richtung Oberhausen und wurden vom Gesang der Franzosen begleitet. Ich ging schnell nach Hause, es war dann etwa 18.30 Uhr, und wurde von meiner Mutter schimpfend empfangen. „Wo bleibst du so lange?" Sie meinte, ich sei mit einer Gruppe Hitlerjungen gegangen, die die Amerikaner aufhalten bzw. bekämpfen wollten mit einer Panzerfaust und einigen Handgranaten. Den Befehl dazu gab angeblich ein schwerverwundeter Panzersoldat, der nicht mehr diensttauglich war und die Hitlerjugend übernommen hatte. (…)

Luftbild von Rechberghausen, in der oberen Bildmitte das Alte Schloss auf der Anhöhe.

Wir gingen dann im Haus in den Keller der Familie Küfer-Bauer und hörten nach kurzer Zeit, so gegen 19.15 Uhr, wie die Panzer den „See" hereinfuhren. Dabei wurde viel geschossen. So kurz nach 19.30 Uhr war plötzlich Ruhe und wir hörten keine Panzer mehr. Ich vermute, dass zu der Zeit die Amerikaner im Pfarrhaus waren und mit Pfarrer Weiner gesprochen haben. Im Pfarrhaus-Keller waren die Nachbarsleute Steeb, evakuierte Schwestern und die Frau Emmy Staudenmaier, eine Tochter der Familie Steeb. Letztere war vor dem Krieg eine Zeit in Amerika gewesen und sprach Englisch. Nach einer Viertelstunde fuhren die Panzer wieder, und es wurde erneut geschossen. Dies dauerte etwa 20 Minuten. Dann war wieder Ruhe. Wir gingen vorsichtig vom Keller hoch und ich schaute durchs obere Kellerfenster. Vor dem Rathaus und im „Törle" stand alles voller Panzer.

Gegen 20.30 Uhr am Donnerstag, dem 19. April 1945, ging bei uns am Haus eine Gruppe Personen vorbei, und zwar drei amerikanische Offiziere, Pfarrer Weiner, Bernhard Steeb mit seiner Tochter Emmy und einem Herrn Barth, der auf dem Rathaus beschäftigt war. Sie gingen ins Rathaus und ich nehme an, dass dann Herr Steeb provisorisch als Bürgermeister eingesetzt wurde. Dann sahen wir, wie Herr Seitz mit seinem provisorischen Feuerwehrauto abgeholt wurde. Wir wussten aber zu dem Zeitpunkt nicht, dass das Obere Tor brannte. An diesem Tag ist sonst nichts mehr gelaufen. Erst am nächsten Tag wurden alle Häuser durchsucht. In der Nachbarschaft wurden ein paar Luftgewehre gefunden, mit denen die HJ Schießübungen gemacht hatte. Diese wurden von den Soldaten vor dem Haus unschädlich gemacht. Die Soldaten waren auch auf bessere Radios scharf. Von meinem Vater hing ein Bild in Uniform an der Wand. Sie wollten wissen, wo er im Einsatz war.

In der Nacht vom 19. auf 20. April ging im Gewann „Berg" amerikanische Artillerie in Stellung gegen Göppingen bzw. die sogenannte Albstellung. Dabei wurden etwa 20 blühende Kirschbäume abgesägt und die Äste als Tarnmaterial verwendet. Vormittags gegen 10 Uhr wurde die Stellung von einem deutschen Düsenjäger angegriffen. Er wurde von der Flak abgeschossen. Das Flugzeug stürzte kurz vor Birenbach nahe des Baches ab. Die Maschine lag dort etwa ein Vierteljahr. Ob sich der Pilot mit dem Fallschirm retten konnte, ist mir nicht bekannt.[3] In Oberhausen wurde das Anwesen Hofelich beschossen und brannte aus. Ein kriegsgefangener Franzose, der auf dem Hof arbeitete, hat das Vieh aus dem brennenden Stall getrieben und wurde dabei erschossen. Er wurde zwischen zwei Kastanienbäumen, nahe beim Hof, beerdigt und nach einem Jahr nach Frankreich überführt.

Die Truppen gingen am Abend des 19. April nur bis zum Ortsende Richtung Faurndau vor. Etwa sechs Panzer fuhren weiter bis auf Höhe der Schuhfabrik Faurndau und nahmen jedes Fahrzeug auf der B 10 unter Beschuss. Göppingen wurde am 20. April in der Frühe besetzt. Professor Pfeiffer vom Kreiskrankenhaus soll mit der weißen Fahne den Amerikanern entgegen gegangen sein.[4] An dem Luftangriff auf Wäschenbeuren war vielleicht die Mannheimer Feuerwehr schuld. Diese hatte sich mit ein paar Feuerwehrautos abgesetzt, immer vor den Amerikanern her, über Heilbronn, Gaildorf, Gschwend. Es wurde erzählt, dass diese Fahrzeuge am Vormittag des 19. April in Wäschenbeuren standen und vom Aufklärer für deutsche Truppen gehalten wurden, denn die Fahrzeuge hatten auch die Tarnfarbe. Später stand dann ein Feuerwehrauto im Marbachtal und eines im „Weiten Wald", völlig ausgeschlachtet. (....)

Ein deutscher Kradmelder wurde auf der Höhe der heutigen Gärtnerei Epple abgeschossen. Er war auf der Fahrt nach Wäschenbeuren und ist in Richtung Zachersmühle abgebogen, als ihm die Panzer entgegen kamen. Das Motorrad lag noch ein paar Tage im Straßengraben. Wo der Soldat beerdigt wurde, ist mir nicht bekannt. Außerdem wurde der Hilfspolizist Franz H. angeblich am kleinen Wehr vom Kanal, dem sogenannten Fälle, erschossen. Die deutschen Soldaten, die zu Hause im Genesungsurlaub waren, darunter auch der Flaschnermeister Wilhelm U., wurden abgeführt und vor der Bäckerei Betz zusammengebracht. Auch die Soldaten der umliegenden Gemeinden. Im Rathaus wurden sie verhört und dann mit Lastwagen stehend weggebracht ins Lager Heilbronn bzw. Göppingen bei der Josefskirche.

Nach dem Einmarsch

Nach dem Einmarsch beschlagnahmten die Amerikaner alle ansehnlichen Häuser in der Faurndauer Straße, Schillerstraße, Blumenstraße und Bergstraße. Auf dem Kirchplatz vor dem Haus Kunkel, heute Poststelle, wurden Schrannen und Tische aufgestellt und die Soldaten wurden dort durch die Feldküche verpflegt. Die Mannschaften waren im Schulhaus untergebracht. Diese Einheit war zwei bis drei Wochen im Ort. Vermutlich waren es Kampftruppen, die hier Ruhepause hatten. Zwei Tage nach dem Einmarsch fuhr eine endlose Kolonne mit Militärfahrzeugen, auch Schwimmpanzern, durch den Ort. Dies dauerte vier bis fünf Tage.

Die tausend Franzosen waren noch etwa eine Woche im Ort. In dieser Zeit gab es keinen Zwischenfall mit der Bevölkerung. Sie haben sogar den Leuten, die ihnen vorher etwas zu essen gaben, nachher auch geholfen. Sie haben sogar am letzten Tag, bevor sie weggebracht wurden, meiner Familie Orangen und ein paar Bananen gebracht. Diese waren aus der Verpflegung, die sie von den Amerikanern erhielten. Der Abtransport dieser Soldaten erfolgte in zwei Tagen mit Lastwagen.

Der Ortsgruppenleiter Mühleis hat vor dem Einmarsch den Volkssturm „anzettlet", sich angeblich verabschiedet und sich dann mit seinem „Opel" abgesetzt. Später hat man gehört, dass er im Oberland in einem Kloster untergetaucht sei und dort blieb, bis die Entnazifizierung vorbei war. Die Franzosen haben sein Haus, das Gasthaus „Post", durchsucht und im Keller etwa 1000 Liter Wein gefunden. Eines Tages kam einer der Franzosen, die mit mir Kartoffeln gesteckt hatten, und sagte, ich solle mit ihm kommen und einen Putzeimer mitnehmen, er habe etwas Gutes zu trinken für uns. Wir gingen zur „Post". Dort trafen wir ein paar Frauen, die alle einen oder auch zwei Eimer hatten, gefüllt mit Wein. Frau Mühleis stand dabei und weinte. Im Keller war ein anderer Franzose mit einer Pistole. Dieser schoss in ein großes Weinfass, das Fass hatte schon etwa zehn Einschüsse, etwas tiefer ein neues Loch und füllte meinen Eimer. Dann stopfte er das Loch mit einem Lappen zu. Wer den Franzosen vorher geholfen hatte, erhielt jetzt seine Anerkennung. Wein war zu der Zeit sonst nicht zu bekommen.

Wir Kinder hielten uns viel am Kirchplatz auf. Wenn die Soldaten gegessen hatten, ist für uns manches abgefallen. Wenn zum Beispiel Orangen-Kisten aufgemacht wurden und oben lagen ein paar schlechte, haben wir auch ganze Kisten bekommen. Von den Soldaten haben wir auch erfahren, dass sich Hitler selbst umgebracht hat. Auch Salzheringe bekamen wir öfters. Diese wurden vom Nachbarn Hofmeister in Mostessig eingelegt. Das war für uns wunderbar. Ich meine, die ersten zwei Wochen haben wir hauptsächlich von den Amerikanern gelebt. Das Kriegsende am 8. Mai 1945 haben sie dann mit viel Alkohol gefeiert. Diese Truppe zog etwa am 12. Mai 1945 weiter.

Dann kam eine Versorgungstruppe und die Häuser wurden wieder beschlagnahmt, das Schulhaus wieder mit Soldaten belegt. Am Bahnhofsplatz wurde ein Benzinlager angelegt, die Benzinkanister etwa 20 m hoch gestapelt. Obwohl das Lager von Wachen gesichert war, haben wir immer wieder Benzin entwenden können. Im Schulhof wurden Leucht- und Handgranaten gelagert. Die Handgranaten konnten wir gut zum Fischen in den Bächen gebrauchen. Die Amerikaner wurden durch die Knallerei aufgeschreckt. Sie fuhren dann mit ihren Jeeps aufgeregt durch die Gegend, sind aber nie hinter die Ursache gekommen. Einmal schütteten einige Jungs Benzin in den Gully in der Ziegelstrasse. Dieses lief runter in die Faurndauer Straße. Dort standen die Amerikaner vor der „Post" zum Essenfassen und warfen dort in den Schacht eine brennende Zigaretten-Kippe. Es gab eine Explosion und eine große Aufregung.

Einmal badeten wir am Wehr, Richtung Birenbach, als ein farbiger Amerikaner und ein deutsches Fräulein mit einem Lastwagen in der Nähe in einen Waldweg fuhren und es sich dort gemütlich machten. Da aber das Mädchen nach einiger Zeit laut schrie, warfen wir vor den Lastwagen ein paar Leuchtpatronen. Der Amerikaner fuhr fluchtartig davon und ließ das Mädchen zurück. Eine halbe Stunde später fuhren ein paar Jeeps vor, die aber nichts feststellen konnten.

---

[1] KrAGP S 16 Rechberghausen Nr. 1. Die aus dem Jahr 2005 stammenden Erinnerungen wurden vom Gemeindearchiv Rechberghausen 2014 an das Kreisarchiv Göppingen übergeben.
[2] Diese Annahme ist falsch, es handelte sich um eine amerikanische Staffel.
[3] Der Pilot kam beim Absturz schon am 19. April ums Leben und ist auf dem Birenbacher Friedhof beigesetzt.
[4] Diese Angabe ist nicht richtig.

„Da ist leicht Krieg zu führen, wenn man so eine Übermacht hat."

Ein 29-jähriger Soldat aus Rechberghausen erlebt im Genesungsurlaub die Besetzung von Wäschenbeuren und die seines Heimatdorfs am Abend des 19. April 1945.[1]

Am 19. April 1945, so gegen 10 Uhr, steckten meine Mutter und Klara Kartoffeln im Garten. Schon geraume Zeit hörte ich die Geräusche von Kettenfahrzeugen und Panzerabschüssen, Richtung Wäschenbeuren – Lorch. Somit wusste ich, dass die Amerikaner im Raum Crailsheim angriffen. Es hörte sich auch so an, als ob die Geräusche und Abschüsse näher kamen. Zu Mutter und Klara sagte ich im Garten: „Bis heute Abend werdet ihr noch was erleben". Kurz vor 14 Uhr kam Bethe H. und ihre Schwester Gertrud S., um ein Damenfahrrad von uns zu leihen. Sie wollten noch in die Herrenmühle fahren, zu zweit auf einem Rad wäre es schlecht. Somit bräuchten sie ein Zweites. Sie brächten es aber abends wieder zurück.

Die Geräusche der Kettenfahrzeuge und der Abschüsse kam immer näher. Wahrscheinlich war die Windrichtung für uns günstig. Um 16 Uhr kamen Jabos (Jagdflugzeuge) und schossen Wäschenbeuren in Brand. Man sagte, gut ein Drittel von Wäschenbeuren wäre ein Raub der Flammen. Für mich war klar, dies geschah, damit die Amerikaner ungehindert von Lorch aus die Schurwaldhöhen erreichen konnten. Ganz Wäschenbeuren, samt der Einheit, die dort stationiert war – ich meine, sie waren von der Organisation Todt – waren beim Brandlöschen.

Um 18 Uhr brachte mir Elisabeth H. das geliehene Fahrrad zurück. Ich setzte mich auf dieses und fuhr Richtung Wäschenbeuren. Die Panzersperre am Wehr Richtung Birenbach war offen, und ich sah auch niemand vom Volkssturm oder der Hitlerjugend. Es kamen mir dort aber etwa acht Radfahrer entgegen und riefen mir zu, ich solle umkehren, weil am Ortsrand von Wäschenbeuren etliche amerikanische Panzer ständen. Ich sagte zu ihnen, ich hätte keine Angst vor Panzern, in Russland seien mir schon einige begegnet. So fuhr ich unbehelligt nach Wäschenbeuren, über den Marktplatz, hinauf ins Oberdorf in die Mühlgasse zu meiner Schwester Martha. Keine drei Minuten später fuhren die ersten Panzer über den Marktplatz. Sie sammelten sich offensichtlich am Ortsrand, Richtung Birenbach.

Die Häuser von Martha und Eugen W. und von Anna und Emil B. waren vom Brand verschont geblieben. Ringsum waren alle Häuser beflaggt mit weißen Leintüchern. Zu meiner Schwester sagte ich: „Aber hier kommen keine Leintücher ans

Fenster". Bei den Bucher-Mädchen kam mir dann ein SS-Mann mit Panzerfaust entgegen. Ich fragte ihn, welchen Befehl er hätte. Er sagte, er käme von Ellwangen und müsste die Spitze der Amerikaner erkunden. Ich riet ihm, er solle zu seiner Einheit zurückfinden, denn ein Einzelner richte gegen diese Übermacht doch nichts aus. Dann tauchte ein amerikanischer Spähtrupp mit ca. zehn Mann auf. Mir kam es vor, als schlichen sie auf Zehenspitzen von Hauseck zu Hauseck, obwohl kein einziger Schuss als Gegenwehr fiel. Da ist leicht Krieg zu führen, wenn man so eine Übermacht hat.

Nach einer guten Viertelstunde schwang ich mich wieder aufs Fahrrad und fuhr an den Bahngleisen entlang, immer auf Deckung achtend, Richtung Birenbach. Auf der Landstrasse, die ich immer wieder sehen konnte, fuhren die Panzer und gaben fast auf jedes kleine Gebüsch oder Grashalm eine Salve ab. Dass man so verschwenderisch mit Munition sein konnte, war ich von Russland nicht gewöhnt.

Bis zum Krettenhof fuhr ich parallel mit der Panzerspitze und konnte durch den Mischwald immer wieder einen Blick riskieren. Sie fuhren so 200 m vor, dann schossen sie auf alles, auch wenn es unverdächtig war. Beim Krettenhof ging ich mit meinem Fahrrad im Wald Richtung Bartenbach weiter. Bei der leichten Steigung nach Oberhausen sah ich, wie sich drei Panzer von der Landstrasse lösten und Richtung Oberhausen fuhren. Schon kurz nach der Schienenüberquerung gaben sie mit Leuchtspurkugeln von 2-cm Flugabwehrgeschützen Salven auf das Bauernhaus Hofele ab. Das Haus und die Scheune brannten sofort lichterloh.

Luftaufnahme von Birenbach nach dem Zweiten Weltkrieg.

Um nach Hause zu kommen, musste ich im Wald und am Waldrand weitergehen. Dann ging ich aus dem Wald heraus. Nach etwa 15 m flog ein deutscher Messerschmidt-Jäger, aus Richtung Göppingen kommend, daher und schoss ganze Garben im Tiefflug. Ich rannte schnellstens in den Wald zurück. Die Amerikaner haben ihn von Birenbach aus mit ihren Flugabwehrgeschützen abgeschossen. Ich sah ihn noch abtrudeln. Westlich vom Bahnhof Birenbach lag noch einige Zeit das Flugzeugwrack.

Meine Weiterfahrt ging über Bartenbach zur sogenannten Galgenhöhe, der heutigen Göppinger-Strasse. Ich hoffte, dass mir die Panzer den Kreuzberg heraus nicht entgegen kämen. So gelangte ich zum Haus Hermann W., den Eltern meiner Schwägerin Anne. Von hier aus stellte ich fest, wie die Marschroute der Amerikaner verlief. Sie ging von der Lorcher Straße bis zum Gasthaus „Lamm", die Hauptstraße hoch bis zum Rathaus und dann zur Faurndauer Straße. So wurde ein Direktangriff auf Göppingen vermieden. Von hier aus sah ich auch, wie das Haus Zink, also das „Obere Tor", brannte. (Früher Gasthaus „Hirsch"). Ich wartete ab, bis eine Motorenpause am „Lamm" entstand. Dann schwang ich mich auf mein Fahrrad und konnte unbehelligt die Hauptstraße hochfahren. Beim „Hirsch" half ich noch fünf Minuten beim Löschen. Dann trieb es mich nach Hause, um zu sehen, ob ein Schaden an Leib, Körper oder am Haus entstanden war. Die Haustüre war nicht verschlossen. Beim Suchen von Mutter und Klara, Anne und den Kindern fand ich alle im Keller. Es war ihnen nichts passiert. Ich sagte zu ihnen, kommt aus dem Keller, denn der Krieg ist jetzt bei uns vorbei. Sie waren alle noch sehr aufgeregt und wollten das auch nicht so schnell glauben. Oben im ersten Stock, wo ich wohnte, stellte ich fest, dass eine Schnapsflasche, die auf der Kommode stand, abgeschossen worden war, denn überall lagen Glassplitter. Durch die Wand ging ein Loch von einer 8-cm Panzergranate. Auch im Schlafzimmer waren Eisensplitter und Löcher in den Wänden. Nach Tagen wurde festgestellt, dass jedes Haus in der Bühlstraße Treffer von Panzergranaten erhalten hatte. Auch unser Lagerschuppen wurde von einer Granate getroffen.

Am 20. April wurde um 9 Uhr vom Gemeindediener durch Ausschellen bekannt gemacht, dass Frauen, die unfreiwillig von amerikanischen Soldaten zum Geschlechtsverkehr gezwungen wurden, sich auf dem Rathaus von 11 bis 12 Uhr melden möchten. In dieser Zeit wäre ein Arzt anwesend. Es wurde gesprochen von drei Frauen aus Oberhausen und drei bis vier Frauen aus Rechberghausen, die den Mut hatten, sich zu melden.

Das Haus Bühlstr. 1, damals Merkle, war ein Drei-Familienhaus. In dieses Haus zog ein einziger amerikanischer Soldat ein. Er ließ aber das ganze Haus räumen. Es kamen immer mehr amerikanische Soldaten, vor allem Artillerie-Einheiten. Sie gingen bei uns in Stellung mit ca. 70 Soldaten. So war eine Stellung hinter unserem Lagerschuppen. Eine Einheit lagerte im Oberen Garten, eine in der Gartenstraße, Am „Schüle", dann hinterm Friedhof usw. Alle Einheiten richteten ihre Geschütze Richtung Göppingen, im Falle, dass sich Göppingen nicht ergab. Mir waren diese amerikanischen Soldaten einfach zuviel. [Am Abend des 20. April werden die ehemaligen Soldaten aus Rechberghausen verhaftet, darunter auch der Zeitzeuge, und mit Lastwagen abtransportiert].

Als ich wegen meiner Verwundung, Bauchschuss, in Ellwangen auf dem Schönen Berg war, hieß es, die Amerikaner würden alle Verwundeten und Kranken von den Lazaretten nach Hause schicken. Aber durch den blöden Werwolf-Aufruf von Goebbels wurden selbst Bauern auf dem Felde ins Gefangenenlager gesteckt. Einige Frauen, die uns aufmunterten, standen auf der Böschung vom Rathausgarten. In Gefangenschaft zu kommen, auch noch zu Hause, war zum Weinen!

KrAGP Rechberghausen Nr. 2. Die aus dem Jahr 2005 stammenden Erinnerungen wurden vom Gemeindearchiv Rechberghausen 2014 an das Kreisarchiv Göppingen übergeben.

Ein mutiger Franzose übergibt Reichenbach unterm Rechberg

Ein 14-Jähriger aus Reichenbach unterm Rechberg bricht mit dem Regime und erlebt, wie der bei seiner Familie lebende französische Kriegsgefangene den Ort am 22. April 1945 übergibt.[1]

Der französische Kriegsgefangene Gilbert ging den Amerikanern entgegen und übergab Reichenbach unterm Rechberg.

In das Jungvolk bin ich eigentlich sehr gern gegangen, die Geländespiele und Lagerfeuerabende machten uns Jungs viel Spaß. Im Nachhinein hat man dann erkannt, dass auch viele vormilitärische Übungen dabei waren. In der Schule hatten wir einen fanatischen Nazi als Lehrer, der aus Süßen stammte und in Göppingen auch das NSFK leitete. An der Tafel stand oben immer „Die Juden sind unser Unglück!" – wenn beim Wischen etwas von der Schrift entfernt wurde, musste es sofort wieder neu geschrieben werden. Natürlich hatten wir die 25 Punkte des NSDAP-Parteiprogramms auswendig zu können. Im Klassenzimmer hing dann auch seit 1943 ein Schild mit „Stalingrad", um den Rachedanken für diese Niederlage wach zu halten. Für den Endsieg, so war seine Ansicht, müsse man alles tun. Er selbst behauptete sogar, deshalb seinen Kaffee mit dem Wasser aus der Bettflasche zu machen und auf die Wurst beim Vesperbrot zu verzichten. Wir wurden auch aufgefordert zu berichten, was daheim in unseren Familien über Krieg und Politik gesprochen würde. Das habe ich aber nicht getan, zumal meine ganze Verwandtschaft dem Regime nicht besonders traute. Mein Opa hörte immer mit seinem teuren Blaupunkt-Radio den Sender „Beromünster" und sagte: „Hoho, die Lumpa [die deutschen Sender] lüget oina a!" Vater ermahnte ihn, vorsichtig zu sein: „Lass des sein, die holet dich no!" Einen Bauern aus Rechberg hatte man nämlich verhaftet, weil er im Wirthaus unvorsichtige Reden von sich gab. Der Mann kehrte nicht wieder zurück – man erzählte, er sei in eine Strafkompanie gekommen.

Im Januar 1945 sprangen einige alliierte Fallschirmspringer über der Gegend ab. Ein deutscher Jagdflieger hatte einen Bomber aus einem großen Geschwader herausgetrieben und abgeschossen. Zwei kamen hier in der Umgebung herunter, einer beim Schillingshof, einer beim Eichhöfle. Die Piloten hatten schwere beheizbare Anzüge an, und es lag ein halber Meter Schnee, eine Flucht hätte also keinen Sinn gehabt. Daher suchten sie die nächsten Häuser auf und wurden bald von der „Landwacht" abgeholt. Diese brachte sie zunächst in das Reichenbacher Rathaus, wo es im Erdgeschoss einen vergitterten Arrestraum gab. Die Sache sprach sich im Dorf wie ein Lauffeuer herum. Im Handumdrehen stand eine Menschenmenge vor den Fenstern und starrte die Männer an, als ob es Außerirdische gewesen wären. Nach einer Weile bedeutete einer der beiden in Zeichensprache, dass er Durst habe. Doch keiner reagierte. Mein Onkel gab mir schließlich etwas Geld und schickte mich in die Wirtschaft, um zwei Flaschen Bier zu holen. Diese habe ich dann den Männern übergeben. Einer wollte mir zum Dank ein Päckchen Kaugummi schenken, was ich aber nicht annahm – man hatte uns ja erzählt, die seien vergiftet. Schließlich wurden die Piloten von fünf schwerbewaffneten deutschen Soldaten der Göppinger Fliegergarnison abgeholt.

Am Abend klopfte es dann bei uns: Es waren der NS-Ortsgruppenleiter von Donzdorf, ein Polizist, ein Anwalt und noch ein weiterer Mann. Sie wollten wissen, wer mich beauftragt hätte, den Piloten das Bier zu bringen. Sie verhörten mich ausführlich, unterbrochen von immer wieder „Schäm dich!". Am nächsten Morgen sollte der HJ-Bannführer aus Göppingen wegen mir in die Schule kommen. Natürlich habe ich in dieser Nacht kaum ein Auge zubekommen. In der Schule wurde ich dann am nächsten Morgen im Lehrmittelzimmer regelrecht „fertiggemacht", unser Lehrer war ebenfalls dabei. Man erklärte mir, ich hätte jetzt einen Makel auf Lebenszeit, aus mir würde nie mehr etwas werden, ich würde nun aus der HJ ausgestoßen und müsste das „Ehrenkleid des Führers", das Braunhemd, ablegen. Ich war wie versteinert und unfähig zu einer Reaktion. Nachdem der Bannführer wieder die Schule verlassen hatte, verprügelte mich der Lehrer noch zweimal von Kopf bis Fuß – zwischendurch musste er sich hinsetzen, weil er so außer Atem war. Dazu bekam ich von ihm fast jeden Tag die Rute im Vorbeigehen über den Rücken gezogen, mit einem Kommentar: „Ja, das kannst du, dem Feind Bier bringen!" Noch schlimmer war jedoch, dass mich fortan alle Kameraden schnitten, außer einem Freund aus dem ausgebombten Untertürkheim. Unser Jungvolkführer meinte nur: „So, jetzt hosch's!" Mein Vater sagte mir allerdings, dass er stolz auf mich sei, das war ein wichtiger Trost. Doch mit dieser Sache hatte sich jetzt auch bei mir der völlige Bruch mit diesem Regime vollzogen.

Der Einmarsch am 22. April 1945

1945 gab es ein sehr zeitiges Frühjahr, im April trieben schon die Bäume aus. Beim Eggen mit dem Ochsengespann erlebte ich den niedrigen Überflug von amerikanischen P-47 Jagdbombern, die am Albrand angesetzt hatten, um in unser kleines Tal hinabzustoßen. Man konnte die Piloten in ihren Kanzeln deutlich erkennen. Ich glaube, sie haben damals den Schurrenhof beschossen. Künftig versuchte ich mich und mein Gespann bei der Feldarbeit durch Laubzweige zu „tarnen" – wobei der Ochse aber immer versuchte, die Blätter abzuknabbern.

Das Vorrücken der Amerikaner kündigte sich an, dank „Beromünster" wusste der Großvater ja Bescheid. Wie viele andere Reichenbacher vergruben wir zur Sicherheit einige Vorräte: Weizen, Wurstkonserven und Schnaps, letzteren haben wir leider nicht mehr wiedergefunden. Bei uns in der Familie war damals ein französischer Kriegsgefangener namens Gilbert, ein sehr gebildeter Kommerzienrat aus Paris. Er hatte sich mit einem Kameraden, einem Priester, aus dem Lager in Ludwigsburg abgesetzt und war vom Pfarrer in Reichenbach an uns vermittelt worden. Zuvor hatten wir schon einen Franzosen aus Marseille gehabt, der uns aber wieder weggenommen worden war, weil er bei uns am Tisch essen durfte und mein Vater dies bei einer Kontrolle auch nachdrücklich bekräftigte. Gilbert sprach sehr gut Deutsch, seine Frau war Deutschlehrerin, und half meinem Vater, der die örtliche Sparkasse betreute. Als wir erfuhren, dass die Amerikaner am 21. April in Donzdorf einmarschiert waren und sich am Sonntag, den 22. April, auf Reichenbach zu bewegten, handelte er. Von meiner Mutter ließ er sich ein großes weißes Leintuch geben, dann ging Gilbert allein den Amerikanern entgegen. Er versicherte dem Captain auf Englisch, dass das Dorf frei von Soldaten und kein Widerstand zu befürchten sei. Daraufhin marschierte er mit ihnen durch das Dorf in Richtung Rechberg. Das war durchaus sehr mutig, denn wenn irgendein Spinner noch geschossen hätte, wäre er in der Verantwortung gestanden. Doch es lief alles ruhig ab. Einige Soldaten schauten nur in das Postgebäude, weil die Tür dort etwas offenstand, sonst wollten sie von den Reichenbachern nicht viel wissen. Ich schaute bei meinem Onkel zum offenen Fenster hinaus, bis der mich wegschickte, weil das zu gefährlich sei. Er wies auch seine Frau an, noch ein weißes Tuch hinauszuhängen. Die meinte aber, das sei nicht nötig, die Amerikaner wären doch schon durchgelaufen. Vom Rechberg kamen sie später wieder zurück durch den Ort und kehrten nach Donzdorf zurück.

Einquartierungen gab es hier keine, auch die Kontrollen durch Streifen waren eher sporadisch. Eine der ersten amerikanischen Anweisungen bestand darin, sämtliche Waffen in der Umgebung einzusammeln und zum Rathaus zu bringen. Mich schickte man deshalb auf den Ramsberg, wo ich mit allerlei Gewehren und Degen behängt wurde – für einen 14-Jährigen ein ganz schönes Gewicht, ich bin schier zusammengebrochen. Unter den Waffen befanden sich auch Reiterkarabiner aus dem 1870er Krieg, ziselierte Degen und andere uralte Sachen, die man besser irgendwo versteckt hätte. Die Amerikaner sind dann mit dem Panzer über das ganze Zeug drübergefahren. Aus den Gewehrputzstäben konnten wir Jungs wenigstens noch Flitzebogen machen. Mit dem Kriegsende war ich übrigens bei den meisten wieder akzeptiert, nach dem Motto „Wie die Alten sungen, so zwitschern auch die Jungen!" Von meinem Vater wollte nämlich auch mancher Parteigenosse einen

"Persilschein". Der sagte aber nur: „Wenn du nichts Unrechtes getan hast, dann brauchst du ja auch nichts zu fürchten." Meinen Nazi-Lehrer haben die Amerikaner in Süßen ziemlich zusammengeschlagen[2], und er durfte erst nach Jahren wieder unterrichten. Mit den Amerikanern hatten wir in Reichenbach wenig Probleme, wir Kinder und Jugendlichen hatten bald ein ziemliches „Bettelenglisch" zusammen. Manchmal ließen die Besatzer auch etwas Arroganz erkennen: Ich kann mich noch gut erinnern, wie ein Amerikaner auf der Straße eine halbgerauchte dicke Zigarre demonstrativ zertrat, als ihm ein Deutscher entgegenkam.

In den Wochen nach Kriegsende zogen häufig versprengte deutsche Soldaten durch die umliegenden Wälder in die Richtung ihrer jeweiligen Heimat. Einmal bekam ich auf dem Weg nach Degenfeld mit, wie eine amerikanische Streife auf zwei Mann feuerte, die sich daraufhin schnell im Wald versteckten. Ich fand es ungerecht, dass man diese Männer wie Verbrecher behandelte. Bei uns übernachteten etwa acht bis zehn Mann in einer Feldscheuer und bekamen Essen sowie Zivilkleidung. Einer stammte auch aus Hohenstaufen. Vor lauter Vorfreude auf sein schon in Sichtweite liegendes Heimatdorf trank er zuviel Most und lief prompt einer amerikanischen Streife in die Arme – so verzögerte sich seine Rückkehr um einige Wochen.

[1] KrA GP S 16 Reichenbach u.R. Nr. 1. Zusammenfassung eines Interviews mit dem Zeitzeugen von 2013.
[2] Es handelt sich vermutlich um denselben Lehrer, der in Quelle Süßen Nr. 1 erwähnt wird und der versucht hatte, auf die einrückenden US-Truppen zu schießen.

US-Panzer rollen am Nachmittag des 20. April 1945 über die Felder auf Roßwälden zu.

„Über dem Dorf liegt eine sonderbare drückende Stille. Wir warten, auf was wir warten, wissen wir selbst nicht."

Tagebuch eines 16-jährigen Mädchens aus Roßwälden über die letzten Kriegstage, vor allem den 19. und 20. April 1945.[1]

Am Samstag 7. April 1945, kommt erste Einquartierung nach Roßwälden, diese marschiert Donnerstag früh 4.00 Uhr (12. April 1945) ab. Inzwischen kommt immer mehr Militär nach Roßwälden, es sind ungefähr 400 Soldaten, vielleicht auch mehr. Das kleine Dorf ist vollgepfropft. Auch wir haben Einquartierung, insgesamt vier Landser. Am 10. April wird das Haus von Gottlob Fischer (Wagner) durch Jabos in Brand geschossen. Die Landser setzen sich rücksichtslos ein, die Einwohnerschaft ebenfalls, und somit kann der ganze Hausbestand gerettet werden.

19. April 1945

Die Tage bis zum 19. April verlaufen im Allgemeinen ruhig, außer Einquartierung und Jabogefahr. Am Donnerstagnachmittag (19. April) fahre ich nach Ebersbach, ich muss zum Zahnarzt und zum Schuhmacher, wo ich mir noch ein paar Schuhe kaufe. Wangen[2] und noch einige Orte brennen, man sieht den Rauch aufsteigen.

Amerikanisches Halbkettenfahrzeug vor Roßwälden, links der Kirchturm, 20. April 1945.

Die Front rückt näher. Ich komme nach Hause. Keyl und G. beim Panzer-Mayer Jagdkommando (Volkssturm), rücken ab. Bei Gmünd sind etwa 100 Panzer durchgebrochen. Abends 22 Uhr rückt der Roßwälder Volkssturm ab in Richtung Aichelberg.

Solange ich meinem Onkel Otto den Rucksack packe, kommt ein Unteroffizier und fragt um Quartier für zwei kranke Soldaten. Ich nehme ihn mit nach Hause, um meine Eltern zu fragen. Dann hole ich die beiden kranken Landser, diese schlafen in Gerdas und in meinem Bett. Der Sanitäts-Unteroffizier kommt später nach, er schläft in der Stube auf dem Sofa. Gerda und ich schlafen bei meiner Großmutter. Ich lege nur das Kleid ab und ziehe die Schuhe aus. Bald döse ich ein. Es ist kein fester Schlaf.

Mitten in der Nacht pocht es an die Haustüre. Es ist mein Vater, „Seid ihr alle im Bett?" fragt er. Wir bejahen. „Dann ist es gut", meint er, „im Außendorf ist es nicht so ruhig wie hier, schlaft nur weiter." Danach kommt er vollends die Stiege hinauf und sagt: „Vorhin ist von Ebersbach ein Telefonanruf gekommen, die Panzer stehen zwischen Faurndau und Uhingen." Er dreht sich nochmal um und sagt: „Wenn es etwas Extras gibt, komme ich und sag's euch." Dann geht er. Wir können nicht mehr ruhig schlafen.

Um 4 Uhr halte ich's nimmer aus, ich muss nachschauen gehen. Mich friert und werfe dann einen Mantel von meinem Onkel Georg um meine Schultern und setze ein Kopftuch auf. So gehe ich durch die Straßen. Ein paar Leute stehen auf der Straße umher. Soldaten mit Panzerfäusten auf den Schultern kommen mir entgegen. Bei uns im Keller höre ich Stimmen, ich gehe hinunter und schaue nach. Meine Eltern und Geschwister und die Nachbarsleute sitzen unten. Ich sage, sie sollen ins Bett gehen. Das tun sie dann auch. Ich schlendere wieder die Straße hinein. Ein Auto hält neben mir, es will nach Hochdorf. Ein Pferdegespann will nach Schlierbach.

Ich gehe weiter. Im Unterdorf wird's auch lebendig. Türen schlagen. Landser rufen einander zu: „Fertigmachen". Dann ist's wieder still. Ich schlafe wieder fest ein. Plötzlich wache ich auf. Mir kommt vor, als hätte ich lange geschlafen, dabei ist es erst 5 Uhr. In Reichenbach ist Panzeralarm. Wir stehen auf. Die Panzer müssen schon näher heran sein, Gerda und ich gehen heim. Auf der Straße ruft uns jemand an, wir sehen uns um. Es ist unser Sanitäts-Unteroffizier, und der geleitet uns vollends nach Hause. „Wir rücken ab", sagt er. „Wohin?", frage ich. „In Einsatz auf den Rechberg", antwortet er. „Da kommt ihr nicht mehr hin", sage ich, er zuckt die Achseln. Heute weiß ich, dass ich recht hatte. Sie sind nicht auf den Rechberg in Einsatz gekommen. Dann verabschiedet er sich kurz. Wir wünschen einander nochmals alles Gute. Dann geht er. Die beiden kranken Landser gehen etwas später weg.

Der 20. April 1945

Schon wieder akute Luftwarnung. Die Jabos sind wieder da. Wie ein wilder Bienenschwarm schwirren sie durch die Lüfte, um ihre Verderben bringenden Geschosse abzufeuern. Männer schleppen die schweren Luftschutzkoffer in Keller. Frauen bringen ihre Kinder in Sicherheit. Die meisten Leute sitzen im Keller und warten,

warten, warten... Auch die meinigen sind unten. Ich selbst bin bis jetzt noch oben, ich muss kochen. Gerda beobachtet unter der Stalltüre. Die Nachbarsleute sind inzwischen auch schon gekommen, dann ist es meistens nimmer „echt".

Abwechselnd wird zu Mittag gegessen, für Ewald [kleiner Bruder] bringe ich das Essen in den Keller, er kommt einfach nicht rauf. Inzwischen stelle ich mich ebenfalls unter die Stalltüre, auch meine Blicke gelten den Jabos. Soeben zieht einer einen schönen Kreis, um plötzlich senkrecht abzupicken in Richtung Schlierbach. So einer nach dem andern. Dieses Schauspiel wird von uns mit regem Wortschwall begleitet. „Mensch, wie der wieder ra' spickt", bewundert Gerda. Die Leute im Keller werden unruhig. Wir müssen still sein.

US-Infanteristen durchkämmen die Gassen von Roßwälden, 20. April 1945.

Ich muss wieder hinauf, um das Geschirr zu spülen. Kaum werde ich fertig, denn immer wieder muss ich Ausschau halten nach den Jabos. Jetzt hört man auch von Zeit zu Zeit ein MG knattern (Im Steinbiss). Die Front rückt näher. Wir selbst können es nicht begreifen.

Über uns soll sich der Sturm ergießen? Wir haben es bald genug erfahren. Inzwischen ist es Mittag geworden. Wieder stehe ich unter der Stalltüre. Die Jabos sind nun „Gott sei Dank" verschwunden. Über dem Dorf liegt eine sonderbare drückende Stille. Wir warten, auf was wir warten, wissen wir selbst nicht. Es wird auch gar nicht viel gesprochen. Die Leute stehen ganz gelassen vor den Häusern und lassen sich von der Sonne bescheinen, die es heute gar so gut mit uns meint. Ab und zu sieht man einen Soldaten an den Häusern entlang pirschen. Inzwischen hat sich am Himmel ein anderer Vogel bemerkbar gemacht. Wir nennen ihn sonderbar den „dicken Emil". Ganz gemütlich fliegt er hin und her. Bald sind es zwei, dann drei. Wir wissen noch nicht, was das zu bedeuten hat.

Ab und zu sieht man Soldaten an den Häusern entlang pirschen. Zu uns kommt einer in den Stall herein mit etlichen leeren Feldflaschen. Er bittet mich, die Flaschen zu füllen, ich fülle sie ihm mit Most. Er ist noch ein ganz junger Kerl, ich frage ihn, wo er jetzt hingehe. Er sagt, „Wir haben draußen im Wald (Mahd) Stellungen gegraben; dort erwarten wir den Feind." Ich frage weiter: „Wird es schlimm werden?" und meine das Geschieße. Er sagt: „Nein, wir haben ja nur Gewehre." Damit bin ich zufrieden. Und trotzdem, die ganze Sache ist mir doch etwas zu unheimlich, man weiß ja gar nicht, wie es heute noch werden wird.

Ich gehe nun hinauf, hole sämtliche Kleider aus dem Kasten und trage sie in den Keller. Dort hänge ich sie an die Mostfässer, es ist kein anderer Platz mehr da. Die

Leute schauen verwundert, sagen aber nichts. Über mein Kleid ziehe ich Pullover und Trainingsbluse und schlüpfe noch in meine alte Skihose, wie im Winter. Nun fällt mir gerade noch die Wäsche im Garten ein, diese muss ich ja noch holen.

Plötzlich höre ich meinen Namen rufen, ich schaue mich um, kann aber niemand erblicken. Und immer wieder höre ich meinen Namen: „Gretel ... Gretel!" Endlich blicke ich auf und erblicke Lydia, sie schaut einsam zum obersten Bühnenladen heraus. „Da oben auf dem Roßrain sind etwa sieben Panzer aufgefahren", ruft sie mir zu. Ich staune, dass alles so ruhig vor sich geht und sage: „Wenns do et lauter her gout, no isch et schlemm." Ich bringe die Nachricht in dem Keller. Sonderbar, auch darüber wird nicht viel gesprochen. Überhaupt, die Männer verhalten sich so ruhig. Mein Vater schläft sogar. Komisch, nun kommt Inge angesprungen und sagte: „Oben von unserem Fenschter aus kann man en Mann da Roßrai na sprenge sehe."

Von jetzt an sind wir doch ein bisschen unruhig. Von nun an lauschen wir gespannt, aber wir hören überhaupt nichts. Draußen ist alles so unheimlich still – Ruhe vor dem Sturm. Ich ziehe es nun vor, im Keller zu bleiben, oben sehe ich niemand mehr. Unser Keller ist propft voll, obwohl wir alles so gemütlich eingerichtet haben. An der ganzen Wand entlang ist Sitzgelegenheit und doch reicht der Platz nicht aus. Ach, unter der Kellerstiege ist ja auch noch Platz. Dort haben wir ja die Kartoffeln und ein Wäschezuber liegt auch noch drauf. Ich lehne mich nun in den Zuber hinein (denn ganz habe ich ja nicht Platz darin) und strecke meine Beine über die Kartoffeln hin, bestimmt keine gemütliche Stellung.

Der Einmarsch in Roßwälden

Dort versuche ich nun einzuschlafen!!! Die letzten Tage und Nächte waren doch anstrengend. Gegen 16.00 Uhr geht ein Geschieße los. Nun beginnt die Ari, welche im Steinbis (Wald) Stellung bezogen hat, über unsere Köpfe hinweg ununterbrochen nach Hochdorf zu schießen. Ich halte mir die Ohren zu! Dann ein Geknatter auf der Straße, wie noch nie. Bald erzittert unser Keller! Die ersten Panzer rollen vorbei. Nur Frauen und Kinder und Bürgermeister Scholl sind im Keller. Die Kellertür wird aufgerissen. Zwei Amis stehen auf der Treppe oben, die Gewehre schussbereit in der Hand. Jetzt brüllen sie: „Der Mann (Bürgermeister Scholl) soll heraufkommen!" Niemand rührte sich. Nur die Frau Bürgermeister fängt zu heulen an. Nun werden die Amis noch gereizter und schreien immer fort. Ich warte, vielleicht sagt der Bürgermeister etwas? Nichts! – Nun krie-

Amerikanischer Sherman-Panzer in Roßwälden, 20. April 1945.

che ich aus dem Zuber heraus und stehe vor den Amis, die Gewehrläufe auf mich gerichtet (diesen Moment werde ich in meinem ganzen Leben nicht vergessen). Endlich bringe ich die Worte „This man is ill" heraus („Dieser Mann ist krank"). Vorsichtig kommen die Amis vollends die Treppe herunter. Nun wird der Keller von den Amis genau durchsucht. Danach gehen sie wieder nach oben.

Ich gehe nun auch nach oben, um zu sehen, was los ist. Das Bürgermeisterhaus brennt lichterloh. Die Scheune von Keyls und das Haus von Schmied-Bauers ebenfalls. Ich bringe die Nachricht in den Keller. Nun geht das Gejammer und Geschrei von neuem los. Frau Scholl können wir nur mit Mühe zurückhalten, denn sie will unbedingt in das brennende Haus. Herr Scholl sitzt wie gelähmt in seinem Sessel. Als ich wieder nach oben gehen will, schreien die Frauen: „Gretel bleib doch da!" Oben am Kellereingang steht noch ein Ami. Die Feuerwehr ist inzwischen angerückt. Auch ich setze meinen Feuerwehrhelm auf und helfe beim Löschen. Es kommen immer mehr Panzer den Flecken herein. Ohne Rücksicht überfahren sie die Wasserschläuche, so dass sie platzen, und wir nicht mehr löschen können. Auf den Panzern sitzen deutsche Landser, die sich ergeben haben. Ich gehe nun zum Rathaus-Schule, wo noch gute Wasserschläuche aufgehängt sind und nehme sie ab. Auch hier kommen mir Panzer entgegen. Auf einem Panzer erblicke ich den ersten „Schwarzen". Beim Zurückgehen sehe ich, wie sich an der Kirchenmauer entlang immer mehr Landser aufgestellt haben, mit erhobenen Händen. Ich schließe nun die neuen Schläuche an und versuche, das Feuer zu löschen.

Plötzlich gibt es einen fürchterlichen Knall! Ich lasse den Schlauch fallen und renne durch das Haus von Kälberers die Treppe hinunter, über die Straße, in unseren Keller. Was war geschehen? Ein Flugzeug hat eine Luftmine fallen lassen. Im Forsthaus ging das Dach kaputt. Eine Frau aus Esslingen, welche im Nebenhaus evakuiert war, wurde durch Splitter so schwer am Kopf getroffen, dass sie wenige Tage danach ihren Verletzungen erlag.

So wurde es Abend, und die Häuser waren voll ausgebrannt. In Bürgermeisters Haus ragte nur noch der Kamin in den glutvollen Nachthimmel. Im Steinbis höre ich noch einzelne MG-Geratter. In der Nacht gibt es nochmal ein fürchterliches Geräusch, der Kamin von Scholls Haus war über die Straße eingestürzt. Familie Scholl verbringt die ersten Nächte in meinem Elternhaus. Später entdecken wir in der Schlafstube, dass ein Geschoss das Fensterkreuz und anschließend im Wäscheschrank einen ganzen Stapel Wäsche zerfetzt hat.

Der weiße Fliederbaum vor dem Küchenfenster vom Bürgermeisterhaus hatte sich schwarz verfärbt, er war voller Ruß. So ging ein sonniger Frühlingstag traurig zu Ende.

---

[1] KrA GP S 16 Roßwälden Nr. 1. Übergabe des Manuskripts durch die Zeitzeugin an das Kreisarchiv im Jahr 2013, außerdem wurden zwei Interviews mit der Zeitzeugin mitgeschnitten.
[2] Vermutlich Wäschenbeuren.

„Die Bevölkerung selbst wusste nicht recht, was sie tun sollte."

Bericht der Gemeinde Salach über die kampflose Besetzung des Orts am frühen Morgen des 20. April 1945, verfasst im Juli 1948.[1]

Blick auf Salach von Südosten.

Am Tag vor der Besetzung, am 19. April, war aus Gerüchten, die dann auch im Wehrmachtsbericht bestätigt wurden, zu entnehmen, dass der Vormarsch der Amerikaner, welcher ungefähr zehn Tage lang auf der Linie Heilbronn-Crailsheim zum Stillstand gekommen war, wieder in Bewegung geraten war. Das verstärkte, bald pausenlose Auftreten von Jagdbombern als Vorhut und Wegbereiter der Panzerdivisionen ließ vermuten, dass diese sich nun auch bald unserer Gegend nähern würden. Auf der Landstraße nach Ulm zogen in ununterbrochener Folge alle möglichen Fahrzeuge der Wehrmacht, vom Radfahrer mit Panzerfaust bis zum Lastwagen – Panzerkampffahrzeuge waren allerdings nicht dabei. Dazwischen bewegten sich zivile Flüchtlinge zu Fuß und teilweise mit Fahrzeugen, welche aus der Stuttgarter Gegend kamen, um aus dem Kampfgebiet zu entkommen. Ab und zu kamen auch Kolonnen von alliierten Kriegsgefangenen, welche dem Zugriff der sich nähernden Alliierten entzogen werden sollten.

Im Laufe des Mittags verbreitete sich dann das Gerücht, dass amerikanische Panzer unmittelbar vor Schwäbisch Gmünd stünden. Am Spätnachmittag ließen die dunklen Rauchwolken des brennenden Wäschenbeuren erkennen, dass die Angriffsspitzen sich bereits dem Hohenstaufen näherten, was am Abend von den aus Wäschenbeuren flüchtenden Soldaten eines Landesschützenbataillons bestätigt wurde, welche auf ihrem Rückzug einzeln und truppweise unser Dorf passierten.

Von regulären deutschen Kampftruppen war in unserer näheren Umgebung nichts zu sehen. Gegen 19.00 Uhr zogen sich zwei beschädigte deutsche Panzer aus Richtung Ottenbach zurück, wodurch zunächst das Gerücht ausgelöst wurde, amerikanische Panzer seien bereits in Ottenbach. Als einzige militärische Einheit befand sich in Salach eine Flak-Instandsetzungsabteilung, welche am Abend des 19. April Vorbereitungen für ihren Abmarsch traf, nachdem fast mit Sicherheit am nächsten Tag mit dem Einmarsch der Amerikaner zu rechnen war. Auch für den Volkssturm, welcher nur ein paar Gewehre und einige Panzerfäuste besaß, entfiel durch das Fehlen sonstiger regulärer Kampftruppen jegliche Einsatzmöglichkeit, so dass er praktisch nicht in Tätigkeit trat, zumal die wenigen Lageberichte und Anordnungen, die von den vorgesetzten Stellen kamen, sich mehrfach widersprachen.

Als am 19. April die Nacht hereinbrach, wusste man immerhin soviel, dass die Spitzen der amerikanischen Panzer am Fuße des Hohenstaufen standen und dass am kommenden Tag mit ihrem Einmarsch zu rechnen war, falls nicht irgendwoher noch deutsche Truppen eintreffen würden, welche den Vormarsch aufhalten könnten, was aber nicht geschah.

Die Nacht selbst verlief ziemlich unruhig. Immer wieder wurde die in ungewisser Spannung harrende Bevölkerung aufgeschreckt durch heftige Detonationen, welche von Sprengungen auf dem Göppinger Flugplatz herrührten. Die Bevölkerung selbst wusste nicht recht, was sie tun sollte. Während ein Teil davon sich zur Ruhe begab wie an jedem andern Tag, verbrachten andere die ganze Nacht im Keller, während wieder andere eifrig damit beschäftigt waren, sich das allernötigste Gepäck zusammenzustellen, falls es doch noch zu Kämpfen kommen sollte und man daher gezwungen wäre, das Dorf zu verlassen; und schließlich beschäftigten sich viele damit, Lebensmittel, Kleider, Kostbarkeiten usw. zu verstecken und zu vergraben, um sie so über die Ungewissheit der kommenden Tage oder Wochen hinüberzuretten. Darüber jedoch schienen sich alle einig zu sein, dass sie Haus und Heimat nur verlassen würden, wenn sie durch Kampfhandlungen dazu gezwungen werden sollten. So brach schließlich der Morgen des 20. April an.

Der 20. April 1945

Die Nacht vom 19. auf 20. April war vorbeigegangen, ohne dass deutsche Truppen eingetroffen waren, so dass Kämpfe in unserem Ort nicht zu erwarten waren. Als es gegen 5 Uhr tagte, war es verhältnismäßig still im Dorfe. Ab und zu sah man vereinzelte Zivilisten auf der Straße oder hinter einem Fenster, die sich anscheinend über die Lage orientieren wollten. Noch war von den anrückenden Amerikanern nichts zu bemerken. Auch die Jagdbomber hatten ihre Tätigkeit noch nicht aufgenommen.

Kurz vor 6 Uhr hörte man dumpfes, langsam stärkerwerdendes und näherkommendes Motorengeräusch. Man dachte zunächst an Bombengeschwader, aber es klang doch anders. Doch allzu viel Zeit zum Überlegen blieb nicht. Kurz nach 6 Uhr tauchte von Krummwälden herkommend die Spitze der amerikanischen Panzer am

Nordausgang der Schachenmayr-Siedlung auf. Nach kurzem Anhalten, während dem die auf dem ersten Panzer sitzenden Soldaten kurz vom Fahrzeug sprangen, um sich bei den Einwohnern zu vergewissern, dass das Dorf von deutschen Truppen frei sei, setzte sich die Spitze wieder in Bewegung und hinter ihr rollten nun stundenlang die Panzer, Jeeps, Lastwagen mit aufgesessener Infanterie und alle sonstigen Arten von Fahrzeugen, welche zu einer motorisierten Truppe gehören.

Kurz nach 6.30 Uhr trat eine kurze Stockung ein, als amerikanische Jagdbomber erschienen und über dem Dorf kreisten. Die Fahrzeuge hielten an, die aufgesessenen Mannschaften sprangen in Deckung und gaben sich durch Abschießen von Leuchtpistolen als amerikanische Truppen zu erkennen, worauf die Jabos, welche teilweise schon zum Sturzflug angesetzt hatten, wieder weiterflogen und sich nach neuen Zielen umsahen. Nach dieser Unterbrechung setzten die motorisierten Kolonnen ihren Vormarsch fort. Sie nahmen ihren Weg in Salach durch die Hauptstraße zur Staatsstraße Ulm-Stuttgart und von da weiter in Richtung Göppingen. Ungefähr eine halbe Kompanie blieb am ersten Tag in Salach. Sie besetzte das Rathaus und bewachte die Brücken und die Durchgangsstraße.

Wenige Stunden nach dem Einmarsch wurden die üblichen Anordnungen der Besatzung bekanntgegeben, so u.a., dass sich sämtliche deutsche Soldaten sofort zu stellen haben, dass sämtliche Waffen und Uniformen abzuliefern sind, und dass Ansammlungen von mehr als fünf Personen auf der Straße verboten sind. Die Bevölkerung wurde aufgefordert, sofort weiße Flaggen zu hissen, außerdem wurde ab 17.00 Uhr abends allgemeine Ausgangssperre festgesetzt. Einige Wohnhäuser, welche als Quartiere benötigt wurden, mussten innerhalb einer halben Stunde von den Bewohnern geräumt werden. Etwa 30 deutsche Soldaten – meistens Salacher Einwohner –, deren Einheit entweder in der näheren Umgebung stationiert gewesen war, oder die Lazaretturlaub hatten, wurden noch am gleichen Tage als Kriegsgefangene weggeführt.

Als bemerkenswertes Ereignis dieses Tages sei noch festgehalten, dass sich in der Nachbargemeinde Süßen ein großes Lager einer deutschen Heeresfeldbäckerei befand, welches in den ersten Stunden nach dem Einmarsch ohne Bewachung war. Diese Tatsache sprach sich sehr schnell herum, worauf sofort auch von Salach aus ein reger Zustrom mit Fahrzeugen aller Art auf die Vorräte dieses Lagers einsetzte. Ein auf dem Süßener Güterbahnhof stehender Güterzug, der mit Lebensmitteln, Rauchwaren, Leder und allen möglichen sonstigen Waren beladen war, fand das gleiche Schicksal.

Auch dieser 20. April 1945 ging zu Ende und ein gnädiges Schicksal hat unsere Gemeinde an diesem Tag vor Kampfhandlungen, Blutvergießen und Zerstörungen bewahrt.

---

[1] HStAS J 170 Bü 6 (Salach). Abschrift im Kreisarchiv Göppingen.
[2] Mutmaßlich das LS-Bataillon 423.

Überrascht vom Einmarsch

Ein 15-jähriges Mädchen aus Salach beschreibt das Kriegsende und die Nachkriegszeit.[1]

Von 1942 bis 1944 besuchte ich eine NS-Eliteschule. Doch ich hielt die strenge Erziehung dort nicht aus und kehrte noch vor Ende 1944 wieder nach Salach zurück. Daheim übernahm ich eine Jungmädelschar und versuchte, eine schöne Weihnachtsfeier zu gestalten. Zu Hause fiel diese sehr traurig aus, da meine beiden Brüder und mein Halbruder in Gefangenschaft oder verschollen waren. Von Seiten meiner Mutter kam wohl die Einschätzung, dass der Krieg bald verloren sein würde. Mir fiel auch auf, dass immer weniger Eltern ihre Töchter in den donnerstäglichen Jungmädeltreff schickten, wo vor allem gebastelt und gesungen wurde. Als ich dann dem BDM beitreten sollte, dachte ich nur: Was soll ich da noch?

Vom Einmarsch selbst am Morgen des 20. April 1945 wurden wir dennoch sehr überrascht. Ich lag mit meiner drei Jahre älteren Schwester in unserem kleinen Zimmer, als gegen 6.30 Uhr ein wahnsinniges Dröhnen einsetzte. Meine Schwester sprang auf, schaute entgeistert aus dem Fenster und rief: „Die Russen kommen!" Sie hatte den Stern auf den amerikanischen Panzern falsch gedeutet – so schlecht waren wir informiert. Scheu wagten wir uns aus dem Haus und betrachteten ängst-

Salach in den späten 1930er Jahren. Im Vordergrund an der Bahnlinie die großen Fabrikgebäude von Schachenmayr, nördlich der Bahnlinie am linken Bildrand die 1938 „arisierte" Weberei Neuburger.

lich aus einiger Entfernung die vielen amerikanischen Fahrzeuge, die die Hauptstraße in Richtung Süden passierten.

Mein Vater verbrannte derweil im Keller fieberhaft Dokumente, vermutlich aus dem benachbarten Parteihaus. Wir selbst stiegen auch durch ein Fenster in dieses Gebäude und holten uns noch einige brauchbare Dinge heraus: Bücher sowie ein Paar Militärskier. Die NS-Fahnen verbrannten wir ebenso – bis auf eine, aus der wir später noch allerhand Kleidung nähten. Der ganze Einmarsch verlief in Salach insgesamt sehr friedlich, es fielen keine Schüsse und es kam nicht zu Übergriffen durch die Besatzer.

Von einer Nachbarin erfuhren wir im Lauf des Vormittags, dass in Süßen große Mengen Brot zu haben seien. So machten meine Schwester und ich uns auf den Weg dorthin, zuerst über die Eisenbahnschienen und später an der Straße entlang, wo die Amerikaner fuhren. Einer der Fahrer wollte vermutlich einen Scherz machen und schwenkte seinen Wagen in unsere Richtung – ich sprang vor Schreck mit einem Riesensatz die Böschung hinunter. In Süßen war leider schon fast alles weg, und wir brachten lediglich ein Kommisbrot mit nach Salach zurück.

Während wir in unserer kleinen Postwohnung bleiben konnten, wurden viele Häuser von amerikanischen Soldaten besetzt, auch unsere zweite Wohnung in der Wilhelmstraße. In unserem dortigen Garten hatte Vater Frühgemüse angebaut. Ich musste, weil ich die Jüngste war, bei den Amerikanern fragen, ob wir dieses ernten dürften. So ging ich etwas naiv mit meinem Schulenglisch dorthin und bat höflich um diese Erlaubnis. Die Amerikaner zeigten sich äußerst freundlich, erlaubten die Gemüsernte und stopften mich außerdem noch mit „Candy" voll. Zusammen mit meiner Freundin Gretel kam ich dann öfters vorbei, spielte dort Klavier oder diskutierte mit den Soldaten über Politik und Musik. Mein Vater hätte das niemals erlaubt, deshalb durfte er nichts davon erfahren. Im Garten haben sie mich sogar fotografiert, damit sie daheim in den USA zeigen konnten, wie ein typisches deutsches Mädchen aussieht – mit Zöpfen und Faltenrock (aus der Hakenkreuzfahne). Es wäre undenkbar gewesen, einmal Amerikaner einzuladen, wie das einige andere Familien – mutmaßlich sicher auch in Hoffnung auf Lebensmittel – taten. Für meinen Vater stellte sich das Kriegsende als Niederlage dar, und er gab sich sehr verschlossen.

Als wir später unsere Wohnung wiederbekamen, hatten die Amerikaner doch einige Spuren der Verwüstung hinterlassen: Brandflecken, durchschossene Fenster und auch die Hühner und Hasen waren im Lauf der Besatzung wohl in den Kochtopf gewandert.

[1] KrA GP S 16 Salach Nr. 2. Zusammenfassung eines Interviews mit der Zeitzeugin von 2013.

Die Amerikaner in Salach

Ein damals elfjähriger Junge aus Salach berichtet über die letzte Kriegsphase und seine vielfältigen Erlebnisse mit den im Ort stationierten amerikanischen Soldaten.[1]

Ich ging ab der 5. Klasse in Eislingen auf die Mittelschule, damals war mein Vater im Krieg und meine Mutter arbeitete in Salach bei der Firma Schachenmayr. Die meisten Lehrer erwiesen sich als überzeugte Nationalsozialisten, die uns bis kurz vor dem Einmarsch noch von Wunderwaffen und vom Endsieg erzählten und entsprechende Lieder lernen ließen. Meine gut katholische Patin bezeichnete diese Schule als „gottlose Schule", weil dort auch keine Religion unterrichtet wurde. Aber unser Pfarrer Leicht meinte, das ginge schon in Ordnung – in zwei Jahren sei der Hitler eh am Ende. Meine Mutter äußerte sich ähnlich. Wegen der vielen Beerdigungen kamen wir Ministranten übrigens nicht selten zu spät in den Unterricht und wurden von manchen Lehrern als „Weihwasserspritzer" verspottet.

Gegen 6.30 Uhr morgens fuhren die ersten US-Panzer vom Ottenbacher Tal her durch die Salacher Hauptstraße.

Gefangenendurchzüge und Jabo-Attacken

Im Januar 1945, ich war gerade elf Jahre alt und hielt mich gerade bei meiner Großmutter im Oberdorf auf, bekam ich mit, dass eine große Gruppe junger Gefangener oder Zwangsarbeiter bei einem nahe gelegenen Bauern auf einer Wiese wie Schafe eingezäunt worden waren. Es lag Schnee und die Männer hatten nur unzureichende Zivilkleidung, an kleinen Feuern versuchten sie sich zu wärmen. Meine Großmutter kochte zwei große Schüsseln mit Kartoffeln und gab sie mir für die Gefangenen mit. Die Wachposten, ältere Männer, wohl Landesschützen, hinderten mich nicht daran. Die Eingezäunten aßen die Kartoffeln mitsamt den Schalen, einige hatten Tränen in den Augen. Am nächsten Morgen waren sie wieder weg.

Während der letzten Wochen vor dem Kriegsende fuhr kaum mehr ein Zug, weshalb wir den Schulweg meistens zu Fuß entlang der B 10 absolvierten. Links und rechts der Straße gab es Schützenlöcher, in die man bei Tieffliegergefahr springen konnte. Allerdings waren diese oft knietief mit Wasser gefüllt und man kam mit völlig nassen Schuhen, ohnehin dem einzigen Paar, nach Hause. Die Staffel der „Lustigen Acht" suchte oft unsere Gegend heim, diese Jabos hatten rot lackierte Schnauzen und nahmen fast alles unter Feuer. Ein Erlebnis hat sich bei mir besonders eingebrannt: Mit sechs oder sieben Kameraden trieb ich mich einmal in Richtung der Kiesmühle bei Eislingen herum – da überflogen uns plötzlich die „Acht" in geringer Höhe. Ich brüllte „Deckung", wie wir es im Jungvolk gelernt hatten, und wir warfen uns auf die Erde. Doch einer meiner Freunde rannte aus schierer Angst weiter in Richtung eines Hauses. Da scherte einer der Piloten aus der Formation aus und nahm Kurs auf ihn – er war so nah, dass ich den Piloten mit seiner Fliegerbrille in der Kanzel sehen konnte. Er hätte meinen Freund leicht erschießen können, doch er muss wohl gesehen haben, dass es nur ein Kind war und drückte glücklicherweise nicht ab. Wir zitterten hinterher trotzdem am ganzen Körper.

Über den Stand der Front wussten wir recht gut Bescheid. Mein Vater war in Russland schwer verwundet, aber trotz Untauglichkeit nicht aus der Wehrmacht entlassen worden. Mit einigen anderen Veteranen kam er auf dem Weg von Heilbronn nach Bayern auch in Salach vorbei und erzählte uns, dass bald hinter ihm die Amerikaner nachrückten.

Der Einmarsch in Salach am 20. April 1945

Am 19. April, nachdem am Nachmittag die Rauchwolken von Wäschenbeuren zu sehen waren, wusste man, dass es in Kürze soweit war. Am Abend ließ der Ortsgruppenleiter Brommer die Panzersperren an der B 10 und in Richtung Ottenbach öffnen. Obwohl er ein überzeugter Nazi war, hatte er doch die Sinnlosigkeit eines möglichen Widerstands eingesehen.

Morgens um 6 Uhr kamen dann die Amerikaner aus Richtung Ottenbach. Ich stand an der Straße und bestaunte die endlosen Kolonnen von Fahrzeugen. Vor dem Haus meiner Großmutter staute der Verkehr einmal und ein Schwarzer schaute von der Kuppel eines Panzers direkt durch das Fenster in die Wohnung hinein – meine halbwüchsigen Tanten kreischten vor Schreck, sie hatten noch nie einen solchen Menschen gesehen. Ein anderer Schwarzer kam kurz darauf durch den Hintereingang in die Küche, suchte sich wortlos einen Aluminiumtopf heraus und ging wieder. Der Durchzug der Fahrzeuge dauerte eine ganze Weile, dann wurde mit Lautsprechern die Abgabe der Waffen und die Festlegung der Ausgangssperre verkündet. Die Waffen wurden beim Rathaus abgeliefert, wo sich die Amerikaner immer wieder schöne Gewehre herauspickten und gegen ältere austauschten.

Trotz der Aufregung waren wir gottfroh über das glimpfliche Ende des Krieges bei uns. Bald mussten aber viele Häuser im Mitteldorf geräumt werden, darunter auch unseres in der Schulstraße. So zogen wir mit Sack und Pack zur Großmutter in deren altes Häuschen. Nach drei Tagen gab es einen großen Schreck, denn Mutter wurde verhaftet und verhört, weil man auf unserem Dachboden angeblich Sprengstoff gefunden hätte. Das stellte sich allerdings als falsch heraus, die Amerikaner wollten durch solche Aktionen wohl die Bevölkerung etwas einschüchtern. Am 8. Mai fuhren dann viele große US-Karossen mit hohen Offizieren hinauf ins Landhaus Reutte, um dort den Sieg zu feiern.

Erlebnisse mit den Amerikanern

Die in Salach stationierten Soldaten gehörten zur 100. US-Infanteriedivision und waren teilweise ziemlich raue Kerle, die nicht immer besonders zimperlich mit den

Leuten umgingen. Trotzdem habe ich sie überwiegend positiv in Erinnerung. Da ich in der Schule schon zwei Jahre Englischunterricht gehabt hatte und recht unerschrocken war, trieb ich mich häufig bei ihnen herum, vermittelte Wäscheaufträge und brachte Zettelchen zur örtlichen Damenwelt – wofür ich von den Amis immer etwas bekam. Mit zwei Soldaten hatte ich mich etwas angefreundet: Bernie Welch, ein Pfarrerssohn, und John Dego, ein „Riesenbaby". Letzterer hatte auch ein Auge auf meine beiden jungen Tanten, damals 16 und 18 Jahre alt, geworfen. Für eine Büchse Corned-Beef vermittelte ich ein Treffen, aber als es den Mädchen nicht geheuer war, lief ich zur Militärpolizei auf der Straße und rief: „Come upstairs and save the Dego!". So wurde er festgenommen und zwei oder drei Tage eingesperrt.

Einmal beobachtete ich in der Nähe von Bärenbach, wo ich regelmäßig bei einem Bauern arbeitete, wie drei Amerikaner am späten Nachmittag mit einem Jeep auf der „Jagd" waren. Einer fuhr, die anderen beiden standen im Wagen und feuerten mit einem Schnellfeuergewehr auf einen Rehbock, den sie zwar erwischten, aber nicht mehr fanden oder nicht suchen wollten. Ich jedenfalls merkte mir die Stelle und holte später das tote Tier mit einem Sack. Als ich mit der Beute nach Salach zurückkehrte, hatte ich allerdings die Ausgangssperren überschritten und wurde von einer Zwei-Mann-Streife erwischt – zu meinem Glück waren es Dego und Bernie, die mich laufenließen. Das Fleisch verteilten wir in der näheren Verwandtschaft.

Captain Morgan, ein Offizier, fuhr ein deutsches Auto, einen Hanomag. Der hatte vorne im Innenraum den Benzinhahn. Ich stieg durch den Kofferraum ein und zapfte den Sprit in Steinhägerflaschen ab, die man wiederum bei den Bauern auf der Alb gegen Fleisch und Brot tauschen konnte. Als Morgan den Benzinverlust bemerkte, ließ er seinen Wagen von einem Doppelposten bewachen. Auch eine große Rolle Telefonkabel haben wir geklaut und bei einem Bauern gegen Dosenwurst getauscht, der mit dem Draht einen Weidezaun anlegte.

In Salach betrieben die Amerikaner mindestens acht verschiedene Feldküchen, streng nach Hierarchie getrennt – die Offiziere speisten beispielsweise im Schachenmayr-Kasino. Nach dem Essen wurden die Reste oft an die Kinder aus dem Ort abgegeben, die schon mit ihrem Essgeschirr warteten. Einmal stahl ich aus einer der Küchen eine Packung Kekse und wurde dann um den Friedhof gejagt, bis ich mich irgendwann auf dem Kirchturm verstecken konnte. Nachdem die Luft wieder rein war, entdeckte mich allerdings der Pfarrer. Ich gestand gleich zerknirscht meine Sünde, doch er lachte nur herzlich und meinte, das bräuchte ich nicht zu beichten.

Unser Jungzugführer aus Salach, der wie sein Vater das US-Bürgerrecht besaß, hatte übrigens bereits eine Woche nach dem Einmarsch die Uniform getauscht und diente den Amerikanern als „Paperboy". Er lieferte ihnen die Post und die Magazine aus – uns andere Jungs schaute er nicht mehr an. Ein Offizier zeigte mir einmal in der Zeitschrift „Stars and Stripes" Fotos von den Leichenbergen im KZ Bergen-Belsen, was mich sehr schockierte.

Das moderne Salacher Schachenmayr-Schwimmbad wurde nach den Einmarsch umgehend von den Amerikanern besetzt und genutzt.

[1] KrA GP S 16 Salach Nr. 3. Zusammenfassung eines Gesprächs mit dem Zeitzeugen von 2014.

Das Ultimatum an der Gairensteige

Vier Kinder und Jugendliche erinnern sich an das Kriegsende in Schlat.[1]

Im Frühjahr 1945 sah der größte Teil der Bevölkerung, so auch in Schlat, das Ende des „Tausendjährigen Reiches" kommen, bis auf einige wenige ganz Linientreue. Anfang März durften wir Kinder nicht mehr in die Schule, denn ein „Stab der Wehrmacht" benötigte die Schule als Schreib- und Arbeitsräume. Die Soldaten und Offiziere wurden im Dorf bei Familien untergebracht. Sie hatten ein sicheres und gutes Leben, gegenüber ihren Kameraden an der Front. Die Militärfahrzeuge mussten in Scheunen und Schuppen untergestellt werden, damit sie von der amerikanischen Luftaufklärung nicht entdeckt wurden. Zudem waren auch noch einige Leute der „Organisation Todt" im Dorf einquartiert. Sie waren verantwortlich für den Bau der Schützenlöcher und MG-Stände an der „Röte", „Hasenbühl", beim Wasserreservoir und im Süßener Wald. Die Panzersperren an der Gairensteige und an den Brücken in Richtung Holzheim wurden ebenfalls von ihnen gebaut.

Für die Bevölkerung hieß es aufhorchen, aber nicht viel sprechen. Hinter vorgehaltener Hand sagte man, wenn ein Wehrmachtsstab hier ist, dann dauert es nicht mehr lange, bis die Amerikaner kommen. Aus der Luft wurde die Bevölkerung durch feindliche Tiefflieger bedroht. Wenn die angeflogen kamen, hieß es flach auf den Boden liegen. Sie beschossen Personen, zivile und militärische Fahrzeuge. Schon Tage vor dem Einmarsch der Amerikaner zogen einzelne deutsche Soldaten durch Schlat, die Waffen im Handwagen mitführten, keine Stahlhelme auf und keine Uniformen mehr an hatten. Sie wollten sich hinter der Donau wieder sammeln und verteidigen.

Am 19. April 1945 konnten wir während der Feldarbeit den aufsteigenden Rauch von Wäschenbeuren sehen, das beschossen wurde. In der Nacht vor dem Einmarsch der Amerikaner wurden die Panzersperren an der Gairensteige zugemacht. Für diese Arbeit wurde unter anderem der damalige französische Gefangene Leo, der bei der Familie Clement (Käspeter) arbeitete, herangezogen, er musste vermutlich mit seinen Pferden Stämme herschleifen. Nachdem er dies erledigt hatte, wollten ihn

Gegen 11 Uhr morgens trafen die amerikanischen Truppen am 20. April 1945 aus Richtung Göppingen in Schlat ein.

die SS-Soldaten erschießen, aber durch die Vermittlung von Jakob Werner konnte dies verhindert werden. Kurz nach Schließung der Panzersperren wollte noch ein deutscher Lastwagen mit militärischen Ersatzteilen durchfahren, konnte aber nicht mehr. Er wurde einfach umgekippt und liegengelassen.

Am Morgen des 20. April 1945 fuhren die amerikanischen Panzer von Süßen kommend in Schlat ein. Die „Mesner Rees" läutete 11 Uhr, wie an allen Werktagen. Die Besatzung der einfahrenden Panzer vermutete, es würde ein Signal an die an der „Röte" und an der Gairensteige liegenden Soldaten gegeben. Sie stürmten die Kirche und schnitten der Rees kurzerhand das Glockenseil ab. Die Panzerspitze fuhr unter aller Vorsicht weiter bis zum Rathaus, das dann nach Warnschüssen gestürmt wurde. Der damalige stellvertretende Bürgermeister Jakob Werner wurde verhört und auch bedroht. Die Panzersperren an der Gairensteige unterhalb des Fuchseckweges und weiter unten mussten die Amerikaner durch ihre Luftaufklärung erkannt haben, denn die Panzer fuhren weiter in Richtung Eschenbach. Wir Schlater Kinder sahen zum ersten Mal amerikanische Soldaten, darunter auch Schwarze, die kaugummikauend in ihren Fahrzeugen saßen.

Am anderen Tag versuchten die Amerikaner über die Gairensteige ins obere Filstal zu kommen, vergeblich. Der erste amerikanische Jeep wurde in der letzten Kurve vor der Gairensteige von deutschen Soldaten, die sich beim früheren Wasserreservoir verschanzt hatten, beschossen. Es gab Tote und Verwundete auf der amerikanischen Seite. Von der „Röte" schossen die deutschen Soldaten auf die amerikanischen Fahrzeuge. Hier passierte zum Glück nichts. Als die Amerikaner den Widerstand merkten, zogen sie sich zurück ins Dorf. Daraufhin nahmen die Amerikaner die Schützengräben und MG-Stände an der „Röte" und im „Hasenbühl" unter Beschuss. Es gab zwei Tote in der „Röte" und einen Toten im „Hasenbühl" auf deutscher Seite. Auch Johannes Brekel aus Schlat fand bei diesem Angriff den Tod. Er meinte, er wäre in seinem Feldhäuschen in der „Röte" in Sicherheit, kam aber zwischen die Fronten und wurde von einer Kugel getroffen.

Aber das größte Problem für Schlat waren die Panzersperren an der Gairensteige. Die Amerikaner stellten ein Ultimatum, wenn die Panzersperren nicht geöffnet würden, werde Schlat beschossen. Im Gewand „Holzbach" bei Ursenwang standen die Geschütze bereit. Herr Ruisinger – ein Schlater Bürger der gut Englisch sprach – vermittelte zwischen Amerikaner und Deutschen. Es kam dann so, dass die Amerikaner über Gammelshausen ins obere Filstal und weiter über Reichenbach von oben her die beiden Panzersperren beseitigten. Die deutschen Verteidiger waren auch verschwunden und die Amerikaner konnten ungehindert weiterfahren. Schlat wurde vom Beschuss verschont. Tagelang fuhren nun die militärischen Fahrzeuge über den Gairensattel ins obere Filstal und weiter nach Ulm.

Während dem Vorrücken der Amerikaner und wieder zurückweichen, kann ich mich noch an eine Begebenheit erinnern. Wir wohnten in der damaligen Hauptstraße. Wenn amerikanische Fahrzeuge um die Kurve kamen, hängte meine Mutter die weiße Fahne in Form eines Leintuchs aus dem Fenster. Nachdem der Konvoi vorbei war, zog sie das Leintuch wieder ein. Denn auch zu dieser Zeit gab es im Dorf noch Anhänger des zusammenbrechenden Regimes, die meiner Mutter drohten, sie werde nach Ende des Krieges vor ein Gericht gestellt, weil sie die weiße Fahne hisste. So ging es mehrere Stunden. In dieser Phase des Hin und Her blieb mir ein Bild in Erinnerung, wie ein deutscher Soldat auf einem amerikanischen Jeep vorne als Zielscheibe auf der Motorhaube saß und sie fuhren Richtung Gairensteige, wo noch deutsche Soldaten vermutet wurden. Es kam zu keinem Schusswechsel. Auch der stellvertretende Bürgermeister Jakob Werner wurde auf einem amerikanischen Jeep vorne in Richtung Gairensteige gefahren, zum Glück passierte nichts. Etwas für mich Interessantes geschah auch noch: vorne auf der Straße fuhren die amerikanischen Militärfahrzeuge, und über die Gärten und Felder versuchten einzelne verwundete und versprengte deutsche Soldaten in Häusern Unterschlupf zu finden oder ihre Uniformen zu wechseln.

Ein erwähnenswerter Vorfall: Als die amerikanischen Soldaten Richtung Gairensteige fuhren, kam es am Ortsausgang zu heftigem Schusswechsel. Bei Renovierungsarbeiten 1980 am Haus Bühler steckten noch Kugeln und Splitter im Gemäuer. Bei dieser Schiesserei nahm ein schwarzer amerikanischer Soldat ein kaum halbjähriges Kind, das mit seiner Mutter im Haus von Rosa Abt einquartiert war, schützend in den Arm und rannte mit ihm durch die Obstgärten, in Bühlers Bunker, um es in Sicherheit zu bringen. Die Mutter lief hinterher und rief: „Er frisst mein Kind, er frisst es!" So hat die deutsche Propaganda die Bevölkerung „aufgeklärt". Stunden später saßen die amerikanischen Soldaten in Bühlers Wohnung und ließen sich das tags zuvor frisch gebackene Brot mit Spiegeleiern schmecken, bis ihr Vorgesetzter eintrat und sie mit scharfer Stimme ermahnte, mit ihren Gewehren rauszukommen.

Ein tragisches Schicksal spielte sich in den letzten Stunden ab, bevor die Amerikaner einmarschierten. Junge SS-Soldaten, die an der „Röte" in den MG-Ständen Deutschland verteidigen wollten, kamen auf den Hof Allmendinger (damals neben der Molke) mit einem Handwagen, um Milch und Verpflegung zu holen. Als sie wieder gingen, machte Altbauer Allmendinger (Hannesbauer) den Vorschlag, sie sollten hier bleiben, er würde sie im Heu verstecken, bis die Amerikaner durchgezogen sind. Aber sie ließen sich nicht überreden. Sie gingen wieder zurück in ihre Stellungen und fanden Stunden später den Tod oder wurden verwundet.

Als die Panzersperren an der Gairensteige offen waren, konnten die Schlater wieder durchatmen. Man hatte das Gefühl, als ob der Krieg schon zu Ende wäre. Dies war dann am 8. Mai 1945 endgültig. Im Radio – dem Volksempfänger – verkündete ein Sprecher die Nachricht des Zusammenbruchs Deutschlands. Er schloss die Nachricht mit tiefer, ruhiger Stimme und mit dem Satz: „Mit Mann und Ross und Wagen hat sie der Herr geschlagen."

---

[1] KrA GP S 16 Sch at Nr. 1. Der Text wurde dem Kreisarchiv 2014 von den Zeitzeugen zugeschickt.

„Im Dorf war natürlich größte Aufregung."

Der Lehrer Otto Schurr (Jahrgang 1903) fasst die Ereignisse des Kriegsendes in und um Schlat zusammen.[1]

Dass der Krieg verloren war, sah nach der Invasion in Frankreich im Juni 1944 jeder vernünftig denkende Mensch. Die Front rückte nicht nur in Rußland immer näher an die deutschen Grenzen, sondern auch im Westen. Die Hoffnung, die Regierung würde wie 1918 den aussichtslosen Kampf aufgeben, trog. Der Feind überschritt den Rhein und bald schon vernahm man, dass das nördliche Württemberg von ihm erobert war.

Von Regierung und Partei wurde nun befohlen, alles in „Verteidigungszustand" zu setzen, wohl im Glauben, der steile Albrand sei eine wichtige Verteidigungslinie. Neben Einquartierung deutscher Soldaten im Schulhaus waren auch Leute der „OT" (Organisation Todt) da, die an der Gairensteige und am Hang östlich davon

Von Schlat aus rückten US-Einheiten am frühen Abend des 20. April noch bis Reichenbach im Täle vor.

Schützenlöcher, MG-Stände usw. ausbauten. An der Gairensteige und drunten an den beiden Brücken an der Straße nach Holzheim wurden Panzersperren errichtet, und an der Straße nach Süßen im Wald Schützenlöcher ausgehoben. Dass man die Verteidigung ernstlich plante, sah ich auf einer Karte, die ich etwa Mitte Mai 1945, also nach der Kapitulation, bei einem Generalstabsoffizier liegen sah. Da war der Einsatz eines Bataillons Infanterie von Zillert bis über die Straße nach Süßen hinweg eingezeichnet. Voller Schrecken dachte ich: „Wenn das zur Ausführung kam, ist Schlat ein Trümmerhaufen, und wie ging es meiner Familie und den übrigen Einwohnern". Ich fragte gleich den Offizier, ob der Plan zur Ausführung kam. Er zuckte die Achseln und meinte, das könne hier niemand sagen, er glaube aber nicht, denn es sei alles anders abgelaufen, als vorauszusehen war. Gottlob kam er nicht zur Ausführung, denn was man nicht erwartet hatte, trat ein. Die Front näherte sich nicht von Westen, sondern von Norden und sogar Osten unserer engeren Heimat.

Am 19. April 1945 vernahm man mit Schrecken, dass unsere Heimat Kriegsgebiet war. Von Wäschenbeuren hörte man das Krachen der Bomben und sah am Abend den Schein vom brennenden Dorf. Am anderen Morgen, den 20. April, rollten die amerikanischen Panzer durch den Süßener Wald ins Dorf herein und besetzten es. Der Volkssturm, der am Morgen dieses Tages ausrücken musste, konnte aus dem Wald bei Rommental sich nur einzeln wieder heimschleichen.

Im Dorf war natürlich größte Aufregung. Häuser wurden durchsucht, aber es geschah weiter nichts. Bei der Turnhalle und an sonstigen Stellen wurden Geschütze aufgestellt, die auf den Wasserberg hinaufschossen und dabei das Albvereinshaus schwer beschädigten. Auf dem Wasserberg lag nämlich „SS". Bei den Schießereien fanden drei deutsche Soldaten den Tod. Sie liegen auf dem hiesigen Friedhof beerdigt. Auch ein Schlater Bürger mußte sein Leben lassen, Johannes Breckel. Er hatte sich, wie er glaubte, in seiner Wiese am Fuße des Wasserberges in Sicherheit gebracht, war aber nun zwischen die Fronten geraten und wurde von einer Kugel getroffen. Große Panzerverbände der Amerikaner rollten gleich weiter in Richtung Eschenbach. Von Schlat aus drangen sie über die Gairensteige ins obere Filstal erst vor, als die „SS" den Wasserberg geräumt hatte.

Nach Schlat wurde eine amerikanische Ausbildungskompanie gelegt. Deshalb mussten alle die neueren Häuser an der Turnhalle- und Rommentaler Straße von ihren Bewohnern verlassen werden, und sie durften erst nach Wochen der Belegung durch die „Amis" wieder einziehen. Schlimm waren die ersten Nachkriegsmonate nicht nur wegen der vielen Gebote und Verbote, zum Beispiel Ausgangssperre von abends 19 Uhr bis morgens 6 Uhr, der vielen persönlichen Kontrollen auf der Straße, Ablieferung von Waffen, optischen Geräten, Radioapparaten, Einschränkung der Lebensmittelrationen usw., sondern namentlich auch wegen der räuberischen Diebeszüge der Fremdarbeiter, namentlich der Polen. Bis sie in ihre Heimat abtransportiert wurden, stahlen sie, was ihnen wünschenswert erschien, namentlich aber

Bis zur Freigabe der Panzersperre an der Steige nach Reichenbach durchlebten die Schlater einige äußerst angespannte Stunden.

Lebensmittel und Fahrräder. Jede Nacht mußte deshalb von den Männern abwechslungsweise Streife gemacht werden.

Der Krieg war aus, das heißt die Waffen ruhten, aber Not und Elend blieben, ja sie wurden teilweise noch größer. Bang sorgte man um die Soldaten. Von keinem wusste man, ob er noch lebte oder in Gefangenschaft geraten war. Im Laufe des Sommers 1945 kehrten viele heim, aber noch mehr blieben aus. Wer in Gefangenschaft der Westmächte war, konnte schreiben. Aus Russland kam aber unerträglich lange keine Nachricht. Aus den westlichen Ländern kamen alle Gefangenen bis 1948 zurück, aus Russland kehrte der letzte, Hudler, erst 1954 zurück. Leider sind auch verschiedene Schlater in russischer Gefangenschaft gestorben, was für die Angehörigen erst nach Jahren bangen Hoffens traurige Gewissheit wurde. Bei manchem Namen steht das traurige und viel Geheimnis umschließende Wort „vermisst". Viel Kummer und Leid mussten die Heimatvertriebenen erleiden. Mit kleiner Habe oder auch gar nichts kamen sie hier an. Und es bereitete der Gemeindeverwaltung viele Sorgen, sie wohnungsmäßig unterzubringen. Doch hat sich im Laufe der letzten 20 Jahre alles eingefügt, und wir wollen nicht mehr zwischen Einheimischen und Vertriebenen unterscheiden.

[1] Otto Schurr, Geschichte von Schlat, Schlat 1970, S. 93-95.

Plötzlich ertönte der Schreckensruf: „Das Rathaus brennt!"

Bericht der Gemeinde Schlierbach über die Besetzung, gefertigt 1949.[1]

In der Zeit vom 10. bis 20.4.1945 wurden im Dorf drei Panzersperren errichtet. Die erste befand sich in der Hattenhofer Straße vor dem Gasthaus „Zum Lamm" und sollte feindlichen Panzern den Weg versperren, die von Hattenhofen oder durch die Suppengasse oder von Seeweiler her zur Dorfmitte vorstoßen wollten. Die zweite Sperre befand sich am Ortsausgang nach Albershausen hin. Sie befand sich hinter der Kurve in der Nähe vom Wagner Heinrich Tröster. Die dritte stand am Ortsausgang auf Kirchheim zu. Diese hatte man geschickt hinter der scharfen Kurve zwischen den Häusern von Scheurig und Kick errichtet. Die Erbauer hatten aber nicht mit der Taktik der amerikanischen Panzer gerechnet, die, aus dem Walde hervorbrechend, quer über die Äcker gegen das Dorf vorstießen und die Hauptstraßen

Der Ortskern von Schlierbach vor dem Zweiten Weltkrieg.

vermieden. Die Panzersperren sind nicht geschlossen worden und mussten nach dem Einmarsch der Amerikaner sofort beseitigt werden.

Noch einmal mussten die Schlierbacher die Schrecken eines Fliegerangriffes über sich ergehen lassen. Am 15.4.1945 griffen drei Tiefflieger unser friedliches Dorf an. Die Häuser der Landwirte Karl Hofherr und Albert Weigele wurden von Brandgeschossen getroffen und brannten zum Teil nieder. Auch das nachbarliche Anwesen des Landwirts Rau erlitt durch Übergreifen des Feuers Verlust. Bei diesem Tieffliegerangriff erlitt die älteste Tochter des Landwirts Karl Hofherr von einem Geschoss einen Durchschuss durch den Unterarm.

In diesen Apriltagen steigerte sich die Unruhe der Bevölkerung immer mehr. Die verbündeten, feindlichen Armeen rückten unaufhaltsam näher. Der Widerstand der in Auflösung begriffenen deutschen Wehrmacht wurde immer schwächer. Auch durch Schlierbach fluteten auf ihrem Rückzug die verschiedensten deutschen Truppenteile.

Kämpfe beim Einmarsch

In der Nacht zum 20.4.1945 hatte Schlierbach ca. 180 Mann Einquartierung einer Umschulungskompanie, die im Morgengrauen aber das Dorf verließ. Nur wenige Soldaten blieben zurück, um Schlierbach zu verteidigen, ein von vornherein wahnsinniges Unterfangen. Um 11.30 Uhr standen die ersten amerikanischen Panzer auf der Straße nach Albershausen. Als sie auf Widerstand stießen, brachen sie ihn alsbald mit ihren Panzerwaffen. Dabei setzte eine Panzersprenggranate die Pfarrscheuer in Brand. Dieser Brand wurde sofort gelöscht und damit ein Übergreifen des Feuers auf das danebenliegende Pfarrhaus und die Kirche verhindert. Andere Panzer, von Ebersbach kommend, fuhren über die Gegenäcker auf Richtung Hattenhofer Straße. Bei ihrem Vorgehen ständig feuernd, drängten sie die wenigen Verteidiger allmählich aus dem Dorf. Bei den vorangegangenen Gefechtshandlungen wurden zahlreiche Obstbäume im „Wand" von der Linde bis in die Pilzhalde vernichtet. Feuersäulen zeichneten den Weg, den die amerikanischen Panzer beim Eindringen in unser Dorf nahmen. Es brannten außer der Pfarrscheuer noch fünf Wohn- und Ökonomiegebäude nieder. Ferner noch vier meist am Dorfrande stehende Scheuern.

Plötzlich ertönte der Schreckensruf: „Das Rathaus brennt!" Ein deutscher Soldat, der sich angeblich im Rathaus versteckt hielt, soll aus einem Fenster eine Panzerfaust auf die amerikanischen Panzer abgefeuert haben, worauf die Amerikaner unser schönes Rat- und Schulhaus in Brand steckten. Die Löscharbeiten mußten wegen der Schießerei der Amerikaner bald eingestellt werden, so dass alles Inventar den Flammen zum Opfer fiel. Dabei verbrannten sämtliche Urkunden und alte Akten der Gemeinde, die für die Geschichte des Dorfes so von Wichtigkeit sind. Hier darf nicht der Aktivität der französischen Kriegsgefangenen vergessen werden, die durch ihre tatkräftige Hilfe und Vermittlungen zwischen der Bevölkerung und den Amerikanern größeres Unheil verhüten konnten.

Auch die Strumpffabrik A. Auwärter am Ortsausgang nach Albershausen brannte mit ihren wertvollen Strickereimaschinen vollkommen aus. Zwei Todesopfer sind an diesem schwarzen Tage der Gemeinde noch zu bringen: Frau Selma Goll, geb. Kißling wurde, als sie von ihrer Wohnung in den Keller flüchten wollte, durch ein verirrtes Infanteriegeschoss tödlich getroffen. Ebenso erlitt eine evakuierte Frau aus Nürnberg den Tod, als sie auf den Anruf eines amerikanischen Wachtpostens nicht stehen blieb.

Beim Anmarsch der Amerikaner floh ein Teil der Einwohnerschaft in den nahen Wald, kehrte aber im Laufe des folgenden Tages wieder in die Häuser zurück. Weitere Häuser mussten für die Amerikaner freigemacht werden. Zu größeren Exzessen ist es von Seiten der Amerikaner während der Besetzung Schlierbachs nicht gekommen, doch ließen die Eroberer bei ihrem Abzug nach vier Wochen Lebensmittel, Radios, Motorräder, Photokästen, Uhren, Schmuck und andere begehrte Artikel mitgehen.

Das waren für die Schlierbacher die aufregendsten Tage des ganzen Krieges, und sie werden jedem unvergesslich in Erinnerung bleiben. Auf Befehl der Amerikaner mussten die Einwohner sofort die Panzersperren beseitigen, Schutt abfahren, Munition und Waffen, die überall herumlagen, in den Steinbruch am Haslenbach fahren und vergraben. Wichtig war, dass der Rohrbrunnen, auf den ein Panzer aufgefahren war, wieder instandgesetzt wurde, denn das Dorf litt furchtbar unter Wassermangel. Auch das zerstörte Stromnetz wurde wiederhergestellt.

So schreckliche Wunden auch dieser Tag unserem Dorf geschlagen hat, die Einwohnerschaft von Schlierbach ging nach Abzug der Amerikaner daran, diese Schäden zu beseitigen. Heute ist es der Tatkraft des Einzelnen mit Hilfe der Gemeindeverwaltung gelungen, die zerstörten Anwesen wieder aufzubauen, bzw. zu reparieren. Die durch den Krieg verursachten Zerstörungen in unserem Orte haben Schlierbach mit in die erste Reihe der im Kreis Göppingen schwergeprüften Gemeinden gestellt!

[1] HStAS J 170 Bü 6 (Schlierbach). Abschrift im Kreisarchiv Göppingen.

Schlierbach brennt

Eine Zeitzeugin aus Schlierbach (Jg. 1922) erinnert sich an den Einmarsch, die Kampfhandlungen im Ort und die folgenden Tage.[1]

Die Amerikaner kamen beim Einmarsch in Schlierbach am 20. April 1945 von Albershausen her. Am Dreschschuppen und im Spitzweg waren Maschinengewehre aufgestellt und Schüsse wurden abgegeben. Die Panzersperren und die Schüsse der Maschinengewehre verunsicherten und verärgerten die amerikanischen Soldaten. Die Panzer, die über die Wiesen und Gärten querfeldein von der Göppinger Straße kommend in die Hattenhofer Straße einfuhren, schossen zuerst den Ziegenstall der Familie Mack, dann das Haus Rau (Hattenhofer Straße 64) und das Haus Kälberer (Hattenhofer Straße 56) in Brand. Kurz zuvor waren an diesen Gebäuden vorbei deutsche Militärfuhrwerke mit Schreibstuben Richtung Bach gefahren, um sich dort zu verstecken. Die Nachbarn kamen herbeigelaufen, um beim Löschen zu helfen.

Mein Vater, der immer wieder zwischen Keller und Haustüre pendelte, schickte mich und meine Schwester Emma (23 und 26 Jahre alt) zu Kälberers (Kickles), um dort mitzuhelfen, die Betten und das Notwendigste vor den Flammen zu retten. Er holte inzwischen die Kühe aus dem Stall, zum Schluss sogar noch durch die brennende Stalltür, und trieb sie in den Garten. Auch die Pferde der Militärfuhrwerke spannte er aus und scheuchte sie auf die Seewiesen. Die Familie Kälberer saß noch im Keller und wusste gar nicht, dass ihr Haus in Flammen stand. Erst als Marie Kick mit einer Kuh vom Haus Rau kam und in den Keller rief: „Kommt raus, euer Haus brennt!", kamen sie heraus.

Meine Schwester und ich trugen Wasser in Eimern von Falkensteins Brunnen (Hattenhofer Straße 45) bis zum brennenden Haus, da die näheren Brunnen bereits kein Wasser mehr hatten. Beim Haus Rau wurde sogar mit Gülle gelöscht. Als wir die Hattenhofer Straße rausliefen, sahen wir hinter Nachbars Haus (Attinger, Hattenhofer Straße 51) amerikanische Panzer. Gleich darauf fuhren zwei Panzer Richtung Ortsmitte. Rechts und links auf dem Panzer saß je ein deutscher Soldat mit erhobenen Händen. Ein Amerikaner rief uns zu, wir sollten doch in die Keller gehen.

Vor unserem Haus wurde auf zwei deutsche Soldaten geschossen. Die Schüsse kamen zwischen den Häusern Hattenhofer Straße 49 und 51 hervor. Diese Soldaten waren im Keller von Gottlob Böbels Haus. Sie kamen den Schnellhof herauf und wollten beim Löschen der brennenden Häuser helfen. Einer der Soldaten war gleich tot und lag im Kandel. Sein Gesicht fehlte. Der zweite wurde am Oberarm getroffen. Er ging mit einem blutenden und einem erhobenen Arm, sich ergebend, auf den Panzer zu. Dort musste er aufsteigen und wurde mitgenommen. Eine Kugel ging durch die Mauer des Hauses Nafzer (Hattenhofer Str. 52) bis ins Küchenbuffet. Der Tote lag noch lange im Kandel. Mein Vater deckte ihn mit einem Sack zu. Hinter dem Haus der Familie Mack hielten sich deutsche Soldaten versteckt. Beim Haus Zenaro (Hattenhofer Straße 65) lag ein deutscher Soldat tot im Straßengraben. Nach zwei Tagen hielt mein Vater einen Panzer an und fragte die Insassen, ob man den Toten nicht bestatten dürfte. Kurz Zeit danach kam Herr Seeger mit einem Pritschenwagen und lud die Toten auf und brachte sie auf den Friedhof.

Am 21. April 1945 kam in der Dämmerung ein deutscher Soldat zu uns und fragte nach etwas Essbarem. Er hatte sich drei Tage an einem Baum im Eichenbrunn versteckt. Wir gaben ihm zu essen, worauf er weiterging.

[1] Erstabdruck in den Schlierbacher Geschichte(n) Nummer 2, Schlierbach 2010, o.S.

Die Georgskirche in Schlierbach.

„Das Inferno nahm seinen Lauf."

Ein 15-Jähriger aus Schlierbach berichtet über die Tage um das Kriegsende 1945 und die Beschießung seiner Heimatgemeinde am 20. April.[1]

(…) Während für die Altersgenossen des Chronisten die Schule schon im Herbst 1944 zu Ende war und man zum Kriegseinsatz bei den Bauern oder auch in die Fabriken verpflichtet wurde, wurde in Schlierbach der Schulunterricht im März 1945 ganz eingestellt. Immer häufiger, bei Tag und bei Nacht, war Fliegeralarm. Den schweren Luftangriff auf Göppingen am 1. März 1945 erlebte man nur am Rande; dabei kam auch eine aus Schlierbach stammende Frau mit ihren beiden Kindern ums Leben.

Dafür wurde Schlierbach wieder am 10. April 1945 hautnah mit dem Luftkrieg konfrontiert. Der Schreiber dieser Zeilen war im Gewann „Kelterle" mit Feldarbeit beschäftigt, als plötzlich gegen 18 Uhr Jagdbomber aus Richtung Ebersbach im Tiefflug auftauchten. Zuerst glaubte man, es seien deutsche Flieger, als sie aber über einem waren, erkannte man sie als feindliche und warf sich in die nächste Ackerfurche. Es wäre aber sicher zu spät gewesen, hätten die feindlichen Flieger die Absicht gehabt, die vielen Bauern auf den Äckern samt Kuh- und Pferdegespann zu beschießen. Dies taten sie Gott sei Dank nicht, sondern einige drehten plötzlich Richtung Straße nach Albershausen ab, wo ein Militär-Pkw in Brand geschossen wurde, die Besatzung sich aber retten konnte. Einige der Flugzeuge flogen in Richtung Ort und schossen in der Hauptstraße zwei Häuser in Brand, jedoch konnte die Feuerwehr noch im Dachstock löschen. In Roßwälden wurde der „Ochsen" von denselben Jagdbombern in Brand geschossen.

Die Lage wurde immer ernster, und man erfuhr nicht nur aus den Wehrmachtsberichten, dass der Feind immer näher kam. Bei Crailsheim gelang den Amerikanern ein Durchbruch durch die immer dünner werdenden deutschen Linien, und es dauerte nicht mehr lange, bis sie auch unser Gebiet erreichten. Am 19. April 1945, wieder bei Feldarbeiten am Tage, sah man im Norden dichte Rauchwolken und hörte Kampflärm. Man erfuhr nachher, dass die Amerikaner zurückweichende deutsche Truppen in Wäschenbeuren und Rechberghausen beschossen und bombardierten, wobei beide Orte sehr stark in Mitleidenschaft gezogen wurden. Noch am selben Abend wurde es dramatisch, denn die Amerikaner rückten bis Uhingen vor. Durch Schlierbach kamen laufend deutsche Soldaten, allerdings nur kleine Häuflein, deren stärkste Waffe die Panzerfaust war, einzelne Pferdefuhrwerke und Autos, oft zwecks Benzinersparnis mehrere aneinander angehängt; dagegen sah man deutsche Geschütze oder Panzer überhaupt nicht. Es ging alles in Richtung Alb, wo dem

Vernehmen nach eine neue Verteidigungslinie aufgebaut werden sollte. Diese sollte auch der Schlierbacher Volkssturm verstärken. Dieser, aus wehrfähigen Männern bis 65 Jahre bestehend, war in den letzten Kriegsmonaten um den Ort vorwiegend zu Wachdiensten eingesetzt und nur mit einigen alten technischen Gewehren bewaffnet. Auf Befehl mussten diese Männer in den Abendstunden des 19. April 1945 abrücken, kamen aber nur bis zum Aichelberg, wo sie sich dann den Amerikanern ergaben, nach Göppingen als Gefangene kamen, aber dann am Sonntag, 22. April 1945, wieder nach Hause durften.

In Schlierbach waren schon Wochen vorher deutsche Soldaten einquartiert, ein Sprengkommando und eine Luftwaffen-Nachschubeinheit, welche im Untergeschoss des Rathauses (Feuerwehrmagazin) ihr Lager hatten. Diese Einheiten wurden in der Nacht abgezogen.

Der 20. April 1945

Nach einer unruhigen Nacht wusste man, dass es anderntags ernst würde. Es waren deutsche Kampftruppen in und um den Ort gekommen und in das vorher geräumte Rathaus wurde Munition (Panzerfäuste etc.) gebracht. Den ganzen Morgen kreiste ein amerikanischer Aufklärer (genannt „Der Sture") über dem Ort, dem wahrscheinlich keine Bewegung entging. Die an den Ortseingängen angelegten Panzersperren (starke Balken und Steine sollten die Straßen sperren) wurden nicht geschlossen, was sich sicher nicht als Nachteil für Schlierbach erwies.

Mit einem Granateinschlag in der Pfarrscheuer (wo heute das evangelische Gemeindehaus steht) begann das Ende dann zehn Minuten vor zwölf Uhr. Die Scheuer stand sofort in Flammen und weitere Granaten rauschten in und über den Ort. Zusammen mit der ganzen Nachbarschaft ging man dann in die Keller, wobei man immer nur die nötigste Habe mitnehmen konnte. In der Furcht, der ganze Ort würde in Brand geschossen, entschloss man sich jedoch, die Keller zu verlassen und zog an den nördlichen Ortsrand, wo man sich in einem Graben an einem Feldweg sicherer glaubte. Es waren wohl an die 50 Leute, meist Frauen und Kinder, die dort Schutz suchten. Das Inferno nahm seinen Lauf. Granaten heulten über die Köpfe hinweg. Abschuss und Einschlag war deutlich zu unterscheiden, man betete und hoffte, dass es nicht einen selbst treffen würde. Im Ortszentrum stiegen immer wieder neue Rauchwolken auf. Man wusste nicht, ob nicht auch das eigene Haus brennt, aber niemand traute sich mehr in den Ort. Dass auch dort gekämpft wurde, hörte man am Gewehrgeknatter. Dramatisch wurde es, als auf der Straße nach Roßwälden plötzlich ein Panzer fuhr, seine Kanone auf uns richtete, wir aber mit Winken mit Taschentüchern und ähnlichem deutlich machten, dass wir Zivilisten sind. Aufatmen dann, als der Panzer dann weiterfuhr. So verging Stunde um Stunde, und erst gegen Abend, als amerikanische Panzerkolonnen auf der Straße in Richtung Kirchheim rollten, traute man sich wieder in den Ort zurück, nicht ohne dass die älteren Buben ihre langen Hosen mit kurzen vertauschen mussten, denn es hieß, der Amerikaner nehme alles gefangen, was nach Soldaten aussah.

Banges Herzklopfen dann um die Frage, ob auch das eigene Haus brennen würde. Es waren aber zwei Nachbarshäuser, die von den Amerikanern mit Brandsätzen in Brand gesetzt wurden. Am eigenen Haus waren die Türen eingetreten und viele Einschüsse festzustellen. Der Atem stockte einem, als hinter der angelehnten Tür im Hühnerstall ein deutscher Soldat in voller Uniform stand, dem dann der Weg zum nächsten Wald gezeigt wurde. Doch so weit kam dieser nicht, er versteckte sich einige Tage in einem Bauernhaus und stellte sich dann den Amerikanern, die ihn nach Hause entließen, denn es war ein Elsässer. Als Hinterlassenschaft lag im Hühnerstall eine Panzerfaust, die die Mutter dann aufs freie Feld schaffte.

Viele Häuser im Ort brannten und besonders das Schul- und Rathaus. Von hier aus sei auf die Amerikaner geschossen worden, worauf diese es anzündeten. Da die Volkssturmmänner, die auch meist bei der Feuerwehr waren, ja nicht da waren, löschte alles, was konnte. Selbst die französischen Gefangenen, die seit 1940 im Ort waren, halfen dabei. Doch bald gab es kein Wasser mehr, und so versuchte man, mit Gülle der Flammen Herr zu werden. Das Schul- und Rathaus brannte aber vollständig innen aus und immer wieder explodierte die darin gelagerte Munition. Die folgende Nacht verlief in großer Unruhe und Bangen. Die Amerikaner hatten im ganzen Ort Panzer stehen und zudem am Westrand ganze Obstwiesen abgeholzt für eine Artillerieeinheit, die einige Tage lang gegen die Alb oder in Richtung Köngen – Wendlingen auf die zurückweichenden deutschen Truppen feuerte.

Am anderen Morgen hieß es dann, die Amerikaner erwarteten einen deutschen Gegenangriff, weshalb wieder die Keller aufgesucht wurden. Doch es passierte nichts, außer dass ein deutsches Flugzeug, vermutlich eine Me 262, über den Ort flog und beschossen wurde. Ein amerikanischer Stab hatte sich im Pfarrhaus einquartiert, das zusammen mit vielen anderen Häusern in kürzester Frist von den Bewohnern geräumt werden musste. Am Nachmittag mussten innerhalb von zwei Stunden die Panzersperren im Ort weggeräumt werden. Tagelang rollten dann amerikanische Militärkolonnen durch den Ort in Richtung Kirchheim, auf großen offenen Lastwagen dabei auch viele deutsche Gefangene.

Fünf deutsche Soldaten mussten auf Schlierbacher Markung noch ihr Leben lassen, ebenso eine Schlierbacherin und eine fremde Frau. Aber auch die Amerikaner hatten Verluste; ein Panzer wurde aus einem Schützenloch im Tannengarten heraus mit einer Panzerfaust abgeschossen. Die Trümmer waren noch lange zu sehen.

Doch dann war für Schlierbach der Krieg praktisch vorbei, und man begann, die gröbsten Schäden zu beseitigen. Lange Zeit hatte man kein Wasser; die noch vorhandenen Brunnen waren so wertvoll wie nie, und die Bauern tränkten ihr Vieh mit Wasser vom See. Überall auf der Markung musste nach Waffen und Munition gesucht werden. Man fand dabei große Mengen, welche dann in den Steinbruch im Haslenbach gebracht wurden.

[1] Erstabdruck in den Schlierbacher Geschichte(n) Nummer 2, Schlierbach 2010, o.S.

„Kind, jetzt sag ich dir eins: Solange du lebst, wird nie wieder eine Bombe auf Deutschland fallen."

Ein zehnjähriges Mädchen aus der Göppinger Oberstadt wird am 1. März 1945 ausgebombt und erlebt in Sparwiesen die letzten Kriegstage. Die erste Begegnung mit einem schwarzen US-Soldaten nimmt eine unerwartete Wendung. Später arbeitet sie mit ihrem blinden Vater am Wiederaufbau ihres Hauses.[1]

Meine Eltern hatten in Göppingen die Metzgerei und Gaststätte „Zum Goldenen Fass" in der Oberstadt, Ecke Ulrich-Freihofstraße. Am 1. März 1945 wurde unser Haus komplett zerstört, Soldaten holten mich aus dem verschütteten Keller. Meine Familie überlebte, doch mein Vater erlitt schwere Verletzungen und war fortan blind.

Nachdem wir einige Tage mit anderen Ausgebombten in der Villa Guberan aufgenommen worden waren, konnten wir nach Sparwiesen zu einer Schwester meines Vaters. Ich war damals zehn, meine Schwester Erika vier und die kleine Marta zehn Monate.

Zuerst nahm das Milchauto meine Mutter und meine kleinen Schwestern mit, ich folgte einige Tage später mit meiner Tante Lydia. Sie hatte mich auf dem Rücksitz ihres Fahrrads. Als wir von Uhingen nach Sparwiesen hochfuhren, kam ein Tieffliegerangriff auf eine deutsche Stellung oder ein Fahrzeug in der Nähe. Von den MG-Geschossen spritzte die Erde hoch. Meine Tante wollte weiterfahren, doch ich sprang voller Angst vom Rad, worauf die Tante umkippte und kräftig schimpfte. Ich versteckte mich im Charlottenwald und kam erst wieder heraus, als die Flieger weg waren.

Zerbombte Häuser in der Göppinger Oberstadt, 1945.

In Sparwiesen sollte ich auch die Schule besuchen, obwohl alle meine Bücher beim Luftangriff verbrannt waren. Einmal gab es einen Alarm und die Sirene auf dem Dach des Schulhauses heulte los. Man sagte mir, dass ich hochgeschossen und laut schreiend durch ganz Sparwiesen gerannt sei – so verstört war ich noch von meinen Erlebnissen des 1. März. Meine Mutter sagte daraufhin dem Lehrer: „Und die goht jetzt nemme in'd Schul, bis dr Ami do isch!" Der Lehrer erwiderte: „Das will ich nicht gehört haben – sonst zeig ich Sie an."

Am Nachmittag oder Abend des 19. April hörte man die Gerüchte über den Angriff auf Wäschenbeuren. Dort habe man Widerstand geleistet und zur Strafe sei das Dorf angezündet worden, hieß es.

Als am Morgen des 20. April die ersten Panzer aus Richtung Uhingen in Sparwiesen einfuhren, sagte man uns, wir sollten lieber in den Keller gehen, wer weiß, was passiert, wenn irgendwo so ein Verrückter auf die Anrückenden schießt.

Wir warteten also im Keller, was auf uns zukommt. Es waren nur Frauen und Kinder. Ich hatte meine kleine Schwester Marta auf dem Arm. Nach kurzer Zeit spürte man ein Zittern, und es fuhr ein Panzer am Haus vorbei, dahinter gleich ein Jeep, der am Haus anhielt.

Als die Kellertüre aufging, sah ich zunächst auf der Treppe drei Paar Stiefel und Beine in Uniform herunterkommen. Es waren drei Soldaten, die uns fragten, ob wir deutsche Soldaten im Haus versteckt hätten, was wir natürlich verneinten. Einer der drei sprach sehr gut deutsch. Sie schauten uns genauso erstaunt an, wie wir sie. Es waren zwei Weiße und ein schwarzer Soldat. Außer auf einem Foto hatten wir noch nie einen Menschen mit schwarzer Hautfarbe gesehen. Es ging schon lange das Gerücht um, dass die schwarzen Soldaten Menschenfresser wären und ganz besonders kleine blonde Kinder mögen. Wir Kinder im Keller waren alle blond. Ich zitterte vor Angst am ganzen Körper, als der „schwarze" Soldat langsam auf mich zukam und mir mein Baby wegnehmen wollte. Ich drückte die Kleine so fest an mich, dass sie anfing zu weinen. Der Soldat, der deutsch sprach, sah meine Angst und beruhigte mich, als er sagte, der Mann tut uns nichts Böses an, er will nur das Baby mal auf den Arm nehmen, denn er hätte zu Hause in den USA auch so ein Baby. Ich gab ihm kurz meine Kleine, und die hatte überhaupt keine Angst, sondern packte ihn gleich an seiner Nase. Er musste herzlich lachen, und ich habe noch heute diese makellosen schönen weißen Zähne dieses Soldaten in bester Erinnerung. Er gab mir meine Schwester wieder zurück und holte aus der Tasche seiner Uniform eine Orange, mit den Worten „for the Baby".

Die Kleine wollte gleich reinbeißen, aber er nahm sie wieder zurück und schälte sie richtig kunstvoll, die Schalen lagen wie Blütenblätter unter der Frucht. Er reichte sie uns auf seiner flachen Hand zurück. Ich wusste in diesem Moment, dass ich so eine Frucht schon mal gegessen hatte, bevor der Krieg anfing, bei meiner Oma im Schwarzwald. Als ich seine Innenfläche der Hand sah, merkte ich, dass diese Haut viel heller war als die übrige. Aha, das ist ja gar kein Menschenfresser, der ist nur schwarz angemalt – so dachte ich.

Das war also meine erste Begegnung mit dem angeblich bösen Feind. Als ich später wieder meine Schulzeit in der Schillerschule in Göppingen fortsetzte, waren diese schwarzen Soldaten unsere regelmäßigen „Lieferanten" von Schokolade und Kaugummi, den wir bisher noch gar nicht kannten. Entgegen dieser schlimmen Propaganda der Nazis wurden wir also nicht gefressen und leben heute noch.

Bei meiner Tante waren auch noch einige Leute aus dem Rheinland einquartiert. Da ich vor allem wegen der Luftangriffe immer noch recht verängstigt war und mich vor jedem Geräusch fürchtete, sagte eine ältere Frau zu mir: „Kind, jetzt sag ich dir

Ortsansichten von Sparwiesen um 1930.

eins: Solange du lebst, wird nie wieder eine Bombe auf Deutschland fallen." Das hat mich damals sehr beruhigt, und ich muss auch heute noch oft daran denken.

Nach Kriegsende mussten wir noch eine Weile warten, bis mein Vater wieder zu uns zurückkehrte. Sein Gesicht war sehr entstellt und er wusste, dass er wohl nur noch einige Jahre zu leben hatte. In dieser Zeit wollte er wenigstens den Rohbau unseres Hauses wieder bewerkstelligen. So lief ich bis zum Herbst jeden Tag mit dem blinden Mann nach Göppingen, danach konnten wir öfters mit dem Milchauto mitfahren. In Göppingen versuchten wir noch, einige unserer Habseligkeiten auszugraben, aber es war alles kaputt – das Porzellan beispielsweise ein einziger zusammengeschmolzener Klumpen. Jeden Tag holte ich meinem Vater die Ziegelsteine aus dem Schutt, und er klopfte sie ab. Mittags konnten wir bei einer Nachbarin Pause machen. Oft fotografierten uns amerikanische Soldaten bei der Arbeit. Wenn mein Vater das merkte, sagte er zu mir: „Sag ihnen, sie sollen weggehen, sie brauchen mein Elend nicht auch noch zu fotografieren." 1948 starb er an den Folgen des Phosphors – nach Fertigstellung des Rohbaus.

[1] KrAGP S 16 Sparwiesen Nr. 1. Zusammengestellt aus einem Interviewmitschnitt von 2014 und dem eigenhändigen Text der Zeitzeugin über die erste Begegnung mit den Amerikanern in Sparwiesen.

„Achtunggebietend rollte so die feindliche Front über uns weg, an uns vorüber."

Bericht der Gemeinde Süßen von 1949 über die Besetzung des Dorfs am 20. April 1945.[1]

Von Salach aus kamen die US-Soldaten gegen 8 Uhr am 20. April 1945 in Süßen an, der weitere Vormarsch nach Osten begann erst am Folgetag.

In den letzten Tagen vor der Besetzung wurde offenbar von militärischer Seite auf dem Turm der Staufeneckburg eine weithin leuchtende Lichtblinkanlage angebracht. Mit Dunkelwerden trat sie in Tätigkeit und schickte die Nacht über ihre Blinkzeichen in den Raum hinaus. Aufleuchten und Verlöschen folgte im raschen Wechsel, etwa im Tempo einer langsam gehenden Pendeluhr. Man sah die Einrichtung im Ort nicht gern. Man fürchtete, sie könnte feindliche Flieger anlocken. Dasselbe fürchtete man von einer Gruppe von Flakgeschützen, die zur selben Zeit auf den Äckern südlich vom Salacher Wehr aufgestellt wurden. Sie griffen einmal zwei Flugzeuge an, die dann später notlanden mussten.

Vom Ort wurde niemand nach auswärts evakuiert, dagegen wurden Evakuierte aus allen Gebieten Deutschlands aufgenommen und mit dem Maß der Zerstörungen wuchs die Zahl der Unterkunftssuchenden.

Wider alle Erwartungen sah man hier nichts von einer deutschen Front, von deutschen Truppenbewegungen oder von einer deutschen Widerstandslinie. Die Besetzung erfolgte am 20. April. In den Tagen zuvor arbeiteten wir noch an der Panzersperre an der Salacher Straße. Ein paarmal zogen deutsche Soldaten als Einzelgänger an uns vorüber. Ein oder zwei Tage vor der Besetzung kamen ein einfacher Soldat und ein Unteroffizier auf der Straße mit Spazierstöcken daher, setzten sich ausruhend kurz zu uns und auf die für die Panzersperre bereitgelegten Blöcke und fragten lächelnd, was wir mit unseren Grabarbeiten eigentlich vorhätten. Als einige ihnen die militärische Bedeutung des Unternehmens klarzumachen suchten, hörten sie schweigend zu, standen nach kurzer Zeit auf, schüttelten die Köpfe und zogen lachend weiter dem Dorfe zu. Das war alles, was ich hier von einer deutschen

Front bemerken konnte. Einige Männer wurden von ihren Frauen von der Grabarbeit weg nach Hause geholt. Sie sollten helfen, die Fahrräder in Sicherheit zu bringen. Deutsche durchziehende Soldaten, die es eilig hatten, suchten sie zu requirieren.

Noch am Tage vor der Besetzung wusste niemand, wo die anrollende Frontlinie eigentlich verlief. Nach Berichten wurde zwischen Crailsheim und Heilbronn gekämpft. Da man von einem die Front begleitenden Kanonendonner nichts vernahm, rechnete man noch mit einem größeren Abstand. Gegen Mittag schwirrten Gerüchte um, Gmünd sei bereits von amerikanischen Panzerverbänden besetzt. Aus den angeführten Gründen schenkte man ihnen zunächst wenig Glauben. Über und hinter dem Hohenstaufen sah und hörte man Flieger kreisen. Man vernahm Bombeneinschläge und sah bald eine lange dunkle Rauchfahne abziehen. Man konnte sich nicht zurechtlegen, was die Flieger dort angriffen. An einen Zusammenhang mit der herannahenden Front dachte man eigentlich noch nicht. Gegen Abend verdichteten sich jedoch die Berichte über die Frontnähe und die bereits erfolgte Besetzung von Gmünd. Gegen 23.00 Uhr nachts wurde der Volkssturm alarmiert. Zug I (die jüngere Mannschaft) sollte auf der Landstraße nach Ulm, der 2. Zug auf der Donzdorferstraße in Richtung Weißenstein abmarschieren. Er sollte hinter der Front zu Schanzarbeiten verwendet werden. Der Abmarschbefehl zögerte sich aber bis lange nach Mitternacht hinaus, wurde schließlich auf 4.00 Uhr morgens verschoben und kam überhaupt nicht mehr zur Ausführung. Aus der Richtung gegen Schorndorf vernahm

Blick über Süßen aus Richtung Norden.

man vereinzelt Artilleriefeuer; gegen Morgen vernahm man heftige Detonationen von dem Göppinger Flugplatz und man merkte so langsam, was es geschlagen hatte.

In der Nacht vor der Besetzung sollten die Panzersperren geschlossen werden. Der Befehl drang aber nicht mehr durch. Die wenigen Leute, die sich zu der Arbeit einfanden, konnten diese nicht allein bewältigen und gingen unverrichteter Sache wieder heim. So blieben zum Glück die Sperren offen. Geschlossene Panzersperren wurden von den einziehenden Truppen als örtlicher Widerstand behandelt und führten da und dort zu schlimmen Vergeltungsmaßnahmen.

In den Morgenstunden des 20. April räumten die Leute in gieriger Hast das Lager einer zurückgebliebenen Feldbäckerei und verschiedene militärische Proviantwagen auf dem Bahnhof aus und schleppten Brotlaibe, Mehlsäcke, Leder- und Tuchwaren, Butter und Zucker nach Hause. Als ich gegen 7.00 Uhr aus dem Dorf kam und aus der Bahnunterführung heraus in die Donzdorfer Straße einbog, fuhren außen auf dieser Straße eben die amerikanischen Panzer dröhnend heran und bogen in langer, dichter Reihe Stück um Stück in die Heidenheimerstraße in der Richtung auf die Eisenbahnbrücke ein. Der Anblick war ergreifend. Achtunggebietend rollte so die feindliche Front über uns weg, an uns vorüber. Von einer deutschen hatte man nichts bemerkt, eine solche gab es anscheinend überhaupt nicht mehr.

Man war nun in Feindeshand. Darüber musste man sich im Klaren sein. Trotzdem atmete man auf wie ein Patient, der eine unabwendbare, lebensgefährliche Operation eben überstanden hatte. Man durfte sich aller Wahrscheinlichkeit nach nun doch zu den „Überlebenden" zählen. Dass ein Gegner, der unzählige Opfer an Gut und Blut im Kampf gegen das deutsche Heer hatte bringen müssen und noch bereitstellen musste, nicht von heute auf morgen zum wohlwollenden Freund sich wandeln würde, ein Gegner, der auch von der kriegsüblichen Propaganda aufgewühlt sein musste, das war allen Einsichtigen klar. Der Gemeindekassier, Herr Saur, hat die Sieger auf dem Rathaus empfangen. Er war über die Begegnung ziemlich niedergeschlagen und was er so im Vertrauen davon erzählte, das hörte sich nicht sehr ermutigend an. Besondere bemerkenswerte Vorkommnisse oder Ausschreitungen sind jedoch nicht zu verzeichnen.

[1] HStAS J 170 Bü 6 Bericht Süßen (29.3.1949).

„So wurden wir an Führers Geburtstag amerikanisch."

Einmarsch und Besetzung Süßens in der katholischen Pfarrchronik des Pfarrers und Augenzeugen Johannes Holl.[1]

Auf Ostern (1. April) brachte nebenstehender Räumungsbefehl viel Sorge in die Gemeinde. Die meisten sind trotzdem entschlossen zu bleiben – auch der Pfarrer. Eifrig werden Kleider, Nahrungsmittel, Wertsachen etc. verpackt und verborgen, vielfach vergraben, um sie vor den einfallenden Feinden zu sichern.

Am Ostermontag (2. April) heftiger Fliegerangriff. Während der 8.30 Uhr-Messe krachen die Einschläge rechts und links von der Kirche. Die elektrische Leitung vom Bahnhof bis fast gegen Salach wird zerstört. Das Büro von Friedrich Bader schwer durchschossen mit Bordwaffen. In der Kirche schreien die Leute zusammen und flüchten aus den Bänken in den Hinterraum der Kirche unter der Empore. Gott sei Dank geht noch mal alles glücklich vorüber. Wie soll unter solchen Umständen die heilige Erstkommunion am Weißen Sonntag möglich sein? Wir beginnen schon um dreiviertel 7 Uhr. Aber schon fliegen etliche Feindmaschinen während der Abholung der Kinder. Die Feier geht dann glücklich vorüber.

Am 19. April 1945 ist der Himmel zwischen Salach und Staufeneck blutig rot. Mächtige Rauchwolken steigen auf. Das Dorf Hohenstaufen und besonders Wäschenbeuren brennt! Flieger warfen Phosphorbomben, und dann kamen die Panzer.

In Süßen macht der Volkssturm, das sind alle Männer bis zu 60 Jahren, schon seit Wochen, immer am Sonntagmorgen, Panzersperren: an der Lauterbrücke, auf der Donzdorfer Straße, bei der Filsbrücke, an den Ortseingängen gegen Salach, Schlat und Gingen. Sie werden noch verstärkt. Man will Widerstand leisten, aber es sind nur wenige. Am 19. April werden etliche Volkssturmmänner abkommandiert: Richtung Göppingen. Bei Bartenbach stoßen sie auf amerikanische Panzer. Die schießen. Volkssturm feuert eine Panzerfaust ab, trifft aber nicht. Darauf Feuer

Auch in Süßen wurde beim Einmarsch der Amerikaner nicht mehr gekämpft.

von Panzern, die meisten Volkssturmmänner gehen durch und kommen bei Nacht wieder heim. Die übrigen Volkssturmmänner sind versammelt. Es fehlen nur noch die höheren Führer und die Fabrikanten. Man beschließt heimzugehen, nur ein Lehrer will die „Kämpfer" halten und auf jeden Fall schießen. Auch eine Süßenerin ist zum äußersten Widerstand entschlossen. Sie gehört immer noch zu den wenigen, die an einen deutschen Sieg glauben. Alle andern sind schon lange kriegsmüde.

Wir erhalten seit Wochen keine Post aus dem Feld. Auch in der Heimat ist Post- und Bahnverkehr aufs Äußerste eingeschränkt. In Süßen fuhren ehedem täglich 120 Züge durch. Heute noch zwei am Morgen und zwei am Abend!

Der Einmarsch in Süßen am Morgen des 20. April 1945

20. April 1945. Heute während der 7.00-Uhr-Messe nur vier Menschen in der Kirche! Schon in aller Frühe heftige Flugtätigkeit. Ein Rennen und Jagen in allen Straßen! Seit 14 Tagen war eine Bäckerkompanie in Süßen, die eine Division zu versorgen hatte; täglich wurden etwa 12 000 Brote gebacken und zum größten Teil hier gelagert. In der vergangenen Nacht musste die Kompanie urplötzlich aufbrechen. Etwa 120 000 Brote blieben hier, ebenso etwa 200 Doppelzentner Brotmehl und Weizenmehl, Zucker, Reis, Nudeln und Lebensmittel aller Art. Die Bevölkerung eignete sich nun im Sturm diese Dinge an, besonders auch die ausländischen Arbeiter von hier. In den meisten Häusern war dann reichlicher Vorrat von all diesen Dingen!

Und heute ist doch Adolf Hitlers Geburtstag! Man denkt kaum daran, denn andere Sorgen beschäftigen die Menschen. Die Panzerspitzen seien schon in Straßdorf, in Ottenbach! Da heult die Sirene auf: Panzeralarm! Niemand weiß, was zu tun ist. Wahrscheinlich wird man etliche Tage im Keller zubringen und immer in Deckung bleiben müssen. Die Nachbarn kommen und wollen in unserem besseren Keller sich bergen. In der Eile vergisst man alles andere.

Nach dem Einmarsch erhielt Süßen zahlreiche Einquartierungen.

Einige Minuten vor 8.00 Uhr morgens – ein eigentümliches Geräusch: Wir denken an einen Fliegerverband. Da steht mit einem Male ein Panzer vor unserer Gartentür. Ich traue meinen Augen nicht, wie ich darauf lese: „U S A". Das sind ja Amerikaner! Er fährt ein paar Meter weiter und gibt einen Schreckschuss ab. Es folgt aber kein Echo. Auf dem Gehweg rechts und links der Straße sieht man amerikanische Soldaten, das Gewehr schussbereit.

Bald ist der Bann gelöst. Die Holländer schreien „Hoch!" und begrüßen die Amerikaner! Und werden beschenkt, Brot, Zigaretten und andere Dinge. Unsere Kinder wagen sich an die Straße, dann die Frauen und schließlich auch wir Männer. Panzer folgt auf Panzer, leichte und schwere, in zehn Minuten kommen 90, im Ganzen seien es an die 400 gewesen. Alles verläuft ruhig, ohne einen Schuss, ohne Gegenwehr. Der erwähnte Lehrer will schießen, wird aber von den Amerikanern daran gehindert, mit Riemen verhauen und eingesperrt.

Woher kamen wohl die Amerikaner? – Über die Strut, dann die Halde vom Baierhof herab, ließen die Panzersperre links liegen – es wurde übrigens gar keine geschlossen! – die Donzdorfer Straße herein, über die Eisenbahnbrücke nach Süßen in Richtung Schlat. Am gleichen Tag erbrachen die Ausländer die Eisenbahnwagen, die hier standen, und luden aus: Butter in Kisten von je 25 kg, Stoffe zu Militärkleidern, ein Wagen mit Lederhäuten, verschiedene Artikel für die Heeresmarketenderei. Und damit die Ausländer nicht alles für sich behielten, kamen auch die Süßener in hellen Scharen und trugen heim, was sie konnten! – Kriegsbeute !? – Musste wieder abgegeben werden!

So wurden wir an Führers Geburtstag amerikanisch. Salach und Eislingen ebenso kampflos! In Göppingen und Schlat geringer Widerstand. Die Geschütze bezogen hier verschiedene Stellungen und feuerten in einem fort in Richtung Deggingen, Geislingen und später auch Weißenstein. Gemeindekassier Saur hat die Sieger auf dem Rathaus empfangen. An Stelle des zurückgetretenen Bürgermeisters Finckh übernahm Lehrer Heinzmann das Bürgermeisteramt. Andern Tags kamen die ersten Kriegsbestimmungen: Ausgehverbot! Niemand darf aus dem Dorf und niemand herein. Auf der Straße darf man sich nur von 7.00 – 9.00 und von 3.00 – 5.00 Uhr aufhalten; später von 7.00 – 19.00 Uhr.

Einquartierungen und andere Probleme

Am schlimmsten wirkte sich die Einquartierung aus. Verschiedene Straßenzüge in der Bizet, in der Siedlung und der östlichen Zeppelinstraße wurden von amerikanischen Truppen besetzt. Die betroffenen Häuser – es sind meistens große, stattliche Häuser – müssen in kurzer Zeit ganz geräumt werden. Betten müssen bleiben! Die Amerikaner durchstöbern alles nach wertvollen Sachen. Vielfach fehlen dann Kleider, Schuhe, Wäsche und besonders Schnaps. Dreimal kamen sie auch ins Pfarrhaus um Quartier. Als sie aber hörten, das sei das Pfarrhaus, gingen sie mit Entschuldigungen wieder weiter.

Große Unruhen machen die fremdländischen Arbeiter. Sie arbeiten nicht mehr, bedrohen die Bevölkerung und verüben nachts Einbrüche in Keller. Eine größere Schar Männer hat jetzt den Polizeidienst übernommen. Immer sechs Männer zusammen – ihre Waffe: ein handfester Prügel.

Seit einigen Tagen liegen etwa 150 Amerikaner hier zur Erholung. Immer wieder hört man von Zwischenfällen. Fabrikant Wörner wurde von einem rabiaten Russen übel zugerichtet, so dass er das Krankenhaus aufsuchen musste. Am 3. Mai, kurz vor der Maiandacht, wurde Adalbert Mühleisen zum Pelikan von einem betrunkenen Amerikaner, es soll ein Offizier gewesen sein, mit dem Revolver mehrmals auf den Kopf geschlagen, dass er das Bett hüten musste.

Auf den Landstraßen und in den Wäldern begegnen uns viele ehemalige deutsche Soldaten, die auf irgendeine Weise der amerikanischen oder französischen Gefangenschaft entgangen sind. Sie streben zu Fuß ihrer Heimat zu.

Am 1. Mai und am 3. Mai gingen unsere Franzosen, Kriegsgefangene und Zivilarbeiter, auf Omnibussen nach Kehl und von da heim. Die Unruhen von Seiten der andern Fremdländer nehmen ein Ausmaß an, dass die amerikanische Militärregierung am 2. Mai sämtliche Lager räumte und die Insassen fortschaffte. Die Ärgsten brannten durch und kamen wieder nach Süßen. Die Freundschaft zwischen Amerikanern und Russen ist nicht groß – ob da nicht noch einmal etwas Schlimmes daraus entsteht?

Vom 20. April an bis zum 5. Mai waren wir ohne elektrischen Strom. Ebenso war das Telefon nicht benutzbar. Seit 8. Mai haben wir Ausgang von 6.00 morgens bis 9.00 Uhr abends.

Zur Zeit liegen hier Teile der 100. amerikanischen Division, etwa 600 Mann! Am Sonntag, den 6. Mai, hielt ein amerikanischer Feldgeistlicher, nachmittags 15.00 Uhr, in unserer neuen Kirche ein Amt mit Predigt (die Hühner, die bisher in Massen sterben mussten, haben es seitdem etwas leichter!). Es kamen etwa 200 Amerikaner, 54 davon empfingen die heiligen Sakramente. Haltung in der Kirche vorbildlich.

Am 8. Mai 1945, Mitternacht und eine Minute, Waffenstillstand! Deo gratias! Die Amerikaner feiern durch ein gewaltiges Schießen von nachts 12.01 Uhr an etwa eine halbe Stunde lang.

Später kamen drei Kompanien der sogenannten „Texasdivision" hierher. Die Frauenwelt dürfte etwas zurückhaltender sein! Viele üble Gerüchte gehen um! Zu einer Tanzveranstaltung in Göppingen wurden auch deutsche Mädchen geladen – und sie kamen; wurden photographiert und nachher öffentlich ausgehängt.

---

[1] Walter Ziegler, Von Siezun bis Süßen. Ein Streifzug durch 900 Jahre, Süßen 1971, S. 331-337. Der Bericht umfasst noch die Zeit bis Jahresende 1945.

„In Überkingen liegt die deutsche Jugend im Blut."

Ein Elfjähriger aus Türkheim beobachtet die Tätigkeiten der russischen Wlassow-Soldaten im Dorf, erlebt indirekt den deutschen Angriff auf Bad Überkingen mit und wird einige Stunden später Zeuge der amerikanischen Besetzung seines Heimatorts.[1]

In den letzten Wochen vor Kriegsende wurde eine größere Einheit der russischen Wlassow-Soldaten in Türkheim einquartiert. Ihre Schlafstätte hatten die Männer im Schulhaus, wo im Schulsaal Stroh ausgelegt worden war. Sie fuhren mit Panje-Wägelchen, vor die recht kleine Pferdchen gespannt waren, im Ort herum oder holten Material aus einem Lager bei Amstetten. Kommandiert wurden sie von einem deutschen Offizier. Ihre Aufgabe bestand vor allem darin, Schützengräben am Albrand anzulegen – fast auf der ganzen Türkheimer Markung am Wald entlang. Diese Gräben waren etwa anderthalb Meter tief. Beim „Brünnele" unterhalb des Dorfs machten die Wlassow-Soldaten Schießübungen mit der Panzerfaust und mit Pistolen, wobei wir Buben oft zusahen. Die Soldaten, darunter viele ganz junge Männer, waren im Allgemeinen recht freundlich und verursachten keine Probleme. Den Waldweg von Überkingen herauf, den sonst die Bauern für den Weg ins Tal benutzten, blockierten sie mit einer Panzersperre, für die sie stattliche Bäume gefällt hatten.

Gasthof und Brauerei „Zum Rößle" in Türkheim, das 1945 noch nicht zum Landkreis Göppingen gehörte.

Zusätzlich zu den Wlassow-Soldaten rückten am 21. April „HJ-Soldaten" nach Türkheim ein. Es war alles ein ziemliches Durcheinander. Die deutschen Soldaten brachte man in Privathäusern unter, auch bei uns. Sie saßen vor dem Haus auf einer großen Bank, vesperten und bekamen von uns Most ausgeschenkt. Ich kann mich noch an einen ganz jungen Soldaten erinnern, der möglicherweise aus Sachsen kam. Man merkte ihm an, dass er große Angst hatte. Am Abend des 21. April wollten die Amerikaner von Überkingen aus, wo sie am Nachmittag angekommen waren, nach Türkheim vorrücken. Doch sie kamen nicht an der Panzersperre vorbei.

Man konnte im Dorf deutlich hören, wie die Panzer wieder umdrehten.

Es regnete und schneite außerdem kräftig bis in den Sonntagmorgen. In der Frühe des 22. April zog ein Unteroffizier, der bei uns wohnte, seinen Tarnmantel an und machte sich mit anderen Soldaten auf den Weg ins Tal nach Überkingen. Nach einigen Stunden kehrte er zurück, der Mantel war völlig zerrissen, meine Mutter nähte ihn zusammen. Der Mann sagte: „In Überkingen liegt die deutsche Jugend im Blut." Eine Gruppe sehr junger Soldaten war von Türkheim aus in Dreierreihen auf dem Weg bis zum Ortsrand von Bad Überkingen marschiert. Die Amerikaner nahmen sie von MG-Stellungen aus unter Feuer. Bis die Deutschen Deckung gefunden hatten, waren bereits einige gefallen oder verwundet.

Jetzt geriet Türkheim langsam verstärkt in den Blickpunkt. Ein amerikanischer Aufklärer überflog den ganzen Vormittag den Albrand, doch die schlechte Sicht verhinderte ein präzises Artilleriefeuer. Schon am Vorabend waren einige Granaten in der Nähe des Unterdorfes eingeschlagen, worauf sich einige Bewohner über Nacht in den Wald flüchteten. Mein Bruder und ich hatten vom Dachfenster aus zugeschaut, wie die Erde bei den Explosionen hochspritzte.

Die Amerikaner rücken auf Türkheim vor

Mittags schickten die Amerikaner jemanden zu Verhandlungen hinauf nach Türkheim – bei Widerstand drohten sie mit einem Bombardement. Einige der HJ-Soldaten bezogen Stellung im Dorf. Einer versteckte sich mit einer Panzerfaust hinter einem Ölfass in der Nähe unseres Hofs. Meine Mutter bat ihn: „Bua, des hat koin Wert mehr, höret auf!" Der Bürgermeister holte ihn dann mit den Worten weg: „Komm rei, kriegsch a Vesper, lass das Ding stehen." Wenig später zogen die deutschen Soldaten in Richtung Osten aus dem Ort, ein Offizier feuerte mit seiner Leuchtspurpistole das Signal zum Sammeln. Sie rieten uns, am besten in die Keller zu gehen, was allgemein befolgt wurde.

Im Verlauf des Nachmittags näherten sich die Amerikaner aus Richtung Aufhausen dem Dorf. Sie kamen nicht auf der Straße, sondern über die Wiesen und Felder entlang derselben. Mit Maschinengewehren gaben sie einige Warnschüsse auf die Häuser ab, bei uns schlug ein Geschoss ein und zerstörte einen Spiegel. Aus einem Haus im Unterdorf, dessen Bewohner geflohen waren, feuerten einige Wlassow-Soldaten auf die Amerikaner. Diese schossen auch mit Granaten zurück. Im Keller hörten wir einen Riesenlärm. Ein älterer Oberlehrer aus Ulm, der bei uns einquartiert war und nun mit uns im Keller saß, zitterte am ganzen Körper. Nach einer Weile, als es wieder ruhiger wurde, wagten wir einen Blick aus dem Fenster: die Amerikaner befanden sich bereits im Dorf. Die Soldaten trugen erdfarbene Uniformen und Mäntel, an den Füßen leichte Schnürstiefel. Jeeps mit Anhängern fuhren durch das Dorf. Die Wlassow-Soldaten, die aus dem Haus geschossen hatten, waren in dessen Keller geflüchtet. Die Amerikaner schlugen die Tür ein und nahmen sie gefangen.

Ein Haus brannte nach einem Granattreffer. Mein Vater eilte in Zivilkleidung zum Löschen, andere ältere Männer taten das Gleiche – allerdings in Feuerwehruniform. Die Amerikaner verhafteten sie und sperrten sie in einem Wohnhaus ein. Mein Onkel, ein kleiner drahtiger Mann, wollte sein Kellerfenster durch einen Spaltblock verstellen, ein ausgebombter Mann aus Ulm half ihm dabei. Auch diese beiden wurden von den Amerikanern gefangengenommen. Mit erhobenen Händen mussten sie in einen Hof gehen. Als sich eine Gelegenheit bot, versuchten sie zu entwischen. Der Onkel schlüpfte durch das Tor einer Scheuer, erhielt aber dabei einen Streifschuss am Zeh. Der andere Mann wurde in den Oberschenkel getroffen. Im Haus meines Onkels versorgte man ihn. Nach zwei oder drei Tagen transportierte man ihn nach Geislingen ins Krankenhaus, doch er starb dort einige Tage später.

In den schöneren Häusern zogen für einige Tage Amerikaner ein, auch wir mussten hinaus und wohnten solange bei meinem Onkel. Tagelang fuhren amerikanische Fahrzeuge durch Türkheim in Richtung Nellingen. Die gefangenen Wlassow-Soldaten wurden auf großen Lastwagen abtransportiert – einige winkten uns zum Abschied.

Nach etwa acht Tagen merkte meine Mutter, dass die Amerikaner nur in Häusern ohne direkt angrenzende Viehhaltung logierten. Daraufhin legte sie in der Nähe unseres Gartens einen Haufen aus Ziegenmist an – bald schon verließen die Soldaten das Haus. Ein paar Bügeleisen hatten sie mitgehen lassen und den großen Hausschlüssel, der ihnen wohl gefallen hatte. Eine nicht aus dem Dorf stammende Frau, die häufiger bei den Amerikanern war, konnte ihn allerdings „zurückorganisieren". Später gab es nochmals eine Hausdurchsuchung, bei der die Amerikaner eine Kabeltrommel fanden, die mein älterer Bruder aufgelesen hatte. Auf der Bühne entdeckten sie auch einen alten Soldatenmantel und fragten: „Papi Soldat?" Doch der war nicht bei der Wehrmacht gewesen, da er nur auf einem Auge sah und noch weitere gesundheitliche Beschwerden hatte.

Am vorletzten Tag des Zweiten Weltkriegs, am 7. Mai 1945, gab es nochmals ein besonderes Ereignis: zwei deutsche Jagdflugzeuge, Typ Focke-Wulf, landeten in der Nähe des Dorfs auf dem Feld. Die beiden Piloten, jeweils mit weiblicher Begleitung, stiegen aus und machten sich zu Fuß davon. Einer stammte aus Geislingen und war später in der WMF mein Vorgesetzter. Sie hatten die Flucht aus Prag geschafft. Die Flugzeuge standen jedoch nicht lange da. Die Einheimischen holten alles, was irgendwie benutzbar erschien, und in einigen Türkheimer Haushalten befinden sich noch immer Souvenirs von damals.

---

[1] KrA GP S 16 Türkheim. Zusammenfassung von zwei Interviews mit dem Zeitzeugen von 2014. Der Ablauf der Ereignisse stimmt im Wesentlichen mit einem Bericht der Gemeinde an das Statistische Landesamt vom April 1949 überein, enthalten in: HStAS J 170 Bü 18 Bericht Türkheim (Lkr. Ulm).

„So wurde an diesem Tag nicht die Hakenkreuzfahne zu Ehren Hitlers Geburtstag gehisst, sondern ein weißes Leintuch zum Zeichen der Kapitulation."

Ein zehnjähriger Junge aus Uhingen erlebt die Entwicklung bis zum Kriegende, muss beim Einmarsch das Hitlerbild aus seiner Spielecke entfernen und beschreibt den Nachkriegsalltag seiner Generation.[1]

Uhingen wurde am 20. April 1945 frühmorgens um 4.30 Uhr von Einheiten der 10. US-Panzerdivision eingenommen – ohne Gegenwehr.

Das Ende des Zweiten Weltkrieges nahte. Es kam so schnell wie der Frühling nach einem harten, verschneiten Winter mit viel Schnee in den ersten beiden Monaten. Auf der noch mit Pflastersteinen belegten, nach beiden Seiten zum Rand abhängenden Bundesstraße wurden die Schneemassen mit einem pferdegezogenen, dreieckigen Bahnschlitten aus Holz mühsam entfernte, eine altertümliche Methode, für mich eine Erinnerung an solche Wintertage, es gab nichts anderes.

Schreckliche Nachrichten über die in Ostpreußen anrollende russische Armee, die Versenkung des mit Tausenden von Flüchtlingen überladenen Schiffes „Gustloff" in der Ostsee, die Berichterstattung über den nicht enden wollenden Flüchtlingsstrom der aus ihrer Heimat vertriebenen Ostpreußen und die vielen schrecklichen Luftangriffe auf deutsche Städte, die täglich in den Nachrichten des kleinen „Volksempfängers" zu hören waren, bekam ich im Alter als bald Zehnjähriger mit, ohne die gesamte Tragweite und das nahende Ende Hitlerdeutschlands richtig einschätzen zu können.

Luftkrieg im einsetzenden Frühjahr 1945

In unserem meist ländlichen, noch ruhigen Dörfchen war der Krieg weit weg und nur die Tatsache, dass unsere Väter, wie wir Kinder zu sagen pflegten: „bei den Soldaten seien", tangierte uns mit diesen Ereignissen. So waren eigentlich die kriegswichtigen Produkte der Allgaier-Werke, man sprach mit vorgehaltener Hand davon, und die im Jahre vorher schon geschilderte Erstellung von Panzersperren die einzigen Zeugen des Krieges in unserem Ort – bis in diesen Tagen die Deutsche Reichsbahn durch das Nahen der Westfront die zwei Abstellgleise am Uhinger Bahnhof als Stellplatz für Dampflokomotiven benützte, die ohne Tarnung einfach da standen und von uns bestaunt wurden. Keine 200 m von unserer Wohnung entfernt hatten wir Eisenbahnfans damals eine Attraktion in nächster Nähe. Ein Angriff von zwei US-Kampfbombern am Ostermontag auf diese abgestellten Loks ging für uns fast unbeachtet vorüber, an einzelne überfliegende Jagdflugzeuge war man schon gewöhnt. Stattdessen trafen die Geschosse am Bahnhof und in der Ulmer Straße nur einige Wohnhäuser mit geringem Schaden. Diese angreifenden Maschinen waren es wohl auch, die an diesem Tag die Firma und Weberei Frankfurter in der Bahnhofstraße in Göppingen angriffen und das gegenüberliegende, früher meinen Großeltern gehörende Anwesen mit der Bäckerei und Wirtschaft beschädigten, wobei ein Frühschoppengast ums Leben kam.

Der erste Luftangriff auf Göppingen vom 1. März einige Tage davor hatte auch uns in Schrecken und Angst versetzt. Es war ein erster schöner Frühlingsnachmittag, so gegen 14.28 Uhr. Vom Hinterhof unserer Wohnung in Uhingen sah ich, alleine im Freien stehend, wie etwas im Osten von uns vom Himmel fiel und nach Norden abtrieb. Es waren zunächst Abwurfzeichen und anschließend Bomben von amerikanischen Maschinen. Man war ja nicht mehr so ängstlich, man war abgestumpft, und tagsüber waren wir bei Alarm eigentlich selten im Keller, denn bis zu diesem Tage passierte ja auch nichts. So flogen die feindlichen Bomber fast täglich bei Alarm oder nur Voralarm über uns hinweg. Wenig später zeigte ein dumpfes Grollen, dass tatsächlich Bomben auf Göppingen gefallen waren und dabei 293 Menschen ums Leben kamen. Nach Jahren erfuhren wir, der Bahnhof sollte getroffen werden, doch infolge des Windes wurde die tödliche Fracht abgetrieben und traf die Nordstadt. Natürlich war die Sorge groß, den Großeltern sei etwas passiert und Mutter radelte sogleich nach Göppingen, doch am Stadtrand, etwa bei Firma Kübler, war die Straße von den SS-Truppen oder sonstigen Parteimitgliedern gesperrt und niemand kam durch. Irgendwie erfuhren wir dann, dass die Beethovenstraße nicht betroffen und alles in Ordnung war. Die ersten Schäden waren von Westen her, die Bäckerei Kauderer an der Ecke Reusch/Eugenstraße und auch die Bonnetshöhe wurden getroffen. Die größten Zerstörungen und Opfer gab es am Nordring und im Bereich der Oberen Freihof- und Gabelsbergerstraße, wo alles einem Trümmerfeld glich. In der oberen Freihofstraße kam eine Freundin von Mutter Anne mit ihrer Mutter ums Leben.

Ich erinnere mich noch daran, dass wir einige Tage danach die Ruine betraten und ein Bild des Schreckens sahen. Was mich damals so beeindruckte, waren Reste von halben offenen Häusern, wo einfach die Außenwände fehlten, teilweise die Möbel sichtbar dastanden und die Straßen kaum passierbar waren. Man stieg vielfach über Berge von Schutt, Steinen und Holzteilen.

Vorboten der Front – Gefangentransporte durch Uhingen

In dem Bewusstsein, der Krieg sei bald zu Ende, häuften sich die Meldungen, der quer über Deutschland verlaufenden Front und im Süden kamen die Amerikaner immer näher. Die Militärmachthaber versuchten zu retten, was nicht mehr möglich war. Vom Endsieg sprach nur noch die Propaganda. Schrecklich anzusehen waren die gefangenen Trupps von Russen, Polen und anderen osteuropäischen Menschen, die von Westen kommend nach Südosten bei uns am Haus vorbei getrieben wurden und niemand wusste, wohin. Zerlumpt, verwundet, teils barfuß, so sind sie mir in Erinnerung und keiner durfte ihnen helfen. Ein schreckliches Beispiel von Brutalität ereignete sich vor unserem Fenster, als einem Gefangenen im Vorbeigehen mit einem Gewehrkolben ins Gesicht geschlagen wurde, bis das Blut floss.

Anfang April hörte man von der Ostfront und dem begonnenen Kampf um Berlin und von den russischen Soldaten nichts Gutes, so waren wir eigentlich froh, dass bei uns nur „der Ami" einmarschieren würde. Doch trotzdem hatte die Bevölkerung Angst um ihre Habseligkeiten und so mussten wir Buben für die Mütter so manches schöne Schmuckstück verstecken. Neben unserem Hof grenzte des Nachbars Wiesengrundstück. Hier stieg ich über den Maschenzaun, grub mit einem Spaten ein Loch und versteckte darin Mutters in Packpapier mit Wolltüchern eingeschlagenes Silberbesteck, etwas Schmuck und Vaters Sportpistole aus der SA-Zeit und häufte den Grasboden wieder darüber. Und erst Wochen später konnte ich es unbeschädigt wieder ausgraben. So überdauerte es als Erbstück bis ins 21. Jahrhundert. Die Pistole dagegen war schon wegen fehlender Munition, was ich jedoch nicht wissen konnte, nutzlos.

Luftaufnahme von Uhingen nach Osten. Im Vordergrund die großen Industrieanlagen der Bleicherei, Färberei und Appretur-Anstalt Uhingen AG (gegr. 1869), dahinter der alte Ortskern. Links oben im Hingergrund liegt Faurndau.

Der 19. und 20 April 1945

Seit zwei Jahren hatte Mutter ja ein kleines „Gärtchen" bei der Spinnweberei und auch in diesem Frühjahr wurde nochmals gepflanzt, um einmal ernten zu können. Am Donnerstag, 19. April, hielten wir uns am Abend noch dort auf und sahen, wie über Wäschenbeuren, man erfuhr dies durch Mundpropaganda, die Jabos der Amerikaner schossen und den Ort in Brand setzten. Riesige schwarze Rauchsäulen stiegen im Nordosten von uns auf. Es waren angeblich SS-Truppen im Dorf, die Widerstand leisteten, und es so zum Verlust der meisten Häuser kam. So nahte das Kriegsende auch für uns in dieser Nacht.

Die amerikanischen Truppen näherten sich Uhingen von Ebersbach und dem Nassachtal her und alle Familien saßen ängstlich in ihren Kellern, wie schon so oft bei Fliegeralarm. Es wurde zwar nicht geschossen, Ortsgruppenleiter, Bürgermeister und ein Teil des örtlichen Volkssturmes waren Richtung Schwäbische Alb geflohen und lösten sich ohne Einsatz bald danach auf, doch urplötzlich hörte man die anrollenden Panzer mit einem Riesenlärm über die gepflasterte Bundesstraße rollen.

Erst bei Tageslicht wagten wir uns langsam aus dem Keller und bestaunten die „feindliche Armee". Die Amis durchsuchten jedes Haus und belegten die oberen Wohnungen, während wir im Keller hausen durften. So wurde an diesem Tag nicht die Hakenkreuzfahne zu Ehren Hitlers Geburtstag gehisst, sondern ein weißes Leintuch zum Zeichen der Kapitulation, das ich, da unser Bühnenraum zur Straße hin ging, im Dachgeschoß mit einer Stange am Giebel befestigte.

Im Laufe des Morgens wurden Mutter und ich in die Wohnung gerufen, wo uns ein deutschsprechender Offizier empfing. Alle Hitlerbilder waren ja entfernt, nur über meinem Kindertisch hing noch eine Miniaturausgabe. Nachdem wir erklären konnten, dass es sich um eine Kinderecke handelte, durfte ich es unter seinem strengen Blick abnehmen und zerreißen. Die Situation war gerettet. Die Angst vor den Besatzern wich eigentlich sehr rasch. Mutter musste Rührkuchen aus amerikanischen Beständen backen und bekam dafür auch echten Bohnenkaffee, den es bei uns schon lange nicht mehr gab. Die Amis lagen mit Stiefeln im Bett, worüber sich meine Mutter maßlos ärgerte, die Wohnung war entsprechend verdreckt. So kampierten sie tagsüber, ihre Fahrzeuge, meist Lastwagen und Jeeps, standen vor dem Haus, und wir hausten etwa zehn Tage lang alle im Keller, ich schlief in der großen Zinnbadewanne.

Kontakt zu den Besatzern

Was die Erwachsenen in diesen Tagen alles machten, weiß ich nicht mehr, außer dass Mutter versuchte, unsere Wohnung möglichst sauber zu halten. Wir Kinder rannten ohne Hemmungen auf der Straße herum und sahen den Amis zu. Im damals großen eingezäunten Schulhof war die amerikanische Großküche mit all ihren Geräten im Freien aufgebaut. Wir freundeten uns so gut wie möglich mit den Soldaten an, holten uns das unbekannte Weißbrot, bekamen Kakao oder Schokolade und bettelten unter Nachahmung des amerikanischen Worts „Schuigam" um Kaugummi.

In Erinnerung ist mir auch noch, dass Mutter Mengen echten Bohnenkaffees kochen musste, den wir in großen Behältern zum Schulhof trugen. Dabei fiel so manche Tasse auch für die Mütter ab. Vom ersten Tag an bestand für uns Deutsche ein striktes Ausgehverbot, zuerst von 19 bis 6 Uhr und ab Mai von 21 bis 6 Uhr. Die Drohung der Amerikaner, bei Nichtbeachtung von der Schusswaffe Gebrauch zu machen, war übrigens ganz ernst gemeint und wurde ängstlich eingehalten. So kam in Sparwiesen ein 58-jähriger Mann ohne vorherige Warnung auf der Straße um, er wurde einfach erschossen. Auch verlangten die Amerikaner unter Androhung härtester Strafen die Abgabe sämtlicher Waffen, Munition, Fotoapparate und Ferngläser, die auf dem Rathaus gesammelt wurden. Dies ist übrigens auch ein Grund, warum es von diesen Jahren keine privaten Fotos gibt.

Die den Amerikanern nachrückende französische Armee kam damals bis nach Reichenbach/Fils und wir befürchteten, dass diese Truppen auch zu uns kämen. Nach einer Vereinbarung mit den Amis erhielten sie aber nur Südwürttemberg bis zu den Städten Reutlingen, Nürtingen, Tübingen. Die dortigen meist aus Kolonialtruppen und Fremdenlegionären zusammengesetzten Einheiten waren teils chaotisch und brutal unter der Bevölkerung. Wir waren also mit den „Amis" gut bedient. Nach dem Zusammenbruch der deutschen Ordnungsmacht hatte es der von den Amerikanern eingesetzter Bürgermeister auch bei uns nicht einfach. Ihm zur Seite wurden acht im Dritten Reich unbescholtene Bürger, wie Rektor Braun, gestellt. Übergriffe von den Besatzern gab es zwar so gut wie keine, aber die Zeit bis sich die deutsche Obrigkeit formiert hatte, nutzten Polen und Russen mit einigen Deutschen dazu, das Lager der Allgaierkantine und Lebensmittelmärkte von den Firmen Nanz und Konsum zu plündern.

Uhingen in den 1930er Jahren. Im rechten Vordergrund die Kunstmühle Röhm und die Filsbrücke, dahinter der alte Ortskern. Links das neue Wohnviertel um den Bahnhof.

Die in unseren Wohnungen nächtigenden Kampftruppen zogen nach zehn Tagen ab, es blieb eine größere Truppe mit einer Reparaturwerkstatt bei Allgaier, einige Offiziere wohnten darüber hinaus noch in Villen am Haldenberg. Es fällt jedoch nicht leicht, sich in diese Zeit zurückzuversetzen, denn nichts, was der Mensch so zum Leben benötigte, war noch intakt.

Magere Nachkriegszeit

Stundenweise abgestellt floss das Wasser wieder. Brot und Fleisch waren dagegen Mangelware: Ein erwachsener Mensch musste mit 200 bzw. 14 Gramm am Tag auskommen, und Milch holte man, wenn möglich, bei den benachbarten Bauern. Auch die Zufuhr von Gas, welches wir zum Kochen hatten, wurde an mehreren Tagen unterbrochen. Und die Jahreszeit vorweggenommen, dieses Jahr war ein sehr gutes Bucheckernerntejahr gewesen. Wie alle Familien, so zogen auch meine Mutter und ich mehrmals in den Bünzwangerwald, wo es zu jener Zeit nur eine geschotterte Straße gab. Dort sammelte und sammelte man so viel wie möglich, um die gefundenen Kerne einer wieder erwachten Ölmühle zuzuführen. Keine Frage, dass das Ergebnis in keinem Verhältnis zum Erfolg stand, denn für etwa zehn Kilogramm Bucheckern gab es maximal drei Liter Öl. Und wie lange war man dafür im Einsatz, denn die „Dinger" sind ja nicht groß. Aber die Armut und Arbeit waren wir alle gewöhnt. (….) Wir Kinder in meinem Alter begriffen die ganze Tragweite der Politik Gott sei Dank nicht und erlebten diese Tage eigentlich unbeschwert. Da keine Schule war, beschäftigten wir uns hauptsächlich mit „Spielen auf d'r Gass", bauten „ein Lägerle" und sprangen tagelang barfuß in kurzen, meistens Lederhosen, herum, denn Schuhe und Kleidung waren ebenso Mangelware.

Manche hatten noch eine alte „Radelrutsch" mit Holzrädchen, nicht vergleichbar mit Rollern und luftbereiften Rädern daran oder Produkten wie „Kiddyscooter" mit Carbon-Kugellager und PU-Rollen, klappbar mit Handbremse oder höhenverstellbarem Lenker, bei Gleichaltrigen zwei Generationen später. Einer der Nachbarsjungen hatte einen alten sogenannten „Holländer", ein vierrädriges mit einem Wippgestänge und Exzenter vom Fahrersitz aus zu bedienendes, lenkbares Fahrzeug, eine Attraktion, die größere Mitspieler zum Selbstbasteln anregte. So schaute ich schon etwas neidisch auf solche Gefährte und war glücklich, auch einmal einige Runden drehen zu dürfen. Oder manche Kinder hatten einen kleinen Leiterwagen, in dem man sich gegenseitig schob oder zog. Aber ich hatte dafür mein altes Kinderfahrrad. Wir spielten Verstecken, Seilhopfen, badeten in der Fils oder klauten in Nachbars Garten und den Wiesen alles Essbare, ja selbst Möhren oder Tomaten vom Stock waren vor unserem Hunger nicht sicher.

[1] KrA GP S 16 Uhingen Nr. 2. Einsendung des Berichts durch den Zeitzeugen im Jahr 2013.

Das Kriegsende eines 16-Jährigen

Ein 16-Jähriger aus Wäschenbeuren erlebt am 19. April 1945 die Absage der Musterung und die Bombardierung seines Dorfes.[1]

Ich bin in Wäschenbeuren in einer Landwirtsfamilie aufgewachsen, mein Elternhaus befand sich am Ortsrand in der Nähe des Friedhofs. Mein Vater hatte noch am Ersten Weltkrieg teilgenommen und war glücklicherweise zu alt für die Wehrmacht.

In den letzten Wochen vor dem Einmarsch kam fast täglich eine Gruppe von Jagdbombern, deren Schwanzspitzen und Nasen rot lackiert waren – man sagte, es seien französische Piloten in amerikanischen Maschinen. Sie warfen auch Flugblätter ab, auf denen stand „Wir sind die lustigen Acht, wir kommen bei Tag und bei Nacht!" Einmal befand ich mich mit einem gleichaltrigen Nachbarsjungen und dem Ochsengespann auf dem Feld, als einer von ihnen auf uns Kurs nahm und im Tiefflug heranbrauste. Die Ochsen gingen durch und rannten wild davon. Doch der Pilot zog wieder hoch, dreht eine große Schleife und wackelte mit den Flügeln hin und her, als würde er sich einen Spaß machen. Dann flog er wieder fort. Es wäre ein Leichtes gewesen, auf den Knopf zu drücken und uns zu abschießen, denn wir hatten keinerlei Deckung. Soweit ich weiß, ist in Wäschenbeuren niemand auf dem Feld beschossen worden, aber man konnte nie sicher sein. An Ostern wurde ein

Wäschenbeuren aus Richtung Südosten, Mitte der 1930er Jahre.

Militär-Lastwagen, der eine Vierlingsflak auf der Ladefläche hatte, beschossen. Einem der drei Soldaten, die mitfuhren, wurde durch die Schulter geschossen und von Krankenschwestern im Ort vorläufig versorgt, bis man ihn vermutlich nach Göppingen weitertransportierte.

Etwa 2-3 Tage vor dem Einmarsch musste ich mit vier oder fünf Kameraden aus Wäschenbeuren und anderen Jungen aus dem Kreis in das Wehrertüchtigungslager auf dem Kuchberg, das damals die SS unter sich hatte. Dort mussten wir herummarschieren und dergleichen. Die Soldaten sagten uns, wenn der Feind käme, würden wir den Berg verteidigen, wie einst Andreas Hofer in Tirol. Man drängte uns auch, freiwillig in die SS einzutreten – einige unterschrieben, ich nicht. Ein paar aufgeweckte Jungs aus Salach bemerkten, dass die Fenster der Schlafräume nicht sehr hoch vom Boden entfernt waren. So kletterten wir heraus und machten uns davon. Glücklicherweise erwischten wir noch einen Zug, der bis Göppingen fuhr. Zu Hause war mein Vater ziemlich besorgt und fürchtete, man könnte uns als Deserteure verfolgen. Ich selbst machte mir darüber nicht viel Gedanken. Der Krieg würde nicht mehr lange dauern, in der Ferne hörte man gelegentlich sogar Artilleriefeuer, wohl aus der Gegend um Crailsheim. Ein guter Bekannter, der als Stuka-Kampfpilot diente, hatte bei einem Heimaturlaub berichtet, er habe gesehen, was die Amerikaner in Frankreich alles an Land geschafft hätten. Dagegen hätte Deutschland keine Chance. Auch die Luftüberlegenheit der Allierten sei überwältigend. Er war sich sicher, nicht mehr lebend zurückzukehren – leider behielt er recht.

Am Morgen des 19. April 1945, einem schönen Frühlingstag, fuhr ich mit etwa 10-15 gleichaltrigen Jungen aus Wäschenbeuren in Richtung Jebenhausen, wo wir für die Wehrmacht gemustert werden sollten. Als wir dort ankamen, teilte man uns mit, die Musterung falle aus, da die Amerikaner bald hier sein würden. Wir waren sehr überrascht, derart schnell hatten wir sie dann doch nicht erwartet. So traten wir rasch wieder den Heimweg an und waren um die Mittagszeit zurück in Wäschenbeuren. Ich weiß noch, dass es reichlich Kuchen gab, eigentlich hatte man die Musterung etwas feiern wollen. Weil so herrliches Wetter war, wollte ich nach dem Essen noch ein bisschen rausgehen, obwohl wieder die Jabos in der Gegend kreisten. Außerdem war schon am Morgen ein kleineres Flugzeug ziemlich niedrig über uns geflogen. Ich glaubte zuerst, es sei ein Fieseler Storch vom Göppinger Flugplatz. Später wusste ich dann, dass es ein amerikanischer Aufklärer gewesen war.

Trotz der Nachricht vom Vorrücken der Amerikaner ging mein Vater mit dem Gespann noch los, um Holz zu holen. Vorsorglich hatte er Dosen mit Lebensmitteln vergraben und eine weiße Fahne für unser Haus vorbereitet. Auf der Straße traf ich den Ortsgruppenleiter Stollenmaier, der mich gut kannte, weil ich mit ihm früher auf der Jagd war. Er fragte, ob die Musterung schon vorbei wäre. Ich antwortete, dass diese gestrichen worden sei, weil die Amerikaner bald hier wären. Ohne ein weiteres Wort zu sagen, ging er in Richtung Rathaus davon. Ich vermute, dass er sich bald in Richtung Lindenbronn abgesetzt hat, wie man hörte.

Einige deutsche Soldaten auf dem Rückzug setzten sich in Richtung Osten, nach Hohenstaufen und ins Ottenbacher Tal ab. Es waren nur wenige Fahrzeuge dabei, darunter 4-5 Lastwagen, die von den Jabos beschossen wurden. Manche Landser transportierten ihr Gepäck in Kinderwägen, ein armseliger Anblick im Vergleich zu dem, was bald von den Amerikanern folgen würde. Auf der Straße fuhr ein Soldat mit einem Motorrad und Beiwagen an mir vorbei, er hielt kurz und sagte mir, ich solle schnell nach Hause gehen, die Amerikaner kämen gleich.

Auch mein Vater war inzwischen mit dem Gespann wieder heimgeeilt, den Wagen hatte er stehenlassen, um schneller zu sein. Doch zu Hause hatte sich unser Keller mit einer großen Anzahl von Menschen gefüllt, darunter zwei Mitglieder der Mannheimer Feuerwehr, die bei uns einquartiert waren. Ich beschloss, mich etwas außerhalb des Dorfes aufzuhalten, und lief auf eine Anhöhe in Richtung Krettenhof, wo ich mich hinter einem Baum versteckte. Nach einer Weile kam noch ein anderer Junge dazu, auch einer von unserer „Musterungsgruppe". Von dort sah ich den Luftangriff auf Wäschenbeuren. Die etwa zehn Jagdbomber, anders lackierte Maschinen als die „üblichen Verdächtigen" der „Lustigen Acht", kreisten eine Weile hoch über dem Dorf, warfen plötzlich Brandkanister ab und schossen danach mit den Bord-MGs hinein. Immer wieder drehten sie Schleifen und feuerten ihre Salven ab. Es dauerte ziemlich lange, bis sie wieder wegflogen. Da die Dorfmitte lichterloh brannte, musste ich außen herum nach Hause laufen – glücklicherweise hatte unser Haus keinen Schaden genommen.

Amtshaus und Kirche St. Johannes im Zentrum von Wäschenbeuren.

Weil die Straße in der Kurve zur Ortsmitte durch zusammengestürzte Giebel blockiert war, nahmen auch die kurz darauf von Lorch heranrückenden Amerikaner am Ortseingang den Umweg am Friedhof vorbei. Vorneweg fuhr ein Jeep, danach folgten die Panzer. Die Soldaten auf den Panzern sprangen herunter und holten die Leute aus den Kellern. Diese mussten sich dann mit erhobenen Händen aufstellen. Die Mannheimer Feuerwehrleute schienen den Amerikanern wegen ihrer Uniformen verdächtig und wurden verhaftet. Da einer unserer Einquartierten noch ein Gewehr in der Stube hatte, verschärfte sich die Situation bei uns kurzzeitig. Wenn nicht bei den Amerikanern ein deutschsprachiger Offizier dabei gewesen wäre, dem wir klarmachen konnten, dass es sich um Feuerwehrleute handelte, hätten sie den Mann vielleicht erschossen. So musste er „nur" auf einem Panzer mitfahren und wieder laufengelassen. Sonst haben sich die Amerikaner sehr korrekt benommen, es gab keine Übergriffe im Ort, nur einige Uhren wurden kassiert – vor allem die Schwarzen hatten es darauf abgesehen. Möglicherweise haben die Soldaten sich auch recht human verhalten, weil sie sahen, wie schwer das Dorf getroffen war. Im Oberdorf wurde allerdings ein alter Bauer von einem Soldaten erschossen, weil er auf einen Halt-Befehl nicht gehört hatte. Die Panzer, die durch das Dorf fuhren, haben aber keine Schüsse abgegeben.

Während die Menschen in Wäschenbeuren noch löschten, fuhren die Amerikaner weiter. Beim Schützenhof sind sie noch etwas beschossen worden und haben zurückgefeuert. Als nochmals ein deutscher Jagdflieger im Tiefflug angriff, gingen die Amerikaner schnell in Deckung, auch bei uns in den Keller. Der Flieger stürzte dann bei Birenbach ab.

Die Nacht vom 19. auf den 20. April sollte erstaunlich ruhig verlaufen, abgesehen davon, dass deutsche Soldaten ein Schuhlager der Wehrmacht beim Kindergarten anzündeten und wir aufpassen mussten, dass unsere Scheuern und Ställe nicht Feuer fingen. Amerikaner waren jedoch keine im Ort geblieben. Erst am nächsten Morgen, so gegen 9-10 Uhr, kamen wieder amerikanische Soldaten von Norden nachgerückt, an der Spitze wieder ein Jeep. Mein Vater und ich waren gerade dabei, ein verletztes Rind aus einem Straßengraben ziehen. Die Soldaten im Jeep sagten uns, wir sollten runter von der Straße, gleich kämen die Panzer. Ein Panzer mit einer großen Schaufel räumte die Straße vom Schutt frei und eine riesige Kolonne von Fahrzeugen aller Art folgte. Als die Dorfbewohner im Lauf des Tages das zahlreich verendete Vieh zum Vergraben in Richtung Ziegelhütte transportierten, hielten die Panzer freundlicherweise mehrmals an und ließen die Leute über die Straße.

Die Besatzungstruppen zogen also am 20. April ein. Unser Hof wurde nochmals durchsucht, erhielt aber keine Einquartierung. In der Nähe der Ziegelhütte landeten 3-4 amerikanische Aufklärungsflugzeuge, wie ich am Morgen des Vortags eines in der Luft gesehen hatte. Vor den Amerikanern hätten wir übrigens keine Dosen verstecken müssen, die haben von uns nichts gebraucht, so reichlich waren sie ausgestattet. Sie verhielten sich vollkommen anders, als man uns in der Propaganda vorgemacht hatte. Immer wieder gaben sie etwas Essbares ab. Ein Soldat auf einem Jeep bot mir auch einmal eine Zigarette an. Obwohl ich nicht rauchte, nahm ich sie und bekam sie angesteckt. Da ich die Wirkung nicht gewohnt war, wurde mir ziemlich schnell speiübel – es sollte die erste und letzte Zigarette in meinem Leben gewesen sein.

[1] KrA GP S 16 Wäschenbeuren Nr. 2. Zusammenfassung eines Interviews mit dem Zeitzeugen von 2014.

„In kürzester Zeit standen Dutzende von Häusern mitten im Dorf in dunklem Rauch und hellen Flammen."

Der Heimatforscher Paul Käßer schildert 1948 die letzten Kriegstage und den Luftangriff auf Wäschenbeuren.[1]

Blick auf den Hohenstaufen über Wäschenbeuren.

Das überraschend schnelle Vordringen der amerikanischen Truppen aus dem Maingebiet gegen Südosten und damit auch in der Mitte des Schwabenlandes veranlasste die deutsche Heeresleitung, die Albkette mit ihren sogenannten Vorbergen eventuell als Auffang- und Verteidigungsstellung zu benützen. Aus diesem Grunde wurden im März 1945 ein Hauptlazarett in dem hiesigen neuen Schulhaus eingerichtet und gleichzeitig eine Sanitätskompanie im Dorfe untergebracht, obwohl hier bereits seit längerer Zeit der Stab eines Landesschützenbataillons[2] im Gasthaus zur „Germania" bzw. im „Bergland" einquartiert war.

Außerdem musste der hiesige Volkssturm auf höheren Befehl an der Straße ins Beutental südlich der Sägmühle des Eugen Straub eine Panzersperre bauen und in den Gewanden Fahrhalde, Ochsenbühl usw., nördlich unseres Dorfes an der Landstraße nach Lorch, eine Reihe von Einzelstellungen für die Panzerfaustschützen anlegen. Diese wurden jedoch bald darauf von einem feindlichen Erkundungsflieger ausfindig gemacht und im Tiefflug genau aufgenommen.

Am Sonntag, den 8. April 1945, kurz vor Schluss des Nachmittagsgottesdienstes, stieß ein feindlicher Aufklärer mitten auf das Dorf Wäschenbeuren bis auf ca. 50 m herab und konnte dabei natürlich nicht nur das rote Kreuz über dem neuen Schulhaus, sondern auch die vielen Soldaten in den Straßen des Dorfes genau beobachten, und vielleicht hat er auch einzelne der mehr oder weniger geschickt versteckten Wagen der seit längerer Zeit im Dorf und in der näheren Umgebung stationierten Mannheimer Feuerwehr ausfindig gemacht und seiner Dienststelle gemeldet. Auf jeden Fall ist sicher, dass er etwas beobachtet und Verdacht geschöpft hat, denn beim Abflug in nördlicher Richtung warf er kurz darauf eine Sprengbombe, die wohl der Feldscheuer des August Kaißer gegolten hat, die aber tatsächlich ca. 80 m südlich davon landete und dabei ein großes Loch in dem dortigen Ackerfeld aufriss.

Das war ungefähr und im allgemeinen die Situation in und über unserem Dorf, als die Spitzen der amerikanischen Panzertruppen von Norden her immer näher an die Hohenstaufengegend heranrückten, über der um diese Zeit fast kein deutscher Flieger mehr zu sehen war, dafür aber umso mehr feindliche Flieger umherschwirrten. Am Abend des 17. April, kurz vor Einbruch der Dunkelheit, hörte der Verfasser dieses Berichtes von Norden, das heißt vom Welzheimer Wald her, deutlich und längere Zeit scharfe Schüsse fallen.

So kam der für die Gemeinde Wäschenbeuren verhängnisvolle 19. April 1945, ein an sich schöner Frühlingstag. Während eines Fliegeralarms in Faurndau war dort schon um 11 Uhr das Gerücht im Umlauf, dass amerikanische Panzer in oder bei Lorch im Remstal stünden. Einige von Lorch her Wäschenbeuren passierende Personen und Radfahrer meldeten verschiedenen hiesigen Einwohnern tatsächlich noch dasselbe; doch dies wurde für unmöglich gehalten und im Ernst nicht geglaubt.

Noch um 14 und 14.30 Uhr fuhren zum Beispiel die verschiedenen Landwirte wie üblich auf ihre Felder oder in den Wald. Um 15 Uhr erschien eine Gruppe feindlicher Flieger und kreiste längere Zeit über dem Ort – bis sie wieder abzogen. Nach 16 Uhr kam wieder eine Gruppe mit rotgestrichener Steuerung, kreiste wieder einige Zeit über dem Dorf und um 16.30 Uhr begann sie plötzlich, im Tiefflug Phosphorkanister über der Dorfmitte abzuwerfen und mit ihren Bordwaffen zu schießen. In kürzester Zeit standen dutzende von Häusern mitten im Dorf in dunklem Rauch und hellen Flammen. Bei dem starken Nordwind griff das rasende Feuer schnell auf weitere, von den Fliegern nicht getroffene Gebäude über und äscherte im Verlauf weniger Stunden insgesamt 117 Gebäude größtenteils vollständig ein. Auch der Kirchturm wurde getroffen und brannte vollständig aus; die einzige noch vorhandene große Glocke stürzte dabei in die Gluten (aus den geschmolzenen Überresten wurde jetzt wieder eine neue gegossen; auch die drei übrigen abgelieferten Glocken sind wieder zurückgekommen). Ca. 600 Personen wurden plötzlich obdachlos. Ganze Ställe voll Vieh erstickten buchstäblich: Im Dorf insgesamt 260 Stück.

Durch die großen Brände in der Dorfmitte war die Landstraße Lorch – Göppingen gesperrt, und die amerikanischen Panzer drangen auf allen Feldwegen vorwärts. Um 17.30 Uhr abends, als die bestürzten und betroffenen Bewohner ihre übriggebliebenen Habseligkeiten zusammensuchten, begann die Besetzung des Dorfes durch die amerikanischen Soldaten, welche alle Häuser durchsuchten. Ungefähr um 18.30 Uhr stieß dann die Hauptmasse der Panzer auf einem großen Umweg um das brennende Dorf über Äcker und Feldwege in der Richtung Birenbach, Rechberghausen bis Bartenbach vor, wo sie Rast machten und erst am andern Tag unsere Kreisstadt Göppingen besetzten.

Der Unterzeichnete hat diesen Vorgang von der Anhöhe bei Oberhausen persönlich miterlebt und muss feststellen, dass deutsche Kampftruppen um diese Zeit in diesem Raum überhaupt nicht mehr vorhanden waren (Ein kleiner Rest SS-Truppen soll durch das Beutental gekommen sein und sich vom Wäscherhof aus in der Richtung Hohenstaufen verzogen haben…). Ein feindlicher Aufklärer flog dann in ca. 50 m Höhe die genannte Landstraße nach Bartenbach ab und hierauf stießen auf derselben ca. zwei bis drei Stunden lang die großen Kampfeinheiten der amerikanischen Panzer vor, während sich einzelne Spähwagen auf den Nebenstraßen vortasteten. Vor meinen Augen wurde ein Bauernhof[3] in Oberhausen in Brand geschossen, und ein französischer Gefangener aus diesem Weiler wurde dabei so angeschossen, dass er am andern Tag an Verblutung starb und dort von seinen Kameraden unter einem Kastanienbaum begraben wurde. Ich selbst entging nur durch ein Wunder mehrmals demselben Schicksal. Bei der Brandkatastrophe und Besetzung von Wäschenbeuren fanden fünf Einwohner und ein Soldat den Tod.

Auf Anweisung der einrückenden amerikanischen Soldaten sollte in Anbetracht der Möglichkeit eines deutschen Gegenstoßes und der dadurch entstehenden Kampfhandlungen in der Nacht in den Untergeschossen übernachtet werden. Freitagfrüh versammelten sich auf Anweisung der Besatzungsmacht die 2000 Einwohner auf dem Marktplatz, wo dann von dem amerikanischen Verbindungsoffizier der kommissarische Bürgermeister von Wäschenbeuren in der Person des Landwirts und Zimmermanns Karl Rummel bestellt wurde. Da auch das hiesige Rathaus vollständig vernichtet wurde, war es äußerst schwierig, sozusagen ohne einen Bleistift die Verwaltungsarbeit in einer so großen und schwer getroffenen Gemeinde in die Hand zu nehmen und die Unzahl der kleinen und großen Aufgaben befriedigend zu lösen.

Neben ihren dringendsten Feldarbeiten mussten die betroffenen Landwirte auch noch die Ruinen ihrer abgebrannten Häuser aufräumen, Notabdeckungen der noch erhalten gebliebenen Kellerräume usw. anbringen. Besondere und dankbare Erwähnung verdient dabei die Arbeiterschaft von Wäschenbeuren, welche hierbei tatkräftig mitgeholfen hat, um wenigstens das Allerwichtigste und zum Lebensunterhalt Notwendigste zu schaffen. Das Landratsamt Göppingen stellte dankenswerterweise 240 000 Reichsmark für außerordentliche Sofortmaßnahmen zur Verfügung. Auch von privater Seite aus nah und fern wurde sehr vieles an Nahrungsmitteln und Kleidungsstücken, Hausrat, Möbeln, Handwerkzeug usw. gestiftet, was dankbarst anerkannt und vermerkt werden muss. Aber der allgemeine Materialmangel und die jetzige Geldknappheit ließen noch viele und große Lücken selbst an Lebensnotwendigem offen, von sonstigen persönlichen Wünschen ganz zu schweigen.

So ist die Urheimat der Vorfahren der weltbekannten Staufenkaiser im letzten Moment des Zweiten Weltkrieges noch in ein ähnliches Schicksal hineingerissen worden, wie es das deutsche Volk und Reich selbst – in eigener, teilweiser Mitschuld – getroffen hat.

[1] HStAS J 170 Bü 6 (Wäschenbeuren).
[2] Es handelte sich hierbei um das Landesschützenbataillon 423.
[3] Das Anwesen Hofele.

„Kehrt um! Hinter mir kommen die Amis!"

Ein frontuntauglicher 20-jähriger Soldat bringt mit dem Fahrrad die Nachricht vom Vormarsch der Amerikaner von Oberkirneck nach Göppingen und erlebt dabei den Luftangriff auf Wäschenbeuren.[1]

Ich stamme aus Oberschlesien. Mit 18 Jahren, ich hatte gerade eine Ausbildung zum Maschinenbauer begonnen, wurde ich eingezogen und kam im Januar 1943 an die russische Ostfront. Dort wurde ich im Juli desselben Jahres bei einer Offensive der Russen durch einen Schuss schwer am Handgelenk verwundet, so dass ich nicht mehr schießen konnte und fortan frontuntauglich war. Daher versetzte man mich zur Landesschützen-Kompanie 423 nach Ludwigsburg. Hauptaufgabe dieses Truppenteils war die Bewachung der beiden großen Kriegsgefangenenlager (Russenlager und Aldigerlager für westliche Kriegsgefangene) in Ludwigsburg. Als die Front immer näher rückte, war die Aufgabe die Bewachung des Abtransports der Gefangenen nach Bayern. Die Kompanie verlegte Anfang 1945 ihr Geschäftszimmer in einen Saal in der „Krone" in Wäschenbeuren. Der Kompaniechef wohnte beim Bauern Mohring, Hetzenhof, in Oberkirneck, der „Spieß", ein Hauptfeldwebel in einem Haus am Ortseingang. Ein Teil der Mannschaft schlief in der Scheuer von Herrn Mohring, auch ich. Als knapp 20-Jähriger bekam ich ein Dienstfahrrad und diente dem Chef, einem freundlichen älteren Hauptmann aus Ulm, als Melder.

Bild des Zeitzeugen aus seinem Wehrpass, unten die „Krone" in Wäschenbeuren.

Am frühen Nachmittag des 19. April waren aus Lorch plötzlich zahlreiche Schüsse zu hören. Als stellvertretender Bürgermeister rief Herr Mohring auf dem Rathaus in Lorch an, was da los sei. Die Antwort war ein Schock: Amerikanische Panzer fahren durch den Ort in Richtung der Steige nach Oberkirneck. Bei uns gab es sofort Alarm. Wir waren völlig überrascht, so schnell hatten wir die Amerikaner hier nicht erwartet.

Zwischen dem Hauptmann und dem Spieß, einem Hauptfeldwebel aus Uhingen, kam es zu einem erregten Wortwechsel. Der Hauptfeldwebel, ein fanatischer Nationalsozialist, wollte den Ort verteidigen. Er schrie, wir sollten ausschwärmen und die Amerikaner angreifen, sobald diese aus dem Wald von Lorch heraufkämen. Aber wir Soldaten hatten nur alte französische Gewehre und ein paar Schuss Munition. Der Streit zwischen den beiden Männern eskalierte immer weiter, und ich befürchtete, dass sie gleich ihre Pistolen ziehen würden. Endlich setzte sich der Hauptmann durch und befahl: „Die Kompanie setzt sich sofort ab und trifft sich bis 19.00 Uhr am Ortseingang von Süßen!" Als Melder bekam ich einen Spezialauftrag, den er mir unter vier Augen erläuterte: „Nehmen Sie Ihr Dienstfahrrad und fahren Sie nach Göppingen ins Landratsamt, dort im Keller ist die Telefonzentrale. Geben Sie durch, dass die Amerikaner bereits auf dem Vormarsch nach Wäschenbeuren sind!"

Ich fuhr sehr vorsichtig los, denn über der Gegend kreisten schon wieder die amerikanischen Jagdbomber. Immer wieder schaute ich nach oben, es war ein wunderbarer Frühlingstag mit klarem blauem Himmel und guter Sicht für die Piloten. Als ich mich nur wenige hundert Meter vor Wäschenbeuren befand, griffen plötzlich mehrere Jagdbomber in Formation den Ort an. Ich sah, dass sie etwas abwarfen, das im Sonnenlicht glänzte – ich vermutete die berüchtigten Phosphorkanister. Dann tauchten sie abwechselnd hinab und feuerten auf diese Weise ohne Pause mit ihren Bordgeschützen in das Dorf. Ich denke, dass sie durch den Angriff vor allem den deutschen Soldaten den Rückzug, der sich an diesem Tag in wilder Hast vollzog, erschweren wollten. Geschlossene Panzersperren habe ich nirgendwo gesehen, auch im Dorf allenfalls nur einzelne Soldaten, aber keine größeren Truppen.

Luftaufnahme von Wäschenbeuren nach dem Wiederaufbau.

Wäschenbeuren brannte schnell lichterloh, die Häuser am nördlichen Ortseingang stürzten zusammen, brennende Balken blockierten die Straße, aus dem Kirchturm schlugen die Flammen. Ich stieg aus dem Straßengraben und versuchte, irgendwie durch das Inferno zu kommen. Da sprang eine junge Frau auf mich zu und flehte mich an, ihre 14-jährige Tochter aus einem stark brennenden Haus zu retten. Es war aber völlig unmöglich, durch das Feuer in das Haus zu gelangen. Daher stolperte ich mit meinem Fahrrad über die Wiesen um den brennenden Ortskern herum in Richtung Staatsstraße. Später erfuhr ich zu meiner großen Erleichterung, dass sich das Mädchen gar nicht in dem Haus befunden und ihre Mutter sie dort nur irrtümlich vermutet hatte.

Wieder auf der Lorcher Straße fuhr ich weiter nach Göppingen. Allen Fahrzeugen, Zivilisten und Soldaten, die entgegenkamen, rief ich zu: „Kehrt um! Hinter mir kommen die Amis!" Am Landratsamt im Göppinger Schloss angekommen, rannte ich in den Keller und ließ mich sofort mit dem Flugplatz verbinden. Ich bekam einen Major ans Telefon, der sich über meine Meldung sehr erregte und der genau wissen wollte, woher und in wessen Auftrag ich kam. Plötzlich machte es „Peng!", die Verbindung war unterbrochen und konnte nicht wieder hergestellt werden.

Nun nahm ich mein Fahrrad und machte mich auf den Weg zum Treffpunkt in Süßen. Auf der Straße war kaum jemand unterwegs. Ich traf einen anderen Wehrmachtssoldaten und begleitete ihn ein Stück. Unerwartet zog er seine Pistole und entsicherte sie. Ich fragte ihn völlig entgeistert: „Was hast du vor?" Er antwortete entschlossen: „Den ersten Feldjäger, der uns in die Quere kommt, knalle ich über den Haufen!" Glücklicherweise trafen wir keinen dieser gefürchteten „Kettenhunde". In Süßen war außer mir niemand am vereinbarten Treffpunkt erschienen. Ich erhielt bei einer Bauernfamilie im Ortskern eine Übernachtungsmöglichkeit. Kurz nach dem guten Frühstück am nächsten Morgen rannte eine ebenfalls dort untergebrachte Frau aus Köln in die Stube und schrie hysterisch, dass die Amerikaner im Dorf und nur noch wenige Häuser entfernt seien. Wir warfen rasch meine Uniform in die Fils, dann wurde ich mit einem blauen Hemd, einer Hose, alten Schuhen und einer Kappe zum Bauern gemacht und mit einem Striegel in den Kuhstall gestellt. Als Städter hatte ich so ein Ding noch nie in der Hand gehabt. Bei der Kontrolle des Stalls fragten die amerikanischen Soldaten nach „German Soldiers". Glücklicherweise konnte ich gut Englisch und verwies auf meinen verletzten Arm: „No soldier, look here, I was wounded in Russia and cannot shoot." Sie ließen mich in Ruhe und gingen weiter. Ohnehin verhielten sie sich im Ort tadellos, Übergriffe gegen die Zivilbevölkerung sind mir nicht bekannt. Im Gegenteil behandelte der amerikanische Armeearzt, der im Großsüßener Schulhaus einquartiert war, auch deutsche Zivilisten. So blieb ich in Süßen, das Filstal wurde meine neue Heimat und nach dem nachgeholten Abitur fand ich hier meine Berufung als Lehrer. Doch was wurde aus dem Rest meiner Kompanie?

Der Rest der Kompanie löste sich schon am Nachmittag auf. Kein Landesschütze außer mir erschien – wie bereits erwähnt – am Treffpunkt. Als ich drei Wochen später wieder zum Hetzenhof kam, erfuhr ich Folgendes: Kaum war am 19. April der Marschbefehl erfolgt, zog der über 60 Jahre alte Hauptmann Zivilkleidung an, die er schon in einem Koffer bei sich hatte, setzte sich als „Großvater" an den Kamin der Familie Mohring und rauchte seine Pfeife. Er blieb von den Amerikanern unbehelligt und kehrte nach ein paar Tagen in seine Heimatstadt Ulm zurück. Der Spieß verkroch sich in seinem Quartier im Keller zwischen den Mostfässern und floh heimlich bei Nacht in seinen Heimatort Uhingen. Einige Landesschützen hatten sich in Oberkirneck noch über ein Weinfass hergemacht. Beim Eintreffen der Amerikaner, bei dem übrigens die Scheune mit meinen persönlichen Habseligkeiten komplett abbrannte, waren die vorwiegend älteren Schützen so betrunken, dass sie kaum mehr stehen oder die Hände hochnehmen konnten. So wanderten sie alle in Gefangenschaft und kamen erst wieder im Juni oder Juli frei. Den fanatischen Spieß, der uns damals sinnlos die Amerikaner angreifen lassen wollte, sah ich übrigens am Jahresende bei einem Weihnachtskonzert in der Göppinger Oberhofenkirche wieder. Als ich einmal während des Krieges einen Gottesdienst besuchen wollte, hatte er mich noch mit abfälligen Bemerkungen bedacht – so war aus einem „Saulus" wieder ein „Paulus" geworden.

---

[1] KrA GP S 16 Wäschenbeuren Nr. 1. Zusammenfassung eines Interviews mit dem Zeitzeugen aus dem Jahr 2013 und dessen persönlichen Notizen.

Und wieder steht ein Satz in der Luft: „Einer von den Soldaten hat gerufen, Panzerspitzen sind schon in Lorch". Wieder ist alles entrüstet. „Ausgeschlossen. Die sind ja verrückt."

Dr. Hugo Weber, ein evakuierter Rechtsanwalt aus Stuttgart, erlebt mit seiner Familie im Wäscherhof das unerwartete Eintreffen der Amerikaner am Nachmittag des 19. April 1945.[1]

Es ist schon lange, lange her, dass in den Feldern und Wäldern um den Wäscherhof, dass an seinen Hängen und in seinen Senken Geschichte geschrieben wurde.

Der Hohenstaufen Kaisergeschlecht hatte aufgeleuchtet und war entschwunden wie ein strahlender Meteor im Weltenraum. Im 30-jährigen Krieg raubte und mordete die Soldateska und wüteten Seuchen, Hunger und Elend. Das war vor 200 und vor 300 Jahren.

Seither ist hier in den Äckern nur gesät und geerntet worden, hat es in den Wiesen nur Heu und Oehmd gegeben, und haben die Wälder nur Wanderer, Jäger und Holzfäller gesehen. Der Fabriken rauchende Schlote und lärmende Maschinen waren drunten geblieben in den Tälern der Fils und der Rems, und nur ein bescheidenes Eisenbähnlein vermittelte herüber und hinüber den Anschluss an fernes Weltgeschehen.

Gebäude des Wäscherhofs bei Wäschenbeuren.

Selbst von der Sturmflut wilden Kriegsgeschehens, die Hitlers Größenwahn über Europa brausen machte, erreichten das gesegnete Land nur leise Wellenschläge. Der Sirenen Warngeheul hatte Mühe, auf dem Rücken eines günstigen Windes von Lorch oder Göppingen her Kunde von nahenden feindlichen Fliegern zu bringen. Wohl kamen diese mehr und mehr in ständig wachsenden Schwärmen, bei Tag als silbern leuchtende Riesenvögel, bei Nacht als Wotans wildes brausendes Heer, aber wenn sie Trümmer schlugen und fressende Flammen anfachten, so sah man hier nur einen rötlichen Himmelsstreifen und hörte nur fernes Krachen und Dröhnen. Doch konnten gelegentlich auch, als ob Angst oder Schreck sie ergriff, die Häuser erzittern, Fenster klirren und Türen rütteln. Die Menschen aber blieben sorglos. Sie bauten keine Stollen. Und nur wenige Male flüchteten sie in die Keller.

Sonst waren es nur Fernwirkungen, die der Weltenbrand zu dem Wäscherhof hatte. Knechte gab es schon lange nicht mehr. An die Stelle von Mägden waren Arbeitsmaiden getreten. Kriegsgefangene Franzosen und eine Polenfamilie arbeiteten schon Jahr und Tag auf dem Hof. Alles, was seine Bauern erzeugten, wurde von den engen Maschen des großen Netzes der Zwangswirtschaft erfasst. In ihren Häusern sammelte sich städtischer Hausrat auf der Flucht vor drohendem Fliegerverlust. Bald kamen auch die Städter selbst, wenn sie im Schlachtfeld eines Fliegerangriffs keine Bleibe und keine Habe mehr hatten. Und das Schwerste: wieder und wieder kam die Kunde, dass weit draußen auf dem Felde der Ehre ein Sohn sorgender Eltern vermisst oder gefallen war.

Es war eine schwere Zeit. Es waren große Entbehrungen. Es waren bittere Sorgen, aber der Krieg selbst war weit fort, doch mit der Zeit rückte er näher und näher. Seit an den Reichsgrenzen gekämpft wurde, machten oft Flieger zu jeder Tageszeit Jagd auf Bahnen, Pferde und Wagen. Wer unterwegs nicht Deckung nahm, lief Gefahr, im Sturzflug beschossen zu werden. In Birenbach, Faurndau und Lenglingen gab es Tote. Schließlich fuhr die Eisenbahn nur noch im Schutze der Nacht. Die Front hatte sich tief in deutsches Land verschoben. Die Mannheimer Feuerwehr, vor dem anrückenden Feinde geflüchtet, war mit Mannschaft und Wagen auf die einzelnen Höfe verteilt. Bald ging die kämpfende Linie mitten durch schwäbisches Land, von Pforzheim über Heilbronn nach Mergentheim. An Ostern 1945 waren Panzerspitzen bis Bietigheim vorgedrungen, aber abgeschossen worden.

Der Vormarsch des Feindes schien aufgehalten, sei es, dass er sich am deutschen Widerstand brach, oder dass er selbst nicht weiter nach Süden sollte. Immerhin lebte man in seiner Erwartung. Man packte Koffer und Körbe, um sich für ein Kellerwohnen einzurichten. Man versteckte und vergrub, was man vor einem Zugriff sichern wollte. Noch weiter hinaus dachte der kleine Max, als er mit dem Nähzeug meiner Frau spielte: „Tante Ottilie bekomme ich Deine Knopfschachtel, wenn Dir der Amerikaner die Knöpfe nimmt?"

Der 19. April 1945 — Wäschenbeuren brennt

Da, am Donnerstag, den 19. April, hub der Geschichtsgriffel auch auf dem Wäscherhof zu schreiben an. Die Tiefflieger schwärmten wie wilde Hornissen. Besonders dicht am Nachmittag zwischen 14 und 15 Uhr. Alfons hatte am Ortsrand von Maitis miterlebt, wie zwei Pferde am Pfluge zerrissen wurden und war voll Sorge heimgeeilt. Ich empfahl den Frauen den Keller. Sie aber wollten nichts davon wissen, so sehr war man an die Fliegerschwärme gewöhnt.

Es war wieder Ruhe eingetreten. Ich machte mich ans Rasieren. Da steht auf einmal der Satz in der Luft: „Der Amerikaner ist schon in Gaildorf!" Niemand weiß, wer es gesagt hat, niemand, von wem er es gehört hat. Aber alle sind sich darüber einig, dass das nicht wahr sein kann. Es ist eine Lüge, von der Angst, von der Bosheit in die Welt gesetzt. Wer wird sich durch so etwas irre machen lassen.

Derweil wird es wieder lebhaft in der Luft. Noch dichter schwärmen die Flieger. Ein Sturzgeheul folgt dem andern. Bordwaffen reihen Krach an Krach. Wenn ein Sturz besonders nahe zu sein scheint, verlasse ich meinen Rasierstand am Fenster und nehme Deckung an einer Innenwand. Im Hofe stehen sie in Sichtdeckung und verfolgen die Stürze über Wäschenbeuren. Plötzlich ruft Brigitte: „Vater, in Beuren brennt's!" Bis ich hinunter komme und wir es wagen können, Ausschau zu halten, stehen dichte Rauchwolken in breiter Front am Horizont. Fünf Kernstellen heben sich ab. Zwischenhinein schlagen Flammen in die Höhe. Josef setzt sich aufs Rad, löschen und retten zu helfen. Kaum ist er fort, fährt deutsche Artillerie vom Beutental her durch den Hof. Und wieder steht ein Satz in der Luft: „Einer von den Soldaten hat gerufen, Panzerspitzen sind schon in Lorch". Wieder ist alles entrüstet. Ausgeschlossen. Die sind ja verrückt.

Mitten in das Gerede hin kam Helene vom See her: „An mir ist ein Soldat vorbei, der sagt, der Amerikaner ist schon in Kirneck". Sie hat kaum ausgeredet, da tackt und knattert Maschinengewehrfeuer von Kirneck her. Und jetzt wissen sie alle, es ist kein Hirngespinst, es ist blutige Wirklichkeit. Benedikt schaut zu seinem Dach hinaus und sieht mit leibhaftigen Augen, wie die Panzer auf der Lorcher Straße näher rollen. Womit jedermann längst gerechnet hatte, was in sorgenden Erwägungen überall besprochen war, was man aber immer wieder weit von sich geschoben hatte, ist nackte Tatsache geworden: Der Feind ist da!

Und nun läuft alles, was Füße hat, packt alles, was Hände hat. Es ist ein Treppauf, Treppab in allen Häusern. Niemand mehr hat Auge und Ohr für den anrückenden Feind. Josef ist eiligst zurückgekehrt, statt der Feuerhilfe im eigenen Haus Hand anzulegen. Die Keller füllen sich mit Bergungsgütern, mit Vorräten und Betten. Die Frauen und Kinder richten sich ein in ihnen. Zumal versagt der elektrische Strom. Beim kümmerlichem Kerzenschein wird die Arbeit zwischen Betten, Fässern und Kinderwagen langsamer, behinderter, gefährlicher.

So nach und nach bildet sich eine Gesellschaft vor Benedikts Haus, Artillerie, Maschinengewehre und Beobachtungsflieger sind an der Arbeit. Die Geschosse flitzen über uns hinweg. Von Zeit zu Zeit aber scheint es ratsam, sich ins Haus zurückzuziehen. Beuren ist nun eine rauchende Feuerkette. Bei Kirneck brennt es lichterloh. Der Hetzenhof, der Ziegerhof stehen in Flammen. Rings um Maitis, hinauf bis zum Aasrücken stäubt es von Geschosseinschlägen. Auf der Straße nach Radelstetten rollen die Panzer. Vor Maitis stocken sie. Heftiges Maschinengewehrfeuer setzt ein. Dann geht es weiter. Neben dem Bahnhof schießt eine Feuersäule hoch, bald vom dicken Rauch verdeckt, und immer wieder von neuem hoch aufleuchtend. Die Einschläge rücken immer mehr den Hang hinauf und verlagern sich schließlich jenseits der Höhe. Und hinter ihnen folgt der Raupenzug der Panzer. Links und rechts geht Artillerie in Stellung.

Derweil ist auch der Tag hinter die Berge gegangen. Der Kriegslärm ist allmählich verstummt. Und wenn nicht die Röte über Beuren stünde und die Höfe unter dem Aasrücken lohten, die Ruhe ringsum wäre nicht anders als zuvor. Aber auch in den Herzen brennt es vor Erregung und Schmerz, vor Sorge und Bangigkeit. Wohl brauchen wir kein Kellerlager zu beziehen, aber die Betten bleiben drunten, die Ruhe könnte trügerisch sein. Wir legen uns angezogen auf die ausgeräumten Feldstellen in Decken gehüllt. Und bald schließt bleierne Schwere die Lider.

Der 20. April 1945 – Der Wäscherhof wird besetzt

Ein sonniger Morgen dankt dem Herrgott für die ungestörte Ruhe der Nacht, die auch in den Tag hinein dauert. Geschützfeuer und Bombeneinschläge, tönen nur von fern her. Und die Flugzeuge über uns fliegen nach ferneren Zielen. Es ist fast wie ein Wunder, dass der Krieg wirklich schon für uns aus sein sollte. Wie sind wir dankbar, dass kein Geschoss in den Wäscherhof geschlagen, dass kein Feuer in ihm gezündet und dass kein Feind seinen Boden betreten hat. Links und rechts von ihm, auf der Lorcher und auf der Radelstetter Straße, haben sich endlose Massen von Panzern und Wagen ergossen, und dazwischen sind wir, eine friedensähnliche Insel, unberührt geblieben.

Luftaufnahme von Wäscherhof und Wäscherschloss (rechts).

Plötzlich ist Bewegung im Hof. Ein rascher Blick durch's Fenster. Da unten schreitet der Krieg. Ein, drei, acht, ein Dutzend Amerikaner mit dem Gewehr in der Hand. Sie spähen Fenster empor, sie gehen um die Häuser herum, sie kommen zu den

Türen herein und die Treppen hinauf. Zimmer für Zimmer wird besichtigt. Dann kommt der Befehl: Das Gasthaus zum Wäscherschloss ist binnen einer halben Stunde vom Keller bis zum Dach vollständig zu räumen. Auch an uns in der Ausdingwohnung geht der Befehl. Es darf in einem Haus, das amerikanische Soldaten beherbergt, kein Zivilist wohnen. Möbel dürfen bleiben.

Es ist der Traum von der unberührten Friedensinsel ausgeträumt. Rasch entschlossen ziehen Josef und die Seinen geteilt zu Karl und Xaver und ziehen wir zu Benedikt. Alle Nachbarn helfen zusammen, das eilige Umzugswerk zu meistern. All die vielen Dinge, die gestern mühsam im Keller aufgestaut waren, werden herausgerissen und darüber hinaus die Wohnung nach Möglichkeit geleert. Da und dort entsteht ein vorläufiges Lager an den Straßen und in den Gängen. Und in den gastlichen Aufnahmehäusern wird umgeräumt, ausgeklügelt, zusammengerückt, Platz gemacht, voll gefüllt, gestellt, geschoben und gehoben. Und am Schluss staunen Menschen und Räume, was sie schaffen und was sie aufnehmen konnten, und wie wohnlich es trotz alledem noch ist. So eng wir uns machen, so breit machen sich die „Erikaner", wie die kleine Brunhilde die Soldaten aus Transozeanien heißt. Gegen Mittag ist Wagen um Wagen von Kirneck hergekommen und Mann um Mann in die Wirtschaft gezogen. Am Nachmittag muss noch Alfons seinen ganzen Wohnstock hergeben, ohne auch nur die Betten an sich nehmen zu dürfen. An den Zäunen, in den Gärten, an den Mauern stehen ihre Fahrzeuge. Biegsame, sportliche Braunhosen gehen hin und her. Man hört Ziehharmonika und Klavier.

Derweilen fahren endlose Kolonnen vom Beutental her durch den Hof, große und kleine, leichte und schwere, offene und geschlossene Wagen, Antennen wiegen, Radio erklingt. Karten werden gelesen. Links und rechts spähen sie mit dem Gewehr in der Hand zu den Häusern hinauf. In der Luft wimmelt es von den kleinen schwarzen Flugzeugen der Beobachtungsflieger, die auf dem Hof Quartier genommen haben. Beim Schafhaus setzt eines nach dem andern in die junge grüne Saat und beim Heuhof in die Wiesenmulde. Das sind die Flugplätze der nächsten Tage, nach allen Richtungen mit Kabeln verbunden.

Von den Bränden des Vortages ist nichts mehr zu sehen. Die Artillerie am Hang von Maitis ist getarnt. Die Kriegszeichen in der Landschaft sind die schwarzen Beobachtungsflieger und die Staubwolken der nicht abbrechenden fahrenden Kolonnen. Doch auch deutsche Flugzeuge erscheinen. Und dann hebt im weiten Rund ein wildes Konzert an von knatternden Maschinengewehren, von bellenden Flakschüssen und krachenden Bomben. Aus weiter Ferne aber dringen die Entladungen der Sprengarbeit deutscher Pioniere.

---

[2] KrA GP S 16 Wäscherhof Nr. 1. Das Manuskript wurde dem Kreisarchiv freundlicherweise von Herrn Peter Schührer, Ortshistoriker von Wäschenbeuren, zur Verfügung gestellt.

Erschießung im Hof

Fünf Zeitzeugen aus Waldhausen, damals Kinder und Jugendliche, erinnern sich an die angsterfüllte Zeit des Wartens bis zum Eintreffen der Amerikaner am 24. April 1945 und die Exekution eines vermeintlichen deutschen Spions.[1]

In den Wochen vor dem Kriegsende musste der Volkssturm auch in Waldhausen Panzersperren errichten, vor allem an der Steige von Eybach nach Waldhausen. Auch um das Dorf und im Wald habe man Sperren und Schützenlocher anlegen müssen. Die Väter hätten diese Maßnahme als „Blödsinn" angesehen – schließlich ist Waldhausen rings herum von ebenen Feldern umgeben. Im April gab es einen Durchzug von zerlumpten russischen Kriegsgefangenen, die ihre Karren allerdings vor der bereits geschlossenen Panzersperre zurücklassen mussten. Später habe man die Fahrzeuge in der Gemeinde verteilt. Abgesehen davon war in der Waldhausener Steige am Bauholzfelsen ein deutsches Pak-Geschütz in Stellung gebracht worden, das später mit einem Bauerngespann nach Weidenstetten abtransportiert wurde. Am Samstag, den 21. April 1945, habe man vom Eintreffen der Amerikaner in Geislingen erfahren. Während noch einige deutsche Infanteriesoldaten im Dorf lagen, waren ebenfalls einquartierte Volkssturmmänner aus Bad Mergentheim schon weitergezogen. Vermeintlich belastendes NS-Material, vor allem Exemplare von „Mein Kampf", wurde vorsorglich im großen Gemeindebackofen verbrannt und Backholz vor die Papierasche geschoben.

Nach dem Krieg: amerikanische Besatzungssoldaten genießen die schöne Aussicht oberhalb Geislingens.

Der folgende Sonntag [22. April] verlief bis zum Abend vergleichsweise ruhig, wobei aber immer wieder ungewohnte Geräusche aus der weiteren Entfernung zu hören waren, vermeintlich aus Richtung Gussenstadt und Steinenkirch. Doch dann begann man, von Westen her immer deutlicher die Einschläge von Granaten wahrzunehmen. Voller Angst suchten viele Dorfbewohner ihre Keller auf. Zunächst schlugen die Granaten im Wald an der „Auchtweide" und an den Hängen im Roggental ein. Bis heute findet man dort noch Splitter, auch in den Baumstämmen. Der Beschuss erreichte bald auch das Dorf, manche Geschosse zischten sogar darüber hinweg. Nach gut zwei Stunden war der Schrecken vorüber. Man fragte herum: „Lebt noch alles?" Der Pferdestall eines Bauernhofs wurde getroffen, drei Tiere starben dabei oder mussten getötet werden. Man vergrub sie am Folgetag in einem Bombenloch. Auch die anderen Gebäude des Anwesens hatten erheblichen Schaden erlitten.

Das quälende Warten ging weiter. Totenstille lag über dem Dorf. Aber bis zum Vormittag des 24. April geschah kaum etwas. Dann begann erneut ein kurzer Granatbeschuss, allerdings über Waldhausen hinweg an den Ortsrand von Gussenstadt. Nun verließen auch die letzten 21 deutschen Soldaten das Dorf in Richtung Bräunisheim, wobei sie etliche Fahrräder mitgehen ließen. Der Volkssturm rückte in Waldhausen nicht mehr aus, die Männer verfügten ohnehin nur über einige Panzerfäuste. Die Stellungsbefehle wurden schlichtweg zerrissen.

Am frühen Abend hörte man jetzt Motorengeräusche aus Richtung Steinenkirch deutlich näherkommen. Über Stunden hinweg wurde es immer unruhiger, die Anspannung im Dorf wuchs. In der Nacht drangen dann die Amerikaner in Waldhausen ein, manchmal gewaltsam, da einige Bewohner die Türen abgeschlossen und sich im Keller versteckt hatten. An einigen Häusern hatten die Besitzer sicherheitshalber weiße Fahnen angebracht. Auch Warnschüsse waren zu vernehmen. Da es eine recht kalte Nacht war, mussten mehrere Familien ihre Wohnräume verlassen und für die amerikanischen Soldaten Platz machen. In einigen Küchen ließen sie sich Eier braten. Übergriffe auf die Bevölkerung hat es in Waldhausen nicht gegeben, doch aus Schalkstetten hörte man später von Vergewaltigungen.

Nachts gegen 3 Uhr schreckte eine Gewehrsalve die Menschen auf. Im Hof des Anwesens Bosch hatten die Amerikaner einen jungen Mann aus Treffelhausen exekutiert, den sie wohl für einen Spion oder Saboteur hielten. Man hörte später, er sei in der oberen Roggenmühle mehrere Stunden lang verhört worden. Beim Einrücken der Amerikaner in Waldhausen hatte er auf einem Panzer gesessen. Nun mussten Volkssturmleute eine Grube ausheben, in die der Tote gelegt wurde. Nach einigen Tagen holten die Angehörigen die Leiche ab.

In den Morgenstunden des 25. April verließen die amerikanischen Soldaten Waldhausen, ein GI hatte den Abzug auf einem Sofa verschlafen und musste hinterhereilen. Dem kommissarischen Bürgermeister Bosch wurde angewiesen, weiße Fahnen aus den Häusern hängen zu lassen. Kontrollen durch amerikanische Jeeps kamen später jedoch nur sporadisch vor. Wegen Plünderungen durch ehemalige Zwangsarbeiter, die vor allem Schweine stahlen, stellten die Dorfbewohner eine mit Knüppeln bewaffnete Wache auf. Nachts suchten heimkehrende Wehrmachtssoldaten oft die Scheunen und Heuhütten des Dorfs als Schlafquartiere auf.

Viele Städter, insbesondere aus Geislingen, machten sich in den Nachkriegsmonaten nach Waldhausen auf, um dort Lebensmittel zu „hamstern", wofür häufig WMF-Artikel im Tausch angeboten wurden. Die Kinder und Jugendlichen waren froh, dass der Krieg endlich ein Ende gefunden hatte und man wieder „frei atmen" konnte. Die Gewöhnung der Bevölkerung an die neuen demokratischen Freiheiten habe indes etwas gedauert.

---

[1] KrA GP S 16 Waldhausen Nr. 1. Zusammenfassung eines Interviews mit den Zeitzeugen von 2014.

„…als sie erfuhren, dass sie die ersten amerikanischen Soldaten seien, verwunderten sie sich."

Bericht des Bürgermeisters Johannes Hezler vom Februar 1948 über die späte Besetzung des Dorfes am 25. April 1945.[1]

Es muss vorausgeschickt werden, dass sich in Weiler o.H. und der näheren Umgebung keine bedeutenden oder gar entscheidenden Kriegsereignisse abgespielt haben.

Wie überall in Süddeutschland verstärkte sich die Fliegertätigkeit in den Monaten März und April in fast unerträglicher Weise. Starke Bomberverbände zogen in zahlreichen Wellen über unsere Gegend weg, Abwürfe von Brandbomben erfolgen zahlreiche, jedoch ohne große Brände hervorgerufen zu haben. Im Luftraum über Geislingen spielten sich täglich Luftkämpfe zwischen Bombern und Jagdfliegern ab. Desgleichen auch über dem Ziegelwald bei Amstetten, wo sich große Tankanlagen für Treibstoffe befanden. Diese Luftgefechte waren für die auf dem Felde arbeitenden Bauern sehr lebensgefährlich. Gegen den Monat April wurden diese Luftangriffe von Tag zu Tag häufiger, so dass die Bauern kaum mehr in der Lage waren, die Frühjahrssaat zu bestellen und die Kartoffeln zu stecken. Die Gemeindeeinwohner von Weiler wurden bei herannahenden Fliegergeschwadern durch eine angeschaffte Handalarmsirene alarmiert. Der Volkssturm musste Schanzarbeiten verrichten und Splittergräben ausheben.

Anfang April traf in Weiler eine Pionierkompanie ein, mit dem Auftrag, die Straßen und Wege von Geislingen nach Weiler mit verschiedenen Panzersperren und Barickaten unbefahrbar zu machen. In der Nacht vom 20. auf 21. April 1945 (Freitag auf Samstag) wurden die Volkssturmmänner von Weiler alarmiert und nach Geislingen beordert. Am Freitag, den 21. April, erschien eine Infantriekompanie, die den Albrand unserer Markung gegen Geislingen besetzte. Diese Kompanie sprengte auch die neue Steige nach Weiler, etwa 150 m oberhalb des Nägeles-Felsen.

Am Freitag, den 21. April, gegen 16 Uhr heulten die Sirenen. Es war Panzeralarm. Die Amerikaner waren in Altenstadt eingebrochen und rückten bis zum Bahnhof Geislingen vor. Die den Albrand besetzenden Truppen schossen von Weiler in das Filstal, die Amerikaner erwiderten das ziemlich starke Artilleriefeuer. In der Nacht von Samstag auf Sonntag wurde dieses feindliche Artilleriefeuer besonders stark.

Das kleine Weiler ob Helfenstein war am 25. April wohl die letzte im Landkreis Göppingen besetzte Gemeinde.

Rings um das Dorf erfolgten die Einschläge. Im Dorf selber wurde kein Schaden angerichtet. Das Störfeuer lag hauptsächlich auf der Straße nach Schalkstetten, zwischen Weiler und dem Lindenhof. Am Sonntag früh entwickelte sich ein stärkeres Gefecht in der Stadt Geislingen, besonders um die Württembergische Metallwarenfabrik.

In der Nacht von Sonntag zum Montag gelang es den Amerikanern, über Überkingen die Albhochfläche bei Aufhausen zu erreichen, auch rückten sie durch das Eybtal über Eybach auf die Albhöhe Waldhausen gegen Schalkstetten-Bräunisheim vor. Auch die amerikanischen Truppen erreichten von Aufhausen über Türkheim die Reichsstraße und Bahnlinie Geislingen-Ulm. Dadurch drohte den in Weiler liegenden deutschen Truppen eine Einkreisung, und sie mussten sich Montag früh vor Tagesanbruch in Richtung Schalkstetten zurückziehen.

Von Geislingen her versuchten die Amerikaner mit Panzern und Fahrzeugen das Dorf Weiler zu erreichen, jedoch mussten sie von den starken Barrikaden und Sperren wieder umdrehen. Dadurch wurde bis zum 25. April 1945 in Weiler o.H. kein amerikanischer Soldat sichtbar. Gegen Mittag des 25. April trafen aus Richtung Schalkstetten zwei amerikanische Autos ein. Es stiegen zwei Offiziere und einige Soldaten aus, die fragen nach dem Rathaus und nach dem Bürgermeister. Sie erkundigten sich beim Bürgermeister, ob schon amerikanische Truppen hier durch seien. Als sie erfuhren, dass sie die ersten amerikanischen Soldaten seien, verwunderten sie sich. Ihr Verhalten gegen den Bürgermeister und die Bevölkerung war anständig. Ihr Auftrag war, in Weiler nach Quartieren für einen amerikanischen Stab zu suchen. Der Bürgermeister erhielt Befehl, dass bis andern Tags sämtliche in der Gemeinde befindlichen Waffen und Munition auf dem Rathaus abgeliefert sein müssten.

Am 26. April mittags erschien ein Trupp amerikanischer Soldaten, bestehend aus etwa 30-40 Mann. Sie gaben dem Bürgermeister zu verstehen, dass sich sämtliche Bürger, Männer, Frauen und Kinder vor dem Rathaus zu versammeln haben. Hier gab man den Bewohnern bekannt, dass sämtliche Häuser während ihrer Abwesenheit nach Waffen und Munition durchsucht werden. Die Waffen waren aber schon tags zu vor abgeliefert, dadurch haben sie auch nichts mehr gefunden. Nach einigen Wochen wurde hier ein amerikanisches Wachkommando eingerichtet. Diese hatten den Auftrag, dass die deutsche Bevölkerung die verhängte Ausgangssperre von abends 18 Uhr bis morgens 6 Uhr genau einhalten musste, außerdem mussten sie den Durchgangsverkehr auf den Straßen Geislingen-Schalkstetten kontrollieren. Lange Zeit später, etwa im Juli, wurde von den Amerikanern nochmals eine große Razzia nach Waffen und Munition abgehalten.

Die ganzen Kriegsereignisse waren hier ohne schwerere Folgen vorrüber.

Der Ödenturm wurde ein beliebtes Ausflugsziel für die amerikanischen Besatzer.

[1] HStAS J 170 Bü 6 (Weiler ob Helfenstein).

Das Kriegsende in Wiesensteig

Ein 13-Jähriger erinnert sich detailliert an die im Ort einquartierten turkmenischen Hilfstruppen, den furchtbaren Fliegerangriff am 4. April 1945 und den Einmarsch der Amerikaner.[1]

Eines Sonntags, es muss Anfangs März 1945 gewesen sein, rückte während des Sonntagsgottesdienstes ein Bataillon Infanterie zur „Verteidigung" von Wiesensteig ins Städtle ein. Diese unter dem Kommando eines Majors stehende – nicht zur sogenannten Wlassow-Armee gehörende – etwas exotisch anmutende Einheit bestand in den Mannschaftsdienstgraden ausschließlich aus Russen der verschiedensten Provenienzen, Weißrussen, Kosaken und vor allem viele asiatisch aussehende Männer aus den – wie man heute sagen würde – südöstlichen GUS-Staaten bzw. Zentralasien.[2] Die Offiziere waren ausschließlich deutsch, bei den unteren Dienstgraden waren mit einer Ausnahme auch nur Deutsche. Die Soldaten wurden in allen möglichen Anwesen einquartiert, die von zwei Kaltblütern gezogene

Die Hauptstraße von Wiesensteig.

Gulaschkanone wurde in der alten Schule installiert, zu meiner großen Freude wurde die Sanitätsstube im Schloss in den Räumen im Erdgeschoß, die bis dahin das Parteibüro der NSDAP beherbergten, untergebracht. Diese Organisationseinheit unterstand einem (deutschen) Feldwebel. Die Soldaten bei uns im Schloss waren überwiegend dunkelhäutige Kirgisen und Kalmücken, auf dem Ärmel ihrer (Wehrmachts-)Uniformjacke war in Gestalt eines farbigen Wappens ihr Stammland ersichtlich, ich kann mich noch daran erinnern, dass viele aus Aserbeidschan, Usbekistan und Turkmenistan stammten. Diese Soldaten waren der deutschen Sprache kaum mächtig und hatten teilweise eine extrem dunkle Hautfarbe. Da ich nun nicht mehr zur Schule gehen musste, daher viel Zeit hatte, verbrachten meine Kameraden und ich täglich Stunden mit diesen Soldaten, vor denen meine Mutter Angst hatte. Da ich eine Tischtennisplatte hatte, auf der man auch in der großen Eingangshalle des Schlosses bei schlechtem Wetter Tischtennis spielen konnte, spielten wir mit diesen Soldaten, die in der Sanitätsstube ohnehin wenig zu tun hatten, täglich Tischtennis. Der einzige russische Unterführer des Bataillons, ein baumlanger Unteroffizier mit Menjou-Bärtchen und Ledermantel, lehnte öfters abends unten an der Schloss-Haustür und sang (offensichtlich für die oben wohnende Tochter Gertrud der Familie N.) immer wieder „Mamadschi schenk mir ein Pferdchen".

Das helfensteinische Schloss in Wiesensteig.

Die anderen Soldaten mussten Wiesenteig „befestigen". Dies sah so aus, dass oberhalb der von Mühlhausen nach Wiesensteig führenden Landstraße – meistens am Waldrand – Stellungen gebaut wurden etwa so alle 100 Meter, darüber hinaus wurden Stellungen am Ebele und oberhalb der Seestraße errichtet. Im Hasental wurde in der Nähe des Filsursprungs ein Stollen in den Berg getrieben. Die Bewaffnung der Soldaten war ziemlich dürftig; außer Karabinern, Maschinengewehren, vor allem jedoch panzerbrechenden Waffen (Panzerfäusten in allen drei Größen sowie Panzerschreck – genannt Ofenrohr –, ein Bazooka-ähnliches, knapp 2 m langes Gerät mit einer primitiven Optik) hatten sie noch mehrere Panzer–Abwehrkanonen (PaK). Darüber hinaus hatten die meisten Soldaten einen auf den Karabiner aufzuschraubenden Schießbecher, mit dem man mit Hilfe einer Platzpatrone etwa 15 cm lange Explosivgeschosse verschießen konnte. Ein Gutteil der Soldaten waren ohnehin Kosaken, die außer ihren Pferdchen lediglich einen Revolver und einen Karabiner hatten. Wenn das Wetter schön war, saßen diese Soldaten abends auf der Güterrampe am Bahnhof und sangen ihre Lieder. Eines dieser Lieder schmetterte dann wochenlang lauthals Karl S., der uns gegenüber einige Jahre jüngere Sohn vom Postwirt, die ehedem Adolf-Hitler-Straße genannte Hauptstraße auf- und abmarschierend. An die Melodie erinnere ich mich heute noch.

Sonntagmittag hatten diese Soldaten „frei". Da sie gern dem Alkohol zusprachen, waren sie auch am fraglichen Sonntag, an dem ich mein erstes und einziges Reitabenteuer bestand, erheblich angeheitert. Die Kosaken packten mich, einen von den ewig herumlungernden Buben, setzten mich auf ein ungesatteltes Pferd und schlugen mit ihren kurzen, dicken Reitpeitschen auf das Pferd ein, welches natürlich sofort unter dem brüllenden Gelächter der Soldaten das Städtle hoch losgaloppierte. Ich konnte mich mit Mühe am Hals des Tieres halten. Erst am Sportplatz hatte das Tier genug vom Galoppieren.

Je näher es dem Kriegsende zuging, desto mehr Militär zog vor allem nach Einbruch der Dämmerung durch Wiesensteig. Vor allem nachdem die Autobahnbrücke Drackenstein gesprengt war, ging ein Gutteil der in unserem Bereich zurückflutenden Wehrmacht durch Wiesensteig und ließ Material liegen. Über unsere „Verteidiger" hinaus wurde noch ein weiterer Stab nach Wiesensteig verlegt. Einen Offizier dieses Stabes hatten wir als Einquartierung. Am Sonntagmorgen mussten die wenigen Männer, die nicht eingezogen waren, beim Volkssturm antreten und mit Karabiner, Maschinengewehr und den Panzerabwehrwaffen üben, wir Buben waren immer dabei und besuchten vor allem deshalb nur noch die Frühmesse. Diese Ausbilder versuchten u.a. geradezu verzweifelt, den betagten „Auszubildenden" das Handling mit dem Maschinengewehr (MG) beizubringen. So sollte das MG bei totaler Finsternis zerlegt und auch wieder zusammengesetzt werden (O-Ton „saugend-schraubend"). Zwar hatten es die zuschauenden Buben alle längst begriffen, nicht jedoch die „Auszubildenden". Wenn die Ausbilder (meistens rekonvaleszente Soldaten der Wehrmacht) gut gelaunt waren, fiel auch für uns Jungen gelegentlich ein Schuss ab. Vor allem das Gewehr 43 hatte es uns angetan, da es als Gasdrucklader wenig Rückstoß hatte. Ich habe es vierzig Jahre später antiquarisch erworben.

Spital und Stiftskirche St. Cyriakus in Wiesensteig.

Der Fliegerangriff auf Wiesensteig

Schlimm war der etwa um den 15. April erfolgende Fliegerangriff.[3] Mein Freund Rudolf und ich waren wie immer auf der Straße und sahen interessiert zu, wie vier amerikanische zweimotorige Kampfflugzeuge (sogenannte Doppelrumpf-Flugzeuge vom Typ Lightning) ein paar Mal über dem Städtle kreisten. Wir waren immer der Auffassung gewesen, dass es für Flugzeuge unmöglich sei, in das enge Filstal einzufliegen. Auf einmal gingen sie in Sturzflug über, und wir sahen entgeistert, wie sich die Bomben lösten. Darüber hinaus schossen sie mit ihren Maschinenwaffen. Die Maschinen flogen drei- bis viermal unser Städtchen im Tiefflug an und verbreiteten nicht nur Angst und Schrecken, sondern töteten auch eine ganze Reihe Einwohner Wiesensteigs (ca. 30), natürlich überwiegend Frauen und Kinder sowie einige Soldaten. Da schönes Wetter war, war – wie damals üblich – ein Gutteil der Bevölkerung auf der Straße. Der Anblick von Toten und Verwundeten auf den Straßen, der teilweise brennenden Häuser und des Militärs dazwischen machte uns Jungen zum ersten Male klar, was Krieg eigentlich ist. Verschiedene Häuser brannten, auch das Rathaus. In die Kirche flog durch das linke Chorfenster eine kleinere Bombe und zerstörte den Hochaltar. Die Verletzten wurden alle ins Schloss in den ersten Stock gebracht, wo zwischen der Arztpraxis und unserer Wohnung ein großer Flur war, und wurden dort auf Stroh auf den Boden gelegt. Dort mussten dann Frau Dr. Osterhabe und zwei Militärsanitäter die Schwerverletzten und Sterbenden versorgen. Unter den Getöteten, die auf dem Flur des Schlosses lagen, befand sich auch – zu unserem Entsetzen – unsere Putzhilfe, Frau Wiedmann samt ihrer Tochter Rita (etwa gleich alt wie ich). Ich kann mich noch gut daran erinnern, dass einer der Offiziere des Stabes sagte, dass wo auch immer ihr Stab sei, sie von den Jagdbombern heimgesucht würden. Besonders scheußlich fanden wir Buben, dass die Flugzeuge einen die Neidlinger Steige herabreitenden Soldaten, der rechts und links noch ein Pferd am Zügel führte, mitsamt seinen drei Pferden zusammenschossen. Dieser Soldat soll angeblich der „Bursche" eines der im Städtle einquartierten Offiziere gewesen sein.

Luftaufnahme von Wiesensteig aus den 1930er Jahren.

Meine Mutter und ich hatten große Angst um meine zehnjährige Schwester, die bei ihrer Freundin Ursel Welz zu Besuch war; die Familie Welz hatte im Lauf des Krieges an der Neidlinger Steige ein kleines Haus gebaut. Frau Welz sah jedoch alsbald die zunächst nur kreisenden Flugzeuge und bat meine Schwester, noch nicht nach Hause zu gehen. Dadurch hat sie wahrscheinlich meiner Schwester das Leben gerettet, denn diese wäre genau ins Zentrum des Angriffs gegangen. Erst später merkten wir, dass Ziel des Angriffs auf die Neidlinger Steige ein die Steige in Talrichtung fahrender Tankwagen gewesen war, der sofort explodierte. Trotz des ganzen Elends waren wir Buben enttäuscht darüber, dass die in ihren Stellungen liegenden Soldaten – obwohl sie aus allen Rohren schossen – kein einziges Flugzeug abgeschossen hatten. Die toten Pferde wurden in einem riesigen Loch auf dem „alten Sai" (See) bei der Eisanlage der Brauerei Lamm tagelang verbrannt; wir warfen hin und wieder Munition in dieses Feuer, was zu einer lediglich uns beeindruckenden Knallerei führte. Die Flugzeuge warfen in der Hauptsache Sprengbomben ab, eine 2 cm im Durchmesser endlose Stahlspirale, die – wie man anhand von Blindgängern sehen konnte – mit ca. 20 cm Durchmesser in ihrer gesamten Länge (ca. 80 cm) mit Sprengstoff gefüllt war, ein ziemlich einfaches, aber effizientes System.

Mittlerweile war am 19. April die Autobahnbrücke am Drackensteiner Hang gesprengt worden. Dabei gingen bei uns zwei Scheiben zu Bruch. Die Konsequenz der Sprengung am Drackensteiner Hang war, dass der ganze ungeordnete Rückzug der Wehrmacht vor allem nachts runter von der Autobahn und – wie heutzutage manchmal ähnlich – durch Wiesensteig ging. Immer öfter blieben Fahrzeuge liegen, weil der Treibstoff ausgegangen war. So standen eines Morgens in unserem Schlosshof zwei wunderbare zivile Limousinen (Opel Kapitän und Wanderer), in denen wir Buben bei schlechtem Wetter unsere ersten Zigaretten rauchten. (…) Inzwischen musste auch am Ortsausgang Richtung Mühlhausen eine sogenannte Panzersperre gebaut werden. Darüber hinaus beobachteten wir mit Interesse, wie auch oberhalb des „zweiten Rankens" auf der Westerheimer Steige durch den Einbau einer „afrika-gelb" gestrichenen 10-Zentner-Bombe Vorbereitungen für eine Sprengung getroffen wurden. Glücklicherweise wurde diese Bombe dann doch nicht gezündet. Sie musste jedoch später auf Geheiß der Amerikaner wieder ausgegraben werden.

Da die amerikanischen Truppen immer näher rückten, nahm auch der Kriegslärm immer mehr zu. Seit dem Fliegerangriff kampierten wir nachts im Keller des Schlosses, der sich unter dem scheuerartigen Anbau befand. Meine Aufgabe als ältestes „Kind" war es, im Keller die zahlreichen kleineren Kinder zu unterhalten.
Dennoch ging es bei der hier stationierten Einheit durchaus militärbürokratisch weiter. So ging ich eines Morgens in die Sanitätsstube und zog mich auch sofort wieder zurück; hier standen in einer Reihe die Soldaten mit heruntergelassenen Hosen, der Stabsarzt untersuchte offensichtlich auf Hämorriden! Dies ein oder zwei

Tage vor Kriegsende! Am Tag, bevor die Amerikaner kamen, krachte es unentwegt und nicht nur aus Richtung Geißentäle abwärts, sondern auch aus Richtung Westerheim. Einige Frauen aus Wiesensteig, darunter Frau Dr. Osterhage, Frau Mürtel und meine Mutter gingen zu dem kommandierenden Major (Ortskommandant), um diesem die Sinnlosigkeit einer Verteidigung von Wiesensteig vor Augen zu führen. Das Ergebnis dieser Demarche ist mir nicht bekannt. Jedoch verschwanden in der Nacht vor dem Eintreffen der Amerikaner sämtliche deutschen Offiziere und Unterführer und ließen ihre Mannschaften sitzen.

Der Einmarsch der Amerikaner am 21. April 1945

An dem Tag, als dann die Amerikaner kommen sollten, schickte mich meine Mutter nach Mühlhausen, dort hatte sie Beziehungen zu einem Kolonialwarenladen, um dort noch etwas Zucker zu holen. Obwohl es überall knallte, machte ich mich mit meinem alten Fahrrad gehorsam auf den Weg. Am Ortseingang von Mühlhausen liefen Leute an der alten Linde den Berg hinauf Richtung Autobahn-Baustelle und riefen mir zu, ich soll schleunigst umdrehen und wieder nach Hause fahren, die Amerikaner hätten bereits das von der Hitlerjugend der fünften Klasse unserer Geislinger Oberschule zu verteidigende Gosbach eingenommen. Im Übrigen war diese 5. Klasse (also 15-Jährige) die „oberste" noch vorhandene Klasse an unserer Schule: alle übrigen älteren Schüler waren schon weg, in irgendeiner Form wehrdienstverpflichtet. So kehrte ich unverrichteter Dinge wieder um. Ich sah, dass die Stellungen von unseren Verteidigern noch besetzt waren. Im Laufe des Tages wurde erzählt, dass Wiesensteig bereits weitläufig umgangen und damit eingeschlossen sei; die Amerikaner seien über Neidlingen und durch das Waldgebiet Bronnen bereits in Westerheim angelangt, von dort her knallte es fürchterlich und stundenlang. Später stellte sich heraus, dass im erheblich zerstörten Westerheim die SS umfangreiche Munitionsvorräte angezündet und gesprengt hatte.

Am späten Nachmittag kamen dann die amerikanischen Truppen. Unsere führungslosen „deutschen" Verteidiger hatten im Lauf des Tages ihre Stellungen und ihre Waffen verlassen und sich in der Mitte Wiesensteigs versammelt. Alles war in den Kellern und mit Erleichterung wurde konstatiert, dass offensichtlich keine größeren Schießereien stattfanden. Ich schlich mich nach oben und guckte ganz vorsichtig aus der Schloss-Haustüre. Da standen am Ortseingang unterhalb der Gärtnerei Beisenwenger (der Ortsgruppenleiter selbst war mit seiner Familie tags zuvor geflüchtet) ein Panzer hinter dem anderen und auf der Hauptstraße ritten unsere armen Verteidiger langsam, beide Hände auf dem Kopf, die Straße hinunter den Amerikanern entgegen. Nach einer halben Stunde wurden wir aus unserem Keller herausgejagt. Zu meinem Schreck wurde ich von einem Soldaten mit vorgehaltener Pistole erst einmal abgeführt, aber alsbald wieder entlassen; dies offensichtlich aufgrund der Tatsache, dass ich eine Lederhose anhatte. Ich durfte dann schon gar nicht mehr in unsere Wohnung im Schloss, diese war mittlerweile von den Amerikanern requiriert. Freundlicherweise nahm der evangelische Pfarrer unsere Familie auf, obwohl wir nicht evangelisch waren. Die gesamte Habe, die wir mitnehmen durften, wurde auf unseren kleinen Leiterwagen gepackt. Sein katholischer Amtsbruder saß allein mit seiner Pfarrhaushälterin in seinem großen Pfarrhaus und nahm niemand auf. Dieser Pfarrer, Stadtpfarrer Müller, legte jedoch großen Wert darauf, dass wir Kinder ihm die Hand reichten, eine Kniebeuge machten und dazu „Gelobt sei Jesus Christus" sagten.

Die Fülle an Ausrüstung und Material des amerikanischen Militärs war für uns Jungen überwältigend. Panzer, Trucks, Half-Trucks, Jeeps, Tag und Nacht laufende Generatoren, wir konnten uns gar nicht satt sehen an all der neuartigen Technik. Auch die Ausstattung mit Nahrungs- und Genussmitteln war für uns beeindruckend. Wir hatten noch nie etwas von Erdnussbutter gehört, den Geruch amerikanischer Zigaretten und des Pfeifentabaks „Half and Half" fanden wir wunderbar. Die Amerikaner selbst waren offensichtlich sehr ängstlich, wir hatten den Eindruck, dass öfters rein prophylaktisch in die Gegend geschossen und gern vom Werwolf gefaselt wurde. Bei Einbruch der Dämmerung schien für diese Soldaten der Krieg vorbei. Für einige Tage ging der gesamte Vormarsch durch das enge Wiesensteig, dabei wurde der Farrenstall (schräg gegenüber vom Gasthof Lamm) fast ganz weggerissen. Nach ein paar Tagen hatten die Amerikaner für die gesprengte Autobahn-Brücke am Drackensteiner Hang eine (heute noch vorhandene) Umgehung in den Fels gesprengt, so dass nicht mehr der gesamte Vormarsch durchs Städtle gehen musste.

Was unsere „Verteidiger" betrifft, so wurden ein großer Teil von diesen gefangen genommenen Soldaten in unseren Keller eingesperrt. Da dort vier Familien ihre Vorräte in Gestalt von Einweckgläsern, eingelegten Eiern, Sauerkraut und dergleichen mehr hatten, brauchten die gefangenen Soldaten natürlich diese Vorräte auf, und als wir nach einigen Tagen wieder ins Schloss durften, musste ich die nunmehr mit menschlichen Ausscheidungen gefüllten Weckgläser nach oben bringen und leeren. Ob sie wieder verwendet wurden, weiß ich nicht. Übrig blieben auch ein paar beinharter genagelter Knobelbecher, die ein Soldat gegen Stiefel meines Vaters eingetauscht hatte und die mir (vorne mit Stroh ausgepolstert) fast zwei Jahre gute Dienste leisteten. Wie man später erfuhr, wurden diese Soldaten samt und sonders von den Amerikanern der Roten Armee ausgeliefert und dort erschossen. Ihre Pferde fanden durchaus Abnehmer im Städtchen.

Am Tage nach der Besetzung wurde von der Bevölkerung die mit Lebensmittelvorräten des Militärs gefüllte Turnhalle geplündert. Während des Krieges wurden in dieser Turnhalle in regelmäßigen Abständen „wehrkraftstärkende" Durchhaltefilme gezeigt, die uns Kinder tief beeindruckten („Jud Süß", „Alcazar", „Willy Birgel reitet für Deutschland", „Stolberg" usw.).

Meiner Mutter und uns Geschwistern gelang es nun, einen 50kg-Sack mit Kaffeebohnen zu ergattern, ein Vermögen! Allerdings wurde man am Tag darauf unter Androhung von Todesstrafe wieder aufgefordert, das „Diebesgut" zurückzubringen. Solches hatte Edwin, der „Ausscheller", zu verkünden. Dies wurde auch größtenteils befolgt. Wir hatten so gehofft, etwas „Scho-ka-kola", die für das fliegende Personal der Luftwaffe vorgesehene „Wachmacher-Schokolade", zu organisieren. Vergebens! Den Geruch und Geschmack des dort gelagerten Trockensauerkrauts werde ich nie vergessen.

Nachkriegsalltag mit den amerikanischen Besatzern

Nachdem die anfängliche Scheu gegenüber den amerikanischen Soldaten etwas überwunden war, gingen wir Jungens natürlich überall hin, wo vorher deutsche Soldaten gelegen hatten. Zwar wurde im See (Sportplatz) das deutsche Kriegsmaterial zusammengetragen, aber überall, vor allem in der Fils, lagen noch Waffen, Handgranaten, Minen und Unmengen von Munition. Wir Buben bewunderten vor allem als Meisterstücke deutscher Feinmechanik die messingnen Granatzünder, ebenso die Lafetten für MGs, mit denen ein MG fixiert werden und punktgenau schießen konnte. Mit Karabinern kannten wir uns aus, mit Pistolen waren wir weniger vertraut. Ich fand auch alsbald in der Fils eine Pistole, als ich mit dieser herumfingerte, löste sich prompt ein Schuss, das Geschoss streifte die Schädeldecke meines Schulkameraden Karl. Erst da wurden wir uns richtig der Gefährlichkeit von Schusswaffen bewusst. (…)

Das Städtchen war monatelang voller Amerikaner. Jedesmal, wenn eine neue Einheit kam, hatte man Angst, die Wohnung würde wieder beschlagnahmt. Vor allem die Frauen sahen ihre besseren Kleider dann auf der Straße an den jungen Polinnen und Russinnen, die die Amerikaner aussuchen ließen. Die Amerikaner selbst befolgten ziemlich konsequent das sogenannte Fraternisierungsverbot, das ihnen den Umgang mit den Deutschen untersagte (ausgenommen jüngere Damen). Einzelne Gruppen von Amerikanern „hielten" sich offensichtlich jüngere (deutsche) Frauen, so beispielsweise im beschlagnahmten Haus Prestel in der Hauptstraße. Ich kann mich lebhaft erinnern, wie am Gasthof Lamm immer die Überreste der amerikanischen Küche herausgebracht wurden und wie ganze Speckseiten mit Benzin übergossen und angezündet wurden, während wir Buben mit großen und gierigen Augen dabeistanden und von den Herrlichkeiten nichts abbekamen. Die Soldaten machten sich einen Spaß daraus, uns nach den Zigarettenkippen jagen zu lassen. Lebhaft ist mir in Erinnerung, wie farbige Soldaten vor dem Haus Feuchter (…) um ganze Stahlhelme voll gestohlenem Goldschmuck würfelten.

Nach dem Kriegsende selbst (8. Mai) hatten die Amerikaner eine Parade und ließen uns Buben stundenlang ihre Gewehre auf Hochglanz polieren. Die Gegenleistung war allerdings ziemlich schäbig: ein Streifen Kaugummi!

Eine gewisse Rolle spielte damals auch die in der Neidlinger Straße wohnende Frau Bahnmüller, die mehrere Jahre ihres Lebens in Amerika verbracht hatte und deshalb ganz ordentlich Englisch sprach; sie verhandelte mit den Besatzern über Einquartierungen und alles Mögliche. Wir hatten überhaupt den Eindruck, dass die ersten Soldaten der Amerikaner (Kampftruppen) wesentlich konzilianter waren als die später nachrückenden Einheiten. In dem ehedem nicht ungepflegten Erdgeschoßräumen des Schlosses richteten die Amerikaner eine Autowerkstatt ein, die von zwei gutmütigen GIs namens Jimmy und Paul betrieben wurde. Hier brannte dann Tag und Nacht ein Faß voller Benzin mit der Folge, dass sämtliche Räume des Schlosses durch den Ruß geschwärzt wurden. (…)

Das Hotel Malakoff war mittlerweile auch „umfunktioniert" worden. Es wurde nunmehr zu einem kleinen amerikanischen „Recreation Center", einer Erholungsstätte für amerikanische Soldaten mit einem ältlichen GI als Verwalter. Dieser Verwalter namens Jimmy erkor die wohl schickste junge Frau im Städtle, eine Frau J., Witwe eines Luftwaffenoffiziers, die mit zwei kleinen Kindern plus Mutter im Café „Bären" Zuflucht gefunden hatte, zur (zumindest temporären) Lebensgefährtin. (…)

Wir haben in den Folgejahren noch etliche Male über uns selber gelacht in der Erinnerung daran, wie wir Buben ungefähr im Juni/Juli 1945 Zigarren rauchend in unserem kleinen Freibad lagen und uns darüber unterhielten, ob uns wohl die Japaner noch befreien würden.

[1] KRA GP S 16 Wiesensteig Nr. 1. Das hier etwas gekürzte Manuskript wurde dem Kreisarchiv 2013 vom Stadtarchiv Wiesensteig übergeben.
[2] Laut HStAS J 170 Bü 6 Wiesensteig gehörte diese Einheit doch zur Wlassow-Armee und kam am 2. April 1945.
[3] Der Angriff fand am 4. April 1945 statt.

Freibad Wiesensteig, erbaut 1934.

Das Ultimatum von Zell

Ein 12-Jähriger aus Zell beschreibt den Einmarsch der US-Truppen am 20. April 1945 und das Ultimatum an das Dorf wegen eines vermeintlichen Schusses auf einen Amerikaner.[1]

Die Pfarrkirche von Zell unter Aichelberg mit angrenzenden Gebäuden.

Zwei meiner vier Brüder gehörten dem Jahrgang 1928 an, einer war im Januar geboren, einer an Heiligabend. Nach einer spinalen Kinderlähmung im Kleinkindalter war der Jüngere etwas gehbehindert. Trotzdem bestellte man ihn ins Wehrertüchtigungslager nach Esslingen ein. Als der zuständige Offizier ihn sah, lachte er ihn aus und sagte: „Wenn es schon soweit ist, dass wir mit dir den Krieg gewinnen müssen, hat es keinen Wert mehr." So musste er nur in der Küche arbeiten.

Der Ältere kam zum Reichsarbeitsdienst nach Dornbirn und sollte sich nach dem Ende seines Diensts am 1. April 1945 umgehend melden – wegen der Einberufung zur Wehrmacht. Da er zuvor in der Lehre bei einem Schäfer in Weißenhorn stand, riet ihm mein Vater, der als Offizier den Ersten Weltkrieg an der Westfront erlebt hatte, sich dort schriftlich zu melden, und nicht hier in der Heimat. Er sagte: „Weißt du, wie weit die mit dem Krieg sind?" Diese Verzögerung erwies sich als kluge Maßnahme, aus Weißenhorn kam bis zum Kriegsende nichts mehr zurück, und er wurde nicht eingezogen. Von seinen Schulkameraden sind zwei gefallen, einer wurde schwer verwundet und zwei weitere gerieten in französische Gefangenschaft.

Es waren bedrückende und belastende Tage im März und im April 1945, gekennzeichnet durch Ausfall der Schule, Fliegeralarm und Notfallübungen. Einmal beobachtete ich nachmittags mit einigen Freunden vom Aichelberg aus einen amerikanischen Jabo-Angriff auf die Autobahn, bei dem ein Lastwagen durch MG-Beschuss zerstört wurde. Auf dem Heimweg fanden wir einige Flugblätter der „Lustigen Acht".

In die Gemeinden kamen immer mehr Fliegergeschädigte, bei manchen Familien wurde der Wohnraum knapp. Das Gesicht einer älteren, ausgebombten Frau, die oft an unserem Haus vorbeiging, ist mir besonders in Erinnerung geblieben, es war wie versteinert. Sie musste Schlimmes durchgemacht haben. Als ich sie einmal mit „Guten Tag" grüßte, erwiderte sie „Heil Hitler", erschrak dann aber und entschuldigte sich.

Um den 15. oder 16. April 1945 wurde der Volkssturm beauftragt, Vorrichtungen für Panzersperren zu errichten, für Zell waren insgesamt drei vorgesehen. Sie wurden so vorbereitet, dass man sie in kurzer Zeit durch Querlegen der Baumstämme schließen konnte. Die Volkssturmleute mussten teilweise Kontrollgänge machen. Vom 17. April ab zogen nachts jeweils deutsche Soldaten durch den Ort, offenbar auf dem Rückmarsch.

Am Abend vom 18. auf den 19. April ging unser Ortsgruppenführer Mack, ein dekorierter Weltkriegsveteran, zum Rathaus mit der Forderung, dass die Panzersperren nicht geschlossen werden sollten – andernfalls würde er sie mit seinem polnischen Zivilarbeiter eigenhändig öffnen. Im Rathaus kam es daraufhin zu einer heftigen Auseinandersetzung, bei der Mack wutentbrannt den Schürhaken nahm und das Hitlerbild von der Wand schlug. Er soll gerufen haben: „Und den Saukerl kann I au nemme seha!" Am Abend wurde er zu Hause von zwei Männern mit vorgehaltenem Revolver verhaftet und verhört, danach nach Göppingen ins Gefängnis abtransportiert. Später erzählte Mack, dass man ihn am späten Nachmittag des 19. Aprils weiterhin verhörte, als plötzlich jemand einen Zettel auf den Tisch legte, woraufhin das Verhör abgebrochen und er in seine Zelle gesperrt wurde. Am nächsten Morgen wurde er von amerikanischen Soldaten befreit, konnte aber nicht gleich heim, da Zell noch nicht besetzt war.

Der 20. April 1945 – Beschuss des Dorfes

Um 6 Uhr in der Früh war mein großer Bruder Hans am 20. April mit dem Fahrrad nach Jebenhausen zum Schuhmacher Maier aufgebrochen, um für meinen anderen Bruder ein paar orthopädische Schuhe abzuholen. In Boll schickten ihn deutsche Soldaten wieder zurück – die Front sei schon bei Bezgenriet. Als er wieder daheim war, vergruben wir einen großen Korb Kartoffeln als Notration bei unserem selbst gebauten Erdbunker im Garten. Währenddessen griffen Jabos deutsche Stellungen am Aichelberg an, auch Häuser im Dorf wurden dabei beschädigt.

Der Zeller Volkssturm war bereits am Abend des 19. April zur Verteidigung zusammengerufen worden. Drei Mann, darunter mein Vater, wurden an den Aichelberg abkommandiert. Er hatte einen eigenen Revolver, ein Kamerad einen Karabiner, und der dritte bekam keine Waffe zugeteilt – weil er als politisch nicht zuverlässig galt.

Später wurde er kommissarischer Bürgermeister. Die drei warteten am Aichelberg die erste Militärkontrolle ab, hielten sich bis Mittag in Deckung und machten sich dann wieder auf den Rückweg. Vom Aichelberg aus hatten sie das Mündungsfeuer der US-Artillerie in Uhingen-Holzhausen ausmachen können.

Um die Mittagszeit gegen 11 Uhr feuerten die Amerikaner einige Granaten auf Zell ab, wohl von Pliensbach aus. Wir hielten uns gerade am Hof auf. Plötzlich riss mich mein Vater auf die Erde, er hatte das Pfeifen gehört. Auch die beiden Franzosen René und Marcel warfen sich zu Boden. Eine Granate schlug in unseren Kuhstall ein: zwei Tiere waren gleich tot, zwei so schwer verletzt, dass man sie am nächsten Tag töten musste. Vier überlebten verletzt. Der Metzger wollte aus Angst vor Giftgranaten nicht tätig werden. Weitere Granaten detonierten im Dorf, einige Bewohner erlitten leichte Verletzungen, hinzu kamen Gebäudeschäden an Häusern und Scheunen. Ein Haus in der Pliensbacher Straße war ganz in Brand geschossen worden. Außerhalb des Orts wurde ein Ehepaar aus Weilheim durch eine Granate getötet, die aus Faurndau stammende Frau hatte in ihr Heimatdorf gewollt.

Einmarsch und Ultimatum

Um 12 oder 13 Uhr fuhren die amerikanischen Panzer in das Dorf ein. Wir standen an der Straße und schauten zu. Die Franzosen waren auch dabei, einer sprach mit den Amerikanern und holte ihnen einen großen Mostkrug aus dem Keller. In der Weilheimer Straße ergaben sich etwa gegen 14 Uhr mehrere Volkssturmmänner aus Ebersbach, die auf den Aichelberg gezogen waren, den Amerikanern, welche sie vorläufig in eine Scheune sperrten.

Ein Amerikaner war jedoch beim Einmarsch verletzt worden. Es war unklar, ob er aus einem Haus beschossen wurde oder die Verletzung von Geschossen eines Luftkampfs stammte. Ein deutsches Schulflugzeug – eine Bieger 181 – war daran beteiligt, das kurz darauf von Kugeln durchsiebt in Uhingen abstürzte. Die Amerikaner, die zunächst an einen Schuss aus dem Hinterhalt glaubten, stellten ein Ultimatum: Der mutmaßliche Schütze sollte sich bis 16 Uhr melden, sonst würde Zell in Brand geschossen werden. Die Bewohner gerieten in große Aufregung, einige Männer versammelten sich vor dem verschlossenen Rathaus, der Bürgermeister war unauffindbar, und berieten darüber, wie man die Katastrophe verhindern könnte. Da keiner von ihnen Englisch konnte, baten sie zwei Frauen, die von einem Palästina-Aufenthalt her diese Sprache beherrschten, mit den Amerikanern zu verhandeln. Der amerikanische Kommandoposten befand sich auf den Wiesen, auf denen heute das Schulgebäude steht. Die Frauen begaben sich dorthin und bekamen dann von einem Offizier ein deutsches Flugblatt vorgehalten, auf dem zu Hitlers Geburtstag von jedem deutschen Bürger ein toter Feind gefordert wurde. Sie sollten zurück in das Dorf und weiter Erkundigungen nach dem Schützen einholen. Nach einer Weile suchten sie die Amerikaner ein zweites Mal auf und beteuerten, dass den Bewohnern von Zell ein solches Flugblatt völlig unbekannt und der Ort frei von deutschem Militär sei. Doch die Amerikaner schickten sie erneut zurück. Eine der Frauen gab auf, zumal sie drei kleine Kinder daheim hatte. Die andere wagte sich zusammen mit einem 17-jährigen Mädchen ein drittes Mal zu den amerikanischen Soldaten, wo sie abermals den Friedenswillen der Zeller bekräftigten. Glücklicherweise hatte man in der Zwischenzeit festgestellt, dass die Verwundung des US-Soldaten von einem Flugzeug-Trümmerteil herrührte. Zell war gerettet.

Als die beiden zurückkehrten, hatten die Dorfbewohner, weil es schon gegen 16 Uhr ging, hastig ihr Hab und Gut auf Wagen geladen und schickten sich an, den Ort zu verlassen. Die Verhandlungsführerin fand ihre eigene fünfjährige Tochter und die zweijährige Pflegetochter fluchtbereit in einen Leiterwagen gepackt, mit Stubenwanduhr und Schoppenflasche. Ein hilfsbereiter russischer Zivilarbeiter hatte sich um die Kinder gekümmert.

Am Abend wurde sie nochmals von drei Amerikanern aufgesucht, die den Bürgermeister suchten. Er konnte dann in seiner Privatwohnung gefunden werden und hatte am nächsten Tag die Anordnungen der Besatzungsmacht bekannt zu machen, vor allem die Sperrstunde und die Abgabe von Waffen. In der Schule und im „Deutschen Kaiser" waren kurzzeitig Amerikaner einquartiert, die Hausdurchsuchungen vornahmen und die Waffen einsammelten. Die Autobahn, deren Brücke am 20. April vielleicht 300 Meter vor den Amerikanern gesprengt worden war, wurde mit einer Notabfahrt versehen, an der auch der Weilheimer Volkssturm mitarbeiten musste.

Unsere Franzosen fuhren zehn bis zwölf Tage später mit einem Lkw, auf den sie die Trikolore gemalt hatten, nach Hause. Viele hatten freundschaftliche Beziehungen zu den Zellern, einer hat sogar hier geheiratet. Später gab es noch häufig herzliche gegenseitige Besuche.

---

[1] KrAGP S 16 Zell Nr. 1. Zusammenstellung des Textes aus einem Interview mit dem Zeitzeugen 2013 und dessen eigenen handschriftlichen Notizen.

Berichte und Erinnerungen
von US-Soldaten und französischen Kriegsgefangenen

Von Göppingen ins obere Filstal

In der 1946 veröffentlichten „Regimental History" des 71. Regiments der 44. Infanteriedivision werden die Tage vom 19.–22. April 1945 aus der Perspektive des 1. Bataillons anschaulich geschildert. Dieses nahm am Vormittag des 20. April Göppingen ein und rückte am Folgetag bis Bad Ditzenbach und Drackenstein vor, wo die Einheit in heftige Kämpfe verwickelt wurde.[1]

Am folgenden Tag [19.4.1945] absolvierte das Bataillon einen seiner längsten Fußmärsche, wobei es sich durch Waldgebiete sowie durch offene Täler und über Bergrücken bewegte und am späten Abend in den Außenbereichen der ausgebrannten Ortschaft Fornsbach ankam. Eine geplante Zeltübernachtung wurde mit dem Befehl abgebrochen, einen nächtlichen Schwenk in die Umgebung von Schafhof [bei Welzheim] zu vollziehen, um in diesem Sektor eine Übernahme vom 2. Bataillon vorzubereiten. (…)

Um 6 Uhr [20.4.1945] zog das [1.] Bataillon ohne ausreichende Erholung los, die Kompanie A befand sich bereits in Lorch, und überholte das 2. Bataillon. Unterstützt vom 772. Tank Platoon [Panzereinheit] besetzte das 1. Bataillon um 11 Uhr die große Industriestadt Göppingen.[2] Die Stadt, in der sich immer noch Reste deutscher Streitkräfte befanden, musste besetzt (*cleared*) und gesichert werden – diese Aufgabe erhielt Kompanie A. Wichtige Brücken über den Fluss wurden gesichert und für die nachrückenden Einheiten gehalten.

Kompanie A wurde in Göppingen zurückgelassen, der Rest des Bataillons zog weiter in den etwa zwei Meilen entfernten, wunderhübschen kleinen Ort Jebenhausen. Hier quartierte sich das Bataillon bis zum Mittag des folgenden Tages ein. Von Jebenhausen aus folgte das Bataillon nach Süden einer Task Force der 10. Panzerdivision, diesen Zusammenhang begriffen wir aber nur zum Teil. Am Mittag bewegte sich das Bataillon südlich durch den Bereich der 10. Panzerdivision, die die Dörfer Eschenbach und Heiningen besetzt hatte, und von dort wandte es sich nach

Blick über Göppingen von Südwesten.

Südosten, durch stark verteidigtes, bergiges Gelände. Durch die bewaldeten Hänge von Gammelshausen nach Auendorf angreifend, gelang es dem Bataillon – unterstützt von unseren 772er Panzern und einer Einheit des 776. Tank Destroyer Bataillons –, die Panzersperren sowie die deutschen Verteidiger zu überwinden und um 17 Uhr die Ortschaft Bad Ditzenbach zu erreichen. Beträchtliche Mengen an guten deutschen Waffen und Material wurden erobert, als die Deutschen sich zurückzogen, um Gefangenschaft oder Kampf zu entgehen.

Während der Ankunft in Bad Ditzenbach erhielt der Bataillonskommandeur Anweisungen, weiter zum Ort Oberdrackenstein vorzustoßen. Ein hoher bewaldeter Bergrücken lag dem Bataillon gegenüber und brauchbare Straßen waren weder auf der Karte, noch auf dem Boden zu erkennen. Kompanie A befand sich weiterhin in Göppingen und hatte sich zu diesem Zeitpunkt noch nicht wieder dem Bataillon angeschlossen. Von Bad Ditzenbach aus geriet das Bataillon in einen seiner erbittertsten Kämpfe und befand sich in einer seiner prekärsten Lagen. Über eine enge Einbahnstraße führten Serpentinen den steilen Berg hinauf. Die deutsche Verteidigung des Bergpasses erlaubte unseren Truppen den Aufstieg – bis auf schwere Straßensperren gestoßen wurde und unsere Einheiten starkem Beschuss aus kleinkalibrigen Waffen (*heavy small arms fire*) ausgesetzt waren. Mehrere Gefallene (*fatalities*) waren unter unseren Männern zu beklagen. Aufgrund der Beschaffenheit des Geländes und der Möglichkeit des Feindes, aus mehreren Richtungen zu feuern, waren

Soldaten des 71. Regiments der 44. US-Infanteriedivision setzen über die Donau.

1st. Leutnant Vernon Lowdenback.

sie hilflos und konnten nicht dagegenhalten. Hier zeigte Lieutenant Robertson vom 772. Tank Platoon eine Technik der Straßensperren-Beseitigung, die unserem Bataillon bislang unbekannt gewesen war. Er zerstörte schwere Holzblöcke mit seinen schweren Panzergeschützen, konnte so fünf derartige Straßensperren entfernen und mit den vordersten Fußtruppen auf die freie Fläche des Berggipfels gelangen. Neuartige deutsche Panzerabwehrgeschütze, mit denen die Straßensperren gedeckt werden sollten, waren unbemannt und wurden bei dem Erreichen der Bergspitze passiert.

Bis zum Einbruch der Dunkelheit hatte ein schneidend kalter Regen- und Schneesturm eingesetzt. Während des Aufstiegs zum Berg wurde Captain Jozwiak verwundet, weigerte sich aber, seine Kompanie zu verlassen. Vom Berg bis zum Ort Oberdrackenstein gab es keine brauchbare Straße und Lieutenant Hartledge leistete großartige Arbeit darin, das Bataillon in Dunkelheit und während des die Sicht einschränkenden Schneeregens durch das Gelände zu unserem vorgesehenen Zielpunkt zu führen. Um Mitternacht in Oberdrackenstein angekommen – kalt, durchnässt, aber guten Mutes – quartierte sich das Bataillon so gut wie möglich ein, nachdem deutsche Zivilisten erzählt hatten, dass am Nachmittag eine deutsche Infanteriekompanie aus dem Ort abgerückt war, um den Bergpass in Richtung Bad Ditzenbach zu verteidigen. Die Zivilisten waren neugierig zu erfahren, welchen Weg wir genommen hatten und wir eigentlich genauso begierig, diesen wieder zu vergessen.

Am folgenden Morgen organisierte der Bataillonskommandeur die häufig eingesetzte „Task Force Lowdenback". Ein Panzer und ein Panzerjäger (Tank-Destroyer), kehrten mit einem Zug Infanteristen über die gleiche Route zurück nach Bad Ditzenbach, um die Kompanie A vorwärts zu führen. Der Rest des Bataillons begann mit dem Auszug aus Oberdrackenstein in Richtung Süden. Nachdem sie nur eine kurze Strecke zurückgelegt hatten, meldete Lieutenant Lowdenback, dass seine Task Force die Kompanie A nicht begleiten könne. Deutsche Einheiten bewachten immer noch die Bergstraße von den Hügelspitzen an und angesichts unserer kleinen Truppe bereiteten sich die deutschen Kräfte auf eine erneute Verteidigung des Passes vor. Lieutenant Lowdenback zeigte ein gutes Urteilsvermögen darin, sich zur Beschaffung von Verstärkung zurückzuziehen, und der Bataillonskommandeur setzte das ganze Bataillon, verstärkt durch Panzer, ein, um den feindlichen Druck zu lockern. Ein kurzes Gefecht mit dem Feind, hauptsächlich von Seiten der Panzer, brach den deutschen Widerstand, und während die Infanterie die Straße und den Gipfel des Berges hielt, fuhren die Panzer den Berg hinunter nach Bad Ditzenbach, wo Kompanie A und andere Teile des Bataillons darauf warteten, vorwärts geführt zu werden. Nach Oberdrackenstein zurückgekehrt, bewegte sich das Bataillon während des Nachmittags nach Süden und quartierte sich im Dorf Ennabeuren für die Nacht ein.

Von den Hügeln um Gosbach und Bad Ditzenbach drohte für die US-Soldaten Gefahr aus dem Hinterhalt.

1 United States Army, „71st Infantry Regiment". World War Regimental Histories. Book 68, Baton Rouge/Louisiana 1946, S. 96ff. Übersetzung: Mignon Geisinger/Dr. Stefan Lang.
2 In den Reports der Division von diesem Tag wird die Besetzung Göppingens auf 10 Uhr gelegt.

„Ein Bataillon des Regiments erhielt in der Stadt Geislingen einen Gegenangriff. Die begrenzte Anzahl an Truppen konnte die gesamte Stadt nicht ausreichend besetzen und der Feind drang in die östliche Hälfte ein."

In der Kampfgeschichte des 324. Regiments der 44. Infanteriedivision (1946) finden sich Beschreibungen über den hart umkämpften Albaufstieg bei Aufhausen und die erbitterten Straßenkämpfe in Geislingen am Vormittag des 22. April 1945.[1]

Die Fahrt begann um 13.40 Uhr am 21. April. Der Feind im Süden schien kein koordiniertes Verteidigungssystem mehr zu besitzen. Der Bruch der Verteidigungslinie bei Crailsheim, verbunden mit dem Vorstoß der 10. Panzerdivision im Westen der Regimentszone, hatte die Front des Feindes aufgerissen und er zog sich schnell zurück – in Städte, Täler und Berge, um sich wieder zu formieren. Feindkontakt bestand unterwegs aus Begegnungen mit feindlichen Truppen bis zu einer Stärke eines Bataillons, die aber keine Verteidigung wagten, sondern lediglich Kampfhandlungen vermieden. Folglich waren die Vorstöße schnell, teils motorisiert und gekennzeichnet durch eine Vorhut von Späh-Jeeps und Panzerfahrzeugen mit aufsitzender Infanterie, gefolgt von Bataillonen in Reih und Glied. An den Flanken wurde möglichst wenig physischer Kontakt [mit dem Feind] aufgebaut, da das Hauptaugenmerk darauf lag, schnellstmöglich nach Süden vorzustoßen.

Die 10. Panzerdivision war laut Berichten im Südwesten der Regimentszone im Einsatz, stieß aber diagonal Richtung Südwesten vor. Am 19. April wurde dem 2. Bataillon [des 324. Regiments] befohlen, sich der 10. Panzerdivision anzuschließen – mit dem Auftrag, die Punkte zu sichern, die diese eingenommen hatte. In der Zwischenzeit stieß das Regiment ohne das 2. Bataillon vorwärts. Obwohl der Hauptbefehl darin bestand, die Donau zu erreichen und Übergänge einzunehmen, beeinflusste der untergeordnete Auftrag, Kommunikationspunkte, Flussübergänge und Schlüsselstellungen zu sichern, den Ablauf des Unternehmens. Die eingenommenen Städte rauschten verschwommen nur so an uns vorbei. Aber die entscheidenden Höhepunkte waren diese:

Das Regiment hielt die Flussübergänge bei Lorch und Plüderhausen nach deren Einnahme durch die 10. Panzerdivision. Nach der Entlastung von diesem Auftrag, sprang das Regiment nach Süßen, um eine Kampflinie und die Flanke zu sichern.

Als nächstes folgte [am Abend des 21. April] der Befehl, die Donauübergänge zu sichern, um die stark geforderte 10. Panzerdivision von dieser Verantwortung zu entbinden und damit die Erschöpfung von Männern und Maschinen zu verhindern. Dieser Auftrag war aber ein Gefecht und dazu ein körperlich sehr unangenehmes. Es regnete und schneite sogar irgendwann. Feindliches Feuer zwang die Männer dazu, abzusteigen, um Widerstandsnester kleinzukriegen und das bedeutete wieder, zu laufen und einen Weg freizumachen. Bei Einbruch der Dunkelheit hatte das führende Bataillon den Fluss Fils erreicht und eine intakte Brücke gesichert. Aber direkt gegenüber drohte ein 700 Fuß hoher Anstieg zu einer Hochebene.

Der Morgen des 22. [April] kam, es war nasser als am Vortag und der Wind war kälter. Das 1. Bataillon, das wieder mit der Führung beauftragt war, überquerte den Fluss Fils bei Tagesanbruch und stieg den Fels hinauf. Sie drangen auf offene Höhenzüge vor, bevor die überraschten Deutschen etwas tun konnten, um diese neue Einnahme ihrer Stellungen zu verhindern. Zu dieser Zeit fing es an zu schneien, erst leicht, aber noch bevor eine Stunde vergangen war, hatte es die Ausmaße eines heftigen Schneesturms erreicht. Bis 12 Uhr war das gesamte deutsche Widerstandssystem auf der Südseite der Fils gebrochen und drei Kompanien des Regiments begannen, nach Süden abzuziehen, um eine [deutsche] Kampfgruppe im Städtchen Aufhausen über die Flanke strategisch zu umgehen. Eine Kompanie hatte den ganzen Morgen über erbittert gekämpft, um den Ort einzunehmen und obwohl sie über 200 Gefangene gemacht hatten, waren ihre eigenen Verluste hoch. Als die Deutschen ihre Flanken überrollt und ihre Nachhut gefährdet sahen, gaben sie den Kampf schnell auf und der Vorstoß ging weiter nach Süden. Wieder einmal drang das Regiment mit offenen Flanken in feindliches Gebiet vor.

Blick über die Geislinger Altstadt, links oben das WMF-Areal.

Ein Bataillon des Regiments erhielt in der Stadt Geislingen einen Gegenangriff. Die begrenzte Anzahl an Truppen konnte die gesamte Stadt nicht ausreichend besetzen und der Feind drang in die östliche Hälfte ein. Während die Kompanien K und L, verstärkt durch die gesamte Panzerabwehr-Kompanie, die westliche Hälfte [Geislingens] hielten, formierten sich etwa 400 Deutsche in der Stadt und lieferten einen harten Kampf. Indem sie ihre Panzerfäuste sowohl gegen die verteidigende Infanterie als auch gegen die Panzerfahrzeuge einsetzten, sprengten sich die Feinde einen Weg entlang mehrer Straßenblöcke frei und zerstörten dabei drei amerikanische Panzer. Der Feind schnitt auch den Weg zwischen der Kompanie I und den Überresten des 3. Bataillons ab. Die Kompanie F war zu der Zeit dem 3. Bataillon zugeteilt, da das 2. Bataillon von der 10. Panzerdivision abgelöst worden war. Zusammen mit der Kompanie F startete das 3. Bataillon um 13 Uhr einen Gegenangriff und trieb den Feind wieder zurück aus der Stadt, allerdings erst nach heftigen Häuserkämpfen.

Eine Gruppe Verteidiger war in einem Gebäude komplett abgeschnitten, bis die Gefreiten (Privates First Class) Ken Thomas und Howard Wiley einen Weg durch offenes Gelände nahmen und unter dem Feuer der aufgeschreckten Feinde gebückt von Tür zu Tür rannten, um ihrem Kommandoposten eine Botschaft zu übermitteln. Sie kehrten dann auf demselben Weg zurück, um ihre Stellung bei der Verteidigung des Gebäudes wieder einzunehmen. Sergeant Paul Strauser sah, wie ein Fahrzeug abgeschnitten und dessen Fahrer schwer verletzt wurde. Er stürzte vor, um zum Fahrzeug zu gelangen, wo er sich zwei Feinden gegenüber sah. Er handelte sofort, feuerte seine M-1 [Karabiner-Gewehr] ab, mit der er den einen tötete und den andern verwundete. Dann sprang er ins Fahrzeug und fuhr es zurück hinter die amerikanischen Linien.

Als ein Zug (Platoon) in einem anderen Gebäudekomplex abgeschnitten wurde, rannte Gefreiter Van Buskirk aus dem Gebäude zu einem Waffentransporter und bemannte ein Maschinengewehr. Er feuerte ununterbrochen auf den Feind und stoppte ihn damit komplett. Aber in der ungeschützten Stellung, die er hielt, wurde er leicht zum Ziel für Panzerfaustfeuer und gegnerische MGs. Er wurde an Hand und Arm verletzt, aber hielt die Stellung, bis der Feind zurückfiel. Das war die Art Männer, die Geislingen retteten.

In der Zwischenzeit wurde das 1. Bataillon des 114. [Regiments] dem [324.] Regiment zugeordnet, das den Auftrag hatte, die vorher genannten entscheidenden Punkte, die das Regiment eingenommen hatte, zu sichern. Geislingen wurde von diesem Bataillon übernommen.

---

[1] Combat history of the 324th Infantry Regiment, [Baton Rouge, LA, Army & Navy Pub. Co.], 1946, S. 110-112. Übersetzung: Mignon Geisinger/Dr. Stefan Lang.

„Die Zivilbevölkerung hatte Angst und befürchtete unnötigerweise, dass wir sie belästigen würden."

Der dem 96th Chemical Mortar Battalion zugehörige, etwa 20-jährige US-Soldat Greg Goorigian aus Selma (Kalifornien) erreicht am Nachmittag des 20. April 1945 Göppingen und kämpft sich in den folgenden Tagen über Gruibingen bis ins obere Filstal, wo er am 22. April in Wiesensteig ankommt. Das Kriegsende erlebt er in Lermoos bei Reutte (Tirol).[1]

Freitag, 20. April
Wir verlassen Welzheim und fahren nach Göppingen, wo wir uns auf einer Obstwiese in den Außenbezirken eingraben. Mussten zurück in die Stadt, vorbei an einem deutschen Munitionszug, beladen mit Bomben, Granaten und anderer Munition. Wir übernahmen das Wohnhaus des Göppinger Bürgermeisters (*governor*), das sehr gut mit Champagner, Likören und anderen Annehmlichkeiten ausgestattet war. Die Zivilbevölkerung hatte Angst und befürchtete unnötigerweise, dass wir sie belästigen würden. Es gab einen aufwändigen Luftschutzkeller auf dem Grundstück und einen im Weinkeller.

Deutsche Flugzeuge überflogen die Stadt und erhielten starken Flak-Beschuss (*anti-aircraft-fire*), einschließlich von unserem 50-Kaliber-Maschinengewehr (unsere ersten Schüsse auf den Feind). Für diese Nacht wurde ein Gegenangriff auf die Stadt erwartet. Um 22 Uhr, während Prunier und Goorigian Wachdienst hatten, begannen unsere Artillerie und Flakeinheiten auf den Feind zu schießen, was die ganze Nacht so weiterging. Einige feindliche Granaten trafen die Stadt und ihre Flugzeuge waren unterwegs, der Gegenangriff wurde jedoch nicht gewagt und fand nicht statt. Wegen des Krachs der großen Geschütze war nur sehr wenig Schlaf möglich. Ein deutsches Munitionslager in der Nähe fliegt in die Luft.

Samstag, 21. April
Wir verbringen den Großteil des Tages in Göppingen. Einige der Jungs kommen zu ihren ersten Pistolen [vermutlich Beschlagnahmungen]. Wir treffen viele befreite Kriegsgefangene und Zwangsarbeiter, die uns erzählen, was sie alles erleiden mussten. Ein englisch-sprechendes Mädchen erzählt uns von SS-Männern und Mitgliedern der Nazi-Partei, die in einer nahegelegenen Stadt alle Zivilisten erschossen hätten, die eine weiße Fahne zur Aufgabe herausgehängt hätten [Verweis evtl. auf Ereignisse in Heilbronn oder Brettheim, möglicherweise auch Heiningen].

Nach dem Abendessen fahren wir weiter nach Gruibingen und beschlagnahmen Häuser für die Nacht. Einheiten des 71. Infanterieregiments [der 44. Infanteriedivision] bringen viele deutsche Gefangene von den umliegenden Hügeln. Das Wetter ist regnerisch. Es gibt einen falschen Gas-Alarm und alle greifen panisch nach ihren Gasmasken. Wir schlachten und rupfen ein Huhn, müssen es aber zurücklassen, als wir am nächsten Tag ausziehen. Wir sind hinter einer Angriffsspitze (*spearhead*), die sich ungefähr 20 Meilen vor dem Flankenschutz befindet. Im Rücken und an unseren Flanken trafen die amerikanischen Einheiten auf schweren Widerstand, während wir ein vergleichsweise leichtes Gebiet hatten und die Deutschen vor uns hertrieben (*had Jerry on the run*). In der Zwischenzeit folgen Peterson, Engolio und Williams einer kleinen gepanzerten Aufklärungstruppe im Vorfeld durch schwieriges Gelände.

Sonntag, 22. April

Wir verbringen den Großteil des Tages in Gruibingen. Haben etwas deutschen Schnaps und Akkordeon-Musik. Haben auch etwas Zeit, um ein wenig sauberzumachen. Zwei Gefangene in der Nähe des Orts gemacht. Es beginnt zu schneien. Wir ziehen am frühen Abend nach Wiesensteig weiter, wo wir unter schwierigen Bedingungen die Nacht verbringen.

Unterdessen waren Williams, Peterson und Engolio draußen, um Kontakt mit dem Regiment zu halten und erlebten einige aufregende Momente. Hinter einer Friedhofsmauer beobachteten die drei ein Gefecht zwischen unseren Panzern und feindlichen Kräften in den nah gelegenen Wäldern. Maschinengewehre und leichte Artillerie beantworteten das Feuer der Panzer, die deutschen Einheiten waren jedoch bald ausgeschaltet (*cleaned out*). Williams verbrachte den Rest der Nacht beim Regiment, wo er Informationen über die Möglichkeiten unserer Einheit zur Unterstützung bei der anstehenden Überquerung der Donau an einen höheren General und seinen Stab weitergab.

Gruibingen war am 21. April 1945 eine strategisch wichtige Ausgangsposition auf dem Weg ins obere Filstal.

In Mühlhausen, ungefähr drei Meilen hinter Wiesensteig in den Hügeln, bewachten neun Infanteristen mehr als 100 Gefangene und es wurden Informationen bekannt, dass starke deutsche Kräfte in den Wäldern sich darauf vorbereiteten, den Ort zurückzuerobern und die Gefangenen zu befreien. Das [71.] Regiment gab Anweisung, dass unsere Einheit Männer zurückschicken sollte, um bei der Bewachung der Stadt zu helfen und diese zurückzugewinnen, falls der Feind seine Pläne erfolgreich durchführen würde. Wegen der Entfernungen in dem hügeligen Gelände konnte kein Funkkontakt hergestellt werden und Engolio und Petersen mussten mit dem Jeep zurück zur Kompanie, um uns über die Situation zu informieren.

Auf ihrem Rückweg bogen sie falsch ab und machten einen Umweg von 14 Meilen über Magolsheim, das gerade von unserer Infanterie besetzt wurde und wo es immer noch Widerstand gab. Sie stellten ihren richtigen Standort fest, wendeten und starteten noch einmal neu. Unterwegs mussten sie anhalten, um einen platten Reifen zu wechseln. In zwei verschiedenen Umgebungen wurden sie aus den Wäldern von deutschen Maschinengewehren mit Leuchtspurmunition beschossen und verloren keine Zeit damit, sich zu fürchten. Zuletzt schafften sie es zurück zur Kompanie, erstatteten Bericht und fuhren mit einer Amphibien-Einheit zum Regiment zurück, die von der Überquerung der Donau zurückkam. Raues Wetter und Gelände wurden angetroffen.

Inzwischen waren wir gerade in die Randbezirke von Wiesensteig gezogen und hatten einige Zivilgebäude beschlagnahmt. Drei Russen in deutscher Uniform kamen aus den Wäldern und ergaben sich Huettner, Belcher und Goorigian. Sie waren an der Ostfront gefangen genommen und zum Kampf gegen uns gezwungen worden. Sie berichteten von ihren Kameraden, die noch in den Wäldern auf die Nachricht warteten, dass sie sich ungefährdet ergeben könnten. Einer der Russen wurde zurückgeschickt und kam mit sieben weiteren zurück, dazu mit zwei Maschinengewehren, von denen Peterson eines zur Verbesserung unserer Feuerkraft (*for added firepower*) behielt, sowie einige Gewehre.

Gerstner war wachhabender Offizier (*sergeant of the guard*) und verbrachte die ganze Nacht damit, Wachen auf den naheliegenden Bergkämmen und Straßen zu postieren. Die Nacht war kalt und regnerisch, und MG-Feuer konnte aus den umliegenden Wäldern gehört werden. Einige deutsche Gefangene, darunter ein 16-Jähriger, wurden während der Nacht gemacht. Kissinger schoss auf einen, der „Kamerad" brüllte, aber dann weg in die Dunkelheit rutschte. Zwei Mörser

In Wiesensteig marschierten die US-Truppen am 21. April 1945 gegen 17 Uhr ein.

(*mortars*) waren zur möglichen Unterstützung der ganzen Maschinengewehre aufgestellt worden. Der zweite Zug (*platoon*) zog aus, um die Lage in Mühlhausen abzuklären und wurde von Captain Church angeführt, der ein 50-Kaliber-Gewehr auf seinem Fahrzeug montiert hatte. Sie fanden den Ort intakt und blieben den Rest der Nacht dort.

Montag, 23. April
Wir blieben den Rest des Tages in Wiesensteig. Russische Gefangene werden der KP [Kitchen Police = Mobileneinheit?] zugeteilt und sind dankbar, bei uns zu sein. Einige deutsche Zivilingenieure, die an der Errichtung von Straßensperren beteiligt waren, wurden ebenfalls gefangen. Alle 19 Gefangenen wurden mit einer größeren Gefangenengruppe weggeschickt, die in den rückwärtigen Gebieten zusammengekommen war. Wir fanden einige Fotos von Gräueltaten (*atrocities*), die von Deutschen an der Ostfront begangen wurden. Es gab in der Nähe ein Haus eines Nazi-Partei-Amtsträgers, das voll mit Raubgut aus Frankreich war – Silberwaren, Besteck, Seide, Gedecke usw.

Am Nachmittag zogen wir nach Ehingen weiter. Wir mussten die Wälder schnell durchqueren, da der Feind dort die Straße mit Artillerie geschützt hatte (*artillery coverage*). Unsere Kolonne wurde von zwei deutschen Jagdflugzeugen beschossen und wir warfen uns in den Dreck, während die Maschinengewehre die Flugzeuge vertrieben. Wir übernahmen Zivilgebäude in Ehingen und verbrachten dort die Nacht. Wir fanden viele offizielle Dokumente, in denen der Tod von Soldaten aus Ehingen ihren nahen Verwandten mitgeteilt wurde, mit Details zum Tod, Sterbeort usw. und die mit einem kurzen „Heil Hitler!" endeten. Die Dokumente waren in einen Ofen gesteckt worden, mit der Absicht, sie zu verbrennen, was aber nicht ausgeführt wurde. Die Stadtbevölkerung hatte unnötigerweise Angst vor uns, da sie die falsche Propaganda glaubte, die von den Parteiführern verbreitet worden war.

[1] Greg Goorigian, History of 4th Squad, 3rd Platoon, Company A, 96th Chemical Mortar Battalion, o.O. [1945]. Einsehbar unter: http://www.4point2.org/hist-96A3p4s.htm [Stand März 2015]. Die Zeitwechsel zwischen Präsens und Perfekt sind auch im Original vorhanden. Übersetzung: Dr. Stefan Lang, Kreisarchiv Göppingen, 2014.

„Ab Mühlhausen hatten wir einen heißen Empfang."

Robert B. Weber, ein 20-jähriger Unteroffizier vom 54. Armored Infantry Bataillon der 10. US-Panzerdivision gerät auf seinem Weg durch den Landkreis Göppingen am 21. April bei Gosbach in heftige Gefechte.[1]

Robert Weber, Staff Sergeant des 54. Armored Infantry Bataillons.

19. April (Donnerstag)
Verließen Hohenhardtsweiler um 8:30 Uhr und fuhren nach Gschwend, wo wir die Nacht über schliefen.

20. April (Freitag) (Hitlers Geburtstag)
Fuhren los um 6 Uhr morgens und kamen runter nach Schwäbisch Gmünd, das wir säuberten. Das 1. Platoon nahm einen deutschen General gefangen und Sergeant Dreyer erhielt seine Uhr. Ganz am Anfang, als wir die Stadt betraten, sah ich zufällig, wie sich ein paar Deutsche beeilten, in die Wälder einen steilen Hügel hinauf zu kommen und ich feuerte ein paar Schuss auf sie. Wir durchsuchten die Post und ich bekam ein paar Mark und Münzen. In Gmünd befreiten wir etwa 500 alliierte Gefangene. Dann ging es weiter Richtung Uhingen, gleich westlich von Göppingen, wo wir nachmittags ankamen und über Nacht in einem kleinen Bungalow blieben (Netter neuer Teil der Stadt).

21. April (Samstag)
Vor Tagesanbruch auf dem Weg. Morgengrauen ist um 6:30 Uhr und dunkel wird es um 9 [21] Uhr. Ich erinnere mich daran, dass Tony Passero herein kam und mich weckte, als es noch dunkel war und ich flog geradezu aus dem Bett. Es war ein heißer, regnerischer Tag, immer wieder abwechselnd. Wir machten uns auf den Weg nach Süden, nach Gruibingen, das wir am späten Nachmittag erreichten. Auf dem Weg nach Gruibingen kamen wir durch Bad Boll. Der Ort [Gruibingen] brannte und wir hielten am Haus eines Mannes, der etwas Englisch sprach und gut angezogen war. Trotzdem aßen wir sein Brot und seine Marmelade auf. Direkt außerhalb der Stadt lag ein verwundeter GI (Wallace Bryant vom 2. Platoon) oben auf einem grasigen Hang eines Hügels und er rief nach uns. Ein Sani sah nach ihm. Es ist komisch, wie er überhaupt dort hinkam. Kurz darauf ging es weiter, mit einem oder zwei deutschen Gefangenen auf den Stoßstangen der Halbkettenfahrzeuge und wir fuh-

ren auf die Autobahn Stuttgart-Ulm. Ab Mühlhausen hatten wir einen heißen Empfang. Von Gosbach und den Hügeln auf der linken Seite wurden wir mit „Burp Guns" [Maschinenpistolen] beschossen. Wir konnten sehen, wie unsere Artilleriegranaten auf den Felsen zu unserer Linken zerplatzten. Eine Mörsergranate kam rechts von uns runter und kurz danach ging eine Panzerfaustgranate direkt über meinem Kopf auf der Böschung rechts von uns hoch. Wir nahmen ein paar Deutsche gefangen – manche von ihnen Turkmenen. Sie sahen wie Japse aus.

An einer Kurve der Autobahn machten wir halt, drehten um und fuhren etwa eine Stunde auf der Strecke zurück. Kurz vor Einbruch der Dunkelheit fuhren wir durch Gosbach und kamen langsam einen steilen Hügel hoch, der dicht bewaldet war. Als es dunkel war, stiegen wir aus, um den Wald zu säubern. Meine Abteilung bemannte glücklicherweise die drei führenden Panzer. Die Panzer bewegten sich überhaupt nicht vorwärts, aber die anderen Abteilungen strichen ein paar Stunden lang bei strömendem Regen durch die Wälder. Wir lagen hinten auf den Panzern und dösten eine Weile, während wir bis auf die Haut durchnässt wurden. Rabenschwarze Nacht. Um 23 oder 24 gingen wir zurück zum Weg. Vier Mann aus unsere Kompanie wurden an dem Tag getötet: Staff Sergeant [Unteroffizier] William King, Private First Class [Gefreiter] Riley Miller, Private First Class [Gefreiter] Harold Leaman und Private [Soldat] Charles Kellar.

Kuranlagen in Bad Ditzenbach, um 1935.

22. April (Sonntag)

Um 4 Uhr früh zog sich die Abteilung den Hügel hinunter nach Gosbach zurück. Wir rasteten in einem schönen Haus, trockneten uns gut am Ofen und gegen 5 war ich auf dem Boden eingeschlafen. Ich stand gegen 9 Uhr auf und der Boden war mit schwerem, nassem Schnee bedeckt. Aber die Sonne kam raus und bis Mittag war er verschwunden. Kurz nach dem Aufstehen ging es wieder los, denselben Hügel hoch und über ein breites Feld – etwa wie eine Ebene oben auf einem Hügel. Es ging weiter nach Merklingen, Machtolsheim und Laichingen, wo wir für eine Weile anhielten – zum Glück bei einer Bäckerei, wo wir guten Gugelhupf bekamen. Wo auch immer wir hinkamen, wurden wir ständig gefragt: Seid ihr Amerikaner oder Engländer? Es war ein wenig später auf derselben Straße, dass etwa 50 bis 75 Deutsche aus dem Wald kamen, als wir vorbei rollten. Wir hielten in Suppingen und eine Frau erzählte uns, dass sie mit dem FFI (French Forces of the Interior – der "Untergrund") zusammenarbeite. Sie bat darum, unseren kommandierenden Offizier zu sehen, denn sie wollte Schutz vor den Deutschen. Bald bewegten wir uns weiter und kurz vor Einbruch der Dunkelheit kamen wir durch Seissen, dann ging es weiter durch die Wälder südwestlich. Schüsse auf beiden Seiten der Straße. Die Abteilung war in der Dunkelheit ganz verloren und nachdem unser Fahrzeug fast umgekippt war und von einem Panzer wieder aufrecht auf die Straße gezogen werden musste, fuhren wir weiter nach Hausen, wo meine Abteilung ein ganzes Haus voller Deutschen gefangen nahm. Wir hielten in der Stadt an und schickten unseren Flankenschutz die Querstraße entlang. Draper ging nach rechts raus und kam mit dem Bericht zurück, dass es nur etwas die Straße runter ein Haus voller deutscher Soldaten gäbe. Wir gingen dem nach und dann weiter nach Schelklingen, wo wir in einem geräumigen Mehrfamilienhaus unterkamen. Unsere rechte [Panzer-]Kette löste sich fast, als wir in den Graben fuhren und uns der Panzer wieder auf die Straße zog und sie musste am nächsten Morgen repariert werden, bevor wir losfuhren.

[1] Robert B. Weber, My Experiences in World War II (1943-1946). Including my Combat Diary, 1996, S. 28f. Übersetzung: Mignon Geisinger.

„Ich möchte euch Männern sagen, was für einen Mordsjob ihr erledigt habt. Abtreten."

Der GI William Howsmon von der 100. US-Infanteriedivision (397. Regiment, Kompanie B) erlebt letzte Kämpfe im Schurwald und in Süßen die Siegesfeier am 8. Mai 1945.[1]

20. April 1945

Wir marschierten zu einer Hauptstraße, wo wir von Lastwagen aufgelesen wurden. Um die Mittagszeit stiegen wir ab und besetzten bis zum Einbruch der Dunkelheit kampflos mehrere kleine Orte. Wir bewegten uns mit dem 3. Zug (*Platoon*) vorneweg einen Hügel hinauf, als Heckenschützen mindestens zwei (verwundet) vorne in der Kolonne erwischten. Wir durchsuchten die Wälder und kamen in der Dunkelheit in einen kleinen Ort. Um 23 Uhr zogen wir wieder hinaus und marschierten die ganze Nacht.

21. April 1945

Ohne Zwischenfälle zogen wir um 4.30 Uhr in Schorndorf ein. Dort verbrachten wir den Vormittag, dann fuhren die Panzer nach Winterbach hinauf. Wir hofften, dort die Nacht verbringen zu können, aber wir zogen auf einem matschigen Pfad weiter nach Hohengehren, wo wir von der A-Kompanie passiert wurden. Wir betraten den Wald und gerieten in ein ziemlich heftiges Feuergefecht. Wir gruben uns ein und bereiteten uns darauf vor, in Stellung zu gehen. Überall waren Deutsche (*Jerries*) und es war notwendig, das einer grub, während der andere

Parade des 397. Regiments der 100. US-Infanteriedivision Ende Juni 1945 am Göppinger Flugplatz.

Auch in Süßen wurden nach dem Kriegsende zunächst Soldaten der 100. US-Infanteriedivision stationiert.

schoss. Es war eine verrückte Situation, noch verrückter dadurch, dass wir um 23 Uhr den Befehl bekamen, uns nach Baltmannsweiler in der Nähe von Hohengehren zurückzuziehen, wo wir die Nacht über blieben.

22. April 1945
Um 3 Uhr gingen wir raus und kamen in denselben Wald, den wir am vorherigen Abend besetzt hatten. Die Deutschen schienen weg zu sein. Um 9 Uhr zeigte sich ein deutscher Konvoi (ohne Panzer) zu unserer Linken auf der Straße. Es waren Limousinen, Motorräder und Flakfahrzeuge, und sie kamen direkt auf uns zu. Wir blieben im Wald und feuerten hinaus, aber sie fuhren weiter. Dabei wurde James Smith (Smitty) vom 1. Zug getötet. Er war unser letzter Gefallener. Zuletzt konnten wir die Sache beenden und machten einige Gefangene. Dabei zeigte es sich, dass sie Hitlers „Volkssturm" angehörten und hauptsächlich alte Männer und Jugendliche waren. Ich erinnere mich, dass ihr Anführer uns erzählte, sie hätten nur versucht, sich zu ergeben. Einer von Smittys Kumpels hätte ihn dafür fast erschossen. Danach rückten wir ohne Probleme weiter nach Plochingen vor, wo wir die Nacht verbrachten.

23. – 26. April 1945
Wir blieben in Plochingen und patrouillierten an den Neckarufern. Während dieser Zeit merkten wir, dass uns die Front buchstäblich überrollt hatte und wir komplett den Kontakt zum Feind verloren hatten, zumindest in organisierter Form. Das waren freilich gute Neuigkeiten, aber irgendwie glaubten wir nicht wirklich daran. Ich denke, wir erwarteten in Wirklichkeit, dass man uns jede Minute den Abmarsch befehlen würde. Unsere Patrouillen fanden keine Einsätze für uns. Plochingen wurde ein schöner Platz. Wir hatten's geschafft.

[Die 100. Division wird in Reserve gestellt, Howsmon erhält eine kurze Reise nach Brüssel. Seine B-Kompanie wird zuerst nach Gingen und dann nach Süßen verlegt, bis er am 4. Mai wieder dazustößt]

5. – 7. Mai 1945
Wir blieben ohne Zwischenfälle in Süßen. Wir hörten, dass einige deutsche Nachzügler (*stragglers*) umherstreifen sollten, aber meiner Kenntnis nach hat keiner von uns je einen gesehen. Das einzig Bemerkenswerte ist, dass wir am 5. Mai zum ersten Mal seit den Staaten exerzieren mussten. Captain Hine sagte uns, es wäre Zeit, Soldaten aus uns zu machen. Das war natürlich Spaß. Der Befehl zum Feuereinstellen kam am 7. Mai um 12 Uhr, aber wir feierten nicht bis zum 8. Mai.

8. Mai 1945
Sergeant Blum stellte fest, dass das 781. Panzerbataillon etwa 15 Meilen von uns entfernt war und immer noch unseren Wein hatte. Eine Patrouille wurde mit dem

Soldaten der 100. US-Infanteriedivision nach dem 8. Mai 1945 bei einem Ausflug.

Lastwagen losgeschickt und sie kehrten mit einem Großteil zurück. Der Abend nach dem Exerzieren war wild und wir sahen etwas, das wir niemals erwartetet hatten. Beim Einbruch der Dunkelheit saßen wir herum und tranken den Wein, als der Befehl zum Heimgehen kam. Wir schwankten in unsere Kompanie-Straße und fanden dort unseren Kompanie-Befehlshaber, bekleidet mit Helm, Unterhosen, Stiefeln und einem Säbel um die Hüfte. Er hatte eine Flasche Wein und war etwas betrunken. Er sagte: „Ich möchte euch Männern sagen, was für einen Mordsjob (*helluva job*) ihr erledigt habt. Abtreten." Das war's. Wir brachen in Jubel und Tränen aus, ich glaube, zumindest ich tat das. Der Krieg war vorbei, wir hatten's geschafft, und der beste Offizier in der ganzen Armee hatte uns gratuliert – in Unterwäsche. Das war ein Moment, an den ich mich immer erinnern und den ich immer wertschätzen werde.

Am 4. Juli 1945 fand eine große Parade des 397. Regiments der 100. US-Infanteriedivision durch Göppingen statt, hier die Hauptstraße auf Höhe des Schillerplatzes.

[1] Wilfred B. Howsmon, B Company 397 in Combat. 12 November 1944 to 8 May 1945, Manassas/Virginia, o.J., S. 57-62. Entnommen den Unterlagen der Marshall Foundation zur 100. Infantry Division. Übersetzung: Dr. Stefan Lang, Kreisarchiv Göppingen, 2015.

„Alle gruben in ihren Taschen und zogen heraus, was sie zum Trinken hatten." – V-E-Day in Göppingen

Die Kompanie E des 397. Regiments der 100. US-Infanteriedivision wird kurz vor Kriegsende von Ulm nach Göppingen verlegt und erlebt dort erholsame Tage sowie einen feucht-fröhlichen 8. Mai 1945.[1]

Soldaten der 100. US-Infanteriedivision mit Bajonett.

Eine Einrichtung der Militärregierung kam nach Ulm und wir zogen aus. Unser nächster Umzug ging nord-nordwestlich etwa 30 Meilen zurück nach Göppingen. Es war ein wunderschöner Frühlingstag im Mai. Während wir marschierten, sahen wir Menschen an den Donauufern spielen. Die [100.] Division wurde in Reserve des [VI.] Armeekorps gestellt, als wir Göppingen erreichten. Vom frühen November 1944 an, als wir Baccarat in Frankreich von der 45. Division übernahmen (…) waren wir ohne einen Tag Erholung in fortwährendem Feindkontakt, bis zu dem Tag, als wir nach Göppingen kamen. Das waren beinahe sechs volle Monate in Aktion. Durch dies alles bildeten diejenigen Männer das Rückgrat der Kompanie, die bei der Ausbildung in Fort Bragg gewesen waren, die den Krieg durchgehalten hatten und oft verwundet worden waren und zurückkehrten. Diese Kämpfer und die Ersatzkräfte, die vor Heilbronn zu uns gestoßen waren und sich mit uns durch diese letzte größere Schlacht gekämpft hatten, besitzen eine stärkere Verbindung als Brüder.

Wir fanden [in Göppingen] ein für olympische Spiele geeignetes Schwimmgelände mit Becken, Umkleiden, Tischen, Stühlen und Sonnenschirmen vor. Die Deutschen, die es betrieben, erzählten uns, dass dort 1936 olympische Wettkämpfe ausgetragen wurden.[2] In Badehosen am Becken konnte man an den Körpern einiger Männer die „Artillerie-Tattoos" bemerken. Eine Schrappnell-Narbe zeigt sich gezackt auf der Haut und ist häufig recht groß. Wir machten ein Ladengeschäft zu einem Soldaten-Erholungs-Club (*enlisted men's recreation area*) und richteten es ein. Die Männer nannten es nach einem damals bekannten New Yorker Nachtklub „Copcabaña East". Wir setzten Baseball-Marken und spielten eine Menge Baseball und Football, sehr zur Unterhaltung einer großen Menge deutscher Zuschauer. Viele militärische Aktivitäten gab es keine. Wir patrouillierten durch das Gebiet und stellten eine 24-Stunden-Wache vor unserem Häuserkomplex auf. Wir hatten einige Einwohner aus ihren Häusern vertrieben, was manchmal zu Verstimmungen und deshalb zu möglichen Problemen führte. Wir erlaubten daher den Besitzern, an einem Tag in der Woche für eine Stunde ihre Häuser aufzusuchen. Frauen baten uns, unsere Wäsche waschen zu dürfen. Sie wollten dafür nicht ihre Währung (Mark), sondern eher Schokolade, Zigaretten, Zucker und Konserven. (…)

Früh am Morgen des 8. Mai 1945 erhielten wir eine Funknachricht vom Bataillons-Hauptquartier. Sie sagten, dass der Krieg mit Deutschland beendet wäre. General Eisenhower würde diese Nacht im Armee-Radio verkünden und der Waffenstillstand würde am nächsten Tag unterzeichnet werden – was als „Victory in Europe Day, oder V-E Day" bekannt wurde.

In Erwartung unvorsichtiger Ausgelassenheit riefen wir umgehend nach nicht-trinkfreudigen Freiwilligen für den Wachdienst. Dies war die Zeit des Feierns. Alle gruben in ihren Taschen und zogen heraus, was sie zum Trinken hatten. Captain Law erinnerte sich an das ungewöhnliche Verhalten von Sergeant Bill McKegney an diesem Tag. Er war ein aufrechter Soldat und ein respektierter Freund von Law seit Fort Bragg [Ausbildungslager in den USA, North Carolina]. Sergeant McKegney saß nun unter einem Küchentisch, ein vielsagendes „Verkehrsgebiet", und trank nach und nach den Großteil einer frisch geöffneten Flasche Whiskey. Er saugte die Soße auf, als ob die Prohibition [öffentliches Alkoholverbot] vor der Tür stünde. Stunden später war er bewusstlos. Wir trugen ihn raus und steckten ihn in sein Bett.

Kurz danach erhielten wir Anweisung, uns auf die Ablösung der französischen Armee in Stuttgart vorzubereiten.

---

[1] Craig Davison/Bill Law, Boxcars and Burps easy does it. 1945/2004 o. O., S. 49f. Fälschlicherweise wird hier auch in einem Abschnitt Göppingen als Heimatstadt Heinrich Himmlers bezeichnet.

[2] Hier muss es sich um ein Missverständnis handeln, das Göppinger Freibad wurde erst 1937 eingeweiht.

Ungewohnter Sport für die Göppinger: Amerikanische Besatzungssoldaten beim Footballspiel im Sommer 1945.

„Die Kinder hier plagen mich manchmal ganz schön heftig." – Briefe aus Göppingen im Mai und Juni 1945

Briefe des damals 19-jährigen William Taylor, ein Soldat der 100. US-Infanteriedivision, aus Göppingen an seine Eltern in Kalifornien. Taylor kam Ende April nach Göppingen, konnte aufgrund der Zensur aber erst ab dem 20. Mai seinen Standort offenbaren. Ende Juni wurde Taylor nach Nürtingen verlegt, im April 1946 kehrte er in die USA zurück.[1]

William Taylor war beim Kriegsende in Göppingen stationiert, seine Briefe sind eine wichtige Quelle für die erste Nachkriegszeit in der Stadt.

Brief 193, [Göppingen], 2. Mai 1945

Liebe Mutti und Paps,

Heil Hitler, der Hund ist tot!!!
Ich erinnere mich, dass ein Witz so anfing und jetzt scheint es zu passen. Letzte Nacht hörte ich über Radio Hamburg die erste Bekanntgabe seines Todes. Ich bin stolz, dass ich es selbst aus dem Deutschen übersetzen konnte. „Achtung, Achtung! Unser Furher, Adolf Hetter ist gefallen!". Befremdlich und schlicht. Zwölf Jahre Tyrannei vorbei mit ein paar Worten. Heute Nacht hören wir, dass der alte Hurensohn (S.O.B.) an einer Hirnblutung gestorben ist. Kein Heldentod. Heute Nacht scheint die ganze Wehrmacht einzugehen. Alle deutschen Truppen an der Italien-Front haben sich gerade bedingungslos ergeben. Drei deutsche Feldmarschälle, einschließlich Rundstedt, wurden innerhalb der letzten 48 Stunden gefangen genommen. Wenn ihr diesen Brief erhaltet, wird das schon eine alte Geschichte sein, aber jetzt ist das alles zu viel, um es zu begreifen. Der Krieg muss hier spätestens in ein paar Wochen enden und dann werde ich das CBI (China Burma India) ausschwitzen [d.h. Taylor wird versuchen, nicht mehr an den asiatisch-pazifischen Kriegsschauplatz zu kommen]. So viel ist in letzter Zeit passiert, dass es einfach zu viel ist.

    Na, ich habe seit mehreren Tagen keine Post von euch bekommen, aber ich vermute, wir brauchen so viele Lastwagen, um gefangene Krauts zur Nachhut zu transportieren (*hauling Kraut prisoners to the rear*), so dass es keinen Platz mehr für die Post gibt. Das ist schon in Ordnung. Es ist nicht schlimm, jedoch, seit ich wieder in der Übung bin, genau wie in den Staaten. Das echte Leben ist in diesen

Tagen ziemlich angenehm. Es ist schön, wieder einmal ein menschliches Wesen sein zu dürfen. Ich weiß wirklich nicht, was ich sonst noch schreiben könnte. Es geht mir gut. Ich werde morgen einen guten Brief schreiben.

Alles Liebe,
Bill

Brief 194, [Göppingen], 3. Mai 1945

Liebe Mutti und Paps,

Der Fall von Berlin.
Ich stehe diesen Morgen Wache, was heißt, dass ich praktisch nichts tue und deshalb entschlossen habe, einen Brief an euch rauszuschicken.
Wir scheinen hier eine üble Kälteperiode mit Frost und sogar gelegentlichem Schneefall zu erleben. Es ist für Mai jedenfalls ziemlich mieses Wetter. Natürlich ist es recht nett, wenn wir auf eine Wanderung (*hike*) gehen, aber andererseits mag ich es nicht. Wenn ich jedoch an den letzten Winter denke, scheint es ziemlich mild. Die Ausstattung (*setup*) hier ist recht schön – gute Häuser, Mahlzeiten, Duschen und eine allgemein friedliche Atmosphäre.

Letzte Nacht, nachdem ich meinen Brief abgeschickt habe, hörten wir von der Aufgabe der Italienstreitkräfte oder ziemlich allen deutschen Armeen in Italien und dem Fall von Berlin. Außer dem Schreien muss alles vorbei sein. Die Kinder hier plagen mich manchmal ganz schön heftig. Alle zwei Minuten kommen sie und bringen mir ein paar Jerry-Kugeln (*Jerry bullets*), die die Krauts in ihrer Eile zurückgelassen haben.

Gestern machte die A-Kompanie ein Baseballspiel gegen die B-Kompanie. Wir verloren. Es war ein Heidenspaß, obwohl ich lausig spielte. Ich konnte den Ball eh nie gut schlagen, aber jetzt konnte ich gar nichts mehr. Ich hatte so lange Zeit keinen Ball mehr in meiner Hand gehabt.

Mir fällt nichts mehr zu schreiben ein. Ist das nicht furchtbar? Wenn die mich noch länger in dieser verdammten Armee behalten, werde ich meinen eigenen Namen nicht mehr kennen. Es gibt jetzt zwei Taylors in der Mannschaft und ich gewöhne daran, auch auf den Namen „Powell" zu antworten. Das steht auf der Rückseite meines Helmrands und jeder, der mich nicht kennt, ist sicher, dass ich „Powell" heiße. Na, ich denke, dass ich versuchen werde, etwas aus dem Radio herauszuholen.

Alles Liebe,
Bill

Brief 195, [Göppingen], 11. Mai 1945

Liebe Mutti und Paps,

ich weiß, ich habe euch die letzten paar Tage ganz schön vernachlässigt und wenn ihr sauer seid, kann ich es euch nicht übelnehmen. Ich schrieb auch einen Brief am Victory-Day [8. Mai], aber das Papier war so dick, dass ich das verdammte Ding in keinen Umschlag hineinbekam.

So, der große Tag ist gekommen und vorbei. Ich glaube, in der Siegesnacht waren 99,4% aller Beteiligten am Europäischen Kriegsschauplatz besoffen – sogar die Kraut-Zivilisten. Ich vermute, jeder ist froh, dass die Sache zu Ende ist. Um einen beliebten GI-Spruch zu verwenden: „All is kaput fur Deutschland".

Wenn man sich die Tatsache vergegenwärtigt, dass wir vor einer kurzen Zeit noch so erbittert gekämpft haben, ist es furchtbar schwer zu glauben, dass der Krieg hier wirklich vorbei ist. Um euch die Wahrheit zu sagen, gab es höllisch viele Zeitpunkte, an denen ich ernsthafte Zweifel hatte, diesen Tag lebendig zu erleben. Nachdem ich das durchgemacht habe, gibt es in meinen Gedanken keinen Zweifel mehr, dass Gott existiert. Schrappnel – und Maschinengewehrgeschosse können eine Person so oft verfehlen und trotzdem im Bereich des Zufalls bleiben. Jetzt bin ich in einer kleinen Stadt „Irgendwo in Deutschland" und es scheint eine gute Chance zu geben, dass ich sogar ein Jahr lang hier bleibe. Ich hoffe es. Es ist Zeit, den Kampftruppen eine Pause zu geben. (…) Ich beklage mich nicht, so lange sie mich auf dieser Seite der Welt behalten. Ich hoffe es, hoffe es, hoffe es.

Wir gewöhnen uns schnell an das Garnisonsleben. Militärische Umgangsformen, saubere Uniformen, sauber rasiert, dies und das. Ihr kennt das Harvard-Zeug. Nicht dass das eine besonders gute Sache ist, aber nachdem man monatelang wie ein Penner gelebt hat, ist es, zumindest gesagt, ein wenig verwirrend – aber ich liebe es. Es macht mir nichts aus, wie hart sie mit uns umspringen. Der härteste Trainingsplan der Welt wäre ein Picknick im Vergleich zu unseren Fronteinsätzen.

Ich bekomme in ein paar Tagen neue Kleider zugeteilt – saubere neue Hosen und Hemd, blanke Schuhe, Überseemütze, Eisenhower-Jacke, den ganzen Krempel – Junge! Werde ich die umhauen (*slay them*)! Genau das braucht man, um diese dummen Jerries zu beeindrucken! Die Tatsache, dass wir eine deutsche Armee nach der anderen durchgekaut haben, bedeutet überhaupt nichts. Wir sind keine guten Soldaten, wenn wir keine schneidige Uniform tragen. Solche Trottel! Wenn ich die Ausstattung kriege, werde ich einen Schnappschuss machen lassen und ihn euch schicken.

Die Göppinger Hauptstraße, Nachkriegspostkarte.

Das wär's. Ich weiß, ihr seid jetzt genauso glücklich wie ich und hoffen wir, die ganzen Japse schneiden sich die Hälse durch, um ihr Gesicht zu wahren, so dass wir in naher Zukunft wieder zusammen sein können.

Alles Liebe,
Bill

Brief 197, Göppingen, 20. Mai 1945

Liebe Leute,

heute habe ich den ersten Brief von euch seit über einer Woche erhalten. Genau aus diesem Grund habe ich nicht geschrieben. Ich weiß, dass es falsch ist, aber wenn ich keine Post bekomme, kann ich anscheinend an nichts denken.

Die Zensur hat hier drüben gerade ein Ende genommen und soooo…
Ich befinde mich in einer kleinen Stadt mit Namen „Göppingen", auf der halben Strecke zwischen Ulm und Stuttgart. Wir leben in großartigen Häusern – neu, modern, hauptsächlich die Häuser deutscher Armeeoffiziere. Wir machen nicht viel außer Wache schieben und Trainieren. Sie wollen Kino und so weiter einrichten, aber es scheint, dass sie uns jedes Mal weiterbewegen, wenn wir uns niedergelassen haben.

Junge, das ist jedoch das wahre Leben. Wisst ihr, was dieser letzte Monat oder so für mich gewesen ist? Der Himmel. Keine Maschinengewehre, 88er „Burp guns" und so weiter. Von Bitche bis Heilbronn konnte ich nie gut schlafen, aber jetzt – ahh!
(…)

Langsam kann ich ziemlich gut Deutsch sprechen. „Kommen Sie hier! Sitzens sich, Austehen! Raus mit Ihnen, Halt! Deutschland ist kaput." Ich erschrecke sie zu Tode, die Bastarde. Trotzdem liebe ich sie – alle unter drei Jahre.

Nach den Franzosen hasse ich sie am meisten. Übrigens, ihr habt von Stuttgart gehört. Ich war beschämt, was wir ihnen [den Franzosen] dort erlaubt haben.

Blick vom Göppinger Schillerplatz in Richtung Stadtkirche.

Es würde euch die Haare zu Berge stehen lassen. Im nächsten Krieg wird der deutsche Schlachtruf wahrscheinlich „Erinnert Stuttgart!" sein.
Muss jetzt Schluss machen.

Alles Liebe,
Bill

Brief 198, Göppingen, 21. Mai 1945

Liebe Mutti und Paps,

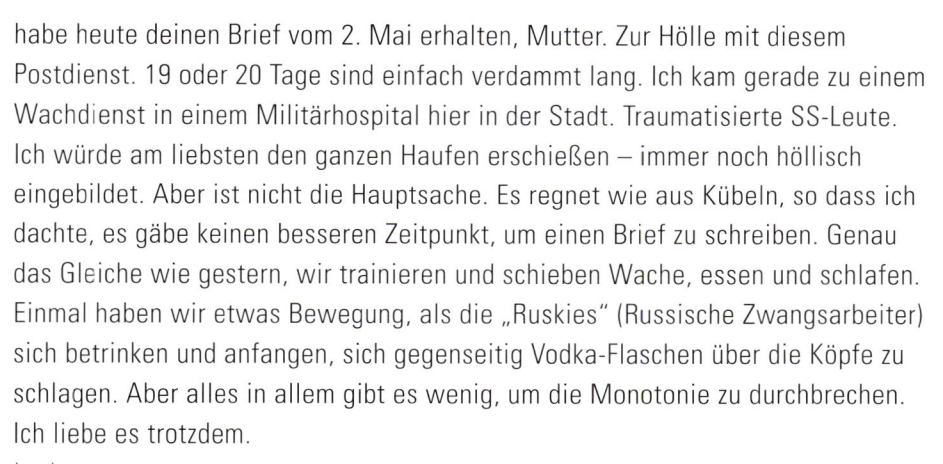

habe heute deinen Brief vom 2. Mai erhalten, Mutter. Zur Hölle mit diesem Postdienst. 19 oder 20 Tage sind einfach verdammt lang. Ich kam gerade zu einem Wachdienst in einem Militärhospital hier in der Stadt. Traumatisierte SS-Leute. Ich würde am liebsten den ganzen Haufen erschießen – immer noch höllisch eingebildet. Aber ist nicht die Hauptsache. Es regnet wie aus Kübeln, so dass ich dachte, es gäbe keinen besseren Zeitpunkt, um einen Brief zu schreiben. Genau das Gleiche wie gestern, wir trainieren und schieben Wache, essen und schlafen. Einmal haben wir etwas Bewegung, als die „Ruskies" (Russische Zwangsarbeiter) sich betrinken und anfangen, sich gegenseitig Vodka-Flaschen über die Köpfe zu schlagen. Aber alles in allem gibt es wenig, um die Monotonie zu durchbrechen. Ich liebe es trotzdem.
(…)
   Sie fangen an, Pässe für Orte in ganz Europa auszuhändigen – Paris, Brüssel, Nizza, Rom, England usw. und das in solchen Mengen, dass ich hoffe, über kurz oder lang wieder irgendwo hingehen zu können. Ich hoffe es.

Die Küche hier wird schlimm – Bohnen, Bohnen, Bohnen und gekochtes Wasser (heißt hier Kaffee). Ich weiß nicht, was da schief läuft. Die Köche trifft keine Schuld. Sie können nicht mit dem kochen, was sie nicht haben.
Das wär's für heute. Guten Abend, „Auf Wiedersehen" und Zeug wie das hier.

Alles Liebe,
Bill

Taylor muss zwischen streitenden Russen schlichten und fragt sich, warum er nicht in die Navy eingetreten ist, eigenhändige Karikatur des jungen Soldaten.

Brief 199, Göppingen, 30. Mai 1945

Liebe Mutti und Paps,

diesen Morgen musste ich darüber nachdenken, wie lange es her ist, dass ich euch einen Brief geschrieben habe und muss gestehen, dass ich mich schon ein wenig schäme. Ich schätze, dass ich zu sehr an Kino, Schwimmen und so weiter dachte. Was es noch schlimmer macht, ist die Tatsache, dass ich eure Briefe jetzt innerhalb von sieben Tagen erhalte. Laut den „Stars and Stripes" wird jetzt alles geflogen und zu die Zustellung ist schneller. Gestern erhielt ich Post von euch, die am 22. in Nord-Hollywood abgestempelt wurde. Das ist echt beeindruckend.

    Sonst ist hier ziemlich alles gleich. Gestern bekamen wir Impfungen gegen Gelbfieber und jetzt ist mein linker Arm steif wie ein Brett. Sie lassen die Deutschen (*Jerries*) jetzt zu Tausenden aus den Lagern und was mich umhaut, ist, dass allen Offizieren das Tragen von Pistolen erlaubt wurde und jeder 50. angeworbene Mann darf ein Gewehr führen. Manchmal frage ich mich, für was zum Teufel ich gekämpft habe. Ich hasse es, daran zu denken, dass einige unserer Jungs in einer dunklen Nacht mit eben diesen Waffen ermordet werden könnten.

    Wir haben jetzt ein Schwimmbad im Zuständigkeitsgebiet unserer Kompanie und gestern ging ich schwimmen. Es war schön, aber das Wetter ist immer noch ein wenig zu kühl.

    Gestern oder eher vorgestern habe ich etwas ziemlich interessantes gefunden. Ich nahm einige Papiere zum Verbrennen mit zu einem freien Grundstück und am Boden sah ich einen kleinen braunen Geldbeutel. Er war in einem miserablen Zustand und als ich ihn auflas, um ihn ins Feuer zu werfen, war er schwer. Als ich ihn aufmachte, fand ich darin eine seltsame Auswahl von Münzen, die älteste aus dem Jahr 1671 – nein, bei Gott, eine kleine Messingmünze vor mir sagt 1624 – 321 Jahre alt! Ich werde sie in den Brief stecken. Mehrere Münzen stammen aus den Napoleonischen Kriegen, aber die interessanteste von allen ist ein amerikanischer „half-dime" [dime = 10 Cent-Stück] von 1857 und dazu gibt es einen Messing-Penny mit Indianerkopf aus dem Bürgerkrieg. Ihr werdet bemerken, dass die Münze, die ich euch schicke, von einem Gauner aus dem 17. Jahrhundert angeschnitten wurde. Vermutlich endete er in einer Schlinge. Vor mir liegen nun etwa ein halbes Dutzend Briefe von euch, die ich beantworten muss. Oh! Oh! Ich schätze, was euch am meisten interessiert, ist, ob und wann ich in den Pazifik muss. Es geistern Gerüchte herum, aber uns wurde gesagt, wir sollten uns so niederlassen, als ob wir eine lange Zeit hierbleiben würden. Gut, oder?

Genau jetzt kann ich das Radio unten über das Hochgehen von Yokohama toben hören. Offenbar „allies ist kaput" in Tokio und Yokohama.

So, das wär's vom 30.

Alles Liebe,
Bill

Brief 204, Göppingen, 22. Juni 1945

Liebe Mutti und Paps,

ich weiß, ich habe seit ewigen Zeiten nicht mehr geschrieben, aber habe ich von euch ebenfalls lange Zeit nichts mehr gehört. Der einzige Unterschied ist, dass ich weiß, dass ihr schreibt, auch wenn ich keine Post bekomme.

Letzte Nacht hatten wir hier ziemlich wildes Wetter – besonders für den ersten Sommertag. Wir hatten ein Gewitter und der Wind blies so stark, dass ein Haufen Glas in dieser verdammten Stadt zu Bruch ging. Trotzdem gab es nicht viel Regen. Seit der letzten Woche ziehen die Russen weg, so dass alle fünf Minuten ein G.I.-Truck vorbeirauscht, behängt mit roten Flaggen und voll mit singenden „Russkies". Ich ging in eines der Lager, nachdem sie draußen waren, und, Junge, haben die eine Sauerei (*mess*) zurückgelassen. Die Krauts haben ihre freiwillige Feuerwehr jeden Morgen draußen, weil sie fürchten, die Russen würden das Lager anzünden, bevor sie es verlassen. Diesen Nachmittag habe ich meine eigene kleine Armee von 25 Feuerwehrleuten zusammengestellt, um die Zivilisten und Polen (*Pollocks*) aus dem Lager zu halten, bis die Militärregierung den Platz inspiziert hat.

Um bei den Russen zu bleiben – sie haben uns neulich Abend eine Show zusammengestellt. Ich ging hin, weil nichts anderes zu tun war, und war doch recht überrascht, wie gut es war. Es war hauptsächlich russischer Swing und gut. Es war in der Tat bemerkenswert, dass sie vor sechs Wochen noch in Zwangslagern arbeiteten und jetzt schon gut abgestimmte Musik haben. Wie ich sagte, war es vor allem Swing und fröhliche russische Musik – russischer Seemannstanz usw. mit ziemlich guten Tänzern und einige unanständige Witze, die gut bei den G.I.s ankamen. Ein polnisches Mädchen führte einen spanischen Tanz auf und man konnte die KZ-Nummer sehen, die auf ihrem linken Unterarm eingebrannt war. Nach der Show dankte uns ein russisches Mädchen in furchtbar gebrochenem Englisch dafür, dass wir sie befreit haben. Gott! Es treibt einem die Tränen in

die Augen. Ihr müsst euch nicht um unsere Beziehungen zu den Russen sorgen. Die Großen (*big shots*) mögen eine harte Zeit miteinander haben, aber die Russen hier denken, dass der normale GI etwa zwei Stufen unterhalb Gottes steht.
Der Durchschnittsamerikaner erreicht durch seine normale lockere Freundlichkeit mehr als alle Verträge und Konferenzen zusammen. (…)

Alles Liebe,
Bill

Befreite russische Kriegsgefangene und Zwangsarbeiter am Göppinger Fliegerhorst, Mai 1945.

[1] Der Sohn William Taylors, der Historiker Greg Taylor, stellte die komplette Kriegs-Korrespondenz seines Vaters ins Internet: https://wwiiwwtaylor.wordpress.com/ [Stand März 2015].
Übersetzung: Dr. Stefan Lang, Kreisarchiv Göppingen, 2014.

„Wir taten dies alles nicht aus Tapferkeit, sondern einfach, weil so zu handeln uns natürlich erschien."

Der 26-jährige französische Kriegsgefangene Gilbert Tartare beschreibt das Kriegsende in Roßwälden aus seiner Perspektive. Tartare und seine Kameraden zeigten sich dankbar für die gute Behandlung, die ihnen während ihrer Gefangenschaft im Dorf zuteil wurde und unterstützten nun ihrerseits die einheimische Bevölkerung.[1]

Panzer und andere Fahrzeuge der 10. US-Panzerdivision auf dem Weg über die Felder nach Roßwälden, 20. April 1945.

Alle Männer im Dorf waren vollends eingezogen worden im letzten Aufgebot mit der Bezeichnung „Volkssturm". Die amerikanische Armee befand sich [am 20. April 1945] nur noch wenige Kilometer von Roßwälden entfernt: Die Frauen und Kinder fühlten sich nicht sicher, und man bat uns, dass wir uns einzeln bei einer Gruppe von Dorfbewohnern in den Kellern aufhalten sollten. Gerne erklärten wir uns zu diesem Dienst bereit.

Einige Fanatiker[2] hatten auf dem Rückzug von Häusern des Dorfes aus auf die Amerikaner geschossen. Die Antwort ließ nicht auf sich warten und Panzergranaten richteten einigen Schaden an. Die Bilanz, die hätte schlimmer sein können, war schlimm genug: zwei Tote unter der Zivilbevölkerung[3], einige Verwundete und einige abgebrannte Häuser und Scheuern. Wir Gefangenen sprachen uns ab und beschlossen, den Einwohnern beim Löschen zu helfen.

Auf Bitten der Gemeindediakonissin Schwester Rosa machte ich mich mit ihr auf, um eventuellen Verwundeten zu helfen. Dabei stießen wir auf einen Amerikaner, der sich an mich wandte und mir sagte: „Wenn Sie nach Frankreich zurückkehren wollen, müssen Sie Ihren Aufenthalt in diesem Wald [Waldstück Köhler] abkürzen". Ins Dorf zurückgekehrt wurde ich wieder gebeten, einen jungen Verletzten ins Krankenhaus nach Göppingen zu begleiten. Der Transport erfolgte mit einer Kutsche und zwei Pferden.[4] Wir taten dies alles nicht aus Tapferkeit, sondern einfach, weil so zu handeln uns natürlich erschien.

Ein letztes Ereignis, dessen Zeuge Henri [Le Penru] und ich waren, sollte hier doch auch noch berichtet werden (Wenn diese Zusammenfassung je veröffentlicht werden sollte, wünsche ich, dass sie unserem Kameraden Henri gewidmet wird, der dem Orden der Treuen Brüder angehörte und der vor wenigen Monaten verstarb). Wir hatten einen von der deutschen Wehrmacht aufgegebenen Kübelwagen gefunden und mit noch zwei Mitgefangenen planten wir, auf eigene Faust nach Frankreich zurückzukehren. Um diesen Wunsch zu verwirklichen, brauchten wir Benzin, und wir hatten erfahren, dass es im Nachbardorf welches gab – Benzin, das die Amerikaner zurückgelassen hatten.

Mit demselben Gespann, mit dem wir den jungen Verletzten ins Krankenhaus gebracht hatten, machten wir uns auf den Weg. Unterwegs kam plötzlich ein Mann aus einem Loch heraus. Er trug die deutsche Uniform. Eine große Furcht ergriff uns. Diese legte sich aber schnell bei dem unglücklichen und freundlichen Aussehen des Mannes. Er antwortete auf unsere Fragen nicht, sondern sagte nur immer wieder: „Ich habe Hunger. Ich habe Hunger".

Im Dorf Schlierbach angekommen, versteckten wir unseren Mann auf einem Bauernhof, während wir uns auf die Suche nach Benzin machten. Zuerst ergriff uns ein dummer Stolz. Wir waren in gewisser Weise Helden – wir hatten einen Gefangenen gemacht. Auf dem Rückweg achteten wir darauf, dass seine Schultern mit einer Decke wohl verhüllt waren, um jeden Zwischenfall zu vermeiden; auch fingen wir an, uns mit ihm zu unterhalten. Er schien uns sehr jung. Auf unsere Frage nach seinem Alter sagte er uns, dass er sechzehn Jahre alt war und dass er mit List in die deutsche Armee verpflichtet worden war. Er erzählte uns, dass ihm und anderen Jungen SS-Offiziere folgende Frage gestellt hätten: „Glaubt ihr an Groß-Deutschland?" Auch wenn sie diesbezüglich Zweifel gehegt hätten, sei es ihnen nur möglich gewesen, mit „Ja" zu antworten. Ein Dokument sei ausgestellt worden, mit der Aussage und der Unterschrift des Jungen. Ohne Scham hätte der Offizier dann das Papier mit einem Stempel „Freiwilliger der SS" versehen.

Angesichts dieser Jugend, von einer in Auflösung begriffenen Macht derart missbraucht, die in ihrem Alter wirklich nicht kriminell sein konnte, änderten wir unsere Haltung als Sieger und verzichteten darauf, aus diesem Jungen einen Gefangenen zu machen. In Roßwälden zurück, bat ich meinen Patron, diesen Jungen für mich als Ersatz zu beschäftigen. Ich besuchte den neuen Bürgermeister. Ich bat ihn, dem Jungen einen Arbeitsvertrag auszustellen, der zu seinen Gunsten vordatiert war. Der Junge musste noch einige Wochen warten und die Ratschläge befolgen, die wir ihm gegeben hatten, ehe er zu seiner Familie, die ihn angstvoll erwartet hatte, zurückkehren konnte.

Endlich durften wir nicht länger zögern, nach Frankreich zurückzufahren. Wir waren noch drei: Henri, Nicolas und ich selbst. Eines Morgens [27. Mai 1945] fuhren wir los, nicht ohne mit dem Auto nochmals durch alle Straßen von Roßwälden gefahren zu sein, um „Auf Wiedersehen" zu sagen. An jeder Straßenecke schmückten Mädchen und Kinder die Motorhaube mit Blumen und das im Namen der gan-

Amerikanische Panzer und Infanteristen beim Einmarsch in Roßwälden.

zen Bevölkerung. Wir nahmen diese Geste auf als eine Anerkennung und als ein Zeichen der Freundschaft.

Außerdem verfassten 15 französische Kriegsgefangene aus Roßwälden und Weiler am 9. Mai 1945 ein Schriftstück zugunsten der Bevölkerung von Roßwälden:

Die gefangenen Franzosen sagen an die arbeitsame Bevölkerung dieses kleinen Dorfs vor ihrer Abreise von Roßwälden ihren herzlichen Dank für die gute Aufnahme während der fünf Jahre ihrer Gefangenschaft. Wir wünschen, dass nach diesem grausamen Krieg die Welt versteht, wieder glücklich und in Frieden zu leben; wenn das Volk sich an Gott hält und wieder beten lernt, denn das ist der einzige Weg zum Leben. Wir wünschen auch, dass eure Soldaten bald wieder nach Hause können und dass die Landwirtschaft ihren normalen Weg wieder aufnimmt. Wir denken auch an eure Soldaten,
die auf dem Schlachtfeld gefallen und bei Fliegerangriffen umgekommen sind, und hoffen, dass unsere Länder nie mehr durch einen so grausamen Krieg zerrissen werden. Dieses sind die Wünsche unserer 15 Gefangenen von Roßwälden und Weiler, für eine bessere Zukunft und unter Gottes Frieden weiter zu leben.

Der Kommandoführer
Gilbert Tartare

Französische Kriegsgefangenen in Roßwälden, der Mann in der Mitte ist der Autor des Textes (Gilbert Tartare).

[1] Übersetzt von Prof. Dr. Werner Bleyhl, Reutlingen 1984. Veröffentlicht in der Broschüre „Französische Kriegsgefangene in Roßwälden von Juli 1940 – Mai 1945, gesammelt und aufgeschrieben von Erdtraut Zwicker, Roßwälden 2013.
[2] Anmerkung des Übersetzers: Gilbert Tartare scheint sich nicht mehr daran zu erinnern, dass in den letzten Kriegstagen eine deutsche Flakabteilung in Roßwälden lag, eine SS-Einheit in Hochdorf.
[3] Anmerkung des Übersetzers: der alte Heinrich Maier und Marga Kurz, 30 Jahre, außerdem waren noch vier deutsche Soldaten gefallen.
[4] Anmerkung des Übersetzers: die beiden Panjepferdchen waren entlaufene der sich auflösenden deutschen Wehrmacht, die auf dem Rückzug alle Pferde im Dorf als Gespann für ihre Wagen – es gab ja kein Benzin mehr – mitgenommen hatten. Ernst Wöhrle hatte die beiden Pferde selbst eingefangen und fuhr mit der Kutsche Schwester Rosa, den Verletzten (den damals knapp siebenjährigen Übersetzer), seine Mutter Elfriede Bleyhl sowie Gilbert Tartare furchtlos durch die Kolonnen amerikanischer Panzer und Lastwagen, die die Straße zwischen Ebersbach und Göppingen füllten. Deutschen war das Verlassen ihres Wohnorts nicht gestattet, sie brauchten Schutz einer Besatzungsmacht, deren Repräsentant Gilbert Tartare geworden war.

Michael B. Hixson

Große Herausforderungen – Die Anfänge der US-Militärverwaltung im Landkreis Göppingen bis November 1945

Amerikanische Pläne für ein Nachkriegsdeutschland seit 1944

Nachdem die anglo-amerikanischen Streitkräfte im Juni 1944 erfolgreich in der Normandie gelandet waren und auch die deutsche Ostfront im Sommer 1944 rapide zusammenbrach, entwickelte der US-Finanzminister Henry J. Morgenthau den Gedanken, dass es vor allem wichtig sei, nach dem absehbaren alliierten Sieg den Deutschen ihre begangenen Verbrechen gegen die Menschheit bewusst zu machen. Im September wurde ein Plan des Finanzministeriums für eine amerikanische Deutschlandpolitik vorgestellt, der unter dem Namen „Morgenthau-Plan" bekannt wurde. Die Thesen Morgenthaus, ein Freund Präsident Roosevelts, forderten die totale Entmilitarisierung Deutschlands, die Vernichtung der deutschen Rüstungsindustrie und die Abtretung deutscher Gebiete im Osten und Westen. Sie gipfelten in dem berühmten Satz: *„Dieses Programm zur Beseitigung der Kriegsindustrie an Ruhr und Saar erstrebt die Umwandlung Deutschlands in ein Land mit vorwiegend land- und weidewirtschaftlichem Charakter."* Im Außen- und Kriegsministerium stieß dieser Plan auf Skepsis. Da im Fall eines deutschen Zusammenbruchs jegliche Leitlinien fehlten, wurden zahlreiche Dokumente wie die Akte „JCS 1067" ausgearbeitet, die die harten Forderungen des Morgenthau Plans wohl abschwächten, dennoch zum Beispiel die geplante Entnazifizierung auch auf alle „Anhänger" des Regimes ausdehnte und eine Klausel einfügte, die das „Fraternisieren" zwischen den amerikanischen Truppen und der deutschen Zivilbevölkerung gänzlich untersagte.[1]

Die „Großen Drei", Roosevelt, Churchill und Stalin, trafen sich im Februar 1945 zu einer Konferenz in Jalta. Wenngleich die Zusammenkunft keine erkennbare gemeinsame Politik gegenüber Nachkriegsdeutschland brachte, ließen sich doch einige Übereinstimmungen erreichen. So einigte man sich über Zonengrenzen, wobei Frankreich einen Teil aus der britischen und amerikanischen Zone erhielt. Heftig diskutiert wurde über die hohen sowjetischen Reparationsansprüche, die weit über das hinausgingen, was im Morgenthau-Plan gefordert wurde. Nach der Rückkehr von Roosevelt nach Washington begann wieder der Wettlauf des Außen-, des Kriegs- und des Finanzministeriums um die politischen Direktiven für die Behandlung Nachkriegsdeutschlands. Am 12. April 1945 starb Präsident Roosevelt. Der neue Präsident Harry S. Truman war als Vize ein heftiger Gegner des Morgenthau-Plans. Er widersetzte sich jeglicher Politik, die das Ziel verfolgte, Deutschland zu de-industrialisieren und beauftragte John McCloy – dieser war nach 1945 maßgeblich am Wiederaufbau Nachkriegsdeutschlands beteiligt – ein Memorandum über den Stand der amerikanischen Deutschlandpolitik auszuarbeiten.

Anfang 1945, als die Amerikaner gerade im Westen Deutschlands einmarschiert waren, herrschte auf beiden Seiten eine große Unsicherheit. Auf der deutschen Seite wusste man nicht, wie sich die Amerikaner verhalten würden. Würden Sie wirklich die Gräueltaten begehen, die man von der NS-Propaganda gehört hatte? Auf der amerikanischen Seite wusste man zwar schon, dass dieser Krieg nicht wie der Erste Weltkrieg ausgehen würde, sondern dass wohl Deutschland Kilometer für Kilometer erobert werden musste, bevor der Krieg tatsächlich zu Ende war. Die Frage war aber, ob es zu einem zähen Guerilla-Krieg kommen würde, wie Propagandaminister Joseph Goebbels in seinem „Werwolf"-Programm ankündigte. Wie würden sich die Deutschen jenseits der offiziellen Hasstiraden tatsächlich gegenüber den Amerikanern verhalten? Man wusste also nicht genau, was auf der anderen Rheinseite auf die US-Armee zukommen würde.[2] Bald aber wurde klar, dass der ganz überwiegende Teil der deutschen Zivilbevölkerung nicht dazu bereit war, sich und ihr Eigentum in letzten sinnlosen Abwehrkämpfen zu opfern. Viele Menschen im Westen begrüßten die amerikanischen Truppen, deren in der Regel maßvolles Vorgehen sich bald herumsprach, nahezu als Befreier. Manchen GIs wurde dagegen erst wirklich bewusst, warum sie in Deutschland kämpften, als die ersten Konzentrationslager befreit wurden. Der junge Soldat William Taylor, später mit der 100. US-Infanteriedivision in Göppingen stationiert, formuliert in einem Brief an seine Eltern vom Ende März 1945 die zwiespältigen Eindrücke, nachdem er erste Erfahrungen auf deutschem Boden gemacht hatte – ein reiches und schönes Land mit freundlichen und vorgeblich ahnungslosen Einwohnern, die sämtlich behaupteten, nichts mit dem NS-Regime zu tun zu haben und zahlreiche Verwandte in den USA hätten, was Taylor ziemlich verärgerte: *„I suppose you are eager to hear about Germany. I don't know what I can say but I'll tell you a little anyway. Germany, as much as I've seen of it is rich and beautiful. In towns, of course, the effectiveness of our air corps is quite evident. Nevertheless, Germany has France beaten all hollow. The houses in*

Amerikanisches Flugblatt mit Aufforderung zur Kapitulation.

Anfänge der US-Militärverwaltung 491

Germany are clean, bright, and well appointed. Even their plumbing is second only to ours. The people appear well fed and are quite anxious to please us (they're quite afraid of us) and, they all claim to be ANTI-NAZI, GOOD PROTESTANTS OR CATHOLICS as the case may be, and every damn one of them has at least three close relations living in America. About that time I feel like slapping them in the face with a rifle butt. Oddly enough they don't know or pretend they don't know who they're fighting. One man thought we're English, another Russian??!!, and several said we're Canadians. Either they're terribly stupid or awful liars—maybe both."[3]

Im Frühjahr 1945 überstürzten sich dann die Ereignisse. Der endgültige Zusammenbruch Deutschlands konnte nicht mehr weit entfernt sein. Es war nun unerlässlich, dass General Eisenhower, seit Dezember 1943 Oberbefehlshaber der alliierten Landungstruppen in Frankreich, umgehend Leitlinien für die Behandlung Deutschlands nach der Niederlage erhalten musste. Am 11. Mai 1945 genehmigte Truman diese Direktive mit Namen „JCS 1067" (Joint Chiefs of Staff Document 1067), drei Tage nach der Kapitulation der deutschen Wehrmacht am 8. Mai 1945. Die Direktive „JCS 1067" ist Ausdruck einer harten amerikanischen Haltung gegenüber Deutschland in der ersten Phase der Besatzung nach der Kapitulation, was nicht verwunderlich angesichts der Verbrechen Nazi-Deutschlands im Zweiten Weltkrieg

Erobertes Me 262-Düsenflugzeug an der Autobahn Richtung München.

war. So sollte die deutsche Wirtschaft auf einem Niveau gehalten werden, das Deutschland nicht mehr ermöglichen sollte, erneut einen Krieg zu führen. Hauptziel der Direktive war, dass Deutschland nie wieder eine Bedrohung für den Weltfrieden werden können sollte. Außerdem sollte den Deutschen bewusst gemacht werden, dass sie allein für Chaos und Leid in der Nachkriegszeit verantwortlich seien.[4]

Doch zuvor waren für die siegesgewissen US-Truppen auch in Südwestdeutschland letzte Kämpfe zu bestehen: Die Marschroute der 7. US-Armee lag von Mannheim in Richtung Südosten. Zunächst gab es einige heftige Gefechte. Erst nach achttägigen blutigen Straßenkämpfen wurde Heilbronn am 12. April besetzt. In Crailsheim waren die Amerikaner bereits in die Stadt eingezogen, als sie von größeren SS-Verbänden wieder zurückgedrängt wurden. Innerhalb der nächsten Woche musste die Stadt erneut eingenommen werden, die danach einem Trümmerfeld glich. Drei Tage währten die Kämpfe um das von den Deutschen zäh verteidigte Waldenburg. Vom 14. bis 16. April drangen die amerikanischen Einheiten auf die Höhen des Fränkischen Waldes und Kocher aufwärts bis Schwäbisch Hall vor. Gleichzeitig gelang es den amerikanischen Kräften, ins Bottwartal durchzubrechen, nachdem Beilstein durch Artilleriebeschuss und Luftangriffe schwer zerstört worden war. In breiter Front drangen die US-Truppen jetzt unaufhaltsam nach Süden vor. Der deutsche Widerstand erlahmte von Tag zu Tag mehr. Am Nachmittag des 19. April erreichten erste Einheiten der 10. US-Panzerdivision den Landkreis Göppingen und am Folgetag die wichtige Autobahn Stuttgart-München, fünf Tage später waren alle Gemeinden des Kreises besetzt.

Richtlinien für das Leben mit den Deutschen

Nach welchen Richtlinien sollte das Leben mit den Deutschen in den besetzten Gebieten gestaltet werden? Schon Anfang September 1944 hatte General Eisenhower als Oberkommandierender der alliierten Streitkräfte die Bekanntmachung No. 1 an die deutsche Bevölkerung erlassen. Da der erste Absatz so ausgelegt werden konnte, dass die alliierten Truppen als Befreier nach Deutschland kämen, wurde die Proklamation im Geiste des Morgenthau-Plans dementsprechend geändert: *„Die alliierten Streitkräfte, die unter meinem Oberbefehl stehen, haben jetzt deutschen Boden betreten. Wir kommen als ein siegreiches Heer, jedoch nicht als Unterdrücker. In dem deutschen Gebiet, das von Streitkräften unter meinem Oberbefehl besetzt ist, werden wir den Nationalsozialismus und den deutschen Militarismus vernichten, die Herrschaft der Nationalsozialistischen Deutschen Arbeiterpartei beseitigen, die NDSAP auflösen, sowie die grausamen, harten und ungerechten Rechtssätze und Einrichtungen, die von der NSDAP geschaffen worden sind, aufheben. Den deutschen Militarismus, der so oft den Frieden der Welt gestört hat, werden wir endgültig beseitigen. Führer der Wehrmacht und der NSDAP, Mitglieder der Geheimen Staatspolizei und andere Personen, die verdächtig sind, Verbrechen*

Gefangene deutsche Soldaten wurden durch das stark zerstörte Ulm geführt.

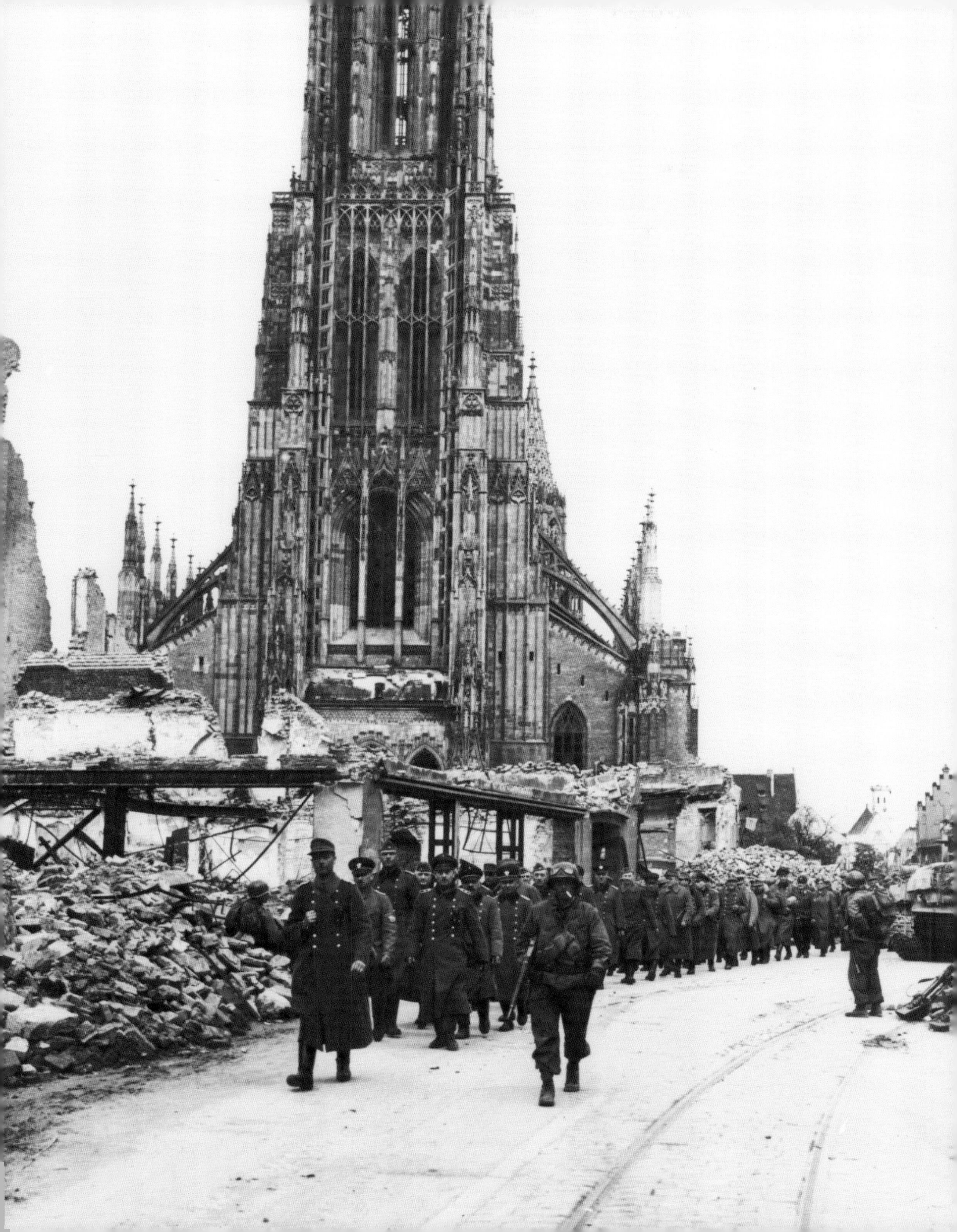

und Grausamkeiten begangen zu haben, werden gerichtlich angeklagt und, falls für schuldig befunden, ihrer gerechten Bestrafung zugeführt."[5]

Schon nach dem Überschreiten der deutschen Grenze hatte ein SHAEF-Erlass (Supreme Headquarters, Allied Expeditionary Forces) vom 12. September 1944 jegliches „Fraternisieren" untersagt, also *„den Verkehr mit den Deutschen in freundschaftlicher, vertrauter oder intimer Form, einzeln oder in Gruppen, bei offiziellen oder nicht-offiziellen Anlässen"*: Die alliierten Dienststellen sollten *„gerecht aber fest"* vorgehen, eine Haltung *„kühler Höflichkeit"* zeigen und ihre Kontakte auf das notwendige Maß beschränken. Im Umgang mit den deutschen Behörden setzte der Erlass fest: *„Allen Deutschen, die Ämter bekleiden oder die zur Führung von Ämtern ernannt worden sind, ist klar zu machen, dass sie ihr Amt auf Grund der Zustimmung der alliierten Behörden innehaben und zwar nur so lange, wie sie sich entsprechend den Weisungen und Erfordernissen der Alliierten verhalten."*[6] Die Politik der amerikanischen Militärregierung ging ursprünglich davon aus, dass sie sich weitgehend auf den bestehenden Verwaltungsapparat stützen können. Doch der größte Teil der Bürgermeister und leitenden Kommunalbeamten hatte sich abgesetzt oder war untergetaucht. Die einrückenden Truppen standen praktisch vor kaum noch handlungsfähigen Gemeindeverwaltungen. Ferner hofften die Alliierten, dass die Gewährleistung der öffentlichen Ordnung bald wieder einer reorganisierten Polizei übertragen werden könne. Doch auch viele Polizisten und Feuerwehrleute waren mit den zurückweichenden Truppen geflohen. So führte der sich auflösende Widerstand der deutschen Streitkräfte sehr schnell zum Zusammenbruch des Polizei- und Feuerwehrdienstes in den besetzten Gebieten.[7]

US-Jeep mit medizinischem Personal, Ende April 1945.

Der erste Militärgouverneur des Landkreises Göppingen – John A. Holbrook

Bereits am 20. April 1945 hatte der im Tross der 10. US-Panzerdivision mitgefahrene Captain John Alonzo Holbrook (1894-1962) in Göppingen nach der Besetzung der Stadt sofort damit begonnen, dort militärische Verwaltungsstrukturen aufzubauen und erste Maßnahmen zu initiieren. Die Ernennung des neuen Göppinger Oberbürgermeisters Christian Eberhard von diesem Tag trägt bereits seine Unterschrift.[8] Durch den Besuch der „Military Government Officers Training School" in Charlottesville war Holbrook, ein Veteran des Ersten Weltkriegs, zielgerichtet für die schwierige Aufgabe vorbereitet worden, hier eine provisorische Verwaltung zu organisieren und koordinieren.[9] Der frühere Politiker und Geschäftsmann aus Connecticut verfügte über die nötige Praxiserfahrung sowie die entsprechenden persönlichen Führungsqualitäten, um sich in den ersten Monaten der Besatzung zu bewähren. Seine „rechte Hand" war seit der Landung in der Normandie am 6. Juni 1944 fast ununterbrochen Corporal Erwin Edward Prange (1917-2011) gewesen, ein Sohn deutscher Einwanderer mit hervorragenden Sprachkenntnissen, und für Hoolbrook, der selbst kein Deutsch sprach, deshalb quasi unentbehrlich.[10] Weiter unterstützten etwa zwölf Offiziere und 20 Soldaten die Arbeit des Gouverneurs, der bis 1946 in der Hohenstaufenstadt blieb und sich danach in Stuttgart um wirtschaftliche Fragen kümmerte.[11]

John A. Hoolbrook (links), Erwin E. Prange (rechts).

Die Verwaltung des besetzten Landkreises Göppingen unter Holbrook wird von lokalen Historikern und Zeitzeugen in der Regel als positiv gewertet – gekennzeichnet durch den pragmatischen Blick auf das Notwendige, Freundlichkeit, ein offenes Ohr für Klagen und ein faires Verhalten, oftmals durchaus abweichend von den offiziellen Richtlinien der US-Politik. So kümmerte sich der Captain besonders um die Ernährung der Bevölkerung oder hintertrieb zum Vorteil der einheimischen Industrie Reparationsleistungen.[12] Bis heute erinnert in der Nähe des Göppinger Stauferparks eine nach ihm benannte Straße an sein Wirken. Eine durch Erwin Prange überlieferte Episode zur Verbesserung der Lebensmittellage in Göppingen dokumentiert Holbrooks Pragmatismus: *„Der Kalte Krieg begann sich nun aufzuheizen. Wir wurden angewiesen, so zu tun, als ob wir mit den Russen kooperieren würden, aber in Wirklichkeit davon abzusehen. Wir bemerkten, dass jeden Tag eine Menge Lebensmittel von Göppingen aus mit Zügen nach Russland transportiert wurde. Es waren sehr gute Lebensmittel in diesen Paketen, die man sogar in den Staaten nicht mehr kriegen konnte. Der Captain mochte die Russen nicht mehr als ich, aber er konnte mir keinen direkten Befehl geben, ohne selbst in Schwierigkeiten zu geraten. Dann*

sagte er: "Prange, wenn Sie wollten, könnten Sie ein paar Männer nehmen und diese Züge aufhalten." Darauf holte ich ein paar Männer und innerhalb einer Woche entführten wir sechs Zugladungen mit für Russland bestimmten Lebensmitteln. Nun, was sollte ich mit all den Lebensmitteln anfangen? Ein deutscher Geschäftsmann brachte die Rettung. Er kannte ein neues großes Lagerhaus, das gerade verfügbar war, und war der Meinung, es könnte die sechs Zugladungen aufnehmen. So begannen wir mit dem Umladen und gleichzeitig damit, die Hungrigen im weiten Umkreis zu füttern. Ich fühlte mich wie Robin Hood. Die einheimischen Deutschen dachten, der Himmel über ihnen hätte sich aufgetan. In der Zwischenzeit war mein Team nach Stuttgart abgeordnet worden und ich musste mich allein um das Göppinger Büro kümmern. Ich genoss es, dabei zuzusehen, wie die hungrigen Deutschen, Polen und anderen Flüchtlinge gefüttert wurden. Das war die erste volle Mahlzeit für sie, seit der Krieg begonnen hatte.

Aber es war zu gut, um lange dauern zu können. Eines Tages tauchte ein jüdischer Infanterie-Colonel frisch vom Schlachtfeld auf. Er sagte: "Ich habe seit einiger Zeit davon gehört, aber ich konnte es nicht glauben, bis ich es gesehen habe." Ich war also berühmt und in großen Schwierigkeiten. Der Colonel sagte: "Sergeant, ich gebe ihnen 48 Stunden, um diese Lebensmittel loszuwerden oder Sie und ihr ganzes Team kommen vor Gericht." Ich hatte einen Lieutenant zum Freund, der über den Fahrzeug-Pool in Stuttgart verfügen konnte. Er schickte mir 28 sechsreifige Militärlastwagen. Wir luden das noch vorhandene Essen auf, nachdem ich so viel wie möglich davon weggegeben hatte. Jetzt fühlte ich mich sogar noch besser als Robin Hood, ich war zurück im Neuen Testament und half Jesus dabei, die 5000 zu speisen. Die 28 Lkw-Ladungen mit den Resten der Lebensmittel wurden nach Stuttgart geschickt. Wir stellten einiges im Keller der Offiziersmesse unter und einiges im Warenlager der Fabrik Bosch. Dann nahm ich den Rest und versteckte ihn im tiefen Keller einer Fabrik zwischen Göppingen und Stuttgart. Ich hatte sowohl den Schlüssel als auch in den Geschäftsführer in der Tasche, nachdem ich ihm etwas von den Lebensmitteln gegeben hatte. Ich wohnte nicht weit von der Fabrik entfernt und konnte einen gelegentlichen Halt machen, um meine Küche aufzufüllen. Ich fand, dass die Russen mir das schuldig waren, nach all dem Ärger, den sie mir verursacht hatten, indem sie mein Lager zerstörten [Russische DPs hatten zuvor ein neu eingerichtetes Lager in Göppingen verwüstet]. Ich benutzte auch einige der Lebensmittel, um Partys für meine befreundeten deutschen Industrielle zu geben. Der Rest der Geschichte ist

Eine Schwester des Field Army Hospital bei der Betreuung von DPs in Göppingen, Sommer 1945.

Erwin Prange in seinem Göppinger Büro.

weniger fröhlich. Der Messe-Offizier wurde heimgeschickt, als man die Lebensmittel im Keller der Offiziersmesse fand. Bosch geriet gleichfalls in Schwierigkeiten, als er zu erklären versuchte, wo die Lebensmittel herkamen."[13]

Aufgaben und Probleme der US-Militärverwaltung

Die Fülle von Aufgaben, die auf das „Military Government Detachment" G-25 zukam, war häufig schlichtweg erdrückend, wenn man die kleine personelle Ausstattung derselben betrachtet. Da ein großer Teil der Besatzungstruppen ausschließlich mit Wachdiensten und ordnungspolizeilichen Verpflichtungen betraut war, musste die Abteilung häufig auf die ehemaligen Kriegsgefangenen und deutsche Zivilisten zurückgreifen, um die wichtigsten Herausforderungen bewältigen zu können. Gerade im Bezug auf die Verwaltung zeigten sich erhebliche Schwierigkeiten: Einerseits sollten so viel wie möglich der bürokratischen Strukturen erhalten bleiben, andererseits zeigten sich zahlreiche Schlüsselstellen mit hochrangigen Parteimitgliedern der NSDAP besetzt und sollten durch Personen ohne entsprechende Belastung ersetzt werden. Schon in den ersten Stunden der Besatzung waren bestimmte Anweisungen an die Bevölkerung (Ausgangssperren, Entwaffnung, Verhaltensregeln) erlassen und Aufgaben verteilt worden. Bisweilen kamen in den letzten Kriegstagen dazu auch prominente Gefangene kurzzeitig nach Göppingen, wie das ehemalige ungarische Staatsoberhaupt Miklós Horthy oder der Oberbefehlshaber West, Generalfeldmarschall Gerd von Rundstedt. Sie wurden, wie zeitgenössische Filmaufnahmen dokumentieren, einige Tage Ende April/Anfang Mai zum Verhör in beschlagnahmte Göppinger Industriellenvillen gebracht und dann weitertransportiert. Sergeant Erwin Prange hatte zudem eine unerwartete Begegnung in seinem Büro: *„Eines Tages kam ein junger Mann in mein Büro. Er gab seinen Namen als Manfred Rommel an, Sohn des Feldmarschalls Erwin Rommel. Er erzählte mir, wie sein Vater in seinem Haus bei Ulm, einige Meilen südlich von Göppingen, zum Selbstmord gezwungen worden war."*[14]

Generalfeldmarschall Gerd von Rundstedt als Gefangener der US-Armee vor der Göppinger Flakkaserne.

Parallel zu der Einrichtung von Anlaufstellen für die Verwaltung, Veröffentlichungen von Proklamationen und der Aufrechterhaltung der öffentlichen Sicherheit, mussten rasch neue Bürgermeister für die Städte und Dörfer gefunden werden.[15] Mehrfach beließ die Militärverwaltung nach einem ernsten Verhör einfach den bisherigen Bürgermeister im Amt, wie beispielsweise in Göppingen, wo Christian Eberhard vom geflohenen OB Erich Pack zum Leiter der Restverwaltung ernannt worden war, oder in Ebersbach Gustav Seebich, der spätere Landrat und ein baldiger Vertrauter Holbrooks. In Fällen, wo es sich bei den Amtsinhabern um profilierte NSDAP-Funktionäre handelte, griff man auf Personen zurück, die durch bereits vor dem Einmarsch gesammelte Informationen als zuverlässig eingestuft wurden, wie beispielsweise in Geislingen oder Wiesensteig.[16]

Während der Anfangsphase der Besatzungszeit behielten viele Verwaltungsangestellte ihre Posten, außer denen, die als besonders „parteitreu" bekannt waren. So konnte die Militärverwaltung die elementarsten Abläufe und Informationswege aufrechterhalten. Als dann im Verlauf der Entnazifizierung der Verwaltungsapparat immer starker ausgedünnt zu worden drohte, mussten die Amerikaner erkennen, dass sich vorerst eine funktionierende Verwaltung ohne frühere Parteimitglieder als kaum realisierbar erwies.

Die ersten Wochen und Monate nach der „Befreiung" wurde der Landkreis Göppingen mit einer Welle von Plünderungen und anderen Delikten konfrontiert, die hauptsächlich von den Tausenden freigelassenen, meist russischen und polnischen Zwangsarbeitern oder Kriegsgefangenen ausging. Diese im NS-Regime, im Gegensatz zu den Franzosen oder Holländern, sehr schlecht behandelten und oft als „Untermenschen" diskreditierten Nationalitäten versuchten, sich an ihren bisherigen Unterdrückern zu rächen oder sich auf eigene Faust für erlittenes Unrecht zu „entschädigen" – bei Diebstählen oder nächtlichen Überfällen auf abgelegene Bauernhöfe, zum Beispiel im Ottenbacher Tal.[17] Daneben musste ohnehin eine immense Zahl von ehemaligen Zwangsarbeitern verschiedener Nationalitäten überhaupt versorgt oder in ihre Heimat rückgeführt werden. Hinzu kam ein steter Zustrom von Flüchtlingen aus den ehemaligen deutschen Ostgebieten.

Schilder zu den Einrichtungen der 100. US-Infanteriedivision in Geislingen.

Um den totalen Kollaps der öffentlichen Ordnung und gewalttätige Ausbrüche zu verhindern, rekrutierte die Militärverwaltung frühere französische und holländische Kriegsgefangene als bewaffnete Sicherheitskräfte. Diese Maßnahme erwies sich aber nur teilweise als erfolgreich, da die Männer bei sich bietenden Gelegenheiten ebenfalls „zugriffen", vor allem wenn sonst wenig zu tun war. Diese in den ersten Tagen eingesetzten, verschiedenen Sicherheitskräfte wurden daher größtenteils wieder entwaffnet, als man Ende April Teile der 100. US-Infanteriedivision als Besatzungstruppe in den Landkreis verlegte und diese längerfristig dort behielt. Zusätzlich erlaubte man im Lauf der Besatzungszeit in steigender Zahl und mit wachsenden Kompetenzen die Verwendung deutscher Polizeikräfte.

Die rund 3000 Soldaten der 100. US-Infanteriedivision erhielten am 10. Mai 1945 den Auftrag, das folgende Gebiet zu überwachen und die beschriebenen Aufgaben (Kontrolle der Gefangenen und DPs, Bewachung von öffentlichen Einrichtungen, Fabriken und Verkehrswegen, sowie der Einrichtungen der US-Armee) wahrzunehmen: „*2,400 square miles and followed the right bank of the winding Neckar*

Ein Soldat der 100. US-Infanteriedivision bei der Parade am 4. Juli 1945 durch Göppingen. Das Divisionsemblem auf seinem Helm ist gut zu erkennen.

River from Heilbronn to the vicinity of Memmingen, where our division boundary turned east to the city of Ulm. Within this huge, rectangular area, some 80 miles long and 50 miles wide, lived thousands of unscreened civilians, an unestimated number of former enemy troops who had drifted homeward with the collapse of the Wehrmacht, and multitudes of DPs. Two hundred and eighty highly important captured installations such as power plants, ammunition dumps, food factories, railroad yards, bridges, pipe lines, hospitals and miscellaneous manufacturing plants, had to be guarded constantly. In addition, watch had to be kept over our own command posts, supply dumps, motor pools, communications nets, and the various vital materiel of an army in the field. To do this work, more than 3,000 men had to be employed in a 24-hour period. This number did not take into account the routine guard of unit installations."[18]

Im Landkreis Göppingen arbeiteten die GIs und Techniker der 100. US-Infanteriedivision eng mit der Militärverwaltung zusammen und unterstützten diese im Verlauf der ersten Nachkriegsmonate bei zahlreichen Aufgaben. Wie schon beschrieben, lag eine der größten Herausforderungen darin, allzu große Konflikte im Verhältnis zwischen der einheimischen Bevölkerung und den zahlreichen „Displaced Persons" (DPs) zu verhindern, die in Lagern untergebracht waren. Diese wurden von der Militärverwaltung zusammen mit der 100. US-Infanteriedivision eingerichtet und kontrolliert; in Göppingen bestand ein DP-Lager in der Nähe der Barracken des Fliegerhorsts (heute Stauferpark), schon während des Krieges hatte man dort sowjetische Zwangsarbeiter untergebracht. Die Nähe des Lagers zur Eisenbahnverbindung Stuttgart – München führte dazu, dass die Einrichtung als Durchgangsstation genutzt wurde, wo tausende DPs verschiedener Nationalitäten verhältnismäßig kurze Aufenthalte hatten. In den drei ersten Monaten handelte es sich dabei vorwiegend um sowjetische und polnische Kriegsgefangene und Zwangsarbeiter. Die Zahl der DPs im Landkreis Göppingen unterlag einer starken Fluktuation: im Juli 1945 zählte man rund 9000 Menschen in diesem Lager, bis zum Ende des Jahres sank sie allmählich auf 3000 ab.

Das zweite größere Lager in Geislingen setzte sich aus einer Anzahl deutscher Arbeitsbarracken zusammen. Beide Lager wurden von Einheiten der 100. US-Infanteriedivision bewacht. Anfangs kann man das Verhältnis der Amerikaner zu den Russen als eher positiv beschreiben, wie man beispielsweise den Briefen des

Parade der 100. US-Infanteriedivision auf dem Göppinger Flugplatzgelände, Luftbild Juni 1945.

US-Soldaten William Taylor in diesem Buch entnehmen kann. Doch nach der anfänglichen Befreiungseuphorie kühlte sich die Beziehung unter den Alliierten selbst auf der lokalen Ebene recht schnell ab, erste Spuren des „Kalten Krieges" zeigen sich auch in den zuweilen recht drastisch formulierten Berichten Erwin Pranges: *„Kurz nach unserer Ankunft in Göppingen, brach in Deutschland ein neuer Krieg aus. Genau zu dem Zeitpunkt, als wir den Großteil unserer Truppen und Ausrüstung nach Hause schickten, hielt der Kalte Krieg Einzug. Die Russen begannen, wie Heuschrecken durch Europa zu schwärmen. Sie raubten alles, was nicht angenagelt*

US-Generäle und Kongressabgeordnete besuchen im Juni 1945 das DP-Lager am Göppinger Flugplatz, wo vor allem russische Kriegsgefangene untergebracht waren.

war und versuchten, jede Frau unter 80 zu vergewaltigen. Wir mussten sie letztlich in Lager stecken, die mit Stacheldraht und bewaffneten Wachen umgeben waren. Es war ein seltsames Paradoxon, dass unsere früheren Feinde, die Deutschen, frei herumrannten und unsere früheren Verbündeten, die Russen, sich hinter Stacheldraht befanden. Die Russen waren weitaus primitiver, als wir es uns jemals vorgestellt hatten."[19]

Die Ordnung innerhalb der DP-Lager im Landkreis einigermaßen zu gewährleisten und deren Insassen von Übergriffen auf die deutsche Bevölkerung abzuhalten, brachte die Militärverwaltung an ihre Grenzen, wie ein weiterer Bericht Pranges nahelegt: *„Internierungslager für die Russen wurden in hoher Geschwindigkeit gebaut, da es bereits schwierig war, die Nachfrage zu befriedigen. Ich, nur ein einfacher Sergeant, erhielt die Verantwortung über eines der Lager. Ich kommunizierte mit den Russen über den Leutnant Constantin, der gut ausgebildet war und fließend Deutsch sprach. Uns gehörte ein nagelneues Lager, das ursprünglich von den Alliierten gebaut worden war, um gefangene deutsche SS-Angehörige unterzubringen. Es war sauber, modern und mit hervorragenden Küchen und anderen Einrichtungen ausgestattet. Ich brachte die Russen ins Lager und übertrug drei Holländern die Verantwortung darüber. Sie waren die Vielsprachigsten und zivilisiertesten aller Nationalitäten (racial groups). Etwa eine Woche später rief mich mein Captain (Holbrook) in sein Büro. Er sagte: „Prange, ich habe interessante Dinge über Ihre Russen gehört. Warum werfen Sie nicht mal einen Blick darauf und sehen nach, wie es denen so geht?" Ich ging hin und fand ein Chaos vor. Sie hatten all die neuen Küchen- und Badeinrichtungen zerstört und kochten ihr Essen draußen in einem großen eisernen Kessel. Sie hatten alle Arten von Lebensmitteln, die sie hatten finden können, in den Kessel geworfen und standen drumherum, schöpften den Eintopf mit ihren Helmen oder Nachttöpfen oder welchem Gefäß sie auch immer hatten auftreiben können."*[20]

Nach zwei Monaten konnten die Gewalttätigkeiten immerhin deutlich reduziert werden, obwohl es weiterhin sporadisch zu Übergriffen kam. Doch allein die schiere Anzahl der DPs stellte die Militärverwaltung vor erdrückende Probleme. Daher scheint die forcierte Rückführung der sowjetischen Internierten eine gewisse Erleichterung bei den GIs und den Einheimischen hervorgerufen zu haben. Bei manchen Amerikanern, die zunächst froh über den Abzug der Russen waren, – darunter Erwin Prange –, zeigte sich dann aber ein Gefühl der Bestürzung, als man Nachrichten über das Schicksal vieler Rückkehrer hörte: *„An dem Tag, als die Russen aus meinem Lager geschafft wurden, erzählten wir ihnen, dass sie in ein anderes Gebiet kämen, wo sie besser plündern könnten. Der Zug nach Russland rollte bereits an, als sie herausfanden, dass sie reingelegt worden waren. Manche begingen Selbstmord, indem sie von dem schnell fahrenden Zug heruntersprangen. Als sie zur russischen Grenze kamen, wurden alle Offiziere sofort erschossen und ebenso jeder zehnte einfache Soldat. Leider auch mein Freund Leutnant Constantin. Glücklicherweise war für uns Zeit zum Weiterziehen. Zurück in Göppingen* *fand ich Chaos über Chaos. Zur gleichen Zeit als man das Russenlager in den Zug verfrachtete, wurde eine deutsche Kavallerie-Division demobilisiert. Entweder trat ein Pferd einen Russen oder ein Russe ein Pferd, jedenfalls brach die Hölle los. Da ein hochrangiger amerikanischer General anwesend war, machte ich mich schnell davon und suchte mir einen Platz zum Verstecken."*[21]

Die Räumung der Russenlager im Juli 1945 markiert jedenfalls einen spürbaren Einschnitt in der frühen Besatzungszeit. Im Herbst 1945 trafen in Geislingen etwa 4000 Esten ein, die ihre Heimat aus Furcht vor der Roten Armee hatten verlassen müssen, da sie im Krieg teilweise mit den Deutschen kollaboriert hatten. Sie mussten recht kurzfristig untergebracht werden und blieben einige Jahre in Geislingen, was dort bisweilen zu erheblichen Spannungen führte.[22]

Ehemalige russische Zwangsarbeiter werden vom Göppinger Bahnhof nach Osten transportiert.

Bis zum Herbst 1945 hatten sich die anfangs strenger gehandhabten Richtlinien gegen die „Fraternisierung" deutlich aufgeweicht – viele der Zeitzeugenberichte in diesem Buch enthalten Erzählungen über die ersten Begegnungen der Einheimischen mit den Besatzern. Für viele blieben gerade die erste Wahrnehmung dunkelhäutiger Soldaten oder die ungewohnten amerikanischen Lebensmittel in besonderer Erinnerung. Waren die ersten Soldaten beim Einmarsch oftmals in öffentlichen Gebäuden, vor allem Schulen, einquartiert worden, so mussten einige Tage später in größerer Zahl Privathäuser geräumt werden. Nur in sehr kleinen und abgelegenen Dörfern unterblieben diese Einquartierungen. Die Dauer der Beschlagnahmung der Häuser und Wohnungen konnte für die deutschen Besitzer sehr unterschiedlich ausfallen, von einigen Tagen bis zu Monaten oder gar Jahren.

Entstanden zunächst über die Kinder, die oftmals Kaugummi, Schokolade und Orangen ergattern konnten, erste Kontakte zu den US-Soldaten, weiteten sich diese im Lauf des Jahres immer weiter auf die Erwachsenenwelt aus. William E. Eckard, ein Soldat der 100. US-Infanteriedivision erinnerte sich an seine Ankunft am 6. Juni 1945 in Uhingen: *„Zu dieser Zeit war der Krieg seit zwei Monaten vor-*

Anfänge der US-Militärverwaltung

über. Die meisten deutschen Zivilisten hatten eine leicht erkennbare Verwandlung von den benommenen und missmutigen Leuten gemacht, die wir im frühen Mai angetroffen hatten. Ich vermute, sie hatten ihre Niederlage akzeptiert und inzwischen beobachtet, dass wir Amerikaner nicht ihr Land auseinandernahmen und nicht ihre Frauen vergewaltigten wie es die Russen taten. Der Großteil der Bevölkerung bestand weiterhin aus Frauen, kleinen Kindern und alten Männern. Die Altersgruppe der Soldaten war noch nicht aus den Gefangenenlagern zurückgekehrt."[23] Zu den Beziehungen der Besatzungssoldaten zur einheimischen Zivilbevölkerung gehörten neben Aufträgen für Wäsche oder Reparaturen, diese natürlich gegen Lebensmittel oder Zigaretten, auch amouröse Kontakte zwischen US-Soldaten und jungen deutschen Frauen, die man oft verächtlich als „Veronikas" bezeichnete.[24] Mancher Soldat hatte zuweilen allerdings etwas andere Vorstellungen von der Region und ihren Orten, wie den Erinnerungen des Soldaten Louis Shelton zu entnehmen ist, der sich in Bad Ditzenbach auskurierte und einen für ihn enttäuschenden Ausflug in die „berühmte Universitätsstadt" Göppingen unternahm: „I remember traveling around the area a bit, both

Übersicht über von US-Soldaten belegte Gebäude in Salach. Dabei ist zu sehen, dass die Turnhalle bereits am Tag des Einmarschs (20. April 1945) belegt wurde.

Bar und Bibliothek der US-Soldaten der 100. US-Infanteriedivision in Geislingen.

Ein US-Soldat genießt die Aussicht vom Turm der Ruine Helfenstein.

before and after the end of my combat period. I remember, for example, going through „Goppingen", umlaut on the O. I knew that it was a famous University town in past centuries. There was not much to be seen as I went through on the back of a jeep."[25]

Rückschau und aktuelle Lage – Holbrooks Bericht vom 26. November 1945

Am 26. November 1945 verfasste Captain John A. Holbrook einen detaillierten Bericht, in dem er die Situation im Landkreis präzise analysierte, sowie vergangene und zukünftige Herausforderungen thematisierte. Den Landkreis beschrieb er einleitend als eine hochindustrialisierte Region, die kaum Kriegszerstörungen hatte hinnehmen müssen: „Landkreis Goeppingen is a highly industrialized area which suffered a minimum of war damage." Nur drei kleinere Gemeinden hätten signifikante Schäden erhalten, gemeint sind sicherlich Wäschenbeuren, Schlierbach und Gosbach, wodurch die positive Gesamtsituation für die industrielle Produktion jedoch kaum beeinträchtigt sei. Daher könne man den Landkreis als eine der wirtschaftlich produktivsten Zonen im amerikanischen Sektor bezeichnen. Die Schlüsselindustrie erkannte Holbrook im Maschinenbau. Probleme bestünden indes

Viele Fabriken, wie hier Märklin, konnten aufgrund der geringen Kriegsschäden im Landkreis wieder vergleichsweise schnell die Produktion aufnehmen.

Holzfällarbeiten im Göppinger Oberholz, Sommer 1945.

in der Treibstoffversorgung und im Transport von Rohmaterialien. Das Straßennetz sei bei Kriegsende intakt gewesen, quasi alle Autos habe man beschlagnahmt und in einer „Kreisfahrbereitschaft" zusammengefasst. Diese teilte dann die Fahrzeuge an Personen zu, die wichtige öffentliche Aufgaben wahrnehmen würden und auf Mobilität angewiesen seien. Im Juli 1945 habe man wegen des Benzinmangels oft auf Holzvergaser umstellen und dazu noch große Mengen Holz fällen müssen. Aktuell verfüge man über 580 Lastwagen, jeweils die Hälfte Benzin- oder Holzvergaser, sowie 1302 Pkw und 1430 Motorräder.

Als das dringlichste Problem sah der Captain weiterhin die Versorgung und Lage der DPs an, von denen sich derzeit etwa 7000 im Kreis befänden. Darunter seien 4000 in Geislingen einquartierte Esten, beim Rest handelte es sich überwiegend um Polen und Ukrainer. Etliche dieser Personen wollten lieber hier bleiben, als in ihre Heimatländer zurückkehren. Da gewaltsame Räumungen untersagt seien, verweigerten viele die Abreise. Hinzu kämen gelegentliche Ausbrüche von Gewalt: Plünderungen, Mord und Vergewaltigungen. Die Kontrolle über die DPs gestalte sich somit immer noch schwierig. Probleme existierten gleichfalls im Bereich der Wohnraumkapazitäten, da sich diese schon seit geraumer Zeit als sehr knapp erwiesen und die bisherigen Besatzungstruppen unangemessen viel Platz benötigt hätten. Holbrook hoffte, nach einer Ablösung durch eine kleinere und diszipliniertere Truppe über mehr Wohnraum für deutsche Zivilisten zu verfügen – zumal in Anbetracht des anstehenden Winters. Denn seit Einstellung der Kampfhandlungen war die Kreisbevölkerung um 25 % angewachsen, bis zum 31. März 1946 würden insgesamt 60 000 nahezu mittellose Flüchtlinge aus den deutschen Ostgebieten im Landkreis angekommen sein: *"German refugees from the East are being sent into this Kreis in increasing numbers, and the schedule provides that by March 31st this Kreis will have received 60,000 unfortunate people who come without food, clothing or money."* Deshalb müsste im Bereich der ohnehin schon prekären Lebensmittelversorgung zumindest ein ausreichendes Maß gewährleistet werden können.

Kritisch betrachtete Holbrook die gravierenden Mängel im Bereich Umerziehung, Information und Unterhaltung der Bevölkerung. Nur jede fünfzigste Familie verfüge über ein funktionierendes Radiogerät, die Nachrichtenübermittlung falle schwer oder mündliche Informationen würden verfälscht. Auch hinsichtlich der Schulen sah die Lage nicht besonders gut aus: es mangelte aufgrund der Entnazifizierung an Lehrern und Lernmitteln. Außerdem könnten viele Schulen in den Zentren des Landkreises wegen des Ölmangels für die Zentralheizung und fehlender Öfen nicht beheizt werden, was nicht gerade zum Lernerfolg der oft erkälteten Kinder beitrage. Bei den kleineren Dorfschulen würden angesichts niedrigerer Schülerzahlen und vorhandener Holzöfen weniger Schwierigkeiten bestehen. Im Bereich der Gesundheitsversorgung gebe es derzeit keine Hinweise auf Epidemien und trotz der schmalen Lebensmittelzuteilungen keinen Trend zur kritischen Unterernährung. Angesichts der erwarteten Flüchtlingsströme aus Ostdeutschland und Österreich müssten die Gemeinden allerdings entsprechende Vorkehrungen treffen, um diese Menschen zu versorgen, unterzubringen und ernähren. Die einheimische landwirtschaftliche Produktion reiche in dieser Industrieregion ohnehin nicht aus, daher mussten dieses Jahr 10 000 Tonnen Kartoffeln und 3118 Tonnen amerikanischer Weizen sowie andere Lebensmittel importiert werden.

Zug mit Flüchtlingen und Hamsterfahrern in Geislingen, Sommer 1945.

Radio, Klavier und HJ-Trommel.
Ein US-Soldat in der provisorischen GI-Bar in Geislingen, Sommer 1945.

Offen kritisierte Holbrook die umständlichen und fragwürdigen Methoden und Abläufe der Entnazifizierung, die auch der wirtschaftlichen Entwicklung Nachteile brächten. Am Ende müssten die mit den Verfahren selbst beauftragten Deutschen deren Ausgang und Konsequenzen mit dem eigenen Gewissen ausmachen: *„By throwing the burden of denazification directly upon the Germans themselves, all the faults and defects of the Hitler regime are brought to light and each German committee man must search his own conscience for what he hopes will be the true solution."*

Politisch habe es bislang nur sehr wenige Neuanfänge gegeben, markante Persönlichkeiten seien nicht hervorgetreten. In der Position des Landrats war kürzlich Paul Metz auf Erich Krauß gefolgt, der am 14. Mai 1945 eingesetzt worden war.[26] Metz sei ein unerfahrener, aber energischer und pflichtbewusster Mann, was auch zu einer Neubesetzung vieler Bürgermeisterstellen geführt habe.[27] Im folgenden Jahr würde es dann zu einer Neuordnung der Kreisverwaltung kommen. Ab dem 7. März 1946 besaß die neue Kreisordnung Gültigkeit, am 28. April des Jahres fanden die ersten Kreistagswahlen statt und am 31. Mai trat das Gremium erstmals zusammen.[28] Parallel dazu begannen die Spruchkammerverfahren zur „Entnazifizierung" der Bevölkerung. Die Soldaten der 100. US-Infanteriedivision, die erste Besatzungstruppe im Landkreis, kehrten seit Januar 1946 in die USA zurück – darunter Anfang April 1946 der einige Zeit in Göppingen und zuletzt im hessischen Gießen stationierte William Taylor[29] und Erwin Prange, der sich zum lutheranischen Pastor ausbilden ließ.[30] Da die Stadt Göppingen indes eine langfristige US-Garnison erhielt, sind dort in den ersten Jahren die Facetten des manchmal nicht unproblematischen Zusammenlebens von US-Soldaten und Einheimischen sehr gut nachvollziehbar, wie beispielsweise ein Spiegel-Artikel aus dem Jahr 1950 dokumentiert.[31] Die Begegnungen und Herausforderungen in den spannungsreichen ersten Tagen, Wochen und Monaten nach dem Kriegsende, in denen noch vieles im Unklaren lag, blieben jedoch den Zeitzeugen beider Seiten in besonders plastischer und nachhaltiger Erinnerung.

1 Wilfried Mausbach, Zwischen Morgenthau und Marshall. Das wirtschaftspolitische Deutschlandkonzept der USA 1944–1947 (Forschungen und Quellen zur Zeitgeschichte, Bd. 30), Düsseldorf 1996.
2 Klaus-Dietmar Henke, Die amerikanische Besetzung Deutschlands, München 1996, S. 67-86.
3 https://wwiiwwtaylor.wordpress.com/Brief Nr. 186 (29.3.1945).
4 Henke, Besetzung, S. 87-93. Zum persönlichen Erfahrungshorizont einzelner US-Soldaten in Deutschland exemplarisch: Alex Kershaw, Der Befreier. Die Geschichte eines amerikanischen Soldaten im Zweiten Weltkrieg, München 2012, S. 201ff.
5 Jürgen Weber, Geschichte der Bundesrepublik Deutschland: Analyse und Dokumentation in Text, Bild und Ton. Auf dem Wege zur Republik: 1945 - 1947, Band 1, München 1979, S. 290.
6 Henke, Besetzung, S. 118-122.
7 Ebenda.
8 Sandra Ströhle, Die ersten Anordnungen des Militärgouverneurs John A. Holbrook, in: Jürgen Helmbrecht/Karl-Heinz Rueß (Hg.), Demokratischer Neubeginn. Göppingen in den Jahren 1945 bis 1955, Veröffentlichungen des Stadtarchivs Göppingen 39, Göppingen 1999, S. 28-39.
9 Ebenda, S. 29.
10 Erwin E. Prange, Saved. Again, o.O., 2014. Diese privat gedruckte Autobiografie Pranges ist in einem Exemplar im Kreisarchiv Göppingen vorhanden.
11 Ströhle, Holbrook, S. 28f.
12 Sandra Ströhle, Das Verhältnis der Deutschen zu den Besatzern und die Stimmung in der Bevölkerung, in: Jürgen Helmbrecht/Karl-Heinz Rueß (Hg.), Demokratischer Neubeginn. Göppingen in den Jahren 1945 bis 1955, Veröffentlichungen des Stadtarchivs Göppingen 39, Göppingen 1999, S. 40-49.
13 Prange, Saved. Again, S. 35-37. Übersetzung: Dr. Stefan Lang, Kreisarchiv Göppingen.
14 Ebenda, S. 32. Eine damals 15-jährige Zeitzeugin aus Eislingen erzählte auch über ein Flugblatt, in dem Manfred Rommel die Geschichte über den erzwungenen Selbstmord seines Vaters berichtete.
15 Ströhle, Holbrook, S. 31.
16 G-25 Journal-Eintrag für Geislingen: "The new mayor, a Herr Ernst Reichle, who had been appointed by Maj. Gregory of H2G3 and screened by the CIC seems like a very reliable man and one able to give MG the fullest cooperation.Reichle's Fragebogen states that he has not been a member of the Nazi party; but was a member of the Social Democratic Party before 1933. Reichle had spent 15 months in a concentration camp because he refused to join the Nazi party, much less cooperate with them. Reichle is under 24-hour guard by two American soldiers because in the early stages of the game his life had been threatened for his cooperation with MG and Allied Military Authority. (…) Herr Reichele, the Mayor, came in at 14.00 as instructed for his first conference with the officer representing the detachment. A formal introduction was made, after which time further instructions were given. The mayor was told that his post was temporary and that he could be removed from office at any time the MG deemed it necessary. He promised fullest cooperation and fulfillment of orders." Im Kontrast dazu Wiesensteig: "Hermann Bosch, mayor of Wiesensteig (pres. Pop. 1750) was removed from office. Herr Bosch was an ardent Nazi supporting several organizations. Several people in town were interrogated and they all claimed Bosch to have a strong Nazi policy. He was much hated by most people in this town for his rough handling. The new mayor, a Herr Pulvermueller, was appointed on the suggestion of an Army 1st Lt. and approval of a few city officials. Herr Pulvermueller was told that his appointment was temporary. He also was told to read over the MG poop and to carry out all orders as instructed. He also was told about curfew and travel restriction. After the appointment of Herr Pulvermueller, the Chief of Police was called in and he was instructed to give the new mayor his fullest cooperation. The civil servants in the town were ordered to stay on their jobs and fully cooperated with the new mayor."
17 Ströhle, Holbrook, S. 34.
18 Michael A. Bass (Ed.), Story of the Century [100. Infantry Division], New York 1946, S. 198ff.
19 Prange, saved. Again, S. 33. Übersetzung: Dr. Stefan Lang, Kreisarchiv Göppingen.
20 Ebenda, S. 34. Übersetzung: Dr. Stefan Lang, Kreisarchiv Göppingen.
21 Ebenda, S. 35. Übersetzung: Dr. Stefan Lang, Kreisarchiv Göppingen.
22 Bernhard Stille, „Vergessene Geschichte" – Das Estenlager in Geislingen 1945-1950, in: Geschichte regional. Quellen und Texte aus dem Kreis Göppingen, Heft 3, Göppingen 1988, S. 99-108.
23 William E. Eckard, Visiting Europe $ 2.17 Per day: Memories of a WWII Heay Machine Gunner. http://marshallfoundation.org/100th-infantry/individual-stories/william-e-eckard/ [Stand Juli 2015].
24 Ströhle, Verhältnis, S. 47f. Zum Alltag der Göppinger Frauen nach Kriegsende: Claudia Liebenau-Meyer/Christel Eisele/Gabriele Werner, „Wir wollten endlich leben". Göppinger Frauenalltag nach '45, Göppingen 1995.
25 Louis Shelton/Paul Shelton, No Use Both of Us Getting Killed…You Go!: A Quarter Century of Life, Love, and War, o.O. 2011, S. 323. Shelton hatte wohl „Göttingen" im Sinn.

[26] Sandra Ströhle, Die Neuordnung der Kreisverwaltung, in: Jürgen Helmbrecht/Karl-Heinz Rueß (Hg.), Demokratischer Neubeginn. Göppingen in den Jahren 1945 bis 1955, Veröffentlichungen des Stadtarchivs Göppingen 39, Göppingen 1999, S. 74-81.
[27] KrA GP S 16 G25-Bericht vom 26.11.1945.
[28] Ströhle, Neuordnung, S. 74f.
[29] https://wwiiwwtaylor.wordpress.com/letters/april-1946/. Auf der Rückreise kam Taylor durch Heidenheim, von wo er seinen letzten Brief in die USA schrieb.
[30] Prange, Saved. Again, S. 63ff.
[31] Besatzung: Vom Ami a Kind, Der Spiegel 4/1950 (26.1.1950), online unter: http://www.spiegel.de/spiegel/print/d-44446279.html.

Stefan Lang

Das Kriegsende im Landkreis Göppingen – Nachbetrachtungen und Nachspiele

„Wenn der Amerikaner kommt, sagte mein Mann [kriegsversehrter Soldat], dann habe ich keine Angst. Der Amerikaner ist human. Der tut den Leuten normalerweise nichts. Und so war's dann ja auch." Mit diesen Worten umschrieb im Frühjahr 2014 die 94-jährige Zeitzeugin Erna Weller aus der Göppinger Oberstadt, damals eine junge Mutter, im Interview zum Dokumentarfilm „April 1945" die Erwartungshaltung und das spätere Empfinden vieler Bewohner des Landkreises Göppingen über die Besetzung ihrer Heimat.

Versucht man am Ende dieses umfangreichen Buchs einige zusammenfassende Analysen und Bewertungen der Ereignisse im April 1945, kann man unter anderem festhalten, dass sich, trotz den von der Propagandamaschinerie bis zum bitteren Ende gezeichneten Schreckensbildern, die Furcht vor den Amerikanern sehr in Grenzen hielt. Dank der heimlichen Informationen durch das Hören der „BBC" und von „Radio Beromünster" konnte man konkret mit ihrem nahen Eintreffen rechnen – manche erhofften dieses regelrecht, da man die Franzosen und ihre marokkanischen Hilfstruppen nicht zu Unrecht als weitaus gefährlicher einschätzte.

Viele Göppinger Einwohner beobachten am 4. Juli 1945 aufmerksam die Parade des 397. Regiments der 100. US-Infanteriedivision durch ihre Heimatstadt.

So liefen die Evakuierungsversuche der Göppinger NSDAP-Kreisleitung Anfang April 1945 nahezu völlig ins Leere. Viele Meinungsführer in den Gemeinden waren überdies klarsichtige ehemalige Soldaten des Ersten Weltkriegs, die die Lage entsprechend einschätzen und Vorbereitungen treffen konnten. Daher ist von Seiten der Bevölkerung so gut wie kein Widerstand gegen die US-Truppen festzuhalten, vielerorts entfernten die Einheimischen noch vor deren Eintreffen die Panzersperren und auch der Einsatz des Volkssturms ist nur sporadisch wahrnehmbar. Umsichtige

Führungspersonen wie beispielsweise Gustav Seebich (Ebersbach), Georg Thierer (Hattenhofen/Albershausen) oder Hermann Herb (Adelberg) verhinderten Zusammenstöße von deutschen und amerikanischen Soldaten sowie die damit verbundenen Gefährdungen ihrer Gemeinden. Selbst unter den wenigen Fanatikern fanden sich kaum welche, die dem Tenor ihrer eigenen blutrünstigen Propagandareden folgend, tatsächlich zum Selbstopfer durch Kampf oder Suizid bereit gewesen wären. Nicht wenige entschieden sich stattdessen für die temporäre Flucht, um hinterher die eigene Bedeutung und Verantwortung im „Dritten Reich" und dessen Endphase herunterzuspielen.

Beim Blick auf mögliche Widerstandsmaßnahmen ist die Bedeutung des Luftangriffs auf Wäschenbeuren sicher nicht zu unterschätzen. Es ist erstaunlich, wie schnell und weit sich bereits am 19. April 1945 das Gerücht verbreitete, der Ort sei wegen Widerstands bombardiert oder angezündet worden. Diese lang bestehende Fehlinterpretation der tatsächlichen Ereignisse verdeutlichte jedoch den lokalen Entscheidungsträgern den dramatischen Ernst der Lage und die völlige militärische Überlegenheit der Amerikaner. Angesichts der Massen an Panzern und weiteren Fahrzeugen, die am 19. und 20. April mit Luftunterstützung ins Filstal und Voralbgebiet eindrangen, wurde zudem jedem halbwegs Einsichtigen klar, dass speziell in der Ebene des Filstals militärische Gegenmaßnahmen der Wehrmacht zu diesem Zeitpunkt nicht mehr möglich waren. Daher kam es im unteren und mittleren Filstal zu so gut wie keinen Kampfhandlungen mehr. Mancher Bürgermeister oder Ortsgruppenleiter, der nun die Panzersperren öffnen ließ und den Volkssturm heimschickte, dachte mit Sicherheit schon an die Zeit nach dem Einmarsch und daran, sich vor den kommenden Besatzern noch rasch einige „Bonuspunkte" für die Zukunft zu sichern.

Betrachtet man die „größeren" Gefechte auf dem Kreisgebiet genauer, so wird klar erkennbar, dass die deutsche Seite in letzten planmäßigen Operationen versuchte, topografische Vorteile wie größere Waldgebiete oder die steilen Albanstiege auszunutzen, um das amerikanische Vorrücken zumindest etwas zu verzögern.[1] Dies zeigt sich bei den Kämpfen in den Wäldern nördlich und östlich von Kirchheim am 20. April, an den harten Kämpfen um Gosbach und Aufhausen am 21./22. April oder an den missglückten deutschen Gegenattacken auf Bad Überkingen und Geislingen am Vormittag des 22. April. Welche „Strategie" die verantwortlichen Offiziere aber in den letzten beiden Fällen bewogen haben mag, ihre überwiegend jugendlichen und unerfahrenen Soldaten völlig sinnlos zu opfern, kann man nur mit viel Mühe nachvollziehen. Wäre nämlich eine zeitweilige Rückeroberung Bad Überkingens oder Geislingens gelungen, mag man sich kaum ausmalen, was auf diese Orte und die dortige Zivilbevölkerung zugekommen wäre – das tragische Schicksal Crailsheims mit seinen schweren Zerstörungen und vielen Toten sei hier als denkbares Vergleichsszenario genannt.

Wendet man sich den militärischen Vorgehensweisen der amerikanischen Truppen zu, so lassen sich deutliche Unterschiede darin erkennen, ob es sich um primäre oder sekundäre strategische Ziele handelte. So sind die dramatischen Ereignisse in Wäschenbeuren, Rechberghausen und Faurndau sowie die damit verbundenen zivilen Opfer vorwiegend der Absicht geschuldet, nach einem langen Vormarschtag das Ziel eines sicheren Filsübergangs und damit die Basis für einen weiteren schnellen Vorstoß zu erreichen. An diesem Tag wurde nicht mehr lange verhandelt oder vor einer Ortsbesetzung Kontakt hergestellt, hier ging es um pure Geschwindigkeit und das Durchsetzen der Tagesziele „mit allen Mitteln". Diese harte Gangart zeigte sich am Folgetag wieder an der Kampflinie in Richtung Aichelberg, Kirchheim und der Autobahn, während an anderen Orten durchaus längere Verhandlungen geführt und dadurch zivile Opfer vermieden wurden – beispielsweise in Schlat oder Zell unter Aichelberg. Auch am 21. April in Richtung Geislingen oder im nordöstlichen Kreisgebiet ging der Vormarsch weitgehend kampflos vonstatten, während beim Weg auf die Albhochfläche wesentlich intensiver gekämpft wurde.

Zwei US-Soldaten posieren in Boll mit einem einheimischen Landwirt.

Fand vor dem Einmarsch in einen Ort keine vorherige Kontaktaufnahme statt, feuerten die US-Truppen in der Regel aus der Entfernung einige Artilleriesalven ab, um möglichen Widerstand zu testen. Blieb dieser aus, wagte man sich mit Spähwagen in die Dörfer hinein. Selbst geschlossene Panzersperren lösten nicht zwangsläufig einen Artilleriebeschuss oder eine Luftattacke aus. Letztere konzentrierten sich in diesen Tagen meist auf die sich zurückziehenden deutschen Einheiten und auf die Unterstützung der US-Bodentruppen in der Region, wie in Mutlangen, Wäschenbeuren, Aichelberg, Holzmaden, Schopfloch, Dettingen/Teck, Gosbach oder Owen.[2] Das Heraushängen weißer Fahnen wurde außerdem normalerweise erst nach der Besetzung eingefordert, da man das Risiko dieser Maßnahme für die Bevölkerung von Seiten der Partei und SS kannte. Die Drohung mit Vergeltungsmaßnahmen für die Zivilbevölkerung bei deutschen Gegenangriffen oder Schüssen aus dem Hinterhalt wurde von den Amerikanern bisweilen angewandt – wie ernst diese „Ultimaten" tatsächlich gemeint waren, sei dahingestellt. Denn mit dem Niederbrennen ganzer Ortschaften hätten die US-Truppen nicht zuletzt für unübersichtliche Gefahrensituationen und die Blockierung wichtiger Verkehrswege gesorgt – unnötige Behinderungen für den eigenen Vormarsch. So kam es nur gelegentlich, aber nicht zwangsläufig zur Zerstörung einzelner Häuser, wie zum Beispiel in Aufhausen.

Besonders hervorgehoben werden muss die überaus positive Rolle der französischen Kriegsgefangenen im Landkreis während des Einmarschs. Häufig dienten sie als mutige Unterhändler (Adelberg, Donzdorf, Ebersbach, Nenningen), beruhigten die eintreffenden amerikanischen Soldaten (Bezgenriet, Zell, Schlierbach) und beschützten „ihre" Familien, die sie zuvor über Jahre gut behandelt hatten. Teilweise übergaben sie sogar persönlich die Ortschaften an die anrückenden US-Einheiten (Reichenbach u. R.), stellten wie in Roßwälden Empfehlungsschreiben aus oder blieben nach der Besetzung noch einige Wochen zur Unterstützung im Dorf. Drei Franzosen kostete der Einmarsch allerdings das Leben (Rechberghausen-Oberhausen, Geislingen, Gosbach).

Freundschaften über den Krieg hinaus: Viele Franzosen, wie hier bei der Heuernte in Zell u. A. der Kriegsgefangene René (rechts), setzten sich beim Einmarsch zugunsten der Einheimischen ein.

Endkampf – Die amerikanischen und deutschen Soldaten im Landkreis während der letzten Kriegstage

Die amerikanischen Soldaten waren sich in den letzten Apriltagen freilich darüber im Klaren, dass der Krieg an sich bereits gewonnen war – nicht zuletzt dadurch, welche Gegner man ihnen inzwischen entgegenstellte: halbe Kinder, Verwundete und alte Männer mit unzureichender Ausrüstung. Trotzdem ging es für den einzelnen GI weiterhin jeden Tag um das eigene Leben: Hinter jeder Hausecke, jedem klappernden Fensterladen oder jedem Baum konnte der Tod in Form eines fanatisierten Hitlerjungen mit Panzerfaust oder eines noch kampfwilligen Landsers lauern. Der Veteran William Congleton beschreibt eine entsprechende Situation, Mitte April 1945, unterwegs mit der 10. US-Panzerdivision im Raum Bretzfeld/Verrenberg, zwischen Heilbronn und Schwäbisch Hall: *„In diesem Sektor nahmen wir eine Menge Kinder (Kids) gefangen, die erst seit ein paar Tagen oder Wochen in deutscher Uniform steckten. Sie waren sehr unerfahren, was die taktische Kriegsführung betraf, dafür aber sehr fanatisch und scheinbar furchtlos. Ich sah einen nicht mehr als zwölf Jahre alten Jungen, kaum größer als die Panzerfaust, die er trug, zu den Sherman-Panzern rennen und seine Panzerpaust feuern. Beides flog in die Luft – der Panzer und das Kind. Er muss sicherlich gewusst haben, dass das ein Selbstmordauftrag war, aber das hat ihn nicht gehindert."*[3] Solche grausamen Erfahrungen prägten die US-Soldaten auch in den letzten Kriegstagen und erklären manches aus heutiger Sicht zunächst als brutal und voreilig erscheinendes Verhalten. Die goebbels'sche „Werwolf-Propaganda" tat ihr Übriges, um Misstrauen und Nervosität bei den GIs zu schüren. Kurz vor dem Ende wollte niemand mehr unnötig sein Leben riskieren. Im Zweifel wurde deshalb speziell in der Phase des Einrü-

Nachbetrachtungen und Nachspiele 515

ckens in eine Stadt oder ein Dorf auf alles Verdächtige geschossen. Wer sich in diesem heiklen Moment auch als Zivilist zur falschen Zeit am falschen Ort befand, sich verdächtig bewegte oder auf entsprechende Zurufe nicht reagierte, konnte schnell zum Ziel einer amerikanischen Gewehrkugel werden. Mutwillige Übergriffe der Besatzer und Vergewaltigungen stellten im Landkreis eher eine Seltenheit dar, Plünderungen oder sinnlose Verwüstungen von Wohnräumen und Eigentum zum Abbau aufgestauter Aggressionen kamen gelegentlich, aber nicht flächendeckend vor – sicherlich eine Konsequenz der vergleichsweise wenigen Kampfhandlungen im Kreisgebiet.

Oft liest man aus den Berichten und Erinnerungen der US-Einheiten das Unverständnis heraus, weshalb die Deutschen diesen offenkundig verlorenen Krieg fortsetzten, der vielleicht nur noch wenige Tage dauern würde. Der kurz darauf in Göppingen stationierte 19-jährige US-Soldat William Taylor von der 100. US-Infanteriedivision äußerte sich dementsprechend in einem Brief vom 24. April 1945 an seine Eltern: *„Die Neuigkeiten dieser Tage klingen freilich gut. Die Armeen bewegen sich so schnell, dass niemand weiß, was der Stand ist. Obwohl die Deutschen versuchen, sich zum Widerstand in den bayerischen Alpen zu formieren, sollte die Sache in ein paar Tagen oder wenigstens einer Woche vorbei sein. Ich hasse es jedoch, Voraussagen zu machen."* [4] Kurz darauf war für Taylor allerdings der Kampf vorbei, seine Einheit wurde in Reserve gestellt.

Das Verhalten der oftmals völlig erschöpften deutschen Soldaten im Kreisgebiet dieser Tage bewegte sich zwischen den Fixpunkten Resignation, Überlebenswillen und trotziger „Pflichterfüllung", ungeachtet der sich täglich stärker abzeichnenden Niederlage.[5] Im Tagebuch des Ebersbachers Otto Schmid, das in diesem Buch auszugsweise abgedruckt ist, findet sich am 22. April 1945 eine treffende Passage: *„Nachdem die Amerikaner eingefahren waren, kamen vier deutsche Soldaten am Haus vorbei. Einer hatte die Maschinenpistole umhängen. Ich sagte, sie sollen sich Zivilkleider besorgen, worauf einer sagte, wenn wir nur könnten. Ein anderer sagte, diese Kluft haben wir schon acht Jahre an, und die behalten wir."* [6]

Viele deutsche Soldaten durchquerten das Kreisgebiet auf dem Rückzug von Norden nach Süden und Osten – immer in Gefahr, zum Ziel amerikanischer Jabo-Attacken[7] oder gar als „Deserteur" zum Opfer der gefürchteten „Kettenhunde" zu werden. Letzteres ist im Landkreis Göppingen jedoch nach der derzeitigen Quellenlage nicht vorgekommen, zu umfangreich waren vermutlich die allge-

So derb-witzig wie hier in einem Erinnerungsbuch der 100.-US-Infanteriedivision darstellt, waren die letzten Kriegstage auch für die US-Soldaten durchaus nicht – im Landkreis Göppingen fielen schätzungsweise 30 Männer.

Drei gefangene deutsche Soldaten auf amerikanischen Fahrzeugen vor Roßwälden am 20. April 1945.

meinen Auflösungserscheinungen und auch größere SS-Verbände griffen hier nicht mehr wesentlich ein. Die einheimische Bevölkerung war ihrerseits bestrebt, einquartierte oder durchziehende deutsche Soldaten möglichst schnell aus den Ortschaften zu bekommen, um potentiellen Gefechten vorzubeugen. Viele Soldaten erhielten Zivilkleidung, einige wurden in Scheunen und anderen landwirtschaftlichen Gebäuden versteckt. In einem von der 103. US-Infanteriedivision sichergestellten Brief eines mutmaßlich aus Eislingen stammenden deutschen Soldaten an seine Frau oder Freundin drückt sich die verzweifelte damalige Lage der demoralisierten und materiell hoffnungslos unterlegenen Wehrmachtssoldaten aus: *„Ich kann dir nicht beschreiben, was ich während des Rückzugs unseres Bataillons durchgemacht habe – es war unmenschlich. Aber es musste sein. Ich habe nur einen Wunsch: Eislingen vor der Besetzung durch den Feind zu retten. Ich will der Bevölkerung dieses Erlebnis ersparen. Es war besonders bitter für uns zu sehen, dass sich die Bevölkerung komplett gegen uns gewendet hat. Wir konnten kaum Trinkwasser von unseren eigenen Landsleuten bekommen. Uns kann man doch nicht für dieses Unglück verantwortlich machen?"*[8]

Die meisten deutschen Militärangehörigen fielen auf dem Kreisgebiet während des 20. (mindestens 28) und 22. April (mindestens 44), vor allem bei den Kämpfen in Richtung Autobahn und an den Albaufstiegen des oberen Filstals. Nach den standesamtlichen Unterlagen kann man hier insgesamt von knapp 100 direkt gefallenen Wehrmachtssoldaten sowie jeweils sechs SS-Männern und Volksturmangehörigen ausgehen. Bei den toten Wehrmachtssoldaten wurde über ein Drittel nur 16-18 Jahre alt, was den desolaten Zustand der Wehrmacht in diesem Zeithorizont dokumentiert. Diese Jugendlichen stammten nahezu ausschließlich nicht aus dem Landkreis; den Geburtsorten nach zu großen Teilen aus dem fränkischen und thüringisch-sächsischen Raum, dazu einige aus dem Großraum Stuttgart. Zwei Soldaten (Albershausen/Göppingen) und ein SS-Mann aus Kuchen starben auf dem Boden ihres Göppinger Heimatlandkreises, von den sechs toten Volkssturmmännern kamen fünf aus dem Landkreis (je zwei aus Eislingen und Ebersbach, einer aus Weiler ob Helfenstein). Von den russischen, auf deutscher Seite kämpfenden Wlassow-Soldaten sind ein am 20. April von der Wehrmacht erschossener Mann und ein weiterer Gefallener zu verzeichnen. Der Volkssturm wurde übrigens in Unterlagen (G2-Report) der 103. US-Infanteriedivision bereits im April 1945 als einer wohl im Nachhinein größten Fehlschläge des NS-Regimes eingeschätzt, nirgends an der Westfront hätte er den US-Vormarsch ernsthaft verzögern können.

Bei den während der Tage des Einmarschs getöteten Zivilisten, wobei auch hier klare Zusammenhänge mit den verschiedenen Vormarschphasen bestehen, handelte es sich bei 31 der 59 Opfer um Landkreisbewohner im Alter von 9-77 Jahren. Bei den gesamten 59 Toten handelte es sich um 42 Männer, darunter drei Franzosen, 14 Frauen und drei Kinder/Jugendliche unter 16 Jahren. 21 Personen kamen bei Artillerie- und Luftangriffen ums Leben, 16 gerieten bei Gefechten in die Schusslinie, 14 wurden direkt von amerikanischen Soldaten erschossen und ein junger

Der 29-jährige Oberleutnant Erich Müller aus Albershausen fiel am 20. April 1945 unweit seines Heimatdorfs im Wald Richtung Schlierbach.

Hinterlassenschaften des Krieges als Spielzeug: Buben aus Roßwälden widmen einen Flugzeugtank als Boot auf dem Dorfteich um.

Mann aus Treffelhausen aus unklaren Gründen exekutiert; beim Rest sind die Todesumstände unklar. Die meisten Einwohner verloren Rechberghausen (6), Wäschenbeuren (5), Faurndau (4), Auendorf (4) und Bad Ditzenbach (3). Besonders tragisch ist die hohe Zahl von mindestens 15 Jungen im Alter von 5-15 Jahren aus dem Landkreis, die 1945 beim Handtieren oder Spielen mit gefundenen Waffen und Munition tödlich verletzt wurden.[9]

Trotz dieser Toten und des Schmerzes für die Angehörigen kam – betrachtet man das gesamte Landkreisgebiet – die Mehrzahl der Kreisbewohner mit dem Schrecken davon: Deutlich über die Hälfte der Gemeinden wurde ohne jede Kampfhandlung besetzt, in weniger als einem Viertel kamen Zivilisten zu Tode und „nur" Wäschenbeuren, Gosbach und Schlierbach hatten umfangreiche Zerstörungen zu verzeichnen. Die wichtige industrielle Infrastruktur blieb darüber hinaus nahezu unversehrt und ermöglichte später einen raschen wirtschaftlichen Aufschwung, zu dem auch die große Zahl von aufgenommen Flüchtlingen aus den Ostgebieten ihren Anteil beitrug. So überwog vielfach in der Bevölkerung trotz der ungewissen Zukunft ein spontanes Gefühl der Erleichterung über das glimpfliche Ende, wie es zum Beispiel die Berichte von Pfarrer Frieß (Gruibingen), Lehrer Kauderer (Heiningen) oder der Gemeinde Süßen in diesem Buch ausdrücken. Abschließend sei daher Pfarrer Frieß mit seiner kompakten Einschätzung zitiert: *„Im Ganzen war das Bild, das unsere Gegend bot, wesentlich günstiger, als wir es uns gedacht hatten."*[10]

Nachspiel: Protagonisten des Kriegsendes in den Spruchkammerverfahren ab 1946

Das Handeln maßgeblicher einheimischer Protagonisten während des Kriegsendes im Landkreis Göppingen, wie beispielsweise Bürgermeister, Ortsgruppenleiter oder

Volkssturmverantwortliche, besaß konkrete Auswirkungen über den April 1945 hinaus. In einigen der ab 1946 geführten Entnazifizierungsverfahren vor den Spruchkammern spielten die Ereignisse vor und beim Einmarsch durchaus eine Rolle und beeinflussten teilweise die Einordnung der betroffenen Personen in die fünf Kategorien (1. Hauptschuldige, 2. Belastete, 3. Minderbelastete, 4. Mitläufer, 5. Entlastete). Daher sei abschließend eine Auswahl von Fällen vorgestellt.

Georg Maurer aus Geislingen, NSDAP-Mitglied seit 1937 und als Volkssturmführer in die Vorgänge um die berühmte Altenstädter Panzersperren maßgeblich involviert, war nach eigener Aussage niemals Militarist gewesen und empfand sein Verhalten an den fraglichen Tagen eher positiv: *„Immerhin konnte ich aufgrund meiner militärischen Erfahrungen so viel Einfluss gewinnen, dass in Geislingen jede Sprengung unterblieb."* Maurer wurde als „Mitläufer" eingestuft und musste 200 Reichsmark Sühne bezahlen.[11] Der Lehrer und Volkssturm-Zugführer Wilhelm Lutz aus Süßen, der sich beim Einmarsch in seinen Heimatort auf der dortigen Filsbrücke entsprechend als unbeugsamer Nazi produziert hatte und verhaftet wurde, fühlte sich später als Opfer – schließlich sei er als einziger aus der NSDAP-Ortsgruppe Süßen in Ludwigsburg interniert gewesen. Im Spruchkammerverfahren erhielt er eine Zuordnung zu den „Minderbelasteten".[12] Der Göppinger Schutzpolizei-Hauptmann Max Braig, der offenbar bei den Musterungen für die SS geworben hatte, bestritt Äußerungen, in denen ihm vorgeworfen wurde, dass er vor dem amerikanischen Einmarsch in Göppingen mit Erschießungen wegen des Hissens weißer Fahnen gedroht habe. Letztlich konnte man ihm diese Drohungen aber nicht konkret nachweisen, auch er kam zu den „Mitläufern" und einer zweijährigen Bewährungsstrafe.[13]

Der Göppinger Oberbürgermeister Dr. Erich Pack (Amtszeit 1933-1945), der sich am Nachmittag des 19. April aus Göppingen abgesetzt hatte und am 17. Mai von französischer Sicherheitspolizei im Allgäu verhaftet worden war, berief sich auf einen „Geheimbefehl": *„In diesem sei bis ins Kleinste geregelt gewesen, was zu geschehen hat, wenn die feindlichen Truppen in die Stadt kommen."* So hätten deshalb nur die älteren (bis Jahrgang 1890) und nicht wehrfähigen Verwaltungsangehörigen zurückbleiben sollen. Außerdem habe er in den letzten Kriegswochen ohnehin nahezu alle „Befehlsgewalt" an den Kreisleiter abgegeben, der die „maßgeblichen Leute" unter sich hatte. Sein Nachfolger als Oberbürgermeister, Christian Eberhard, bestätigte vor Gericht, dass Pack von einem „Geheimbefehl" gesprochen und ihn damit beauftragt hatte, *„diese Verwaltung als sein Stellvertreter weiterzuführen."* Pack wurde als „Belasteter" eingestuft.[14]

Bei den Bürgermeistern Ernst Schweizer (Gruibingen)[15] und Friedrich Rieker (Bezgenriet)[16], beides NSDAP-Mitglieder, thematisierte man in den Verhandlungen, dass sie den Einsatz des örtlichen Volkssturms unterbunden und damit die mögliche Zerstörung ihrer Gemeinden verhindert hätten. Auch beim Volkssturmführer Karl Mocker aus Süßen führte man zu seinen Gunsten an, er habe am Abend des

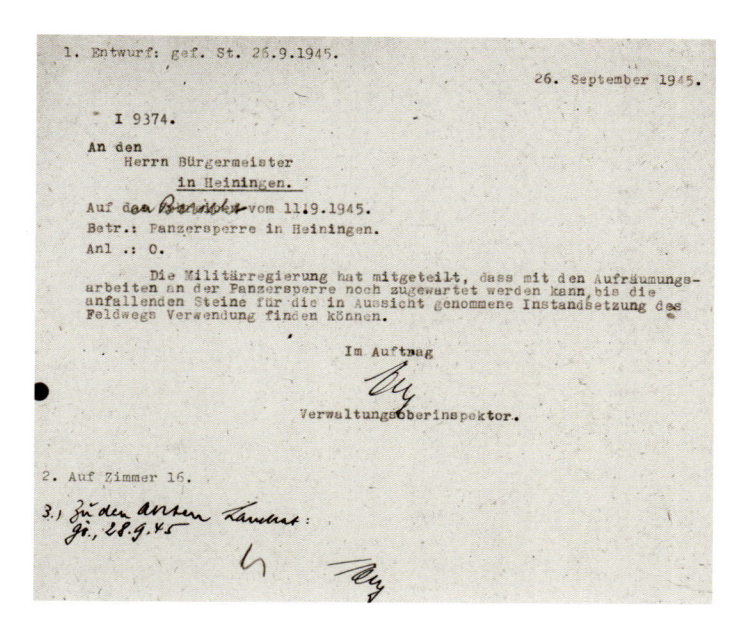

Aufräumarbeiten: Die Steine der Panzersperre von Heiningen werden für einen Feldweg eingeplant, September 1945.

19. April 1945 alle Volkssturmmänner, die nicht mehr kämpfen wollten, nach Hause geschickt, während der Rest mit seinem Stellvertreter in Richtung Ulm abmarschiert wäre.[17] Ähnlich stellte sich in Salach Alfons Hagel dar, der sich zur Vermeidung von Blutvergießen mit den anderen Volkssturm-Verantwortlichen im Ort abgesprochen und die Panzerfäuste entschärft habe.[18]

Bitter enttäuscht zeigte sich 1946 der Heininger Bürgermeister Karl Kümmel, der trotz Verhaftung wegen des Panzersperrenabbaus in seiner Gemeinde aufgrund der persönlichen Parteimitgliedschaft (1933-1945) zunächst als „Minderbelasteter" und dann nach einem Gnadengesuch als „Mitläufer" klassifiziert wurde: „*Ich glaubte, dass ich damit gegen jeden Verdacht rehabilitiert sei, als Ideenträger oder gar als Aktivist zu gelten. Heute habe ich jedoch den Eindruck, dass man diese Tat jetzt nicht mehr in dem Maße würdigt, als sie in Wirklichkeit war. Damals bildete sie das Tagesgespräch nicht nur im ganzen Kreis Göppingen, sondern darüber hinaus, heute gilt sie nur noch als eine Sache von nebensächlicher Bedeutung. (…) Ich war politischer Strafgefangener, wenn auch der besonderen Umstände wegen nur für kurze Zeit.*"[19] Vergleichbar mit dem Fall Kümmel zeigt sich das Verfahren des stellvertretenden Bürgermeisters von Adelberg, Hermann Herb, der die Bedrohung seiner Gemeinde am 21. April 1945 hatte abwenden können. Wegen seiner Parteizugehörigkeit von 1933-1945 stufte man ihn als „Mitläufer" ein und verhängte eine Geldstrafe von 550 Reichsmark. Herb sah seine Verdienste um das Heimatdorf im Verfahren nicht ausreichend berücksichtigt, obwohl sich der neue Bürgermeister und Pfarrer Melzer vor Gericht für ihn eingesetzt und seinen Mut unterstrichen hatten: „*Der restlose Einsatz seiner Person bei der Übergabe konnte jeden überzeugen, dass er nie ein Nazi war. Trotz des Verbots der Partei hisste er die weiße Fahne, obwohl ihm ein Bann-Führer des Volkssturms mit Erschießen drohte. Die Gemeinde Adelberg wird ihm diese mutige Tat, obwohl er Parteigenosse war, immer dankbar gedenken.*"[20]

Das Verfahren des am 17. April 1945 wegen des Öffnens der Panzersperre in Göppingen zum Tode verurteilten Heininger Lehrers Hermann Kauderer, NSDAP-Mitglied 1937-1945, wurde hingegen im August 1946 eingestellt — mit der Begründung: „*Der Betroffene hat erwiesen, dass er sich nicht nur passiv verhalten, sondern nach dem Maß seiner Kräfte aktiv Widerstand geleistet und Nachteile erlitten hat. Er hat wesentlich dazu beigetragen, dass sein Heimatort vor einer Zerstörung bewahrt blieb.*"[21]

Der stellvertretende Ortsgruppenleiter und Bürgermeister Wilhelm Stollenmaier aus Wäschenbeuren, den man — obwohl überzeugter Nationalsozialist — zu Unrecht als Sündenbock für die Bombardierung des Orts ausgemacht hatte, wurde im Verfahren zumindest dieser Verantwortung ledig gesprochen und als „Mitläufer" mit einer Geldstrafe von 300 Reichsmark belegt.[22] Zuweilen trug ein Wink der US-Militärregierung zur Minderung von Strafen bei, wie beim Chefarzt des Göppinger Krankenhauses, Dr. Carl Pfeiffer, NSDAP-Mitglied von 1940-1945 und Kreisjägermeister 1938-1945. Bei ihm lautete der Antrag der Anklage auf „Minderbelasteter". Pfeiffer versuchte den Umstand in das Verfahren einzubringen, dass er sich bei der Kreisleitung für den Abbau von Panzersperren im Umfeld des Krankenhauses verwandt hatte: *„Ich weiß, wie viele Menschen in Göppingen dankbar anerkennen, dass damit wohl manches Unheil vermieden werden konnte."* Dieser Einwand wurde jedoch nicht wesentlich berücksichtigt, umso stärker fiel dafür die Aussage des US-Kommandanten Captain John A. Holbrook ins Gewicht. Dieser gab an, Pfeiffer habe sich von Beginn der Besatzung *„sehr kooperativ"* erwiesen und genösse das Vertrauen der Militärregierung, weshalb seine Absetzung einen großen Verlust darstellen würde. Mit der Begründung, er sei *„nicht aktiv am Nationalsozialismus beteiligt"* gewesen, kam der Mediziner letztlich zum Status des „Mitläufers" sowie einer Geldstrafe von 2000 Reichsmark.[23]

---

[1] Gleiches kann man auch bei den Nachbarlandkreisen feststellen, als ein Beispiel seien die heftigen Kämpfe um Erkenbrechtsweiler (damals Lkr. Nürtingen) vom 22./23. April genannt, wobei 28 deutsche Soldaten und fünf Zivilisten getötet wurden, ebenso zahlreiche US-Soldaten: HStAS J 170 Bü 13 Bericht Erkenbrechtsweiler.

[2] Vgl. entsprechende Berichte in: HStAS J 170 Bü 6, 13 und 15.

[3] Chuck Knox, The Sound of Distant Drums: Veteran's Voices from the Heartland 1861-2003, o.O. 2005, S. 157. [Übersetzung: Dr. Stefan Lang]

[4] Brief Nr. 190 unter https://wwiiwwtaylor.wordpress.com/letters/april-1945/. [Übersetzung: Dr. Stefan Lang]

[5] Vgl. zum Thema: Andreas Kunz, Wehrmacht und Niederlage. Die bewaffnete Macht in der Endphase der nationalsozialistischen Herrschaft 1944 bis 1945, München 2007, S. 197ff.; Ian Kershaw, Das Ende. Kampf bis in den Untergang. NS-Deutschland 1944/45, München 2011, S. 369-382.

[6] Vgl. den Beitrag in diesem Buch.

[7] Beispielsweise Luftangriffe auf sich zurückziehende Wehrmachttruppen in Dettingen/Teck mit 13 getöteten Soldaten und zehn Zivilisten (20.4.1945) oder Owen mit acht toten Soldaten und vier Zivilisten (20. und 21.4.1945), HStAS J 170 Bü 13 Berichte Dettingen und Owen.

[8] NARA MAR RG 407 WWII OR, 103. ID, Box 11891 [Rückübersetzung aus dem Englischen: Dr. Stefan Lang]

[9] Die getöteten Jungen stammten aus Göppingen, Holzheim, Geislingen, Zell, Süßen, Ottenbach, Wangen und vor allem Aichelberg.

[10] Vgl. den Beitrag in diesem Buch.

[11] StAL EL 902/8 Bü 10305.

[12] StAL EL 902/8 Bü 9879. Vgl. auch den Auszug aus der Süßener Pfarrchronik in diesem Buch.

[13] StAL EL 902/8 Bü 21108.

[14] StAL EL 902/8 Bü 11840, S. 31ff., S. 203ff.

[15] StAL EL 902/8 Bü 15740.

[16] StAL EL 902/8 Bü 12938.

[17] StAL EL 902/8 Bü 26039.

[18] StAL EL 902/8 Bü 5297.

[19] StAL EL 902/8 Bü 8960, Q 39.

[20] StAL EL 902/8 Bü 6048.

[21] StAL EL 902/8 Bü 7599.

[22] StAL EL 902/8 Bü 16287.

[23] StAL EL 902/8 Bü 12005, S. 48, 65, 89ff. und 102f.

Kommandoposten der 100. US-Infanteriedivision in Geislingen, Sommer 1945.

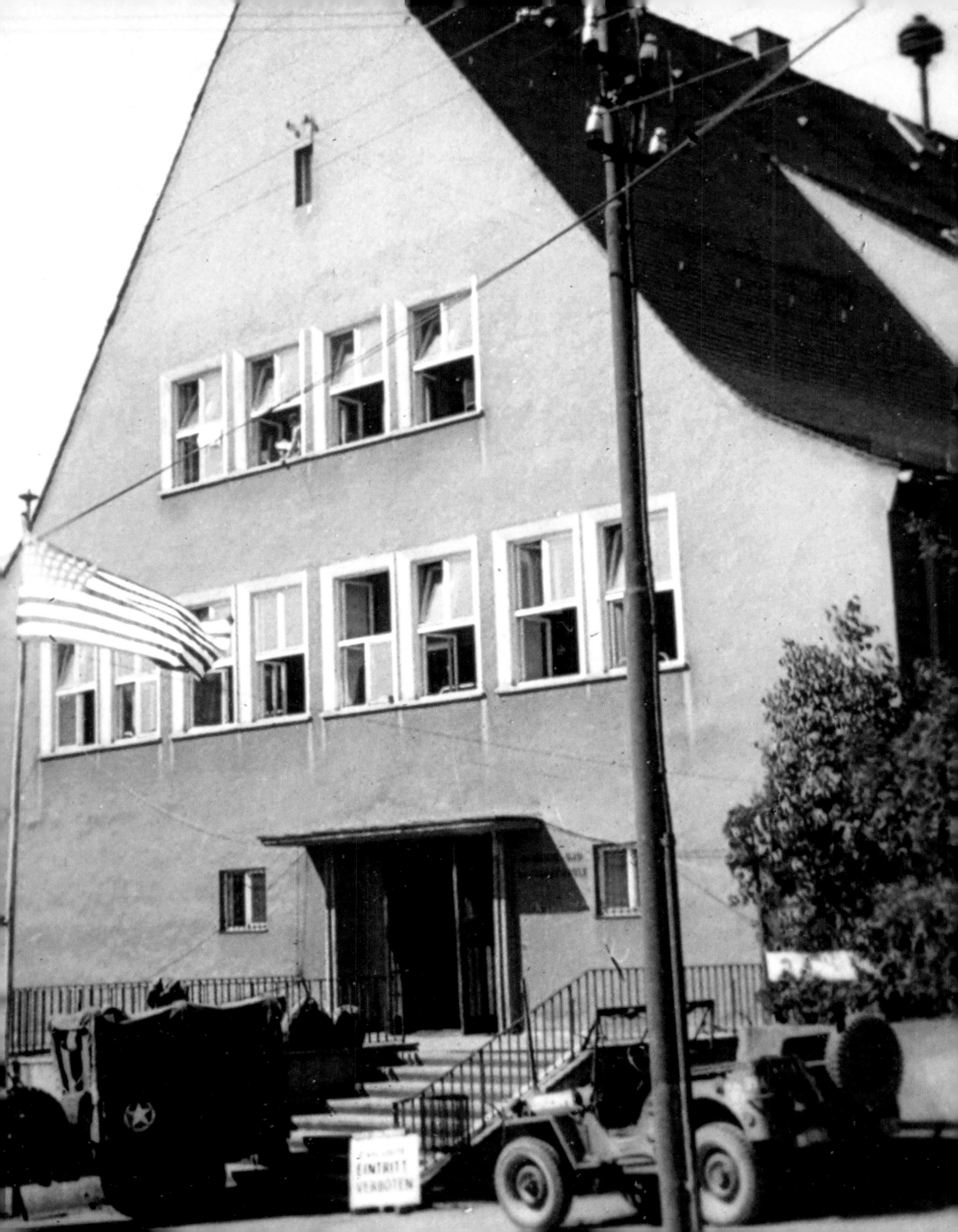
EINTRITT
VERBOTEN

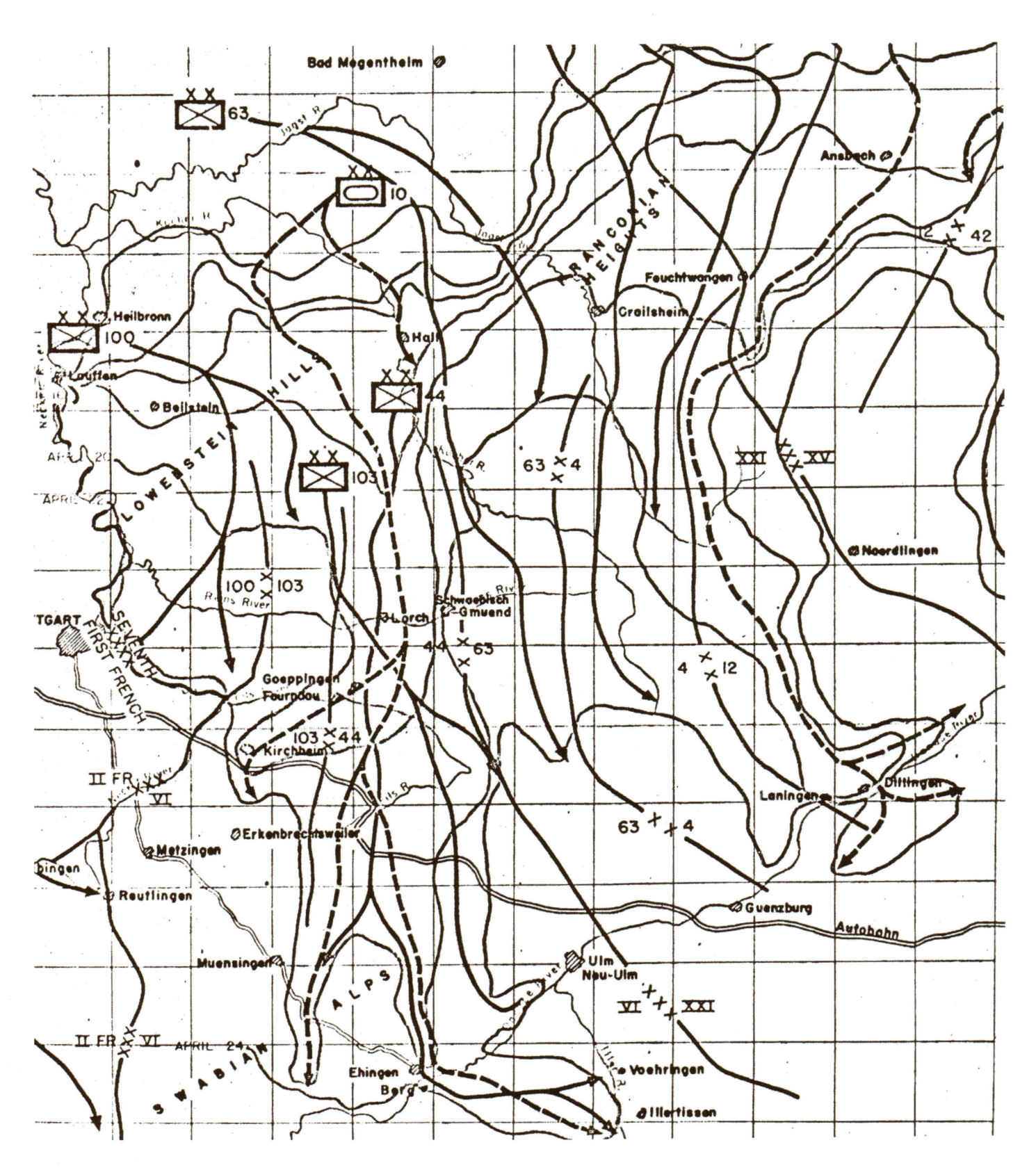

Vormarsch der 7. US-Armee in Richtung Donau vom 12.-24. April 1945. In der Karte sind auch die Routen der 10. US-Panzerdivision (gestrichelte Linie) sowie der 44., 63., 100. und 103. Infanteriedivisionen durch den Kreis Göppingen eingezeichnet. Aus: Reports of Operations. The Seventh United States Army in France and Germany 1944-1945, Volume III, Heidelberg 1946, S. 788f.

Abkürzungen

AAR	After Action Report
AD	Armored Division
AIB	Armored Infantry Bataillon
BDM	Bund Deutscher Mädel
BN	Bataillon
Bü	Büschel
CC	Combat Command
DAF	Deutsche Arbeitsfront
FAB	Field Artillery Bataillon
GI	Einfacher US-Soldat
GZ	Geislinger Zeitung
HJ	Hitlerjugend
HStAS	Hauptstaatsarchiv Stuttgart
ID	Infantry Division
IR	Infantry Regiment
KIA	Killed in Action
KrAGP	Kreisarchiv Göppingen
Lkr.	Landkreis
MG	Maschinengewehr
NARA	National Archives and Records Administration
NSDAP	Nationalsozialistische Deutsche Arbeiterpartei
NWZ	Neue Württembergische Zeitung (ab 1946)
OG	Ortsgruppe
OGL	Ortsgruppenleiter
OR	Operation Report(s)
PAK	Panzerabwehrkanone
SA	Sturmabteilung
SS	Schutzstaffel
StAL	Staatsarchiv Ludwigsburg
SWP	Südwestpresse
TF	Task Force
UK	Unabkömmlich
US	United States
VGD	Volksgrenadier-Division
VS	Volkssturm
WIA	Wounded in Action
WWII	World War II

Literatur
(Auswahl)

Arbogast, Christine: Herrschaftsinstanzen der württembergischen NSDAP. Funktion, Sozialprofil und Lebenswege einer regionalen NS-Elite 1920-1960, München 1998.

Bardua, Heinz: Göppingen, 1. März 1945, 14.28 Uhr. Momentaufnahme aus einem konventionellen Luftkrieg, Göppingen 1985.

Benz, Wolfgang: Deutschland unter alliierter Besatzung 1945-1949 [Handbuch der deutschen Geschichte/Gebhardt]; Bd. 22, Stuttgart 2009.

Bessel, Richard: Germany 1945. From War to Peace, New York 2009.

Gemeindeverwaltung Gingen (Hg.): „Du keine Angst – wir Frieden", Augenblicke aus dem Geschehen in der Gemeinde Gingen zum Ende des Zweiten Weltkriegs, Gingen 1995.

Ehmer, Hermann (Hg.): Der deutsche Südwesten zur Stunde Null. Zusammenbruch und Neuanfang im Jahr 1945 in Dokumenten und Bildern, Karlsruhe 1975.

Helmbrecht, Jürgen/Rueß, Karl-Heinz (Hg.): Demokratischer Neubeginn. Göppingen in den Jahren 1945 bis 1955, Veröffentlichungen des Stadtarchivs Göppingen Band 39, Göppingen 1999.

Henke, Dietmar: Die amerikanische Besetzung Deutschlands, München 1996.

Keller, Sven: Volksgemeinschaft am Ende. Gesellschaft und Gewalt 1944/45, Quellen und Darstellungen zur Zeitgeschichte Band 97, München 2013.

Kershaw, Ian: Das Ende. Kampf bis in den Untergang. NS-Deutschland 1944/45, München 2011.

Kirschmer, Karl: So endete der Krieg im Kreis Göppingen, Jahresheft des Geschichts- und Altertumsvereins Göppingen Nr. 2, Göppingen 1961.

Kißener, Michael/Joachim Scholtysek (Hg.): Die Führer der Provinz. NS-Biographien aus Baden und Württemberg, Konstanz 1997.

Kümmel, Rolf: Heiningen, April 1945, Heiningen 2002.

Kunz, Andreas: Wehrmacht und Niederlage. Die bewaffnete Macht in der Endphase der nationalsozialistischen Herrschaft 1944 bis 1945, München 2007.

Lasky, Melvin J.: Und alles war still. Deutsches Tagebuch 1945, Berlin 2014.

Lechner, Anton: Die letzten Monate des 2. Weltkriegs im Kreis Göppingen und der Einmarsch der Amerikaner, in: Geschichte regional. Quellen und Texte aus dem Kreis Göppingen, hg. von Walter Ziegler, Göppingen 1988, S. 74-98.

Nichols, Leister M.: Impact, The Battle Story of the Tenth Armored Division, New York 1954.

Rueß, Karl-Heinz (Hg.): Göppingen unterm Hakenkreuz. Veröffentlichungen des Stadtarchivs Göppingen Band 32, Göppingen 1994.

Rueß, Karl-Heinz/Ziegler, Walter (Hg.): Göppingen im Luftkrieg, Göppingen 1995.

Sannwald, Wolfgang (Hg.): Einmarsch, Umsturz, Befreiung: das Kriegsende im Landkreis Tübingen Frühjahr 1945/ein Buchprojekt des Landkreises Tübingen, Tübingen 1995.

Schmid, Horst: Jahrgang 1929, Stuttgart 2000.

Schraml, Erich: 100 Jahre Truppenübungsplatz Münsingen 1895-1995. Eine Dokumentation, Münsingen 1995.

Stephenson, Jill: Hitler's Home Front. Württemberg under the Nazis, London/New York 2006.

Ströhle, Sandra: Die 100. Division der US-Armee besetzt Göppingen, in: Jürgen Helmbrecht/Karl-Heinz Rueß (Hg.), Demokratischer Neubeginn. Göppingen in den Jahren 1945 bis 1955, Veröffentlichungen des Stadtarchivs Göppingen Band 39, Göppingen 1999, S. 18-28.

Taylor, William: Dear Mudder and Dad. The WWII Letters of William Wellington Taylor Jr.: https://wwiiwwtaylor.wordpress.com/

Weiler, Reiner: Ende. Wende. Neubeginn in der Stadt Eislingen/Fils 1945/46, Eislingen 1995.

Verzeichnis der benutzten Archivquellen

George C. Marshall Foundation, Lexington, VA
Collection 100. Infantry-Division (http://marshallfoundation.org/100th-infantry/)

National Archives and Records Administration (NARA), Washington DC

Armeeunterlagen:
MAR RG 407 WWII OR, darin:
10. Armored Division: G2, S2, AAR; CCA, CCB, 54. AIB, 61. AIB, 772. FAB
44. Infantry Division: G2, S2, AAR; 71. IR, 114. IR, 324. IR
63. Infantry Division: G2, S2, AAR; 254. IR., 255. IR, 256 IR
103. Infantry Division: G2, S2, AAR; 409. IR, 410. IR, 411. IR

Filme:
1) RUSSIAN-AMERICAN LINK-UP, WITTENBERG, GERMANY; CONGRESSMEN ON INSPECTION TOUR, GOPPINGEN, GERMANY; VON RUNSTEDT CAPTURED, WEILHEIM, GERMANY; V-E DAY IN PICCADILLY, LONDON ENGLAND, 05/02/1945; ARC Identifier 18069 / Local Identifier 111-ADC-4267
2) 100TH DIV. PARADE AND CITATIONS, GOPPINGEN, GERMANY; 3RD INF. DIV. PRESIDENTIAL CEREMONY, SALZBURG, AUSTRIA, 07/04/1945; ARC Identifier 18832 / Local Identifier 111-ADC-5033
3) CITY BURNS, CRAILSHEIM, GERMANY; 10TH ARMORED DIVISION, WURTENBERG, (?) [Roßwälden] GERMANY; CIVILIAN RECOVERY, BLANKENBURG, GERMANY; TRACK MEET, KOLN, GERMANY, 04/21/1945; ARC Identifier: 16076 / Local Identifier: 111-ADC-2272
4) PARIS. [No.] 242, FOOD FOR VIENNESE SCHOOL CHILDREN, VIENNA, AUSTRIA; PARIS [No.] 246, MASS MOVEMENT OF GERMAN REFUGEES, ULM, GEISLINGEN AND GMUND, GERMANY, 09/17/; ARC Identifier 19240 / Local Identifier 111-ADC-5441

Hauptstaatsarchiv Stuttgart (HStAS)
J 170 (Berichte von Gemeinden über die Kriegsereignisse 1945 und das Ausmaß der Zerstörungen im Zweiten Weltkrieg), darin Bü 5 (Lkr. Esslingen), Bü 6 (Lkr. Göppingen), Bü 13 (Lkr. Nürtingen), Bü 15 (Lkr. Schwäbisch Gmünd), Bü 18 (Lkr. Ulm)
J 175 (Beiträge zum Wettbewerb „Ältere Menschen schreiben Geschichte", 1977)

Staatsarchiv Ludwigsburg (StAL)
EL 902/8 (Spruchkammer 16 - Göppingen mit Geislingen und Eislingen: Verfahrensakten, 1946-1950)
PL 502/13 (Sammlungsgut der US-Militärregierung zur Dokumentation der NS-Belastung von im Kreis Göppingen ansässigen Personen, 1919-1948)

Kreisarchiv Göppingen (KrA GP)
C 0 Landkreis: Allgemeine Verwaltung
C 1 Landkreis: Öffentliche Sicherheit und Ordnung
C 7 Öffentliche Einrichtungen, Wirtschaft und Verkehr
S 11 Postkartensammlung
S 16 Sammlung Kriegsende 1945
S 17 Luftaufnahmen Kreisgebiet
Geislinger Zeitung, Jahrgänge 1943/1944, 1946-2015
Der Hohenstaufen – Göppinger Zeitung, Jahrgänge 1943/1944
NWZ 1946-2015
Zweitfertigung Sterbebücher der Kreisgemeinden

Stadtarchiv Göppingen (StA GP)
Der Hohenstaufen – Göppinger Zeitung, Jahrgang 1945 (bis 19.4.1945)

Stadtarchiv Geislingen (StA G)
Geislinger Zeitung, Jahrgang 1945 (bis 20.4.1945)

Abbildungsverzeichnis

Die Abbildungen des Beitrags „Kriegsgräber und Erinnerungsstätten" von Alexander Gaugele sind in demselben gesondert gekennzeichnet.

Michael A. Bass (Ed.), Story of the Century [100. Infantry Division], New York 1946: *183, 515 (oben)*
Heininger Bilderbogen von gestern und vorgestern, Horb 1985: *332*
Familien Holbrook/Prange: *495, 496 (unten)*
Kreisarchiv Göppingen: *21 (rechts), 22 (unten), 25, 27, 29, 30, 32, 33, 34, 37, 39, 40, 41, 42, 43, 44, 45, 46, 47, 48, 49, 50 (rechts), 56, 58, 60, 61, 62 (oben), 63 (unten), 64, 65 (unten), 67, 69, 71 (unten), 72 (oben), 74, 79, 81, 87, 88, 89, 90, 91, 92, 93 (oben), 95, 97, 98, 99, 101, 103, 104, 110, 111, 115, 116, 138, 140, 142, 145, 148, 151, 154, 155, 158, 162, 164, 165, 167, 171, 172, 173, 175, 178, 181, 187, 188, 192, 195, 196, 199, 202, 204, 207, 212, 216, 219, 220, 221, 222, 223, 228, 232, 233, 234, 236, 241, 242, 244, 245, 246, 250, 253, 260, 263, 264, 268, 270, 272, 275, 277, 279, 281, 282, 283, 285, 286, 290, 291, 294, 295, 297, 298, 300, 302, 303, 304, 307, 311, 318, 325, 328, 335, 337, 340, 342, 343, 346, 348, 349, 351, 353, 354, 357, 358, 360, 363, 364, 365, 366, 368, 373, 375, 384, 387, 389, 391, 392, 395, 397, 398, 402, 407, 409, 410, 412, 413, 416, 419, 421, 423, 425, 427, 429, 432, 433, 435, 438, 442, 443, 444, 445, 446, 447, 452, 453, 459, 461, 463, 466, 467, 470, 472 (links), 479, 480, 490, 503 (oben), 512, 514, 516, 519*
Landratsamt Göppingen: *11*
Leister M. Nichols, Impact, The Battle Story of the Tenth Armored Division, New York 1954: *72 (unten)*
George Marshall Foundation – 100. Infantry Division: *93 (unten), 169, 249, 252, 254, 257, 258, 259, 262, 266, 267, 271, 288, 406, 440, 473, 498 (oben), 503 (unten), 506, 507, 521*
National Archives and Records Administration Washington (NARA): *21 (links), 22 (oben), 50 (links), 54, 59, 62 (unten), 71 (oben), 73, 75, 76, 77, 78, 94, 105, 109, 113, 134, 173, 378, 379, 381, 382, 472 (rechts), 474, 475, 476, 484, 485, 486, 496 (oben), 497, 498 (unten), 499, 500, 502, 504, 505, 511, 515 (unten)*
Roßwälden im Wandel der Zeit, Horb 1987: *517*
Dr. Elbert Ted Rulison (†): *24, 36, 53, 56 (oben), 57, 82, 83, 108, 491, 494*
Gemeinde Adelberg: *139*
Gemeindearchiv Süßen: *19*
Stadtarchiv Ulm: *457, 493*
71st Infantry Regiment. World War Regimental Histories. Book 68, Baton Rouge/Louisiana 1946: *70, 79 (oben), 84, 112, 460*
William Taylor, „Dear Mudder and Dad" (https://wwiiwwtaylor.wordpress.com/): *477, 481*
Dokumentarfilm „Tigers on the loose", The Big Picture, 1965: *55, 63 (oben), 65 (oben)*
Gemeinde Wäschenbeuren: *12*
Jürgen Wahr, Geislingen: *25 (links)*
Emil Walter (Hg.), Heimatbuch Hattenhofen, Hattenhofen 1975: *319, 322*
Robert B. Weber, My Experiences in World War II (1943-1946). Including my Combat Diary, 1996: *469*
Französische Kriegsgefangene in Roßwälden von Juli 1940 – Mai 1945, gesammelt und aufgeschrieben von Edeltraut Zwicker, Roßwälden 2013: *487*

Personenregister
Bearbeitet von Fabian Beller

Aufnahme finden lediglich Personen, die ein Amt ausübten, eine wichtige Funktion wahrnahmen oder eine historische Bedeutung besitzen. Nähere Informationen zur Person in Klammern.

B
Blum, Hermann (NSDAP-OG-Leiter, Göppingen-Rosenplatz) *38*
Bonhoeffer, Dietrich *17*
Bosch, Georg (Bürgermeister, Waldhausen) *441*
Bosch, Hermann (Bürgermeister, Wiesensteig) *508*
Braig, Max *518*
Brommer (NSDAP-OG-Leiter, Salach) *390*
Buttsched, Peter *50*

C
Churchill, Winston *178, 489*

D
Dean, Major General William F. *103*
Degenfeld-Schonburg, Konrad von *226, 231*
Degenfeld-Schonburg, Martin von *225f*
Dirie, Emil (NSDAP-OG-Leiter, Geislingen) *254*
Dönitz, Karl *256f*
Döser, Bernhard (NSDAP-OG-Leiter, Böhmenkirch) *179*

E
Eberhard, Christian (Oberbürgermeister, Göppingen) *23, 81, 85, 265, 269, 277, 495, 497, 518*
Erbacher, Friedrich Wilhelm (Bürgermeister, Geislingen) *254, 257*
Eisenhower, Dwight David *257, 284, 476, 491f*

F
Finckh, Adolf (Bürgermeister, Süßen) *414*
Fleischer, Kuno *219*
Freier, Hans *35, 37*
Friedrich II. („der Große", preußischer König) *35*
Frieß, Walter (Pfarrer, Gruibingen) *43, 310, 517*
Fritsch, Werner von *117*

G
Gaugler, Wilhelm (Bürgermeister, Eybach) *226f*
Goebbels, Joseph *35, 51, 140, 160, 176, 241, 344, 364, 374, 490, 514*
Goebel, Dr. Ernst *49, 72*
Göring, Hermann *121*

Gültig, Heinrich (Oberbürgermeister, Heilbronn) *95, 138*

H
Hankins, Lieutnant Colonel Curtis L. *55*
Heinzmann, Friedrich (kommiss. Bürgermeister, Süßen) *414*
Herb, Hermann (stellv. Bürgermeister, Adelberg) *95, 138f, 512, 519*
Heydrich, Reinhard *121*
Hezler, Johannes (Bürgermeister, Weiler o. H.) *442f*
Himmler, Heinrich *28, 34, 121, 256*
Hitler, Adolf *29f, 47, 113, 142, 178, 213-216, 234, 241, 275, 310, 333, 362, 368, 371, 389, 413, 419, 422, 436, 455, 473*
Hofer, Andreas *426*
Holbrook, John Alonzo (Militärgouverneur, Göppingen) *269, 340, 495, 497. 501, 504-506, 520*
Holl, Johannes (Pfarrer, Süßen) *412*
Horthy, Miklós *497*
Hoyler, Martin (Stadtkämmerer, Geislingen) *254-256*
Huber, Gottlieb (NSDAP-Kreisleiter, Göppingen) *31-33, 36-38, 48*

J
Jodl, Alfred *257*

K
Kauderer, Hermann *43, 48, 118, 325f, 333f, 517, 519*
Kolb, Hermann *214*
Krauß, Erich (Landrat, Göppingen) *507*
Kümmel, Karl (Bürgermeister, Heiningen) *42, 48, 118, 326, 331-334, 519*
Kurz, Josef (Bürgermeister, Rechberghausen) *367*

L
Lutz, Wilhelm *243, 518*

M
Mack, Albert *48, 454*
Maurer, Georg *518*
Metz, Paul (Landrat, Göppingen) *507*
Mocker, Karl *518*
Moll, Wilhelm *48f, 326*
Morgenthau, Henry J. *489*
Mühleis, Rudolf (NSDAP-OG-Leiter, Rechberghausen) *370*

Murr, Wilhem *47-49, 118, 247, 325f, 339*

N
Nürk, Gottlieb (stellv. Bürgermeister, Eislingen) *72, 220*

O
Oppenländer, Hermann (NSDAP-Kreisleiter, Göppingen) *31, 48*

P
Pack, Erich (Oberbürgermeister, Göppingen) *38, 69, 81, 85, 265, 280, 497, 518*
Paulus, Friedrich *117*
Pfeiffer, Dr. Karl *23, 369, 520*
Prange, Erwin Edward *495-497, 500f, 507*
Pressmar (NSDAP-OG-Leiter, Eybach) *229*
Pulvermüller, Pantaleon (Bürgermeister, Wiesensteig) *508*

R
Reichle, Ernst (Oberbürgermeister, Geislingen) *256, 508*
Rieker, Friedrich (Bürgermeister, Bezgenriet) *73, 518*
Rommel, Erwin *117, 218, 497*
Rommel, Manfred *218, 497, 508*
Roosevelt, Franklin Delano *284, 286, 489f*
Rubensdörffer, Hans (Stadtamtmann, Geislingen) *254, 257*
Rummel, Karl (kommiss. Bürgermeister, Wäschenbeuren) *431*
Rundstedt, Gerd von *497*

S
Schaumburg-Lippe, Friedrich Christian, Prinz von *29*
Schillings, Max *29*
Scholl, Friedrich (Bürgermeister, Roßwälden) *76, 382f*
Schuler, Louis *269*
Schweizer, Ernst (Bürgermeister, Gruibingen) *518*
Schwerin-Krosigk, Johann Ludwig Graf *257*
Seebich, Gustav (Bürgermeister, Ebersbach) *42, 106, 333, 497, 512*
Sinz, Leo (NSDAP-OG-Leiter, Geislingen) *29, 33, 36*
Speer, Albert *121*
Stalin, Josef *489*
Stauffenberg, Claus Schenk Graf von *117*
Straub, Martin (Bürgermeister,

Ortsregister
Bearbeitet von Fabian Beller

Bad Überkingen) *155*
Stohrer, Johannes *48, 118, 325f, 334*
Stollenmaier, Wilhelm (Bürgermeister, Wäschenbeuren) *61, 68, 426, 519*
Strölin, Karl (Oberbürgermeister, Stuttgart) *108*

T
Thierer, Georg (Bürgermeister, Hattenhofen und Albershausen) *73, 319, 343, 512*
Truman, Harry *490f*

U
Ulrich, Major Richard W. *55*

V
Veigel, Eugen *30*

W
Weber, Karl (Bürgermeister, Ottenbach) *363*
Weiner, Hans (Pfarrer, Rechberghausen) *64, 369*
Werner, Jakob (stellv. Bürgermeister, Schlat) *394*

Das Ortsregister ist für den Landkreis Göppingen nach dem Stand des Jahres 1938 angelegt. Spätere Eingemeindungen bleiben unberücksichtigt. Gemeinden außerhalb des Landkreises werden teilweise in Klammern näher bestimmt.

A
Aalen (Ostalbkreis) *46, 57, 60*
Adelberg *64, 86, 94-96, 105, 137-139, 512, 514, 519*
Adelmannsfelden (Ostalbkreis) *111*
Aichelberg *31, 70, 74f, 78, 125, 127, 140f, 183, 308, 380, 513, 520*
Albershausen *73, 75, 78, 81, 142-147, 210, 320-322, 324, 398-401, 403, 512, 516*
Alfdorf (Rems-Murr-Kreis) *55*
Amstetten (Alb-Donau-Kreis) *99, 252, 416, 442*
Auendorf *88, 124, 460, 517*
Aufhausen *98f, 102, 107, 128, 148-150, 157, 417, 463, 512f*

B
Baccarat (Frankreich) *475*
Bad Boll *29, 73, 84, 88f, 121, 127, 181f, 202, 213, 469, 513*
Bad Ditzenbach *88f, 96, 98, 127, 149, 191, 193, 201, 303f, 310, 459-461, 470, 503, 517*
Bad Mergentheim (Main-Tauber-Kreis) *436, 440*
Bad Überkingen *44, 90, 92f, 97-102, 117, 127, 129, 149, 151f, 154-166, 416f, 512*
Bad Urach (Lkr. Tübingen) *46*
Bad Waldsee (Lkr. Ravensburg) *354*
Backnang (Rems-Murr-Kreis) *140*
Baiereck *167, 169f*
Baltmannsweiler (Lkr. Esslingen) *107*
Bargau (Schwäbisch Gmünd, Ostalbkreis) *111*
Bartenbach *50, 64, 71, 80, 204, 271, 276f, 281, 289, 367, 373, 430f*
Batholomä (Ostalbkreis) *111f, 179*
Beilstein (Lkr. Heilbronn) *492*
Bensheim (Hessen) *125*
Berlin *203, 256f, 421, 478*
Bettringen (Schwäbisch Gmünd, Ostalbkreis) *111*
Bezgenriet *73, 80-82, 128, 171-174, 233, 344, 454, 514, 518*
Biberach an der Riß (Lkr. Biberach) *44*
Bietigheim-Bissingen (Lkr. Ludwigsburg) *436*
Birenbach *34, 60, 62f, 127, 171, 338, 349, 364, 366, 368f, 371-373, 428, 430, 436*
Bitche (Frankreich) *480*
Böblingen (Lkr. Böblingen) *271*

Böhmenkirch *30, 44, 46, 110, 112, 175f, 178-180*
Börtlingen *63, 118*
Bräunisheim (Amstetten, Alb-Donau-Kreis) *441, 443*
Bretten (Lkr. Karlsruhe) *254*
Brettheim (Rot am See, Lkr. Schwäbisch Hall) *51, 324, 465*
Bretzfeld (Hohenlohekreis) *514*
Brüssel (Belgien) *473, 481*
Bubenorbis (Mainhardt, Lkr. Schwäbisch Hall) *54*
Bünzwangen *106, 183f, 210*

C
Charlottesville (USA) *495*
Cherbourg (Frankreich) *277*
Connecticut (USA) *495*
Crailsheim (Lkr. Schwäbisch Hall) *47, 50, 209, 286, 294, 322, 327, 331, 372, 403, 410, 426, 462, 492, 512*

D
Dachau (Bayern) *215*
Degenfeld (Schwäbisch Gmünd, Ostalbkreis) *110f, 378*
Deggingen *22, 91, 99, 125, 127, 164, 166, 186, 188, 192-194, 242, 304, 336, 414*
Dettingen (Lkr. Esslingen) *513, 520*
Dinkelscherben (Bayern) *296*
Donnstetten (Römerstein, Lkr. Reutlingen) *98*
Donzdorf *27, 35, 39, 42f, 86, 90, 96, 101, 106, 108f, 114, 179, 195-197, 355f, 377, 514*
Dornbirn (Österreich) *453*
Drackenstein (mit Ober- und Unterdrackenstein) *89, 97f, 127, 129, 131-133, 199-201, 335f, 459-461*
Dresden (Sachsen) *301, 307*
Dürnau *39, 73, 82, 84, 88, 182, 202f, 233, 326*
Düsseldorf (Nordrhein-Westfalen) *307*

E
Ebersbach *37, 39, 43, 50, 53, 85f, 96, 104, 113, 120, 182f, 185, 204-208, 210-212, 379f, 399, 422, 455, 487, 512, 514-516*
Ebingen (Stadtteil von Albstadt, Zollernalbkreis) *46, 133*
Eislingen *22, 31, 34f, 39, 49f, 53, 64, 72, 80, 84, 122, 216-222, 274, 276, 295, 327, 343f, 389, 414, 508, 516*
Ehingen (Alb-Donau-Kreis) *81, 108, 468*
Ellwangen (Ostalbkreis) *373f*
Ennabeuren (Heroldstatt, Alb-Donau-Kreis) *98, 461*

Epinal (Frankreich) *343*
Erkenbrechtsweiler (Lkr. Esslingen) *520*
Eschenbach *22, 72, 84, 88, 334, 393, 396, 459*
Essen (Nordrhein-Westfalen) *201*
Esslingen (Lkr. Esslingen) *196, 208, 383, 453*
Eybach *109f, 112, 118, 223, 226, 228-232, 440, 443*

F
Faurndau *39, 61, 63-66, 70f, 75, 78-82, 104, 113, 118, 128f, 204, 210, 233-237, 240, 265, 292, 320, 364f, 369, 380, 421, 430, 436, 455, 513, 517*
Feldstetten (Laichingen, Alb-Donau-Kreis) *98*
Fornsbach (Murrhardt, Rems-Murr-Kreis) *459*
Freudenstadt (Lkr. Freudenstadt) *50, 354*
Frickenhausen (Lkr. Esslingen) *106*
Fridingen (Lkr. Tuttlingen) *46*

G
Gaildorf (Lkr. Schwäbisch Hall) *54, 370, 437*
Gammelshausen *47, 73, 84, 88, 203, 304, 328, 393, 460*
Geislingen *30-33, 35f, 46, 90, 92-94, 99-102, 107, 109, 117, 121, 124, 128, 152, 154-157, 160, 162f, 169, 192, 229f, 241-250, 252-260, 262f, 303, 346, 348, 355, 358f, 414, 418, 440-443, 462-464, 498f, 502, 505-508, 512-514, 518, 520f*
Gerstetten (Lkr. Heidenheim) *111f, 179, 252*
Giengen an der Brenz (Lkr. Heidenheim) *358*
Gießen (Hessen) *507*
Gingen *22, 39, 44, 86f, 91, 122, 128, 252, 261, 263f, 412, 473*
Göppingen *22f, 28-34, 37f, 40f, 43, 46-50, 53, 55f, 59, 64, 66f, 70-72, 78-82, 85f, 88, 109, 113, 116, 118f, 127-129, 139, 178, 191, 202, 205, 210, 217, 220, 236-239, 254, 265-277, 279-283, 285-291, 294-297, 299-301, 309, 319f, 325-327, 334, 337-341, 344, 347, 349f, 352, 354, 361f, 364f, 369f, 373-376, 385f, 392, 403f, 406-408, 411f, 414f, 420, 426, 430, 432-434, 436, 454, 459f, 465, 469, 472, 474-485, 487, 490, 495-500, 502-505, 507, 511, 515f, 518-520*
Gosbach *27f, 89f, 117, 130, 193, 302-306, 335, 352, 449, 461, 469-471, 504, 512-514, 517*
Gruibingen *28f, 31, 43, 88f, 202, 302, 305, 307-311, 313-318, 352, 465f, 469, 517f*
Gschwend (Ostalbkreis) *96, 370, 469*
Günzburg (Bayern) *109, 111*
Gussenstadt (Gerstetten, Lkr. Heidenheim) *112, 440f*

H
Hamburg *358*
Hattenhofen *22, 28, 31, 73, 143, 146, 319-324, 344, 398, 512*
Hausen an der Fils *91, 102f, 127, 129, 149, 156, 164*
Hausen an der Rot (Oberrot, Lkr. Schwäbisch Hall) *54*
Hechingen (Zollernalbkreis) *46*
Heidelberg (kreisfreie Stadt) *298*
Heidenheim a. d. B. (Lkr. Heidenheim) *175, 180*
Heilbronn (kreisfreie Stadt) *50f, 112, 147, 175, 177, 206, 215, 223, 254, 286, 309, 370, 390, 410, 436, 465, 475, 480, 492, 499, 514*
Heiningen *22, 34, 47f, 73, 82, 118, 171, 325, 327-333, 344, 459, 465, 517, 519*
Hellershof (Alfdorf, Rems-Murr-Kreis) *55*
Herlikofen (Schwäbisch-Gmünd, Ostalbkreis) *111f*
Hetzenhof (Lorch, Ostalbkreis) *58f, 61*
Heubach (Ostalbkreis) *46, 112*
Heuchlingen (Ostalbkreis) *111*
Hochdorf (Lkr. Esslingen) *105f, 210, 382, 487*
Hohenstadt *129-132, 335f*
Hohenstaufen *71, 84, 128, 274, 301, 337-340, 350, 361, 378, 412, 427, 431*
Holzhausen *70, 75, 78, 85, 94, 145, 341f, 455*
Holzheim *50, 72, 80, 82, 217, 295, 343f, 392, 396, 520*
Holzmaden (Lkr. Esslingen) *76, 513*
Hundsberg (Gschwend, Ostalbkreis) *55*

I
Iffezheim (Lkr. Rastatt) *288, 337*
Iggingen (Ostalbkreis) *111*

J
Jalta (Ukraine) *489*
Jebenhausen *22, 55, 81f, 113, 128, 173, 233, 289, 426, 454, 459*

K
Kaufbeuren (kreisfrei Stadt in Bayern) *46*
Kehl am Rhein (Ortenaukreis) *241, 415*
Kirchheim (Lkr. Esslingen) *54, 75f, 78f, 94, 105f, 168, 210, 324, 398, 404, 512f*
Kirneck (mit Ober- und Unterkirneck, Lorch, Ostalbkreis) *58, 61, 432, 434, 437-439*
Krummwälden *71, 220f, 385*
Kuchen *43, 86, 91f, 118, 152, 261, 346-348, 516*

L
Laichingen (Alb-Donau-Kreis) *81, 336, 471*
Langenau (Alb-Donau-Kreis) *109, 112*
Lauterburg (Essingen, Ostalbkreis) *111*
Leipheim (Bayern) *112*
Lenglingen *26, 67, 338, 350, 361, 436*
Lermoos (Österreich) *465*
Lorch *56-61, 67f, 70, 94, 372, 430, 432, 435f, 463*
Ludwigsburg (Lkr. Ludwigsburg) *43, 290, 327, 330, 377, 432, 518*

M
Machtolsheim (Laichingen, Alb-Donaukreis) *335, 471*
Magolsheim (Lkr. Reutlingen) *98, 102, 467*
Mainz (Rheinland-Pfalz) *351*
Maitis *26, 55, 61, 67, 70, 274, 338, 349f, 437*
Mannheim(-Sandhofen, kreisfreie Stadt) *57, 330, 367, 370, 427, 429, 436, 492*
Markgröningen (Lkr. Ludwigsburg) *207*
Marseille (Frankreich) *377*
Memmingen (Bayern) *499*
Merklingen (Alb-Donau-Kreis) *471*
Metzingen (Lkr. Reutlingen) *106*
Mittenwald (Bayern) *208*
Mögglingen (Ostalbkreis) *111*
Münsingen (Lkr. Reutlingen) *160, 212, 345*
Mühlhausen im Täle *40, 88f, 98, 312, 314, 335, 351-353, 445, 448f, 467-470*
München (Bayern) *199, 201, 215, 256*
Murr an der Murr (Lkr. Ludwigsburg) *141*
Mutlangen (Ostalbkreis) *56, 67, 513*
Neidlingen (Lkr. Esslingen) *94, 98, 449*

N
Nellingen (Alb-Donau-Kreis) *102, 418*
Nenningen *109, 112, 114, 197f, 354-356, 514*
Neuhausen (Lkr. Esslingen) *45*
Neu-Ulm (Bayern) *124*
Niederstotzingen (Lkr. Heidenheim) *111*
Nizza (Frankreich) *481*
Notzingen (Lkr. Esslingen) *76, 78, 85*
Nürnberg (kreisfreie Stadt in Bayern) *143, 400*
Nürtingen (Lkr. Esslingen) *106, 423, 477*

O
Oberberken (Schorndorf, Rems-Murr-Kreis) *94f, 105, 138*
Oberboihingen (Lkr. Esslingen) *106*
Oberrot (Lkr. Schwäbisch Hall) *54*
Oberwälden *44, 70f, 94, 139*

Ohmden (Lkr. Esslingen) *76*
Oppenweiler (Rems-Murr-Kreis) *57*
Ottenbach *44, 53, 71, 84, 343, 349, 360-363, 385, 390, 413, 520*
Owen (Lkr. Esslingen) *513, 520*

P

Paris (Frankreich) *481*
Pfahlbronn (Alfdorf, Rems-Murr-Kreis) *57*
Pforzheim (Stadtkreis) *254, 436*
Pittsburg (Pennsylvania, USA) *287*
Plochingen (Lkr. Esslingen) *106, 210, 473*
Plüdershausen (Rems-Murr-Kreis) *54, 94f, 463*
Prag (Tschechien) *418*

R

Rattenharz (Lorch, Ostalbkreis) *94*
Ravensburg (Lkr. Ravensburg) *241f*
Rechberg (Schwäbisch Gmünd, Ostalbkreis) *108, 350, 375*
Rechberghausen (mit Oberhausen) *29, 43, 61-66, 68, 70, 80-82, 118, 128, 234, 284, 289, 320, 324, 364-368, 372, 374, 403, 430, 513f, 517*
Reichenbach an der Fils (Lkr. Esslingen) *105, 107, 168, 206, 211, 213, 380, 423*
Reichenbach im Täle *84, 91, 188, 393, 395, 397*
Reichenbach unter Rechberg *108, 375-378, 514*
Reutlingen (Lkr. Reutlingen) *46, 209, 423*
Riedlingen (Lkr. Biberach) *325*
Rom (Italien) *481*
Rosenheim (Bayern) *298*
Roßwälden *76, 78, 127, 208, 378-382, 403, 485-487, 514f, 517*

S

Salach *28, 34, 39, 71, 84, 88, 113, 217, 220, 297-299, 349, 356, 362, 384-391, 409, 412, 414, 426, 503, 519*
Schalkstetten (Amstetten, Alb-Donau-Kreis) *112, 441, 443*
Schechingen (Ostalbkreis) *111*
Schelklingen (Alb-Donau-Kreis) *471*
Schlat *30, 72, 82, 84, 128, 293, 392-397, 412, 414, 513*
Schlichten (Schorndorf, Rems-Murr-Kreis) *105, 168f, 320*
Schlierbach *22, 29, 34f, 75f, 94, 128, 142, 144, 147, 208, 320-322, 380f, 398-405, 486, 504, 514, 516f*
Schnittlingen *112*
Schopfloch (Lenningen, Lkr. Esslingen) *94, 513*
Schorndorf (Rems-Murr-Kreis) *105f, 139, 410, 472*

Seißen (Blaubeuren, Alb-Donau-Kreis) *471*
Straßdorf (Schwäbisch Gmünd, Ostalbkreis) *67, 109, 413*
Schwäbisch Gmünd *17, 48, 57, 64, 87, 96, 101, 109, 111f, 198, 210, 233, 265, 286, 298, 343, 355, 380, 384, 410, 469*
Schwäbisch Hall (Lkr. Schwäbisch Hall) *54, 109, 362, 492, 514*
Söhnstetten (Lkr. Heidenheim) *111*
Sontheim (Heroldstatt, Alb-Donau-Kreis) *98*
Sparwiesen *75, 81, 143f, 320f, 406-408*
Spiegelberg (Rems-Murr-Kreis) *175*
Sain-Avold (Lothringen, Frankreich) *125*
Stalingrad (Russland) *27, 216f, 375*
Steinenkirch *11, 440f*
Steinheim an der Murr (Lkr. Ludwigsburg) *141*
Stuttgart *31, 34, 47f, 54, 66, 70, 87, 100, 108, 113, 163, 199, 207, 237, 239f, 249, 261, 290, 476, 480, 294f, 305, 307, 317, 339, 343, 351, 356, 376, 435, 495f, 516*
Süßen *22, 34, 59, 71, 84, 88, 90f, 99, 103, 196, 198, 245, 250, 264, 346, 362f, 378, 386, 388, 393, 396, 409f, 412-415, 432, 434, 463, 472f, 517f, 520*
Suppingen (Laichingen, Alb-Donau-Kreis) *471*

T

Tauberbischofsheim (Main-Tauber-Kreis) *260*
Thomashardt (Lichtenwald, Lkr. Esslingen) *105, 212*
Tokio (Japan) *483*
Treffelhausen *111, 229, 441, 517*
Tübingen (Lkr. Tübingen) *209, 260, 423*
Türkheim (Geislingen) *26, 53, 93, 98-100, 102, 128, 150, 153-157, 159, 161f, 165, 357f, 416-418*
Tuttlingen *31, 196*

U

Uhingen *37, 41, 43, 53, 67, 70f, 75, 78, 80f, 94, 96, 104f, 128, 145, 168, 184f, 210, 319f, 324, 341f, 380, 403, 406f, 419-423, 432, 434, 455, 469, 502*
Ulm *46, 57, 87, 98, 108, 199, 206, 209, 212f, 242, 298, 305, 307, 336, 351, 357, 384, 393, 410, 417f, 434, 475, 480, 493, 519*
Unterberken (Schorndorf, Rems-Murr-Kreis) *94*
Unterböbingen (Böbingen, Ostalbkreis) *111*
Unterböhringen (mit Oberböhringen) *35, 47, 91, 152, 164, 166, 242, 264, 357-359*

V

Viernheim (Hessen) *260*

W

Wäschenbeuren *22, 34f, 54-63, 68f, 116, 118, 128, 171, 182, 196, 204, 209, 217, 234, 236, 265, 276f, 280, 282, 286f, 289, 294, 297, 308, 320, 338f, 341, 344, 349f, 361f, 364, 367f, 370, 372, 383f, 390, 392, 396, 403, 406, 412, 422, 425-433, 435, 437f, 504, 512f, 517, 519*
Waldenburg (Hohenlohekreis) *492*
Waldhausen (Lorch, Ostalbkreis) *26, 109, 111, 114, 228f, 262, 440f, 443*
Wangen *28, 70, 84, 88, 118, 341, 379, 520*
Warschau (Polen) *354*
Washington D. C. (USA) *20, 489*
Wasseralfingen (Aalen, Ostalbkreis) *356*
Weidenstetten (Alb-Donau-Kreis) *440*
Weiler in den Bergen (Schwäbisch Gmünd, Ostalbkreis) *10-112*
Weiler ob Helfenstein *53, 99f, 109f, 112, 114, 244, 442f, 516*
Weilheim an der Teck (Lkr. Esslingen) *85, 94, 140, 331*
Weißenhorn (Bayern) *453*
Weißenstein *109f, 112, 114, 178, 198, 355f, 410, 414*
Welzheim (Rems-Murr-Kreis) *79, 94, 459, 465*
Wendlingen (Lkr. Esslingen) *106*
Westerheim (Alb-Donau-Kreis) *98, 116, 187, 252, 336, 353, 449*
Wiesensteig *39, 41, 46, 89, 97f, 120, 129, 186, 312, 336, 352f, 444-449, 452, 465-468, 498, 508*
Winnenden (Rems-Murr-Kreis) *208*
Winterbach (Rems-Murr-Kreis) *472*
Winzingen *109*
Wißgoldingen (Waldstetten, Ostalbkreis) *109*
Würzburg (kreisfreie Stadt in Bayern) *47, 57*

Y

Yokohama (Japan) *483*

Z

Zell unter Aichelberg *48, 74f, 84, 124, 128, 143, 146, 323, 453f, 456, 513f, 520*